KB253996

金融犯罪論

共著　池榮鎭·梁承燉·李權洙

머리말

올바름에 대해서 필자는 늘 고민한다. 올바름은 '말이나 생각, 행동 따위가 이치나 규범에서 벗어남이 없이 옳고 바르다.' 는 뜻을 지니고 있다. 자신에게 주어진 국가적·사회적 역할을 올바르게 수행 할 꿈을 안고 별을 보는 깨달음으로 정의로움을 실천하는 의미를 마음속 깊이 되새겨 본다.

고대 트라시마코스는 올바름은 '더 강한 자의 편익' 이라고 규정했다. 그 예를 들어 정권을 장악한 지배자가 강자인 자신에게 편익이 되는 걸 법으로 정하여 이걸 약자들인 피지배자들이 이행토록 공포하는데, 결국 이게 올바른 것이 된다고 한다. 이에 소크라테스는 올바름이 '편익이 되는 것'이란 점은 인정하나 그게 강자의 편익일 수는 없다는 반론을 편다. 의술이나 조타술의 경우에서 보듯, 그 어떤 기술이나 다스림도 그것을 지닌 자를 위한 것이 아니라 그 기술의 施惠를 입는 약자를 위한 것이듯, 治術도 그 자체는 약자인 피지배자들을 위한 것임이 밝혀진다. 소크라테스는 '잘 사는 것' 이란 '훌륭하게 사는 것' 이겠는데, 올바르게 사는 것이 '잘 사는 것인'인 반면, 올바르지 못하게 사는 것은 '잘못 사는 것'임을 사람의 훌륭한 상태와 관련지어 그의 주장을 설파한다.

필자는 『金融犯罪論』을 3年 동안 집필하면서 '金融' 과 '犯罪'는 무엇일까 고민 한다. 金은 돈을 뜻하고, 融이란 말은 화합하다는 뜻을 가지고 있다. '범죄'를 찾기 위해 국어사전을 펼쳐본다. 그 뜻은 법규를 어기고 저지른 잘못. '사회가 각박해지면서 범죄가 날로 늘어나고 있다'고 덧붙이고 있다. 또 다른 국어사전은 저지른 죄, '법률에 의하여 형벌을 받아야 할 행위' 라고 정의하고 있다. 그러나 현대사회에 있어서 범죄라는 용어의 의미는 복잡성만큼이나 난해하다. 원래 범죄란 고정개념이 아니라 시대적 상황과 사정에 따라 수시로 변하는 불확정의 추상적 개념이다. 사회질서를 파괴하거나 남에게 육체적 혹은 정신적 고통을 안겨주거나 재산 또는 명예를 침해하는 일체의 행위를 범죄라고 지칭한다.

우리 사회 구성원들이 중요시하고 있는 가치 내지 수단은 변화하고 있다. 여러 가지 가운데, 그 사회에서 발생하는 범죄 중 주요부분을 차지하고 있는 범죄의 양태와 실상, 그 범죄로 인한 피해규모를 분석하면 어렵지 않게 찾을 수 있다. 그러한 점에서 수많은 가치 내지 수단 중 어느 하나를 합법적인 방법으로 달성하지 못하거나 또는 이를 무시하고서 관련규율을 위반한 결과 발생하는 사회일탈현상으로 정의되는 한편, 보다 올바른 방법으로 사회정의와 가치를 추구하는 국가와 사회형성을 유도하는 정책입안에 있어서 반드시 고려되어야 할 사회지표의 하나가 금융질서의 유지이다.

어제와 다르게 상상하지도 못한 양태의 새로운 금융범죄가 속출하고 금융의 세분화에 따른 관련법규와 제도가 증가되고 있다. 금융범죄로 인하여 다수의 이익과 금융질서가 침해되는 결과가 초래되는데도 개개인은 직접적인 피해자로 인식되지 못하고 있다. 또한 금융을 알지 못하면 어느 순간 자신도 모르는 사이에 범법행위를 저지르게 될 지도 모른다는 무의식이 우리 뇌에 잠재되어 가고 있다.

이러한 현실에서 기존의 형법학의 범주에 포함되어 있던 범죄를 특수한 영역으로 분리시켜 금융범죄로 묶어 이들을 처벌 및 규율하는 관련법령을 분석하는 것은 의미 있다. 점차로 범죄의 주요부분을 점해가고 있는 금융범죄는 그 범죄대책이 함께 세워져야 하기 때문이다. 바로 이점에서 필자는 「금융범죄론」에 대한 연구의 필요가 절실하다고 느껴왔다.

이제 국민들이 금융범죄를 쉽게 이해할 수 있어야 한다. 아울러 경찰·검찰· 관세청 등 수사기관, 학계, 공무원, 기업인, 금융범죄피해자에게 금융범죄의 이론적인 측면과 실무에 있어 조금이나마 도움을 주고자 하는 목적으로 이 책을 집필하게 되었다.

치밀하고 체계 있는 「금융범죄론」을 펼치기 위해 전문가의 조언을 받았다. 자금추적수사 분야에 있어 자료와 자문을 해주신 이병우 금융감독원 보험조사실 팀장님, 「신용으로 부자 되는 알짜 노하우」라는 저서를 선물해 주면서 경찰청 경찰수사연수원 수사지휘과정 등에 심도 있는 강의를 해주신 조성목 금융감독원 비은행감독국 서민금융지원팀장님, 김명철 금융감독원원회·금융감독원 선임조사역님, 안웅환 금융감독원 비은행감독국 선임검사역님, 보험범죄 분야에 있어 실무에 필요한 자료와 경찰청 경찰수사연수원 보험범죄수사 강의를 해주신 안경호 현대해상(주) 부장님, 금융정보분석원에 있을 때 강의해 주신 유재철님, 신용카드 분야에 자료를 주신 박철수님과 수많은 지인들의 자문과 도움을 받았음을 밝힌다.

본 著는 올바른 金融活動을 돕고자 한다. 時時刻刻 수법이 달라지고 교묘해지는 知能的 금융범죄 對處方案을 고민한 『금융범죄론』으로 구성하는 최초의 시도라고 볼 수 있다. 이 점에서 자료의 부족함과 연구의 한계를 느끼지 않을 수 없다. 국민이 가는 길섶에 바람막이로 핀 한 명 한 명 당당해서 아름다운 무궁화 되고 싶다. 그리하여 韓半島는 무궁화 아름답게 만개한 한 척의 꽃배 우리가 만든 바다에 띄워진 한 척의 철선 정의의 풍랑이라면, 풍랑을 넘어 진리의 높은 파도라면, 파도를 넘어 올바른 법집행으로 치안질서 유지를 하리라. 그 하나인 금융질서의 유지를 위해 겸허한 마음으로 눈발이 휘날리는 영하의 겨울날. 굵은 땀방울이 이마, 눈썹, 眉間, 목으로 가슴으로 흘러 흠뻑 젖을 때까지 새로운 자료를 수록하고 전문가의 조언을 귀담아 보완해 나갈 것을 스스로 다짐해 본다.

끝으로 출판에 큰 도움을 주신 진리탐구 조현수 대표님과 임순희 과장님께 깊은 감사의 말씀을 올린다.

2007년 7월 11일
용인시 수지구 풍덕천(豊德川)을 건너
조광조 선생의 심곡서원 수령 500년 느티나무 뜰에서
지영환 · 양승돈 · 이권수 著者 일동

목　차

제1장 위조통화 범죄

제2장 어음수표관련 범죄

제3장 신용카드 범죄(Credit Card Crime)

그림 목차

표 목차

제1편

총론

제1장 금융범죄론 의의

제1절 금융범죄론 의의

1. 금융시장 및 금융기관 개설

가. 금융 및 금융시장의 의의

일반적으로 금융(金融)이란 한자 뜻 그대로 풀이하자면 돈의 중개를 뜻한다. 금(金)은 돈을 뜻하고, 융(融)이란 말은 화합하다는 뜻을 가지고 있기 때문이다. 금융이란 말을 좀 더 학리적으로 말한다면, 일정기간 동안에 장래의 원금반환과 이자지급을 목적으로 상대방을 신용하고 자금을 융통하는 행위로서 경제주체들 간에 이루어지는 자금의 융통(유통)이라고 할 수 있다.[1]

자금은 수입이 지출보다 큰 흑자경제주체(주로 가계부분)로부터 그 반대인 적자경제주체(주로 기업부분)로 이전된다고 할 수 있기 때문에 금융거래(Financial transaction)란 자금의 잉여부분과 자금부족부분 간에 이루어지는 화폐의 금융적 거래를 총칭하는 개념으로 사용할 수도 있다. 일반적으로는 금융기관에 예금을 하거나 주식을 매매하는 것과 같이 금융자산을 대상으로 한 거래를 의미한다.[2]

한편 1997년 12월 31일 법률 5493호로 제정·공포된 '금융실명거래및비밀보장에 관한법률(일부개정 2001년 3월 28일 법률 6429호)' 제2조 제3호에서는 금융거래를 다음과 같이 정의하고 있다. "금융기관이 금융자산을 수입·매매·환매·중개·할인·발행·상환·환급·수탁·등록·교환하거나 그 이자·할인액 또는 배당을 지급하는 것과 이를 대행하는 것 기타 금융자산을 대상으로 하는 거래로서 총리령이 정하는 것"으로 규정함으로써 금융기관의 여신은 금융거래에서 제외하고 있다. 이러한 정의에 따

---

[1] 도중진, 금융사기범죄에 관한 연구, 한국형사정책연구원, 2002, 31면 참조.
[2] 사법연수원편, 신종범죄론, 사법연수원, 1999, 421면.

르면 금융기관이 국민을 대상으로 대출하여 주는 여신은 당연히 금융거래 속에 포함되지 않는다고 할 것이다.

다음으로, 금융시장이란 금융거래 즉 자금의 수요와 공급을 중개하는 시장조직으로서 환금성(換金性), 수익성(收益性), 위험성(危險性) 측면에서 서로 다른 특성을 가지고 있는 다양한 종류의 금융자산들이 거래되는 추상적 장소이다.[3] 오늘날의 금융시장은 첨단 전자통신 기술의 발달에 힘입어 대량의 금융거래를 신속하게 온라인으로 처리할 수 있는 전자금융이 일상화됨으로써 금융거래에 대한 시간적·공간적 개념이 없어지고 있다고 하겠다.

나. 우리나라 금융시장의 특징

우리나라의 금융시장의 특징으로는 다음과 같은 것을 들 수 있다.[4] 첫째로 우리나라의 금융시장은 자금의 공급보다는 항상 자금의 수요가 많은 자금의 만성적인 불균형이 계속되어 왔다는 점이다. 둘째로는 선진제국에 비하여 정부의 금융기관에 대한 영향력이 비교적 강할 뿐만 아니라 정부의 과도한 보호로 인하여 경쟁원리에 의한 은행경영이 미흡하다고 할 수 있다는 점이다. 세 번째로, 금융기관 점포수의 급증에 따라 점포간에 과다경쟁에 따른 부작용이 심화되고 있다는 점이다. 네 번째로는 자본시장이 발달하지 못하여 직접금융에 비하여 간접금융의 비중이 크지만 전체금융시장 중에서 은행금융기관의 비중이 점차 줄어들고 비은행금융기관의 비중이 크게 증가하는 추세에 있다는 점이다.

다. 금융기관의 기능

금융시장에서 자금의 수요자와 공급자 사이에서 자금의 중개역할을 하는 자를 통칭하여 '금융기관'이라고 한다.[5] 즉 금융기관은 금융시장의 핵심을 이루는 것으로서 금융거래인 자금의 수요와 공급을 매개하는 기관이라고 할 수 있다. 이러한 금융기관이

---

[3] 도중진, 전게서, 32면 참조.
[4] 경제용어사전, 현암사, 2001, 330면, 332면.
[5] 한국은행홈페이지 http://www.bok.or.kr.

존재하는 이유는 다수의 자금 수요자와 다수의 자금공급자간에 발생하는 거래비용을 최소화하기 위해서라고 할 수 있다. 금융기관은 관계 법령, 업무 영역 등에 의하여 은행, 증권회사, 생명보험회사, 손해보험회사 등으로 구분할 수 있다. 이러한 금융기관은 다음과 같은 기능을 수행하고 있다고 분석된다. 우선 거래비용절감기능이다. 금융거래를 하기 위하여는 여러 가지 비용이 들게 된다. 즉 금융거래를 위한 정보획득비용, 수요자와 공급자를 찾기 위한 탐색비용, 신용상태를 분석하고 책임지는 위험비용, 자금의 수요자를 감시하는 감시비용 등이 그것이다. 금융기관은 이러한 자금의 수요자와 공급자간의 정보의 비대칭성 때문에 발생하는 비용을 규모의 경제를 이용함으로써 거래비용을 절감하는 기능을 갖게 된다.

다음으로 금융기관은 자산변환기능을 가지고 있다. 이것은 자금의 규모, 이용기간, 이자율 등 자금의 수요자와 공급자들이 원하는 조건이 각각 다르기 때문에 이것을 중간에서 조정해 주는 기능을 담당한다. 또한 전통적으로 금융기관은 금융자금의 원활화와 확대를 도모하는 기능을 가진다고 여겨져 왔다. 즉 금융기관은 금융유통과정에서 자금의 수요·공급을 매개함으로써 금융자금의 원활화와 확대를 도모하는 기능을 가진다는 것이다. 이는 금융기관의 자금의 원천은 전통적으로 예금이며, 이 예금을 대출하는 것이 금융기관의 기능이라고 여겨져 왔기 때문이다. 그러나 이러한 점에만 한정된다면 금융기관은 신용매매기관에 불과하게 되어 전술한 자금수요의 확대라는 기능을 담당할 수는 없게 된다는 문제점이 있다. 결국 오늘날의 금융기관의 기능은 예금자원을 기초로 한 대출을 통하여 적극적으로 자금의 수급량을 확대시키는 데 있다고 할 수 있다. 이를 금융기관의 신용창조기능이라고 할 수 있다.

2. 금융범죄의 의의

현재 금융범죄를 어떻게 정립할 것인가 하는 문제, 즉 금융범죄에 대한 개념정의의 문제는 아직 확정적이라고 할 수 없다. 현실적으로도 이에 대한 엄밀한 정의는 존재하지 않는다.

금융범죄(Financial Crime)를 위에서 정의한 바와 같은 의미의 금융거래를 담당하는 금융기관이 가해자 또는 피해자가 되거나 금융기관이 어떠한 형태로 관여하는 범죄 즉 부정융자와 관련된 범죄 및 금융기관의 임직원에 의한 직무에 관한 범죄로 정의 할 수 있다.[6] 간단하게 금융기관 또는 금융거래와 관련된 범죄[7]라고 정의할 수 있다.

또한 금융범죄는 제정상의 범죄행위와 관련하여 불황으로 인한 출자원리금의 상환도 어려운 상황에서 적극적인 투자를 선전하여 일반대중으로 하여금 출자하게 하거나 고객이 맡겨놓은 자금 및 유가증권 등을 불법적으로 이용 또는 처분하는 행위 등과 같은 기업범죄의 한 유형으로써[8] 국민경제생활에 관여하는 초개인적인 성격을 갖는 넓은 의미의 경제범죄에 포함되는 것이라고 할 수 있다.[9] 이렇게 정의하게 되면 여기서 경제질서 이외에 초개인적 법익을 침해하는 행위는 다수인 또는 소비자에 대하여 재산적 피해를 초래하는 행위라고 할 수 있게 된다. 즉 기업의 파산, 상품의 과대광고, 투자의 불법유인 등으로 일반인인 채권자, 소비자, 투자자 등이 입는 각종 피해가 여기에 해당하게 된다.

그러나 금융범죄의 중심적인 범죄는 금융기관의 대출담당 임직원 등에 의한 부정대출이라고 할 수 있으며, 여기서 부정대출이란 예금 또는 자금의 수집 획득의 방식이 '은행법'등의 금융관계법령에 위반하는것[10], 이자징수방법 또는 약정금리의 이율이 금리규제에 관한 법률에 위반하는 것, 자금대출이 형법상 범죄를 구성하거나 대출과 관련된 행위가 각종 단속법규에 위반하는 것 등을 말한다.[11]

그 밖에도 본래의 금융범죄에는 포함되지 않지만 컴퓨터범죄, 특히 컴퓨터 등 사용사기죄(형법 제347조의 2조)는 은행직원 등에 의한 온라인 시스템을 이용한 부정입금 등의 형태로 행하여지는 경우가 많아 금융기관과 관련된 범죄라 할 수 있다. 또한 돈세탁범죄('마약류불법거래방지에관한특례','범죄수익은닉규제및처벌등에관한법률')는 그 규제가 마약류거래와 관련된 돈세탁의 처벌을 기원으로 하는 점에서는 조직범죄에 속

---

6) 黑川弘務/藤永幸治編, シリーズ搜査實務全書5 證券・金融犯罪, 東京法令出版, 1997, 169面.

7) 芝原邦爾/岩村正彦也編. 現代の法6 現代社會と刑事法, 岩波書店, 1998, 131面.

8) 이렇게 파악하는 학자로는 박강우, 기업범죄의 현황과 정책분석, 한국형사정책연구원, 1999, 28면과 芝原邦爾/岩村正彦也編. 現代の法6 現代社會と刑事法, 1998, 129면을 들 수 있다.

9) K. Tiedemann, Artikel "Wirtschaftsstrafrecht", in: Herders Staatslexition, 7. Aufl., 1988; クラウス・ティデマン/西原春夫・宮澤浩一 監譯, ドイツおよびECにおける經濟犯罪と經濟刑法, 成文堂, 1990. 2면, 12면 이하.

10) 이와 관련된 사례에 관하여는 대검찰청, 금융거래의 실체와 추적, 1995, 383면.

11) 도중진, 전게서, 44면.

한다고 할 수 있지만, 이 범죄가 주로 금융기관을 무대로 또는 금융기관을 매개로 행하여지는 점에서는 이를 새로운 형태의 금융범죄로 이해할 수도 있다.

이에 대하여 '유사금융, 유사수신'이란 일정한 기간 동안에 장래의 원금반환과 이자지급을 목적으로 상대방을 신용하고 자금을 융통하는 행위로서 경제주체들 간에 이루어지는 자금의 융통(유통)인 금융거래행위를 다른 법령에 의한 인가·허가를 받지 아니하거나 등록·신고 등을 하지 아니하고 불특정 다수인으로부터 자금을 조달하는 것을 업으로 하는 것을 말한다. 제도권 금융은 관계법령에 의하여 인가·허가를 받거나 등록·신고 등의 의무를 지고 있음에 반하여, 유사금융은 이러한 의무를 이행하지 않고 금융업을 영위하고 있다고 할 수 있다. 이러한 유사금융을 하는 기관을 유사금융기관이라고 할 수 있는데, 이러한 유사금융기관은 정부의 관리 감독을 받지 않기 때문에 이러한 유사금융기관에 대한 투자금 또한 정부로부터의 법적보장이 미흡하다는 점에서 제도권 금융과 차이가 있다.

필자는 위와 같은 금융과 금융범죄의 정의를 기초로 하여 다음과 같이 금융범죄를 정의하고자 한다. '금융범죄'란 '금융기관 또는 금융거래와 관련된 범죄로서, 금융거래주체 상호간의 신용 및 신뢰와 금융거래의 안전을 침해하고 궁극적으로는 국민경제질서를 위해하는 범죄'로 정의한다. 이렇게 정의를 하는 이유는 금융기관을 중심으로 금융범죄를 정의하게 되면, 금융기관이 주체가 아닌 범죄를 금융범죄로 포괄할 수 없다는 문제점이 있으며, 경제질서를 위해하는 범죄를 금융범죄라고 하면 경제범죄와의 구분이 불가능하다는 점에서 위와 같은 정의를 하는 것이 바람직하다고 생각한다.

따라서 필자의 입장에서는 금융범죄에는 다음과 같은 것이 포함된다고 할 수 있다. 우선 금융의 대상인 돈과 관련된 범죄가 금융범죄에 해당할 수 있다. 이러한 범죄로는 통화관련범죄를 들 수 있다. 여기서는 통화, 수표, 신용카드, 증권, 채권 등을 다루게 될 것이다.

다음으로 금융기관을 매개로 한 범죄이다. 여기에는 조세범죄, 보험범죄, 사이버금융범죄, 유사수신범죄 등을 다루게 될 것이다. 금융범죄의 중심적인 범죄로 근융기관의 대출담당임직원 등에 의한 부정대출도 여기서 다루게 될 것이다.

마지막으로 국민경제에 관련된 범죄가 포함될 수 있다. 여기에는 기업범죄를 다루게 될 것이다. 이러한 의미의 금융범죄는 기본적으로 경제범죄의 하위범주에 속할 수 있다고 생각된다. 그러나 금융범죄가 경제범죄와 반드시 일치하는 것은 아니다. 아래에서는 경제범죄와 금융범죄의 공통점과 차이점을 확인하여 보자.

3. 경제범죄와의 구분

자본주의 경제는 시장의 기능과 제도를 통하여 움직이면서 경제형법 내지 경제범죄(經濟犯罪)명칭이 사용되게 된 것은 비교적 최근에 사용되어 왔다. 경제범죄나 경제형법이라는 현상자체는 과거에도 존재하였다. 대부분의 범죄와 마찬가지로 인류가 공동생활을 시작한 때부터 이미 존재하고 있었고, 이에 대해 형법을 수단으로 하여 통제하려는 노력들도 오랜 전통을 갖는다.12) 즉, 중세 도시경제에서는 가격위반·매점매석 행위가 처벌되었고, 17세기 중상주의13) 하에서는 철저한 산업보호정책 하에 다양한 경제법규가 제정되어 그 위반행위를 처벌하였으며, 제 1·2차 세계대전 기간 동안에는 전시경제를 유지하기 위한 각종 법규가 제정되어 이에 위반하는 행위가 경제범죄의 중요한 부분을 차지하였다.14) 다만 그것이 현대사회에서 특히 문제가 되어 독립한 하나의 집합개념인 "경제범죄" 내지 "경제형법"이라는 범주로 다루어지는 이유는 최근 경제의 발전과 복잡화에 따라 경제제도나 경제거래를 악용하는 각종의 사회 유해적인 행태가 유형화되어 빈번하게 발생하게 됨에 따라 전통적인 형법학의 범죄분류에서 상세히 다루어지지 않던 독특한 범죄유형이기 때문이다.

따라서 이와 같은 새로운 범죄 유형에 대하여 효과적인 대책을 수립하기 위하여 그 동안 경제범죄를 정의하려는 시도가 다양하게 행해졌으나, 경제범죄는 사회구조, 경제시스템 및 기술상태 등과 불가분의 관계에 있어 이 분야의 변천 및 발전에 따라 그 내용이 변하므로 오늘에 이르기까지 보편적 합의를 얻은 개념정의는 이루어지지 않고 있다. 그 이유는 이와 같은 유형의 범죄가 전통적인 형법학에서는 중시되지 않았던 독특한 형태의 것으로서, 이를 독자적인 범주의 '범죄'로 인정할 것인가의 문제가 우

---

12) 이승희, "경제형법의 의의와 보호법익", 「우암논총」, 1997, 147-148면.
13) 15세기부터 18세기 후반 자유주의적 단계에 이르기까지 서유럽제국에서 채택한 경제정책과 경제이론이다.
14) 경제 범죄와 경제 형법의 역사에 관한 자세한 내용은 K. Tiedemann, Wirtschftsstrafrecht und Wirtschaftskriminalität, Bd.1, 1976, S.42 이하 참조.

선 제기되며, 경제범죄를 인정할 때 이에 대응되는 '경제형법'이란 무엇인가라는 문제가 역시 제기된다. 경제형법은 당시의 그 나라의 경제정책의 지도이념이 기반이 되어 성립되므로 보편성을 갖기보다는 당해 국가와 시대상황에 따라 다르며, 경제범죄 또한 특정한 범죄에 국한되는 것이 아니라 경제생활과 관련한 다양한 영역에서 발생하는 범죄를 포괄해야 하므로 경제범죄와 경제형법을 구획 짓는 일은 더욱 어렵다. 이러한 입장을 취하는 학자들은 경제범죄를 다음과 같이 정의한다. 경제범죄는 "경제거래에서 요구되는 신뢰를 위반한 초개인적 법익을 침해, 위협하는 행위나 경제적으로 중요한 지위·수단·방법 등을 불법이용하여 중대한 재산상의 손실 및 노동력의 남용 등을 초래하는 행위"라고 정의한다.15)

이러한 경제범죄 중에서 금융범죄는 다음과 같이 정의내릴 수 있다. 즉, 경제생활 등에서 요구되는 신뢰를 훼손하여 금융질서, 금융제도 등 사회적, 경제적 법익을 침해, 위협하는 범죄행위를 금융범죄라고 정의할 수 있겠다.

이러한 금융범죄의 개념정의는 특히 다음과 같은 점에서 중요한 의미가 있다. 첫째 금융범죄의 개념정의를 통하여 금융범죄가 침해하는 법익을 명확히 함으로써 이에 대한 대처방안을 보다 구체화할 수 있다. 즉, 금융범죄의 보호법익이 경제 질서 등 초개인적인 경제제도의 기능, 특히 금융제도의 기능에 있다면 이에 대응하기 위해서는 개인적인 법익을 침해하는 범죄와는 다른 방안이 모색되어야 할 것이다. 둘째 금융범죄의 개념을 명확히 함으로써 금융범죄의 실태를 좀 더 명확히 파악할 수 있다. 금융범죄도 사회현상의 하나이므로 이를 실증적으로 연구하여 실태를 파악하고 이에 대한 적절한 대책을 수립할 필요가 있다. 따라서 금융범죄의 의미를 분명히 하여 통계자료 작성시 이를 별도의 범주로 설정함으로써 그 실태를 정확히 파악하고 그에 대한 평가를 가능하게 하여 적절한 대책을 세울 수 있다. 셋째 금융범죄에 대하여 명확한 개념정의를 함으로써 이에 대응하는 경찰과 검찰의 실무에 도움을 줄 수 있다. 금융범죄는 일반범죄와는 다른 특성을 가지고 있어서 법익침해나 고의 및 증거의 발견이 어렵기 때문에 효율적인 소추와 처벌을 위해서는 구성요건을 구성하는 방식에 있어서 개인적 법익을 침해하는 범죄와 차이를 두어야 할 필요가 있으며 나아가 이러한 범죄를 전담하는 전문적인 수사기구의 구성이 필요하다. 금융범죄를 담당하는 경찰·검사를

---

15) 장영민·조관영 공저, 경제범죄의 유형과 대처방안, 한국형사정책연구원, 1993, 25면 이하.

전문화하고 그 활동영역을 확정하기 위해서는 금융범죄의 의의와 영역을 명확히 하는 것이 필요하다.

필자는 위에서도 언급하였지만, 금융범죄는 기본적으로 경제범죄라는 인식에서 출발한다. 다만 금융범죄는 경제범죄와는 다른 특징도 가지고 있다. 그러므로 우선 경제범죄 일반에 대하여 살펴보고, 금융범죄의 독특한 측면은 경제범죄와 다른 측면을 강조하는 것에 그치기로 한다.

제2절 경제범죄의 개념에 관한 논의

1. 범죄학적 접근

경제범죄에 대한 학문적 관심은 범죄학에서 경제범죄 행위자에 주목하면서부터 나타났다. 즉, 1872년 Edwin C. Hill이 범죄의 예방과 대처에 관한 런던국제회의에서 「범죄적 자본가들」 이라는 강연을 통하여, 그리고 Edward A. Ross가 1907년 「범죄인부류들」 이라는 논문을 통하여 각각 경제범죄자의 문제에 관심을 기울이면서[16] 경제범죄를 행위자의 관점에서 논의하기 시작하였다.[17] 그러나 이와 같은 연구가 시작되던 당시부터 '경제범죄'라는 용어가 사용되었던 것은 아니고, 오늘날의 경제범죄와 유사한 외연을 가진 용어로서 당시에 사용되었던 것은 '화이트칼라범죄' 또는 '직업범죄'라는 용어였다.[18][19] 이러한 행위자를 중심으로 한 경제범죄에 대하여 범죄학적 연구의 커다란 원인을 제공한 사람이 Edwin H. Sutherland이다.

그는 1939년 미국사회학회 50주년 기조연설에서 '화이트칼라 범죄(white collar crime)'라는 용어를 처음으로 사용하였고 후에 출간된 그의 저서 (white collar crime, 1949)에서, 「화이트칼라 범죄는 존경받고 높은 사회적 지위를 가진 사람이 그의 직업수행과정에

---

[16] H. J. Schneider, Wirtschaftskriminalität, in : Kriminalität und abweichendes Verhalten Bd.1, 1983, S.349.

[17] 강동범, "경제 범죄와 그에 대한 형법적 대응". 「형사정책」, 1995, 8-9면.

[18] 장영민, 앞의 논문, 13-14면.

[19] 여기서 화이트칼라범죄는 행위자 요소보다는 일정한 직무에서 이탈하여 발생하는 범죄 행위로서 직업범죄의 일종으로 파악하는 것이 옳다. 배종대, 「형사정책」, 홍문사, 1998, 231면.

서 범하는 범죄」라고 정의하여 전통적인 범죄관념과 차이가 있는 새로운 형태의 범죄 현상을 지적하였다.[20] 이어서 Clinard와 Hartung는 '직업범죄(occupational crime)'라는 용어를 제안했다.[21] 이는 정당한 직업 활동 과정에서의 법규위반행위 즉, 직업 활동의 가능성을 악용하는 범죄[22]로, 사회적 상류계층에 속한다고 할 수 있는 기업가, 경영인, 공무원 그리고 회사의 임·직원 등에 의한 범죄행위를 여기에 해당되는 행위로 보았다, 그리고 최근에는 '회사범죄(corporate crime)'라는 용어도 사용되고 있는데, 이는 회사라는 조직상의 범죄로 극히 복잡한 상호관계의 맥락 속에서 발생하는 것으로 거래제한, 세무회계상의 조작, 허위표시광고, 허위증권의 발행, 소득금액의 허위신고, 위험한 작업환경, 불량식품과 약품의 제조, 불법적인 사례비, 불법적인 정치헌금, 차별용역 관행 등이 해당된다.[23] 이러한 접근방법에 의한 정의는 범인의 사회·경제적 계층이 일반범죄의 경우와 다르고 범행방법 등이 사회에 미치는 영향 또한 크다는 점을 강조하는 일종의 '행위자 중심적' 개념 정의라고 할 수 있겠다. 그리고 이러한 의식적인 범죄주체의 강조에는 사회 비판적이고 사회 개혁적인 의도가 내재되어 있다고 볼 수 있다. 사회계층이 분화되고 업무가 전문화되면서 자신의 신분을 이용하여 재산적 이익을 취득할 기회가 증대됨에 따라 화이트칼라적인 경제범죄는 광범위하게 발생하고 있으므로 화이트칼라 범죄, 직업범죄, 회사범죄가 경제범죄가 갖는 중요한 특성들을 잘 부각시키면서 경제범죄의 중요한 부분을 차지하고 있다는 것은 부정할 수 없는 사실이나[24], 이와 경제범죄를 동일시하는 것에 대해서는 몇 가지 의문이 있다.[25] 첫째, '사

---

[20] Sutherland는 화이트칼라범죄의 개념을 미국의 제조, 광업, 상업관계의 대기업 70개사가 40년 사이에 걸쳐서 저지른 각종 법위반을 재판기록, 행정위원회의 결정집에서 수집·분석하여 도출해 냈다. 여기에 특히 염두를 둔 것은 과대사기광고, 부당노동행위, 리베이트(rebate), 금융사기, 특허권 사기 등의 범죄였다. E. H. Sutherland, White Collar Crime, 1939, p.9. ; 배종대, 앞의 책, 229면 ; 송광섭, 「범죄학과 형사정책」, 유스티니아누스, 1998, 750-751면.

[21] M. B. Clinard, Sociology of Deviant Behavior, 1968, p.296. 화이트칼라 범죄에 대한 이와 같은 정의에 대해 Quinney는 '직업과 관련한 범죄'에 역점을 두고 있으며, '상류계층의 사람'으로 한정하지 말 것을 제의하고 있다. 즉 이것은 화이트칼라범죄가 더 이상 사회적 지위가 있는 사람에게단 제한되지 않는다는 것을 의미한다(Quinney, The Study of White Collar Crime, The Journal of Criminal Law, Criminology and Police Science, 1964, p.31). 따라서 오늘날의 화이트칼라범죄의 개념은 Sutherland식의 개념 정의가 아닌 '존경받고 합법적인 직업 활동을 하는 과정에서 개인이나 집단에 의해 저질러진 법률위반'이라고 정의하고 있다. 배종대, 앞의 책, 230면. ; 송광섭, 앞의 책, 750면.

[22] S. T. Reid, Crime and Criminology, CBS College Publishing, 1985, p. 303.

[23] M. B. Clinard/P. C. Yeager/D. Petrash다/E. Harries, Illegal Corporate Behavior, in: Exploring Crime, Wadsworth, 1985, p.207.

회·경제적 높은 지위', '사회적 상류계층'이라는 용어에서 보듯이 행위자의 범위를 정하는 것은 대단히 어렵다. 이러한 기준은 매우 상대적인 기준으로 어떤 지위가 높은 지위인가는 매우 불명확하고, 업무의 성격이나 회사의 규모에 따라서 동일한 명칭의 지위에 있는 사람이라도 실제로는 대단히 상이한 사회적 지위를 갖는다. 둘째, 범죄를 행위자 중심으로 규정하는 것은 '행위형법'의 체계와는 맞지 않는다는 점이다. 물론 행위자를 중심으로 하여 경제범죄를 파악하는 것이 전혀 의미가 없는 것은 아니며, 형법에서도 행위자의 일정한 지위를 요구하는 경우가 있지만, 그것은 행위와 관련된 특수한 경우일 뿐이다. 따라서 일정한 사회계층에 속하는 행위자를 중심으로 개념정의를 시도하는 것은 범죄(사회)학에서는 의미 있는 일일 수 있지만 범죄행위 자체와 침해법익을 중심으로 범죄를 논하는 전통적인 형법학에서는 다소 수용하기 어려울 것이다.[26] 셋째, 화이트칼라범죄 개념에 의하면 경제범죄의 범위가 탄력적으로 되는 문제점이 있다.[27] 즉 화이트칼라 범죄론에 의하면 화이트칼라가 아닌 일반인에 의한 경제관련 범죄를 배제하고 있어서 그 범위가 좁은 반면 화이트칼라가 자신의 직업 활동과 관련하여 범한 모든 범죄를 포괄하므로 단순한 사기죄나 배임죄 등도 경제범죄의 범주에 포함시키게 되어 그 범위가 지나치게 넓어진다.[28] 그러므로 화이트칼라 범죄를 바로 경제범죄라고 할 수는 없고 다른 개념으로 이해하여야 한다.[29] 또한 '직업범죄', '회사범죄', '기업범죄'가 비록 경제 관련적인 내용을 담고 있다 하더라도 경제범죄와 같은 개념이 아니다.[30] 이에 대하여는 후술한다.

---

[24] D. C. Gibbons, The Criminological Enterprise, 1979, p.62.

[25] 장영민, 앞의 논문, 14면.

[26] 최정학, "독점규제법 위반행위에 대한 형사법적 대응방안", 서울대학교 석사학위 논문, 1998, 10면.

[27] G. Arzt/U. Weber, Strafrecht Besonderer Teil, LH 4: Wirtschaftsstraftaten, Vermögensdelikte(Randbereich), Fälschungsdelikte, Verlag Ernst und Werner Gieseking 1980, §§264, 256b Rn. 4.

[28] 예를 들어서 의사가 상속 때문에 환자에게 치명적인 주사를 놓는 행위도 경제범죄가 될 수 있으며, 반대로 화학공장의 노동자나 수위가 경쟁회사의 부탁을 받고 새로운 약품이나 화학품의 화학식을 사전 복사하여 건네 준 행위는 경제범죄에 해당하지 않게 된다. 강동범, "우리나라 경제형법에 관한 연구 - 형법총론의 범죄론과 관련하여 -", 서울대학교 박사학위 논문, 1994, 32면.

[29] 임웅, "경제범죄에 대한 형법적 대응-그 입문적 고찰", 「성균관 법학」, 1987, 143면.

[30] H. Otto, Konzeption und Grundsätze des Wirtschaftsstrafrechts, Zeitschrifi für die gesamte Strafrechts wissenschaft 96. Band 1984 Heft 2, S.355.

2. 수사실무적 접근

　수사실무상의 개념정의는 행위자나 행위의 특성을 고려하기 보다는 국가경제정책이나 형사 정책적 목적으로부터 경제범죄에 대한 수사와 처리라는 관점에서 경제범죄와 경제형법을 파악하려는 입장을 말한다. 우리나라도 수사실무의 편의를 위해 경제범죄를 '경제법규의 명령, 금지에 위반하는 행위 중 형벌로 처벌되는 행위'라고 이해하고 있다.[31] 외국의 경우를 보면 경찰, 검찰, 법원 등에서 각각 경제범죄의 영역을 구획하려는 시도를 하고 있는데[32], 우리나라는 아직 경제형법 위반행위를 다루는 별도의 특별법원이 설치되어 있지 않지만 수사기관인 검찰에서 이러한 시도를 행하고 있다. 우리나라의 수사실무에서 경제범죄라는 용어가 최초로 사용된 것은 일제강점기(日帝强占期)에서였다.[33] 즉, 제2차 세계대전 당시 전쟁수행을 위해 일본은 전쟁물자와 생활필수품 전반에 걸쳐 자유로운 유통·교환을 통제하고 암거래 행위를 제한하는 전시경제통제법을 제정하였는데, 이를 위반하는 행위를 '경제범죄'라 칭하였다.[34] 해방 이후 6.25 전쟁을 거치면서 생활필수품의 부족을 이용하여 폭리를 꾀하던 모리배[35]나 자립경제의 기반을 위태롭게 하던 각종 사치성물품의 밀수입행위 등을 경제범죄로 이해하였다. 그 후 1962년 대검찰청은 경제범죄의 범위를 정하는 훈령을 발하였는데, 이것이

---

31) 이선중, "경제사범의 현황과 그 대책", 「범죄백서」, 대검찰청, 1966, 236면. 참조 ; 이종원, "경제사범의 현황과 그 대책", 「범죄백서」, 대검찰청, 1965, 151면. 참조.

32) 한 예로 독일에서 경제범죄의 개념정립은 수사실무에서 최초로 경찰에 의해 시도되었다. 1963년 이래 경제범죄에 관한 학계의 논의에 영향을 받은 연방수사국은 1963년 이래 단일 부서를 설립하여 경제범죄에 관한 자료수집과 평가를 내용으로 하는 독자적인 보고서를 발간하였다. 독일 검찰은 1970년 이래 형사절차 및 과태료 절차에 관한 지침에서 경제범죄의 범위를 규정하고 있다. 이것이 근간이 되어 1970년대 초부터 경제범죄의 수사 및 소추의 효율화를 기하기 위한 중점검찰제도가 설립되었다. 사법부에서는 비교적 규모가 큰 지방법원에 전문교육을 받은 판사들로 구성된 경제형사재판부가 설치되었고, 법원조직법 제73조 c는 경제범죄를 규정함으로써 법원의 관할을 명시하고 있다. 또한 독일의 법원조직법 제74조 c는 지방법원의 경제형사부의 관할사건으로 경제특별법률(경쟁법, 상사외사법, 경제제도를 규율하는 법률, 대회경제법, 조세법, 관세법, 재정독점법) 및 경제범죄대책법에 의하여 형법에 새로이 규정된 형벌구성요건(파산범죄, 컴퓨터사기, 보조금사기, 신용사기, 투자사기) 그리고 '사건의 판단을 위하여 경제생활의 특별한 지식을 필요'로 하는 한 형법상의 사기죄, 배임죄, 절도죄, 횡령죄, 장물죄와 뇌물죄의 구성요건도 경제형법에 포함시키고 있다. 강동범, 앞의 논문, 32-33면.

33) 이종원, 앞의 논문, 340면.

34) 이종원, 앞의 논문, 341면.

35) 謀利輩: 온갖 수단과 방법으로 자신의 이익만을 꾀하는 사람, 또는 그런 무리.

경제범죄에 관한 최초의 실무상 규정으로 1월 20일자 대검찰청 훈령 제287호를 전국 검찰에 시달하여 검찰현황을 작성함에 있어 경제사범에 해당하는 26개의 법령위반을 열거하였는데, 형법상의 통화에 관한 죄를 제외하고는 모두 특별법령 위반행위였다.[36] 또한 대검찰청은 1963년도부터 범죄원표를 토대로 컴퓨터를 사용하여 「범죄백서」 등 기타의 통계를 작성함에 있어서 경제사범으로 상기 26개 법령위반 가운데 일반형법범인 통화에 관한 죄를 제외시키고 산림법위반과 임산물단속에 관한 법률위반을 추가하였다.[37] 그러나 서울중앙지방검찰청은 1964년 1월 1일부터 지방운영지침서에서 경제부의 전담취급사건은 관세법, 특정외래품판매법, 조세범처벌법, 외환관리법, 외자관리법, 물가조절에관한임시조치법, 부정수표단속법, 연초전매법, 마약법이라고 특정하여 시행하였다.[38] 그 후 1972년 1월 27일 법무부가 각종범죄의 분류기준을 정하여 검찰에 시달하면서 경제사범의 해당죄명을 40개로 확대하였고[39] 1977년 12월 24일 법무부 훈령 제69호인 검찰통계사무규정[40]은 주요범죄의 분류기준의 하나로 경제범죄를 들고 그것에 해당하는 범죄를 규정하였다. 그 후 1989년 6월 19일 법무부 훈령 제222호는 경제범죄에 해당하는 범죄로 52개를 열거하고 있다.[41] 이와 같은 경제범죄의 범

---

36) 경제범죄로 열거된 26개의 범죄는 통화에 관한 죄, 관세법위반, 조세범처벌법위반, 연초전매법위반, 수산업법위반, 군정법령 제93호(외국과의 교역통제)위반, 광업법위반, 미곡관리법위반, 국내재산도피방지법위반, 국유재산관리법위반, 군정법령 제188호(석유통제)위반, 중앙도매시장법위반, 어업법위반, 어업자원보호법위반, 무역법위반, 외자관리법 위반, 비료단속법위반, 홍삼전매법위반, 부정수표단속법위반, 금에 관한 임시조치법위반, 농어촌고리채정리법위반, 특정외래품판매금지법위반, 기부금품모집금지법위반, 이식제한령위반, 잠업법위반이다. 강동범, 앞의 논문, 33면. ; 장영민, 앞의 논문, 15면. 참조.
37) 이선중, 앞의 논문, 23면.
38) 이종원, 앞의 논문, 151면.
39) 40개의 죄명에 대하여는 이종원, 앞의 논문, 342면. 참조.
40) 검찰통계사무규정은 검찰통계사무의 처리에 관한 사항을 규정한 법무부 훈령으로서, 동 규정은 1977. 12. 24. 법무부 훈련 제 69호로 제정된 이후에 1979년(법무부 훈령 제83호), 1981년(법무부 훈령 제110호), 1983년(법무부 훈령 제 145호) 및 1989년(법무부 훈령 제222호)에 걸쳐 4번 개정되었다. 동 규정은 주요범죄의 분류기준으로 1. 공안사범, 2. 병역사범, 3. 직무와 관련된 공무원범죄, 4. 경제사범, 5. 보건범죄, 6. 강력사범, 7. 퇴폐방조범, 8. 교통사범, 9. 기타 수시로 지정되는 범죄를 규정하고 있다.
41) 경제범죄로 열거된 52개의 범죄는 1. 통화에 관한 죄, 2. 유가증권, 우표와 인지에 관한 죄, 3. 관세법위반, 4. 조세범처벌법위반, 5. 담배전매법위반, 6. 감·관리법위반, 7. 수산업법위반, 8. 수산자원보호령위반, 9. 외국환관리법위반, 10. 미곡관리법위반, 11. 국내자산도피방지법위반, 12. 국유재산법위반, 13.석유사업법위반, 14. 농수산물유통 및 가격안정에 관한 법률위반, 15. 외환도입법위반, 16. 무역거래법 위반, 17. 외환관리법위반, 비료관리법위반, 19. 홍삼전매법위반, 20. 부정수표단속법위반, 21. 특정외래품판매금지법위반, 22. 이자제한법위반, 23. 물가안정 및 공정거래에 관한 법률위반, 24. 시장

위의 확대는 경제규모가 확대됨에 따라 범죄로써 단속해야만 하는 불법적인 경제활동도 그 만큼 많아졌다는 우리나라의 경제사정의 변화에 따른 것이다. 특히 1983년 12월 31일 제정하여 다음해 1월 1일부터 시행한 "특별경제범죄가중처벌등에관한법률"은 우리나라에서 '경제범죄'라는 용어를 최초로 사용한 실정법으로 경제범죄를 다른 범죄와 구별하여 취급할 필요가 있다는 것을 보여주었다.42)

그러나 이러한 수사실무상의 정의는 경찰·검찰 그리고 법원의 사건처리나 일정한 통계수치를 위해 형식적인 관점에서 특정 실정법률 내지 일정피해액을 기준으로 하고, 실질적인 관점에서 사건의 판단을 위하여 경제생활의 특별한 지식을 기준으로 경제범죄를 정의하기 때문에43) 경제범죄의 개념과 범위는 그 당시의 경제정책이나 형사정책에 의존하게 되므로 경제생활과 관련하는 특별형법 위반행위는 모두 경제범죄에 포함된다. 따라서 경제범죄를 정의하기 위하여 결국 '경제관련 특별형법(경제형법)'을 어떻게 판단하는가가 선결문제로 되고, 경제형법의 개념자체가 '경제범죄'의 개념과 표리의 관계에 있어 순환론에 빠질 우려가 있다.44) 또 이러한 개념정의는 단지 수사실무의 편의에 입각하여 정해진 것이어서 경제범죄를 이론적으로 확정 짓는 데는 문제가 있다.45) 결국 이는 직접적인 개념정의가 아닐 뿐만 아니라 형사정책적인 고려가 우선적으로 취해지고 있다는 문제점이 있다.

법위반, 25. 수산업협동조합법위반, 26. 농업협동조합법위반, 27. 중소기업협동조합법위반, 28. 은행법위반, 29. 각종특수은행법위반, 30. 보험법위반, 31. 계량법위반, 32. 건설업법위반, 33. 공산품질관리법위반, 34. 상표법위반, 35.특허법위반, 36. 의장법위반, 37. 실용신안법위반, 38. 전기사업법위반, 39. 중기관리법위반, 40. 고압가스안전관리법위반, 41. 석탄수급조정에 관한 임시조치법위반, 42. 상호신용금고법위반, 43. 신용협동조합법위반, 44. 증거거래법위반, 45. 전기용품안전관리법위반, 46. 에너지이용합리화법위반, 47. 부정경쟁방지법위반, 48. 독점규제 및 공정거래에 관한 법률위반, 49. 사료관리법위반, 50. 금융실명거래에 관한 법률위반, 51. 주식회사의 외부감사에 관한 법률위반, 52. 특정경제범죄가중처벌 등에 관한 법률위반이다. 강동범, 앞의 논문, 34면. 참조.

42) 강동범, 앞의 논문(주 5), 11-12면 참조. 특정경제범죄가중처벌법의 내용과 경제범죄개념과 관련한 한계에 관하여는 아래의 별도 항에서 다룬다.

43) 강동범, 앞의 논문(주 16), 3면.

44) 경제형법이란 경제와 관련한 특별법 즉 경제법의 형벌규정을 의미하므로 경제형법 확정의 문제는 결국 경제법확정의 문제로 귀착된다. 그러나 경제법을 어떻게 이해할 것인가에 대해서는 우리나라 경제학자 사이에서도 많은 논란이 있는 실정이다.

45) 이러한 시각에서 우리나라의 수사실무나 언론에서는 '경제범죄'라는 용어 대신에 '경제사범'이라는 용어가 자주 사용되고 있으나 경제사범이라는 표현은 소극적으로 현행법규에 대한 위반행위의 규제라는 단속적 측면이 강할 뿐 당해 위반행위의 불법성이나 사회적 유해성은 나타내지 못하는 문제점이 있다. 신동운, 「환경범죄의 현황과 대책」, 한국형사정책연구원, 1990, 9면.

3. 형법 이론적 의미

이는 경제범죄를 형법이론의 틀 속에서 정의하려는 시도로 전통적인 형법이론에 의하면 범죄란 일정한 보호법익을 침해하는 행위이므로 경제범죄의 경우에도 어떠한 법익을 침해하느냐 라는 문제로 판단하여야 한다는 것이다. 즉, 경제범죄는 '경제질서 전체 또는 개개의 경제제도를 침해하거나 위태롭게 하는 행위'라고 보아 초개인적 경제질서 자체를 보호법익으로 하고 있다고 한다. 그러나 이러한 질서 내지 각 제도는 개개인의 신뢰 위에 존립하는 것이므로 이러한 입장에서 경제범죄를 정의하여 본다면 '경제생활과 경제거래에서 요구되는 신뢰를 깨뜨림으로써 사회적 혹은 초개인적 법익으로서의 경제질서 내지 개개의 경제제도를 침해하거나 위태롭게 하는 행위'라고 정의한다.46) 이와 같은 개념 정의가 현재 독일의 다수설의 입장을 차지하고 있다.47)

한편 K. Tierdemann은 이러한 정의를 토대로 하여 경제범죄를 두 가지로 나누어 설명하고 있는데, 경제범죄를 '본래의 의미'와 '넓은 의미'로 해석하는 것이다. '본래적 의미'의 경제범죄란 경제행정법에 구현된 사회적 법익, 즉, 국가경제의 지도 원리나 입법이념을 침해하는 행위로 경제행정법 위반행위, 즉, 자유시장경제 방해 행위(독점규제법, 물가조절법 등 위반행위), 국가재정에 대한 침해행위(조세범처벌법, 관세법, 정부보조금법 등 위반행위), 외화불법유출 및 불공정무역거래행위(외환관리법, 무역법 등 위반행위) 등을 말한다. 이에 대하여 '넓은 의미'의 경제범죄는 재산범죄이지만 그것이 동시에 초개인적인 성격을 가지는 경우에는 경제범죄의 범주에 포함시킬 수 있다는 것으로 첫째, 은행이나 보험회사와 같이 국민경제 전체에 관계되는 기관을 대상으로 하는 범죄행위가 포함된다고 본다. 따라서 이러한 기관들을 상대로 행해진 사기나 배임행위는 초개인적 성격을 갖게 되고 경제범죄의 범주에 포함시킬 수 있다는 것이다.48) 둘째, 개별적인 회사나 소비자를 상대로 하는 범죄라 하더라도 그것이 연속적으

---

46) H. Otto, a.a.O., S.342.

47) 장영민, 앞의 논문, 17면.

48) 이 같은 정의를 기초로 하여 독일 제1차 경제범죄방지법(WiKG)에 신용사기죄가 신설되었다. 동 규정은 자신 또는 타 기업의 신용과 관련하는 경제상황에 대한 부정한 혹은 불완전한 자료(손익계산서, 대차대조표 등)를 회사나 기업 등에 제출하는 자'를 추상적 위험범으로 처벌하도록 하고 있다. 장영민, 앞의 논문, 18면.

로 행하여져서 그 피해액이 대량화되거나 또는 경제거래를 위한 문서가 재산범의 실현을 위한 수단으로 불법 이용되는 경우도 경제범죄에 포함시킬 수 있다고 한다. 전자의 예는 수표 및 어음사기를 들 수 있고, 후자의 예로는 회계범죄를 들 수 있다.[49]

　경제범죄를 이처럼 법 이론적으로 접근하는 것은 형사정책적인 측면과 형법이론적인 측면을 결합함으로써 경제범죄를 파악한다는 점에서 큰 의미가 있으며, 그 나름대로 체계적인 것처럼 보이나 이와 같은 개념정의에 대해서도 몇 가지 문제점이 제기되고 있다. 첫째는 개념 정의의 불명확성이다. 예컨대 '경제생활에서 요구되는 신뢰의 침해'나 '사회적 내지 초개인적 법익'과 같은 말들은 추상적인 내용으로 가해자와 피해자 사이에서 구체적으로 파악될 수 있는 것이 아니라서 관련 사건에서 그 기준을 제시하기 어려운 추상성을 가지고 있음을 부인하기 어렵다. 그러므로 이러한 불명확성 때문에 형법 이론적 개념정의는 수사실무에서 활용되기 어렵다는 문제가 있다. 둘째로 이와 같은 개념의 불명확성으로 인하여 경제범죄의 범위가 지나치게 넓어질 가능성이 있다. 경제생활과 관련한 초개인적인 법익이 넓게 인정된다면 경제범죄가 폭주하여 경제범죄의 인플레이션 현상이 초래될 위험이 있다.[50]

　이와 같은 비판에 대하여 다음의 두 가지로 나누어 검토해 볼 필요가 있다. 먼저 법익으로서 '경제거래에서 요구되는 신뢰'와 관련한 문제로 이때의 신뢰란 행위자-피해자간에 확정할 수 있는 구체적인 신뢰의 문제가 아니라 경제질서 및 경제제도와 관련한 추상적 신뢰를 의미한다. 따라서 그 개념이 불명확해질 가능성이 있다. 그러나 경제분야에서 제도적인 신뢰를 보호해야 하는 이유는 경제거래에서 기대 및 이익에 대한 전망이 어렵게 되고, 위험에 대한 예측이 불가능하게 되는 것을 방지하기 위한 것이다.[51] 법익에는 사회 내에서의 개인의 생명·재산뿐만 아니라 사회질서의 안정을 위한 제도적 기능이 포함된다. 법익 개념이 사회 내에서의 사회윤리적 선가치(Vorwertung)를 내포하는 것이라면 개인이 아닌 전체로서의 사회공존을 가능케 하는 제도적 기능이 법익으로 보호되어야 한다.[52] 문서위조죄에서 문서에 대한 공공의 신용

---

49) K. Tiedemann, Wirtschaftsstrafrecht - Einfürung und Ünersicht, Juristische Schulung 1989 Heft 9, S.690.

50) H. J. Lampe, Wirtschaftsstrafrecht, HdWW, 1982, S.311ff., H. Otto, a.a.O., S.343.

51) N. Luhmann, Vertrauen, Ein Mechanismus der Reduktion sozialer Komplexität 1973, S.99. ; H. Otto, a.a.O., S.342.

52) 장영민, 앞의 논문, 20면.

이, 위증죄에서 국가의 사법기능이 보호법익인 것처럼 경제범죄영역에서 경제거래에서 요구되는 신뢰, 즉 경제제도의 기능이 보호법익이 되는 것은 자연스런 귀결이라 할 수 있다. 둘째, 초개인적인 법익의 양산으로 인한 형벌범위의 확대에 관한 문제로 초개인적인 법익을 인정한다 하더라도 이에 대한 침해 자체가 곧 가벌적인 것은 아니다. 보호가치가 있는 법익의 침해행위가 처벌되기 위해서는 행위가 처벌의 가치, 즉 당벌성이 있고, 처벌의 필요성이 있어야 한다. 당벌성이란 범죄행위에 대한 법익공동체의 불승인 내지 사회윤리적 비난을 의미한다. 따라서 당벌성 여부는 사회가 지향하는 가치, 국민의 법감정, 사회적 유해성 등에 따라 결정된다. 형벌필요성이란 형벌이 범행으로부터 사회를 보호하고 법질서를 유지하기 위한 불가결한 수단이라는 것을 의미한다. 따라서 형벌필요성은 사회가치적인 것이라기보다는 형벌권 행사에 관한 국가정책적인 목적과 관련을 갖는다.[53] 경제영역에서 초개인적인 법익이 침해된다 하더라도 형법이외의 다른 법적 수단으로 법익보호가 가능하거나, 형벌의 실효성이 없을 경우에는 형벌의 필요성이 존재하지 않게 된다. 따라서 '신뢰'라는 법익개념의 불명확성과 초개인적인 법익의 양산으로 인한 형벌범위의 확대만으로 경제범죄에 대한 법 이론적 정의를 제약할 수는 없다. 오히려 경제질서 및 경제제도적 기능을 보호하기 위해 초개인적인 법익을 인정하고 형사절차에서 당벌성과 형벌필요성에 의해 형벌권을 제한하는 것이 바람직하다고 생각된다.

4. 특정경제범죄가중처벌등에관한법률

우리나라에서는 1980년대 대형경제범죄사건[54]이 연속적으로 발생하여 우리나라의 경제질서에 큰 혼란을 초래하였음에도 불구하고, 이들 범죄에 대하여 그 손해액과 피해범위에 상응한 처벌법규가 마련되어 있지 않았다. 따라서 경제범죄에 효율적으로 대응하고 피해액에 따른 양형의 합리화를 기하기 위해 1983년 12월 31일 법률 제3693호로 "특정경제범죄가중처벌등에관한법률"(이하 '특경법'이라 한다.)을 제정하였고, 동법

---

53) H. Otto, a.a.O., S.348.
54) 1980년대 초 발생한 대표적인 대형 경제범죄사건으로는 장영자·이철희 어음사기사건, 명성사건, 영동개발진흥사건, 범양상선사건 등이 있다. 위 범죄로 인한 피해액은 최소 수백억 원에서 최고 수천억 원에 이르고 있으며, 그 피해자도 수천 명에 달했다.

의 시행을 위하여 1984년 3월 12일에 시행령을 제정하였다. 우리나라의 실정법 중 경제범죄라는 용어를 최초로 사용한 특경법은 경제질서를 확립하고 나아가 국민경제의 발전에 이바지 함을 목적으로 한다고 규정하고(제1조) 종래 행법과 특별형법에서 처벌되던 몇몇 재산범죄 및 기타 범죄 가운데 그 이득액이 일정액 이상인 범죄와 일정한 금융기관 임·직원의 직무와 관련된 수뢰죄, 일반인의 금융관련 불법행위 등을 경제범죄로 규정하여 처벌하고 있다.[55] 특경법에 나타난 경제범죄의 내용은 다음과 같다.

첫째, 종래 형법 및 특별형법에 의해 처벌되던 범죄를 일정액 이상의 이득액을 기준으로 경제범죄로 인정하여 가중처벌하고 있다. 구체적으로 살펴보면 ① 사기·공갈·상습사기와 상습공갈·횡령·배임·업무상 횡령과 업무상 배임의 이득액이 5억 원 이상인 경우에는 경제범죄로서 가중처벌하고 있다(특경법 제3조).[56] 이것은 재산범죄라 하더라도 그 이득액이 다액인 경우에는 단순한 개인적 법익의 침해를 넘어서 국민경제에 피해를 입히기 때문에 단순한 재산범죄로 처벌하는 것은 형평에 맞지 않는다는 점에 기초하고 있다고 생각된다.[57] ② 재산국외도피죄의 도피액이 5억 원 이상인 경우에 경제범죄로서 가중처벌 되며, 그 미수범도 처벌된다(동법 제4조). 우리나라의 경제가 국제화되면서 국내의 재산 또는 국내에 반입되어야 할 재산을 국외에 도피시키는 행위는 국내재산도피방지법 또는 외국환관리법에 의해 처벌되나 그 도피액이 과다이기 때문에 특경법 제4조에 의해 가중처벌 된다.[58] ③ 무인가단기금융업[59]의 수수료액이 1억 원 이상인 경우에는 경제범죄로서 가중처벌된다. 재경경제부장관의 인가를 받지 않고 동종의 영업행위를 하는 경우에는 본래 단기금융업에 의해 처벌되지만, 과다이득을 취할 경우 단기금융법에 의해서는 그 처벌이 적절하지 못하기 때문에 특

---

[55] 그러나 몇몇 범죄만을 대상으로 하고 그 이득 내지 피해규모가 경제범죄 여부를 결정하는 하나의 기준이 되어 이는 특경법이 경제범죄라는 일반적인 개념을 전제로 한 것으로는 보이지 않는다. 최정학, 앞의 논문, 18면.

[56] 동법 제3조에 의하면 재산범에 의한 이득액이 5억 원 이상인 경우 형법보다 형기를 상향하고 있는바, 이득액이 5억 원 이상 0억원 미만인 경우 3년 이상의 유기징역, 50억 원 이상인 경우 무기 또는 5년 이상의 징역에 처하고 있다. 그리고 양자 동이 이득액 이하에 상당하는 벌금을 병과 할 수 있다.

[57] 강동범, 앞의 논문, 40면. 참조. ; 장영민, 앞의 논문, 21면. 참조.

[58] 도피액이 5억 원 이상 50억원 미만인 때에는 5년 이상의 징역에 처하고, 도피액이 50억 원 이상인 경우에는 무기 또는 10년 이상의 징역에 처한다.

[59] 단기금융업이란 6월 이내에 만기가 도래하는 어음 및 기타 채무증서의 발행·할인·매매·인수·보증을 의미한다.

경법에서 이를 가중하여 처벌하고 있다.[60]

둘째, 범죄주체의 확대이다. 특경법은 금융기관 임·직원의 직무와 관련된 금품수수행위 등을 경제범죄로 간주하고 있다(특경법 제5조, 제8조, 제9조 제3항). 종래 공무원 또는 중재인만이 형법상 뇌물죄의 주체였으나 행정이 광역화되고, 금융기관 등 정부관리업체가 사실상 정부의 역할을 분담하는 기능이 늘어나면서 그 직원에 대하여 공무원에 준하는 취급을 할 필요성이 생기게 되어 금융기관[61]의 모든 직원의 직무관련금품수수 등을 경제범죄로 규정하고 있다.

셋째, 특경법은 일반인의 금융기관 관련 불법행위를 경제범죄로 규정하고 있다. 즉 금융기관 임·직원의 직무 관련 금품수수행위와 필요적 공범관계에 있는 일반인의 행위를 처벌 (특경법 제6조)하는 외에도 금융기관의 임·직원의 직무에 속하는 사항에 관한 일반인의 알선수재행위(특경법 제7조)와 저축 관련 부당행위(특경법 제9조 제1항과 제2항)를 경제범죄로서 처벌하고 있다.

넷째, 몰수·추징대상의 확대와 취업제한 등 형벌의 확대이다. 즉, 국외도피재산에 대해 몰수 및 추징을 가능하게 하였고, 금융기관의 임·직원이 대출의 대가 내지 사례로 받은 수수료(소위 커미션)도 몰수·추징의 대상으로 하고 있다(특경법 제10조). 또한 특경법상의 재산범죄, 재산국외도피 및 금융기관 임·직원의 수재죄로 유죄판결을 받은 자는 유관 기업체에 일정기간 취업이 제한된다(특경법 제14조). 특경법은 경제범죄에 대한 이론적 연구에 기초해서 제정된 법률이 아니라 1980년대의 급속한 경제발전에 의해 사회·경제적으로 문제되었던 특정한 범죄를 대상으로 하거나, 문제 범죄에 대한 가중처벌의 필요성과 일정한 신분자에 대한 처벌의 필요성만을 고려하여 입법이 이루어 진 것으로 경제범죄를 포괄하는 타당한 일반적인 개념정의를 도출해 내는 것은 어렵고, 특별형법상의 대부분의 경제범죄는 특경법에 포함되지 않는 문제점이 있다.

그러나 이러한 한계에도 불구하고 특경법은 경제범죄의 개념정의에 유용한 몇 가지 중요한 도움을 제시하고 있다. 첫째, 특경법은 제1조에서 경제질서를 확립하고 국민경

---

[60] 수수료 액이 년 1억 원 이상 10억원 미만인 때에는 1년 이상의 유기징역에 처하고, 수수료 액이 년 10억 원 이상인 때에는 3년 이상의 유기징역에 처한다.

[61] 금융기관의 개념에 관하여는 특정범죄가중처벌등에관한법률 제2조 제1호 참조.

제에 이바지함을 목적으로 하고 있다고 규정하고 있다. 이것은 특경법이 개인적·구체적 재산보호가 아니라 경제질서의 보호를 지향하고 있음을 나타낼 것으로 경제제도의 기능수행이라는 초개인적·추상적 법익이 보호되고 있다는 데에서 출발하고 있다.

둘째, 특경법은 이득의 규모가 큰 사기·횡령·배임 등과 같은 개인적 법익 보호에 관한 범죄라도 그 이득액의 정도에 따라 경제범죄에 포함시킬 수 있도록 하고 있다. 물론 그 이득액이 다액이라 해서 반드시 경제질서의 적정한 기능을 위태롭게 라는 것은 아니다 라는 문제와 가중처벌 되지 않는 일반 재산범죄의 한계를 어디까지 할 것인가의 문제에 관하여 논란의 소지가 있으나, 사기·횡령·배임으로 인한 피해액의 정도가 경제범죄를 인정하는 기준으로 중요한 역할을 할 수 있음을 보여주고 있다.

셋째, 특경법은 경제범죄가 화이트칼라나 일정한 지위에 있는 자에 의해서만 범해지는 범죄, 즉 신분범인 것만은 아니라는 점을 보여주고 있다. 동법은 국민경제생활과 밀접한 관련을 가지는 금융기관, 즉 은행·보험·증권회사 등에 대한 금품수수 등 불법행위를 경제범죄로 취급하고 있다. 또한 이것은 반드시 그 주체가 기업인이나 상인 등과 같이 경제적 이익의 획득을 목표로 하는 자인 신분자에 국한되는 것은 아니며, 일반인의 경제질서 또는 경제제도의 적정한 기능을 침해하는 불법행위가 경제범죄에 포함시킬 수 있음을 보여주고 있는 것이다.

5. 경제범죄와 구별되는 금융범죄

금융범죄도 기본적으로는 경제범죄에 해당된다. 그러므로 경제범죄에 대한 정의는 기본적으로 금융범죄의 정의에 사용할 수 있다. 그러나 금융범죄는 경제범죄 중에서 금융과 밀접한 관련을 가진 것이라는 측면을 강조하면 금융범죄는 다음과 같은 구체성을 가질 수 있다.

우선 금융범죄는 '금융'과 관련을 맺고 있는 범죄라는 것이다. '금융'이 무엇인가는 이 책의 첫머리에서 검토하여 보았다. 이를 상기하여 일반적으로 언급하면 결국 '돈'과 관련을 맺고 있는 범죄라고 단순하게 생각하여도 될 것이다. 물론 '돈'의 의미가 무엇인가에 대하여는 다시 구체적인 검토를 요하겠지만, 필자는 일반적으로 우리가 사용하는 의미에서 돈의 의미로 사용하려고 한다. 이러한 측면에서 경제범죄라는 추상적인 개념보다는 구체성을 띤다고 생각된다.

또한 금융범죄는 '금융기관'과 관련을 맺고 있는 범죄라는 점을 들 수 있다. 이러한 입장에서는 금융기관이 범죄의 주체가 되는 범죄라고도 생각할 수 있고, 금융기관을 매개로하는 또는 금융기관을 주무대로 하는 범죄라고도 할 수 있다. 이러한 구체적인 금융기관을 상정한다는 점에서 경제범죄보다는 구체성을 가진다고 할 수 있다. 이러한 입장에서 금융기관을 이용하는 기업의 범죄는 이러한 항목에서 검토할 수도 있다. 그러나 금융기관을 이용하는 기업범죄는 국민경제에 보다 큰 영향을 미친다는 점에서 극민경제와 관련된 금융범죄로 분류하여 검토하는 것이 보다 타당하다고 생각한다. 이러한 입장에서 필자는 '금융범죄'란 '금융기관 또는 금융거래와 관련된 범죄로서, 금융거래주체 상호간의 신용 및 신뢰와 금융거래의 안전을 침해하고 궁극적으로는 국민경제질서를 위해하는 범죄'로 정의한다.

제3절 금융범죄와 유사개념

실무상의 필요에 따라 금융범죄와 그 성격이 유사한 것으로서 분류·사용되는 범죄군에는 화이트칼라 범죄, 재산범죄, 기업범죄, 조직범죄 등을 들 수 있는데, 본 절에서는 이들에 대한 개념 및 금융범죄와의 관련성에 대해 살펴보기로 한다.

1. 재산범죄

재산범죄는 개인의 재산권을 보호법익으로 하는 범죄로서 형법 제37장 이하에서 규정한 범죄를 말한다.[62] 이 중 침해법익 및 수법에 있어 금융범죄와 가장 유사성을 나타내는 범죄는 사기죄와 배임죄이다. 금융범죄는 보통 재물자체의 영득을 목표로 하는 경우는 드물고, 재산상 이익의 취득을 목적으로 하며, 수법이 기망을 이용하거나 경제활동에서 자신에게 위임된 권리를 남용하여 범행이 이루어지는 경우가 많기 때문이다. 그러나 사기·배임죄와 금융범죄의 구분은 법익침해의 정도에 의해 구분될 수 있다.

---

[62] 김일수·서보학, 새로쓴 형법각론, 제6판, 257면.

형법상의 사기·배임죄는 타인의 재산을 침해하는 행위에 대해 그 행위태양에 따라 적절한 형벌을 과하도록 규정함으로써 개인의 재산권을 보호하고 있다.[63] 물론 금융범죄가 간접적으로 개인의 재산권을 침해하는 결과를 초래한다는 것을 부정할 수는 없으나 현실적으로 발생하는 피해가 일반대중에게 전가되어 나타나거나, 경제구조 및 경제기능 자체를 해하는 것이 가장 큰 해악으로 나타나고 있다. 결국 재산범죄는 자본주의 경제의 기초인 소유권이라는 정적 측면을 보호하기 위한 것이라 할 수 있는 반면 금융범죄는 이를 기초로 하여 움직이는 경제의 동적 측면을 규제하는 것이라 할 수 있다.[64]

2. 조직범죄

조직범죄(Organized Crime)란 다수인으로 구성된 조직이 경제적 이익을 목적으로 내부통솔체제를 갖추고 지속적으로 불법행위를 하는 것을 의미한다.[65] 조직적 갈취범(Racketeering)이나 위법한 기업조직체인 범죄 신디게이트는 조직범죄의 전형이라 할 수 있다. 합법적 조직(기업)이라 할지라도 부정한 수단을 행사하는 조직도 조직범죄에 포함시킬 수 있다.[66]

조직범죄는 영리를 목적으로 하고, 수법이 조직적·전문적으로 이루어지며, 행위가 반복적·지속적으로 이루어진다는데 금융범죄와 유사성이 있다. 그러나 조직범죄가 전문가에 의해 그리고 조직을 통해 이루어진다 하더라도 그 내용에 있어서는 금융범죄와 차이가 있다. 조직범죄는 전문적 지식을 가진 사회적 상류계층으로 구성되었다기보다는 전문테크닉을 가진 하류계층의 사람들로 구성되고, 이를 조종하는 지도자도 범죄세계에서 성장한 보스인 경우가 많으며, 상하명령체계를 갖추고 있다. 이에 비하여 금융범죄는 상하명령체계보다는 전문지식을 상호교환 보완하기 위해 상호 대등한 관

---

[63] 사기죄에 관하여는 김일수·서보학, 전게서, 412-413면 참조. 배임죄에 관하여는 김일수·서보학, 전게서, 474면 참조.

[64] 이러한 입장을 취하는 문헌으로는 경찰대학, 지능범죄 수사론, 2006, 10면 참조. 이와는 반대로 재산범죄를 경제범죄에 포함시켜야 한다는 견해로는 이천현, 경제범죄의 새로운 양상과 대응방안, 한국형사정책연구원, 2002. 가 있다.

[65] E. H. Sutherland/F. R. Cressey, Criminology, 9 Aufl. 1974. p.200.

[66] 장영민, 앞의 논문, 28면.

계에서 조직이 구성된다. 조직범죄는 생계를 유지하기 위한 영리목적인 경우가 많으나 금융범죄에 있어서처럼 경제적 부를 창출하여 재투자의 재원으로 삼고자 하는 것은 아니다. 금융범죄에서는 수법이 대부분 기망의 방법이 이용되는 데 반하여 조직범죄는 기망 뿐 아니라 공갈, 폭력 등의 방법이 더 많이 이용되고 있다.

3. 기업범죄

기업범죄[67]란 협의로 기업이 주체가 되는 범행이고, 광의로는 그 이외에 기업이 피해자 또는 범죄의 수단이 되거나, 기업의 고용인이 그 주체가 되거나 기타 기업의 장부 등이 수사의 대상이 되는 범행, 즉 기업의 설립, 활동 및 소멸과정에서 발생하는 범법행위를 의미한다.[68] 기업은 금융범죄나 화이트칼라 범죄에 있어 많은 경우 행위의 주체가 되고, 기업과 직·간접으로 관련이 없는 범행은 거의 없으므로, 기업범죄는 금융범죄와 많은 유사성을 가진다. 무엇보다 기업범죄는 법인이나 법인기관·조직에 의해 이루어지므로 이로 인해 몇 가지 범죄적 특성을 갖는다. 그 중 가장 대표적인 특징은 범죄자의 피해의식과 피해자의 피해감정이 희박하다는 점이다. 이러한 현상은 기업이 영리를 목적으로 설립되었으며, 경제거래로 발생하는 피해를 경제거래의 실패 정도로 이해하는 일반인의 인식에 기인한다. 또 기업범죄에서는 범행이 조직과 관련하고 있어서 책임의 소재를 파악하기 어렵고, 기업은 자연인이 아니므로 처벌의 효율성을 달성하기가 어렵다는 특성을 가진다. 이와 같은 특성을 가지는 기업범죄의 유형으로는 법인세의 포탈, 회사의 설립사기, 파산범죄, 허위광고, 증권투자범죄, 독점범죄, 등이 있다. 이런 점으로 미루어 기업범죄는 금융범죄와 구분이 어려울 정도의 유사성을 가지며, 대부분의 기업범죄는 금융범죄에 포함된다고 볼 수 있겠지만 양자가 일치하는 것은 아니다. 즉, 범행주체가 기업이라 하더라도 그 침해법익이 초개인적인 것이 아니고, 사기·횡령 등 개인적인 경우는 금융범죄라 할 수 없다. 또 법인의 대표나 기

---

[67] 기업범죄는 기업의 비자금이나 범죄, 탈세, 뇌물 따위와 관련된 정당하지 못한 돈을 여러가지 방법으로 정당한 돈처럼 탈바꿈하여 자금 출처의 추적을 어렵게 하는 일을 말한다.
　　기업범죄에 관한 자세한 것은 김운곤, "기업범죄의 형사책임에 관한 연구", 조선대학교 대학원 박사학위 논문, 1997. 참조.

[68] B. Schünemann, Strafrechtsdogmatik und kriminologische Grundlagen der Unterne-hmenskriminalität, wistra 1982, S.41.

관의 행위라도 그것이 개인 자격으로 한 행위는 금융범죄라 할 수 없다. 마지막으로 기업의 행위라 하더라도 그 내용이 영업활동에 있어 영리 및 반사이익을 목적으로 한 것이 아니고, 산재사고 등 영업이익과 관계없이 이루어지는 범행은 금융범죄라 할 수 없다.[69]

4. 화이트칼라 범죄

화이트칼라 (White collar)범죄는 용어 자체에서 알 수 있듯이 흰 와이셔츠를 입고 넥타이를 맨 식자계층의 자가 이욕적인 동기에서 자기의 직무와 관련하여 범하는 범죄를 지칭한다. 따라서 동 계층의 사람이 그의 직업과 관련 없는 방법으로 범행을 할 경우에 화이트칼라 범죄에서 제외된다. 이는 하류생활자들이 최저생활의 유지를 위하여 빈곤이 동기가 되어 범하는 범죄와 구별하기 위한 개념이다.[70] 이에 대하여 금융범죄는 경제거래에서 요구되는 신뢰를 위반한 초개인적인 법익을 침해하는 범죄를 말한다. 따라서 금융범죄의 개념에는 동법익을 침해하는 하류계층의 범행뿐만 아니라 사회적 중·상류계층에 의한 범행도 포함된다. 후자의 경우에는 정상적인 경제거래 영역에서 활동하는 경제인이 자신의 직무수행과 관련하여 범행을 하게 되므로 화이트칼라 범죄와 여러 면에서 공통점을 가진다. 첫째는 범인이 정치·경제 분야에서 지도적 지위를 차지하고 있거나, 이들과 결탁하여 범행하는 자로서 사회·경제적으로 중·상류 부류에 속하는 자라는 점이고, 둘째는 범죄가 사회적으로 정당하다고 생각되는 업무활동을 수행하는 과정에서 이루어진다는 점이다. 이러한 행위는 자기의 지위와 권한을 이용하거나, 자기에 대한 신임을 배반하여 영리를 취하는 것을 목적으로 하므로 지능적·조직적·권력적·신분적·이욕적·은폐적인 특징을 갖는다. 금융범죄와 화이트칼라 범죄가 신분 및 행위 특성에 있어 많은 유사성을 가짐에도 불구하고 양자가 동일시 될 수 없는 차이점이 있다. 첫째, 화이트칼라 범죄 중에는 금융범죄가 아닌 범죄가 존재한다. 예컨대 고급공무원이 부하직원의 승진 또는 신규채용과 관련하여 뇌물을 수수하는 행위는 한편으로 화이트칼라 범죄에 해당하나 금융범죄는 아니다. 둘째, 금융

---

[69] 박강우, "기업범죄의 현황과 정책분석", 한국형사정책연구원, 1999. 23면.
[70] 장영민, 앞의 논문, 25면.

범죄 중에는 화이트칼라적 성격이 없는 범죄도 존재한다.[71] 예컨대 도벌 및 밀조행위 등은 금융범죄 중에서 사회·경제적 하류계층에 속하는 사람들이 자신의 생계를 위한 수단으로 범행하는 곤궁범적 성격의 범죄이다.[72] 따라서 화이트칼라 범죄와 금융범죄는 유사하지만 구별되는 개념이다.[73]

제4절 금융범죄의 특성

금융범죄에 있어서는 원칙적으로 경제인이 행위의 주체가 된다. 즉, 경제인에 의한 경제거래행위에서 금융범죄가 발생하게 된다. 간혹 일반인이나 소비자가 금융범죄를 범하는 수도 있지만, 그것은 정부가 유통질서나 물가안정을 유지하기 위한 정책적 요구가 있을 때 예외적으로 행위의 주체가 된다. 따라서 금융범죄의 원인을 규명하고, 효과적인 대책의 강구를 위해서는 경제인의 일반적인 성향을 파악하는 것은 중요한 의미를 가진다. 여기서 말하는 경제인이란 좁은 의미로 경제행위, 특히 영업활동에서 거래의 신뢰를 유지할 의무가 있는 자를 지칭한다. 경제인은 그 신분이 사회적으로 중·상류층에 속하는 자로서 '화이트칼라'적 성격을 지닌다. 이로 인해 경제인에 의한 불법행위는 전문적이고 지능적인 특성을 가진다. 또 경제인은 경제활동과 관련하여 영리성, 모방성, 상호연쇄성 등의 특성을 나타내는 데 이러한 특성에 대해 살펴보고자 한다.

1. 영리성

금융범죄는 곤궁적 범죄와는 달리 타산적인 이성인이 영리추구의 의도 하에서 이루어진다. 따라서 범죄행위는 이로 인해 얻게 되는 이익과 범죄의 발각으로 과하려지는 불이익을 비교·형량 하여 이익이 있다고 판단되는 바에 따라 결정되므로 금융범죄에

---

71) 이종원, 「경제법연구」, 일신사, 1984, 126면.
72) 장영민, 앞의 논문, 26면.
73) 장영민, 앞의 논문, 27면.

대한 형사정책이 어떻게 되어야 할 것인가에 대한 약간의 실마리를 제공해 준다. 또한 범행수법도 법규를 정면으로 위반하지 않고, 우회적인 탈법수단을 이용하며, 영리성을 지니고 있기 때문에 범죄가 장기적·연속적으로 반복되는 특성을 가진다.74) 그리고 범죄를 통하여 취득한 이익은 외형상 당연히 경제활동에 수반되는 경과로 인식될 뿐만 아니라 영리추구 자체가 자본주의경제체제 하에서 당연한 것으로 간주되므로 범죄에 대한 인식이 매우 약하다. 그 결과 금융범죄로 인하여 다수인의 이익이나 경제질서 내지 기능이 침해되는 결과가 초래되더라도 일반인들이 이를 두고 범죄에서 직접 기인한 것이라고 생각하지 않는데다가 범인 또한 죄책감을 잘 느끼지 못한다. 이러한 현상을 필연적으로 범죄의 암수율을 높이는 한편 범죄의 반복성을 촉진한다.75)

2. 모방성과 상호연쇄성

자유경쟁을 기본원리로 하는 시장경제하에서는 특히 영리성이 결부될 경우 매우 강한 경쟁의식을 나타내며 이는 범죄행위에도 그대로 반영된다. 금융범죄의 주체로서 경제활동을 하는 개인이나 기업인은 경쟁관계에 있는 타인의 불법행위로 인한 부당이득을 무시하거나 적극적으로 방지하려고 하지 않고, 선례를 모방하여 동일하거나 혹은 개발된 수법으로 영리를 추구하고자 하는 속성을 갖는다. 항상 경쟁의 압력을 받고 있는 기업으로서는 다른 경쟁기업의 불법행위를 고발하여 기업사회에서 스스로 낙인의 결과를 초래하고 고발로 인해 불이익을 받는 것보다 설령 불법이라 하더라도 이윤이 높은 다른 기업의 행태를 모방하려는 강한 유인을 가질 수밖에 없을 것이다. 이와 같은 모방성은 범죄의 경쟁이라는 악순환을 초래하는데 파렴치범죄와는 그 성격을 전혀 달리한다. 보통 파렴치범죄에 대하여는 일반인들이 거부반응을 보이면서 결속하여 대응하려고 하는데 반하여, 금융범죄의 경우에는 범죄의식의 결핍성과 결부되어 오히려 이를 모방·추종하려는 결과를 가져온다. 이러한 모방성으로 인하여 금융범죄는 악순환적 경로를 통하여 다른 범죄를 야기 시키는 상호 연쇄적 특성으로 이어진다. 예컨대 갑 물자의 절대량이 부족하여 가격이 등귀할 경우 생산이 곧 증대되는 것이 아

---

74) E. H. Sutherland, *White collar crime*, 2.Auf. 1961. p.217.
75) 장영민, 앞의 논문, 30면.

니므로 이는 매점 · 매석의 원인이 되며, 갑 물자와 관련된 을, 병, 정 물자의 가격위반 매매행위를 유발하게 된다. 일체의 경제행위가 서로 유기적인 관련을 맺는 현대 경제사회에서 금융범죄의 연쇄성은 국민경제의 건전한 발전과 성장을 위태롭게 할 개연성이 높다. 그리고 이러한 모방성과 상호연쇄성은 그 파급효과 또한 매우 커서 금융범죄를 제때에 제압하지 못할 경우 경제윤리의 약화는 물론 경제기반 자체를 무너뜨릴 위험성도 있다.

3. 권력성과 신분성

금융범죄는 주로 경제인에 의하여 경제활동 영역에서 이루어지며, 그 사회적 신분에 비추어 대체로 화이트칼라 범죄에 속한다. 이들은 사회적으로 중 · 상류계층에 속하기 때문에 신분적 동질성에 따른 밀접한 유대를 형성하고 있으며, 집단이익이 침해를 받을 경우 이를 방지하기 위하려 자신들에 유리한 모든 수단을 동원하는 특성을 가진다. 이러한 신분상의 특성은 권력과도 깊은 관련을 가지게 만든다. 정치권이나 정부는 기업과 관련한 각종 입법이나 규제 등을 통하여 기업 활동에 지대한 영향을 미칠 수 있기 때문에 금융범죄에 권력이 개입할 여지가 많아 기업의 이윤은 품질관리나 경영기법 외에 구조적으로 권력층에 대한 로비활동에 달려있는 경우가 적지 않다. 즉, 기업은 공무원을 매수하는 등 권력을 악용하여 장애 없는 이윤의 극대화를 도모하는 경향이 농후한 반면, 정치권이나 정부는 정치자금을 마련하거나 뇌물 기타 재산적 이익을 획득하기 위하여 기업과 결탁할 가능성이 있다. 이와 같은 권력적 · 신분적 특성으로 인하여 범죄의 노출이 어려워 발각되기가 쉽지 않고, 발각된 경우에도 권력층의 개입이나 법원의 관대한 태도 등으로 엄한 처벌을 면하게 되는 경우도 많음을 보여준다.[76]

---

[76] E. Sutherland, Is white collar crime a crime, On analyzing crime, The Univ. of Chicago Press, Chicago & London, 1973, p.62.

4. 지능성과 전문성

금융범죄는 소위 직업상의 범죄로서 직무수행과정에서 발생하는 범죄인 까닭에 지능적이고 전문적인 특성을 가진다. 지능성이라 함은 범죄행위가 마치 전혀 범죄가 아닌 것 같은 외관을 나타내거나 범죄사실이 발견되지 않도록 은폐하는 것을 의미하는데, 전자는 정상적인 직무수행 과정에서 행하여지는 합법적인 행위로 위장하여 나타나며, 후자는 가해자가 누구인지 불분명하게 하거나, 피해자가 범죄사실을 의식하지 못하게 하거나 인식하는데 상당한 시간이 걸리게 하는 형태로 나타난다. 이는 금융범죄의 보호법익이 초개인적이고 추상적이라는 점과도 밀접한 관련이 있으면, 현대사회의 업무가 더욱 복잡하고 난해한 양상을 보이는 점에 비추어 이러한 현상은 더욱 증대될 전말이다. 그리고 전문성이라 함은 직업 또는 영업과 관련하여 특수한 전문지식을 가지고 그 지식을 활용하여 범죄를 저지르는 것을 의미한다. 이러한 전문성은 지능성과 더불어 금융범죄에 대한 수사를 어렵게 만드는 주요인이 되고 있는데, 범행이 경제분야의 전문지식을 이용하여 계획적인 방법으로 이루어지므로 전문지식이 없이는 범죄를 적발하기가 어렵다는 것을 의미한다. 이러한 점들로 인하여 합법성이 가장되게 되고 이는 가해자의 확정과 피해사실의 인식을 어렵게 한다. 또한 범죄에 대한 입증이 곤란하고 다른 범죄에 비하여 증거인멸이나 조작의 가능성이 커서 제때에 신속하게 적발하지 못할 경우 처벌이 매우 어렵게 된다. 금융범죄에 대한 효과적인 대응책도 이런 점을 잘 고려해야만 한다.

5. 피해의 심각성

금융범죄에 의한 직접적·물질적 피해는 기존의 재산범죄에 비하여 대단히 클 뿐만 아니라 간접적인 피해와 무형적인 피해까지 고려하면 그 피해는 상상할 수 없을 정도로 엄청나다. 특히 오늘날 경제의 연쇄적 진행과 경제재화의 순환성에 비추어 한 건의 대형금융범죄가 국민경제 전체에 미치는 영향은 지대할 뿐만 아니라 경제주체 상호간의 신뢰를 기초로 하는 오늘날의 경제거래에 있어서 금융범죄는 신뢰를 파괴하여 불신풍조를 조장하고 경제논리를 해침으로써 경제를 교란할 수 있다.[77] 금융범죄가 사회전체에 미치는 영향은 개인에 대한 피해의 경우와 비교해 볼 때 그 구제나 회복이 곤란한 것이 많다. 특히 조세들과 관련된 범죄는 국가의 세입을 감소시킬 뿐만 아니라 국민의 건전한 납세의욕을 감소시키는 등 국가재정 전반에 미치는 악영향이 크다. 또한 특허권의 침해 등 부정한 수단에 의한 경쟁은 기술혁신에 대한 의욕을 감소시켜 사회의 발전을 지연시키고, 경제 범죄에 이해서 축적된 불법한 이익이 또 다른 대규모의 새로운 범죄를 유발한다는 부정정인 영향도 있다. 이와 같이 금융범죄는 원래 사회의 건전한 벌전을 지향하는 자원을 감소시키고 이로 인해 사회전체의 진보를 저해하는 대단히 중대한 범죄라고 할 수 있으나 사회에 대한 영향은 가시적인 형태가 아니고 사회 전체로 확산되어 그 영향이 미미한 것으로 느껴지기 때문에 이에 대한 적절한 대응이 통상 범죄의 경우와 비교해 볼 때 불충분하다는 것을 부정할 수 없다.

---

77) 1982년 5월의 '이철희·장영자 사건'과 1983년 8월 '명성그룹 사건'등의 여파로 멀쩡하던 기업들이 부도를 내게 되었고 금융계로 확산되어 사회 전체적으로 엄청난 피해를 보게 되었다.

제2장 금융범죄의 유형

금융범죄의 유형을 분류하는 방법은 다양하다. 이는 금융범죄에 대한 개념이 불명확하여 그 영역을 한정하기가 쉽지 않고, 수법이 다양하여 이를 일정한 범주로 국한시킨다는 것이 쉽지 않기 때문이다. 또 분류기준 자체가 분명하지 않아, 동일한 행위가 여러 유형에 해당할 수 있기 때문이다.

필자는 금융범죄의 유형을 다음의 세 가지로 나누어서 검토하려고 한다. 즉, 우선 금융의 대상인 돈과 관련된 범죄가 금융범죄에 해당할 수 있다. 이러한 범죄로는 통화관련범죄를 들 수 있다. 여기서는 통화, 수표, 신용카드, 증권, 채권 등을 다루게 될 것이다.

다음으로 금융기관을 매개로 한 범죄이다. 여기에는 조세범죄, 보험범죄, 사이버금융범죄, 유사수신범죄 등을 다루게 될 것이다. 금융범죄의 중심적인 범죄로 금융기관의 대출담당임직원 등에 의한 부정대출도 여기서 다루게 될 것이다.

마지막으로 국민경제에 관련된 범죄가 포함될 수 있다. 여기에는 기업범죄를 다루게 될 것이다. 아래에서는 이러한 범죄를 개괄적으로 서술하고자 한다. 자세한 것은 각론으로 다시 다루게 될 것이다.

제1절 통화관련 범죄

1. 통화범죄 및 유가증권범죄

국가의 재정(금융)경제를 위태롭게 하는 범죄로는 우선 통화범죄를 들 수 있다. 통화는 경제생활에 있어서 유통거래의 기조를 이루며, 경제활동은 통화를 중심으로 이루어지고 있어서 불법한 통화의 유통행위는 통화에 대한 공공의 신용과 안전[78]을 해하기 때문에 금지되고 있다. 통화범죄의 기본유형으로 통화의 위조·변조(형법 제207조 제1항 - 제3장)가 있으며, 이의 예비·음모 행위도 처벌된다(형법 제213조). 또 위조·변조된 통화를 행사하거나(제207조 제4항), 취득하는 행위(형법 제208조)가 처벌된다. 국가의 재정경제를 직접 위협하는 것은 아니지만, 통화와 유사한 성격을 가지면서 국가의 금융질서를 위태롭게 하는 범죄유형으로 유가증권범죄가 있다. 유가증권범죄란 증권 상에 표시된 재산상의 권리의 행사와 처분에 그 증권의 점유를 필요로 하는 것을 말하며,[79] 여기에서 의미하는 유가증권 범죄란 국가의 재정(금융)질서의 안정을 위해 한국은행이나 국가가 발행한 유가증권을 위조 및 변조하는 행위로 한정된다.[80] 통죄에 대한 예비음모도 처벌된다(형법 제224조).

이와 관련된 범죄로 외환범죄가 있다. 이러한 외환범죄[81]도 경제범죄에는 포함된다. 외환범죄란 외국환어음, 외국통화, 외국통화로 표시된 증권 및 채권 등의 관리와 통화가치의 안정 및 외화자금의 효율적인 운용을 저해하는 각종 행위를 의미한다.[82] 동 범죄는 대외경제의 안정과 경쟁력 제고를 위해 국가가 주도하여 외화를 관리·통제하는 과정의 법률행위이므로 윤리적인 색채가 적고, 행정명령위반적인 특성을 강하게 띠고 있다. 따라서 외환범죄의 대부분은 집중의무위반범죄(외국환관리법 제17조 이하), 즉 외국으로부터 취득한 대외지급수단이나 금전채권을 국가의 관리 하에 집중시키기 위한 각종 금지·명령에 위반하는 행위가 주종을 이루고 있다. 집중의무위반의 형태는 매각집중의무위반, 보관(등록·예치)집중의무위반으로 나눌 수 있다. 이 밖에 외환범죄의 유형을 다음과 같이 나눌 수 있다.[83]

대상지급, 속칭 '환치기'[84]가 있다(외국환관리법 제22조). 이는 채무자가 채권자 이

---

[78] 통화죄의 보호법익은 통화의 거래의 신용과 안전이라는 것이 다수설에 의해 인정되고 있다. 그 밖에 보호법익으로 국가의 화폐주권과 재산 상태에 대한 위험이라는 견해도 있다. 그러나 보호법익을 단순한 재산범죄로 인정하기는 어렵다. 다만 국가의 화폐주권은 보충적 보호법익으로 인정하지 않을 수 없다.

[79] 이재상, 형법각론, 512면.

[80] 신용카드의 위조와 같은 유가증권의 위조는 동조에서 제외된다.

[81] 외환 범죄에 대한 자세한 것은 박태석 외, 앞의 책, 103-135면. 참조.

[82] 이종원, 앞의 책, 363면.

[83] 장영민, 앞의 논문(주3), 58면.

[84] 통화가 다른 두 나라에 각각의 계좌를 만든 뒤 한 국가의 계좌에 돈을 넣고 다른 국가에 만들어 놓은 계좌에서 그 나라의 화폐로 지급받은 불법 외환거래 수법을 말한다.

외의 제3자에게 지급함으로써 채무를 변제하는 방식을 말한다. 예컨대 외국에서 외국에 있는 자에 대한 지급이익의 제공이 외국에서 잃은 이익을 국내에서 보상받거나, 거주자가 외국에서 얻거나 잃은 이익을 외국에서 보상하거나 보상받는 등의 행위가 여기에 해당한다. 이와 같은 수법은 주로 외화도피의 수단으로 이용되고 있다. 이 밖에 외환범죄의 유형으로 거주자나 비거주자간의 외화채권의 발생, 변경, 소멸, 직·간접의 이전 등이 금지되고 있으며, 거주자와 비거주자간의 각종 지급 및 지급의 영수행위가 금지된다.

외환범죄가 외화자금의 효율적인 운용을 위한 행정범적인 성격을 가지지만, 한편 외화가 국외로의 재산도피수단으로 이용될 경우 사회적인 비난의 대상이 되어 자연범적인 성격도 가진다. 이는 직접적으로 국민경제에 막대한 손실을 초래함은 물론 불건전한 경제윤리를 만연시킬 위험이 있다. 이와 같은 차원에서 특정금융범죄가중처벌법은 동 행위를 가중처벌하고 있다(동법 제4조). 이에 따르면 대한민국 또는 대한민국 국민의 재산을 국외에 이동하거나 국내에 반입하여야할 재산을 국외에서 은닉 또는 처분하여 도피시키는 행위는 1년 이상의 유기징역 또는 목적물의 2배 이상 10배 이하의 벌금형에 처벌된다. 그러나 이러한 의미의 외환범죄는 필자가 상정한 의미의 금융범죄에는 해당하지 않는다고 판단된다. 다만 외국통화의 위조 변조는 통화관련범죄로 다루고자 한다.

증권(투자)범죄도 이 항목에서 다루고자 한다. 증권시장이 국민경제의 발전에 기여하고, 투자자를 보호하기 위해서는 공정하고 자유로운 증권시장이 유지되어야 한다. 증권시장이 불공정할 경우 증권거래에 참여하는 개개의 투자자의 이익은 물론 투자자 일반의 증권시장에 대한 신뢰가 손상될 수 있다. 증권거래의 대상이 되는 유가증권은 일반상품과는 달리 그 시장가격이 여러 가지의 상황에 상응하여 크게 변동될 가능성이 많기 때문에 증권거래의 불공정행위는 다수인에 영향을 미친다. 1980년대 이후 우리나라에서 증권거래규모가 커지고, 증권이 투기도구화하면서 증권거래에 많은 문제점이 생기게 되었다. 중요한 문제점은 ① 주식거래의 투기화로 장기금융효과 저하, ② 자율적 안정성장기반의 미약과 불공정거래규제의 실효성결여로 투자자보호의 미흡, ③ 증권사고의 대형화경향으로 인한 증권회사의 공신력의 결여 등을 들 수 있다.

1987년 개정된 증권거래법은 이와 같은 불공정거래행위를 규정하고 이를 처벌하고 있다. 이의 대표적인 유형은 다음과 같다. 첫째, 증권투자사기행위이다(증권거래법 제105조 제4항, 제208조). 이는 유가증권의 매매 기타 거래에 있어 부당한 이득을 목적으로 ① 허위의 사실 기타 풍설을 유포하거나 기망하는 행위, ② 중요한 사항에 관하여 허위의 표시를 하거나 필요한 사실의 표시가 누락된 문서를 이용, 상대방을 착오에 빠지게 하여 금전 기타 재산상의 이익을 취득하는 행위를 말한다. 둘째, 시세조작행위이다(동법 제105조 제2항, 제208조). 이는 증권시장에서 매매거래를 유인할 목적으로 유가증권의 시세를 허위로 조작하는 행위를 말한다. 이러한 방법에는 여러 형태가 있는바, 표시, 위장거래, 현실거래 등이 그것이다. 표시는 불특정 다수인에게 증권시세가 자신 또는 타인의 시장조작에 의해 변동한다는 허위사실을 유포하는 것을 말한다. 위장거래는 타인으로 하여금 그릇된 판단을 하게 할 목적으로 통정하여 거래하는 증권행위를 의미하며, 현실거래는 타인으로 하여금 유가증권의 거래가 성황을 이루고 있는 것으로 오인케 하는 행위를 말한다. 셋째, 안정조작 및 시장조성행위이다(동법 제105조 제2항, 제208조). 동 행위는 유가증권의 매매거래를 유인할 목적으로 증권의 시세를 안정·고정시키기 위한 매매거래, 위탁 및 수탁행위를 말한다. 즉 안정조작은 유가증권의 모집 및 매출을 원활히 하기 위해 일정기간 유가증권의 가격을 안정시키는 과정에서 이루어지고 있다.

동 범죄의 행위의 객체는 특정인 이라기보다는 불특정 다수인이며, 또 인간의 사행 및 투기성과를 이용하는 것이기 때문에 유인행위로 인한 재산적 손실이 크다. 따라서 예방적 효과를 높이기 위해 결과가 발생하기 전의 위험행위 자체를 처벌하는 등의 입법적 대응을 고려하여야 하다.

2. 신용카드에 관련된 범죄

신용카드는 그 자체에 대하여 유가증권성을 인정하는 견해도 있지만 대법원은 신용카드의 유가증권성을 부인한다. 따라서 이를 유가증권범죄로 분류하기에는 다소 무리가 있다. 또한 이를 통화관련범죄라고 할 수도 있지만 신용카드는 통화와는 다른 특징도 많이 가지고 있다. 그러므로 신용카드 범죄를 따로 분류하여 검토한다.

신용카드문제는 우리나라에서도 1980년대 이래 국민소득수준의 향상과 함께 소비생활이 점차 확대되고, 거래방법이 다양화하면서 신용거래가 확대되었다. 특히 컴퓨터가 경제거래의 결제방식에 이용되면서 현금, 수표를 대신하는 지급수단이 발달하였는바, 대표적인 것이 크레디트 카드 제도이다. 크레디트 카드 거래의 구조는 카드회사가 회원의 물품대금을 회원을 대신하여 가맹점에 지급하고, 회원은 그 대금을 카드회사에 지급하는 것이다. 이와 같은 거래구조는 소비자가 현금이 없이도 가맹점에서 물품을 구입할 수 있는 편리함을 제공하였다. 반면에 현금에 의한 직접거래가 아니고, 카드회사에 의한 간접적인 대금지급으로 인해 이를 악용할 수 있는 위험이 크며, 악용되는 경우 그 피해가 크다는 것이 일반적 사례를 통해 나타나고 있다. 신용카드범죄란 카드회사와 계약을 체결한 회원이 동 카드로 가맹점에서 물품을 구입하였을 경우 회원은 카드회사에 대금을 지불할 의무가 있는데 동 과정과 관련하는 부정행위를 지칭한다. 신용카드범죄의 태양으로는 ① 카드명의인이 유효한 카드를 부정사용한 경우와 ② 타인명의의 카드를 부정사용하는 경우로 나누어 살펴볼 수 있다. 첫째, 회원 자신에 의한 부정사용의 경우이다. 이때에는 ① 거래기간이 도과하였거나 회원계약이 해지되어 이에 무효화된 카드를 사용하는 경우, ② 카드자체는 유효하나 그 사용방법에 부정이 있는 경우로 나누어 살펴볼 수 있다. 전자의 경우는 사기죄 등의 범죄성립을 인정하는데 별 어려움이 없다. 그러나 후자의 경우, 범죄성립을 인정하는데 논란의 소지가 있다. 즉 회원 본인인 결제기간 일에 은행의 예금액이 상품대금에 미치지 못할 것이라는 것을 인식하고 있으면서도, 다시 말해 대금지급의 의사나 능력이 없으면서도 있는 듯이 가장하고 가맹점에서 상품을 구입한 경우, 착오 및 처분행위와 관련한 해석의 문제이다. 동 행위에서 사기죄를 인정할 수 없다는 견해는 가맹점에 대한 관계에 있어서는 기망행위 내지 착오가 없으며, 카드회사에 대한 관계에 있어서는 인과관계가 없기 때문에 사기죄의 성립이 인정할 수 없다고 한다. 기망의 여부와는 상관없이 카드회사는 계약에 의해 가맹점에서 상품대금을 반드시 지급해야 하므로 기망행위 및 재산적 처분행위가 있다고 할 수 없다고 한다.

그러나 신용카드거래는 당사자간의 고도의 신뢰관계를 기본으로 하므로 신의성실의 원칙이 더욱 확대적용 되어야 한다. 이때에야 신용카드거래제도는 존립할 수 있으며, 원활히 운용될 수 있는 것이다. 회원과 가맹점사이에는 고도의 신뢰관계가 성립되며, 카드회사와 회원 간에는 대금이 확실히 결제될 수 있는 신뢰관계가 있다고 보아야 한다. 따라서 회원이 대금지급의사나 능력 없이 이를 가장하여 상품구입신청을 하는 행위는 기망행위에 해당하고, 가맹점이 이를 오신하는 것이 착오이며, 그 착오에 기해 상품을 교부하는 것이 처분행위에 해당하여 재물사기죄가 성립한다고 볼 수 있다. 둘째, 타인명의의 카드를 부정 이용하는 경우이다. 이는 회원이 크레디트 카드를 분신 또는 도난당한 경우 이를 습득, 절취한 자가 부정사용하여 가맹점으로부터 상품을 구입하는 형태로 나타난다. 동행위의 형법적용과 관련하여서는 몇 가지 문제점이 제기될 수 있다. 이는 카드 자체에 사문서성 및 재산 가치를 가진 재물성을 인정할 수 있겠는가, 카드의 이용을 위해 회원이 가맹점에서 하는 매출표 작성행위를 사문서위조로 볼 수 있는가 등의 문제이다. 카드는 특정의 재산권을 나타내고 있는 것이 아니고 카드상의 서명인이 회원이라는 점을 표시하는데 불과하다. 즉 카드는 명의인이 회원임을 증명하기 위하여 카드회사가 발생한 사실증명에 관한 사문서인 것이다. 또 카드는 실제상 현금과 동일한 경제적 기능을 가지며, 카드를 이용하여 카드회사로부터 현금을 차용할 수 있는 기능을 가지므로 재산적 가치가 있는 재물이라 할 수 있다. 따라서 동 행위는 점유이탈물횡령죄의 적용을 받는데 의문의 여지가 없다. 그 밖에 카드를 습득한 자가 상품을 구입하면서 매출표에 카드명의인의 서명을 하는 행위가 사문서위조죄에 해당하는가? 카드거래에 있어서는 카드의 제시뿐만 아니라 매출표에 서명하는 것도 중요하다. 매출표에 서명하는 것은 매출표 작성자로서의 서명이라고 해야 하므로 서명을 이용하는 것은 매출표라는 사문서를 위조하는 것이라 할 수 있다.

제2절 금융기관을 매개로 한 범죄

여기서는 금융기관을 매개로하거나 금융기관을 무대로 하는 범죄를 금융범죄라는 항목으로 다루려고 한다. 이러한 입장에서 금융기관을 매개로 하는 범죄로는 조세범죄[85], 보험범죄, 사이버금융범죄, 유사수신범죄 등을 검토할 수 있을 것이다.

---

[85] 조세범죄와 관련하여 관세범죄도 여기에 해당한다. 관세범죄도 경제범죄의 일종으로서 금융기관과 관련을 맺고 있음도 부인할 수 없다. 필자는 금융범죄의 특성을 강조하여 관세범죄는 광의의 경제범죄에 속하는 것으로서 따로 검토할 필요가 있다고 보아서 여기서는 부득이하게 배제하였음을 밝힌다.

1. 조세범죄

조세범죄란 넓은 의미로는 내국세·관세 등 국가의 재정수입을 침해하는 범죄행위를 의미한다. 그러나 좁은 의미의 조세범죄는 관세를 제외한 각종 국세에 관한 법규 위반행위를 지칭한다. 조세범죄는 조세수입을 직접 실현하거나 이를 기도함을 내용으로 하는 탈세범죄와 직접 조세수입의 감소를 초래하는 것은 아니지만 조세의 확보를 위하여 설정된 각종의 의무규정을 위반하여 조세청구권의 적정한 행사를 저해할 위험 있는 조세질서위반범죄로 나뉜다. 탈세범죄의 가장 전형적인 형태는 조세포탈범이다. 이는 ①사기 기타 부정한 행위로써 조세를 포탈하거나, ②조세의 환급, 공제를 받는 행위를 말한다.(조세범처벌법 제9조). 포탈의 방법은 특별한 제한이 없으며 주로 허위기장, 허위신고서 제출, 이중장부의 비치, 과세상의 질문에 대한 허위답변, 주류의 밀수 등으로 나타난다. 또 조세의 원천징수의무자가 정당한 사유 없이 그 세를 징수하지 아니하거나 징수한 세금을 납부하지 아니하는 경우(조세범처벌법 제11조)와 조세를 탈세 또는 탈세할 목적으로 재산을 은닉하는 행위도(조세범처벌법 제12조) 처벌된다. 그러나 조세범죄의 이와 같은 구성요건은 다음의 몇 가지 점에서 문제점을 안고 있다. 첫째, 조세포탈범을 사기 기타 부정한 행위도 포괄적으로 규정함으로서 확장해석의 소지를 남기고 있는 점이다.86) 둘째, 조세포탈범의 미수에 대한 처벌근거의 흠이 없다는 점이다. 현행조세범처벌법은 조세포탈의 경우를 제외하고는 미수범을 처벌하지 않고 있다. 관세범죄의 미수도 처벌되고 있으며(관세법 제182조), 제정경제에 있어 조세포탈범의 해악성이 크므로 미수범의 처벌을 적극 검토할 필요가 있다.87) 마지막으로 조세자료상의 허위세금계산서 작성·교부행위를 처벌할 수 있는가의 문제이다. 세무자료상은 현행법상 조세포탈범의 주체가 되지 못하므로 처벌되지 않는다. 현행 부가가치세제는 세금계산서에 의한 근거과세를 포함하므로 부가가치세제의 실효성을 확보하기 위해서는 동 행위를 처벌할 필요성이 있다.88)조세질서범의 유형으로는 ① 허위신고 혹

---

86) 조세포탈범의 구성요건을 비교적 상세히 기술하고 있는 대표적인 입법은 독일의 조세기본법 제370조이다. 이에 따르면 조세포탈범은 의무에 위반하여 조세에 관한 중대한 사실을 부정신고하거나, 은닉하거나, 경감하여 자신 또는 제3자에게 부당한 조세이득을 취득하는 행위이다.

87) 이종원, 금융범죄론, 266면: 법무연구원, 조세사범의 동향과 대책, 1988, 162면.

88) 한국형사정책연구원, 조세범처벌관계법의 운용실태와 개선방안, 1991, 110면.

은 신고태만(조세범처벌법 제13조 2), ② 조세장부의 불비치, 불기재, 허위기재(동조 제12, 13조), ③ 조세공무원에 의한 조세청구권의 정당한 행사를 방해하는 행위(동조 제13조 9호), ④ 정당한 사유 없이 1회 계년 도에 3회 이상 체납하는 행위(동조 제10조) 등이 있다. 조세질서범은 법정형이 경미하고 실제적인 중요성이 크지 않으나 조세포탈의 수단 내지 위장의 방법이 되기 때문에 이를 위험범으로 처벌하고 있다.

조세포탈범은 반윤리적, 반사회적 행위이므로 동 범죄는 형벌권에 의해 처벌할 필요가 있다. 한편 조세징수는 가능한 한 능률적, 경제적이어야 한다는 정책적, 합목적적 고려에 의하여 처리되어야 한다. 아래의 금융범죄의 발생현황에 의하면 현재 형벌로 처벌되는 조세범죄는 몇 건 되지 않은 것으로 나타나고 있다. 그러나 이러한 현상이 조세범죄가 줄어들고 있다는 것을 의미하지는 않는다. 조세범죄의 검거건수와 검거인원이 급격히 감소하고 있는 데에는 두 가지 원인이 있다.

첫째는 조세 포탈액 5천만 원 이상인 거액탈세사범만이 행정당국의 개입 없이 특정범죄가중처벌 등에 관한 법률 위반으로 처리되기 때문이다. 둘째는 조세행정당국이 수사기관으로 고발하는 것 보다는 추징과 통고처분 위주로 조세범죄를 처리하고 있기 때문이다.[89] 조세범죄가 줄어든 결정적 이유는 후자에 의한 것으로, 이는 사회적 비난성이 높은 조세포탈범을 범칙금으로 처리함으로써 나타난 결과이다.

뿐만 아니라 조세범의 처벌을 위하여는 행정당국의 고발을 소송조건으로 하고 있어서 조세당국과 재량에 의해 형벌권이 결정되고, 당국과 밀접한 이해관계가 있는 사건의 형벌적 제재는 거의 불가능하게 된다.[90]

2. 보험범죄

보험범죄는 보험금의 구취를 목적으로 보험계약을 체결하거나, 과대한 보험금을 청구하는 등의 부정행위를 말한다. 보험범죄는 재산적 침해 이외에 보험구조자체가 도박성·투기성과 불가분의 관계에 있어서 사회적으로 도덕적 위기를 초래할 수 있는 바, 이에 대한 특별한 처벌이 요구되고 있다. 보험범죄의 중요한 유형을 다음의 두 가지

---

89) 범죄백서, 1986, 67면.
90) 한국형사정책연구원, 전게서, 134면.

로 대별해 볼 수 있다. 첫째, 기망에 의한 보험금의 구취행위이다. 보험계약자는 개약 체결 당시 보험회사에 중요한 사실을 고지하고, 부실의 사실을 고지하지 않을 의무가 있다. 동 행위는 보험금의 구취를 목적으로 기망행위로 이루어지므로 사기죄의 적용을 받게 된다. 사기죄의 적용과 관련하여 동 행위를 다음의 두 단계로 나누어 살펴볼 필요가 있다. ① 보험증권의 구취를 사기죄로 볼 수 있을 것인가? 이는 보험계약자가 보험회사를 기망하여 보험계약을 체결하고 보험 증권을 교부받는 것을 말한다. 예컨대 피보험자가 폐결핵으로 입원한 사실을 숨기고 생명보험계약을 체결하는 경우가 여기에 해당한다. 이 때 피보험자가 교부받은 보험 증권은 보험계약의 성립을 증명하는 증거증권에 불과하고, 보험금청구권이 보험증서에 화체되어 있는 것은 아니다. 그러나 그것에 의해 보험금청구권의 존재가 증명된다는 점에서 재산적 가치가 있는 것으로 보아 사기죄에 해당한다고 볼 수 있다. ② 고지의무위반행위를 사기죄로 볼 수 있을 것인가? 고지의무의 내용이 되는 사항은 계약체결을 좌우하는 중요한 사항으로서 그 사항에 관한 진실의 고지가 있었다면 보험자측이 통상 계약을 체결하지 않았을 것이라는 관계가 성립된다. 따라서 보험계약체결 시에 고지의무를 위반하게 되면 이것이 사기의 기망행위를 구성하게 된다. 그러나 모든 고지의무위반행위에 대해 사기죄가 성립한다고 단언하기는 어려우며 사안에 따라 기망행위의 유무를 판단해야 한다. 예컨대 고지의 수령권한이 없는 보험외무원에 대한 고지의무위반행위, 보험계약체결의 대리권을 가지지 못한 진료의사의 고지의무위반행위에서 사기죄의 기망행위가 성립하는가 하는 문제는 구체적인 상황에 따라 결정되어야 한다. 둘째, 손해액의 과대조작으로 인해 보험금구취행위이다. 동 행위가 사기죄의 적용을 받는 것은 의문의 여지가 없다. 다만 동 행위에 사기죄를 적용하는 것과 관련하여 구취액은 과대조작 된 부분에 한정하는가, 아니면 이것을 포함한 전액이 편취금액이 되는가의 문제가 제기될 수 있다. 우리나라의 판례는 '권리행사라고 하여도 그 사회통념상 허용되는 범위를 벗어나는 경우에는 권리의 남용이 되어 행위전체가 위법한 것이 된다.'는 입장을 취하고 있다.

3. 금융범죄로서의 컴퓨터 범죄

금융범죄적 특성을 가지고 또 금융범죄의 실현을 위한 범죄유형으로 컴퓨터범죄가 있다. 컴퓨터범죄란 '컴퓨터가 행위의 수단이자 목적인 모든 범죄행위'를 말한다. 동 범죄에 의해 재산뿐만 아니라 개인의 권리, 의무 및 문서의 증명력 등이 침해 될 수 있다. 위에서 언급한 바와 마찬가지로 금융범죄란 '초개인적 법익으로서의 경제 질서나 경제기능을 침해·위협하거나, 경제적으로 중요한 재산적 침해를 초래하는 행위'를 의미한다. 국가나 기업의 중요한 데이터가 컴퓨터에 전자적으로 기록되면서 컴퓨터를 이용하여 초개인적 법익을 침해할 소지는 매우 높다 할 것이다. 즉 컴퓨터범죄에 의해 거액의 재산침해를 초래할 소지는 매우 높다 할 것이다. 즉 컴퓨터 범죄에 의해 거액의 재산침해를 초래하여 금융시장 나아가 국가경제질서를 교란시키거나, 기업조직이 전산화하면서 컴퓨터의 조작, 손괴 등으로 기업경영 전체를 마비시킬 수 있게 되었다. 이처럼 컴퓨터범죄행위로 인해 침해법익이 초개인적이고, 경제적으로 중대할 경우 이를 금융범죄의 영역에 포함시키는 것은 당연하다 하겠다. 다만 컴퓨터범죄에 의해 개인의 사생활영역이나 개인적 재산이 침해되거나, 경제생활과 전혀 상관이 없는 기밀이 누설되거나, 단순한 동기(예컨대 유희, 게임)에 의해 컴퓨터가 부정이용 되는 경우는 금융범죄의 영역에서 제외된다. 컴퓨터범죄를 경제 범죄로 인정하고 있는 대표적인 입법례는 독일의 '제2차 금융범죄방지법'이다. 동 입법의 내용은 대부분 컴퓨터범죄로 구성되어 있고, 컴퓨터범죄의 가벌성에 관한 문제가 가장 중요한 쟁점이 되고 있다. 컴퓨터범죄를 금융범죄의 일부로 이해하는 보다 중요한 실익은 수사실무의 효율화에 있다. 양 범죄는 그 특성이 유사하여 특별한 전문수사기관에 의해 취급되지 않으면 사실의 발견 및 증거채택에 많은 어려움이 따른다. 이러한 예는 여러 나라의 수사구조에서 발견될 수 있다. 예건데 미국의 FBI Akademic는 컴퓨터범죄를 경제재정 범죄단속의 일환으로 전무수사요원양육을 위한 특별교육을 실시하고 있으며, 스위스에서 금융범죄를 전담하고 있는 수사당국은 컴퓨터범죄수사를 전담하고 있으며, 독일 법원조직법 제74조 c는 컴퓨터범죄를 경제재판부에서 전담하도록 관할을 위임하고 있는 점 등에서 그 전형을 발견할 수 있다. 컴퓨터범죄는 갈수록 전문화, 지능화, 다양화하고 있다. 지금까지 나타나고 있는 컴퓨터범죄의 유형은 다음과 같이 분류될 수 있다. 첫째, 컴퓨터조작범죄이다. 이는 행위자가 컴퓨터의 작업과정에 개입하여 피해자에게 손실을 초래할 목적으로 컴퓨터의 정상적인 작동을 방해하거나 정보나 자료를 변조시키는 행위를 말한다. 여기에서의 조작형태는 입·출력조작, 프로그램조작, 콘솔조작 등이 있는 바, 이는 컴퓨터범죄가 가장 핵심 되는 부분이다. 둘째, 컴퓨터파괴행위이다. 이는 컴퓨터 자체, 컴퓨터프로그램, 컴퓨터 내부나 외부의 기억장치에 기억되고 있는 자료를 파괴하는 행위를 의미한다. 파괴행위의 대부분은 데이터, 즉 전문가의 연구자료 기타 오랜 시간을 두고 축적된 데이터 뱅크를 대상으로 하기 때문에 그 재산적 손실이 막대하다. 셋째, 컴퓨터스파이 행위이다. 이는 컴퓨터 데이타를 권한 없이 획득하거나 이를 누설하여 타인에게 재산적 손해를 야기 시키는 행위를 의미한다. 동 범죄의 객체인 소프트웨어가 피해기업의 재산적 가치가 큰 경영 비밀을 내포하는 경우가 많아서 해당기업에 막대한 손실을 초래할 수 있다. 넷째, 컴퓨터의 부정사용이다. 이는 행위자가 타인의 컴퓨터를 자신을 위하여 작동시켜 컴퓨터의 소유자나 임대인에게 재산적 손실을 초래하는 행위를 말한다. 컴퓨터를 임대하여 사용하거나, 컴퓨터의 시설이 클 경우에는 그 임차료와 사용료로 인해 동행위로 인한 피해액은 클 수 있다. 그밖에 새로운 컴퓨터범죄의 유형으로 은행현금자동지급기의 남용행위와 정보통신시스템의 남용행위가 있다 .이러한 행위들은 컴퓨터가 인간의 은행 업무를 대신하거나, 단말기를 이용하여 많은 정보를 자유롭게 이용하는 것이 가능해지면서 생긴 범죄현상이다. 우리나라에서 동 범죄의 발생이 아직은 적지만, 현금지급기의 보급이 확산되고, 개인컴퓨터를 이용하여 정보은행의 데이터이용이 증가하면서 장래 주목해야 할 범죄유형이라 하겠다.

4. 유사수신범죄

유사수신범죄도 유사수신기관과 관련된 모든 범죄라고 한다면 다양한 범죄양태를 검토하여야 할 것이다. 그러나 이를 금융범죄라는 시각에서만 바라보면 대부업을 중심으로 검토할 수 있을 것이다. 따라서 아래에서는 유사수신행위와 관련하여서는 대부업과 관련된 주요문제점을 다루려고 한다.

제3절 기업범죄

　기업범죄도 위에서 설명한 바와 같이 다양한 측면에서 검토할 수 있다. 그러나 필자가 이 책에서 다루려고 하는 바는 기업범죄 일반이 아니라 기업이 금융과 관련되어 저지르는 범죄에 한정하고자 한다. 따라서 주로 분식회계와 자금세탁을 둘러싼 논의가 주가 될 것이다.

제3장 금융범죄에 대한 제재

아래에서 다루는 금융범죄에 대한 제재를 살펴보기 위하여는 다시 금융범죄가 무엇이며 어떠한 성격을 가진 범죄인가를 생각하여야 한다. 필자는 금융범죄란 기본적으로 경제범죄라는 입장을 가지고 있다고 보고 있다. 그러므로 일단 경제범죄를 다루는 법률은 금융범죄를 다룰 경우의 우선적으로 검토를 할 필요가 있을 것이다. 필자는 이러한 경제범죄 중에서 특히 금융과 관련을 맺고 있는 범죄를 특별히 금융범죄라는 이름으로 사용하고 있다고 밝혔다. 그러므로 경제범죄를 규정하고 있는 법률 중에서 금융과 관계없어 보이는 것만을 제외하면 될 것이라고 생각한다. 이러한 의미에서 경제범죄의 제재방안을 검토한다. 즉, 금융범죄는 '금융'과 관련된 또는 '금융기관'과 관련된 경제범죄라는 점에서 약간의 차이점은 인정할 수 있으나 금융범죄를 언급하고 있는 법률상의 제재는 경제형법이라는 시각에서 분석하는 것이 옳다고 생각되어서 경제형법상의 제재에 대한 논의를 다루기로 한다.

경제법규는 대부분분은 경제행정의 집행력을 확보하기 위해 위반행위에 대한 제재를 규정하고 있다. 원칙적으로 경제행정법규 위반행위에 대한 제재는 행정처분으로 족하다고 할 수 있으나, 실제로는 대부분의 현대국가가 경제법규 위반행위에 대해 형사제재를 부과하고 있다. 경제 질서 위반행위에 대한 형가제재가 본격화된 것은 독일에서는 제1차 세계대전 이후이고 일본에서는 일본의 대륙침략이 본격화된 1930년대의 이후의 일이다.[91] 제2차 세계대전 후 독일에서는 경제법규 위반행위에 대해 광범하게 형사제재를 과하고 있으며 일본법제의 영향을 많이 받고 있는 우리나라에서도 경제생활상의 일탈행위에 대한 형사제재의 범위가 계속 확대되고 있는 현실이다. 형벌이란 사회적 일탈행위에 대한 국가적 제재수단 중에서 가장 강력한 불이익처분으로 피처분자가 받는 불이익이 크고 그 효과도 지속적인 만큼 언제나 최후수단으로 이용되어야 하므로 경제 질서 위반행위에 대한 형사제재를 확대하는 것은 바람직하지 않다. 그러

---

[91] 神山敏雄, 'ドイツ經濟刑法の沿革', 「法學會雜誌」 第30券 第1號, 1980, 37면.

나 경쟁질서 위반행위는 단지 (경제)행정작용에 대한 침해에 그치는 것이 아니라 국가 경제 전반을 위태롭게 한다는 측면에서 형사제재의 필요성이 인정된다. 즉, 경제범죄는 일반적으로 장기간에 걸쳐 치밀하고 교활한 범행수법에 의하여 광범위하면서 막대한 피해를 발생시키는 특성을 가지고 있으며, 사기죄, 배임죄, 횡령죄 및 각종 위조죄와 같은 형법범과 결합되어 행해지는 경우가 많고 피해는 일반형사범보다 훨씬 큰 것이 보통이므로 각국이 중대한 경제범죄에 대해 형벌을 부과하고 있다. 따라서 국가경제정책 운용이라는 측면에서 보면 경제거래상의 일탈행위를 강력하게 규제할 필요가 있으므로 경제질서 위반행위에 대한 형사제제의 범위와 정도는 지속적으로 확대·강화되어 왔다. 그러나 형사법학의 입장에서는 형벌의 목적과 효과를 먼저 고려하게 되므로 형벌부과는 신중해야 한다는 입장을 견지하게 된다. 더구나, 경제범죄의 대부분은 결과발생을 요하지 아니하는 거동범으로 규정되어 있고, 경제형법의 규정형식은 백지형벌법규인 경우가 많다. 또한 경제형법의 목적은 주고 경제행정의 집행력 확보에 향해져 있기 때문에 구성요건의 해석도 탄력적일 수 있고, 중대한 경제범죄는 중·상류층에 의해 범해지는 것이 보통이기 때문에 법적용의 일관성과 형평성이 상실되어 정치·경제적 상황변수에 따라 수사와 소추의 강도가 달라질 수도 있다. 따라서 어떠한 행위에 대해 형벌을 부과할 것인지, 아니면 행정질서벌로 대처하면 족할 것인지에 관하여는 실증적 연구에 기초한 충분한 검토가 행해져야만 한다. 행정상의 질서위반행위와 범죄의 한계 내지 관계에 관한 논의는 그것만으로도 많은 지면을 요하므로 다음 기회에 상세히 검토하기로 한다. 본 장에서는 경제범죄에 대한 제재수단인 자주규제와 민사적·행정적·행사적 제재에 관하여 일반적으로 검토하고자 한다.

제1절 자주규제

자주규제란 개별 기업 또는 특정의 업계단체가 자체적으로 실정법 질서에 적합한 행위원칙을 정해두고 그 행위원칙을 위반하는 소속원 또는 소속기업에 대해 내부적인 제재를 가하거나 관계기관에 고소·고발하는 등의 규제방식이다. 예컨대 「중소기업의 사사업영역보호및기업간협력증진에관한법률」 제2조 제7호의 중소기업관련단체도 그 내부규칙에 의하여 관련업체의 일탈행위를 제한할 수 있다. 경제범죄 중에서도 특히 기업 활동과 관련되어 범해지는 이른바 '기업범죄'의 경우에는 통상의 형사사법 절차에 의해 소추 처벌하는 것이 매우 어렵고, 개별기업 또는 업계단체 등이 업계 또는 개별기업조직의 행위특성을 정확하게 파악하고 있고 내부정보에도 용이하게 접근할 수 있기 때문에 일정한 행위원리를 정해두고 위반행위에 대한 자주적인 규제를 행한다면 기업 활동에 관련한 일탈행위를 매우 효과적으로 규제할 수 있을 것이다. 자주규제와 관련하여 브에이스웨이트(J. Braithwaite)의 '강제적 자주규제(Enforced Self-regulation)'이론이 주목되고 있다. 강제적 자주규제란 기업이 영업활동에서 준수해야 할 행위원칙의 제정과 위반행위에 대한 감시를 각 기업의 자주적 활동에 일임하되, 위반행위가 발생한 경우에는 그 사실을 소관 행정청에 보고할 의무를 지우는 규제방식으로 행정청은 자주규제의 합법성과 내부 감시기구 운용의 적정성을 감독할 뿐 기업 활동 그 자체를 감시할 필요성은 없어진다. 즉, 강제적 자주규제방식은 ① 정부가 직접 기 업활동 전반을 규제하는 것에 비하면 비용이 크게 절감되고, ② 기업 활동의 세부적인 부분까지 규제가 가능해지며, ③ 자주규제를 담당하는 기업내부의 감시원은 당해 기업의 불법 활동을 외부인(공무원)보다 훨씬 효율적으로 감시할 수 있게 된다는 점 등의 장점이 있다. 그러나 자주규제에 의해 기업이 손해를 보거나 기존의 이익이 박탈된다면 정직한 자주규제를 기대할 수 없으며 현실적으로도 업계단체 또는 개별기업이 경제적 손실을 감수하면서까지 스스로의 영업활동을 규제하리라고 기대하는 것은 무리이다. 더구나 기업내부의 자체적 감시인과 기업의 관계에 따라서는 자주규제의 원칙 자체가 무용지물이 될 가능성이 높다. 이러한 이유에서 종업원의 기업에 대한 충성심이 특히 강한 것으로 알려진 일본에서는 강제적 자주규제 방식이 적합하지 않은 것으로 평가되고 있다.[92] 서구적 합리주의보다는 집단의식이나 동류의식에 의하여 행동하는 경향이 강한 우리나라의 기업에서도 자주규제 방식의 효율적인 운용은 기대하기 어렵다고 생각된다. 더구나, 강제적 자주규제는 기업활동과 관련된 일탈행위에 관해서만 유용하고 조직규모가 영세한 중소기업이나 개인사업자의 불법적인 영업행위에 관한 규제방법으로는 적절하지 않다는 한계가 있다.

---

[92] 木崎省三, 앞의 논문, 48-49면. 참조.

제2절 민사적 제재

1. 경제법과 민사법

민사법은 근대이후의 자유주의적 시민법 질서에 기초하여 사익의 조정을 궁극목적으로 하나 경제법은 자유주의적 자본주의의 모순을 극복하고 사회정의를 실질적으로 실현하기 위하여 근대 시민법 원리를 수정하여 공익실현을 목표로 한다. 그러나 경제법도 민사법에 의한 경제거래의 기본원칙을 바탕으로 하고 있다. 즉, 법인의 성립과 존속, 계약을 비롯한 제반의 경제활동에 관한 기본원리 등 기업의 조직과 운용에 관한 기본원리는 민법과 상법에 규정되어 있다. 또한 공익과 사익의 구별도 상대적이어서 공익증진을 위한 노력도 결과적으로는 시민 개개인의 사익증진을 통하여 결실을 맺게 된다. 현재 민사법과 경제법을 완전히 독립적인 법체계로 파악하는 견해는 없고 양자를 상호보완 관계에 있다고 한다.93) 따라서 결제거래상의 일탈행위에 대한 제재도 민사적 제재와 경제행정상의 제재가 상호 보완적으로 활용될 수 있다. 「독점규제및공정거래에관한법률」 은 사업자 또는 사업자 단체는 법위반행위로 인한 피해자에 대하여 손해배상책임을 진다고 규정하고 있듯이(제56조제1항) 민사제재도 경제거래상의 불법행위에 대한 효과적인 억지수단으로 작용하고 있다.

2. 민사소송의 효용과 한계

경제거래상의 불법행위로 인한 손해가 발생한 경우에는 피해자는 부당이득의 반환이나 손해배상을 청구할 수 있다. 경제법상의 일탈행위는 경제적 이욕으로 인하여 발생하는 것이 보통이므로 민사소송을 통하여 경제적 이익을 박탈하는 것은 경제법규위반행위를 억지하기 위한 효과적인 수단일 수 있다. 그러나 현실적으로는 불법·부당한 경제거래의 피해자가 민사소송을 통하여 손해를 배상받는다는 것은 매우 어려운

---

93) 김용세·문성식,‘경제법규위반 행위에 대한 제재’,「대전대학교 사회과학논문집」 제17권 제1호, 1998.4, 8면.

일이다. 즉, 민사소송에는 일반적으로 많은 비용과 시간이 소요되고, 불법행위의 존재와 피해의 정도, 양자의 인과관계를 증명하는 것도 어려워 기업범죄의 피해자가 거래기업을 상대로 민사소송을 제기하여 승소하는 것은 거의 불가능하다. 비록 독점규제및공정거래에관한법률이 동법 위반으로 인한 손해배상에 관하여 사업자의 무과실책임원칙을 명시하고 있지만(제56조제2항), 경제 범죄로 인한 피해구제를 위해 충분하다고 할 수는 없다. 또한 지속적인 불법행위에 의해 대규모의 피해가 발생한 경우 소비자 전체의 피해는 막대할지라도 개별 소비자의 손실은 극히 경미하여 개인적으로는 소송을 제기할 의욕조차 느끼지 못한 경우가 허다하여 일반적인 민사소술절차에 의하여 피해를 구제한다는 것은 사실상 무의미하다.94) 민사제재에 의하여 경제생활상의 일탈행위를 제어하는 것은 한계가 있다. 민사제재를 통한 사적 구제와는 별개로 행정상 또는 형사상의 제재를 가할 필요가 있음은 명백하다. 그러나 행정처분이나 형벌에 의한 공적 제재수단으로는 소비자가 입은 피해를 배상하는 것은 불가능하므로 민사제재와 행정상 또는 형사상 제재는 상호 보완적으로 병용되어야 하고 민사제재의 효율성을 높이기 위한 노력도 필요하다. 따라서 이하에서는 민사제재의 효율성을 높이기 위한 제도인 집단소송과 주주대표소송에 대하여 고찰하고자 한다.

가. 집단소송

집단소송이란 공동이익을 가진 집단의 구성원 일부가 전체의 이익을 위하여 소송을 수행하고 그 소송의 효력이 전체에 미치는 소송제도를 말한다. 경제거래상의 불법행위라든가 환경범죄에서처럼 대량의 피해가 발생하는 경우에 피해자 개개인이 모두 소송에 관여하는 것은 사실상 불가능하므로 이러한 경우에 효율적으로 활용될 수 있는 소송제도이다.95) 집단소송은 미국의 제도로서 'class action'과 'citizen suit(시민소송)'의 두 가지로 나눌 수 있다. class action이란 공동이익을 가진 집단의 구성원 중 일인 또는 수인이 그 집단 전체의 이익을 위하여 수행하는 소송형태로 구성원 전원이 동의하거나 참가하지 않더라도 소송수행이 가능하다. 판결의 효력은 자신을 제외해 줄 것을 요구하지 않는 한 구성원 모두에게 미친다.96) class action의 장점은 단체의 구성원 전

---

94) 김용세 · 문성식, 앞의 논문, 8면.
95) 김용세 · 문성식, 앞의 논문, 8-9면.

원이 개별적으로 소송을 하는 경우에 소요되는 노력과 비용의 낭비를 막을 수 있고 소송물이 개별적 소송을 제기할 만큼 크지 않은 소액피해자에 대하여 재판의 기회를 부여할 수 있다는 점에 있다.[97] 시민소송도 class action의 일종으로 원고적격은 지역주민이라는 지위에 있는 자에게 인정된다. 그 구제수간은 금지명령이나 직무집행명령에 한정되고 사적인 손해에 대한 배상청구는 허용되지 않는다.[98] 따라서 시민소송에 의하여 직접 손해를 배상받을 수 있는 것은 아니지만 시민소송에서의 승소판결을 손해배상청구의 근거로서 활용할 수 있다. 즉, 시민소송에서의 승소판결을 근거로 class action이나 손해배상청구소송에서는 약식재판(summary judgement)에 의하여 손해를 배상받을 수 있다.[99] 기업 활동 상의 불법행위에 의하여 다수의 피해자가 경제적 손실을 당하는 경제범죄 유형에 대해서는 집단소송제도가 유용한 제재수단으로 활용될 수 있을 것이다. 집단소송을 통하여 피해구제의 효율성이 증대될 뿐만 아니라 경제범죄를 통한 수익박탈에도 보다 효과적이기 때문이다. 우리나라에는 아직 이 제도가 도입되어 있지는 않으나 대표자소송 또는 선정당사자소송을 활용할 수 있다(민사소송법 제49조).[100] 그러나 선정당사자소송은 집단소송과는 기판력의 범위가 다르다. 즉, 집단소송은 소송에 참여하지 않은 자에게도 소송의 효력이 미치지만 선정당사자소송에서는 소송에 참여하지 않은 자에게는 기판력이 미치지 않으므로 선정당사자 소송에서 승소하더라도 소송에 참여하지 않은 피해자가 입은 피해는 배상받을 수 없으므로 경제범죄에 대한 제재수단으로서는 효과가 매우 제한적이다. 최근 우리나라에서도 공해사건을 중심으로 집단소송제도의 도입 필요성이 강조되어 법무부가 94년 3월까지 「집단소송에관한법률」 최종안을 확정하여 동년 9월의 정기국회에 제출하겠다고 발표했었지만, 무슨 이유에서인지 입법이 이루어지지는 않고 있다.[101]

---

96) 오석락, "공해소송의 절차적 과제", 「환경법연구」, 한국환경학회, 1980, 31-33면.
97) 오석락, 앞의 논문, 31면.
98) 오석락, 앞의 논문, 34면.
99) 오석락, 앞의 논문, 36면.
100) 1997. 3.14. 부산시 환경단체 회원 100명이 대표자로 15인의 변호사가 '원고들에게 각 100만원씩 총 1억원을 지급하라'는 취지의 판결을 구하는 선정당사자 소송을 제기하였다.
101) 조선일보 1993.4.2 자, 11면. 참조.

나. 주주대표소송

주주대표소송이란 주주가 회사를 대신하여 이사의 책임을 추궁하기 위하여 제기하는 소송을 말한다(상법 제403조제1항). 이사의 책임에는 위법행위로 인한 책임(동법 제399조), 신주인수담보책임(동법 제428조)은 물론이고 이사와 회사의 거래상 채무를 포함하여 그가 회사에 대하여 부담하는 모든 채무에 미친다. 원고는 발행주식의 100분의 5이상에 해당하는 주식을 보유한 주주로 회사에 대하여 직접 급부할 것을 청구하므로 판결의 효력도 당연히 회사에 미친다(민사소송법 204조3항). 이 제도는 발기인(상법 제324조), 감사(동법 제415조), 불공정한 가액으로 신주를 인수한 자(동법 제424조의2 제2항), 주주권의 행사와 관련하여 이익을 공여 받은 자(동법 제467조의2 제4항), 청산인(동법 제542조 제2항) 등의 회사에 대한 책임에도 준용된다.[102]

일본에서 주주대표소송이 1950년(소화25년)에 처음 도입되었지만 일반적으로 (가)가 거액이므로 재판수수료가 막대하여 활용도는 매우 낮았다. 그 후 1993년(평성5년) 상법이 개정되어 주주대표소송을 비재산권적 청구라고 규정하고(일본상법 제267조 제4항), 비재산권적 청구는 소가산정이 불가능한 소송으로 간주하여 8,200엔(￥)의 수수료만 납부하면 주주대표소송을 제기할 수 있게 하여 주주대표소송이 비약적으로 증가하였다.[103]

우리나라에서도 역시 주주대표소송은 소가산출이 불가능한 소송으로 간주되고 있으므로(민사소송등인지규칙 제15조 제1항), 50,000원 상당의 인지를 붙이면 주주대표소송을 제기할 수 있다(민사소송등인지법 제2조). 그러나 우리나라에서는 재벌기업이 족벌중심의 지배체계를 구축하고 있으므로 소주주에 의한 회사경영의 감시는 기대하기 어려워 주주대표소송 제도가 활발하게 활용되고 있지는 못한 실정이다. 그러나 주주대표소송은 임원의 불법행위에 의해 회사가 손해를 입는 경우에 관해서만 제한적인 억지효과를 가질 수 있으므로 경제범죄 억지력에는 원천적인 한계가 있다. 또한, 일본에서는 최근 주주대표소송이 증가함에 따라 회사임원의 손해배상을 담보해주는 책임보험에 가입하는 사례가 늘어[104] 임원 개인에 대한 재산상의 책임추궁이라는 의미가 반감

---

102) 김용세·문성식, 앞의 논문, 10면.

103) 神山敏雄, 「日本の經濟犯罪-その實情と法的對應-」, 日本評論社, 1996, 300-302면.

되고 있다. 즉, 임원의 개인적 손실을 방지할 방법을 확보함으로써 손해배상청구제도의 억지효과도 반감되고 있다.

제3절 행정적 제재

1. 행정상의 불이익처분

경제법은 공행정 기관에 의한 경제활동 규제를 정한 행정법의 일부이다. 다만, 경제법은 주고 구체적인 경제정책의 목표를 제시하고 경제활동 규제의 내용과 방법을 정한 것임에 비하여, 일반행정법은 주로 경제법 등에 규정된 실체규정을 적용할 절차 즉, 행정작용을 수행할 절차일반을 중심으로 규정되어 있다는 점에서 양자를 구별할 수 있을 것이다. 따라서 행정처분은 경제법규 위반행위에 대한 가장 직접적인 제재수단이라고 할 수 있다.[105] 행정작용의 실효성을 확보하기 위한 가장 전형적인 제재방법인 행정벌 이외에 관허사업 제한, 행위제한, 공표 등 다양한 제재수단이 활용되고 있다. 나아가서는 행정상의 지도·감독·조사도 간접적인 규제수단으로 기능하고 있다. 즉, 행정작용의 중요성이 증대함에 따라 행정제재의 종류도 다양해지고 적용범위도 확대되고 있다.

경제법규 위반행위가 상당부분 범죄에 해당한다고 할 수 있지만, 사기죄나 배임죄를 비롯한 형법상의 재산범죄는 대부분이 재산상의 손해라는 피해발생을 요하는 결과범으로 규정되어 있기 때문에 개별적으로는 사소한 피해가 광범위하게 발생한 경우에는 수사가 개시조차 되지 않은 경우가 많으며 수사가 개시되더라도 증거확보와 공소유지는 매우 곤란하다. 일반형사범과는 달리 경제법규 위반행위의 대부분은 결과발생을 요하지 아니하는 거동범으로 규정되어 있긴 하지만, 적어도 범죄사실에 대한 엄격한 증명은 불가결하고, 경제범죄의 주체가 사회적 지위가 높은 계층의 범죄이기 때문에 형사문제로 발전하기 않는 경우도 많고 범행수법 자체가 지능적이기 때문에 유죄

---

104) 神山敏雄, 앞의 논문, 300-302면.
105) 김용세·문성식, 앞의 논문, 10면.

입증이 곤란한 경우도 매우 많다.

행정제재는 형사법의 기본원리에 의해 제약받지 않고 위법행위를 규제할 수 있고 경제법규 위반행위의 특성상 해당분야에 대한 전문지식과 경험을 갖춘 행정관청이 적절한 처분을 행한다는 장점이 있다. 그렇지만 현실적으로는 공정거래위원회, 세무당국, 증권감독위원회 등 극히 일부의 예를 제외하면, 각 행정관청별로 당해 업무의 담당부서에서 단속업무를 수행하고 있을 뿐이고 거의 모든 행정관청이 행정법규 위반행위를 적발·단속하기 위한 독립적인 기관을 가지고 있지 못하다. 따라서 경제법규 위반행위에 대한 행정규제의 실효성을 확보하기 위해서는 실질적인 단속이 가능한 체제를 갖출 필요가 있다고 생각된다.106)

현행법상 인정되는 행정상의 제재수단은 행정벌, 행정강제107), 기타 과징금, 가산세, 가산금, 부당이득세, 관허사업제한, 공급거부, 공표, 각종의 행위제한 등이 있다. 본고에서는 경제범죄에 대한 제재수단으로서의 의미를 인정할 수 있는 것들에 대하여 고찰하고자 한다.

2. 행정벌108)

가. 행정형벌

1) 형사벌과의 관계

행정형벌이란 행정법상의 의무위반행위에 대해 과해지는 형사제재, 즉 형법에 형명이 있는 형벌로 일반형사범과 피침해규범에 차이가 있을 뿐이고 그 밖에 제재의 종류와 부과절차 등은 완전히 동일하다.109) 일반적으로 행정형벌과 형사벌을 구별하여 행

---

106) 神山敏雄, 앞의 논문, 308-309면.
107) 행정법상의 의무불이행에 대하여 의무이행을 강제하는 행정작용을 말한다. 보통 행정상의 강제집행과 행정상의 즉시강제(즉시집행)로 분류한다. 전자에는 대집행, 강제징수, 집행벌(강제금), 집행강제 등이 포함된다.
108) 행정벌이란 행정법상 의무위반행위에 대하여 과해지는 행정법상의 제재로 행정형벌과 행정질서벌(과태료)로 나눌 수 있다. 이에 대해 자세한 것은 김용세,행정질서벌과 형사제재의 관계, 「형사정책연구」, 2001. 참조.
109) 김용세·문성식, 앞의 논문, 12면.

정범과 형사범의 구별문제로 노하기도 한다. 형사범은 법률의 규정이 없더라도 그 자체로서 반 윤리성·반사회성을 가지는 것으로서 그 반 윤리성 또는 반사회성이 시민 일반에게 널리 인식되어 있는 것이지만, 행정범은 그 행위 자체가 반 윤리성이나 반사회성을 가지는 것은 아니고 특정한 행정목적 실현을 위해 법령이 정한 명령 또는 금지에 위반함으로써 비로소 반 윤리성이 인정되는 행위라고 정의한다.[110] 즉, 형사범은 자연범이지만, 행정범은 법정범이므로 양자가 구별된다고 하는 견해가 종래의 통설이었다.[111] 그러나 자연범과 법정범을 구별하는 견해는 적어도 형사법학에서는 이미 완전히 극복되었으며 반 윤리성의 평가도 상대적인 것으로 형사범은 반윤리적 요소가 강하다는 일반적 평가는 불가능하다. 즉, 법정범과 자연범의 구별은 살인죄를 비롯한 전통적인 형사범과 순수한 행정목적 침해범죄에 대해서만 제한적으로 의미를 가질 수 있을 뿐이다. 현재는 행정법학자들도 대체로 행정범과 형사범이 상대적 개념이라는 점을 인정하고 있다.[112] 형벌이란 원래 행정법상의 의무이든, 헌법상의 의무이든- 중대한 의무위반 또는 의무불이행에 대한 제재수단이다. 그것이 행정목적 달성을 위한 수단으로 활용되었든, 시민가회의 평화를 위한 수단으로 활용되었든 형벌의 본질이 변화하는 것은 아니므로 행정형벌과 형사벌은 본질적으로 동일하다고 하여야 한다. 즉, 형사법의 일반원리는 행정형벌에도 똑같이 적용된다. 형법도 「본법 총칙은 타법령에 정한 죄에 적용 한다」고 규정하고 있다(제8조). 따라서 행정형벌도 형사소송법에 정한 절차에 따라 재판해야 한다.[113]

2) 형벌과 행정질서벌의 관계

행정형법이란 행정법상의 의무위반에 대하여 형사제재를 부과하여 행정상의 의무이행을 강제하는 것으로 행정기능이 다양해지고 행정법규가 증가하면서 형사제재에 의해 규제되는 행정영역이 크게 확대 되었다. 즉, 국도 이용관리법, 건축법, 도로교통법,

---

110) 김용세·앞의 논문, 78면. 참조.

111) 석종현, 「일반行政法(上)」, 삼영사, 1995, 530면. ; 홍정선, 「行政法原論(上)」, 박영사, 1996, 411면.

112) 홍정선, 앞의 책, 411면. 그러나 행정법학자 중에서 "우리의 행정벌 이론은 그것이 지닌 형사적 제재 기능보다는 오히려 행정법상의 간접적인 의무이행 확보수단으로서의 기능을 중심적으로 하여 이론 구성이 행하여져 왔다"는 이유에서 행정행벌과 형사벌은 구별되어야 한다고 주장하는 이도 있다. 석종현, 앞의 책, 532면.

113) 김용세·문성식, 앞의 논문, 15면.

자동차관리법, 자동차운수사업별, 경찰관직무집행법, 집회및시위에관한법률 등, 행정형벌 법규를 포함하고 있는 현행법률은 약 400개에 달한다고 한다.114)

　행정작용의 실효성 확보를 위한 제재수단이라는 점에서는 행정형벌도 여타의 행정제재와 동일한 의미를 가진다. 그러나 행정형벌은 일반형사사건과 마찬가지로 형사절차를 통하여 법원이 부과하는 것임에 반하여 행정제재는 행정주체가 부과한다는 점에서 큰 차이가 있다. 즉, 자유형의 집행은 과태료나 과징금과 같은 금전적 제재보다 훨씬 심각한 불이익처분이라고 할 수 있고, 벌금은 과태료나 과징금보다도 소액인 경우가 많지만 전과자라는 명예롭지 못한 낙인이 찍히게 한다. 공개재판을 통한 유죄선고는 선고형의 경중에는 관계없이 행위자의 명예를 크게 실추시킨다는 점에서도 형벌은 행정제재보다 훨씬 가혹한 제재수단이라고 할 수 있다. 형벌은 행정상의 의무이행을 강제하기 위해서는 달리 방법이 없다고 판단되는 경우에 한하여 최후수단으로 활용되어야 한다. 그러나 현실적으로는 행정처분만으로도 행정목적 달성이 가능한 경우에도 형벌이 부과되고 있으며, 심지어 행정처분에 의한 이행강제와 함께 형벌부과를 규정한 법규도 존재한다.115) 행정법과 형법의 목적에 비추어 적절하지 못한 입법태도임은 물론이다. 행정법규 위반행위에 대한 형벌부과는 자제되어야 한다. 법무부도 1983년 이후 (행정)형벌을 행정제재로 대체하려는 작업을 추진하고 있다. 즉, 현행법상의 형벌법규를 전반적으로 검토하여 그 중 226개 법률 536개 조항에 규정된 형벌을 행정질서벌(과태료)로 전화하기로 하고 해당법률을 개정할 때마다 이를 실천하고 있다.116)

---

114) 석종현, 앞의 책, 532면.

115) 예컨대, 건축법(제74조, 제78조)은 무허가건축물에 대하여 시장·군수의 철거명령에 불응한 경우 대집행을 규정하면서 동시에 3년 이하의 징역과 5천만원 이하의 벌금을 병과할 수 있도록 규정하고 있다. 석종현, 앞의 책, 532면.

116) 법무부는 다음의 13가지 유형에 속하는 의무위반에 대해서는 원칙적으로 형벌이 아니라 행정제재를 부과하기로 하였다. 1. 신고의무위반 : 휴·폐업, 재개업, 신고·허가 또는 등록사항의 변경, 사업 등의 양도·양수·승계, 법정고용의무가 있는 종업원의 임면, 기타 신고·신청, 2. 장부의 작성·비치·보존의무위반, 3. 허가증·요금표 등 표지물의 게시의무위반, 4. 허가증·등록증의 반납불이행, 5. 보고·자료제출·출석답변 또는 통지등 명령위반, 정기보고 등 불이행 및 허위보고, 6. 검사·조사 또는 임검 등의 거부·방해 또는 기피, 7. 유사명칭 사용금지위반, 8. 정부투자기관·정부출연기관 기타 특수법인 등의 등기 또는 공고해태, 시정·감독 등 명령위반, 검사방해, 9. 겸직금지의무위반, 10. 조사·측량 등을 위한 토지에의 출입거부·방해 또는 기피, 11. 본의무 이행 후 부수의무 불이행 : 변호사·공인회계사 등의 미등록 업무수행 등, 12. 사용료·수수료 등 요금면탈과 승인된 요금 이외의 요금수수, 13. 기타 경미하거나 수시로 부과되는 행정질서유지를 위한 명령위반 등이 그것이다. 박윤혼, 행정법상의 의무이행확보수단, 「고시계」, 1988.4, 24면. ; 석종현, 앞의 책, 534면.

그러나 행정범죄와 행정질서범을 구별할 실질적 기준은 제시되어 있지는 않고, 단지 ① 당해 질서위반행위와 관련된 범죄예방을 위해 필요한 사항, ② 질서위반이 결과적으로 위생·안전문제를 크게 저해하는 사항, ③ 정부 역점시책에 관련되는 사항, ④ 행정목적 자체를 침해하는 사항, ⑤기타 행정목적 달성을 위하여 반드시 형벌을 부과할 필요가 있는 사항 등의 위반행위에 대해서는 형벌을 부과한다고 함으로써[117] 실무상의 지침만을 제시하고 있다. 따라서 범죄와 행정질서위반행위의 한계를 밝히기 위해서는 별도의 연구가 필요하며, 행정형벌의 행정질서벌로의 전환을 위한 노력이 계속되어야 하겠다.

나. 행정질서벌 (과태료)

현행법상 행정질서벌이란 과태료를 의미하며 과태료란 행정법규의 실효성을 확보하기 위하여 일반통치권에 의거하여 행정법상의 의무위반자에게 과하는 금전적 제재이다. 강제금(집행벌)도 금전적 제재의 일종이지만 과태료와는 의미가 다르다. 즉, 과태료는 과거의 행정상의 의무위반 또는 의무 불이행에 대한 제재이고 강제금은 행정법상 의무이행을 사후적으로 강제하기 위한 수단이라는 점, 과태료는 일정한 불법행위(질서불법:Ordnungsunrecht)에 대한 불이익처분이지만 과징금은 불법행위에 의한 수익을 박탈하는 처분이라는 점에서 구별된다. 따라서 과태료는 벌금과 마찬가지고 금액의 상한이 법정되어 있지만 과징금은 금액이 법정되어 있지 않다.

그러나 과태료는 상대적으로 적은 액수의 상한액이 법정되어 있기 때문에 경제범죄에 대한 제재로서는 큰 효과를 기대하기 어렵기 때문에 최근의 경제법규에서는 과징금 부과규정이 늘고 있다.[118]

결국 과태료는 벌금과 마찬가지로 불법행위(질서위반행위)에 대한 불이익처분이라는 성질을 가지므로 양자를 동시에 과하는 것은 타당하지 않다고 해석된다. 그러나 대법원은 과태료는 행정상의 질서벌에 불과하므로 그 부과처분은 일사부재리 원칙이 적용되는 재판이 될 수 없다는 것을 이유로 과태료를 납부한 후에 형사처벌을 하더라도 일사부재리 원칙에 반하지 않는다고 판시하였다.[119] 또한 과태료와 과징금의 병과도

---

117) 석종현, 앞의 책, 535면.
118) 김용세·문성식, 앞의 논문, 15면.

이론상으로는 가능하다고 생각된다. 양자 모두 행정처분이지만, 그 목적을 달리하기 때문이다. 다만, 자동차운수사업법은 과징금부과시 과태료의 부과를 금지함으로써 위무위반자의 이중부담을 배제하고 있다(동법 76조).

3. 기타의 금전적 제재

가. 과징금

과징금이란 행정법상의 의무위반에 대한 금전적 제재를 의미하므로 가산세라든가 부당이득세와 같은 세법상의 제재는 여기에 포함되지 않는다. 일본 독금법의 영향을 받은 우리나라의 독점규제및공정거래에관한법률에서 1980년 말 과징금 제도가 도입되었다. 그 후 가정의례에 관한 법률(10조), 공중위생법(제25조의2), 석유사업법(제13조의2), 식품위생법(제65조), 자동차운수사업법(제31조의2), 주차장법(제24조), 해운법(제21조) 등 적용범위가 계속 확대되고 있다. 수질환경보전법 제19조와 대기환경보전법 제19조 등의 배출부담금도 과징금과 동일한 성질을 가지는 것으로 해석된다.[120] 과징금이나 부담금은 불법행위에 의하여 부당하게 획득한 이득의 박탈이라는 성질과 금전적 제재로서의 성질을 모두 가진다. 결국 경제범죄에 대한 억지력이라는 관점에서는 상한액이 법정되어 있는 벌금이나 과태료보다 효과적인 수단이라고 생각된다.[121] 과징금 부과행위도 독립적인 침익적 행정행위이므로 반드시 법률의 근거를 요한다. 과징금은 처벌이라는 성격보다는 부당이득의 박탈이라는 성질을 가지므로, 이론상으로는, 형벌이나 여타의 행정제재와 함께 부과되어도 무방하다고 판단된다. 과징금과 벌금형의 병과는 양자 모두 금전적 제재라는 점에서 다소 문제가 있을 수 있다. 이론적으로는 벌금형은 위법행위에 대한 형사적 제재임에 대하여 과징금은 위법행위로 인한 부당이득의 박탈이므로 양자를 병과하는 것이 가능하다. 그러나 과징금이 부당이득을 초과하는 경우에는 벌금형과 마찬가지로 제재로서의 효과도 인정될 수 있을 것이므로, 이 경우에 벌금형을 병과하면 실질적으로 이중처벌을 하는 셈이 된다. 독일처럼 경쟁질서 위반행위

---

119) 대판 1989.6.13, 88도1983.
120) 홍정선, 앞의 책, 456면.
121) 김용세·문성식, 앞의 논문, 16면.

에 대해서는 형벌을 일절 과하지 않거나, 미국처럼 과징금제도가 없는 나라에서는 이러한 문제가 발생할 여지가 없으나 우리나라에서는 벌금과 과징금의 병과는 지양하는 것이 바람직하다고 생각된다.

과징금과 관련하여 주로 문제되는 것은 불법행위에 의하여 취득한 이익의 산정방법이다. 과징금은 부당이득의 환수라는 의미를 지니는 것이므로 이론상으로는 부당한 단위소득에 부당행위의 실행기간 중의 매상량을 곱한 금액을 박탈하는 것이 원칙이나 부당한 초과이익을 정확하게 계산하는 것이 곤란하다는 약점이 있다. 그리하여 일본이나 우리나라에서는 정확한 이득액을 산정하는 방법이 아니라 전체 매출액의 일정 부분을 박탈하는 방법을 취하고 있다. 유럽공동체법도 초과수입을 개별적으로 계산하지 아니하고 매상의 일정 비율(10%이하)을 초과수입으로 추정하고 있다.

과징금의 부과 및 징수에 관하여 필요한 사항은 보통 대통령령으로 개별적으로 정하도록 규정되어 있고, 납부의무 불이행시의 강제징수는 국세징수법의 예에 따르도록 규정되어 있는 것이 보통이다. 독점규제및공정거래에관한법률상 과징금 부과의 주체는 공정거래위원회이다. 동법 위반자에 대해서는 그 매출액의 100분의2(제24조의 2, 제31조의2, 제35조의2) 또는 100분의 5(제28조)에 상당하는 과징금을 부과한다. 다만 매출액이 없거나(제24조의2, 제28조2항, 제31조의2, 제35조의2) 매출액을 산정할 수 없는 경우(제28조 1항, 제35조의2)에는 5억원의 범위 안에서 과징금을 부과한다. 공정거래위원회가 불법하게 취득한 매출액을 산정하여 과징금을 부과함에 있어서는 위반행위의 내용 및 정도, 위반행위의 기간 및 회수, 위반행위로 인해 취득한 이익의 규모 등을 참작하여야 한다(제55조의3 제1항).

나. 가산세 · 가산금 · 부당이득세

가산세란 세법에 규정하는 의무의 성실한 이행을 확보하기 위하여 그 세법에 의하여 산출한 세액에 가산하여 징수하는 금액을(국세기본법 제2조제4호) 의미하고, 가산금이란 납부기한 경과 시 고지세액에 가산하여 부과 · 징수하는 금액을 말한다(동법 제2조제5호). 행정법상의 의무위반이 있는 경우에 과해지는 불이익처분이라는 점은 여타의 행정제재와 동일하지만, 성실한 의무이행을 확보하기 위해 의무해태에 대해 부과하는 일종의 행정벌이라는 것이 판례[122]와 다수설의 입장이다.[123] 형벌이나 기타 행정제재와 병과 할 수 있다. 부당이득세란 물가안정에 관한 법률이나 기타 법률에 의하여 정부가 결정·지정·승인·인가 또는 허가하는 물품의 가격, 부동산이나 기타 물건의 임대료 또는 요금의 최고액을 기준으로 거래단계별·지역별 기타의 구분의 따라 국세청장이 따로 정하는 가액(기준가격)을 초과하여 거래를 함으로써 부당한 이득을 얻은 자에게 과세하는 것을 말한다(부당이득세법 제1조 제1항). 부당이득세의 과세표준은 실제로 거래한 가격·임대료 또는 요금에서 기준가격을 차감한 금액으로 하여 세율은 과세표준의 100분의 100이다(부당이득세법 제2조, 제3조). 부당이득을 전액환수하기 위한 행정 적 제재이다.[124]

4. 기타의 행정적 제재

가. 관허사업 제한(제의적 행정법규)

관허사업의 제한이란 행정법규 위반행위자에 대하여 인가·허가 등을 거부·정지·철회하는 것을 말한다. 행정상의 의무이행을 간접적으로 강제하기 위하여 가하는 불이익처분이다. 식품위생법 제 58조의 영업허가 취소처분처럼 인가 또는 허가의 거부·정지·철회 등이 의무위반 사항과 관련되어 있는 경우도 있고, 국제징수법 제7조, 병역법 제76조, 공업배치및공장성립에관한법률 제27조 제1항에서처럼 의무위반자에 대해서는 위반행위의 내용을 묻지 않고 일반적으로 특정범위의 관허사업을 금지하는 경우도 있다. 형벌 또는 기타의 행정제재를 병과 할 수 있다. 경제범죄가 경제거래상의 불법행위라는 점을 고려하면, 의무위반자에게 일정 범위의 경제거래를 제한하는 것은 재범방지를 위해 매우 효과적인 수단이라고 할 수 있다. 자유형 집행에 의하여 적어도 그 집행기간동안에는 재범이 방지될 수 있는 것과 마찬가지로, 경제거래상의 일탈행위자를 경제거래의 장에서 추방함으로써 재범방지의 효과를 거둘 수 있다. 그러나 국민경제 전반에 영향력 있는 기업이나, 국민의 일상생활에 밀접한 관련이 있는 상품이나

---

122) 대판 1977.6.7. 74누212 ; 대판 1980.3.25. 79누165.
123) 이태노·안경봉, 「조세법강의」, 박영사, 2000, 91면.
124) 이태노·안경봉, 앞의 책, 566 - 567면.

용역을 독점적으로 공급하는 사업자에게 영업허가 취고 또는 정지의 처분을 과한다는 것은 현실적으로 매우 어려운 일이다. 다른 한편 유령회사를 이용한 사기적 물품거래나 부정수표단속법 위반행위를 범한 자에 대해서도 관허사업의 제한은 아무런 억지력도 가지지 않는다는 한계가 있다.

나. 공표

공표란 행정법상 의무위반 또는 의무불이행이 있는 경우, 그 의무위반자 또는 불이행자의 명단과 위반사실을 공개하는 것을 말한다. 독점규제및공정거래에관한법률 제5조, 제16조, 제21조, 제24조, 제27조, 제31조와 공직자 윤리법 제8조의2, 국세징수사업처리규정 제66조 제1항 등은 법위반 사실이나 위법행위자의 명단공표를 규정하고 있다. 개인의 명예감정을 자극함으로써 의무이행을 확보하는 수단이라는 점을 고려하면, 일반적으로 화이트 칼라에 의해 범해지는 경제범죄에 대한 효과적인 억지수단이 될 수 있을 것이다. 실무계에서는 이 조치의 효과를 매우 높게 평가하고 있다. 즉, 미국과 프랑스는 경제범죄 사건에 관하여 사법기관과 피의자가 일정한 타협안을 작성하고 피의자가 이를 준수하겠다고 서약한 사실을 공표하는 제도를 도입하였고, 독일에서도 일정범위의 범죄에 관한 유죄판결에 한하여 공고할 수 있도록 규정되어 있다. 그러나 독일 연방카르텔청이 경제범죄자의 명단을 공표하는 것은 법률의 근거 없는 실무관례에 불과하므로 그 합법성에 관한 다툼이 있다. 즉, 법률의 근거가 없는 경우에 공표에 합법성이 다투어질 수 있음은 물론이고, 법률의 규정이 존재한다 할지라도 개인적 약점의 공표가 사적 비밀보호라는 헌법정신에 합치하는가는 다툼의 여지가 있다.

결국 국민의 알 권리와 개인적 비밀보호의 긴장관계에 관한 해묵은 논쟁에 귀결될 것이다. 국민의 알 권리 및 명단공표를 통하려 기대되는 불법행위 방지효과를 비교교량하여 구체적으로 검토해야 할 문제라고 생각된다. 예컨대, 대기업의 거액밀수사건이나, 공직가의 부패사건, 거액 탈세사건 등에 관련된 자의 명단을 공개하는 것은 공공의 이익보호라는 관점에서 긍정될 수 있을 것이다.[125]

---

[125] 김용세·문성식, 앞의 논문, 18면.

3) 공급거부

행정법상 의무위반이 있는 경우에 일정한 재화나 서비스의 공급을 거부하는 행정작용을 말한다. 공급거부는 의무이행을 위한 직접적인 수단은 아니고 행정법상의 의무위반자에게 사업이나 생활상의 어려움을 주어 간접적으로 의무이행을 확보하고자 하는 제도이다. 예컨대, 건축법에 의한 수도의 설치·공급금지(건축법 제69조 제2항, 공업배치및공장설립에관한법률 제27조 제1항)등이 그 예이다. 경제범죄와 관련해서는 공급거부의 대상기업은 사실상 사업행위를 계속할 수 없으므로 실질상 영업허가의 취소 또는 영업정지와 유사한 효력을 가지는 처분이라고 할 수 있다.

제4절 형사적 제재

1. 형사적 제재의 유형

우리나라 경제범죄 규제에 관한 형벌법규의 특색을 알아보기 위해 입법 기술상의 관점에서 경제범죄 규제법규를 유형화하여 고찰하기로 한다.

가. 직접벌규정과 간접벌규정[126)]

직접벌규정이란 경제상의 위법행위가 행해졌을 경우, 경제행정관청 등의 특별한 조치 없이 직접 검찰이나 경찰 등 형사사법기관이 수사에 착수하여 처벌할 수 있는 형벌법규를 말하며, 이에 반하여 경제상의 위법행위가 있을 시 경제행정관청 등의 행정적 조치를 기다리고 이러한 조치가 이행되지 않을 때 비로소 처벌할 수 있는 형벌법규가 간접벌규정 이다. 현재의 경제범죄규제법규의 대부분은 직접벌규정 이며, 간접벌

---

126) 이것은 일본에서 환경형벌법규의 분류방법으로 사용되는 것이다. 환경오염을 방지하기 위한 행정상의 규제를 전제로 하는 환경형벌법규 가운데 그 규제의 위반에 대한 행정처분을 이행하지 않은 것을 처벌하는 규정이 간접벌규정이고, 규제의 위반 그 자체를 처벌하는 규정이 직접벌규정이다.

규정의 형태는 적다.[127] 이러한 규정 외에 경제범죄 규제법규에는 경제행정관청 등의 고발이 있어야 처벌을 할 수 있는 규정이 있는데,[128] 이는 형사사법 기관에 대하여 형사소추를 촉구하는 성질을 갖는 것으로서 소송조건이 됨에 반하여 간접벌규정의 경우에는 경제행정관청 등의 행정상 처분이 구성요건의 내용으로 된다는 점에서 구별되어야 할 것이다. 또한 간접벌규정과 유사한 것으로서 경제상의 위법행위가 발생하면 곧바로 처벌하는 규정을 두면서 그러한 위법행위를 시정하기 위한 경제관계 행정관청 등의 시정조치를 위반한 행위를 또 다시 처벌하는 규정을 두는 경우가 있다. 이러한 방식에 의한 처벌은 직접벌규정에 의한 처벌과 간접벌규정에 유사한 처벌을 모두 사용한 방식이므로 이중벌방식이라고 부를 수 있다.[129]

나. 본원적 구성요건과 종속적 구성요건

경제형벌 법규의 구성요건이 선행하는 경제관련 기관의 행위에 의존하느냐의 여부에 의한 구분이다. 본원적 구성요건이란 처벌되는 행위의 내용이 법령에 의하여 독립적으로 형성되어 있는 형벌법규를 말한다. 이에 반하여 종속적 구성요건이란 경제관련 행정기관 등의 특정한 조치, 즉 행정상의 명령이나 처분에 대한 위반이 구성요건의 내용으로 되어 있는 경제형벌 법규를 말한다.

죄형법정주의의 원칙상 경제형벌 법규도 대부분은 본원적 구성요건으로 되어 있지만 종속적 구성요건도 존재한다. 예컨대 물가안정및공정거래에관한법률에 의한 정부의 긴급수급조정조치(제6조 제1항)를 위반한 경우에 처벌하는 규정(제25조 제1항 제2호)이나 석탄산업법상의 석탄 등의 수급조정 등을 위한 조치(제24조 제1항과 제2항)에 대한 위반을 처벌하는 규정(제43조 제1항 제3호)이 그것이다. 위에서 살펴본 간접벌규정과

---

127) 간접벌규정의 예로는, 소비자보호법상 위해를 끼칠 우려가 있는 물품이나 용역의 수거·파기 또는 금지의 명령에 대한 위반행위의 처벌규정(제52조 제1항 제1호, 제6조 제3항), 석탄산업법상의 영업정지명령에 대한 위반행위의 처벌규정(제43조 제1항 제2호, 제21조 제1항 제2호, 제17조 제2항) 그리고 석유사업법상의 사업정지명령에 대한 위반행위의 처벌규정(제27조 제4호, 제13조 제2항) 등을 들 수 있다.

128) 예컨대 독점규제및공정거래에관한법률 제71조는 공정거래위원회의 고발을, 물가안정및공정거래에관한법률 제31조는 주무부장관의 고발을, 조세범처벌법 제6조는 국제청장 등 세무공무원의 고발을 경제범죄 행위의 처벌을 위하여 요구하고 있다.

129) 강동범, 앞의 논문, 64면.

이중벌방식도 종속적 구성요건에 해당한다. 예컨대, 공정거래위원회의 시정조치(독점규제및공정거래에관한법률 제5조, 제16조 제1항, 제21조 등)의 불이행(동법 제67조 제6호), 증권관리위원회의 거래정지 또는 금지처분(증권거래법 제20조)에 대한 위반(동법 제210조 제1호), 투자상담사에 대한 증권감독원의 직무정지(동법 제69조 제1항)에 대한 위반(동법 제210조 제4호) 등이 그것이다. 이러한 종속적 구성요건은 경제행정관청 등의 구체적인 명령이나 처분에 대한 위반이 구성요건의 내용을 이루고 있다는 점에 그 특색이 있다.

다. 구성요건의 명확성 정도에 따른 구분

경제형법의 구성요건이 당해 형벌법규에 어느 정도 명백하게 규정되어 있는가 하는 명확성의 정도에 따라서 경제범죄 규제법규를 구분할 수 있다.

첫째의 유형은 전통적인 형법법규와 동일하게 경제범죄 행위의 내용 그 자체를 구성요건으로 포착하여 빠짐없이 규정하고 있는 경제형법 법규의 형태이다. 독일형법에 규정되어 있는 보조금사기(제264조), 투자사기(제264조a), 신용사기(제265조b), 우리 부정수표단속법상의 처벌법규, 파산범죄 등이 이러한 유형에 속하며, 죄형법정주의의 원칙에 가장 충실한 형태이다. 두 번째의 유형은 경제범죄 행위의 내용을 구성요건에 직접 규정하고 있지만 그것의 구체화를 다른 법령, 즉 보충규범에 위임하고 있는 형태이다. 예를 들면, 「제…조의 규정에 위반하여 기업결합을 한 자」(독점규제및공정거래에관한법률 제66조 제3호) 또는 「제…조의 규정에 위반하여 불공정 거래행위를 한 자」(물가안정및공정거래에관한법률 제36조 제1항)등의 형태로 이루어진 경제범죄 규제범규로서 우리의 경제형벌 법규 중 대단히 많은 숫자를 차지하고 있다. 이러한 유형은 구성요건에 일정한 행위를 규정하고 있는 점이 전통적인 형벌법규와 유사하지만 그 전제가 되는 구체적인 내용이 「제…조에 위반하여」라는 형식으로 되어 있는 점에서 행정형벌법규의 특색을 나타내고 있다. 이 유형은 비록 보충규범에 의하여 충족되는 백지형법이기는 하지만 구성요건의 불법내용이 명시되어 있기 때문에 위임입법의 문제점은 거의 없다. 우리의 특경법에 규정된 특정재산범죄의 가중처벌규정(제3조 제1항)도 「형법 제347(사기)・제350(공갈) …의 죄를 범한 자는 그 범죄행위로 인하여 …이 5억 원 이상인 때에는」이라고 되어 있으므로 여기의 유형에 속하는 규정방식이다.

세 번째의 유형으로는 경제형벌 법규는 법정형만을 규정하고 범죄행위의 구체적인 내용을 다른 관계조문에 전적으로 위임하고 있는 형태이다. 예를 들면,「제…조의 규정에 위반한 자는 …이하의 징역 또는 …의 벌금에 처한다」고 하면서 각호에서 해당되는 조항을 적시하는 형태이다(독점규제및공정거래에관한법률 제69조, 증권거래법 제208조 제2호와 제5호), 이 유형은 백지형법의전형적인 예에 속하는데, 그 때에 구성요건의 내용을 이루는 피인용 조문이 구체적인 내용을 다시 하위규범에 위임하는 경우도 있다. 예컨대 독점규제및공정거래에관한법률 제66조 제1항 제1호는 「제3조에 위반하여 남용행위를 한 시장 지배적 사업자를 처벌」하는데, 시장 지배적 사업자의 범위는 대통령령에 위임되어 있다(동법 제2조 제7호). 현행 경제범죄 규제법규의 상당수가 이러한 유형에 해당한다. 네 번째의 유형은 경제형벌 법규가 그 구성요건의 내용으로 관계기관의 일정한 행위를 전제로 하여 그것에 대한 위반을 처벌하고 있는 경우가 있다. 예를 들면, 독점규제및공정거래에관한법률에 규정된 공정거래위원회의 시정조치(동법 제5조, 제16조 제1항, 제21조 등)의 불이행(동법 제67조 제6호), 증권거래법에 규정된 증권거래위원회의 거래정지 또는 금지처분(동법 제20조)에 대한 위반(동법 제210조 제1호, 제20조) 등을 들 수 있다. 이러한 유형은 구체적이고 개별적인 명령이나 금지가 형벌법규의 구성요건 내용이 되어 그들 조치의 위반행위 자체가 범죄를 구성하게 되는 점에서, 일반적이고 추상적인 법규가 구성요건의 내용이 되는 세 번째의 유형과 구별된다. 이 네 번째의 유형에 있어서는 범죄성립의 전제로 되는 명령이나 금지가 행정법규 자체에서 일반적으로 도출되지 않고 관계기관의 구체적이고 개별적인 처분에 의하여 비로소 도출된다는 점에서 특색이 있다. 이러한 유형의 경제형벌 법규인 경우에는 경제범죄의 성부에 행정관청 등의 재향이 작용할 여지가 커지게 된다.

라. 신분범죄와 일반범죄

경제범죄의 주체가 누구인가에 따른 경제형벌 법규의 구분이다. 오늘날의 경제에 있어서 모든 사람이 경제활동을 영위하므로 누구나 경제범죄의 주체가 될 수 있다. 그러나 경제범죄 중에는 일정한 자만이 주체가 될 수 있도록 규정된 것이 많다. 독점규제및공정거래에관한법률에 규정된 경제범죄(제66조) 중 시장 지태적 지위의 남용행위(제3조), 부당한 공동행위(제19조 제1항), 불공정거래행위(제23조 제1항) 등의 주체는 '사업자'에 한정되며, 증권거래법상의 내부자거래범죄(제209조 제9호, 제188조 제1항)의 주체는 '상장법인의 임원·직원 또는 주요 주주'이고, 상법상의 회사재산위태죄(제625조)·부실보고죄(제626조)·납입가장죄(제628조)의 주체는 '회사의 발기인·업무집행사원·이사·감사 또는 일시이사 등'이다. 이러한 지위에 있는 자들은 특히 당해 경제거래에 있어서 그들의 지위를 남용하여 경제적 이익을 얻을 가능성이 크고, 이로 인하여 경제 질서나 경제제도의 적정한 기능을 위태롭게 하기 때문에 이들의 위법행위에 대하여 형사법적으로 대처할 필요성이 크다.

이와 같이 사업자 기타 일정한 지위에 있는 자만이 주체가 될 수 있는 신분범만이 경제범죄인 것은 아니다. 그 외에 일반인도 주체가 될 수 있는 경제범죄 역시 적지 않다. 경제범죄 규제법규에서 범죄행위의 주체에 대하여 특별히 일정한 신분 내지 지위를 제한하지 않고 있는 경우도 있다. 즉, 독점규제및공정거래에관한법률 제66조 제1항 제2호 및 제7조 제1항에서와 같이 '누구든지'라는 문언을 사용함으로써 주체에 제한이 없음을 분명히 하고 있는 경우도 있다.130) 이와 같은 형벌법규도 경제생활의 초개인적 법익, 즉 경쟁질서의 존속과 유지를 보호하므로 경제형법에 속한다. 이러한 일반범죄의 예에서처럼 경제범죄가 신분범인 것만은 아니라는 것을 알 수 있다.

2. 경제범죄에 대한 형벌

형벌의 확실성(certainty)과 준엄성(severity)이 범죄에 관하여 유효한 억지수단이 될 수 있으며, 이 때 확실성이 준엄성보다 중요하다는 점에 관하여는 수 많은 범죄학 연구에 공통된 결론이다. 특히 1950년대 이후에 활발하게 연구된 범죄의 경제모델에 의하

---

130) 독점규제및공정거래에관한법률 제7조 제1항은 누구든지 직접 또는 대통령령이 정하는 특수한 관계에 있는 자를 통하여 다음 각호의 1에 해당하는 행위로서 일정한 거래분야에서 경쟁을 실질적으로 제한하는 행위를 하여서는 아니 된다. 다만, 자산총액 또는 매출액의 규모(계열회사의 자산총액 또는 매출액을 합산한 규모를 말한다)가 대통령령이 정하는 규모에 해당하는 회사 외의 자가 제2호에 해당하는 행위를 하는 경우에는 그러하지 아니하다고 하고 있으며 동 규정에 위반하여 기업결합행위를 한 자는 동법 제66조 제1항 제2호에 의해 3년 이하의 징역 또는 2억원 이하의 벌금에 처하도록 규정하고 있다.

면, 범죄는 그 행위로 인해 획득되는 이익이 예상되는 희생보다 큰 경우에 발생한다고 한다.[131] 이 이론은, 범죄자가 합리적인 계산 능력을 가진 것을 전제로 하고 있으므로 경제범죄와 같은 이욕 ·지능범죄에 어울리는 이론이라고 할 수 있다. Lewis는 위와 같은 결론에 동의하면서 특히 장기형이 가지는 억지효과를 중시하고 있다.[132]

그러나 이 결론은 범죄의 종류에 따른 차이를 고려하지 않고 단지 자유형 집행기간의 장단에 따른 전체 범죄율의 변화에 기초한 것이라는 한계를 가지고 있다. 범죄에 대한 형벌의 준엄성은 법정형과 선고형의 양면에서 고려할 수 있고, 범죄의 종류에 따른 특성도 존재할 것이다. 따라서 경제범죄에 대한 형벌의 억지효과에 대해서도 별도의 경험적 연구가 필요하다고 생각된다.[133] 이하에서는 경제범죄에 대한 형벌을 개관하고자 한다.

가. 생명형

경제범죄의 법정형에 사형을 규정한 예는 극히 드물어 구특정경제범죄가중처벌등에관한법률은 이득액 또는 도피액이 50억 원 이상인 재산범죄에 대해 사형을 부과할 수 있도록 규정했었지만 1990년의 개정에서 사형은 삭제되었다. 재산범죄에 대해 생명을 박탈하는 것은 지나치고 다른 범죄와의 균형도 맞지 않는다. 경제범죄가 대부분 이욕에 의하여 범해진다는 점을 고려하면 그 예방을 위해서도 이익을 박탈하는 것으로 족하다고 할 수 있을 것이다.[134]

나. 자유형

자유형이 경제범죄를 효율적으로 억지할 수 있는가에 관해서는 의론이 분분하다. 일반적으로 자유형 집행의 궁극적인 목표는 수형자의 재사회화에 있다고 하지만, 자유

---

131) D. E. Lewis, 「Deterrence Incapacitation and Rehabilitation: The Effects of Sanctions on Crime Rates」, in ; 「UNAFEI, REPORT for 1986 and RESOURCE MATERIAL SERIES NO. 31」, p.175.

132) D. E. Lewis, op. cit., pp.117-178.

133) 김용세 · 문성식, 앞의 논문, 19면.

134) 사형제도에 대해 자세한 것은 유지영, "사형폐지에 관한 연구", 중앙대학교 대학원 박사학위 논문, 1995. 참조.

형 집행이 수형자를 개과천선하게 하고 범죄적 악성을 치유해 줄 수 있다는 점에 관해서는 부정적인 시각이 많다. 특히 단기자유형은 형집행을 통한 개선효과보다는 악감화의 우려가 더 크고 사회복귀를 곤란하게 할 뿐이므로 이를 폐지하는 것이 바람직하다고 평가되고 있다. 그러나 자유형은 수형자를 개선·교육함으로써 재범을 방지하는 것만을 의미하지는 않는다. 범죄자를 사회로부터 격리함으로써 적어도 구금되어 있는 기간 동안은 범죄를 범할 수 없게 하는 효과도 부인할 수는 없다. 범죄자를 사회로부터 격리함으로써 얻을 수 있는 최대의 효과(I)를 단순계산하면, Y(격리년수)*S(당해범죄자의 연간 범죄수)라고 할 수 있을 것이다.135) 물론 여기에는 격리대상인 범죄자 이외의 변수가 전혀 고려되지 않고 있으므로 격리의 실질적인 효과를 정확하게 제시한 것이라고 할 수는 없다. 물론 구금된 수형자의 범행가능성이 차단된 것은 사실이지만, 다른 전과자나 초범자에 의한 범행이 증가할 수도 있으므로 자유형 집행 그 자체가 사회 전체의 범죄율에 직접 영향을 미친다고 할 수는 없다. 이러한 관점에서 자유형 집행의 범죄율 억지효과가 크다고 단정할 수는 없을 것이다.

그렇지만 경제범죄에 관한 한 ‘범죄자의 개선·교육에 기여하지 못하므로’ 단기자유형은 유용하지 못하다는 cud가는 적절하지 않다. 경제범죄자는 통상 재사회화 자체가 필요하지 않는 중류 또는 상류계급에 속하는 것이 보통이므로 비록 단기일지언정 자유형 집행 그 자체가 중요한 효과를 거둘 수 있으리라는 점에 관한 한 다툼의 여지가 없다. 예컨대, 미국에서는 反트러스트법 위반사범에 대해 2, 3일 또는 2, 3주의 최단기 또는 단기 자유형을 집행하고 있다고 한다. 대기업의 최고경영자나 정치계의 거물과 같은 상류층 사람들에게는 비록 단기간의 자유형일지라도 벌금과 같은 경제적 제재보다는 훨씬 커다란 억지효과를 발휘할 수도 있을 것이다. 적어도 이들에 대해서는 단기자유형의 문제점으로 지적되는 악감회의 가능성이나 사회복귀의 장애라고 하는 부작용을 우려할 필요는 없다. 자유형이 가지는 경제범죄에 대한 억지력 또는 예방효과를 제대로 파악하기 위해서는 경제범죄의 유형을 전체적으로 검토하여 개개의 유형에 따라 구체적으로 논하여야 하지만 적어도 경제범죄의 대부분이 경제활동 과정에서 지능적·계획적으로 범해진다는 점을 고려하면 자유박탈의 예고는 상당한 정도의 억지력을 가질 수 있으리라고 생각된다.136)

---

135) D. E. Lewis, op. cit., p.179.

다. 재산형

1) 벌금

현대 자본주의 사회에 있어서 금전은 실질적으로 자유를 구가할 물질적(物質的)인 것을 의미하므로 벌금형의 집행가능성이 충분히 보장된다면, 벌금형으로 단기자유형을 대체하는 것도 가능하다. 자유형을 벌금형으로 대체하는 것이 바람직한가의 여부는 간단히 결정될 수 있는 문제가 아니자만, 적어도 경제범죄에 관해서는 벌금형이 자유형보다도 더 큰 억지력을 발휘하는 경우가 많을 것이다. 이욕에 의하여 범죄를 범한 자에게는 경제적 이익의 박탈이 단기간의 자유박탈보다 심각한 타격이 될 수도 있을 것이기 때문이다. 그러나 동시에 개인이든 기업이든 현실적으로 받는 고통의 정도로 보아 형벌이외의 제재 '해산, 인·허가의 취소, 장기의 영업정지, 개개의 거래금지 등'을 보다도 강력하고 할 수 있는가는 의문이지만 벌금형도 형벌이므로 사회적 명예를 훼손시키는 효과는 인정된다. 그러나 그 효과는 수형자의 개인적 사정에 따라 크게 달라진다. 즉 사기적 영업행위를 하는 중소개인사업자에게는 벌금형을 선고받는 것이 그다지 치명적인 불명예로 작용하지 않을 수도 있고, 인·허가를 요하는 사업을 경영하는 기업이나 개인에게는 인·허가의 취소가 벌금형보다도 훨씬 위하적일 것이다.

또한 상한액이 법정되어 있는 현행의 벌금형 제도에 의하면 수형자의 자력에 따라서 형벌로서의 효력이 달라지기 때문에, 경제적 능력 있는 자에게는 위협효과를 발휘할 수 없다는 문제점도 있다. 더구나 법인의 경우에는 현행의 법정벌금액만으로는 억지효과를 기대할 수 없을 것이다. 이러한 문제점을 해결하고 벌금형이 경제범죄 억지기능을 다 할 수 있도록 하기 위해서는 총액 벌금제를 포기하고 일수벌금형제도를 도입하는 것이 유일한 해결책이라고 생각된다. 최근에는 우리나라에서도 벌금형의 탄력성을 제고하기 위해 일수벌금형제도의 도입이 강력하게 주장되고 있다. 일수벌금형은 특히 경제범죄와 관련하여 매우 중요한 의미를 가질 수 있는 것으로 보인다.[137]

독점규제및공정거래에관한법률 제66조 제2항은 「제1항의 징역형과 벌금형은 이를

---

[136] 김용세·문성식, 앞의 논문, 21면.
[137] 김용세·문성식, 앞의 논문, 22면.

병과 할 수 있다」고 규정하고 있다. 실질적으로는 벌금형에 부가형으로서의 의미를 부여한 셈이다. 자유형 집행에 의한 수익 박탈의 효과를 동시에 추구하고 있는 것이라고 해석된다. 그러나 범죄로 인한 수익을 박탈하기 위해서는 최고액이 법정되어 있는 벌금형을 선고하는 것보다 과징금을 부과하거나 몰수형을 선고하는 편이 오히려 적절하다. 과징금을 부과할 수 없는 경우(예컨대, 부당한 이익이 발생하지 않은 때) 이거나 몰수대상이 없는 경우에 벌금형을 선고할 수 있겠지만, 이 경우에는 범죄로 인한 수익박탈이라기 보다는 경제적 제재로서의 의미가 강하다고 할 수 있을 것이다.

2) 몰수

몰수는 범죄행위와 관련된 재산을 박탈하는 재산형으로 다른 형에 부가하여 과하는 부가형이 원칙이다. 벌금형은 일정한 금액의 지불의무를 부담시킬 뿐이지만 몰수는 범죄자 또는 범죄와 관련된 재산권을 일방적으로 국가에 귀속시키는 효과를 가진다.

몰수는 범죄의 과실을 취하지 못하게 하는 것을 목적으로 하는 대물적 보안처분이며 동시에 형벌로서의 성질도 가진다. 범죄에 의한 이익을 박탈한다는 점에서 과징금과 유사한 기능을 가지는 형사제재이며 경제범죄에 관하여 특히 중요한 의미를 가진다. 몰수는 형벌의 일종이지만 과징금은 행정제재의 일종이라는 점에서 양자는 본질적으로 구별되므로, 형사소송절차에서 몰수가 선고된 자에 대하여 행정법상의 과징금이 부과되어도 이론상의 문제는 없다. 현실적으로 과징금 부과규정이 없는 행위에 대해 형사 절차상의 몰수를 선고함으로써 실질적으로 범죄수익을 박탈한다는 상호 보완적인 의미를 지닐 수 있을 것이다. 또한 경제범죄는 대체로 영리를 목적으로 하는 행위이므로, 범행발각으로 인한 불이익과 비교형량하여 이익이 크면 범행이 계획적·반복적으로 행해지는 경향이 있다. 따라서 경제범죄의 효과적인 대응을 위하여는 반복적 범죄발생을 방지하고 범죄로 인한 이익을 박탈하기 위한 제도적 방안이 요구되는 데 이를 위해 몰수제도의 활용이 필요하다. 몰수에 관하여는 형법 제48조 제1항의 임의적 몰수와 특경법 제10조 등 특별법상의 필요적 몰수가 있다.[138] 이에 따르면 몰수 대상은 범죄행위의 제공물, 생성물, 취득물 및 그 대가로 취득한 물건이다. 여기서 물건은 유체물에 한정되지 아니하고 유체물에 화체된 권리나 이익도 포함한다.[139] 그리고 몰

---

138) 조세범처벌법 제7조, 관세법 제183조, 제185조 등.

수대상 물건이 범인 이외의 자의 소유에 속하지 아니하거나, 범죄 후 범인 이외의 자가 정을 알면서 취득한 것이어야 한다(형법 제48조 제1항). 즉 제3자에 속하는 몰수대상물을 그에게 악의가 없는 한 몰수할 수 없다는 것을 원칙으로 하고 있다. 다만 몰수 대상물을 몰수하기 불가능한 때에는 그 가약을 추징할 수 있다(형법 제48조 제2항).

3) 명예형

  명예형은 자격상실과 자격정지가 있다. 사형, 무기징역 또는 무기금고의 판결을 받은 자는 당연히 일정한 자격을 상실한다. 상실되는 자격은 ① 공무원이 되는 자격 ② 공법상의 선거권과 피선거권 ③ 법률로 요건을 정한 공법상의 업무에 관한 자격 ④ 법인의 이사, 감사 또는 지배인 기타 법인의 업무에 관한 검사역이나 재산관리인이 되는 자격 등이다(형법 제43조 제1항). 유기징역 또는 유기금고의 판결을 받은 자는 그 형의 집행이 종료하거나 면제될 때까지 ① 공무원이 되는 자격 ② 공법상의 선거권과 피선거권 ③ 법률로 요건을 정한 공법상의 업무에 관한 자격이 당연히 정지된다(제43조 제2항). 그 밖에 판결 선고에 의하여 제43조 제1항에 정한 자격의 전부 또는 일부가 정지될 수 있다(제44조 제1항). 판결 선고에 의한 자격정지는 자격정지의 형이 다른 형과 선택형으로 되어 있는 경우에는 단독으로 과할 수 있고, 다른 형에 병과할 수 있는 경우에는 병과형으로 과할 수 있다. 이것은 영업허가의 취소 또는 정지, 행위제한 등의 행정처분과 유사한 취지를 가지는 형벌이다.[140] 경제범죄자에 대하여 향후 일정한 직업에 종사할 수 없게 하는 처분을 부과하는 것은 적절한 대응수단이 될 수 있을 것이다. 특히, 유령회사를 이용하는 등, 사기적인 사업을 영위하는 개인사업자에 대해서는 일정한 영역의 사업경영 또는 취업을 원천적으로 봉쇄함으로써 재범의 가능성을 근원적으로 차단할 수 있을 것이기 때문이다. 그렇지만 중대한 경제범죄는 대부분 고위관료, 기업경영자, 정치인 등 사회적 상류층의 사람에 의해 범해지고, 이들에 대해서는 규제법규가 선택적으로 집행되는 경우도 적지 않기 때문에 판결 선고에 의한 자격의 정지는 그다지 효과를 발휘하지 못하는 경우가 많다. 특히 공무원의 부패범죄에서는 일단 유죄판결을 받더라도 자격정지기간이 경과한 후 선거를 통해

---

139) 대판 1976.9.28. 76도2607.
140) 김용세 · 문성식, 앞의 논문, 23면.

재기하거나, 정치적 거래를 통해 사면·복권될 가능성도 매우 높다. 이러한 범위에서는 자격정지의 경제범죄 억지효과는 매우 제한적일 수밖에 없다. 경제범죄와 관련하여 명예형의 효과를 확실하게 하기 위해서는 이러한 제반 문제에 관한 구체적인 검토가 필요하다. 그 밖에도 허위의 대리인을 내세워 사업 활동을 계속하거나 전혀 다른 사업으로 위장하는 경우에 대한 적절한 대비책이 마련되어야 할 것이다.

3. 경제범죄에 대한 보안처분

형법은 보호관찰, 사회봉사명령, 수강명령 등의 보안처분을 규정하고 있다. 그러나 경제범죄의 범주에 속하는 범주에 대해 보안처분을 과하도록 규정한 특별형법 법규 내지 경제법규는 아직 없으나 경제범죄 대책도 종합적인 범죄대책의 일환이라는 점을 고려하면 보안처분의 범죄억지 효과를 적극 검토할 필요가 있다. 경제범죄를 범한 개인에 대해 보호관찰을 명한다든가, 경제법규 위반행위로써 사회적 손실을 야기한 기업 또는 개인에 대해 손해를 배상하게 하거나, 벌금 등의 제재를 과하는 외에 일정한 방식의 사회봉사를 명하는 것도 충분히 고려할 만하다고 생각되는 것이다. 예컨대, 환경범죄를 저지른 기업에 대해서는 벌금형 이외에 일정한 범위에서 피해지역의 환경정화에 소요되는 사업비를 가능한 범위 내에서 부담하는 형식으로 피해를 당한 지역사회에 대한 봉사를 강제하는 방법이 그것이다.141)

---

141) 김용세·문성식, 앞의 논문, 24면.

제4장 경제범죄에 대한 제재의 문제점과 개선방안

제1절 추상적 위험범의 형태에 의한 처벌

1. 추상적 위험범의 형태에 의한 처벌의 필요성

범죄를 보호법익에 대한 침해강도에 따라 침해범과 위태범으로 구분할 수 있다. 구성요건이 충족되려면 보호법익에 대한 현실적인 침해가 있을 것을 요하는 범죄를 침해범이라고 하고, 구성요건이 전제로 하는 보호법익에 대한 위험상태의 야기로 족한 범죄를 위험범(위태범)이라고 한다. 위험범은 다시 구체적 위험범과 추상적 위험범으로 구분된다. 구체적 위험은 구성요건요소이지만, 추상적 위험은 구성요건요소가 아니라 입법의 이유 내지 입법자의 숨은 동기로 되어 있을 뿐이므로 구체적인 사안에서 증명할 필요가 없다.142) 따라서 구체적 위험범은 위험에 대한 고의를 필요로 하는 반면에, 추상적 위험범은 위험에 대한 고의를 요하지 않는다는 점에서 구별된다. 즉, 추상적 위험범의 경우에는 구성요건적 행위가 "전형적으로 구체적 위험을 야기"한다는 특성이 있다는 점에서 구체적 위험범과 차이가 있다.143) 이것은 입법자에게 추상적 위험범은 위험야기의 적성을 갖는 행위태양을 처벌대상으로 규정할 것을 요구하게 된다.

경제범죄는 경제 질서 등의 적정한 기능, 즉 초개인적·사회적 법익을 침해 내지 위태롭게 하는 것이므로 개인적 법익에 대한 범죄에 비하여 상대적으로 구체적인 경우에 법익의 침해를 확정하는 것이 쉽지 않을 뿐만 아니라 확인이 불가능한 경우도 있다. 이것은 초개인적·사회적 법익이라는 경제범죄의 보호법익이 갖는 성격과 경제범죄의 특성, 즉 피해의 익명성과 심각성에 기인한다.144) 예컨대, 부정경쟁행위나 보조

---

142) 김일수, 「형법총론」, 박영사, 2000, 148-149면.; 이형국, 「형법총론」, 박영사, 1993, 73면.
143) H-H, Jescheck, Lehrbuch des Strafrechts Allgemeiner Teil, 4. Aufl., 1988, S.238.

금부정확득에 의하여 현실적으로 과연 경쟁질서나 국가의 재정이 침해되었는지를 확인할 수 없을 뿐만 아니라, 허위과장광고나 증권투자범죄와 같이 그 피해가 불특정 다수인에게 발생하는 경우 법익침해 사실의 확인이 어렵기 때문에 경제범죄를 침해범으로 처벌하는 것은 문제점이 있다. 따라서 법익침해 이전에 이와 같은 행위를 처벌할 수 있는 방안이 모색되어야 한다. 그 방안으로 미수범을 처벌하거나 위험범의 형태로 처벌하는 방법으로 고려해볼 수 있는데, 먼저 미수범의 처벌을 고려한다면 미수범이 성립하기 위해서 결과발생에 대한 고의가 있어야 한다. 그러나 경제범죄는 보호법익이 추상적이고 침해가 간접적으로 시간을 두고 다수인에게 나타나기 때문에 타 범죄와 비교하여 고의의 확정이 매우 어렵다.145) 또한 경제범죄는 많은 경우 기업범죄의 형태로 발생하므로 기업 내의 각 계층의 범죄 고의를 입증하는 것 역시 쉬운 일이 아니다. 따라서 이와 같은 처벌의 흠결을 보완하고 경제범죄를 효율적으로 처벌하기 위해서 경제범죄를 추상적 위험범의 형태로 처벌하는 것을 고려할 수 있다. 이는 법익침해의 위험성이 있는 행위 자체를 처벌함으로써 법익침해의 전 단계에서 처벌하려는 방안이다. 현행법상 추상적 위험범의 형태로 처벌하는 대표적인 범죄유형으로는 환경범죄가 있다. 환경범죄의 경우에는 국민건강을 침해하는 결과가 발생 하였는가와는 상관없이 허용치 이상의 오염물을 수질, 토양, 공기 등에 배출하는 것으로 구성요건이 충족된다. 위의 환경범죄와 같이 경제범죄의 경우에도 국가경제질서나 다수인의 재산에 대한 추상적 위험성을 갖는 행위이므로 추상적 위험범의 형태로 처벌함으로써 대처해야 한다고 생각한다. 우선 이와 같은 추상적 위험범으로 처벌할 수 있는 행위로서는 재정 및 신용 경제 질서의 보호와 관련해서 정부투자사기, 신용사기가 있겠고, 다수인의 재산보호와 관련하여서는 파산범죄, 증권투자사기, 광고사기 등이 고려의 대상이 될 수 있겠다. 이러한 이유에서 입법자는 경제형벌 법규의 구성요건을 추상적 위험범의 형태로 입법하는 경우가 대단히 많다. 나아가 경제 질서 또는 그 부문이나 제도의 적정한 기능은 정신적인 형성물이고 이러한 정신적 형성물인 초개인적 법익과 초개인적 공격객체에 대하여 적절한 형법적인 보호수단은 추상적 위험범이 될 수밖에

---

144) 장영민, 앞의 논문, 55면.

145) 장영민, 앞의 논문, 56면. 이의 대표적인 사례는 환경범죄인데, 다른 범죄행위와는 달리 계속적인 침해로서 사람의 건강, 재산 및 환경에 광범위하게 유해한 영향을 줄뿐만 아니라, 사람이나 물건 등에 대한 직접적인 침해가 아니라 대기나 물, 토양등과 같은 매개체를 통해서 간접적 침해이다.

없다.146)

2. 전 단계보호와 추상적 위험범의 제한

가. 전단계보호적 입법

입법 기술적으로 보면 추상적 위험범은 보호법익에 대한 현실적인 침해나 법익 침해의 구체적인 위험이 발생하기 이전에 일정한 행위 그 자체를 처벌하는 것이 되기 때문에 침해범이나 구체적 위험범의 위치에서 보면 일종의 사전조치 또는 전단계보호의 성격을 갖게 된다. 이러한 용어 사용은 하나의 동일한 법익을 보호하려는 경우에는 적절할 것이다. 예컨대 교통형법이나 환경형법에 있어서 사람의 생명과 신체 또는 경제형법에 있어서 재산과 같이 이미 침해범이나 구체적 위험범에 의하여 보호되고 있는 법익을 추상적 위험범의 형태로 보호하려는 경우에는 전 단계에서의 보호라는 성격을 갖게 된다.147) 그러나 이들 구성요건이 독자적으로 초개인적·사회적 법익을 보호하는 것이라고 생각한다면 전 단계보호라는 표현은 타당하지 않다. 즉, 경쟁질서나 신용질서 또는 증권제도 등은 재산침해를 목적으로 하거나 재산을 위태롭게 할 수 있는 기망행위 등을 금지하는 것에 의하여, 전 단계에서가 아니라 직접적으로 보호되는 것이다.148) 다시 말하면 경제 질서나 제도 등의 적정한 기능은 재산에 대한 현실적인 침해나 구체적인 위험이 발생하였을 때 비로소 훼손되는 것이 아니라 법에 의하여 보장된 이 제도에 대한 신뢰가 파괴됨으로써 이미 이들 질서나 제도는 더 이상 적절한 기능을 수행할 수 없게 되는 것이다.

이와 같이 새로이 보호필요성이 인정되어 새로운 보호법익으로 파악되는 경제 질서나 그 제도의 적정한 기능은 재산에 대한 보호와는 별개의 독자적인 의미를 가지므로 이들에 대한 보호는 전 단계보호라고 말할 수 없다.149) 따라서 국민경제를 보호하는 형벌법규나 국가의 재산경제를 보호하는 형벌법규 그리고 기업경제를 보호하는 형벌

---

146) H. Otto, a.a.O., S.363. ; K. Tiedemann, a.a.O., S.85.
147) 김일수, 「한국형법1」, 1992, 352면. ; H-H. jescheck, a.a.O., S.237.
148) H. Otto, a.a.O., S.363.
149) K. Tiedemann, a.a.O., S.84.

법규에 있어서와 같이 그 대부분이 경제 질서나 그 제도의 적정한 기능을 보호하는 형벌법규의 경우에는 전 단계보호라고 할 수 없다. 이에 반하여 일반인과 소비자를 보호하는 경제형벌 법규는 경제거래에 있어서의 재산보호를 통하여 경제 질서 등의 적절한 기능을 보호한다. 따라서 이러한 형벌법규에 있어서는 추상적 위험범의 구성요건이 전단계보호의 성격을 갖게 될 것이다. 즉 구성요건이 재산에 대한 침해나 위험과 현저히 무관한 행위를 포함하고 있거나 개개 행위유형이 보호법익에 대한 전형적인 위험성을 더 이상 포함할 수 없을 만큼 앞으로 나아간 때에는 일종의 전 단계보호라는 성격이 나타날 수밖에 없다. 어떠한 범죄행위가 재산에 대한 침해 내지 위험을 의도하고 있다는 점이 경제범죄의 본질적인 요소는 아니라고 할지라도 그 행위가 재산에 대한 침해 내지 위험을 지향하고 있다는 것은 경제범죄에 대한 처벌필요성을 인정하게 하는 요소가 된다.[150] 그렇기 때문에 일반인과 소비자를 보호하는 경제형벌 법규의 구성요건에 기재된 행위태양이 재산에 대한 침해나 위험과는 거의 관계가 없다거나 그러한 행위태양이 일반적으로 재산에 대한 침해나 위험을 야기한다는 점이 의심스럽다면, 그 행위는 형벌에 의하여 금지되어야 할 정도로 경제 질서와 그 제도의 적정한 기능을 현저하게 침해할 수 있는 것은 아니다.[151] 따라서 일반인과 소비자를 보호하려는 경제형벌 법규를 입법할 때에는 당해 구성요건의 행위태양이 재산에 대한 침해 내지 위험과 직접적으로 연결되는 것에 한정하여야 할 것이다. 경제형법에 있어서 추상적 위험범의 형태에 의하여 처벌법규를 제정하는 것에 대한 Lampe가 초개인적인 법익의 인플레이션적 결과를 초래하였다고 비판한 것[152]은 소송법적 난점에서도 경청할 만한 가치가 있다. 지능적이고 경제관계에 정통할 뿐만 아니라 상당한 경제적 능력을 갖고 있는 경제범죄자는 법률의 흠결을 이용하고 특히 주관적 구성요건을 교묘하게 부인할 가능성이 매우 높다.[153] 이러한 상황에서는 입법자가 형벌구성요건을 정형화할 때에 그 중점을 처벌되어야 할 행위를 적절하게 한계 설정하기보다는 그러한 행위에 대한 소송상의 증명을 용이하게 하는 방향으로 옮겨갈 가능성이 커지게 될 것이다. 즉 경제형법에 있어서 입법자는 형법에 의한 보호를 적절한 한계를 넘어서

---

150) H. Otto, a.a.O., S.363.

151) H. Otto, a.a.O., S.364.

152) E. J. Lampe, a.a.O., S.311.

153) E. J. Lampe, a.a.O., S.313.

확장하도록 하는 현저한 유혹에 빠지게 된다. 왜냐하면 일정한 행위 그 자체를 처벌하려는 추상적 위험범의 형태에 의하여 증명의 어려움을 극복할 수 있기 때문이다. 그러나 입법자가 추상적 위험범을 악용할 가능성이 높다는 것이 경제형법의 영역에서 추상적 위험범의 형태로 입법화하는 것에 반대하는 주장을 결코 근거하지는 않는다. 왜냐하면 과거에는 인정되지 않았던 법익이지만 지금에 와서는 보호필요성이 있는 새로운 법익으로 인정될 수가 있기 때문이다 또한 법익에 대한 침해 내지 위험이 전형적으로 존재하지 않지만 입법자가 선택한 행위태양에 의하여는 당해 법익이 침해되거나 위태롭게 된다는 것이 밝혀질 수도 있다.154) 따라서 여기서의 문제는 추상적 위험범에 의한 입법 자체에 있는 것이 아니라155) 처벌되어야 할 행위영역으로 행위태양을 얼마나 적절하게 한정할 것인가와 추상적 위험범에 의한 처벌범위의 현저한 확장가능성을 저지할 수 있는 조치를 강구하는 것이다.156)

나. 추상적 위험범에 의한 처벌의 제한

추상적 위험범에 의하여 처벌범위가 현저하게 확장될 수 있는 가능성을 제한하기 위한 조치로서 다음의 것들을 생각할 수 있다. 첫째, 입법자는 추상적 위험범에 의하여 국가의 형벌권이 지나치게 확장되는 것을 방지하기 위하여 추상적으로 위험한 행위의 처벌을 구체적으로 위험한 특정한 상황과 연결할 수 있다. 예컨대 독일형법의 파산범죄(제283조 1항)157)는 소위 위험상황(채권초과 또는 이미 발생하였거나 급박한

---

154) H. Otto, a.a.O., S.365.
155) 신동운, 앞의 논문, 73면 이하도 환경형법을 추상적 위험범의 형태로 입법할 것을 주장하고 있다.
156) 강동범, 앞의 논문(주 16), 87면.
157) 독일형법 제283조 파산(Bankrott) : 채무초과 또는 급박하였거나 이미 발생한 지불능력의 상태에서 다음의 행위를 한 자는 5년 이하의 자유형 또는 벌금형에 처한다. 1. 파산절차가 개시되면 파산재단에 속하게 될 자기의 재산의 구성부분을 취거, 은닉하거나 경제 질서의 요구에 반하는 방법으로 파괴, 손괴 또는 사용불가능하게 하는 행위, 2. 경제 질서의 요구에 반하는 방법으로 물품이나 유가증권으로 손실거래, 투기거래 또는 차액거래를 하거나 비경제적인 지출, 오락 또는 도박으로 과도한 금액을 소비하거나 채무를 부담하는 행위, 3. 물품이나 유가증권을 신용으로 도입하고 그 물품이나 유가증권 또는 그 물품으로 제조한 물건을 경제 질서의 요구에 반하는 방법으로 현저히 낮은 가격에 처분하거나 양도하는 행위, 4. 타인의 권리를 가장하거나 허위의 권리를 승인하는 행위, . 법률상 작성할 의무가 있는 상업 장부를 작성하지 않거나 자신의 재산 상태에 관한 개관이 곤란하도록 작성하거나 변경하는 행위, 6. 상인이 상법상 보존할 의무가 있는 상업 장부나 기타 서류를 장부기재의무자에게 부과된 보존기한이 경과하기 전에 취거, 은닉, 파괴하거나 손상시켜 그의 재산 상태에 관한 개관을

지불무능력), 즉, 이미 채권자의 재산에 대한 구체적 위험이 전형적으로 존재하는 상황에 있어서만 추상적으로 위험한 특정한 파산행위를 가벌적인 것으로 명시하는 것과 같은 방법으로 처벌범위를 한정하려고 한다.158) 이에 반하여 우리의 파산범죄는「파산선고의 전후를 불문하고…」(파산법 제366조, 제367조)라는 형태로 규정되어 있기 때문에 문언 상으로는 구체적인 위험상황과의 관련이 없는 것처럼 보여 진다.159) 그러나 자력이 풍부한 경우에 있어서 자기재산의 소비나 처분 등은 원칙적으로 형법이 관여할 성질의 것이 아니라는 점, 그리고 입법자가 구태여 그러한 문언을 수입한 점에 비추어 「파산선언의 전후를 불문하고」라는 문언의 의미는 '파산의 원인이 되는 사실이 존재하는 경우'로 좁게 해석하여야 할 것으로 생각한다.160) 추상적으로 위험한 행위태양을 구체적으로 위험한 일정한 상황과 추상적·구체적 위험범161)의 형태로 결합하는 방법이 추상적 위험범의 가벌성 영역을 한정하기는 하지만 이러한 방법이 추상적 위험범으로서의 성질을 변화시키는 것은 아니다.162) 즉 추상적·구체적 위험범이라고 하는 형태도 추상적 위험범에 속한다.163) 이에 반하여 형법에 의한 보호를 재산에 대한 침해와 연결시키는 것은 범죄의 성격을 바꾸게 될 것이다. 왜냐하면 범죄의 본질을 재산에 대한 침해로 파악하면 재산보호가 우선적으로 되고 초개인적 법익의 보호는 2차적인 지위만을 갖게 될 것이기 때문이다. 그러나 그것은 대부분의 경제형법에 있어서 본질로부터 벗어나는 경로가 된다. 예컨대 기망적인 광고, 증권시장에서의 허위사실유포, 허위계산서의 대량발생 등은 재산의 손해를 입은 사람의 수와는 무관하게

곤란하게 하는 행위, 7. 상법에 위반하여 a) 대차대조표를 그의 재산 상태에 관한 개관이 곤란하도록 작성하거나 b) 대차대조표나 재산목록을 정해진 시기에 작성하지 않는 행위, 8. 기타 경제 질서의 요구에 현저히 반하는 방법으로 그의 재산 상태를 감소시키거나 실제의 거래관계를 은닉하거나 가장하는 행위.

158) Stree, in; Schönke/Schröder, Strafgesetzbuch Kommemtar 24 Aufl., 1991, §283 Rn.1 ; H. Otto, a.a.O., S.365.

159) 김동희, 경제사범에 관한 소고, 「한독법학Ⅱ」, 1980.7, 22면은 기업이 재정위기에 처해 있는데도…라고 규정할 것을 제안하고 있다.

160) 파산범은 파산원인으로 채무자가 지급할 수 없을 때(제116조 1항), 채무자가 지급을 정지한 때(동조 제2항) 그리고 법인이 그 재산으로 채무를 완제할 수 없을 때(제117조 1항)를 들고 있다.

161) 추상적·구체적 위험범(잠재적 위험범 또는 적성범이라고도 함)이란 행위가 구체적인 위험을 야기한 것으로 볼 수는 없지만 모종의 위험을야기할 수 있는 적성이 있는 것을 말하는데, 위험범의 새로운 유형으로 인정하는 견해도 있으나(김일수, 앞의 책, 352면 이하) 통설은 이를 인정하지 않는다. 배종대, 「형법총론」, 홍문사, 1996. 468-471면. ; 이재상, 앞의 책, 71면. ; 이형국, 앞의 책, 73면.

162) H. Otto, a.a.O., S.365. ; Stree in: Schönke/Schröder, a.a.O., §283 Rn.1.

163) Cramer, in: Schönke/Schröder, a.a.aO., §§306 vor. Rn.3.

궁극적으로 경제 질서와 그 제도의 적정한 기능을 위태롭게 할 것이다.164) 따라서 경제 질서와 그 제도의 적정한 기능을 보호하기 위하여는 추상적 위험범에 의할 수밖에 없으며 그로 인한 처벌범위의 확장을 제한하기 위하여 구체적으로 위험한 상황과의 결합이라는 방법을 선택할 수 있다. 다만 처벌범위의 제한만을 고려한 나머지 그 처벌을 재산에 대한 침해와 연결시키는 것은 경제형법의 본질에서 벗어나게 될 것이다. 둘째, 입법자는 추상적으로 위험한 행위의 가벌성을 특별한 사실관계의 존재, 즉 객관적 처벌조건에 연결할 수 있다. 객관적 처벌조건의 성질에 관하여는 그것은 고의 또는 과실에 의해서 포섭되지 않는 가벌성 제한 표식이며 가벌성 제한 표식은 당벌적인 불법사실관계와 아직은 당벌적이 아닌 불법사실관계 사이의 한계를 표시한다는 견해165)와 그것은 당벌성의 한계가 아닌 형벌권을 제한하는 형벌필요성의 조건이라는 견해166)가 대립하고 있다. 이러한 입법기술도 독일형법의 파산범죄에서 발견된다. 독일형법 제283조에 의하면 파산행위(추상적으로 위험한 행위태양)167)는 특별한 위기상황(구체적으로 위험한 상황)에서, 행위자가 지급을 정지하였거나 그의 재산에 관하여 파산절차가 개시되었거나 또는 개시신청이 파산재단이 없다는 이유로 기각된 경우(객관적 처벌조건)에 비로소 처벌될 수 있다(동조 6항).168) 우리 파산법에 의하면 파산범죄로서 처벌하기 위하여는 파산행위가 행하여진 것만으로는 부족하고 '파산선고가 확정'되어야 한다(제366조, 제367조). 다만 우리의 파산범죄는 객관적 처벌조건으로서 '파산선고의 확정'을 요구함으로써 실질적으로 파산범죄에 의한 처벌을 거의 불가능하게 하고 있다.169) 셋째, 추상적 위험범의 구성요건에 의하여 처벌범위가 상대적으로 훨씬 확장됨으로써 기수의 성립시기가 앞당겨지는 것을 고려하여, 미수에 대한 처벌을 포기하는 방법과, 행위자가 범죄 완성 후 결과(예를 들면 재산상 이익의 취득, 보조금획득 등)의 발생 이전에 자의로 결과의 발생을 방지하는 경우에는 중지미수는 적용될 수

---

164) H. Otto, a.a.O., S.365.

165) H. Otto, a.a.O., S.366.

166) 이재상, 앞의 책, 69면. ; 이형국, 앞의 책, 23면. ; Lenckner, in: Schönke/Schröder a.a.O., §§13ff. vor Rn. 124. ; H-H. Jescheck, a.a.O., S.501.

167) 독일형법 제283조 제1항 1호 내지 8호. 참조.

168) 독일형법 제283조 파산 : 행위자가 지불을 정지하였거나 그의 재산에 관하여 파산절차가 개시되었거나 또는 파산재단이 없음을 이유로 개시신청이 기각된 경우에만 그 행위는 가벌적이다.

169) 파산범죄의 문제점에 관하여는 박동희, 전게논문, 1면. 참조.

없지만 형벌을 감면해 주는 기수로부터의 중지(후퇴)가능성을 열어 놓는 방법을 생각할 수 있다.170) 독일형법은 보조금사기(제264조 4항)171)의 경우에는 물론 신용사기(제265조b 2항)172)의 구성요건에서도 형사 정책적으로 바람직한 목적을 달성하기 위하여 행위자로 하여금 유해한 결과의 발생을 방지하게 하고(능동적 후회) 그럼으로써 형벌의 면제를 받을 가능성을 규정하였다. 우리나라의 조세범처벌법 제6조가 조세범칙행위는 국세청장 등 세무공무원의 고발을 소추조건으로 규정하면서 조세범처벌절차법 제11조 제1항이 조세범칙자가 국세청장 등 통고처분을 이행하면 소추 받지 않는다고 규정하고 있는 것173)이나 개정된 부정수표단속법에 의하여 신설된 제2조 제4항이 부정수표를 발행하거나 작성한자가 그 수표를 회수한 경우에는 소송을 제기할 수 없다고 규정하고 있는 것도 비록 구성은 다르지만 동일한 정신에 입각한 것으로 볼 수 있다. 경제범죄의 다른 구성요건에 대하여도 가능한 한 이와 같은 기수로부터 후퇴에 대한 형사정책적인 고려가 필요하다고 본다. 넷째, 추상적 위험범에 의한 처벌범위의 확대 가능성을 제한하기 위하여 위와 같은 입법기술적인 방법을 사용하는 이외에 추상적 위험범의 구성요건을 해석함에 있어서도 당해 처벌법규의 목적으로부터 처벌범위를 한정할 수 있을 것인가가 문제로 될 수 있다.174) 판례175)는, 「상법 제625조 제2호가 자기주식 취득행위를 처벌하는 가장 중요한 이유는 자사주를 유상취득 하는 것은 실질적으로 주주에 대한 출자의 환급이라는 결과를 가져와 자본유실의 원칙에 반하고 회사재산을 위태롭게 한다는 데 있고, 사법상의 위법과 형법상의 위법은 반드시 일치하는 것은 아니므로 외형적으로는 사법상 금지되는 자기주식 취득의 경우라도 자기주

---

170) G. ARzt/U. Weber, a.a.O., §264 Rn. 30. ; Lenckner, in; Schönke/Schröder, a.a.O., §264 Rn. 66.

171) 독일형법 제264조 보조금사기 : 자기의 행위에 근거하여 보조금이 지급되는 것을 자의로 저지하는 자는 제1항과 제3항에 의하여 처벌되지 않는다. 보조금이 행위자의 도움 없이는 지급되지 않는 경우에 행위자가 보조금의 지급을 저지하려고 자의로 진지하게 노력한 경우에는 불가벌이다.

172) 독일형법 제265조 b 신용사기 : 자기의 행위에 근거하여 신용제공자가 신청 받은 급부를 제공하는 것을 자의로 저지한 자는 제1항에 의하여 처벌되지 않는다. 급부가 행위자의 도움 없이는 제공되지 않는 경우에 행위자가 급부의 제공을 저지하려고 자의로 진지하게 노력한 경우에는 불가벌 하다.

173) 조세범처벌절차법은 구세청장 등은 법칙사건의 조사에 의하여 범칙의 심증을 얻은 때에는 원칙적으로 통고처분을 하여야 하고(제9조 1항), 범칙자가 통고를 받은 날로부터 15일 이내에 이행하지 아니할 때에는 고발의 절차를 밟아야 한다고 규정하고 있다(제12조 1항).

174) 강동범, 앞의 논문, 91-93면. 참조.

175) 대판 1993.2.23. 92도616.

식 취득의 위법상태가 바로 해소되는 것을 예정하고 취득한 때와 같이 사회재산에 대한 추상적인 위험이 없다고 생각되는 경우 형법상으로는 실질적 위험성이 없으므로 '부정하게' 주식을 취득한 경우에 해당하지 않아 자기주식취득금지위반죄로 처벌할 수 없으나, 그러한 경우에 해당하지 않는 사법상 금지되는 자기주식 취득은 동죄로 처벌할 수 있다」고 판시하여 해석에 의하여 추상적 위험범의 처벌범위를 제한하고 있다.

　본래 추상적 위험범은 일정한 행위태양이 보호객체에 대하여 '일반적으로 위험하다'라는 점에 근거한 것으로서 추상적 위험범의 행위태양은 경험법칙상 위험을 야기할 수 있는 일반적인 경향을 갖고 있는 것들이다. 따라서 추상적 위험범에 있어서는 구성요건의 내용인 행위를 하면 당연히 위험이 있는 것으로 의제되기 때문에 법관은 구성요건적 행위의 확정 이외에 위험의 발생 여부를 확정할 필요가 없는 것이다. 그렇기는 하지만 추상적 위험범에 의한 처벌법규의 경우에 입법자는 특정한 행위가 전형적으로 위험하고 따라서 그 자체가 이미 금지되어야 한다는 점으로부터 출발하는 것이므로 입법자가 당해 행위를 처벌대상으로 삼았던 근거, 즉, 추상적 위험이 존재하지 않는 때에는 해석에 의하여 추상적 위험범의 성립을 부정할 수 있다고 본다. 이와 같이 해석에 의하여 추상적 위험범의 성립을 제한하는 것은 처벌범위를 축소하는 것이므로 죄형법정주의에 반하지 않는다.

　결론적으로 추상적 위험범으로서의 처벌방식은 경제 질서에 대한 위해가 명백한 경우나 이로 인한 국민 경제적 침해가 막대하여 결과발생의 전 단계에서 처벌의 필요성이 있을 경우와 같은 특별한 경우로 제한해야 할 것이고, 추상적 위험범의 도입으로 인한 처벌의 지나친 확대를 방지하기 위해서 객관적 처벌조건이나 중지범 감면을 규정하거나, 구체적 위험의 발생을 기다려서 처벌(구체적 위험범화)하는 등 입법기술상의 제한이 고려되어야 하겠다.

제2절 과실행위의 처벌

　경제형법에 있어서 주의의무 위반, 즉 과실에 의한 행위를 처벌하는 구성요건을 요구하는 것은 이미 "전 단계보호"에서 언급한 증명의 어려움과 밀접한 관련이 있다. 즉 입법자는 실체법의 변경에 의하여 증명의 어려움을 제거하려는 경향이 있다. 따라서 고의의 증명에 성공하지 못하는 경우에는 과실구성요건이 보조기능을 충족할 수 있다는 점도 부정할 수 없다. 특히 경제범죄 행위자는 상당한 지위에 있는 지능적인 사람들로서 '교활한' 경우가 많기 때문에 고의의 증명이 대단히 어렵게 된다. 그리하여 Tiedemann은 경제범죄에 대하여 보다 효과적인 대책을 강구하기 위하여 현행형법의 개정을 고려하는 경우에는 다른 방법을 생각하기가 쉽지 않으므로 소송법적 법원의 증거법 내지 증명실무를 변경시키거나, 실체법적으로 특정한 영역에 대한 응급조치로서 중과실행위를 처벌하는 것이 필요하다고 주장한다. 그러나 이것에 대하여는 중과실 구성요건이 갖는 보조기능으로 인하여, 중과실을 처벌하는 구성요건을 입법하는 것은 실질적으로는 법치국가에 반하는 고의 추정의 결과가 된다는 비판이 제기될 수 있다. 우리형법도 원칙적으로 고의의 존재를 처벌의 요건으로 하고 있으며(형법 제13조), 과실에 의한 행위는 법률에 특별한 규정이 있는 경우에 한하여 처벌한다고 규정하고 있다(형법 제14조). 따라서 고의에 대한 단순한 증명의 어려움들이 과실범구성요건을 당연히 정당화하는 것은 아니다. 만약 단순히 소송상 나타나는 고의 증명의 어려움을 회피하기 위하여 과실범을 처벌하려고 한다면, 그것은 실체법이 재차 소송법적 이유에서 남용되는 결과가 되는 것이기 때문이다. 결국 경제형법에서 과실범의 처벌은 과실에 의한 행위 자체의 반가치 내용으로부터 증거 지워져야 한다. 나아가 과실행위에 의한 법익침해로부터 당해 법익을 보호하여야 할 필요성이 있을 때, 즉, 고의행위의 처벌만으로는 형법에 의한 법익보호가 불충분한 경우에 한하여 과실범처벌이 정당화될 수 있다.176) 실제로 미국의 법원에서는 고의를 자기의 행위가 옳지 않다는 것을 인식하는 것으로 족하며, 그것이 법률에 위반된다는 것까지 인식할 필요는 없다고 해석함으로써 고의의 요건을 대폭 완화하고 있다. 이것은 경제범죄에 있어서 범죄 예방적 측면이 강조되고 있음을 보여주고 있는 것으로 앞으로 과실에 의한 처벌의 가능성도 충분히 고려되고 있다.177) 다른 한편으로 재산범죄의 영역에서는 전통적으로 과실범의 처벌이 인정되지 않았으므로 경제범죄의 경우에 있어서도 과실에 의한 법익침해 행위가 결코 처벌되어야 할 만큼 중대한 위법행위가 아니라는 주장 역시 타당하지 않다.

---

176) 임웅, 앞의 논문, 13면.
177) 조창구, 미국의 회사범죄론, 「해외 파견검사 연구 논문집」 제권, 법무부, 1986, 320-826면. 참조.

경제범죄가 재산범죄는 아니기 때문에 과실에 의한 재산범죄가 처벌되지 않는다는 사실로부터 과실에 의한 경제범죄가 처벌되어서는 안 된다는 주장이 근거 없으며, 나아가 과실에 의한 재산범죄나 경제범죄의 처벌규정이 전혀 없는 것도 아니다. 예컨대 독일의 경제형벌 법규 가운데 이미 신용업에 관한 법률 및 상표법 그리고 생필품법은 과실에 의한 행위의 처벌을 규정하고 있으며, 보조금사기(형법 제264조 제3항)와 파산범죄(형법 제283조 제4, 5항, 제283조b 제2항) 역시 과실에 의한 범죄행위를 처벌한다. 예컨대, 경솔한 행위에 의하여 보조금을 부정하게 획득하는 행위에 의하여도 보조금교부의 목적이 상실되고 경쟁상황이 현저히 왜곡될 수 있다는 것은 분명할 것이다. 따라서 만약 경솔한 행위방법이라고 할지라도 그것을 처벌하지 않으면 보조금부정획득이라는 구성요건은 실질적으로 거의 무가치하게 될 것이다. 그러한 종류의 행위의 처벌가치는 전형적인 재산범죄의 그것을 훨씬 뛰어넘기 때문에 고전적인 재산범죄에 있어서 과실범의 구성요건이 결여되어 있다는 점으로부터 경제형법에서 과실범의 처벌에 반대하는 어떠한 논거도 연역될 수는 없다. 우리형법도 업무상과실·중과실장물죄(제364조)를 처벌하며 기타 경제형벌 법규에도 과실에 의한 범죄행위를 처벌하는 규정을 두고 있다(관세법 제193조, 부정수표단속법 제2조 제3항). 결론적으로 오늘날의 경제범죄의 심각성과 중요성을 고려해보고, 경제범죄자들의 지능이 높아지고 있음을 고려해 본다면 과실행위에 대한 처벌도 가능하다고 보여 진다.

제3절 법인에 대한 제재

1. 법인의 범죄능력의 문제

형법에서 행위자, 즉, 범죄의 주체는 일반적으로 자연인이다. 법률에서 사람, 즉 인이라고 할 때에는 자연인과 법인을 의미하지만 형법에서 범죄주체로서 사람을 말할 때에는 원칙적으로 자연인을 의미한다. 그러나 현대사회에서 중요한 문제가 되고 있는 경제범죄, 환경범죄, 생산물 결함에 의한 피해 등 위법행위의 많은 것이 기업조직에 의하여 행하여진다. 이러한 경우에 실제의 위반행위자 이외에 기업이나 경영주를 또한 처벌할 것인가가 문제로 된다. 민법과 민법이론에서는 법인에게 제한된 범위이기는 하지만 권리능력과 행위능력 그리고 불법행위능력까지 인정되고 있다(민법 제34조, 제35조). 그러나 형법에는 민법과는 달리 법인의 그러한 능력을 인정하는 명문규정이 없으며178), 형사책임이라는 제재의 특수성 때문에 법인의 범죄주체성이 첨예하게 다루어진다. 그리하여 과연 법인도 자연인과 같이 범죄를 범하고 형벌을 받을 수 있는가가 논의되고 있다. 형법에서 법인의 범죄주체성과 관련하여서는 ① 법인의 범죄행위를 할 수 있는가(행위능력), ② 법인에 대하여 범죄를 범한 것을 이유로 비난을 가할 수 있는가(책임능력), ③ 법인에게 범죄에 대한 법적 효과인 형벌을 과할 수 있는가(수형능력)가 문제된다. 그런데 행위능력과 책임능력은 범죄능력을 구성하는 것으로 그 중 어느 하나가 존재하지 않으면 범죄능력이 부정되므로 이것을 합하여 범죄능력의 문제로 살펴볼 수 있다. 그리고 수형능력은 원칙적으로 범죄능력을 전제로 하므로 수형능력 역시 범죄능력에 관한 논의가 포함되어 함께 언급하여도 무방하다고 생각한다.

2. 법인의 범죄능력에 관한 견해의 검토

법인의 범죄능력에 관하여는 부정설179), 긍정설180) 그리고 부분적 긍정설이 대립하고 있다. 부분적 긍정설은 행정범은 윤리적 요소보다는 합목적적·기술적 요소가 강하기 때문에 법인은 형사범을 범할 수는 없지만 행정범은 범할 수 있다는 견해181), 일반적으로는 법인의 범죄능력이 부정되지만 법인처벌의 명문규정이 있는 때에는 예외적으로 법인도 범죄능력이 있다는 견해182)로 나눌 수 있다. 판례183)는 부정하는 입장에

---

178) 형법이론적으로 법인의 범죄능력을 부정하는 경우에 실정법에서 법인의 범죄능력을 인정하는 명문규정을 둘 수 있느냐에 대하여 견해가 대립하고 있다. 즉, 입법론에 있어서까지 이것이 배제된다고는 생각하지 않는다고 하여(이형국, 앞의 책, 111면) 이를 긍정하는 견해와, 정책적인 이유로 법인을 처벌한다면 질서벌을 과하는데 그쳐야 하며 형벌을 과하는 것까지 정당화할 수는 없다.(이재상, 앞의 책, 100면)든가 현행 양벌규정의 법인에 대한 벌금형은 잘못된 입법으로서 과태료로 전환되어야 한다고 하여(배종대, 앞의 책, 225면) 이를 부정하는 견해가 대립하고 있다.

179) 배종대, 앞의 책, 225면. ; 이인규, 환경범죄에 있어서 형사책임의 주체, 부산대학교 대학원 박사학위 논문, 1993, 200면. ; 이재상, 앞의 책, 98면. ; 이형국, 앞의 책, 110면.

180) 김일수, 앞의 책, 345면. ; 정성근, 「형법총론」, 법지사, 1993, 105면.

181) 유기천, 「형법총론」, 대왕사, 1987, 107면.

182) 권문택, 법인의 형사책임, 「형사법강좌1」, 박영사, 1982, 126면.

있다. 법인에게 범죄능력이 있는가에 관한 각 견해의 논거는, 첫째 법인의 구조를 어떻게 파악할 것인가, 둘째 형법이론(범죄이론과 형벌이론)에 관한 입장, 그리고 셋째 법인의 형사처벌에 관한 형사정책적인 필요성 여부에 좌우된다고 본다. 이하에서 이들에 관하여 검토하기로 한다. 첫째, 부정설은 법인은 범죄행위를 할 수 없다고 본다. 범죄는 구성요건에 해당하는 위법하고 유책한 행위이며 주지하는 바와 같이 형법상 행위의 개념에 대한 보는 견해(인과적 행위론, 목적적 행위론, 사회적 행위론, 인격적 행위론)는 행위의 요소로서 '의사'를 전제로 한다. 그런데 의사란 정신적인 활동의 측면이므로 법인에게는 의사를 인정할 수 없다는 것을 논거로 한다. 반면 긍정설에서는 자연인의 행위평가에 있어서 심신의 유기적 총체로서의 체계인 인격이 중요하듯이 법인의 행위평가에 있어서도 조직과 기관의 유기적 총체로서의 인격이 중요한 것이지 그 인격의 내면적 구성분이 자연인의 그것과 상응할 것일 필요는 없다고 한다.184) 그러나 법인의 인격이라고 하는 것은 법률이 사후에 부여해 준 것에 불과할 뿐 자연인의 인격처럼 인격주체와 밀접불가분의 필연적인 관련을 맺고 있는 것은 아니다. 또한 긍정설은 민법상의 이론구성을 기초로 하여 법인은 기관을 통하여 행위 하므로 이러한 기관의 의사와 행위가 법인의 의사와 행위가 된다고 한다. 그러나 이러한 이론구성은 사회적인 필요에 의하여 만들어진 법률적인 사유의 산물일 뿐이다. 법인의 개개 구성원을 초월한 사회적 책임이고 그 활동이 오늘날의 법 생활에서 엄연한 사회적 현실이라고 하더라도, 전 법률적으로 보면 '법인의 의사와 행위'는 '기관구성원의 의사와 행위'일 뿐이다. 즉, 자연인인 기관의 의사와 행위를 사회적·법률적 필요성 때문에 법인의 의사와 행위로 간주하여 그에 따른 효과를 귀속시킬 뿐이다.185) 법인은 '법률이 만들어 낸 사람'일 뿐이므로 법인의 의사와 행위를 인정할 수 없다. 둘째, 법인에

---

183) 대판 1961.10.19. 4294형상417 ; 대판1984.10.10. 82도2595.

184) 김일수, 법인에 대한 형법적 규율(상), 「법률신문」, 1987. 3. 16.

185) 법인소유의 부동산을 그 법인의 대표이사가 이중으로 분양한 사건에 대하여 「형법 제 355조 제2항의 배임죄에 있어서 타인의 사무를 처리할 의무의 주체가 법인이 되는 경우라도 법인은 다만 사법상의 의무주체가 될 뿐 범죄능력이 없는 것이며, 그 타인의 사무는 법인을 대표하는 자연인인 대표기관의 의사결정에 의하여 실현될 수밖에 없어 그 대표기관은 마땅히 법인이 타인에 대하여 부담하고 있는 의무내용대로 사무를 처리할 임무가 있다 할 것이므로 법인이 처리할 의무를 지는 타인의 의무에 관하여는 법인이 배임죄의 주체가 될 수 없고 그 법인을 대표하여 사무를 처리하는 자연인인 대표기관이 바로 타인의 사무를 처리하는 자, 즉 배임죄의 주체가 된다」고 판시한 것도 형법적으로는 법인의 행위를 인정할 수 없음을 나타낸 것이다. 대판 1984.10.10. 82도2595.

대한 형벌은 책임비난 및 형벌의 본질과 부합하기가 어렵다. 책임의 논리적 성격을 강조하는 입장에서는 물론이고 사회적 책임론의 관점에서도 법인에 대한 형벌에 의한 비난이 과연 의미가 있는지 의문이다. 법인에게 비록 법적 비난이 가증하다고 필요하다 하더라도 형법적 비난(형벌을 통한 비난)이 당연시되는 것은 아니다. 형법적 비난은 위법행위에 대한 사회 윤리적 부인의 성격을 갖는 형벌(고통)의 부과를 통하여 범죄의 예방을 목표로 한다. 그러나 법인은 형벌선고에 의한 수치심이나 고통을 느낄 수 없어 법인에 대한 형벌은 응보도 될 수 없고 예방도 달성할 수 없다. 이것은 오늘날의 형벌 종류와 무관하며 형사제재와 기타 제재를 엄격하게 구별하는 오늘날의 법체계에 있어서 형벌은 그 성질상 법인과는 부합하지 않는다. 즉, 법인에게 사형이나 자유형을 과할 수 없으며, 법인의 해산이나 경영정지는 형벌이 아니라 행정벌에 불과하다고 보아야 한다. 셋째, 법인에 대한 형벌은 실제로 처벌의 필요성이 있는 선임감독의무자의 책임을 법인에게 전가하는 결과가 될 것이다. 즉 법인에 대한 처벌은 범죄행위를 행한 행위자를 선임감독 할 의무가 있는 자를 면책시켜주는 결과가 됨으로써, 실제로 처벌필요성이 있는 자를 일종의 보호막 뒤에 숨겨주어 범죄를 효과적으로 저지하는데 오히려 바람직하지 못하다고 본다.186) 그리고 법인을 처벌하는 것은 하급자에 불과한 위반행위자 이외에 당해 위법행위로 인한 이익이 귀속하게 될 자를 처벌했다고 하는 상징적이고 심리적인 만족을 얻으려는 편의적인 발상이라고 생각한다. 넷째, 법인이 관련된 범죄행위에 대하여는 실제의 행위자를 처벌하는 것으로 충분하며, 만약 법인에 대하여 제대를 과할 필요성이 있다면 형벌 이외의 다른 수단에 의하여야 할 것이다. 형벌의 본질을 응보로 보든 예방으로 보든, 형법적 비난이나 형벌은 법인에게 아무 감응을 불러일으킬 수 없다. 또한 법인의 처벌은 현실적으로 위법행위의 주체를 희석시켜 형벌비난의 의미를 사실상 반감시킬 뿐만 아니라 법인의 구성원에게도 처벌의 효과가 미치기 때문에 실질적으로 자기책임의 원칙에 반한다. 오히려 법인에 의한 범죄를 예방하려는 형사정책적인 목적을 달성하려면 법인에 의한 범죄행위에 관한 의사결정에 있어서 법인의 실질적인 지배자를 찾아내서 그를 처벌하는 것이 훨

---

186) 양벌규정에 의한 법인의 처벌은 실체가 모호한 법인을 처벌한다는 미명하에 사회적·경제적 강자인 대표이사 등에게 면죄부를 부여하는 대신, 사회적·경제적 약자인 종업원만을 처벌하는 결과로 될 수 있다고 비판한다. 이인규, 전게논문. 199면.

씬 효과적일 것이다.187) 즉, 대표자이든 회장이든 또는 사장이든 그 직명과 직책을 불문하고 실질적으로 당해 법인을 지배하고 있기 때문에 당해 법인의 의사형성에 결정적인 영향을 미치고 있는 자를 찾아내서 그를 처벌하는 것이 법인의 이름으로 행하여지는 위법행위에 대하여 보다 더 효과적인 억제수단이 될 것이다. 물론 과연 누가 결정적인 작용을 하는가를 확정하여 그를 찾아내는 것이 쉽지는 않겠지만 법인의 소유관계나 운영관계 등을 면밀하게 조사·검토하면 반드시 불가능한 것은 아닐 것으로 생각한다. 그리고 법인에 대하여는 행정적인 제재 및 지도 조치를 취하면 족할 것이다. 즉, 행위자와 실질적 지배자에게는 형법으로 대처하고 법인에게는 행정적으로 대처하여 삼벌규정188)에 유사한 방법으로 법인의 위법행위를 억제하는 것이 형법이론적으로나 형사 정책적으로 바람직하다고 본다. 그리고 부분적 긍정설은, 형사범과 행정범과의 구별관계가 애매하고 유동적이라는 점, 범죄능력은 없으나 수형능력은 있다는 것은 범죄주체와 형벌객체가 일치하여야 한다는 형법의 기본원칙과 모순된다는 점 그리고 부정설에 대한 비판근거에 비추어 볼 때 타당하지 않다. 따라서 형법 이론적으로나 형사 정책적으로나 법인에게는 행위능력과 책임능력189)이 인정되지 않는다. 즉

---

187) 소위 선입선출의 원칙을 어겨 먼저 제조한 빵이 늦게 배식되어 식중독사고가 발생한 경우에 대표이사의 과실을 인정하여, 공장장과 함께 대표이사를 업무상과실치사상죄의 공동정범으로 처벌한 것도 법인의 이름으로 행하여지는 범죄행위에 보다 효과적으로 대처하려는 노력의 하나라고 생각한다. 대판 1987.9.26. 78도2082.

188) 삼벌규정이란 행위자와 법인을 처벌하는 외에 법인의 대표자까지 처벌하는 규정을 말한다.

189) 독일형법에 있어 법인의 행위능력, 특히 책임능력은 부정되며 또한 법인에 대한 형벌로서 유일하게 고려할 수 있는 벌금형도 유책하게 행하여진 불법에 대한 사회 논리적 비난이 직접적으로 가하여질 수 없는 법인에 대하여는 불가능하다. 그러나 기관의 활동에 의한 이익은 귀속되면서도 법인을 위하여 행하여지는 활동과정에서 위법행위의 결과로서 과하여질 수 있는 제재라는 손실의 가능성은 전제되지 않는다면, 법인이 자연인에 비하여 유리한 위치에 놓이게 되어 부당하다는 비판이 제기되었다. 그리하여 1968년 질서위반법 제30조에 의하여 기관의 위법행위에 대하여 법인에게 책임을 묻는 규정이 만들어졌다. 다만 법인의 책임무능력을 주장하는 지배적 견해와의 갈등을 피하기 위해, 과료를 부과하기 위하여는 기관의 유책한 행위가 확정될 것이 필요하지만, 기관이 실제로 처벌될 것을 조건으로 하지 않는다는 점에서 입법자가 의도하였던 부수효과로서의 성격이 일관되게 유지되지 못하였다. 이 질서 위반법 제30조에 대하여, 첫째 동 조항에 의한 제재를 피하기 위해 실제로는 어떠한 임무도 부여받지 않은 사람을 기관으로 임명하고 본래의 업무수행은 오히려 기관 아닌 자에게 맡기는 상황이 드물지 않기 때문에 그러한 기관 아닌 자의 위법행위를 법인에게 귀속시켜야 한다는 점, 둘째 구체적으로 누가 위법행위를 하였는가를 확정하기 곤란한 문제를 제거하기 위해 누구인가 사람이 유책하게 행위 하였다는 사실이 확인되는 것만으로 법인에 대한 제재가 가능하도록 하여야 한다는 점, 셋째 부수효과라는 명목상 표현을 버리고 법인에 대한 독립적 재제를 과료로 명하여 확대해야 한다는 점이 보완책으로 제시되었다. 그리하여 제2차 경제범죄대책법은 질서위반법 제30조를

범죄능력이 없다. 따라서 법인을 범죄주체로 하여 법인을 처벌하는 것은 형법 이론적으로 타당하지 못하며, 현행법상 법인에 대한 형사처벌규정은 행정벌 규정으로 전환하여야 한다고 생각한다.

3. 양벌규정의 법적 성질

가. 양벌규정의 의의와 유형

형법학에서 법인의 인격성(행위능력, 책임능력, 형벌능력)이 인정되지 않으며, 범죄주체와 형벌객체는 일치하여야 하므로 원칙적으로 법인에 대한 형벌은 인정되지 않는다. 그러나 오늘날 법인의 사회경제적 영역에서 담당하고 있는 막중한 역할과 함께 법인에 의한 위법행위가 대단히 많고 그 피해 역시 막대한 실정에 있다. 이러한 현상에 적절하게 대처하여야 할 형사 정책적 필요성을 이유로 오늘날 법인에게도 형사책임을 귀속시키는 규정이 빈번한 바 이 경우에 그것을 어떻게 이해할 것인가에 대하여 다툼이 있다. 이와 같이 법인에게 형사처벌을 과하는 경우에 즐겨 사용되는 방법이 소위 양벌규정이다. 즉, 실제의 위반행위자 이외에 그와 일정한 관계에 있는 자연인이나 법인을 처벌하는 형식을 취하고 있다. 이러한 양벌규정은 특히 경제형법의 분야에서 현저하여 경제형법은 거의 모두가 양벌규정을 두고 있다. 우리 형법상의 양벌규정은 그것의 처벌근거에 따라 다섯 가지의 유형[190]으로 나누어 볼 수 있다. 첫째의 유형으로서, 행위자 이외의 자에 대한 처벌을 공법책임에서 구하는 양벌규정이 있는바 선원법 제149조 제2항이 여기에 해당한다. 즉, 「선박소유자가 위반행위의 계획을 알고 방지에 필요한 조치를 하지 아니한 때, 위반행위를 알고도 그 시정을 위하여 필요한

개정하여 독립적인 단체과료의 근거를 규정하였다. 그러나 여전히 질서위반법 제30조의 단체과료는 일정한 행위자 범위, 즉 기관의 유책한 위법행위를 연결행위로서 요구하고 특정한 행위자의 확정필요성을 그대로 유지하고 있다. 그런데 유럽공동체법(das Recht der Europaischen Gemeinschaft)에 의하면, 위원회는 기업과 기업결합에 대하여 과료를 선고할 수 있으며 독일의 질서위반법 제30조와는 달리 그 행위가 유럽 법상 기업에게 귀속되는 자연인의 범위는 모든 피용인을 포함한다. 동 위원회에 의하여 단체에게 발하여진 과료는 형사죄로 간주되지는 않는다. W. Bottlke, Das Wirtschaftsstrafrecht in der Bundesrepublik Deutschland Lösungen und Defizite, wistra 1991. Heft 2. S.54.

[190] 김일수, 법인에 대한 형법적 규율(하), 「법률신문」, 1987. 3. 23.은 양벌규정을 세 개의 유형으로 나누고 아래의 첫째, 둘째 그리고 다섯째의 것을 들고 있다.

조치를 하지 아니한 때 또는 위반행위를 교사한 때에는 행위자를 벌하는 외에 선박소유자도 행위자로서 처벌 한다」고 규정하고 있다. 이 규정은 행위자 아닌 자의 처벌근거를 공범이라는 점에서 찾고 있으므로 선박소유자가 자연인인 경우에는 양벌규정이라고 볼 수가 없지만, 선박소유자가 법인이라면 양벌규정에 해당한다. 둘째의 유형은 처벌근거를 과실 책임에서 구하는 양벌규정인 바 선원법 제148조 제1항 단서가 이에 속한다. 즉, 「선박소유자가 위반행위의 방지를 위하여 필요한 조치를 한 경우에는 처벌되지 안는다」고 규정하고 있다. 이 규정은 행위자 아닌 자의 처벌근거를 자신의 과실에서 찾고 있으므로 선박소유자가 자연인인 경우에는 양벌규정이라고 볼 수가 없지만, 선박소유자가 법인이라면 역시 양벌규정에 해당한다. 셋째의 유형은 무과실책임을 규정한 것으로 상품권법 제19조가 있다. 동조는 「행위자가 자기의 지위에 의하지 아니하였다는 이유로써 그 처벌을 면할 수 없다」고 규정하고 있다. 이러한 형태는 형사책임에 있어서 무과실책임을 인정하고 있기 때문에 입법론상 재고를 요한다. 넷째의 유형으로는 법인이 위법행위를 한 경우에 법인의 대표자라는 이유로 처벌하는 규정으로서 '대표책임'이라고 이름 붙일 수 있는 형태이다. 증권거래법 제215조 제1항은 「죄를 범한 자가 법인인 경우에는 그 법인을 벌하는 외에 그 법인의 대표자 기타 업무를 집행하는 임원에 대하여도 각 본조의 형을 과한다」고 규정하고 있다.[191] 동항은 양벌규정이 뒤바뀐 형태이므로 양벌규정이라고 부를 수 있다. 그렇지만 이것 역시 양벌규정에 대한 논의에 포함시킬 수 있다. 왜냐하면 '죄를 범한 자가 법인인 경우'란 결국 법인의 위반행위로 귀속될 수 있는 자연인인 기관의 위반행위를 전제하는 것이므로 기관인 자연인이 통상의 양벌규정에 규정된 행위자일 것이기 때문이다. 다섯 번째의 유형으로 아무 조건 없이 법인이나 업무자에 대하여 벌금형을 과한다고 규정한 것이 있다.[192] 즉 「법인의 대표자나 법인 또는 개인의 대리인, 사용인 기타 종업원이 그 법인 또는 개인의 업무에 관하여 제 몇조 위반행위를 한 때에는 행위자를 벌하는 외에 그 법인 EH는 개인에 대하여도 각 본조의 벌금형을 처 한다」라고 규정하는 형태이다. 이 유형이 양벌규정의 전형적인 규정형태로서 거의 대부분의 양벌규정이 이러한 형태로 되어 있다. 예를 들면, 독점규제및공정거래에관한법률 제70조, 물가안정및공

---

191) 상품권법 제20조도 동일한 내용으로 되어있다.
192) 증권거래법 제21조 2항은 벌금형에 한정하지 않고 있다.

정거래에관한법률 제30조, 대외무역법 제70조, 부정경쟁방지법 제12조, 조세범처벌법 제3조, 보조금의 예산 및 관리에 관한 법률 제43조, 증권거래법 제215조 제2항, 보험업법 제227조, 신용카드업법 제26조 등 대단히 많다.

나. 양벌규정의 성질과 법인처벌

현행 형벌법규에 규정되어 있는 양벌규정에 관하여 법인의 범죄능력을 부정하는 입장에서 법인을 처벌하는 예외규정도 일응 실제의 행위자를 범죄자로 하고 행정단속 기타 정책적 필요에 따라 법인까지도 부수적으로 처벌하는 이른바 연계적 구성요건 (Verbindungstatbestande)의 성격을 갖는다는 견해[193]와 입법론적으로 타당하지 않다는 견해[194]가 대립하고 있다. 이에 반하여 법인의 범죄능력과 수형능력을 일반적으로 인정하는 견해는 양벌규정은 법인의 예외적인 처벌규정이 아니라 오히려 형사정책적 필요에 의하여 원래 처벌되지 않는 자연인인 개인을 처벌함으로써 범죄예방의 실효성을 높이려 한다는데 의미가 있다고 한다.[195] 사견으로는 법인처벌에 대한 형법이론적·형사정책적 타당성이 없기 때문에 양벌규정의 벌금형은 행정적인 과태료로 바꾸는 것이 옳다고 생각한다.[196] 어떻든 현행법이 행위자는 물론 법인도 처벌하는 규정을 두고 있기 때문에 양벌규정에 있어서 법인처벌의 근거를 규명할 필요는 있다.[197] 따라서 행위자 이외에 법인이나 경영주를 처벌하는 근거를 어떻게 이해할 것인가에 관하여는 견해가 대립하고 있다. 첫째, 무과실책임설[198]이다. 이 견해는 법인처벌은 형법의 일반원칙 내지 책임 원칙의 예외로서 행정 목적을 달성하기 위하여 무과실책임을 인정한 것이라고 한다. 이에 의하면 양벌규정은 형법상 무과실책임을 인정한 것이 된다. 둘째,

---

193) 이형국, 앞의 책, 110면.
194) 배종대, 앞의 책, 225면. ; 이재상, 앞의 책, 100면.
195) 김일수, 앞의 책, 348면.
196) 배종대, 앞의 책, 225면. ; 이인규, 앞의 논문, 200면. ; 이재상, 앞의 책, 100면.
197) 양벌규정은 법인 또는 영업주를 처벌하는 규정일 뿐 실제의 행위자를 처벌하는 규정은 아니기 때문에 양벌규정으로부터 행위자에 대한 처벌을 근거 지울 수 없다. 대판 1990. 10. 12. 90도1219 : 양벌규정인 건축법 제57조는 실제의 위반행위자 이외에 그 이익귀속주체인 법인 또는 자연인이 별도로 있을 경우 그 법인 또는 자연인이 실제 위반행위를 분담하지 아니하였다 하더라도 그 법인 또는 자연인을 처벌할 수 있다는 규정일 뿐 행위자처벌규정이라고 해석할 수는 없는 것이므로 이를 근거로 실제의 위반행위자를 처벌할 수 없다. 대판 1993. 2. 9. 92도3207
198) 배종대, 앞의 책, 228면. ; 이재상, 앞의 책, 100면.

과실책임설로서 양벌규정을 종업원의 선임감독에 대하여 법인에게 과실책임을 인정한
규정으로 본다. 이것은 다시 법인의 과실은 당연히 의제되므로 법인은 책임을 면할
수 없다는 과실의제설, 법인에게 과실이 있음이 추정되므로 과실 없음을 증명하지 못
하는 한 법인은 면책될 수 없다는 과실추정설[199], 법인 자신의 과실책임에 기한 처벌
이라는 순과실설[200]로 나누어진다. 셋째, 부작위범설이 있다[201]. 이 견해는 양벌규정은
법인의 종업원의 위법행위를 방지할 작위의무에 위반하였기 때문에 법인을 처벌한다
고 한다. 판례[202]는, 양벌규정에 의한 영업주의 처벌은 금지위반 행위자인 종업원의
처벌에 종속하는 것이 아니라 독립하여 그 자신의 종업원에 대한 선임 감독상의 과실
로 인하여 처벌되는 것이라고 판시하여 순과실설을 따르고 있다. 이론적으로 양벌규정
에 의한 법인처벌의 근거에 대하여는 순과실설이 타당하다고 본다. 그 이유는 아무리
형사정책적으로 법인처벌의 필요성이 인정된다고 하더라도 책임원칙과의 관계에서 적
어도 무과실책임설이나 과실의제설 또는 과실추정설은 이론상 문제가 있다. 또한 고의
또는 과실에 의한 부작위범설은 동일한 하나의 양벌규정에서 고의책임과 과실책임을
모두 근거 지움으로써 형법상 엄격하게 구별되는 고의책임과 과실책임을 똑같이 취급
하는 점과 작위의무에 위반하여 불법구성요건을 실현하는 경우가 부작위범인데 양벌
규정은 위반행위자 이외에 법인 등을 처벌한다고 규정하고 있을 뿐이며 양벌규정에
의한 법인 처벌의 전제가 되는 불법구성요건의 실현은 행위자의 불법을 말하는 것일
뿐 법인 자신의 불법은 아니라는 점에서 비판받고 있다.

다. 법인 처벌의 요건

양벌규정의 전형적인 형태인 다섯 번째 유형의 양벌규정에 의하여 행위자 이외에
법인이나 영업자를 처벌하기 위하여는, ① 종업원 등이 각 본조의 위반행위를 하고,
② 그 위반행위가 법인이나 영업주의 업무에 관한 것이어야 하며, ③ 법인이나 영업
주의 과실이 존재하여야 한다.[203] 첫째, 양벌규정이 적용되기 위하여 법인의 대표자나

---

199) 이종원, 앞의 책, 152면.
200) 김일수, 앞의 책, 349면.
201) 이인규, 앞의 논문, 197면. ; 임웅, 앞의 논문, 58면. ; 정성근, 앞의 책, 106면.
202) 대판 1987. 11.10. 87도1213
203) 이 요건은 순과실설을 따르는 경우에 필요한 것이다.

법인 또는 영업주의 종업원 등의 위반행위가 있어야 한다. 이때에 종업원의 위반행위는 구성요건에 해당하고 위법하면 족하고 유책할 것을 요하지 않는다. 따라서 종업원이 위반행위로 소추되거나 처벌될 것을 요건으로 하지 않는다. 다만 구성요건이 일정한 신분을 요하는 경우에 종업원에게 그러한 신분이 없어도 영업주가 처벌되는가가 문제로 된다. 양벌규정이 종업원의 위반행위에 대한 선임감독상의 과실을 처벌하는 성격을 갖는다는 점을 강조하는 경우에는 종업원의 사실적인 위반행위만 존재하면 영업주의 선임감독상의 과실을 인정할 수 있을 것이다. 판례204)가 양벌규정에 의한 영업주의 과실책임을 묻는 경우 금지위반 행위자인 종업원에게 구성요건상의 자격이 없다고 하더라도 영업주의 범죄성립에는 아무런 지장이 없다고 판시한 것도 이러한 취지에서 있는 것으로 보여 진다. 그러나 양벌규정의 문언이 「종업원이 제 몇 조의 위반행위를 한때」라고 한 것에 비추어 볼 때 적어도 당해 규정에 대한 구성요건 해당성·위법성이 요구된다고 생각한다. 따라서 위반행위자나 종업원이 구성요건상의 자격을 갖추고 있지 않으면 영업주의 범죄도 성립할 수 없다고 본다. 그리고 양벌규정에 의하여 법인이 처벌받는 경우 범죄의 주관적 구성요건으로서의 고의는 실제 행위자에게 있으면 족하다.205)

둘째, 위반행위가 법인이나 영업주의 업무에 관한 것이어야 한다. 즉 종업원의 위반행위는 객관적·외형상으로 영업주의 업무에 관한 행위이고 종업원이 그 영업주의 업무를 수행함에 있어서 위법행위를 한 것이면 족하다. 따라서 그 위법행위의 동기가 종업원 기타 제3자의 이익을 위한 것에 불과하고 영업주의 영업에 이로운 행위가 아니라 하여도 영업주는 그 감독 행태에 대한 책임을 면할 수 없다. 셋째, 법인이나 영업주의 과실이 존재하여야 한다. 여기서의 과실은 법인이나 영업주 자신의 선임감독상의 과실이지 종업원의 구체적인 범죄행위와 관련되는 것은 아니다.

---

204) 대관 1987. 11. 10. 87도1213.
205) 대관 1983. 3. 22. 81도2545.

4. 기업조직체책임론

가. 기업조직체제론의 의의

기업재해나 경제범죄를 비롯하여 법인 등 기업체의 조직 활동이 사회적으로 커다란 해악을 초래하고 있으므로 기업체의 조직 활동으로부터 발생하는 위법행위를 억지하기 위하여 법인 등 기업체 자체에 대한 제재조치가 필요하다는 것에 대하여는 거의 다툼이 없다. 더욱이 기관의 활동에 의한 이익은 법인에게 귀속되면서도 기관의 위법 행위에 따른 손해는 부담하지 않는다는 것은 공평하지 않다는 점도 지적되고 있다. 그리하여 법인 등에 대한 민사적 제재나 행정적 제재는 널리 인정되고 있다. 그러나 형사제재의 경우에는 이미 살펴본 바와 같이 많은 이론이 대립하고 있다.[206] 오늘날의 지배적 입장인 법인의 범죄능력을 부정하는 견해는 물론 긍정하는 견해도 법인을 처벌하기 위하여 법인의 기관구성원인 자연인의 구성요건에 해당하는 위법한 행위를 전제로 한다. 즉 법인의 범죄능력을 인정하면서도 여전히 "종업원의 책임이 없으면 영업주의 책임도 없다"라는 사고방식이 남아 있다. 그리하여 기업체가 사회적으로 허용되지 않는 불법한 활동을 하였더라도 조직 활동 분담자의 행위를 개별적으로 보면, 누구에게도 가벌적인 행위로까지는 인정되지 않는 경우가 있기 때문에 사업주인 기업체는 용이하게 처벌을 면할 수 있다. 이러한 점을 해결하기 위하여 법인 등 기업체가 대표자·종업원 등 개인과는 독립한 사회적 활동을 하고 있는 이상 그 활동이 위법한 경우에도 기업체를 대표자나 종업원 등과는 독립한 위법활동을 주체로 하여 전일체적으로 파악하지 않으면 안 된다는 기업조직체책임론이 주장되고 있다. 즉 기업조직체책임론은 기업조직체의 활동을 우선 전일체로서 파악하기 위하여 그 조직활동을 떠맡은 개인행위자가 조직체의 활동 중에서 실질적으로 행한 역할에 착안하여 그 개인의 형사책임을 이끌어 내는 것을 골자로 하는 이론이다. 종래의 법인처벌에 관한 논의가 개인 행위자의 책임으로부터 법인책임을 끌어내는 것이었음에 반하여, 기업조직체책임론은 기업조직체의 활동을 전체로서 파악하여 기업조직체의 책임을 인정하고 여기에서 개인책임을 끌어내고자 하는 것이다. 따라서 개인책임이 인정되지 않더라도 기업의

---

206) 강동범, 앞의 논문, 167-168면.

책임은 인정될 수 있게 된다. 그리하여 이 이론은 대표자나 종업원 등 개인의 가벌적 행위가 없으면 사업주인 기업체의 책임은 없다고 하는 전통적인 사고방식으로부터 대표자나 종업원 등 개인의 가벌적 행위가 없어도 사업주인 기업체의 책임은 있다고 하는 사고방식으로의 전환, 즉 "개인책임 없으면 기업체책임 없다"로부터 "개인책임 없어도 기업체책임 있다"로의 전환을 의미한다. 이와 같이 기업조직체책임론은 기관구성원이나 종업원 위법행위와 독립하여 기업 등 법인의 범죄주체성을 인정함으로써 법인에 의하여 행하여지는 위법행위를 처벌해야 한다는 형사정책적 필요성을 충족시키려고 한다.

나. 기업조직체책임론의 내용과 실익

기업조직체책임론은 기업체 등 법인의 범죄능력을 인정한다. 즉 기업체 자신이 범죄주체로서 그 조직 활동이 전일체로서 파악된다. 따라서 대표자의 행위는 말할 것도 없고 공장장·지점장 등 고급관리자의 행위는 물론 말단의 기술자·노동자의 행위도 기업체의 조직 활동을 분담하는 것인 한, 그것은 동시에 기업체의 행위로 파악된다는 것이다. 그리하여 기업체의 조직 활동을 분담하는 각 행위자와는 독립하여 기업체 자체의 위법활동에 대한 책임이 논하여지기 때문에 대표자나 종업원의 각 본조의 구성요건에 해당하는 위법한 행위가 인정되지 않더라도 기업체를 처벌할 수 있다. 이 점에서 법인의 범죄능력을 인정하면서도 법인을 처벌하기 위한 전제요건으로 대표자나 종업원 등 개인의 책임을 전제로 하는 전통적인 범죄능력 긍정설과 본질적인 차이가 있는 새로운 이론이다.[207] 이러한 기업조직체책임론에 의하면 다음과 같은 실제적인 이익이 있다. 첫째, 신뢰의 원칙이나 허용된 위험의 법리에 의하여 기업체의 조직 활동 분담자에게 가벌적 위법행위인 과실이 인정되지 않는 경우에도 기업체의 조직 활동을 전체적으로 보아 부주의가 있으면 사업주인 기업체에게는 과실(조직과실)이 있을 수 있다. 둘째, 기업체의 대표자이든 공장장이든 조직 활동 분담자의 교체에 의하여 기업체가 책임을 면할 수 없게 된다. 즉 기업체의 조직 활동을 전일체적으로 파악하는 기업조직책임론에 의하면 조직 활동 분담자의 교체는 전체로서의 조직 활동의 동

---

207) 권문택, 공해범죄와 행위자의 특징, 「현대법학의 제문제」, 1981, 155면.

일성을 변경시키는 것이 아니므로 설사 활동 분담자가 교체되더라도 기업체는 책임을 면할 수 없다는 것이다. 셋째, 기업체 자체를 범죄주체로 파악하기 때문에 기업체 사이의 동시범은 물론 공법도 가능하게 된다. 나아가 조직 활동을 분담하는 각 개인의 행위와 피해와의 인과과정이 불명확하더라도 기업체의 조직 활동과 피해와의 인과관계는 확정할 수 있다. 넷째, 이익추구 활동에 의하여 위험을 낳고 있는 사회적 강자로서의 기업체는 주민이나 소비자를 위험으로부터 보호하여야 한다는 보호 의무를 부담하여야 한다. 따라서 유해성이나 위험성에 대하여 사소한 불안이라도 있으면 그것을 해소할 정도의 조치를 취하지 않으면 기업체의 조직 활동에는 객관적 주의의무위반, 즉 과실이 있다고 할 수 있다. 또한 기업조직체책임론에 의하면 양벌규정의 「대표자 기타의 종업원이 업무에 관하여 각 본조의 위반행위를 한 때」라는 것은 법인처벌의 요건이지 개인행위자를 처벌하기 위한 요건은 아니기 때문에, 법인처벌요건으로서의 대표자·종업원의 위반행위의 유무를 논하는 경우에 개인 행위자에 대한 형사책임의 요건유무를 논하는 경우와 동일하게 해석할 필요는 없다. 우선 전통적 견해는 법인처벌을 위하여 대표자나 종업원이 법인이나 영업주의 영업에 관하여 위법행위를 할 것을 조건으로 한다. 즉, 종업원이 특정되고 당해 위반행위가 행하여졌음이 증명되어야만 법인이 처벌된다. 이에 반하여 기업조직체책임론은 기업체의 조직 활동을 분담하는 대표자나 종업원의 위반행위가 객관적으로 존재하며, 그것이 누구에 의하여 행하여진 것인가 또는 위법한 것인가를 묻지 않고 법인 등의 처벌이 가능하다고 한다.

　　나아가 법인을 처벌하기 위하여 객관적으로 기업조직 분담자의 위반행위가 존재하면 족하기 때문에 종업원 등의 행위의 구성요건 해당성·위법성을 논할 필요는 없고, 각 행위자가 기업조직체활동 중에서 행한 역할에 착안하여 그 행위가 객관적으로 구성요건에 해당하고 위법하다고 말할 수 있으면 충분하다. 예컨대 구체적 위험범에 대하여 양벌규정이 존재하는 경우에 행위자 처벌을 위한 행위자의 고의를 인정하기 위하여 행위자에게 위험발생에 대한 인식까지 필요함에 반하여, 법인의 처벌을 위하여는 행위자에게 위험발생에 대한 인식이 필요하지 않다. 과실의 공범 등 개인 행위자의 형사책임을 논할 때에는 인정되지 않는 것일지라도 법인처벌요건으로서의 종업원 등의 위반행위를 논할 때에는 인정될 수 있다. 즉, 법인처벌요건으로서의 종업원 등의 위반행위를 논할 때에는 인정될 수 있다. 즉, 법인처벌요건으로서 기업체의 조직 활동 분담자의 과실에 의한 공동 활동을 문제로 하는 것이기 때문에 행위자가 범죄를 공동으로 행한다고 인식을 공유하고 있었는가 어떤가라고 하는 행위자의 주관적 측면을 중시할 필요는 없다. 그리하여 의사연결에 기하여 조직 활동 분담자로서 객관적으로 과실 있는 행위를 공동으로 하면 법인처벌요건으로서의 대표자나 종업원 등의 위반행위는 있다고 해석한다.

다. 기업체책임론의 검토

기업체의 조직 활동 분담자의 각 행위를 개별적으로 분리시켜 파악하지 않고 객관적으로 전일체로써, 기업체의 책임을 개인 행위자의 책임과 독립적으로 논하는 기업조직체책임론은 기업의 조직체 활동의 실태에 응하고, 기업의 조직체범죄의 합리적인 형사적 통제이론을 지향하는 것이라고 주장되고 있지만 다음과 같은 문제점을 지적할 수 있다. 우선 종업원 등의 행위가 구성요건에 해당하고 위법하다는 것이 특정되지 않더라도 법인을 처벌할 수 있다는 것은 현행 양벌규정의 내용과 부합하지 않는다. 따라서 기업체를 독립하여 처벌하는 규정이 없는 한 기업조직체책임론을 받아들일 수 없다.[208] 「대표자나 종업원이 제몇조의 위반행위를 한 때에는」이라는 조문의 표현에 부합하려면 구성요건에 해당하고 위법한 종업원 등의 행위가 특정되어야 한다고 하지 않을 수 없다.

기업조직체책임론은 환경범죄나 기업재해의 경우를 염두에 두면 상식적으로 납득할 수 있는 면도 있다. 그러나 그 밖의 경우에 있어서도 일률적으로 적용하면 쓸데없이 법인 처벌의 과도화를 초래하고 또한 현장의 기술자나 노동자의 행위를 모두 기업조직체의 행위로 볼 수 있는가도 문제이다. 또한 대부분의 기업활동은 항상 의구감이 있는 사태이고 결과회피의무위반만 있으면 과실책임을 묻게 되어 사실상 결과책임을 묻는 것이나 다름없다는 비판도 있다.[209] 따라서 기업조직체책임론은 법의 원칙을 무시한 이론으로 해석론으로서는 물론이고 입법론으로서도 타당하지 않다.

---

208) 정성근, 기업범죄와 형사책임, 「경희법학」, 1983. 12, 113면.
209) 정성근, 앞의 논문, 114면.

제4절 형벌제재의 개선

1. 자유형의 개선

자유형에 있어서도 우선 그 형량이 강화되어야 함을 지적할 수 있다. 형법 또는 형사특별법상의 범죄들의 형량과 경제범죄에 따른 피해규모를 생각해 본다면 이와 같은 주장은 쉽게 수긍될 수 있을 것이다. 그러나 첫째, 자유형의 경우 법률에 규정된 형량이 높지 않다는 것보다도 그 활용빈도가 여타의 경제범죄 이외의 다른 범죄와 비교해 볼 때 적다는 점이 우선 지적되어야 할 것 같다. 즉, 경제범죄가 일반인들 사이에서 뿐만 아니라 규제기관에게도 자유형이 부과될 정도의 중요한 범죄로서 매우 약하게 인식되고 있음을 보여주는 것이라고 할 수 있을 것이다. 경제범죄에 의한 사회적 해악이 상당히 크고, 범죄의 주체가 주로 화이트칼라 즉, 사회상류층이라고 여겨지는 사람들에 의해 범해지고 있는 실정에서 본다면 낮은 사회적 지위를 가지고 있는 사람보다도 그 낙인효과가 더 크다고 여겨지기 때문에 경제범죄에 대한 자유형은 효과적일 것으로 추측해 볼 수 있다.210) 또한 단순한 이익의 박탈이 아닌 비록 단기간이나마 실형을 선고함으로써 경각심을 일깨워 준다는 장점도 있을 수 있다. 둘째, 경제범죄의 사회적 중요성에 비추어 자유형의 형기를 확장할 필요가 있다고 생각된다. 독점규제및공정거래에관한법률에서는 3년 이하의 징역, 증권거래법에서는 10년 이하의 징역, 컴퓨터프로그램보호법에서는 3년 이하의 징역, 관세포탈범도 3년 이하의 징역을 규정하고 있다. 다른 형법범에 비하여 그 형량은 대단히 낮게 규정되어 있고, 그나마 대부분의 경제 범죄로 인해 처벌되는 형량이 실제로 1년 이하인 것을 본다면, 위의 규정대로 적용되는 사례는 거의 발견될 수 없고, 사회적 지위가 높으면 그 형량도 줄어드는 것처럼 보여 일반인들의 무력감은 더욱 가중되고 있는 것 같다. 따라서 기존의 자유형으로서는 그 위하적 효과를 기대하기 어렵다고 보여 지므로, 경제범죄자들에 대한

---

210) 벌금형은 기업의 경우 그 기업의 비용 요인으로 계산되어 상품의 가격 등에 반영될 수 있어 효과적인 형벌이 되지 못할 수도 있다. 그래서 독일에서는 경제범죄에 대한 효과적인 형벌로서 몇몇 학자들에 의해 단기 자유형이 권고되고 있다. 최정학, 앞의 논문, 109면.

신체의 자유와 사회적 활동의 자유를 현대 상황의 규모에 맞추어 상향조정됨이 필요하다고 보여 진다.

2. 벌금형의 개선

벌금형은 개인의 재산을 박탈하는 형사제재로서 자유형과 더불어 중요한 형벌제도이다. 현대에 들어와서 금전적 이욕을 동기로 하는 범죄가 증가하면서 이에 대한 대처방안의 일환으로 벌금형의 중요성은 커지고 있다. 즉, 범죄자가 노리는 경제적 이익을 형벌에 의해 박탈함으로써 범죄를 효율적으로 방지할 수 있는 것이다. 이와 같은 벌금형의 중요성에 비추어 볼 때, 우리나라의 벌금형은 아직도 여러 가지로 미비한 점이 많다. 가장 큰 문제는 법정된 벌금형의 액수가 너무 낮아 경제범죄와 같은 현대형 범죄에 효율적으로 대처하기 어렵다는 점이다.[211] 경제범죄는 일반격정범죄와는 달리 고도로 계산된 범죄라는 특징을 갖는다. 따라서 대다수의 경제범죄 위반자의 입장에서 경제범죄 위반으로 인해 부과하는 벌금은 위반자의 경제활동의 비용 중의 하나가 될 것이라는 것을 의미하기 때문에, 법을 준수하도록 하기 위해서는 당연히 위법행위를 통해 얻는 이익 보다 법을 지킴으로써 얻는 이익이 더 크도록, 즉 법을 위반했을 때 부담하여야 할 비용을 더 크게 해야 한다는 결론에 이르게 된다. 이러한 관점에서 경제형법 위반행위에 대해 규정되어 있는 현재의 벌금형이 과연 억지효과를 갖고 있는 가하는 점은 상당히 의심스럽다. 예를 들어 독점규제및공정거래에관한법률에서는 2억 원 이하의 벌금, 증권거래법에서는 2천만 원 이하의 벌금, 컴퓨터프로그램보호법에서는 5천만 원의 벌금 등을 규정하고 있다. 따라서 고도의 경제성장에 따른 국민소득의 증가현상과 인플레이션 영향에 비추어 형벌의 효과를 기대하기 위해서는 벌금액을 인상할 필요가 있는 것이다. 또한 검사의 벌금구형과 법원의 처단형·선고형의 양형 과정에서 감안되어 실제로 선고되는 벌금액은 법정형에 훨씬 못 미치는 점을 감안한다면 법률 규정상의 벌금형은 너무 낮다고 볼 수 있다.[212] 미국의 경우 재산적 법익의 침해 내지 경제범죄에 의한 이윤의 추구 시 그 벌금약이 상당히 다액임은 우

---

211) 박기석, 벌금형 개선방안, 「형사정책」 제 12권 제2호, 한국형사정책학회, 2000, 5면.
212) 이영란, 벌금형제도 소고, 「형사법연구」 제9권, 한국형사법학회, 1996, 222면.

리나라의 경우에도 좋은 참고가 될 수 있을 것이다.[213] 물론 전통적인 범죄의 유형과 달리 최근에 관심의 대상이 되고 있는 경제범죄에 대해 어느 정도의 벌금액을 상한으로 정하는 것이 적정한지는 실로 어려운 문제이다. 이는 범죄 자체의 불법 정도뿐만 아니라 당시의 사회·경제적 상황, 범죄적발의 빈도, 타 형벌과의 관계 등이 모두 고려되어야 하기 때문이다. 따라서 형법에서 말하는 책임주의에 충실하면서 형벌로써 목적을 달성할 수 있기 위해서는 경제상황의 변화에 따른 경제범죄 위반에 대한 벌금액의 인상은 당연한 것으로 여겨진다.

3. 몰수제도의 개선

형법의 몰수에 관한 규정이 경제범죄의 이익을 박탈하는데 어느 정도 실효성이 있는가에 대하여는 다음의 몇 가지로 나누어 살펴볼 수 있다. 첫째, 몰수대상 범위의 문제이다. 현행법상 몰수는 유체물이나 권리·이익이 화체된 유체물에 한정하므로 채권 기타 무형적 이익은 그 대상이 되지 않는다. 물론 피고인이 범죄로 인하여 무형적 이익을 취득한 경우에는 이를 추징할 수 있는 여지가 있다(형법 제48조 제2항.) 그러나 그것은 어디까지나 몰수대상인 유체물이 몰수할 수 없게 된 경우에 한 하고, 처음부터 범죄수익이 유체물이 아니고 채권 기타 무형적 이익인 경우에는 몰수는 물론 추징도 할 수 없게 된다. 따라서 무형적 이익인 경우에는 몰수는 물론 추징도 할 수 없게 된다. 따라서 무형적 이익을 제거하기 위한 이익·가치몰수제도나 몰수와 독립된 이익·가치추징제도의 도입이 요구된다.[214] 또 형법은 몰수요건으로 제3자 소유물의 경우 악의 취득에 관하여 입증을 한 경우가 아니면 몰수할 수 없도록 하여 몰수범위를 제한하고 있다. 그러나 경제 범죄로 인한 이익은 국민 경제적 이익과 밀접한 관련을 가지며, 제3자에 대한 범죄유발 효과가 크므로 가능한 한 제3자 소유물의 몰수를 넓게 인정할 필요가 있다. 우리나라에서는 제3자 소유물의 몰수를 규정하는 대표적인 입법은 특경법 이다. 동법 제10조 제1항은 국외도피상의 몰수를 규정하고 이는 바, 법인이

---

213) 이영란, 앞의 논문, 232면.
214) 이익 및 가치의 박탈을 몰수제도로 할 것인가, 추징제도로 할 것인가에 대하여는 각 나라마다 입법태도가 다르다. 독일의 경우 이익 및 가치를 추징·몰수할 수 있도록 하고 있고(독일 형법 제73조, 제74조c), 일본은 특례법에서 무형적 이익을 몰수할 수 있도록 하고 있다(일본 특례법 제2조 제3항).

도피시키거나 도피시키려고 한 재산에 대하여는 이를 몰수할 수 있도록 하고 있다. 즉, 몰수대상이 도피재산일 경우에는 이것이 누구에게 속하는가를 불문하고 몰수할 수 있게 하고 있다. 이와 유사한 내용의 입법을 프랑스 공중위생법에서 발견할 수 있는 바, 동법 제529조는 「약물범죄에서 유래하는 수익은 그것이 누구에게 속하는가를 불문하고 몰수할 수 있다. 다만 소유자가 선의를 증명한 경우에는 몰수할 수 없다」고 규정하고 있다. 이와 같은 취지는 공공경제질서를 위태롭게 하는 경제범죄 일반에 적용할 필요가 있기 때문일 것이다. 다만 선의의 제3자를 보호하기 위해 제3자 소유물을 원칙적으로 몰수할 수 있도록 하되, 제3자가 선의임을 입증한 경우에는 몰수할 수 없도록 하는 것이 바람직하다. 이러한 취지에서 형법개정안은 '몰수대상 물건으로서 공공의 해가 되거나 범죄행위에 제공될 위험이 있는 제3자 소유의 물건을 몰수할 수 있다.'고 규정하고 있는데(형법개정안 제82조 제2항), 이는 타당한 입법이라고 하겠다. 둘째, 몰수청구의 제한성에 관한 문제이다. 현행형법은 몰수를 부가형으로 규정하여, 유죄의 판결을 하면서 그에 부가하여 몰수선고를 하도록 되어 있다. 따라서 주된 범죄행위에 대하여 기소를 하지 않는 경우에는 몰수요건이 있더라도 독립적으로 몰수청구를 할 수 없다. 다만 예외적으로 유죄재판을 하지 아니할 때도 몰수조건이 이는 경우 몰수만을 선고할 수 있다(형법 제49조 단서). 경제범죄의 경우 증거확보 및 피해 파악이 어렵고, 법인 및 법인조직·기관의 불법행위의 경우 책임소재파악이 쉽지 않으므로 공소제기가 어렵다. 이와 같은 경우 기소·유죄판결과 상관없이 독립적으로 몰수·추징할 수 있는 방안이 강구될 필요가 있다.[215] 형법개정안은 이를 고려하여 '몰수·추징 또는 폐기는 행위자에게 유죄의 재판을 하지 아니하거나 고소를 제기하지 아니하는 경우에도 그 요건이 있는 때에는 이를 선고할 수 있다.'고 규정하고 있는데(제88조), 이는 적절한 규정이라고 하겠다.[216] 범죄수익의 박탈을 더욱 철저히 하게 위해서는 독립몰수제도 외에 몰수보전제도를 고려해 볼 수 있다.[217] 이는 장차 몰수되어야 할 재산을 몰수선고 이전단계에서 확보하는 제도를 의미한다. 특히 경제범죄의 경우

---

[215] 조균석, 범죄수익박탈을 위한 입법론 - 자금세정규제를 중심으로 -,「형사정책연구」가을호, 1992, 133면 이하 참조.

[216] 독일형법 제76조a, 스위스형법 제58조 제1항a, 일본개정형법초안 제82조 등이 독립몰수제도를 인정하고 있다.

[217] 장영민, 앞의 논문, 113면.

범행초기에 증거를 확보하지 않으면 그 발견이 어렵고, 컴퓨터 등을 이용하는 범행에 있어 증거 인멸의 위험이 크기 때문에 수사단계에서 몰수 대상물을 보전할 수 있는 제도는 경제범죄 대책에 큰 의미가 있다. 현행법상 보전조치로는 몰수대상 재산의 압수를 들 수 있는데 이것은 일반적인 강제수사의 한 방법에 불과하여 그 효과는 법원 또는 수사기관이 물건의 점유를 취득하는데 그친다. 압수는 대상물의 처분을 법률상 금지하는 것이 아니므로 몰수대상 재산의 처분 등을 일시 금지하거나 일정한 부담을 과할 수 없다. 따라서 우리나라에서도 몰수보전조치의 도입을 고려해 볼 수 있는 바, 그 모범적인 예를 일본의 특례법에서 발견할 수 있다. 일본 마약관계특례법 제 24조와 제44조는 몰수보전명령과 추징보전명령을 규정하고 있다. 전자는 몰수대상 재산의 처분을 금지하는 것으로 민사상의 가처분과 유사한 제도를 형사절차에 도입한 것이고, 후자는 추징재판의 집행확보를 위하여 판결 전에 피고인 또는 피의자의 일반재산의 처분을 금지하는 것이다.[218]

그러나 몰수보전조치제도가 경제범죄 일반에 적용될 경우 원활한 경제거래를 해치거나, 선의의 제3자에게 경제적 손실을 초래할 위험이 따른다. 따라서 몰수보전조치제도는 국민경제에 위해를 초래하거나, 확실히 범죄에 이용될 위험성이 큰 특정 범죄에 제한적으로 적용한다는 조건하에 도입을 검토하여야 한다.

4. 직업·영업정지 등 보안처분제도의 도입

경제범죄는 자신의 직업·영업활동과 관련하여 사회적 중·상류계층에 의하여, 개인보다는 법인 등 단체에 의해 이루어지고 범행으로 인하 경제적 이득이 막대하다는 특성을 가지므로 효과적인 대응을 위하여 직업 및 영업정지 등의 보안처분의 부과를 고려해 볼 수 있다.[219] 직업·영업 등의 금지란 일정한 직업이나 영업활동과 관련하여 범죄를 행하였거나 장차 죄를 범할 위험이 있는 자에 대하여 당해 직업이나 영업에 종사하는 것을 일시적 또는 영구적으로 금지하는 것을 말한다. 즉, 이 처분은 범죄의 위험성이 있는 직업·영업활동을 대상으로 하여, 장래의 범죄의 위험성을 사전에 방지

---

218) 자세한 것은 조균석, 앞의 논문, 참조.
219) 장영민, 앞의 논문, 108면.

하는 것을 목적으로 한다. 경제범죄가 주로 행위자의 지위를 이용하거나 직업 활동과 관련하고 있다는 점을 감안할 때 이와 같은 처분은 상당한 효과를 가져 올 수 있다고 생각된다. 더욱이 행위자에게 단기형이나 벌금형이 부과되었을 경우 직업 활동을 계속할 수 있는데, 이를 방치할 경우 반복적인 범죄의 가능성은 매우 클 것이다. 행위자가 자유형으로 처벌된다 하더라도 범죄의 온상이 되었던 영업활동에 대한 제재가 없을 경우 장래에 범죄를 저지를 위험성은 상존한다고 보아 직업 및 영업정지 처분을 제재방안으로 모색하는 것은 경제범죄를 효과적으로 예방할 수 있다.220) 즉, 경제범죄는 상업, 공업, 금융업 등의 경제 활동과 관련하고 있어서 이들에 대한 직업 및 영업의 정지는 생명의 차단과 같은 역할을 하므로 위험성의 제거는 물론 행위자의 범죄동기를 억제하는데 중요한 역할을 할 수 있다. 이러한 취지에서 특경법 제 14조는 가중처벌되는재산죄 ·국외재산도피죄·금융기관 임· 직원의 수뢰죄의 경우 법인이 관련 기업체에 취업하는 것 을 금지하고 있다.221) 그러나 이와 같은 처분은 특별한 범죄에만 적용되는 것으로 범위가 지나치게 한정되어 있어서 그 범위를 확대할 필요가 있다. 스위스, 독일, 덴마크의 형법과 프랑스 형법개정초안이 이와 같은 제도를 인정하고 있다.222) 우리나라는 이와 같은 보안처분제도를 형법에서 인정하고 있지 않기 때문에 직업 및 영업금지와 같은 보안처분을 부과하기 위해서는 입법이 전제되어야 할 것이다. 직업·영업정지와 유사한 성격을 가진 제재방안으로 법인해산, 공표, 면허의 박탈, 공급의 거부 등이 있다. 특히 경제범죄는 법인에 의해 행해지는 경우가 많으므로 경제범죄의 효과적인 제재방안으로 고려해 볼 필요가 있다.

제5절 전문수사기구 및 전문법원의 설립

인터넷 등 컴퓨터 네트워크의 확산으로 지리적 개념이 무의미해지고 범죄수법이 전문화·고도화됨에 따라 이를 수사하거나 전담하는 전문 수사 인력의 충원과 수사기구,

---

220) 장영민, 앞의 논문, 109면.
221) 동조 제2항은 상기 범죄인으로 하여금 관허업의 허가·인가·면허 등을 받을 수 없도록 규정하고 있다.
222) 장영민, 앞의 논문, 109면.

그리고 전문법원의 설치가 절실한 실정이다. 특히 경제범죄는 대부분 직업 및 영업활동과 관련되어 있으며, 그 수법이 지능적·전문적·계획적·조직적·비노출적으로 이루어지며, 자유시장에서의 기회균등을 기반으로 하는 경제기능 이른바 경제의 제도적 기능을 보호법익으로 하고 있기 때문에 수사기관이 그 피해를 파악하는 것이 용이하지 않다. 경제법규도 갈수록 세분화, 전문화하여 그 구체적인 내용을 수사요원이 정통하지 않고서는 경제범죄를 적기에 신속히 검거하기란 사실상 어렵다. 따라서 경제범죄의 수사요원은 회계, 금융, 무역, 환경, 특허 등 제반 경제 분야와 관련입법에 대한 전문지식을 축척해야하며, 경제사건에 관한 실무경험을 축적하여 회계장부 조작 등 합법을 가장한 범죄의 색출능력을 향상시켜야한다. 이를 위한 제도적 방안으로 첫째, 수사요원의 전문화를 들 수 있다. 즉, 수사요원에게 경제학, 경영학, 회계학 등에 대한 지식을 습득할 수 있는 기회가 주어져야하며 수사·검거에 필요한 사항을 체득케 하여 수사에 직접·간접으로 필요한 자료를 수집·분석할 수 있는 역량을 키워야한다. 그리고 축적된 경험인력이 분산되지 않도록 인사권을 활용하는 방안도 적극 검토되어야 한다.223) 이에 대한 일환으로 검찰에서는 수사요원 6·7급을 대상으로 2주에 걸쳐 전문교육을 하고 있으며224), 경찰에서는 전문수사 체제를 구축하여 수사요원에 대한 국내·외 전문 위탁교육을 강화하고, 수사실무학교 설립 등 강도 높은 수사전문화체제 확립을 위해 노력하고 있다.225) 그러나 위와 같은 노력은 아직 미흡한 실정이고위의 프로그램 과정에 의해서 전문화된 수사요원이 만들어 졌다고 보기도 어려운 실정이다. 둘째, 경제범죄의 효율적인 검거를 위해서는 수사요원의 전문화 이외에 수사기구의 집중화, 즉 전담수사기관의 조직 및 운용이 요구된다. 우리나라에서는 현재 경제범죄 중 조세범죄와 관세범죄 분야에서 전담수사기관을 편성하여 운용하고 있다. 또한 세무공무원에게 특별사법경찰관리의 자격을 부여하여 전문분야의 지식을 활용할 수 있도록 하고 있다. 그러나 전문행정 담당자에 대한 수사권의 위임은 일반수사기관의 경제범죄에 대한 관심 및 노력을 악화시킬 수 있고, 기업과 행정부의 관계가 밀접할 경우 당사자의 이익에 따라 범죄를 은폐할 소지가 있으며, 전국적인 수사망을 동원할 수 없

---

223) 장영민, 앞의 논문, 119-120면. 참조.
224) 문형섭, 경제사범 수사요원의 전문화방안, 「검찰세미나연수자료집(Ⅳ)」, 1987, 645면. 참조.
225) 즉, 급증하는 사이버범죄에 대비하여 수사 인력을 확충하고 현재의 사이버범죄 수사대를 사이버테러대책본부로 개편할 예정이다. 경찰청, 「2000 경찰백서」, 2000, 142면. 참조.

다는 문제점을 가지고 있다. 따라서 경제범죄에 있어서는 일반수사기관에 전문수사기구를 조직·편성할 필요가 있다. 독일에서는 특수검찰부를 설치되어 있다. 즉, 1968년 이래 일부 검찰청에서는 소위 특수부들이 설치되었는데, 이 부서들은 경제법, 부기 그리고 회계학에 관한 전문지식을 지니고 있고 이 분야에서 지속적으로 재교육을 받은 검사들에 의해 채워졌으며, 경제담당관, 즉, 경영학자나 경제학자 및 회계검사 전문가의 지원을 받고 있다. 따라서 이 부서에 속한 검사들이 사실상 경제범죄의 소추를 전담하고 있는 실정인 것이다.[226] 우리나라의 경우에는 현실적으로 전국 검찰청에 경제범죄특별전담 기구를 설치한다는 것은 불가능한 것처럼 보인다. 그러나 간단한 경제범죄의 경우 일반검찰에 의해서도 충분히 파악될 수 있겠지만 피해액이 크고, 증거파악이 어려우며, 전문성을 요하는 경우에는 특별전담기구의 도입이 필요하다. 따라서 현재의 검찰청 중의 일부를 선별하여 경제범죄특별전담 기구를 편성하거나, 대검찰청에 경제범죄전담부를 신설하는 것 등이 고려될 수 있을 것이다.[227] 마지막으로 고려할 수 있는 것은 사건의 관할과 경제형사재판부 성립의 문제이다. 이미 독일에서는 경제형사재판부[228]를 설치하고 있다. 즉 이 경제형사재판부는 1971년 법원조직법의 개정에 의거하여 지방법원에 특별한 사무관할권을 가지는 형사 재판부를 설치함으로써 그에 상응하는 전문화를 이룬 것이다. 경제범죄의 처리기간이 타 범죄와 비교하여 장기이고, 그 재판기간 중의 경제적 손실을 줄이고 신속한 처리를 위해서, 우리나라에서도 경제형사재판부의 설립은 서로 유기적인 관계를 이루어 경제범죄에 효과적으로 대응할 수 있을 것이다.

---

226) W. Heinz, 정현미·최석윤·김성은 역, 앞의 논문, 19면.

227) 장영민, 앞의 논문, 121-122면.

228) 경제형사재판부는 법원조직법 제74조 c와 제143조에 그 근거를 두고 있는데, 이것은 1971년 9월 8일의 법원조직법률(BGBI. IS. 1513)에 의해서 도입되었다. W. Heinz, 정현미·최석윤·김성은 역, 앞의 논문, 19면.

제2편 각론

제1장 위조통화 범죄

제1절 서설

  최근 성능이 뛰어난 컴퓨터, 스캐너, 컬러프린터의 보급이 급속히 확대됨에 따라 이를 이용한 지폐와 유가증권(특히 10만원 자기앞수표)의 위조사건이 빈발하고 있다.

  이는 복사인쇄기술의 획기적인 발전으로 인해 갈수록 위조기술이 정교해져 진위여부의 구별이 어렵고 과거 문서위조의 단계를 넘어서 유가증권이나 화폐의 위조로까지 발전하여 자칫하면 경제질서 전체에 혼란을 가져올 위험이 있다.

  따라서 화폐와 유가증권의 위조에 대해 예방대책을 강구함과 동시에 범죄발생 시에는 반드시 검거하여 건전한 경제 질서를 확립해 나가야 할 것이다.

제2절 위·변조사범 일반

1.행위의 객체

가. 통화

  '통화에 관한죄'는 행사할 목적으로 통화의 위조·변조, 위조·변조한 통화의 행사·수입·수출 또는 취득, 통화유사물의 제조등을 내용으로 하는 범죄이다.[229] 통화는 국가 또는 국가에 의하여 발행권한이 부여된 기관에 의하여 금액이 표시된 지불수단으로서 강제 통용력이 인정된 것이다.[230] 통화인지의 여부를 판단하는 기준은 액면가격표시와 강제통용력의 두 가지이다.[231] 보호법익은 통화에 대한 거래상의 신용과

---

229) 정영일, 형법개론, 618면, 정영일 형법각론, 박영사, 2007. 653면.
230) 김일수·서보학, 형법각론, 671면; 이재상, 형법각론, 507면.

안전(통화의 공신력)이며 보충적으로 국가의 화폐주권 보호(통화발행권)이다.[232]

통화에는 세 가지 종류가 있는데, 첫째 금속화폐인 경화, 주화로 나뉘는 화폐가 있고, 둘째 정부 기타 발행권 자에 의하여 발행된 화폐대용의 증권인 지폐, 그리고 마지막으로 정부의 인허를 받은 특정한 은행이 발행하여 교환의 매개물이 되는 증권(한국은행권)을 지칭하는 은행권이 있다.

나. 유가증권

유가증권이란 사법상의 재산권(물권, 채권, 회사권 등)을 표시하는 증권으로서, 증권상에 기재한 권리의 행사나 처분에 반드시 증권의 점유를 필요로 하는 것을 말한다.[233] 법률상 일정한 형식을 필요로 하는 법률상의 유가증권으로는 어음, 수표, 화물상환증, 선하증권, 창고증권 등이 있으며, 법률상 일정한 형식을 필요로 하지 않는 사실상 유가증권으로는 승차권, 상품권 등이 있다. 유가증권의 개념요소로 재산권이 증권에 화체될 것과 권리의 행사와 처분에 증권의 점유를 필요로 할 것이라는 두 가지이다. 주의할 것은 형법상 보호되는 유가증권은 공공의 신용의 보호라는 관점에서 규율되어야 할 것으로 반드시 상법상의 개념과 일치하는 것은 아니다. 이와 관련하여 최근에 문제가 된 것으로는 할부구매전표[234], 공중전화카드[235], 리프트 탑승권[236], 직장소비조합이 그 소속조합원에게 그의 직번·구입상품명 등을 기재하여 교부한 신용카드[237]는 대법원이 이를 사실상의 유가증권으로 인정하였다. 그러나 신용카드업자가 발행한 신용카드는 유가증권이 아니라고 판시하였다.[238]

---

[231] 김일수·서보학, 형법각론, 671면; 이재상, 형법각론, 507면.
[232] 김성천·김형준, 형법각론, 649면; 박상기, 형법각론, 491면; 배종대, 형법각론, 620면; 오영근, 형법각론, 782면; 이재상, 형법각론, 506면; 임웅, 형법각론, 588면; 정영일, 형법개론, 553면.
[233] 대법원 2001. 8. 24, 2001도2832; 1998. 2. 27, 97도2483.
[234] 대판 1995. 3. 14, 95도20.
[235] 대판 1998. 2. 27, 97도 2483. 이러한 대법원의 입장에 반대하는 견해로는 오영근, 유가증권위조 해석상의 문제점, 판례월보, 342호(1999.3), 36-38면.
[236] 대판 1998. 11.24, 98도2967.
[237] 대판 1984. 11. 27, 84도1862.
[238] 대판 1999.7. 9, 99도857. 학설상으로 신용카드가 유가증권이라는 입장으로는 정성근, 형법각론, 733면; 박상기, 형법각론, 465면; 배종대, 형법각론, 612면 등이 있다. 신용카드가 유가증권이 아니라는 견해로는 이재상, 형법각론, 519면 참조.

다. 문서

문서는 문자 또는 부호에 의하여 사상 또는 관념을 표시한 물체로 일정한 법률관계 또는 거래상의 중요한 사실에 대한 증명이 될 수 있는 것에 한정된다.[239)

문서에는 공문서와 사문서가 있으며 공문서는 공무소 또는 공무원이 직무에 관하여 작성한 문서를, 사문서는 사인명의 작성 문서 중 권리의무와 사실증명에 관한 문서를 말한다.

2. 행위의 태양

가. 위조

僞造(Nachmachen)라 함은 통화를 발생한 권한이 없는자가 진정한 통화 즉 眞貨에 유사한 물건을 제조하는 것을 말한다.[240) 통화위조는 통화의 발행권자가 아닌 자가 통화의 외관을 가지는 물건을 작성하는 것으로 진정한 통화를 소재로 하지 않는 통화 작출 또는 진정한 통화를 소재로 하더라도 동일성을 해할 경우에 성립된다.[241) 그리고 유가증권위조는 작성권한 없는 자가 타인명의의 유가증권을 작성하는 것을 말하며[242) 사실상 유효여부, 명의인 실제여부를 불문한다. 그리고 문서위조는 작성권한 없는 자가 타인명의 문서를 작성(유형위조)하는 것을 말한다.[243)

나. 변조

통화변조는 진정한 통화를 가공하여 그 가치를 변경하는 것[244)으로 감량 또는 금액을 변경하는 경우를 말하며, 그 요건으로 진정한 통화를 소재로 하여 동일성이 유지

---

239) 김일수·서보학, 형법각론, 712면; 이재상, 형법각론, 532-533면.
240) 정영일, 형법개론. 620면.
241) 김일수·서보학, 형법각론, 672면; 이재상, 형법각론, 508면.
242) 김일수·서보학, 형법각론, 695면.
243) 대판 1998. 2. 24, 97도183.
244) 김일수·서보학, 형법각론, 673면; 이재상, 형법각론, 509면.

되어야 한다. 유가증권변조는 진정하게 성립된 유가증권의 내용에 권한 없는 자가 그 유가증권의 동일성을 해하지 않는 범위 내에서 변경을 가하는 것[245]으로 일자, 액면, 지급지 주소 등을 변경하는 것을 말한다. 문서변조는 이미 진정하게 성립된 타인명의의 문서내용에 그 동일성을 해하지 않을 정도로 변경을 가하는 것이다.[246]

3. 주관적 구성요건

객관적 구성요건에 대한 인식인 고의를 요하는 외에, 본죄는 위조, 변조, 수입, 수출의 행위에 있어서 행위자의 초과주관적 구성요건요소로서 '행사할 목적'을 요한다.[247]

제3절 지폐·유가증권 위·변조 수사

1. 위조수법의 변천

가. 그림

지금은 거의 사라진 수법으로 현재와 같은 인쇄기, 컬러복사기, 컬러프린터 등이 개발되어 있지 않은 상황에서 직접 손으로 지폐, 수표모양의 그림을 그려 위조하였다.

나. 인쇄

옵셋(Offset) 인쇄기 등을 이용하여 지폐, 수표 등을 인쇄하여 배포하는 수법으로 위조 상태가 가장 정교하며, 수년전 만원지폐를 행운의 상징처럼 크게 인쇄하여 2,000~3000원씩에 문구점 등에서 코팅하여 판매하던 사례가 있었다. 또한 전문위조범에 의해 지폐 및 수표를 대량으로 위조할 경우 사용될 수 있는 방법이나, 우리나라에서는 정

---

245) 김일수·서보학, 형법각론, 박영사, 2006, 696면; 이재상, 형법각론, 523면.

246) 김일수·서보학, 형법각론, 729면; 이재상, 형법각론, 544면.

247) 정영일, 형법개론, 622면, 정영일, 형법각론, 2006. 622면.

부수립초 북한 남노당에 의해 정판사 위폐사건이 있은 후 92년 10만 원 권 수표의 대량위조사건이 발생, 검거한 적이 있고, 호기심에 의한 충동적, 개인적 범행에서는 거의 사용하지 않고 있는 실정이다. 이 수법을 사용할 경우 진본과의 구별이 어려우나 수사대상을 인쇄업소등으로 한정할 수 있어 수사방향 설정은 용이하다.

다. 컬러복사기

최근 보급이 급속히 확대되고 있으며, 조작이 간편하고 성능이 우수하여 위조에 가장 많이 이용되고 있으며, 인쇄기로 인쇄한 것보다는 못하나 정교하여 진본과의 구별이 어렵고 특히 최근 일부기종은 해상도가 인쇄기 수준에 육박하고 있는 실정이다. 컬러복사기는 전량 외국(주로 일본)으로부터 수입하고 있고, 경찰청에서 세관을 통해 수입업자와 수입량을 통보받아 관리하고 있으며, 일부 컬러복사기는 복사시 기기의 고유문양이 비밀리에 나타나도록 제작되어있어 위조에 사용한 기기를 파악하기가 용이하다.

라. 컴퓨터용 컬러프린터기

최근에 대두된 수법으로 스캐너를 통하여 지폐를 컴퓨터 파일로 입력 받은 후 컴퓨터의 그래픽 프로그램을 통해 일부를 수정하여 컬러프린터를 통해 출력 위조하고 있으며, 그동안 고가장비였던 컴퓨터, 스캐너, 컬러프린터의 가격이 수십만 원대 이하로 내려가고 보급이 급속히 확대됨에 따라 발생빈도가 증가될 것으로 예상된다. 컴퓨터용 컬러프린터기를 위조에 사용할 경우 가정에서 장비를 갖추어 놓고 은밀히 자행되므로 수사·검거하기가 곤란하며 실제 컬러프린터를 이용한 범죄의 경우 검거율이 아주 낮은 실정이다.

2. 위조도구의 특징

가. 컬러복사기

최근 문방구, 디자인학원, 컴퓨터 학원, 광고업체를 중심으로 보급이 확대되는 추세이며 급격한 성능향상으로 복사시 진본과 구별이 곤란하다. 또한 컴퓨터와 연결하여 스캐너 및 프린터 기능과 겸하도록 기능이 다변화되어 단순 복사에서 화상의 조작 등이 가능하며, 조작방법이 용이하여 누구나 마음만 먹으면 손쉽게 복사가 가능하여 위조수법으로 가장 많이 사용되고 있다. 경찰청에서는 관세청으로부터 통관사실을 통보받아 수입업체·수량 등 현황을 파악, 보유업체 및 보유대수를 지방청에 하달한다. 지방경찰청에서는 양도, 이사 등 변동사항을 파악하여 보유현황에 대한 자체관리를 하고 있다. 그리고 관세청에서는 수입통관사실을 경찰청과 한국은행에 통보하고 있으며, 한국은행은 수입업자 및 보유자의 사후관리에 대한 공문을 경찰청에 발송하여 유기적인 협조체제를 유지하고 있다.

나. 컴퓨터용 컬러프린터기의 특징

최근 몇 년 사이 잉크젯 방식의 컬러프린터 가격의 급락으로 컴퓨터 구입 시 동시에 구입하여 전국적으로 보급이 확산되고 있으며, 유통망이 대리점 판매방식 및 용산 전자상가 등에서 유통되는 방식 등으로 다양하고, 용산에서 유통되는 경우 대부분 무자료 거래로 이루어져 구입자를 추적하기가 곤란하다.

컴퓨터 및 컬러프린터, 컴퓨터용 스캐너는 1~2개월 정도의 컴퓨터 사용경력만으로도 조작 가능하여 사용범위가 대폭 확대되고 있다. 게다가 2년 전 80~200만원 정도의 프린터 가격이 20~50만원으로 급락하여 보급이 급증하고 있는 것도 주목해야 한다.

또 하나의 특징은 단순한 호기심으로 지폐 등을 스캐너를 이용하여 컴퓨터 파일로 입력 후 컬러프린터로 출력함으로써 범죄의식 없이 행해지는 경우가 많다. 그리고 컴퓨터 장비 소유의 개인화에 따라 가정 등에서 범죄행위를 하는 경우 인지 및 발견이 곤란하다.

다. 컴퓨터용 스캐너의 특징

컴퓨터용 스캐너는 단순한 입력장치이므로 인쇄물의 상태만 가지고는 스캐너의 종류를 구별하기 어려우며, 인쇄물의 상태에 나타난 정밀도, 계단현상 등을 참조하여 입력받을 당시에 사용된 스캐너의 해상도를 추정할 수 있을 뿐이며, 일반적으로 600dpi 이상의 해상도로 입력을 받으면 육안으로 계단현상이 구별되지 않는다.

3. 위조지폐(1만원 권)·수표 식별요령

가. 위조지폐(1만원 권) : 94. 1. 20.

<표 1> 위조지폐 식별요령[248]

위조방지요소	식별요령
은화	진폐는 밝은 빛에 비추어보면 앞면 좌측에 초상화가 나타남
볼록 인쇄	진폐는 중앙의 '만원' 우측하단의 '10000', 좌측하단의 맹인점자가 볼록인쇄되어 있음.
앞·뒷판	진폐는 앞면의 우측상단과 뒷면 좌측상단의 도안이 밝은 빛에 비추어보면 일치함
형광잉크	진폐는 자외선 형광램프로 비추면 앞면의 용그림 부분에 형광색이 나타남
광간섭 무늬	위조지폐는 신권의 앞면 좌측에 있는 나선형무늬가 물결모양 등으로 변화
부분노출은선	위조지폐는 신권의 중앙에 있는 은색점선이 검은색으로 나타남
미세문자	위조지폐는 신권의 물시계 받침대 부분에 있는 미세문자 "한국은행"이 점으로 나타남
요판잠상	진폐는 아래에서 비스듬히 보면 초상우측에 요판잠상(볼록 인쇄 된 숨은 글자) "10000"이 나타남

---

[248] 위조지폐 식별요령은 기존 만원권을 중심으로 식별요령 것이며, 새 만원권은 대한 식별요령은 제2판에서 자세히 기술할 예정이다.

나. 위조지폐(1만원 권) : 2000. 6. 19부터 발행유통

1) 시변각 잉크 적용

앞면 왼쪽 아래의 「시각장애인용 점자」 부분에 크기를 다소 확대적용(원의 지름을 3.5에서 4.5mm로 확대)하여 보는 각도에 따라 황금색에서 연녹색으로 색상이 변화하도록 했다.

2) 숨은 그림 확대 및 돌출은화 삽입

숨은 그림의 크기를 10%확대하여 선명도를 향상하고 세종대왕 초상 은화의 옷깃부분에 태극모양의 돌출은화 적용하여 기존의 숨은 그림보다 요철을 강화한 은화로 문양이나 문자를 빛에 비추어보지 않고도 육안으로 볼 수 있으며 앞뒷면 분리가 어렵다.

3) 부분 노출은선의 개선

노출은선을 축소하고(8개에서 6개), 노출은석 폭(1mm → 1.5mm)과 길이(3mm → 5mm)를 확대하여 부분노출은선에 대한 식별력을 제고했고, 은빛금속색상을 띠어 식별이 용이하나 컬러복사 시에는 검은색으로 변색되고 컴퓨터 스캐닝 후 컬러프린트시에는 은빛 색상이 나타나지 않고 윤곽이 뚜렷하지 않다.

4) 광간섭 무늬제거

은화의 선명도 향상을 위하여 현용 10,000 원 권의 숨은 그림 부분에 적용된 광간섭 무늬 제거

5) 추가사항

화폐도안에 대한 한국은행의 저작권 표시를 추가했고, 위치 및 표시내용 앞면 왼쪽 아래에는 한국은행 2000을 표시하고, 뒷면 오른쪽 아래에는 THE BANK OF KOREA 2000을 추가했다.

다. 위조수표

<표 2> 위조수표 식별요령

구분	위조방지요소	식별요령
앞면	은화	밝은 빛에 비추어 보면 좌측백면에 무궁화무늬 1개 등 횡열로 5개가 나타남
	잠상패턴	위조수표는 우측결재란에 "x"표시가 나타남
	미세문자	위조수표는 금액표시란 좌우측의 "자기앞수표"라는 미세문자가 점으로 나타남
	색변환 기법	위조수표는 하단부의 "수표"라는 문자가 나타나지 않고 노란색으로 변화됨
	광간섭 무늬	위조수표는 금액표시란 주변의 동그란 나선형 무늬가 물결모양 등으로 나타남
	이색성형광	진본수표는 자외선 형광램프(감별기)로 비추면 광간섭 무늬와 결제란 부분에서 형광색이 나타남
뒷면	잠상패턴	위조수표는 잠상무늬에 "x"표시가 나타남
	광간섭 무늬	위조수표는 나선형 무늬가 물결모양 등으로 변화

4. 수사 시 착안사항

가. 위조지폐 · 수표 발견 시 주의사항

신고접수 즉시 수사에 참여한 자 이외에는 여러 사람이 만지지 않도록 하여야 하며, 복사 시에는 복사열에 의해 지문이 상실되어 지문채취가 불가함으로 절대 복사하지 않도록 수사관계자 및 은행 취급자들에게 특단의 주의가 요망된다. 금융기관으로부터 신고 시 결재 고무인을 찍어 지문이 손상되는 일이 없도록 긴밀이 협조하여야 한다.

수사에 지장이 없는 범위 내에서 국립과학연구소 및 조폐공사기술연구소, 컬러복사기 판매업체 및 프린터기 제조회사 기술지원실 등에 감정을 신속히 의뢰하는 한편, 사용된 기종, 지질, 잉크 및 인쇄방법 등을 조기 파악과 동시에 단순 복사인지, 단순스캐너로 입력하여 프린터기로 출력한 것인지, 그래픽 수정을 한 것인지 여부 등을 면밀하게 파악하여야 한다.

그리고 위조수표에 대해서는 이서자 이름, 전화번호, 필요한 경우 필적감정 등을 정확히 실시하여야 한다.

나. 수사방향 설정을 위한 착안사항

1) 사용도구 추정

인쇄기나 컬러복사기, 컬러프린터기의 경우에는 위조에 사용된 도구를 알아내어 수사범위 및 대상을 설정하고, 정밀감정에는 시일이 많이 소요되므로 수사관들이 정밀감정 전에 현장에서 위조지폐를 육안 또는 확대경으로 확인하여 가능한 빨리 수사방향을 설정하는 것이 언론홍보 및 모방범죄 억제에 필수적이다.

그리고 복사와 프린터방식을 파악하여야 하는데, 잉크젯방식인가 토너방식인가, 번짐이 있는가, 확대 시 입자가 보이는가, 물체그림 및 글자의 윤곽선 인쇄상태가 어떤가, 작은 글자 등의 인쇄상태가 선명한가 등을 살펴보아야 하며, 사용된 용지의 종류에 관해서도 양면의 인쇄상태의 질이 비슷한가, 광택이 있는가, 양면인쇄인가 종이 2장을 붙였는가, 일반 복사용지인가 전용용지인가를 확인해야 한다.

2) 범죄수법을 통한 용의자 추정

전문위조범에 의한 경우 주로 인쇄기 또는 컬러복사기를 사용한 대량인쇄로서 인쇄업체 및 컬러복사기 관리업체와 연관되는 경우가 대부분이며, 경제적 궁박 유흥비 마련 등 일시적인 사유에 의한 위조일 경우 잉크젯 컬러프린터를 이용해 수십장 내외를 위조하는 경우가 많고 대부분 20대 내외의 청년, 학생층으로서 컴퓨터 그래픽 기술보유자(관련업체 및 디자인 학원, 출판업소 등의 종사자 포함) 등 개인의 가정에 컴퓨터

시스템을 갖추고 범행하는 경우가 대부분이어서 추적과 수사가 곤란하다.

그리고 언론보도 등을 통해 수법을 익힌 청소년들이 호기심 혹은 모방성 동기에 의해 범행하는 경우도 발생하는데, 이는 자기의 컴퓨터 그래픽 실력과시를 위해 아무런 생각 없이 쉽게 저지르는 경우가 많다.

3) 수사대상의 압축

인쇄업소는 출판협회 등을 통해 업체현황을 파악하고, 경찰청 또는 지방청 수사과에서 관리대상 명부를 입수하여 컬러복사기 운영업소를 파악하며, 컴퓨터 그래픽학원, 디자인학원, 전산학원, 대학 및 전문대학의 전산학과, 디자인학과 등 컴퓨터 그래픽 프로그램을 많이 쓰는 사람과 컴퓨터, 스캐너, 잉크젯 컬러프린터를 동시에 갖춘 대리점 등을 통한 명단 입수, 컴퓨터 통신망 등의 광고를 통해 사진스캔을 대행해 주는 업소 등을 관리하여야 한다.

4) 1만 원 권 지폐번호의 의미 분석

지폐번호는 숫자 7자리와 문자 3자리로 구성되어 있으며, 문자는 '가나다라마바사아자차'10개만 순서대로 사용된다. 지폐번호는 발행순서를 의미한다. 예를 들어 「0000001 가가가」는 가장 빨리 발행된 지폐를 의미하며 7자리 숫자를 다 사용하고 나면 '가가나', 그 다음은 '가가다'순으로 지폐번호를 부여하게 된다. 즉 '9878436 마나사'는 '2343789 마다가'보다 빨리 발행된 지폐이다. 한국은행 경산조폐창에서 만 원 권, 오천 원 권, 천 원 권 및 각종 주화를 제작하고 있으며, 매일 제작한 지폐의 번호와 지폐량을 기록 유지하고 있다. 그리고 발행된 지폐는 한국은행 전국 지점으로 보내지며, 특정 지점으로 보내진 지폐의 번호와 지폐 량은 기록 유지된다. 만 원 권 중간부에 은선을 삽입하기 시작한 것은 '94. 1. 20부터 이며 현재 시중에는 은선이 들어 있는 것과 없는 것이 함께 사용되고 있다.

5) 지폐 폐기

지폐폐기는 폐기를 자동으로 판단하는 기계에 넣어서 폐기판정이 나오면 폐기하고 있다. 일반적으로 만 원 권 47개월, 5천 원 권은 21개월, 천 원 권은 18개월의 수명을 가지고 있다.

5. 위조지폐·수표 등 발생 및 검거

위조지폐의 경우 1999년에는 119건 3,140매가 발생했고 58건 2,980매를 검거했다. 그리고 2000년의 경우 152건 15,2925매 발생하고 13건(27명) 14,286매를 검거했다. 위조수표의 경우 1999년에 14건 126매 발생, 4건 101매를 검거했다. 위조달러의 경우 2000년에 140건 156매가 발생하고 38건 40매를 검거했다.

6. 위폐관련 처벌규정

〈표 3〉 위폐관련 처벌규정

구분	행위태양	처별조항		비고
형 법	행사할 목적으로 통화 위·변조 및 수출입. 형법 207조에 의거 통화(위조, 변조)등과 외국통화의 위조와 변조, 그리고 위조, 변조, 통화, 외국통화, 행사, 수입 수출	한화	무기 또는 2년 이상의 징역	미수범 처벌, 예비음모, 5년 이하의 징역(단 실행 전 자수자 형 감경 또는 면제)
		달러 등 국내유통 외화	1년 이상 유기징역	미수범 처벌
		국외통용 외화	10년 이하 징역	미수범 처벌
	행사할 목적으로 통화 위·변조, 통화(한화·외화)취득. 형법 208조에 의거(위조, 변조), (통화, 외국통화) 취득	5년 이하 징역, 1천 500만원 이하의 벌금		
	행사할 목적으로 통화 위·변조, 통화(한화·외화)취득. 형법 208조에 의거(위조, 변조), (통화, 외국통화) 취득	5년 이하 징역, 1천 500만원 이하의 벌금		
	위·변조된 화폐(한화·외화)	2년 이하 징역, 500만 원 이		미수범 처벌

	를 취득 후 그 정을 알고 행사. 형법 210조(위조·변조), (통화, 외국 통화) 지정행사	하 벌금	
	판매할 목적으로 국내·외 통용 화폐와 유사물 제조, 수출입 판매. 형법 제 211조에 의거 통화유사물(제주, 수입, 수출) 통화유사물 판매	3년 이하의 징역 700만 원 이하의 벌금	미수범 처벌
특가법	행사할 목적으로 통화 위·변주 및 수출입(한화·외화) 형법 207조에 규정된 통화위조의 가중처벌	사형·무기 또는 5년 이상 징역	미수범 처벌 예비음모, 5년 이하의 징역(단 실행 전 자수자 형감경 또는 면제)
관세법	화폐, 지폐, 은행권, 채권 기타 유가증권의 위·변조품 또는 모조품 수출입 관세법 제 179조	1년 이상 유기징역, 2,000만 원 이하의 벌금	미수범 처벌

제4절 위조미화(달러) 수사

1. 지폐의 종류(6종)

<표 4> 지폐의 종류

권종	최초 발행연도	최신관 발생년도	도안소개		위조방지기능
			앞면	뒷면	
1$	1928	1963	G. Washington(초대 대통령)	國章	요판인쇄, 특수실
5$	1934	1993	A. Lincoin (16대 대통령)	링컨기념관	〃 은선, 미세문자
10$	1933	1990	A. Hamilton (초대 재무장관)	재무성 건물	〃
20$	1928	〃	U. Jackson (7대 대통령)	백악관	〃
50$	〃	1997	U. Grant (18대 대통령)	국회의사당	〃, 은화, OVI, 광간섭 무늬
100$	〃	1996	B. Franklin (정치인)	독립기념관	〃

2. 위조미화의 종류

가. 저정밀 위폐

진폐와 동일한 인쇄기법(요판·활판 등)과 종이·잉크로 제조되어 육안 식별이 불가능하고 정밀 감식 또는 최신 위폐 감별기에 의해서만 식별할 수 있는 국가기관이 개입하여 제조한 정교한 위폐이다. 현재 국내에서 발견되고 있는 수퍼노트는 모두 100불권 5종('85, 88, 90, 93, 96년도 판)을 대상으로 정교하게 위조한 것이 있다.

나. 중급위폐 (옵셋위폐)

지폐에 사용된 요판인쇄기법이 아닌 일반 옵셋인쇄로 제조된 위폐로 촉감·은화·은선·시변색잉크 등이 달라 육안식별은 가능하나 자세히 살펴보지 않으면 판별하기 곤란한 화폐이다. 또한 외국 전문 위폐단에 의해 제조·유통되는 것으로 알려져 있으며 유통위폐 중 가장 많이 발견되고 있는 위폐에 해당되며 미국에서는 20·50불 권도 유통된다고 하나 국내에서는 별로 발견되지 않고 있다.

다. 저급위폐(복사위폐)

일반 인쇄기를 사용하지 않고 칼라복사기 또는 컴퓨터 스캐너를 활용하여 제조된 위폐이며 조잡하게 제작되어 주의만 기울인다면 쉽게 판별할 수 있으나 무관심한 거래관행으로 유통되고 있으며 야간에 주로 사용되고 있다.

3. 위조달러 식별요령

왼쪽에 수직으로 은선이 삽입되어 있으며 밝은 빛에 비추어 보면 "USA 100"이 나타난다. 또한 어두운 곳에서 자외선을 비출 경우 붉은 색으로 변한다. 초상화의 훼손을 막고 은화를 삽입할 공간을 마련하기 위해 초상화를 중앙에서 약간 왼쪽으로 옮겼으며 종전보다 크기를 확대하여 식별이 용이하다. 또한 앞면 아랫부분에 액면숫자(100) 내부에는 「USA 100」이 미세하게 인쇄되어 있으며 벤자민 프랭클린의 옷깃에는 「United States of America」가 미세하게 인쇄되어 있다. 앞면 초상화와 뒷면 독립기념관의 배경지면에는 복사 시 원래모양으로 재현되지 않는 광간섭 무늬가 삽입되어 있다. 그리고 오른쪽 여백을 빛에 비출 경우 프랭클린의 초상화가 나타나고, 앞면 오른쪽 아랫부분의 액면숫자(100)는 보는 각도에 따라 검은색에서 녹색으로 바뀌는 시변각 잉크(OVI)로 제작되어 있다.

제2장 어음수표관련 범죄

제1절 어음수표의 기초지식

어음과 수표를 둘러싼 범죄의 수사에 있어서 어음·수표에 대한 지식이 필요한 것은 당연하다. 따라서 어음 및 수표의 의의와 기능, 어음 및 수표의 흐름, 어음 및 수표의 종류, 어음 및 수표의 할인, 어음 및 수표의 부도 등에 대한 지식이 필요하다. 그러나 이러한 종류의 구체적인 지식은 기본적으로 상법 중 어음 수표법을 참고하기를 바라며, 여기에서는 기본적인 사항만을 언급하는데 그치기로 한다.

1. 어음·수표의 개념

약속어음이란 발행인이 일정한 금액을 지급할 것을 약속하는 형식의 유가증권이다. 그러므로 일종의 지급약속증권이다. 또한 환어음이라 함은 발행인이 제3자(지급인)에게 일정한 금액의 지급을 위탁하는 형식의 유가증권이다. 따라서 일종의 지급위탁증권이다. 그리고 수표는 수표라 함은 발행인이 제3자(은행)에게 일정한 금액의 지급을 위탁하는 형식의 유가증권이다. 지급위탁증권이라는 점에서 환어음과 같으며, 그 법률적 성질과 형식도 비슷하다.

2. 어음·수표의 법적 성질

1) 완전유가증권성

먼저 어음·수표는 완전유가증권으로서 권리발생(성립), 양도(이전), 행사(청구)의 모든 경우에 그 증권자체를 작성하거나(설권증권성), 양도하거나(지시증권선), 제시하거나(제시증권성), 상환하여야 하는(상환증권성) 증권이다. 또한 설권증권성으로서 어음·수표는 증권을 작성해야 어음·수표가 표창하는 권리가 성립하거나 발생한다. 그러므로 단순히 어음·수표를 작성하기 위한 합의만으로는 어음·수표상의 권리가 성립하거나 발생하지 않는다. 그리고 지시증권성으로서 어음·수표상의 권리를 타인에게 양도하기 위해서는 어음·수표에 배서하거나, 배서하지 않은 상태(수령인이 백지, 최후배서가 백지식인 경우, 또는 소지인출급식수표인 경우)인 경우에는 어음·수표 자체를 양도(교부)해야 한다. 또한 제시증권성으로서 어음·수표상의 금액을 청구하려면 어음·수표의 채무자에게 어음·수표 자체를 제시하여야만 어음·수표금액의 청구로서 효력이 있다. 마지막으로 상환증권성으로서 어음·수표의 채무자는 어음·수표 자체와 상환해야만 어음·수표금 지급의무를 부담하게 된다. 따라서 어음·수표의 채권자도 그 어음·수표 자체와 상환해서만 그 어음·수표의 금액을 수령할 수 있다.

2) 금전채권증권성

어음·수표의 권리내용은 증권에 기재된 금액을 청구하거나 지급하는 것을 내용으로 하는 금전채권의 성질을 갖는다. 그러므로 물건 등을 청구하거나 지급하기로 하는 특정한 물건인도청구권 등을 내용으로 하는 창고증권, 화물상환증, 선하증권 등과는 다르다.

3) 요식증권성

어음·수표상의 권리는 법정사항을 법정방식대로 기재하여야 성립하거나, 효력이 생기는 엄격한 요식증권의 성질을 가진다. 그러므로 어음·수표상의 권리는 보충규정이 있는 경우를 제외하고는 법정방식에 따라 기재하지 않은 경우에는 무효가 된다.

4) 문언증권성

어음·수표의 권리내용은 어음·수표에 기재된 문언에 따라 정하여지는 문언증권성을 갖는다. 그러므로 어음·수표상의 권리자는 어음·수표에 기재된 문언에 따라 권리를 취득하거나 양도하거나 행사할 수 있다. 따라서 어음·수표상의 의무자도 어음·수표에 기재하지 않은 사유로 책임을 부담하지 않는다.

5) 무인증권성

어음·수표상의 권리는 원인관계에서 발생하는 법률관계에 영향을 받지 않는 무인 증권의 성질을 갖는다. 그러므로 어음·수표상의 권리자는 원인관계유무나 그 효력과는 상관없이 어음·수표상의 권리를 행사할 수 있다. 다만 어음·수표를 직접거래한 당사자 간에는 원인관계의 유무나, 취소·무효 등으로 대항하거나 대항 받을 수 있다 (인적항변).

3. 어음·수표와 은행거래

약속어음의 발행인은 지급일에 원칙적으로 자신의 영업소의 소재지에서 스스로 지급하는 것이 원칙이다. 그러나 실무에서는 발행인과 주거래은행과 지급을 위탁하여(당좌거래계정계약) 은행으로 하여금 지급하게 한다. 즉 발행인은 약속어음상의 지급장소를 주거래은행의 특정지점을 지정하여 발행하며, 그 지점이 발행인을 갈음해서 자기영업소의 주소지에서 지급한다. 환어음의 지급인이나 인수인도 지급일에 자신의 영업소의 소재지에서 스스로 지급하는 것이 원칙이다. 그러나 환어음의 경우에도 약속어음에서와 같이 주거래은행에 지급을 위탁(당좌거래계약)하여 주거래은행("지급장소")이 인수인(지급인)을 갈음해서 지급한다. 그리고 경우에 따라서는 발행인이 거래은행과 인수계약한 뒤 거래은행을 지급인으로 발행한 때도 있다. 수표의 발행인은 반드시 사전에 지급은행과 수표계약과 동시에, 수표지급자금을 예치한 뒤에 발행해야 한다(수표법 3조, 67조). 약속어음이나 수표의 발행인 또는 환어음의 인수인이 특정 은행에게 어음이나 수표의 지급을 위탁하면, 우선 특정은행과 당좌계정거래계약(어음·수표의 지급위임계약)을 체결하거나 가계당좌거래계약(가계수표지급위임계약)을 체결하여야 한다. 따라서 은행은 이러한 당좌계정거래계약이나 가계당좌거래계약이 없을 때에는, 만일 자기은행을 "지급장소(지급담당자)"로 한 어음이나 지급은행으로 한 수표를 제시받더라도 지급하지 않는다. 어음·수표의 소지인이 어음·수표금액을 추심하려면 원칙적으로 약속어음의 발행인이나 환어음의 인수인의 소재지에서 또는 지급은행의 영업소의 주소지에서 발행인이나 인수인 또는 지급은행이나 지급담당자에게 직접 청구하여야 한다. 그러나 실무에서는 소지인은 어음·수표를 자기거래은행에게 추심위임 하는 방법을 사용하고 있다. 그리고 그 교환추심액을 추심위임인인 소지인의 소정예금계좌에 예치함으로써 그 거래처의 어음·수표의 지급자금에 충당하게 하거나, 그 밖에 청구에 따라 지급한다.

제2절 어음의 위조와 변조

1. 어음의 위조와 변조

가. 위·변조의 의의

권한 없는 자가 어음상에 기명날인 또는 서명을 하거나 또는 권한 없는 자가 어음상의 기재사항을 변경한 경우에 어음상의 권리관계를 어떻게 취급할 것인가가 문제된다. 이러한 문제가 어음의 위조·변조의 문제이다.

어음의 위조라 함은 권한 없는 자가 타인의 기명날인 또는 서명을 위작하여 마치 그 타인이 어음행위를 한 듯한 외관을 지출하는 행위를 말한다. 즉 권한 없이 어음면에 부진정한 기명날인 또는 서명을 나타내는 것을 말한다. 그리고 위조의 방법은 묻지 않는다. 따라서 인장을 훔쳐서 기명날인 또는 서명을 하거나 타인의 인장을 새겨서 기명날인 또는 서명을 한 지면을 이용하여 권한 없이 어음이나 수표를 유용하는 행위도 위조에 해당한다.

[대판 1997. 11. 28, 96 다 21751]

수표를 발행할 권한을 갖고 있지 아니한 은행의 대부계의 대리가 예금담당 대리가 자리를 비운 사이에 그 예금담당 대리의 책상 위 수제금고 안에 보관 중이던 발행인란에 지점장 고무인만 찍혀 있고 내용이 백지인 자기앞수표 용지를 임의로 가지고 나와 체크라이터와 그 직무상 보관 중이던 지점장 대리의 직인을 사용하여 백지를 보충하여 수표를 발행한 경우, 그 수표발행행위는 수표의 위조에 해당한다.

어음의 변조라 함은 권한 없이 기명날인 또는 서명 이외의 어음의 기재 사항을 변경하는 것을 말한다. 어음의 필요적 기재사항이든 임의적 또는 유익적 기재사항이든 이를 불문한다. 변조의 방법에는 제한이 없으며, 현존문언의 변개나 그 제거, 신문언의 첨가 등이 모두 이에 표현된다. 또 변조자의 고의·과실은 그 요건이 아니다.

위조와 변조의 차이는 위조와 변조는 허위의 외관을 조작하는 대상이 기명날인 또는 서명인가 아닌가에 따라 구별된다. 즉 위조는 기명날인 또는 서명한 자에 관하여 허위의 외관을 조작하는 것임에 반하여, 변조는 기명날인 또는 서명 이외의 어음의 의사표시의 내용에 관하여 허위의 외관을 조작하는 것을 가리킨다. 그러므로 위조는 어음행위의 주체를 위작하는 행위임에 대하여, 변조는 어음행위의 내용을 위작하는 행위이다.

위조와 무권대리와 차이에는 위조와 무권대리의 구별기준에 관하여 권한 없이 직접 타인의 명의로 어음행위를 하는 자가 본인을 위한 의사가 있는가, 없는가에 따라, 본인을 위한 의사가 있는 경우에는 무권대리이고, 자기를 위한 의사로 행위를 하였을 때에는 위조라고 구별하는 입장도 있다. 그러나 다수설은 그 기준을 어음상에 대리자격의 표시가 있는가, 없는가에 구하여, 권한 없이 대리의 방식에 의하여 어음행위를 한 경우는 무권대리이고, 권한 없이 기명날인 또는 서명의 대행의 방식에 의하여 어음행위를 한 경우는 위조라고 해석한다.

그리하여 위조의 경우에는 피위조자의 기명날인 또는 서명만 있고, 위조행위자의 기명날인 또는 서명은 어음상의 기재에 나타나지 않음에 반하여, 무권대리의 경우에 무권대리를 한 자의 기명날인 또는 서명이 어음 면에 나타나게 된다.[249]

기명날인 또는 서명의 변경의 경우 기명날인 또는 서명의 변경은 위조인가 변조인가가 문제된다. 이것은 진정한 기명날인 또는 서명을 한 자에 대하여는 변조가 될 것이고, 새 기명날인 또는 서명에 대하여는 권한 없이 어음 면에 나타내여 진 것이므로 위조가 된다고 하겠다.

---

[249] 허덕회, 경찰대학 경찰수사연수원 금융경제범죄수사과정 강의내용 참조.

나. 위조의 개념

어음의 위조란 「권한 없는 자가 타인의 기명날인 또는 서명을 위작(僞作)하여 마치 그 타인이 어음행위를 한 것과 같은 외관을 만드는 것」이라 정의할 수 있다. 이러한 위조의 개념을 분설하면 다음과 같다.

위조는 "타인"의 기명날인 또는 서명을 허위로 나타내는 것인데, 이때의 타인은 실재인(實在人)이 아닌 사자(死者)나 가설인(假設人)이라도 상관없다(통설). 그러나 실재인의 명의라도 행위자가 자기를 표시하기 위하여 사용하는 경우에는 그 자신의 기명날인 또는 서명이 되기 때문에 위조가 아니다. 위조가 되는 것은 행위자가 타인의 기명날인 또는 서명을 "타인을 표시하기 위하여" 권한 없이 허위로 나타내는 경우이다. 그리고 위조는 타인명의로 하면 충분하고, 누구의 계산으로 하는지 여부는 문제가 되지 않는다.

위조는 타인의 기명날인을 "위작"하는 것인데, 위작의 방법에는 제한이 없다. 즉, 타인의 인장을 도용하던가, 타인으로부터 보관 받고 있는 인장을 도용하는 경우, 또는 다른 목적으로 된 타인의 기명날인 또는 서명을 어음의 기명날인 또는 서명에 악용하는 등 그 방법의 여하를 묻지 않는다(통설). 위조는 어음행위가 아니라 사실행위이기 때문에, 위조자의 고의·과실을 요하지 아니한다(통설).

다. 위조의 대상

위조의 대상은 제한이 없으므로 발행·배서·보증·인수·참가인수·지급보증 등의 모든 어음행위에 위조가 가능하다(통설). 그리하여 발행위조의 경우를 어음위조라 하고, 배서·보증·인수·참가인수·지급보증 등의 위조를 어음행위의 위조라고 구분하는 경우도 있다.

라. 위조의 효과

1) 피위조자의 책임

피위조자는 원칙적으로 누구에 대하여도 어음상의 책임을 지지 아니한다. 따라서 피위조자는 어음소지인이 선의·악의를 불문하고 이를 대항할 수 있으며, 피위조자에게 중대한 과실이 있는 경우에도 이러한 중과실이 피위조자에게 표현책임 등의 책임을 생기게 하는 정도에 이르지 않은 경우에는 피위조자는 어음상의 책임을 지지 않는다.

〔대판 1965. 10. 19, 65 다 1726〕

약속어음을 다른 사람이 위조하여 발행한 경우에 피위조자는 그 어음을 선의로 양수한 제3자에 대하여도 발행인으로서 의무를 부담하지 않는다. 예외적으로 위조의 추인의 경우 위조의 귀책사유로 인하여 표현대리의 규정이 적용되는 경우와 사용자배상책임을 지는 경우가 있다.

가) 위조의 추인

어음이 위조된 경우에 피위조자가 무권대리행위의 추인과 같이 위조의 기명날인 또는 서명을 추인하여 이를 처음부터 유효로 할 수 있는가에 대하여 다수설과 판례는 이를 인정한다. 이에 따라 피위조자의 추인에 의하여 위조된 어음행위는 원칙적으로 그 행위시까지 소급하여 효력이 생긴다. 또한 이러한 추인은 명시적으로도 묵시적으로도 할 수 있다.

〔대판 1998. 2. 10, 97 다 31113〕

무권대리 행위의 대한 추인은 무권대리 행위로 인한 효과를 자기에게 귀속시키려는 의사표시이니만큼 무권대리 행위에 대한 추인이 있었다고 하려면 그러한 의사표시가 표시되었다고 볼 만한 사유가 있어야 하고, 무권대리 행위가 범죄가 되는 경우에 대

하여 그 사실을 알고도 장기간 형사고소를 하지 아니하였다 하더라도 그 사실만으로
묵시적인 추인이 있었다고 할 수 없는 바, 권한 없이 기명날인을 대행하는 방식에 의
하여 약속어음을 위조한 경우에 피위조자가 이를 묵시적으로 추인하였다고 인정하려
면 추인의 의사가 표시 되었다도 볼 만한 사유가 있어야 한다.

나) 표현책임

피위조자가 위조자에 대하여 위조의 기회를 준 경우의 하나로 위조자와 피위조자
간에 특수한 관계가 있어(예컨대, 회사의 경리담당 상무이사 또는 경리과장 등이 회사
의 대표이사 명의로 어음을 위조한 경우), 위조자와 거래한 제3자가 위조자에게 그러
한 어음행위를 할 권한이 있다고 믿고 또 피위조자에게 제3자로 하여금 그러한 신뢰
를 하도록 한 것에 대하여 책임이 있다고 인정되는 경우에는, 민상법상의 표현대리에
관한 규정을 어음의 위조에도 유추 적용하여 피위조자의 어음상의 책임을 인정하는
것이 통설·판례이다.

〔대판 1971. 5. 24, 71 다 471〕

Y주식회사의 경리과장인 C가 수권범위 외의 어음행위를 대표이사 A의 인장을 도용
하는 한 경우에, 어음소지인인 원고가 본건 약속어음을 취득할 당시 경리과장인 C에
게 어음작성의 권한이 없었음을 알았거나 알 수 있었을 특단의 사유가 없는 이상 본
인인 Y회사는 어음상의 책임을 면할 수 없다.

다) 손해배상책임

피위조자가 위조자에 대하여 위조의 기회를 준 다른 경우로, 위조자가 피위조자의
被傭者이고 또 어음의 위조가 사무집행과 관련하여 이루어진 것이면 피위조자는 민법
제756조에 의한 사용자로서 위조자의 불법행위로 인한 손해배상책임을 부담한다고 보
는 것이 통설·판례이다.

〔대판 1999. 1. 26, 98 다 39930〕

심사역으로 근무하는 은행 차장의 어음배서위조행위는 외형상 객관적으로 은행의

사무집행에 관련된 것이고 또 피해자에게 중대한 과실이 있다고도 볼 수 없으므로 은행은 사용자책임을 진다.

라) 피위조자의 어음금지급

피위조자는 원칙적으로 어음금을 지급할 의무가 없는데, 피위조자가 위조인 줄 알면서 지급한 경우에는 위조의 법정추인이 되어 그 지급이 유효하게 된다.

2) 위조자의 책임

위조자가 민법·형법상의 책임을 지는 외에, 어음상의 책임을 지는지 여부에 대하여는 어음의 문언증권성과 관련하여 부정설(다수설)과 긍정설(소수설)로 나누어져 있다.

부정설에서는 위조자는 타인의 성명을 모용하고 있고 어음상에 자기의 성명을 표시하여 어음행위를 한 것이 아니므로 어음의 문언증권성에 비추어 어음채무를 부담시킬 수 있는 기초가 없고, 또 실제에 있어서도 위조자는 어음상에 표시되어 있지 않으므로 제3자가 그것을 신뢰하는 일도 없다고 하여, 위조자의 어음상의 책임을 부정한다. 그러나 위조자의 책임을 인정한다고 해서 어음거래의 안전을 해하거나 또는 누구의 이익을 해하는 것도 아니고 오히려 선의자 보호에 충실한 것이 되므로, 위조자의 어음상의 책임을 인정한다.

3) 위조어음상에 어음행위를 한 자의 책임

위조어음상에 진정하게 어음행위를 한 자는 어음행위독립의 원칙에 의하여 그 문언에 따라 어음상의 책임을 진다. 대법원의 판례도 "어음의 최종소지인은 그 어음의 최초의 발행행위가 위조되었다 하더라도 어음행위독립의 원칙상 그 뒤에 유효하게 배서한 배서인에 대하여는 소구권을 행사할 수 있다"고 판시하고 있다.

〔대판 1977. 12. 13, 77 다 1753〕
어음의 최종소지인은 그 어음의 최초의 발행행위가 위조되었다 하더라도 어음행위독립의 원칙상 그 뒤에 유효하게 배서한 배서인에 대하여는 소구권을 행사할 수 있다.

4) 위조의 증명책임

어음소지인이 피위조자에게 어음금을 청구하려면 피위조자는 자기의 기명날인 또는 서명이 위조되었다는 것을 주장하는데 이것은 어음소지인의 주장사실에 대한 부인에 불과하므로, 어음소지인이 피위조자의 기명날인 또는 서명이 진정함을 입증하여야 한다.

최근의 대법원판례도 "어음에 어음채무자로 기재되어 있는 사람이 자신의 기명날인 또는 서명이 위조된 것이라고 주장하는 경우에는 그 사람에 대해 어음채무의 이행을 청구하는 어음 소지인이 그 기명날인 또는 서명이 진정한 것임을 증명하지 않으면 안 된다"라고 판시하여, 어음소지인에게 입증책임이 있는 것으로 판시하였다(대판 1993. 8. 24, 93 다 4151).

5) 변조의 효과

먼저 원문언에 따른 책임의 경우 어음의 변조 전에 기명날인 또는 서명을 한 자는 기명날인 또는 서명당시의 문언에 따라 책임을 진다(어 69조). 변조 전에 기명날인 또는 서명을 한 자는 원문언에 의한 책임이 변조 후에 문언에 의한 책임보다 무거운 경우에는 원문언에 따라 책임을 진다는 것이 통설이다. 만일 어음의 변조로 인하여 어음요건이 결여되는 어음훼멸의 경우에도 어음소지인은 변조 전의 문언을 증명하여 어음상의 권리를 행사할 수 있다. 기명날인 또는 서명을 변경한 경우에는 원래 기명날인 또는 서명을 한 자가 어음상의 책임을 진다. 따라서 새로이 기명날인 또는 서명이 조작된 자는 피위조자이므로 원칙적으로 누구에 대하여도 어음상의 책임을 지지 아니한다. 변조 후에 기명날인 또는 서명한 자는 변조후의 문언에 따른 책임을 진다. 변조자가 책임을 지는 경우는 먼저, 불법행위책임과 표현대리법리가 적용되는 경우 그리고 변조행위를 추인 등이 있다. 변조의 증명책임에 관하여는 어음소지인이 변조의 사실을 증명하여야 한다.

제3절 부정수표단속법

1. 제정목적

수표는 현금의 대용물로서 경제사회의 유통질서에 미치는 영향은 어음보다 훨씬 크다. 그러므로 부정수표가 남발되면 거래의 유통과 신용질서를 크게 교란시키게 된다. 따라서 부정수표 등의 발행을 강력히 단속·처벌함으로써 국민의 경제생활의 안전과 유통증권인 수표의 기능을 보장함을 목적으로 부정수표단속법을 제정하고 있다.

2. 부정수표의 범위

가. 의 의

부정수표란 용어는 수표법에서 존재하지 않고 부정수표단속법상의 개념에 속한다. 동법에 의하면 부정수표란, ① 발행 당시부터 부정한 수표로서 지급제시를 하면 지급이 거절된다는 것이 확실한 것으로서 수표 자체가 위법으로 발행된 것(부수법 제2조 1항), ② 일단 정당하게 발행된 수표가 그 후에 발생한 일정한 사유로 인하여 지급제시된 때에 지급이 거절된 것(부도수표; 제2조 2항)을 말한다.

나. 위법하게 발행된 수표

위법하게 발행된 수표로는 가설인 명의로 발행된 수표(동조 1항 1호)와 원인관계 없이 발행된 수표, 그리고 금융기관에 등록된 것과 상이한 서명 또는 기명날인으로 발행한 수표가 있다.

여기에서 가설인의 명의라 함은 수표발행인의 명의가 자연인인 경우에는 주민등록표상의 명의와 일치하지 아니하는 것을 말하고, 법인인 경우에는 법인등기부상의 명의와 일치하지 아니하는 것을 말한다(시행령 제2조 2항).

원인관계 없이 발행된 수표는 금융기관과 수표계약 없이 발행하거나 금융기관으로부터 거래정지처분을 받은 후에 발행한 수표이다. 이와 관련하여 수표법 제3조는 "수표는 제시한 때에 발행인이 처분할 수 있는 은행을 지급인으로 하고 발행인이 그 자금을 수표에 의하여 처분할 수 있는 명시 또는 묵시의 계약에 따라서만 발행할 수 있다"고 규정하고 있는데, 이 규정을 위반하여 수표를 발행한 경우에는 부정수표에 해당하는 것이다. 그리고 여기에서 금융기관이라 함은 수표법 제59조(본법에서 은행이라는 문자는 법령에 의하여 은행과 동시되는 사람 또는 시설을 포함한다)와 기타 법령에 의하여 수표의 지급사무를 영위하는 은행 및 은행과 동시되는 사람 또는 시설을 말한다.

다. 부도수표

수표를 발행하거나 작성한 자가 수표를 발행한 후에 예금부족으로 제시기일에 지급되지 아니하게 되는 수표는 부정수표에 해당한다(동법 제2조 2항). 여기에서 「수표의 발행」이라 함은 수표용지에 수표의 기본요건을 작성하여 상대방에게 교부하는 것을 말하며, 또한 「제시 기일」은 수표면상에 기재된 발행일자보다 먼저 소지인이 지급을 제시(선일자 수표)한 경우에는 제시 일을 의미하고, 또한 일반수표는 일람 출급성을 가지므로 국내에서 발행하고 지급할 수표는 발행일로부터 10일 이내를 말한다(수표법 제28조 2항; 제29조 1항).

그리고 「지급되지 아니하게 한 때」라 함은 수표소지인이 적법한 기간 내에 제시한 수표의 지급을 받지 못하여 지급거절증서가 작성된 날, 지급인의 거절선언 일, 어음교환소의 지급거절의 선언 일 등을 말한다(수표법 제39조).

따라서 선일자 수표에서 발행인과 수취인 사이에 그 수표에 기재된 발행일자 이전에는 지급은행에 지급제시를 하지 않는다는 명시 또는 묵시의 특약이 있는 경우에도 수취인이 이 약정을 위반하여 발행일자 이전에 지급제시를 하고 이에 대하여 예금부족으로 수표금이 지급되지 않은 때에는 역시 그 수표는 부정수표가 되며 동수표의 발행인은 부정수표단속법상의 죄책을 지게 된다.

라. 위조 · 변조된 수표(동법 제5조)

부정수표단속법은 수표를 위조 또는 변조한 자도 처벌하는 규정을 두고 있으므로,

위조·변조된 수표도 부정수표의 한 유형으로 볼 수 있을 것이다. 여기에서 위조·변조의 개념은 형법상 유가증권 위조·변조 죄의 그것과 동일하나, 대법원은 백지약속어음의 액면 란에 보충권의 범위를 초월한 금액을 기입하는 행위도 어음의 위조로 인정하고 있으나(대법원 1989. 9. 10, 85 도 1501), 부정수표단속법을 적용함에 있어서는 수표소지인이 보충권의 범위를 넘어서는 금액으로 액면금액을 부당 보충한 경우, 그 보충권의 범위를 넘는 금액에 관하여는 발행인이 그와 같은 금액으로 보충한 것과 동일하게 볼 수 없으므로 백지수표의 발행인에 대하여 보충권의 범위를 넘는 금액에 대하여 부정수표단속법상의 죄책을 물을 수 없다는 입장(대법원 1998. 3.10, 98 도 180)이니 주의할 필요가 있다.

제3장 신용카드 범죄(Credit Card Crime)

제1절 신용카드 범죄의 의의

1. 신용카드 의의

우리나라에 신용카드가 최초로 1969년 ○○○백화점이 ○○그룹 임직원을 대상으로 발급을 시초로 사용된지 벌써 40년이 되어간다.[250] 신용카드를 최초로 만든 사람은 시카고의 사업가 프랭크 맥나마라(Frank Mcnamara)와 그의 친구인 변호사 랄프 슈나이더(Ralph Schneider)와 함께 1950년 만들었다. 초기의 신용카드 범죄는 우발적이고 일차적인 분실, 도난에 의한 부정사용 등의 범죄에 국한되다가 점차 지능적이고 조직적인 형태로 발전되어 왔다. 범죄는 허점이 있는 곳에 반드시 있기 마련이다. 신용카드는 크게 2가지 측면에서 범죄의 표적이 되기 쉽다. 먼저 신용카드 거래는 사용 후 결제라는 기능적인 문제를 안고 있다. 즉 일단 사용한도가 남아 있는 경우에는 이를 먼저 사용하여 현금화 할 수 있다는 점이 계좌 잔액이 있어야 인출이 가능한 예금인출 범죄와의 차이점이다. 예금인출 범죄는 예금계좌 정보 뿐 아니라 잔액의 존재 유무가 범죄를 발생시킬 수 있는 요소가 되지만 신용카드는 예금계좌 정보에 비해 정보수집이 용이하고 사용 후 결제라는 허점 때문에 카드에 사고 사항(도난, 분실, 한도초과 등)이 없는 한 이용한도는 일반적으로 남아 있어 범죄에 이용하기가 그만큼 쉽다. 신용카드는 사용 시 본인 확인 등의 절차 없이 "서명"이라는 간소한 절차를 사용함으로써 제3자에 의한 부정사용이 용이하다는 허점이 동시에 존재한다. 신용카드 범죄는 모두 이러한 차후결제와 사용의 용이성 위에 존재한다고 할 수 있다. 물론 이러한 구조적 허점은 사용자의 사용편이라는 측면을 위해 어쩔 수 없이 존재하는 것이긴 하지만 이러한 신용카드가 가진 구조적 문제점 때문에 신용카드 범죄는 신용카드가 존재하는

---

[250] http://kin.naver.com.db.detail.php.2007.2.28.

한 결코 쉽게 사라지지 않을 것이다. 신용카드 활성화에 따라 범죄도 증가하고 있으며 초기의 단순하고 우발적인 범죄에서 조직적이고 전문화된 형태범죄의 증가, 범인의 검거에 전문성이 요구되며 신종수법이 새로이 발생되고 있다.[251]

신용카드란 "이를 제시함으로써 반복하여 신용카드가맹점에서 물품의 구입 또는 용역의 제공을 받거나 결제할 수 있는 증표로서 신용카드 업자가 발행한 것"을 말한다.[252] 신용카드는 원칙적으로 카드발행인(카드회사)과 가맹점 및 카드회원의 세 당사자를 필요로 하며, 현금 없이 물품을 구입하거나 용역을 제공받을 수 있음은 물론 자금의 대부, 즉 신용을 제공받을 수 있는 것을 말하는데, 이러한 신용카드는 그 기능에 따라 신용카드(Credit Card), 외상카드(Charge Card), 직불카드(Debit Card), 선불카드(Prepaid Card)로 나누어진다.[253] 여신전문금융업법[254]이 규정하고 있는 신용카드는 카드발행인과 카드회원만이 있는 신용카드를 포함하고 있으며, 기능상으로는 외상카드를 의미하는데, 현재 우리나라에서 사용되고 있는 신용카드 역시 제한된 신용기능이 부가되어 있기는 하나 주로 물품(용역)제공의 기능을 가진 외상카드에 한정되어 있다.

신용카드는 카드거래의 당사자에 따라 신용카드발행인과 카드회원만이 있고 가맹점은 없는 양당사자카드(House Card)[255]와 신용카드발행인, 카드회원, 가맹점이 모두 존재하는 삼당사자카드[256], 그리고 다수의 은행이 참가하여 카드 발행회사를 설립하고 이 발행회사 명의로 신용카드가 발행되며 공동의 가맹점에서 카드가 사용되지만 각 참가은행이 독자적으로 회원을 모집하고 각 은행의 자금부담하에 회원의 카드이용대금을 결제하는 형태의 신용카드인 다당사자카드[257]로 나눌 수 있으며, 대금의 지급방법에 따라 일시급카드, 분할카드, 회전식카드로 분류할 수 있다.[258] 전형적인 신용카드

---

[251] 박철수, '수사연구', 수사연구사, 2005년 5월호, 19면.

[252] 여신전문금융법 제2조 제3호.

[253] 성백규, 신용카드업의 현황과 전망, 리스와 신용거래에 관한 문제(상), 사법연수원, 1993. 10면.

[254] 1998.1.1. 법률 제5982호.

[255] 우리나라의 백화점카드가 이에 해당한다.

[256] 신용카드의 전형적인 형태로 국내 은행계 신용카드와 카드전문회사의 신용카드가 이에 해당한다.

[257] 다당사자카드로는 국제적인 카드인 VISA카드와 MASTER카드 그리고 우리나라의 BC카드를 들 수 있다.

[258] 일시급카드란 신용카드의 이용대금을 지정된 결제일에 전액 지급해야 하는 신용카드를 의미하며, 분할급카드란 신용카드의 이용대금을 수회로 나누어 상환할 수 있는 카드이며, 회저닉카드는 신용카드회사가 회원별로 일정한 신용한도를 설정해 두고 그 한도 내에서는 카드이용 계약기간이 만료될 때까지 계속 사용하며 신용한도를 초과하는 금액만 지정된 결제일에 상환하는 신용카드를 말한다. 한상문, 신용카드법 입문, 16면. 이하참조.

인 삼당사자카드의 거래구조를 살펴보면, 신용카드거래는 통상 카드회원이 가맹점에서 카드를 제시하고 매출전표에 서명함으로써 상품을 구입하거나 용역을 제공받는 형태로 이루어진다. 이후 가맹점이 매출전표를 모아 카드회사에 보내면 카드회사는 전표의 이상 유무를 확인한 후 매출 전표의 매출액으로부터 일정한 수수료를 공제한 금액을 가맹점에 지급한다. 그리고 카드회사는 회원에게 일정한 날을 기준으로 이용대금을 결제토록 함으로써 상품구입대금을 징수하게 된다.[259]

2. 신용카드 범죄

신용카드범죄는 신용카드를 위조·변조하는 행위, 위조·변조·절취 등 부정취득한 신용카드를 사용하여 물품을 구입하는 행위 그리고 매출전표를 위조하거나 이중으로 작성하는 행위 등을 내용으로 하는 범죄이다.[260]

제2절 신용카드 범죄의 특성

1. 범행의 신속·집중성

일반적으로 금융범죄를 비롯해 신용카드를 절취, 습득, 위조 등을 한 자는 회원과 신용카드 회사가 인지하고 사고등록 등 조치를 취하기 전에 신속하고 집중적으로 이를 부정사용 한다. 그러므로 신용카드 범죄는 그 착수 후 완료까지 불과 몇 분에서 길게는 하루 이내의 시간이 소요되는 것이 보통이다.

---

259) 양당사자카드는 카드를 이용한다는 점 외에 보통의 외상거래와 같으며, 다당사자 카드는 카드발행회사, 카드회원, 가맹점이 존재한다는 점에서 삼당사자카드와 기본적으로 동일하다.

260) 신용카드범죄에 대하여 "카드회사와 계약을 체결한 회원이 동 카드로 가맹점에서 물품을 구입하였을 경우 회원은 카드회사에 대금을 지불할 의무가 있는데 동 과정과 관련하는 부정행위"라고 하는 견해가 있지만 신용카드범죄가 신용카드 부저아용행위 내지 신용카드 사기에만 한정되는 것은 아니므로 신용카드범죄를 신용카드가 행위의 수단 또는 목적인 모든 범죄적 현상으로 정의하는 견해가 타당하다. 장영민, 앞의 논문, 51면.

2. 부정사용자의 범죄의식이 낮음

신용카드 범죄는 일종의 금융범죄이므로 범죄자는 강력범죄에 비해 죄의식이 낮은 편이다. 일반적으로 우발적인 1회성 범죄와 관련된 피의자들은 가족, 친구, 직장동료 등 주변인의 신용카드를 절취하여 부정사용하는 사례가 늘어가는 추세다.

부정사용자는 주변인의 신용카드를 절취하여 부정사용 후 해당 금액을 변제하기만 하면 된다는 인식으로 다른 범죄에 비해 죄의식을 느끼지 못하고, 지능적인 전문범죄자도 신용카드 부정사용의 피해자가 자신이 평소 알지 못하는 다수이거나 카드회사라고 인식할 수 있고 부정사용 시에 피해자와 직접 대면하지 않는 등의 이유로 인해 강력 범죄에 비해 느끼는 죄책감이 훨씬 덜하고 쉽게 해당 범죄에서 탈피하기 어려운 경향을 보이고 있다.

3. 우발적, 지능적 범죄의 공존

카드를 절취하거나 습득하여 사용하는 분실·도난카드의 부정사용 경우나 배달중인 카드를 수령하여 부정사용하는 경우는 주로 카드 회원과 관련된 주변인에 의한 우발적 범죄와 관련이 있다. 부정사용자는 자신이 지인의 카드를 사용함으로써 언제든지 이를 변제할 수 있거나 형사적 처벌을 피할 수 있다는 안도감을 가지고 범죄에 임하는 경우가 대부분이다. 전문적인 신용카드 강·절도, 매출전표 유통, 허위매출(까드깡), 위·변조, 제3자허위발급 등의 범죄는 조직화되고 체계화된 범죄로 신용카드 회사의 제도적 허점을 교묘하게 이용한 지능적이고 계획적인 범죄가 공존한다.

4. 범행의 지능화

신용카드 사용이 보편화되지 않았던 90년대 중, 후반까지만 하더라도 신용카드 범죄는 그다지 지능적이거나 조직화되지 않았다. 그러나 신용카드 사용이 보편화, 일상화 되면서 신용카드 범죄도 그만큼 발전하여 최근의 경향은 신용카드사들이 미처 발견하지 못한 기술적 허점까지 파고드는 지능적인 범죄 수법들이 발견되고 분실·도난 카드 부정사용의 경우에 추적을 염두에 둔 신속하고 치밀한 범죄의 양상을 보여주고 있다.

5. 국제화, 광역화

우리나라의 신용카드 시장은 최근 10년 간 비약적인 발전을 했다. 자금흐름의 투명화를 통한 세수 확보를 위해 정부의 정책적인 지원과 "외상이면 소도 잡아 먹는다"는 소비심리, 신용카드사들의 과당경쟁에 기초한 기록적인 성장은 철저히 개인의 신용도를 바탕으로 한 체계적이고 장기적인 성숙을 바탕으로 한 서구 선진국과 대조되는 점이기도 하다. 우리나라 신용카드 시장이 급성장하면서 국내 회원의 해외 신용카드 사용이 급증하였고 이것은 동시에 해외에서의 카드 범죄의 표적이 됨은 물론 국내 신용카드 범죄 조직이 해외로 진출하거나 해외 범죄조직이 국내 세력과 결탁해 국내 시장에서 범행을 할 수 있는 여건을 마련해주고 있다. 실제로 국내 신용카드 회원이 해외에서 카드를 사용하다 위·변조되어 제3국 등에서 사용되는 총 피해 금액은 2003년 말 기준으로 약 150억 원 이상인 것으로 잠정 집계하고 있으며, 해외에서 위조한 신용카드를 국내에 반입하여 고가의 전자제품, 귀금속 등을 구입하거나 국내 세력과 결탁하여 허위 매출을 가장하여 현금화하는 사례를 쉽게 발견할 수 있다. 미국, 유럽 등의 선진국과 비교해 볼 때 국내의 신용카드 위, 변조로 인한 피해 규모는 아직 크지 않으나 신용카드 범죄가 국제화, 광역화 되고 있는 추세로 앞으로 계속하여 꾸준히 증가할 것으로 판단된다.

제3절 신용카드 범죄의 분류

신용카드 범죄를 어떻게 분류할 것인가가 문제된다.

형사법적으로는 신용카드자체에 대한 범죄와 신용카드의 부정사용행위로 나누어 분석하는 것이 일반적이다.261) 형사법적 입장에서는 신용카드와 관련된 범죄유형은 ①

---

261) 임웅, 형법각론, 개정판, 2003, 법문사, 369면 참조.

신용카드 자체에 대한 범죄행위와, ② 신용카드의 부정사용행위로 나누어 볼 수 있다.

　① 신용카드 자체에 대한 범죄는 ㉠ 신용카드에 대한 절도 등의 재산범죄, ㉡ 신용카드에 대한 사용절도의 문제, ㉢ 신용카드의 위조·변조, ㉣ 신용카드의 부정발급이 있다.

　② 신용카드의 부정사용행위는 다시 ㉠ 타인명의의 신용카드를 부정사용하는 행위와 ㉡ 자기명의의 신용카드를 부정사용하는 행위로 나눌 수 있고, 각각의 행위는 ⓐ 물품을 구입하거나 용역을 제공하는 행위, ⓑ 현금자동인출기에서 현금을 인출하는 행위로 구분하여 고찰하여야 하며, 그 외에 ⓒ 가맹점이 타인명의의 신용카드를 이용하여 매출전표를 허위로 작성하는 행위를 ㉠의 한 유형으로 살펴볼 필요가 있다.262)

　그러나 범죄수사와 관련하여서는 아래에서 살펴보는 바와 같이 범죄수법별로 나누어 검토하는 것이 편리하다. 따라서 아래에서는 범죄수법별로 검토하기로 한다. 이를 표263)로 그려보면 다음과 같다.

---

262) 임웅, 형법각론, 369면.
263) 신용카드범죄 수법별 분류, 표는 경찰대학, 지능범죄수사론, 2006, 79-80면을 참조하여 필자가 재구성한 것임.

<표 5> 신용카드범죄 수법별 분류

구분	수법별	발생장소	유형 및 특징	적용법조
도 난	소매치기	지하철, 백화점	전문범, 신속성	절도, 여전법
	부축빼기	노상, 지하철	전문범, 신속성	절도, 여전법
	바꿔치기	주점, 노상	전문범, 장기간 부정사용	절도, 여전법
	전문절도	주변인, 가족, 직장	일회성, 우발성, 전문성 공존	절도, 여전법
	강도, 삑치기	노상, 차량	전문범, 현금인출	강도,여전법
	기망 후 도주	사채 · 대납 사무실	장기간 부정 사용, 현금인출	사기,여전법,절도
분 실	단순분실	주점, 노상	일회성, 우발성	점탈, 여전법
	허위신고	주변인 관련성	증거 확보 곤란	사기
배 달 사 고	제3자 수령	자택, 직장	주변인, 가족관련	사기, 여전법
	배달중 도난	우체국, 특송직원	대량 발생 가능	절도, 여전법
	배달중 분실	우체국,특송업체	우발적 사고	점탈, 여전법
허 위 발 급	명의도용	가족, 주변인, 전문범	여러 카드사 동시 발생 피해 발생 금액이 큼	사기, 사문서, 공문서 위조,여전법,절도
	허무인 명의도용	전문위조범	주민등록번호 생성기 이용, 서류위조	사기, 사문서, 공문서 위조,여전법,절도
	기망발급	허위구인, 노숙자	일정액의 수수료를 지급하고 발급	사기, 사문서, 공문서 위조,여전법
발급 사기	재직증명서, 신분증위조	재직서류, 소득 및 재산서류위조	서류를 위조하여 카드사 기망 발급	사기, 사문서 위조, 업무방해
	제3자대행발급	신문광고, 인터넷	무자격자에게 수수료 수수 후 서류위조	사기, 사문서위조, 업무방해
위 · 변 조	매출표위변조	허위, 매수 가맹점 이용	위조가 용이	사문서위조 및행사, 사기,여전법
	M/S위변조	가맹점 허위매출	전문조직, 전문성 요구	여전법
	카드실물위조	실제 사용	국제 범죄 사례 빈번 국내 사례 없음	여전법

〈표 6〉 신용카드범죄 수법별 분류

구분	수법별	발생장소	유형 및 특징	적용법조
인터넷	카드정보도용	전자상거래 이용	카드번호 및 인적사항 도용 물품 구입	신용정보의이용및보호에관한법률, 컴사기, 여전법
	정보유출, 거래	카드정보 거래	타인 신용정보 수집, 판매	신용정보의이용및보호에관한법률, 여전법
	사이버도박	해외사이트 이용	해외 서버를 이용한 인터넷 카지노 도박	도박죄
현금대출	허위가맹점매출	신문광고, 인터넷	위장 가맹점 명의 매출 발생, 청구	여전법
	미곡상이용	미곡상	실제 미곡 판매, 재구입	경우에 따라 대부업법 적용
	귀금속상이용	귀금속상	금판매, 재구입	〃
	상품권	상품권판매점	백화점, 구두, 전자상품권 등	〃
	PG업체이용	인터넷	전자상거래 가장 허위 매출	여전법
대리청구	매출표유통	유흥주점	세금회피목적, 타가맹점 명의 매출 청구	여전법, 조세범처벌법
	PG업체이용	OFF-LINE, 전자상거래	세금회피목적, 유흥주점 매출을 PG명의 청구	여전법 조세범처벌법
허위청구	2중청구	유흥주점, 사창가	매출전표 2중 작성, 범죄 후 잠적	사기, 여전법, 사문서위조,
	과다청구	유흥주점, 단란주점	주대, 봉사료 등 과다청구	사기,
	허위청구	유흥주점, 단란주점	매출전표 사전 작성 후 사후 허위청구, 도주	사기, 여전법, 사문서위조
	삐끼(호객꾼)이용	유흥주점, 삐끼집 등	호객행위, 과다 청구 후 갈취, 현금서비스인출	식품위생법, 강도, 폭력행위 등
수수료전가	가맹점 수수료 회원전가	퇴폐업소, 사창가, 전자상가 등	현금과 차별, 세금회피 목적	여전법

제4절 신용카드 범죄의 수법별 분석

1. 신용카드 도난

소매치기에 의한 도난 카드의 발생은 소매치기범이 다중이 집결하는 장소나 대중교통 수단 내에서 전문적인 수법으로 지갑 등을 절취 후, 신용카드를 단시간 내에 현금화가 용이한 귀금속이나 전자제품 등을 구입하는 수법으로 주로 사용된다. 발생 형태로는 지하철, 버스 등의 주요 교통수단 내에서 발생 그리고 백화점, 공원, 집회장소 등 다중 밀집지역 내에서 발생 그리고 주로 여성을 상대로 범행 또한 범행 후 빠른 시간 내 카드사용 마지막으로 피해 대상자를 지정 후 범행 등이 있다. 소매치기발생의 문제점으로는 피해자의 관리 소홀 및 부주의 그리고 도난카드 사용 가맹점에서의 본인확인 미철저, 마지막으로 단시간 내에 범죄 발생 및 완료가 이루어져 범인검거의 어려움 등이 있다. 이러한 소매치기 발생의 대책으로는 먼저 지갑에는 꼭 필요한 신용카드만 소지하고 신용카드 도난 시 즉시 카드사에 신고하며 그리고 가맹점에서 본인 여부 확인 철저하게 하고 마지막으로 SMS서비스 등에 가입하는 것 또한 중요하다. 취객상대 절도범죄는 주로 야간에 범행을 목적으로 취객을 부축하는 척하며 피해자의 지갑을 절취 신용카드를 부정사용하는 것을 의미한다. 발생 형태로는 먼저, 유흥가 주변의 노상 그리고 지하철 내부, 전철역 주변, 공원 등 그리고 주로 야간에 범행이 이루어지며 술 취한 사람들을 부축하는 척하며 범행이 발생하고 또한 여러 명이 각 분담 역할을 정한 후 범행하고 마지막으로 전문적인 조직에 의한 범행이 이루어진다. 취객 상대 절도 수사의 문제점으로는 먼저, 만취한 상태에서 피해자에 대한 관리소홀 그리고 즉시 도난 신고가 이루어지지 않아 물적 피해 발생이 증가하며 마지막으로 취중에 피해를 당하여 증거 확보의 어려움이 있다. 취객 상대 절도에 대한 대책으로는 먼저, 지나친 음주 문화의 개선 그리고 회원의 신용카드 관리 철저 등이 중요하다. 바꿔치기는 신용카드를 절취한 후 절취한 자리에 모양이 비슷한 다른 카드로 바꿔 두어 피해자가 카드 도난 사실을 모르게 하는 수법을 지칭한다. 바꿔치기 범죄의 발생형태로는 먼저, 주유소 ,유흥업소 등 신용카드 가맹점에서 바꿔치기 또한 사우나, 노상 등에서 취객 상대 범행 등 그리고 술 취한 취객에게 접근, 부축빼기 수법으로 바꿔치기 하는 방법 등이 있다. 바꿔치기 범죄수사의 문제점으로는 먼저, 장기간 부정사용으로 고액의 사고 발생 그리고 피해자가 인지 사실을 늦게 알아 도난 신고가 지연되며 마지막으로 도난 신고 지연에 따른 회원의 책임 등이 있다. 바꿔치기 범죄에 대한 대책으로는 장기간 사용하지 않는 신용카드는 폐기하고 신용카드 사용시 SMS문자 통보 서비스 가입 등이 중요하다.

전문절도란 절도범이 주택가나 사무실 등에 침입하여 카드를 절취하거나 목욕탕 옷장이나 물품보관함, 차량 등의 개방된 장소에서 카드를 절취하는 일체의 범죄행위를 말한다. 발생 형태로는 빈사무실이나 주택가에 침입하여 귀금속이나 카드 절취, 또는 목욕탕 옷장, 차량, 탈의실 등에서 카드 절취 그리고 전문 범인에 의한 카드 절취 마지막으로 신용카드 회원의 카드 관리 소홀로 인하여 범행이 용이 등이 있다. 수사상의 문제점으로는 먼저, 절취 후 바로 고액의 물품을 구입함으로서 고액의 부정사용 발생 그리고 피해자가 카드 절취 사실을 늦게 인지함에 따라 신고가 지연 등이 있다. 전문절도 범죄의 대책으로는 먼저 사용하지 않는 카드는 폐기하고 그리고 SMS문자서비스 가입 등의 방법 등이 있다.

주변인 절도란 피해자의 가족, 친구, 직장동료 등 피해자의 주변에서 신용카드에 쉽게 접근할 수 있는 사람들에 의한 신용카드 절취 후 부정사용 범행이다. 발생 형태로는 먼저, 신용카드만 절취하여 범행하는 경우와 부정사용자의 죄책감 결여 그리고 피해자의 신용카드 보관 장소를 쉽게 아는 자에 의한 우발적 범행 마지막으로 남성보다는 여성에 의한 범죄로 많이 발생한다. 주변인 절도의 문제점으로는 먼저, 범죄 의식의 결여 그리고 주변인에 의한 충동적인 범행 또한 신용카드 도난 사실 발견 시점의 지연 그리고 증거 확보의 어려움 마지막으로 주변인에 대한 비밀번호 유출에 따른 현금서비스 인출 가능 등이 있다. 주변인 절도의 대책으로는 먼저, 피해자의 지갑 및 신용카드 관리 철저 그리고 비밀번호 관리 철저 마지막으로 신용카드 부정사용 시 주변인에 의한 부정사용 여부 확인 등이 있다.

강도는 납치, 폭행, 협박 등의 수단을 이용하여 피해자로부터 신용카드를 강취 후, 부정 사용하여 피해자에게 정신적, 물질적인 피해를 야기하는 범죄를 지칭한다. 이의 발생형태로는 강도(인질강도, 주거침입 강도)에 의한 부정사용 그리고 취객상대 강도

(퍽치기) 또한 유흥업소의 호객행위 가장 강취 그리고 2인 이상의 전문범에 의한 조직적인 범행 또한 피해자를 협박 신용카드 비밀번호를 입수 현금서비스 인출 마지막으로 피해자를 인질로 잡고 다른 공범이 신용카드사용 등이 있다. 강도의 현실적인 문제점으로는 신용카드사의 일방적인 현금서비스상향 범죄증가와 현금서비스 인출 범죄 시에 신용카드사 보상 불가로 회원이 모든 피해를 떠안는 실정이다. 이에 대한 대책으로는 먼저, 범죄 발생 예상 지역에 대한 치안 및 방범 활동의 강화 그리고 사회적인 분위기의 개선 마지막으로 회원 각자가 범행의 표적이 되지 않도록 미리 주의 등이 있다.

기망 후 도주란 타인을 속여서 카드를 입수하거나 보관중인 카드를 가지고 도주한 후 부정사용하는 수법 등을 말한다. 기망 후 도주의 발생 형태로는 먼저, 신용카드 불법현금융통 과정에서 사고 발생 그리고 주변 인물에 의한 신용카드 입수, 도주 후 부정사용 범행 마지막으로 보험설계사 등 전문범에 의한 기망 후 도주 등이 있다. 이에 대한 현실적 문제점으로는 먼저, 사채업자에게 카드를 대여한 후 범죄가 발생하여 피해자의 피해 사실 인식 결여 그리고 카드의 비밀번호를 알고 있는 부정사용자에 의한 범행으로 고액의 피해 발생 마지막으로 카드사로부터 보상이 안 되어 피해자의 경제적 손실 등이 있다. 기망 후 도주에 대한 대책으로는 먼저, 신용카드의 대여 및 보관 금지하며 SMS서비스가입 등이 있다.

2. 신용카드 분실의 위험성

단순 분실에 대한 정의는 피해자의 카드 관리 소홀이나 기타 사유로 분실된 카드를 습득한 제3자가 카드를 부정사용하는 수법의 범죄라고 정의 할 수 있다. 이에 대한 발생 형태로는 먼저, 음주 및 소지품 관리 소홀로 인한 분실 마지막으로 신용카드 가맹점 및 은행 CD기에서 카드사용 후 분실 등이 있다. 분실에 대한 현실적 문제점으로는 먼저, 정확한 분실 경위의 파악이 어려우며 신용카드 가맹점 종업원(주유소, 유흥주점 등)의 카드 습득 및 부정사용 등이 만연하다. 분실에 대한 대책으로는 먼저, 소지품 보관 강화 등 회원의 신용카드 관리 강화하고 카드사의 부정사용 예방을 위한 시스템 개선하며 가맹점의 신용카드 사용자 본인 여부 확인을 철저히 하여야 한다.

허위 분실 신고란 신용카드 회원이 자신 또는 주변인이 사용한 금액을 분실, 도난에 의한 피해로 위장하여 카드사에 허위로 보상을 신청하는 범죄 수법을 지칭한다. 이에 대한 발생 형태로는 먼저, 가맹점에서 사용자를 잘 기억할 수 없는 백화점이나 할인 마트에서 카드 사용과 유흥주점에서 고액의 카드 사용 후, 분실신고를 하고 보상 신청 등이 있으며 또한 주변인의 카드 사용에 대한 사실 은폐 등이 있다. 허위 분실 신고의 문제점으로는 먼저, 카드사의 보상금액을 노리고 고의적 혹은 우발적으로 허위 보상 신청이 있으며 주변인에게 카드를 사용케 한 후 본인 미사용을 주장하며 보상 신청 또한 범죄의 지능화 마지막으로 신고가 지연됨에 따라 증거 확보의 어려움 등이 있다. 이에 대한 대책으로는 허위 신고자에 대한 처벌을 강화하고 검거 시 금융기관에 통보 신용불량자로 등록하여야 한다.

3. 신용카드 배달 사고(배송 중 분실, 도난)264)

<그림 1> 카드배송흐름도

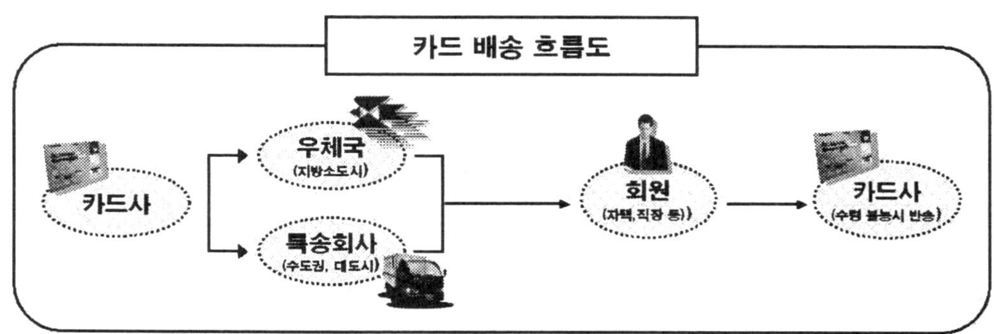

　제3에 의한 카드 수령이란 회원이 정상적으로 발급을 신청하거나 신용카드사에 의하여 정상적으로 재발급 된 신용카드를 제3자가 수령하여 부정 사용하는 범죄를 말한다. 이에 대한 발생 형태로는 먼저, 주변인에 의한 우발적인 부정사용이 있고 회원 부재중 직장으로 배달된 신용카드의 제3자 수령이 있으며 마지막으로 카드 수령지 변경

---

264) 박철수, "신용카드범죄수사," 경찰대학 경찰수사연수원 강의파일 참조. 박철수 교수는 신용카드 · 분실 도난의 경우 범행 후 추적을 염두 해 둔 신속하고 치밀한 범죄 양상을 보여주고 있다.

후 허위 수령 등이 있다. 현실적 문제점으로는 먼저, 주변인에 의한 우발적인 범행이 특징이며 전문적인 범인에 의한 허위 수령 등의 방법으로 이루어진다. 제3자에 의한 카드 수령의 대책으로는 먼저, 카드사의 신용카드 최초 사용 개시 등록제 실시 → 신용카드를 수령하고 처음 사용할 당시에 신용카드사에 ARS를 통하여 비밀번호 등을 입력하여 본인 여부를 확인하는 제도 등의 방법 도입이 있다. 배달 중 도난이란 회원에게 정상적으로 발급되어 배달중인 카드가 도중에 도난당한 후 부정사용 되는 경우로 배달자나 수령자의 과실에 기인하지 않은 순수한 배달 중 도난 사고를 의미하는 것이다. 이에 대한 발생 형태로는 먼저, 우체국 배달 과정에서의 도난과 특송 회사 배달 과정에서의 도난 마지막으로 타인 카드 수령 후 보관 중 도난 등이 있다. 배달 중 도난 범죄의 문제점으로는 먼저, 도난 사실 파악 시점의 지연과 증거 확보의 어려움 또한 대량의 사고 발생 등이 있다. 이에 대한 대책으로는 먼저, 신용카드 배송 시 수령증 작성 의무와 카드회사, 배송회사의 신용카드 회원 직접 수령 제도 등이 있다.

배달 중 분실의 정의는 카드회사가 회원에게 카드를 배달한 후 우편이나 배송 과정에서 카드가 분실되거나 또는 가족이나 직장동료 등이 카드를 대리 수령한 후 분실하여 부정사용이 발생의 원인이 된다. 이에 대한 발생 형태로는 먼저, 우편배달부에 의한 분실 또한 배송 사원에 의한 분실과 가족 및 직장 동료에 의한 분실 등이 있다. 배달 중 분실의 문제점으로는 먼저, 타인의 카드라는 이유로 수령 후 관리 소홀과 보관 중 분실시 책임 소재 문제 등이 존재한다. 마지막으로 이에 대한 대책으로는 먼저, 카드 배송업체 관리 철저와 카드 수령과정 전달자 필히 명시 마지막으로 카드사의 신용카드 최초 사용 개시 등록제 실시 등이 있다.

4. 신용카드 허위발급

<그림 2> 신용카드 회원 모집 절차

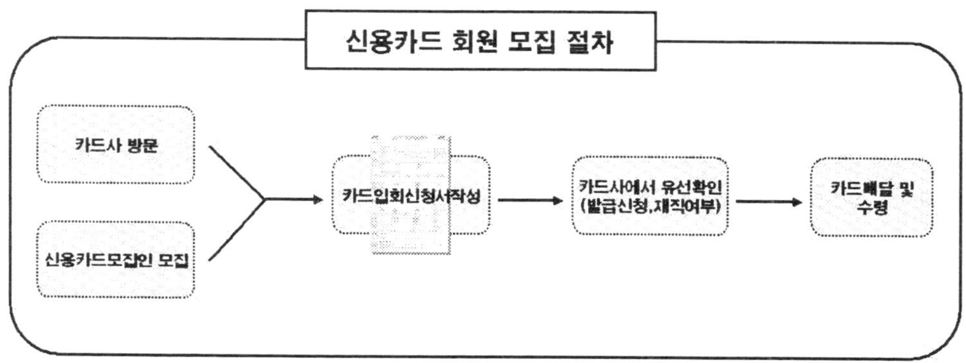

타인 명의도용 신용카드발급 범죄란 타인 명의를 도용한 뒤 금융기관을 기망하여 신용카드를 부정발급 받아 사용하는 범죄를 지칭한다. 발생 형태로는 가족이나 직장 동료 등 주변인에 의한 범죄(허위발급의 85%)와 타인의 명의를 도용하는 전문범에 의한 범죄(허위발급의 15%)유형이 있다. 명의 도용 시 필요사항은 먼저, 명의 도용 대상자의 인적사항(주민등록번호, 성명 등)과 신분증(위조) 그리고 직장 재직 소득 입증 서류(위조) 마지막으로 카드회사 확인 전화 수신 전화번호(전화대행, 휴대폰착신)등이 필요하다. 타인 인적사항 입수사례로는 세금고지서, 국민관련서류 절취 후 입수와 등기소에서 등기부 등본 열람 후 입수 그리고 금융거래자료 등을 관리하는 직원을 매수하여 입수 마지막으로 기업체, 병원, 공공기관, 통신가입내역 등에서 입수하는 것으로 보통이다. 타인 명의도용 신용카드발급 범죄의 발생상의 문제점으로는 카드사의 본인 여부 유선 확인 제도가 허술하고 본인도 모르는 사이 신용불량자로 등재 등이 있다. 이에 대한 대책으로는 카드사의 회원 인적사항 관리 철저와 회원 본인의 신용조회 확인 철저 등이 필요하다. 허무인 명의 신용카드 발급 범죄란 실제 존재하지 않는 사람의 명의로 신용카드를 발급 받아 부정사용하는 수법을 지칭한다. 이에 대한 발생 형태로는 먼저, 실제 존재하지 않는 사람의 주민등록번호를 창출 그리고 사망한 사람의 명의를 도용하여 신용카드 허위 발급 또한 피의자들이 허무인 행세하며 주민등록증

등을 위조하여 사용 마지막으로 금융기관 전산에서 허무인 여부 확인되지 않는 허점 이용 등의 형태를 띤다. 현실상의 문제점으로는 먼저, 금융기관직원의 사고예방 의식 미비와 신분증(주민등록증, 운전면허증) 위조가 용이 그리고 금융기관 전산의 허무인 주민등록번호 검증 체계 미비 등이 있다. 허무인 명의 신용카드 발급 범죄대한 대책으로는 먼저, 주민등록증의 진위여부를 여러 방면으로 확인 또한 1382전화[265]를 이용하여 주민등록증 진위 여부 확인 등이 중요하다. 허위 발급 추적 기법으로는 먼저, 신용카드 입회신청서 확인(입회신청서 기재사항, 결제계좌 개설 관계 등)등이 있으며 전화 확인에 이용한 수신전화, 휴대폰에 대한 사용자 추적 그리고 신용카드 수령지에 대한 확인(카드 수령증 및 주변인을 통한 확인) 그리고 신용카드 배달지에 대한 확인(배달 주소지에 대한 탐문, 임차 관계) 등의 방법과 전화 가설 및 사용내역, 필요시 명의 도용자가 남겨 놓은 지문 확보 또한 명의도용 피해 회원을 상대로 한 신분증 도난, 분실 과정 확인 등을 통한 명의 도용 경로 추적의 방법 그리고 카드사용 내역을 통한 사용자 추적 (가맹점을 상대로 한 실제 사용자 추적)등의 방법이 있다. 그리고 허위발급은 피의자가 신용카드 비밀번호를 알고 있기 때문에 금융기관에 한도 조회 및 결제 대금 조회를 하게 된다. 또한 각 종 조회 시에 금융기관 전산은 피의자가 조회한 전화번호(핸드폰)를 금융기관 전산에 보관을 하게 되어 이를 추적하면 범인 검거에 중요한 단서를 확보하는 것도 중요하다.

※ 비씨카드, 국민카드, 각 시중은행에서는 해당 카드 및 해당 계좌에 대하여 조회 의뢰한 전화번호, 접속 I.P기록 등을 전산에 보관

---

[265] 행정자치부에서 개발한 전화로 주민등록번호와 발급일자를 입력하면 주민등록증의 진위여부를 간단히 확인.

<그림 3> 카드사 전산 추적 절차

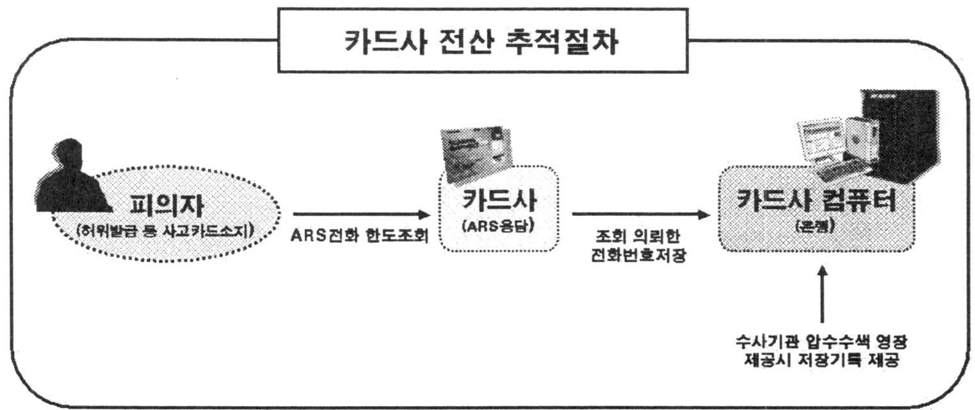

5. 신용카드 발급 사기

<그림 4> 카드 회원가입 신청서[266]

---

266) 회원카드가입 신청서

<허위발급 VS 발급대행사기 차이점>

대 상	명의인 발급의사	카드사 기망	명의인 기망	명의인 카드발급 자격
허위발급	없음	있음	없음	가능
발급사기	있음	있음	없음	불가능

　자격 서류 위조란 노숙자등을 유인하여 이들을 개인 사업자나 법인의 대표로 내세운 뒤 신용카드를 부정 발급받아 사용 후 연체시키는 수법을 의미한다. 이에 대한 발생 형태로는 먼저, 경제력이 없는 노숙자나 시골 노인, 문맹인 등을 유인과 대량으로 신용카드를 발급받아 사용 후 연체 그리고 자신들의 인적 사항에 대하여는 철저한 보안 그리고 명의를 대여한사람들의 명의로 핸드폰을 개설 연락체계유지 등 개인 사업자나 법인사업자를 명의 대여자 앞으로 개설 마지막으로 명의 대여자에게 편취금액의 10-20%를 주어 범행 후 책임에 대해 전가 등의 형태를 띤다. 자격 서류 위조 범죄의 현실상의 문제점으로는 먼저, 명의 대여자의 죄의식 결여와　발급받은 카드는 100%연체되어 신용카드사 부실초래 등이 있다. 이에 대한 대책으로는 먼저, 신용카드 허위발급과 마찬가지로 신용카드사의 회원 확인을 철저히 하며 신용카드 발급시 관련서류 검증 철저히 하여야 한다. 제3자 신용카드 발급대행이란 신문 및 생활정보지, 인터넷 광고 등을 통해 "무자격자 신용카드 발급"이라는 광고를 내고 카드 발급 자격이 없거나 발급 자격이 있더라도 이를 알지 못하는 사람의 명의로 카드를 발급받도록 하여준 후, 수수료를 편취하는 수법의 범죄를 지칭한다. 주요 발생 형태로는 먼저, 카드 발급 자격이 없는 자에게 서류를 위조하여 카드를 발급 받게 해주고 수수료 편취 그리고 카드 발급 자격이 있는 자만을 상대로 카드 발급 대행해주고 수수료 편취와 신문이나 생활정보지, 인터넷 등을 통한 카드발급 대상자 모집 등이 있으며 전문적인 카드 발급 지식을 가진 자가 카드발급 가능자에 대한 발급 대행 그리고 무자격자에 대하여는 발급 가능 서류를 위조(전문조직에 의해 단기간에 범행) 마지막으로 카드발급 대행업자가 고액의 수수료 편취 등의 형태로 발생한다. 신용카드 발급 대행의 현실적인 문제점으로는 제3자 발급대행의 방법에 의해 발급된 카드의 90%이상은 사용액 전체가 연체로 이어져 카드사의 부실 초래가 있다. 신용카드 발급 대형 범죄의 대책으로는

먼저, 위조 서류에 대한 정확한 확인이 필요하다. 확인 방법으로는 의료(건강)보험증을 활용한 방법이 있는데 이는 부실업체를 인수하여 카드 명의인을 재직 중인 것으로 신청하여 의료(건강)보험증을 발급 받은 후 의료(건강)보험증 발급 일자만 과거 1년 전 정도로 변조하는 수법에 대하여 국민건강보험공단에 발급 일자 확인을 가능하게 한다. 또한 재직증명서, 근로소득원천징수영수증을 통한 방법으로서 컴퓨터, 프린터만을 이용하여 쉽게 위조하여 명의인의 실제 급여통장 확인, 세무서 확인, 114를 이용하여 실제 직장 전화 확인 할 수 있으며 그리고 사업자등록증을 활용한 방법이 있는데 사업자등록을 실제 신청하여 등록일자만 1년 전 정도로 변조하는 수법이나 세무서에서 사업자등록증 발급일자 확인 가능하며 납세증명서의 경우 컴퓨터, 프린터를 이용하여 손쉽게 위조가 가능하나 세무서에서 발급일자 확인 가능하다.

<그림 5> 인터넷 신용카드 즉시 발급 광고

Kookmin Card 국민카드

6. 신용카드 위·변조

<그림 6> 카드 위·변조

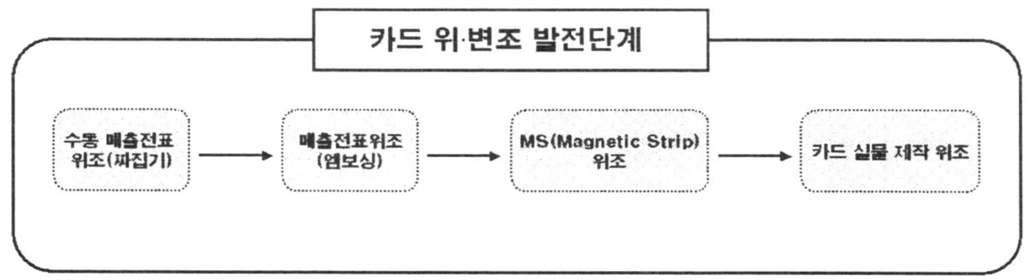

  매출전표 위조범죄란 타인의 신용카드정보를 알아낸 뒤 사용치 못하는 카드의 번호를 잘라내어 이를 퍼즐형태로 조합한 후 매출전표를 위조하거나(짜깁기) 카드번호를 플라스틱에 찍어낸 후(엠보싱) 매출전표를 위조하여 허위의 가맹점을 개설한 후 위조한 매출전표를 카드사에 접수시켜 가맹점 명의의 통장으로 대금을 입금 받아 편취하는 수법을 지칭한다. 이에 대한 발생 형태로는 먼저, 가맹점을 허위로 개설하여 매출전표 위·변조가 있고 가맹점을 매입 후 가맹점 정보와 결제 통장 등을 건네받아 범행에 이용 그리고 매출전표를 위조하여 가맹점에 일정 금액을 받고 판매 또한 가맹점 종사자에 의한 매출전표 위·변조 등의 형태 그리고 사용치 못하는 여러 장의 신용카드를 정교한 칼로 오려내 퍼즐형태로 새로운 카드 제작 후 수동전표에 의한 위조 등이 있으며 플라스틱에 엠보싱기를 이용 카드번호를 각인 후 수동 전표에 의한 매출전표 위조 마지막으로 신용카드사에 A.R.S, key-in승인 등의 방법이 있다.

<사진 1> 짜깁기한 신용카드

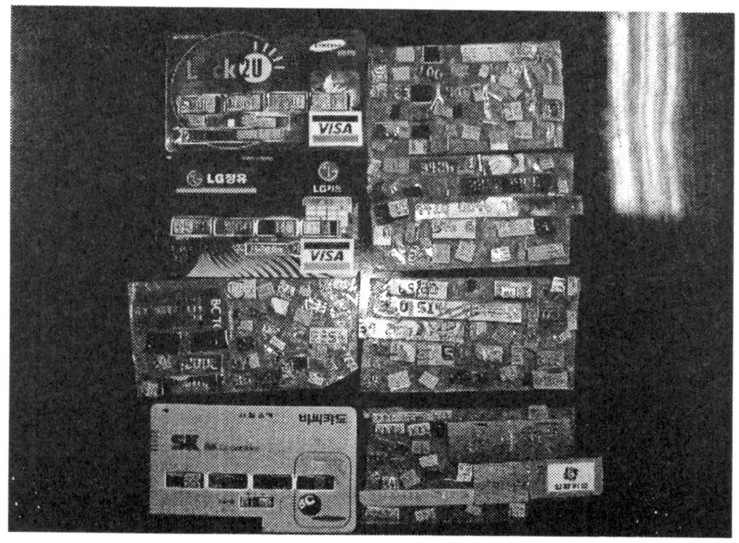

<그림 7> 수동매출전표 앞, 뒷면

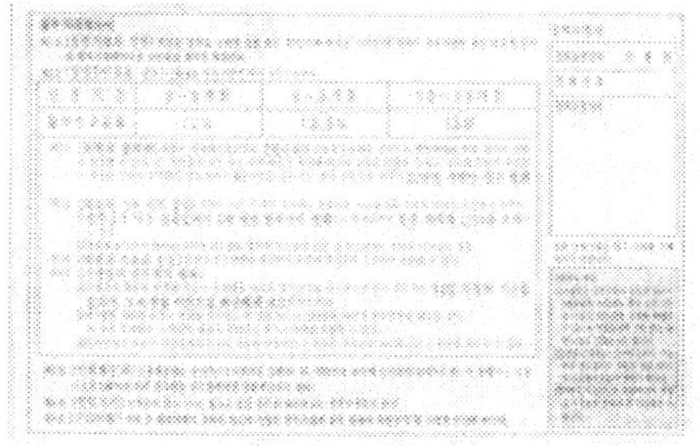

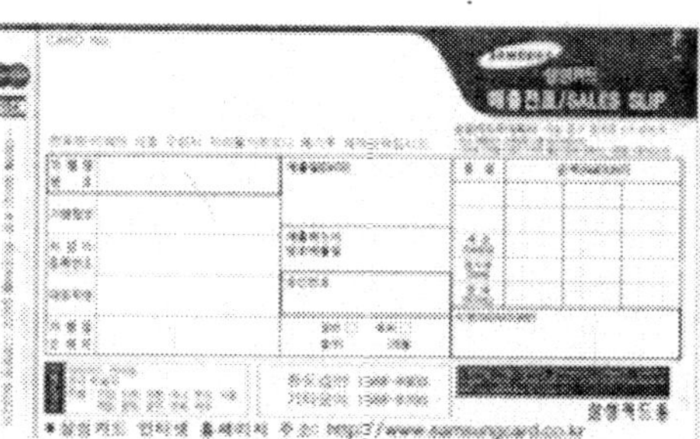

<그림 8> 자동 매출전표[267]

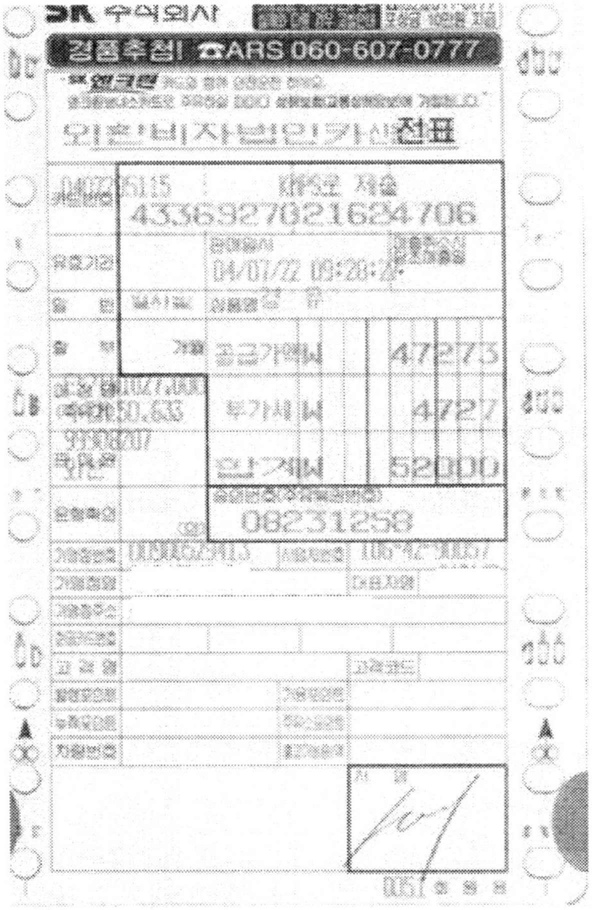

<그림 9> 위조매출전표 거래단계

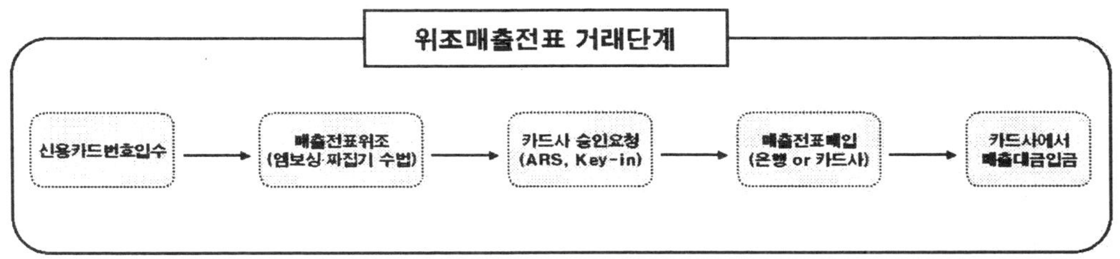

이에 대한 문제점으로는 카드회사는 수만 장의 매출 전표를 일일이 식별하기가 불가능 그리고 전산 입력 단계에서 피해가 확인되거나 카드 회원의 이의 신청으로 피해가 확인되어 피해 발생 신고가 늦음 등의 문제점이 발생한다. 매출전표 위조범죄의 대책으로는 먼저, 신용카드 정보 관리 강화 그리고 카드번호, 유효기간 등 입수 경로 추적 등이 있다. 입수경로로는 기존 가맹점 거래 매출전표 상의 회원 정보 이용과 카드회사를 기망하여 카드번호 입수 즉, 전화로 본인을 사칭 카드번호 문의 등의 방법과 우편물상의 카드번호 입수 마지막으로 카드회사 내부 직원을 이용한 카드 정보 입수 등의 방법이 있다. 신용카드 MS 위조 범죄란 신용카드 MS(자기띠, Magnetic Stripe)에 수록된 카드번호, 영문명, 암호 값 등을 신용카드 리드기를 통하여 읽어 들여 이를 다른 카드의 MS에 복제, 이동시키거나 또는 독창적으로 카드번호와 암호 값을 생성시켜 Writer기를 이용 MS매체에 입력하여 이 MS기록을 이용하여 신용카드를 위조한 후, 부정사용하는 것을 의미한다.

<표 7> MS TRACK 수록 내용

구 분	세 부 내 용
TRACK1	회원번호, 회원영문명, 유효기간, 서비스부호, PIN CVV 또는 CVC값 등이 수록
TRACK2	회원영문명을 제외한 TRACK1의 내용 수록
TRACK3(국내 현금카드 거래용)	CD용 TRACK으로 회원은행에서 ENCODING 자료를 작성하며, CD기능 부호, 결제계좌번호, 주민등록번호, CD비밀번호 등의 자료가 수록

<사진 2> 위조 카드 실물 사진

국내 위조카드

해외 위조카드

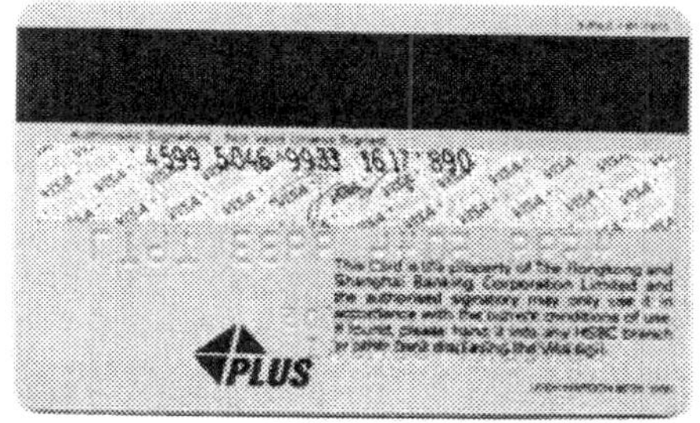

이에 대한 발생 형태로는 먼저, MS위조 후, 가맹점 이용 허위 매출을 발생시켜 편취와 물품 구입 시 정상적인 가맹점 이용 그리고 현금서비스 인출 마지막으로 신용카드 리드기를 통한 신용카드 MS정보의 입수 등의 형태로 이루어진다.

〈사진 3〉 신용카드 리더기

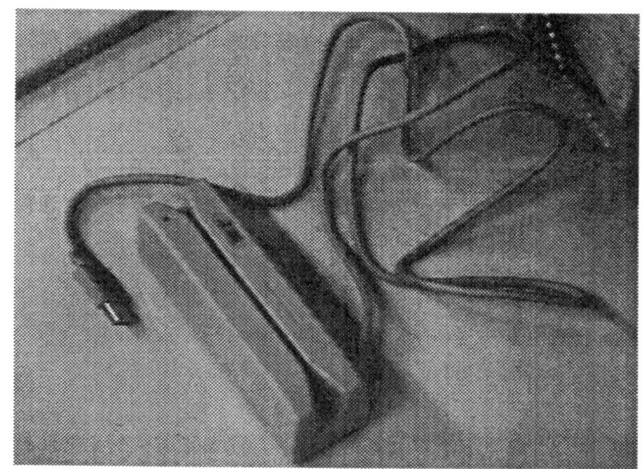

정보 입수 방법으로는 먼저, 회원이 가맹점에서 카드 사용 시 회원 몰래 카드 정보 입수방법과 카드 불법 현금 대출 과정에서 입수 그리고 카드회사, 금융기관 직원과 결탁하여 MS정보 입수 등이 있고 카드 배달 업체에 위장 취업하여 배달중인 카드 MS정보 입수와 아리랑치기 수법으로 취객 몰래 카드를 절취하여 MS정보를 입수한 후 되돌려 놓는 수법 그리고 주거에 침입하여 신용카드 MS정보를 입수한 후 카드를 되

돌려 놓는 수법 마지막으로 숙박업소, 목욕탕 등지에서 회원 몰래 MS정보 입수 등의 방법이 있다.

이 중에서 라이터(WRITER)기를 이용한 위조카드의 제작에 대하여 살펴보면 다음과 같다.

<그림 10> 라이터기(Writer) - 신용카드 MS정보 입력

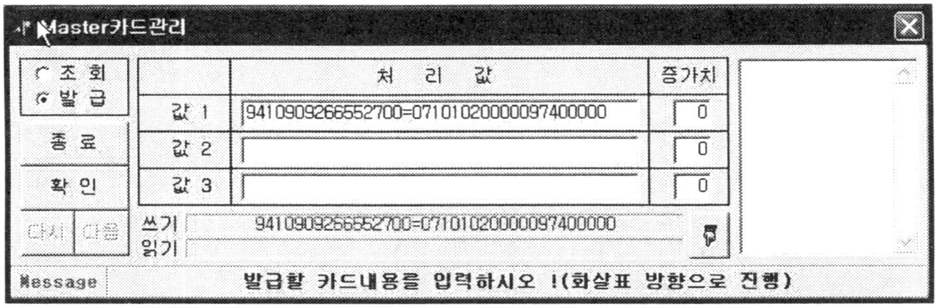

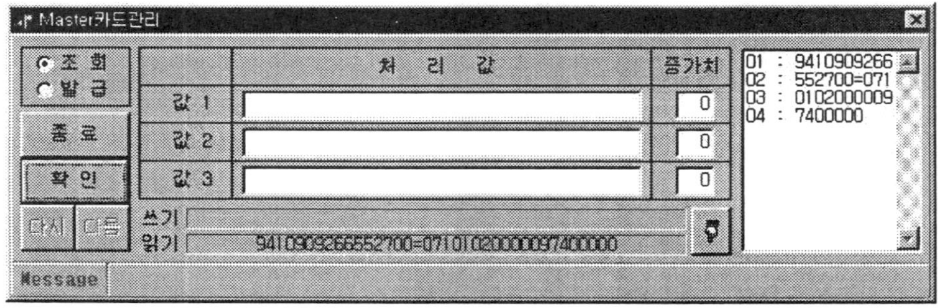

<그림 11> 라이터기 프로그램을 이용하여 신용카드 발급시 화면 >

< 라이터기 프로그램을 이용하여 신용카드 조회시 화면 >

위조카드의 사용은 크게 3가지로 이루어진다. 먼저, 정상가맹점에서 물품 구입 시 사용과 위장 가맹점을 이용 부정 매출 발생 마지막으로 현금서비스 인출(비밀번호 입력 시)등의 방법이 있다. 이에 대한 대책으로는 먼저, 위·변조 방지 기술적 대책과 IC 카드로의 전환 그리고 MS의 고유값을 인식하는 Magnet Print 도입 등이 있고 위·변조

방지 사회적 대책과 신용카드사와 수사기관 사이의 유기적 협조 강화 마지막으로 범죄의 광역화에 대한 대비 등의 대책이 강구될 수 있다. 신용카드 실물 위조란 실제 모양의 신용카드와 동일하거나 유사하게 신용카드를 복제하거나 제작하는 위조 수법으로 미국, 유럽, 동남아 등지에 보편화되어 있는 실정이다. 이에 대한 발생 형태로는 피해자들의 국적, 위조카드 제작국가, 위조카드 사용국가가 각기 다른 다중 국가간 범죄 등의 형태와 카드 MS정보 수집자, 위조카드 제작자, 위조카드 사용자 등이 각기 다른 점조직 형태의 범죄 그리고 범죄 수법의 다양화와 VAN사 전화선등에서 신용카드 MS정보 입수하는 방법으로 이루어진다. 신용카드 실물 위조 범죄에 대한 현실적 문제점으로는 먼저, 해외여행 중인 회원들의 카드를 위조하여 피해액수가 크며 다국적인 범죄로 인하여 위조범 검거가 어려우며 실제 위조카드 사용자는 위조여권을 소지하고 해외로 나가서 고가의 귀금속 등을 구입하기 때문에 주범은 검거되지 않으며 신용카드 국가간 약관으로 인하여 위조카드 사용국에서 소극적 대처 등이 문제가 된다. 국가간 신용카드 약관을 통하여 신용카드 가맹점에서 발생하는 Swipe승인에 대하여는 신용카드 발행국에서 책임을 지며 신용카드 가맹점에서 발생하는 ARS승인, Key-in승인에 대하여는 신용카드 매입국에서 책임을 지게 되어 있다.

※ 예 시

<그림 12> 유통 흐름도

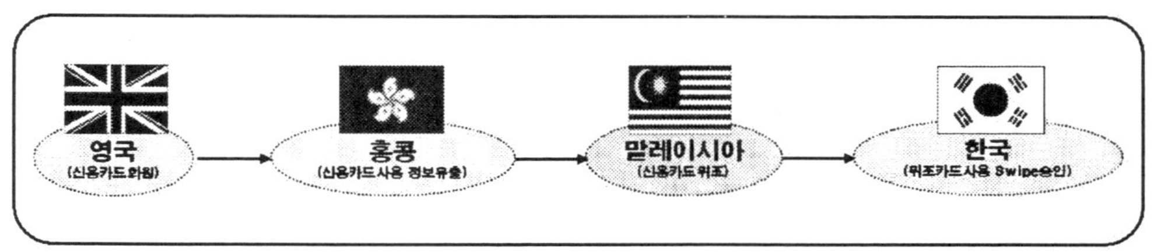

영국의 신용카드 회원이 홍콩 여행도중 신용카드 MS정보가 유출된 후에 말레이시아에서 신용카드가 위조되어 한국에서 Swipe승인 방식으로 사용이 되었을 경우 그 카드의 손실은 영국의 카드 발행사에서 지게 된다. 신용카드 실물위조 범죄의 대책으로

국제적인 공조체제 수립 필요하며 가맹점에서 실물 위조카드 식별 요령 습득이 중요하다.

7. 인터넷 관련 신용카드 범죄

신용카드 정보 도용 범죄란 인터넷상에서 타인의 신용카드 정보를 도용하여 물품을 구입하거나 각종 컨텐츠 구입 등 서비스를 이용하는 수법의 범죄(카드 실물의 제시 없이 거래가 이루어지므로 카드 정보만 있으면 범행을 용이하게 실행)를 지칭한다. 발생 형태로는 인터넷상에서 고가의 의류, 전자제품 등을 구입 그리고 타인의 카드정보를 도용해 성인사이트나 도박 사이트에 접속하여 서비스 이용 또한 전자상거래를 가장하여 불법현금융통에 이용 등의 형태로 이루어진다. 신용카드 정보 도용의 문제점으로는 매출전표에 카드번호, 유효기간, 가맹점명, 사업자 번호 등이 모두 인쇄되어 범행이 용이 그리고 신용카드로 결제하는 일부 쇼핑몰들의 보안 대책 수준이 낮아 카드 정보가 해킹에 의하여 대량 유출 등의 문제가 있으며 마지막으로 결제대행을 하여주는 PG(Payment Gateway)사들이 전자상거래 정보를 보관함에 따라 이들 내부에서 정보가 유출될 가능성이 상존 등이 있다. 한 예로 PG(Payment Gateway)사라는 것이 있다. 2000년 이후 인터넷 상에서 전자상거래가 증가함에 따라 등장한 개념으로 인터넷 전자상거래 업체를 상대로 대금 지불 절차를 대행하는 업체를 의미한다. 인터넷 전자상거래의 경우 개별적인 쇼핑몰들은 카드 지불 프로세스를 독자적으로 진행하기 위해서는 여러 카드사와 가맹점을 개설하고 결제망과 기술력을 갖추어야 하는 불편함이 따른다. 이러한 영세 인터넷 쇼핑몰들을 대상으로 카드 지불 과정을 대행해 주고 쇼핑몰로부터 일정액의 수수료를 받는 신용카드 지불대행 업체를 통상 PG사로 부르고 있다. 여신전문금융업법은 기본적으로 신용카드 가맹점이 아닌 자의 신용카드 취급을 금지하고 있었으나 이러한 PG사가 계속 생겨나는 현실을 인정 2002. 2. 30일자 법률개정으로 결제대행업체의 대행 업무를 인정해주고 있다. 그러나 PG사들이 급성장한 배경에는 신용카드의 무분별한 사용으로 실제 물품구매 여부를 확인하기 어려운 전자상거래의 허점을 악용한 불법현금할인이 유행한 것에 원인이 있어 이에 대한 단속이 강화되고 있으며 2003년을 기점으로 PG사의 숫자도 급속히 감소하고 있다.

<그림 13> 결재 대항업무 흐름도

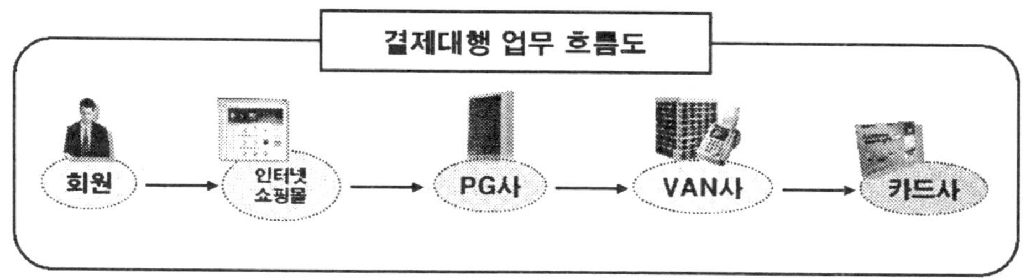

　신용카드 정보 도용의 대책으로는 공인인증서가 설치된 PC에서만 승인이 날 수 있도록 조치하고 PG사 및 인터넷 쇼핑몰에서 개인정보 보관 금지하는 것이 중요하다. 대리청구란 유흥업소(룸싸롱 등)에서 발생된 신용카드 매출을 위장가맹점으로 판매하는 수법 등을 지칭한다. 이에 대한 발생 형태로는 먼저, 타인(일명:바지) 명의로 위장 가맹점 개설과 위장 가맹점 신용카드 체크기 I.D를 조작 유흥주점에 설치 그리고 유흥주점에서는 전표금액의 15%정도를 할인하여 위장 가맹점에 판매와 위장가맹점은 신용카드사에 매출전표를 접수하여 수수료 3%를 제한 후 12%부당 이득 마지막으로 체크기를 조작하여 상호·주소지 등을 유흥주점과 동일하게 매출전표 출력 등의 형태를 지닌다. 대리청구의 문제점으로는 먼저, 유흥주점은 전표를 위장가맹점으로 대리청구 탈세 그리고 위장 가맹점 업주(바지)에게 세금 전가 등의 문제점을 수반한다. 이에 대한 대책으로는 유흥주점 가맹점주의 인적사항을 정확히 파악해야 하고 신용카드 체크기 ID를 조작할 수 없게 제작하며 대리청구 적발 세금추징[268]을 명확히 하여야 한다.

<그림 14> 가맹점 개설 절차

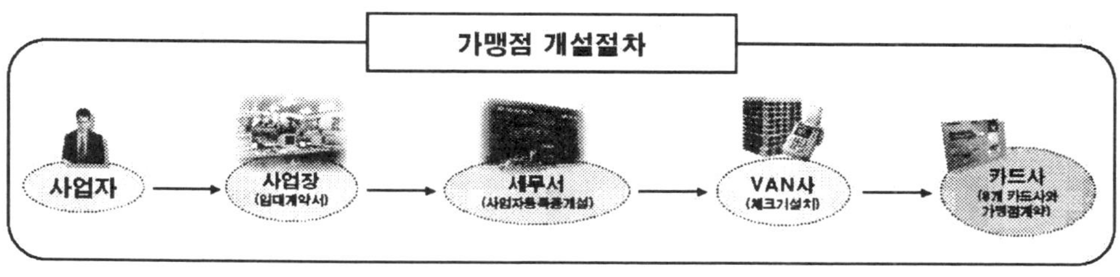

---

[268] 박철수, "금융금융범죄수사," 경찰청 경찰수사연수원 실무교재, 2005년. 443면.

<그림 15> 가맹점 시스템 흐름도

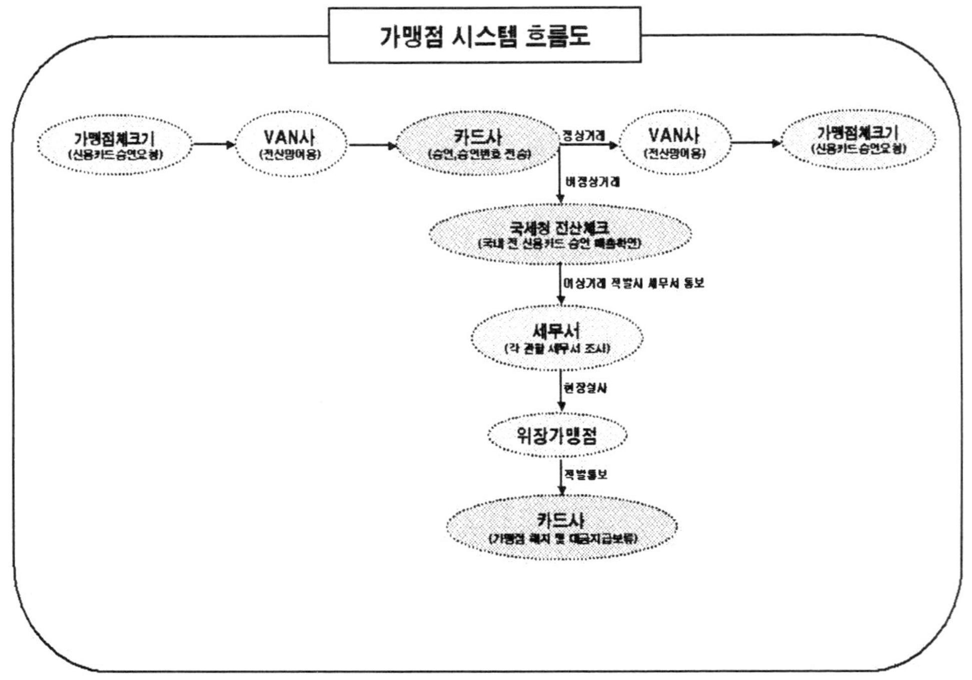

허위 매출이란 물품판매나 용역 제공을 가장하여 허위의 매출을 일으키는 수법을 지칭한다. 이에 대한 발생 형태로는 먼저, 인터넷, 생활정보지, 각종 광고 전단 등을 통한 불법현금융통 회원 모집 그리고 신용카드를 이용한 허위 매출 발생 또한 위장가맹점을 개설한 매출형태 그리고 상품권 구입 후 현금화를 통한 형태 그리고 백화점 현금매출을 신용카드 매출로 변경 현금화 마지막으로 15-20% 상당의 선이자 공제 등의 형태를 띤다. 허위매출 범죄의 문제점으로는 고액의 선이자로 인한 카드 대금 연체 증가(신용카드사 통계 약30%) 그리고 신용불량자 양성 등의 문제 그리고 회원들의 연체가 증가함에 따라 카드사 부실 증가 마지막으로 정상적으로 물품을 구입한 후에 되파는 수법을 이용하여 단속이 어려움 등이 있다. 이에 대한 대책으로는 신용도가 우량하고 지속적인 소득이 존재하는 사람에게만 카드 발급 그리고 불가피하게 현금이 필요한 회원의 경우 이를 현금 대출로 전환하는 등의 대안 제시 등이 중요하다.

　　사이버 도박이란 인터넷상에서 이루어지는 고스톱, 맞고, 포커, 홀라 등 여러 가지 형태의 도박을 지칭한다. 이에 대한 발생 형태로는 먼저, 전 세계 국경에 장애 받지 않는 신용카드는 최고의 결제 수단으로 사용 그리고 현실의 카지노를 그대로 옮겨 놓은 도박장 형태로 운영된다. 사이버도박 범죄의 문제점으로는 불법적인 인터넷 e-mail, 광고를 통한 회원 모집하며 제3국에 서버설치하고 인터넷 카지노를 운영하며 제3국의 결제대행업체를 이용하여 도박 사이트의 추적을 어렵게 하고 세금 탈루의 가능성이 있고 인터넷 도박으로 연간 수천억대 외화 유출 마지막으로 중독성이 강하여 도박 회원들이 쉽게 빠져 나오지 못한다는 문제가 있다. 이에 대한 대책으로는 신용카드 결제 과정을 통해 행위자 추적 그리고 해외 도박 사이트가 국내 인터넷 창에서 열리는 것을 통제 마지막으로 국내 신용카드회원의 신용카드가 해외 도박 사이트에 승인나지 않게 신용카드사 전산장비 보완 등이 중요하다.

< 인터넷 불법도박사이트 실제 화면 >

제5절 신용카드범죄의 수사학적 사례분석

1. 도난, 분실

　카드사와 공조 강화란 신용카드의 첩보 입수 및 신용카드 회원 인적사항, 거래 내역 등을 파악할 때 실시간으로 조회가 가능하기 때문이다. 또한 분실, 도난카드 부정사용이 빈발하는 업소, 즉 전자상가, 대형의류 도매점, 귀금속 취급점, 백화점 등과 유대 관계를 강화하여 범죄인지 및 검거에 활용하고 왜냐하면 신용카드 가맹점에서 범인 검거의 결정적인 단서를 제공하는 경우가 많으며 신용카드 사용 시 승인방법 조사철저 (Key-in, ARS, Swipe승인)하는 방법이 가능하기 때문이다. 또한 분실, 도난 카드를 이용한 현금서비스 인출 범행 시 소매치기 전력자 등을 상대로 한 비밀번호 입수 경위 등 첩보 활용 등도 중요하다.

가. 소매치기에 의한 신용카드 현금서비스 인출

　사건 개요로는 피의자 민OO 40세, 상 피의자 정OO 38세는 교도소에 복역하며 알게 된 자들로 일정한 수입이 없자 타인의 신용카드를 절취, 현금서비스를 인출하기로 공모한 후, 피의자 민OO는 피해자들이 금융기관에서 예금을 인출할 때 비밀번호를 알아내어 상피의자 정OO에게 알려주는 역할, 상피의자 정OO는 과거 소매치기를 하였던 경력을 이용 금융기관에서 돈을 인출하고 나오는 사람을 미행하여 지갑을 절취하는 역할을 맡기로 각 분담 역할을 정한 후, 2003. 3. 5. 14:30경 서울 중구 명동 123번지 소재 우리은행 명동지점 내에서 피의자 민OO는 피해자 김OO 23세가 현금지급기에서 예금을 인출하며 비밀번호 누르는 것을 지켜보는 방법으로 알아낸 후, 은행 내에 있던 공중전화기를 이용하여 은행 밖에서 기다리고 있던 상 피의자 정OO에게 연락하자 상피의자 정OO는 피의자 민OO가 지목한 피해자를 미행하여 소매치기 수법으로 지갑을 절취한 뒤, 동 소 주변에 있던 외환은행 명동지점에서 절취한 피해자의 신용카드를 이용 150만 원 상당의 현금을 인출하는 등 총40건에 8천7백만 원 상당을 인출하여 절취한 사건이다. 수사개시는 2002년 12월경부터 서울 시내 일원에서 지갑을 절취당한 피해자들의 지갑 안에 있던 신용카드로 현금서비스를 한도액까지 인출 당하는 피해 사례가 빈발한다는 첩보 입수하고 수사 개시하였다. 피해자 상대 수사를 실시함에 피해자들은 동일하게 지갑을 절취 당한 후 1시간 내에 현금서비스 피해를 당한 사람들로 지갑 안에 자신들의 신용카드 비밀번호를 기재하여 놓은 사실도 없고, 인적사항이나 전화번호가 비밀번호와 전혀 무관하다는 진술하였다. 현금 인출된 은행 상대 수사를 진행함에 피해자들의 신용카드로 현금이 인출된 각 은행의 CC-TV화면을 확인한바, 마스크를 착용한 남자 1명이 은행에 들어와 현금을 인출하는 것을 확인을 하였으나, 아무런 단서도 찾아내지 못하였다. 피해자 신용카드 사용내역 수사에서 피해자들의 신용카드에 대하여 정확한 사용내역을 확보하여 비교 분석한 바, 피해자들은 소매치기를 당하기 전 은행에서 현금을 인출하였던 사실을 확인하였다. 피해자 은행 거래 시 CC-TV 수사로 피해자들이 피해를 당하기 전 신용카드를 이용하여 예금을 인출하였던 은행에서 CC-TV 확보하여 분석 중 피해자들 뒤에 항상 동일한 남자 1명이 있는 것을 확인하고 피해자들에게 아는 사람인지 여부에 대하여 확인한 바, 모든 피해자는 전혀 알지 못하는 사람이라고 진술하였다. 검거경위로 CC-TV 분석 피의자 휴대폰 번호 발췌를 통하여 피해자들이 현금을 인출할 당시 CC-TV에 찍힌 용의자의 행동을 분석한 바, 피해자들이 예금을 인출하는 것을 확인하고 은행에 있는 공중전화기를 이용하여 전화를 하는 것을 확인, 은행 내에 설치되어 있던 공중전화 통화내역을 발췌 확인한 바, 동일하게 겹치는 011-123-4567 휴대폰 번호 확인을 하였다. 휴대폰 상대 수사를 통하여 발췌한 휴대폰 가입자는 이ОО 32세로 확인되어 이ОО을 상대로 수사한 바, 자신은 011-123-4567이라는 번호의 휴대폰을 개설하거나 사용한 사실이 없다며 누군가 자신의 명의를 도용 휴대폰을 개설한 것 같다는 진술로 휴대폰 번호의 통화내역을 분석한 바, 여러 번에 걸쳐 서울 관악구 신림동 소재 "로마유흥주점"으로 통화한 것을 확인하고, 동 소에 임하여 유흥주점 업주로부터 전화한 자가 동 업소에 자주 오며 관악구 신림동에 거주하는 정ОО이고 항상 민사장이라는 사람과 같이 행동한다는 진술을 확보하였다. 피의자 검거로서 피의자 정ОО를 경찰전산망 특정 조회를 통하여 인적사항을 밝혀낸 뒤 사진을 발췌하여 유흥업소 업주를 상대로 확인한 바, 정ОО가 맞다고 하여 정ОО를 범인으로 특정, 로마 유흥주점 업주의 협조로 정ОО, 민ОО를 유인 검거하였다. 여죄

수사로서 피의자들은 소매치기의 전형적인 기질을 살려 범행을 부인하다가 각 피해자들 현금 인출 당시에 촬영된 민00의 CC-TV사진 등을 증거로 제시하며 추궁하여 40건의 여죄를 확보 및 확인하였다. 정확한 CC-TV 추적 기법 숙지 필요와 피해자들의 비밀번호가 유출된 정확한 경로 파악 즉, 동일한 장소에서 수건의 현금인출 범죄가 동일인에게서 발생될 경우 피해자들의 정보 유출처를 확인하는 것이 급선무이며 휴대폰 번호가 특정되었을 경우 통화내역을 분석하면 피의자의 정확한 인적사항 발췌 가능 즉, 최근 대포 휴대폰 사용이 증가하면서 휴대폰만으로 피의자의 정확한 인적사항을 발췌할 수 없을 때 통화내역을 분석하여 주점, 음식점 등에 전화한 내역을 확인하면 쉽게 피의자를 특정할 수 있다[269].

나. 부축빼기에 의한 신용카드 절도

사건개요로는 피의자 강00 25세, 상피의자 이00 25세는 같은 학교 동창생들로 일정한 직업 없이 놀고 지내던 중 유흥비를 마련할 목적으로 야간에 술이 취해 길거리에 쓰러져 있는 사람들을 부축해주는 척하며 지갑을 절취(부축빼기)하기로 공모한 후 그 대상을 물색하던 중, 2002. 7. 30. 02:10경 서울 종로구 종로2가 123번지 노상에서 술이 취해 쓰러져 있던 피해자 이00 43세에게 접근하여 상피의자 이00는 주변을 망을 보고 피의자 강00은 피해자를 부축하는 척하며 양복상의 주머니에 있던 지갑을 꺼내 그 속에 있던 BC신용카드 1매와 삼성신용카드 1매를 꺼낸 뒤 미리 준비하고 있던 다른 사람의 BC신용카드 1매와 삼성신용카드 1매를 바꿔치기한 뒤 지갑을 다시 피해자의 주머니에 넣는 수법으로 절취하고, 절취한 신용카드를 이용하여 같은 날 10:40경 서울 중구 명동 소재 롯데 백화점 내 귀금속 코너에서 금목걸이 1개를 구입 하는 등 총17회에 걸쳐 1천 2십만 원 상당을 부정사용한 사건이다. 서울 종로 일대에서 술 취한 사람들을 대상으로 신용카드를 절취 후 고가품을 구입하는 사건이 빈발한다는 첩보 입수 수사 개시하였다. 피해자 상대 수사에서 피해자는 지갑 안에 있던 신용카드를 바꿔치기 수법으로 절취 당하였고 피해자는 신용카드를 절취 당한 5일 후 신용카드 도난 사실을 인지하였다고 한다. 피해자 신용카드 사용내역 수사에서 피해자가 도난당

---

269) 박철수, 경찰청 경찰수사연수원 2005. '신용카드'강의 자료 참조.

한 신용카드가 사용된 롯데백화점 귀금속 매장에 임하여 신용카드 사용자가 누구인지 알아보았으나 동 소 종업원은 20대 중반의 남자 2명이라는 진술을 확보하였다. 바꿔치기한 신용카드 수사에서 피해자의 지갑 안에 있던 BC, 삼성신용카드의 명의인은 이00 40세의 신용카드로 이미 카드사에 도난 신고가 접수된 것으로 확인하였고 이00는 도난당한 사실을 모르다가 신용카드를 사용하려고 하던 중 사용 정지되어 있어 바꿔치기 당한 사실을 알고 경찰에 신고하여 수사 중이라는 진술을 듣게 된다. 가맹점 상대 수사를 통하여 피해자의 신용카드 사용처에 대하여 수사를 하던 중 의류를 판매한 가맹점에 임하여 신용카드 사용자에 대하여 물어 보았으나 동 소 종업원은 전혀 기억이 없다고 하기에 범인이 서명한 매출전표를 보자고 한 후 종업원이 제시하는 매출전표 아래쪽에 차량 번호가 적혀 있는 것을 발견하고, 종업원에게 누구의 차량 번호냐고 질문하자 동소 종업원은 카드를 사용하던 사람들이 수상한 생각이 들어 허리띠에 매달려 있던 차량열쇠고리에 서울12가3456호 차량번호가 적혀있어 적어 놓은 것이라는 진술 확보하였다. 차량 상대 수사를 통하여 서울12가3456호 차량을 조회한 바, 이00 54세의 명의로 되어 있어 이00의 가족관계를 확인 이00 25세가 용의자들과 연령대가 비슷한 것을 확인하고, 이00의 사진을 발췌 차량번호를 적은 가맹점과 롯데백화점 귀금속 코너에 임하여 이00의 사진을 보여준 바, 동일하게 이00가 신용카드를 사용한 사람이 맞다는 진술을 확보하였다. 범죄자 이00의 차량 안에서 50여 매의 신용카드를 압수한 후 출처에 대하여 추궁한바 바꿔치기한 신용카드라는 것을 알아내고 여죄 29건을 확보한 후, 신용카드를 바꿔치기한 경위에 대하여 추궁한 바, 피해자들이 신용카드 도난 사실을 바로 알지 못하게 하려한 의도였다는 진술 확보하였다. 먼저, 피의자들이 부정 사용한 신용카드 가맹점 수사 시 일일이 방문수사 즉, 가맹점을 방문치 않고 전화로 확인하고 방문 후에도 종업원 진술에만 의존하면 특별한 단서를 찾기 어렵다는 것이고 가맹점 임장 수사 시 구입해간 물건, 서명한 매출전표 등을 철저히 확인 필요하다는 것이다. 또한 정확한 가맹점 상대수사다. 즉, 가맹점의 업종에 따라 수사 기법을 변화가 필요하다. 예컨대 주유소에서 신용카드 부정사용 시 CC-TV설치 여부, 포인트 카드 사용여부 확인 등이 있다.

다. 자동차 사용 강도

 사건 개요로는 같은 동네 선·후배 지간인 피의자들은 특별히 하는 일 없이 지내던 중 차량을 이용한 심야 데이트 족들이 많다는 사실을 알고는 그들을 상대로 재물을 강취하기로 상호 공모한 후, 2002. 11. 5. 00:10경 서울 종로구 통의동 소재 야산 앞 이면도로에 차량을 주차시켜 놓고 데이트 중이던 피해자 차량에 몰래 접근하여 야구 방망이로 차량의 유리창을 깨트린 후 야구 방망이로 피해자 이OO 41세의 머리를 1회 가격하여 기절시킨 뒤 피해자의 지갑과 휴대폰을 강취하고, 같은 피해자 김OO 37세(여자)는 피의자들의 봉고 차량으로 납치 후 의정부 방면으로 도주하던 중 상계동 부근 검문소에서 검문이 있자 납치하던 피해자를 버리고 도주하고, 같은 날 02:30경 강취한 피해자의 신용카드를 이용 경기 의정부시 의정부동 소재 OO단란 주점에서 200만원 상당을 승인 내어 부정 사용한 사건이다. 통의동 소재 야산에서 납치 강도를 당하였다는 피해신고를 접하고 현장 주변을 확인한 바, 피해자 이OO은 이미 병원으로 후송되어 치료중이고, 같은 피해자 김OO 정신적으로 충격을 받은 상태로 범인들의 인상착의만 파악하였다. 피해품 상대 수사결과 범인들이 피해자 이OO의 지갑을 강취하였고 지갑 안에는 약간의 현금과 B.C신용카드가 들어 있다는 진술 확보하였다. 카드사와 협조체제 구축하여 피해자의 지갑에 비씨신용카드가 있다는 진술을 확보 후 피해자 가족들을 설득 신용카드 사용정지 하지 않고, BC신용카드사 야간 당직실에 협조 문서를 접수 후 사건내용을 설명하고 신용카드 사용 시 즉시 통보해줄 것을 요청, 새벽2시경 범인들이 의정부시 의정부동 소재 OO단란 주점에서 피해자의 신용카드로 200만원을 사용 하였다는 연락을 확보하였다. 또한 단란 주점 상대 수사에서 피해자의 신용카드가 사용된 단란 주점에 임하여 현장 확인한 바, 동 소에는 업주, 여자 종업원 3명, 웨이터 1명이 있어 이들을 상대로 피해자의 신용카드를 사용한 사람이 누구인지 추궁한 바, 종업원들은 동 신용카드가 사용된 사실이 없다는 진술을 확보하였다. 신용카드 승인방식 수사를 통하여 범인들이 승인을 낸 단란 주점 업주를 상대로 같은 ID를 가진 신용카드 체크기를 다른 장소에도 설치를 하였는지 확인한 바, 그런 사실은 없다는 진술확보(신용카드 체크기는 고유 ID가 있으나 이를 다른 체크기에 입력하면 같은 ID

를 가진 체크기 여러 대를 만들 수 있음)와 신용카드사 상대로 승인 방식에 대하여 확인한 바, 신용카드 MS와 체크기가 교차하는 Swipe승인 방식으로 피해자의 신용카드를 승인을 낸 것을 확인하였다.

사건 경위는 단란 주점 종업원 상대 수사에서 동 단란 주점 업주 협조 하에 여자 종업원을 분리하고 신용카드 승인 방법을 설명하며 거짓 진술한 것에 대하여 추궁한 바, 1명의 여자 종업원이 애인 이00(남, 28세)이 와서 몇일 후에 술을 마실테니 신용카드로 200만원만 승인을 내 놓으라고 한 후 누가 와서 물어 보면 신용카드 승인을 낸 사실이 없다라고 하라고 시킨 뒤 돌아 갔다는 진술 확보하였다. 피의자 검거과정은 단란 주점 종업원을 공작 피의자 이00을 유인 검거하여 범행 사실 추궁한 바, 같은 동네 선, 후배들과 함께 범행을 하였다는 진술을 확보하고 공범인 피의자 7명을 사건 발생 12시간 만에 모두 검거(총9건의 강도 여죄 확보)하였다. 수사 기법으로는 신용카드사 직원과의 즉각적인 협조체제 구축이다. 즉, 대부분의 강력 사건이 야간에 발생된다는 점을 감안할 때 야간에 카드사와의 협조는 범인 검거의 필수적인 요소로 작용한다는 것이다. 또한 신용카드 승인 방식에 대한 이해 필요하다. 즉, ARS승인이나 Key-in 승인의 경우에는 신용카드 실물이 필요가 없음과 Swipe승인의 경우 필히 신용카드 뒷면의 MS와 신용카드 체크기가 교차하여야 한다는 것이다. 마지막으로 강력 사건 발생시 피해품에 신용카드가 있을 때 즉시 사용정지 하지 말고 신용카드 한도를 축소한 후 용의자가 신용카드를 사용할 수 있도록 유도하여야 한다는 것이다.

라. 택시 기사에 의한 신용카드 현금서비스 인출

사건 개요는 피의자 김00 35세는 약10년 전부터 개인택시를 하며 손님으로 태운 취객들을 상대로 금품을 절취하고 절취한 신용카드를 이용하여 현금서비스를 받을 것을 마음먹고 그 대상을 물색하던 중, 2002. 4. 26. 22:30경 서울 중구 저동2가 소재 백병원 앞 노상에서 피의자의 택시 서울12사1234호(쏘나타3) 차량 내에 만취되어 잠들어 있던 피해자 박00 28세의 바지 뒷주머니 지갑 안에 있던 10만 원 권 상품권 5매, 비씨카드, 엘지카드 등 2매의 신용카드를 절취한 후, 피해자에게 "택시비를 카드로 계산해야 하니 비밀번호를 알려 달라"고 하여 만취한 피해자가 정신이 없는 상태에서 비밀번호를 알려주자 바로 피해자를 한적한 장소에 유기한 후, 동일 23:00경부터 시내 편의점 등 CC-TV가 설치되지 않은 곳을 돌아다니며 2장의 신용카드로 약 1천만 원 상당의 현금을 인출하는 등 만취한 택시 승객들을 상대로 약40건에 1억 5천만 원 상당을 절취한 사건이다. 수사경위는 현금서비스 인출 현금지급기 상대 수사를 통하여 피해자들이 모두 술에 만취되어 신용카드 도난 당시의 상황을 전혀 기억 하지 못하여 비밀번호 유출 경위에 대하여도 전혀 기억하지 못하는 상태였고 현금이 인출된 편의점 앞에 설치된 현금지급기는 CC-TV가 설치되어 있지 않았다. 정확한 피해내역 발췌 및 동일범 여부를 확인하기 위하여 정확한 피해내역을 발췌한 바, 2002년도 1월부터 4월 사이에 발생된 피해가 40여 건에 약1억 5천만 원 상당이 되는 것을 확인하였고, 대부분의 수법이 동일하고 현금서비스 인출 지역도 동일한 지역으로 동일범에 의한 소행으로 확인하였다. 검거 경위로는 범죄 발생 현금지급기 주변 수사를 통해 10건 피해 중 6건의 현금서비스 인출 장소가 서울 중구 초동 소재 "씨엘25시 편의점" 앞 노상에 설치된 나이스 현금지급기에서 발생된 것을 확인하였고, 현금지급기 옆에는 쓰레기통이 설치되어 있고 대부분의 사람들이 돈을 인출 후 거래 명세표를 쓰레기통에 버리는 것을 확인하였다. 쓰레기통에 버려진 거래 명세표 수거를 통하여 피해자들의 신용카드를 이용하여 현금서비스를 받은 후에 범인이 현금서비스 거래 명세표를 쓰레기통에 버렸을 것으로 추정하고, 현금지급기 옆에 있던 쓰레기통을 뒤져 피해자들의 카드가 사용된 후 버려진 거래명세표 확보하였다.

지문감식의뢰를 통하여 현금지급기 주변에 버려진 거래 명세표를 수거한 후, 경찰청 감식반에 매출전표에 대한 지문감식 의뢰 피의자 인적사항 발췌하였다. 지문감식으로 피의자의 인적사항을 발췌 후, 피의자 소재 파악코자 차량 범칙금 발부 여부를 확인하던 중, 피의자는 개인택시 영업을 한다는 것을 확인하고, 피의자 주거지 주변에서 잠복하던 중 택시 영업을 마치고 귀가하는 피의자를 검거하였다. 여죄 수사를 통하여 피의자 김00은 동종 전과 6범인 자로 여죄가 상당 부분 있을 것으로 판단 피의자 주거지를 압수 수색한 바, 타인의 손지갑과 신용카드를 여러 개 소지하고 있고 소득에 비해 소비가 심한 것을 파악하고 여죄에 대하여 추궁한바, 자신이 소지하고 있던 피해자들의 신용카드, 지갑부분에 대한 35건의 여죄를 자백 받은 후, 피의자가 절취한 신용카드로 현금서비스를 인출한 현금 지급기 거래 내역을 일일이 확인하여 거래내역으로 피해자를 확보하였다. 범행 현장이 여러 곳일 경우 범행 현장 주변에 범인이 버릴 수 있는 유실물이 있다는 점을 착안하여야 한다. 또한 사건에 대한 기초 조사가 이루어지지 않으면 여죄 확보가 되지 않음을 주의하여야 한다. 즉, 신용카드 현금 지급기 거래 내역을 조사 후 각 신용카드사에 사고 접수여부를 의뢰 피해자 확보가 중요하다.

마. 술 취한 사람 퍽치기 신용카드 강도

새벽에 배OO 30세, 상 피의자 변OO 32세는 교도소 복역 중 알게 된 자들로, 교도소를 출소한 후 일정한 직업을 구하지 못하여 용돈이 궁한 나머지 심야 시간대에 인적이 드문 곳을 걸어가는 취객들을 상대로 현금 및 신용카드를 강취할 것을 공모 후 범행 대상자를 물색하던 중, 2005. 5. 26. 02:00경 서울 중구 충무로2가 소재 명동역 9번 출구 계단에서 술에 취해 걸어가는 피해자 김OO 56세를 발견하고 피의자 배OO은 피해자의 뒤에서 걸어가고, 상피의자 변OO은 피해자의 앞에서 걸어오며 주변을 망볼 때 피의자 배OO은 미리 준비하여 소지하고 있던 각목으로 피해자의 머리를 1회 가격하여 피해자를 항거 불능케 한 후, 피해자의 소지품에서 현금 23만원과 신용카드 2매를 강취하고, 강취한 신용카드 2매를 이용 같은 날 02:30경 서울 중구 충무로 1가 소재 밀리오레 명동점 3층 신사복 코너에서 의류를 구입하는 등 약300만원 상당을 부정 사용한 사건이다. 수사착수경위는 피해자 김OO 56세가 피해를 당한 다음 날 피해신고를 하였고, 피해 당시에 술이 만취한 상태에서 각목으로 폭행을 당하여 피의자의 인상착의 등을 전혀 알 수 없다는 진술을 확보하고 수사에 착수하였다. 신용카드 매출내역 상대 수사에서 피해자가 빼앗긴 신용카드가 비씨카드와 엘지카드로 정확한 피해 내역을 확인하기 위하여 각 신용카드사로부터 신용카드 매출 내역을 제출 받아 확인한 바, 약30분 사이에 300여만 원이 부정 사용된 것을 확인하였다. 가맹점 상대 수사에서 강취한 신용카드로 서울 중구 충무로1가 소재 밀리오레 상가 7개의 점포에서 300만원이 사용되어 밀리오레 내에 있는 각 매장들을 상대로 탐문한 바, 20대 후반의 남자 2명이 왔다는 진술 외에는 피의자를 특정할만한 단서를 발견하지 못하였으나 양복을 판매한 가맹점 업주가 피의자들이 의심되어 피의자에게 휴대폰 번호를 물어본 후 즉석에서 전화를 하여 휴대폰이 울리는 것을 확인하였다는 단서를 확보하였다. 범죄자가 휴대폰 번호의 가입자는 서울 은평구 응암동에 거주하는 김OO(가명, 24세)의 명의로 된 전화 번호라는 것을 확인하였다. 휴대폰 명의의 김OO을 상대로 휴대폰 가입 여부 탐문한바 김OO은 처음에는 휴대폰 가입사실 극구 부인하다가 자신의 남자 친구인 배OO이 사용 한다고 진술하였다. 주거지 잠복을 통하여 피의자 배OO이 사용하는 휴대폰에 대하여 실시간 위치 추적한 후 피의자의 주거지에 잠복수사 하여 배OO과 변OO을 검거하였다. 증거 자료 압수 및 추가 범행 확인을 통해 피의자들을 검거하고 주거지를 압수수색한 바, 피의자들의 주거지는 원룸으로 원룸 내에 다수의 금목걸이, 금반지 등 귀금속 및 타인 명의 신용카드 등이 발견되어 여죄 추궁한 바, 피의자 등은 주간에는 빈집털이, 야간에는 취객을 상대로 퍽치기 하는 전문범인 것을 확인하였다. 범행으로 취득하여 사용한 신용카드 가맹점에 대하여 빠짐없는 조사가 필요하며 신용카드 가맹점은 피해 자, 참고인 입장이니 친근감 있게 접근하여 적극적인 협조를 받아내는 것이 중요하다.

바. 술 취한 사람 납치 신용카드 강도

권OO 22세, 이OO 22세는 서울 서초구 서초동 1234번지에 소재 서초유흥주점에서 웨 이터로 일을 하다가 그만둔 후, 일정한 직업 없이 지내던 중, 강남역 주변에 쓰러져 있는 취객들을 납치하여 금품을 빼앗아 사용하기로 범행을 모의하고, 범행에 사용할 중고 봉고차 1대를 구입 후 범행대상을 물색하던 중, 2002. 4. 15. 01:30경 서울 서초구 서초동 소재 강남역 6번 출구 앞 노상을 술에 만취되어 걸어가던 피해자 김OO 41세를 발견하고 피해자에게 다가가 부축하여 주는 척하며 자신들의 봉고차에 태운 후, 고속 도로 판교 톨게이트 부근 인적이 없는 곳으로 가서 피해자를 폭행하여 항거 불능케 한 후 소지하고 있던 지갑과 현금 25만원, 신용카드를 강취하고 동소에 피해자를 유기 한 후, 같은 날 04:30경 강취한 신용카드를 이용 서울 중구 을지로6가 소재 밀리오레 귀금속 상가에서 약700만원 상당의 귀금속을 구입하여 편취하는 등 약20여명 피해자 의 신용카드를 강취하여 총2억원 상당을 부정 사용한 사건이다.

강남역 사거리 부근 노상에서 취객들이 납치되어 신용카드를 강취 당한 범죄가 10 여건 이상이 발생되었다는 첩보를 입수하고 수사에 착수하였다. 피해자 상대 수사에서 동일한 지역에서 동일한 수법의 범죄가 발생되었으나, 피해자들 중 일부만 피해를 당한 위치를 기억하였고, 차량의 번호나 범인들의 인상착의는 전혀 기억하지 못하고 있었다. 피해품 상대 수사에서 피해자들을 상대로 정확한 피해내역을 확인한 바, 피해자들 모두 신용카드를 강취 당하였고 신용카드를 이용 고액을 부정 사용하였다는 사실을 확인하였다. 신용카드 사용처 수사에서 범인들이 현금서비스를 인출한 CD기의 압인전표와 CC-TV를 비교 분석한 바, 특이점 발견할 수 없고, 강취한 신용카드가 사용된 가맹점에서는 20대 초반의 남자 3명이 물건을 구입 후 신용카드로 결제한 것이라는 진술을 하였다. 카드사 상대 수사에서 강취당한 신용카드의 정확한 사용내역을 발췌하기 위하여 각 신용카드사에 강취당한 신용카드의 시험승인, 거절승인, 취소승인 여부에 대하여 알아본바 피의자들이 강취한 신용카드로 서초 유흥주점에서 3회에 걸쳐 1,000원의 시험승인 낸 것을 확인하였다. 유흥주점 상대 수사에서 1,000원씩 3회에 걸쳐 시험승인을 낸 유흥주점에 임하여 약20여명의 웨이터와 지배인을 상대로 누가 시험승인을 낸 것인지 여부에 대하여 확인한 바, 전혀 알지 못한다고 진술하였다. 시험승인 방식 조사에서 1,000원의 시험승인이 어떠한 방식으로 발생하였는지 신용카드사에 확인 한 바, 3건 모두 Full-Swipe방식(신용카드 마그네틱과 체크기가 모두 교차하여 승인되는 방식)이라는 것을 확인하고, 유흥주점 내부에 공모자가 있다는 것을 확인하였다. 유흥주점 업주 상대 수사에서 20여명의 종업원들 모두 시험승인에 대하여 전혀 알지 못한다는 진술, 동 업주의 진술은 신용카드 체크기를 관리하는 사람은 종업원 2명이라는 진술 확보 동 업소 체크기를 관리하는 종업원 2명을 불러 체크기 승인방법 시험승인 방법 등에 설명 후 추궁한 바, 과거 동 주점에 웨이터로 근무하였던 이상만이 신용카드를 가지고와 시험승인을 요청하여 해준 것 이라는 진술을 확보하였다. 카드사에서 부정 사용내역을 출력하면 전표 매입이 안 된 1,000원 승인은 출력이 안 되는 경우가 있다는 것과 1,000원의 승인은 대부분 시험승인이고 범인들이 신용카드 도난 거래정지를 확인하려고 승인을 내는 것으로 승인난 가맹점의 철저한 조사필요와 승인 방식이 Full-Swipe방식일 경우 가맹점 내부에 공모자가 있어야만 승인이 가능하다는 점을 착안하는 것과 마지막으로 ARS시험승인 경우 가맹점 의사와 관계없이 승인가능하다는 것이다.

사. 유괴범 검거

　범죄자 홍00 28세, 상피의자 이00 25세는 고향 선, 후배 사이로 생활이 어려워지면서 신용카드를 많이 사용하여 신용카드 대금을 연체하게 되자 신용카드 연체 대금을 갚기 위해 어린 아이를 유괴한 후 부모를 상대로 금품을 강취하기로 공모한 후 범행 대상을 물색 하던 중, 2002. 5. 20. 14:00경 경기 고양시 일산구 백석동 소재 백석초등학교 앞 놀이터에서 놀고 있던 피해자 김00 5세에게 맛있는 것을 사준다고 접근하여 피해자를 자신들의 봉고 차량에 태운 후, 서울 중구 회현동1가 123번지 소재 자취방으로 유괴한 후에 피의자 홍00은 피해자의 부모에게 전화를 걸어 "1억 5천만 원을 주지 않으면 아이를 죽여 버리겠다"라고 수차례 협박전화를 한 사건이다. 유괴사건에 대한 공조수사 요청 들어와 수사에 착수하였다. 피의자 신원 확인에서 피의자들이 피해자 김00을 납치한 후에 경기도 고양시 일산구 백석동 부근 공중전화를 이용 피해자의 부모들에게 금품을 요구한 것을 공중전화 지문감식으로 피의자 홍00 인적사항 발췌, 피의자 명의 휴대폰 가입여부 수사하여 011-234-4567번을 사용하고 있는 것을 확인하였다. 휴대폰 실시간 위치 추적을 통하여 피의자가 사용하는 011-234-4567번의 실시간 위치 추적한 바, 서울 중구 회현동으로 확인하였다. 신용카드 사용내역 추적에서 피의자 홍00의 신용카드 사용내역을 조회한 바, 홍00은 자신 명의의 신용카드를 사용하면서 신용카드 대금을 연체하지 않기 위하여 카드 대금 지급일에 항상 조회하면서 납부하고 있다는 것을 확인하였다. 피의자 공작 검거에서 피의자 홍00의 신용카드 사용내역을 확인한 바, 홍00은 신용불량자가 안되려고 신용카드 대금 결제에 많은 신경을 쓴다는 사실을 확인하고, 홍00의 핸드폰 위치가 추적되는 서울 중구 회현동 소재 우리은행 본점 카드사업부의 협조를 받아 동 은행 직원이 홍00의 휴대폰으로 전화를 하여 "고객님의 신용카드가 500만원이 연체되어 있는데 즉시 변제하지 않으면 신용불량자로 등재 하겠다"라고 말하자 홍00은 연체된 사실이 없다고 항의를 하며 언성을 높이기에 그러면 은행에 와서 확인을 해보라며 유인하자 홍00은 알았다고 한 뒤 약15분 후 은행을 방문한 홍00을 검거 후 주변 자취방에 피해자와 함께 은신해 있던 범죄자를 붙잡았다. 인적사항을 확보하였을 경우 피의자들이 신용카드 사용내역을 추적하는 기법 필요와 정상적으로 신용카드를 사용하고 있는 피의자일 경우 신용카드를 활용한 검거 기법 필요 또한 인적 사항이 확인된 용의자 추적 시 용의자의 신용카드 사용내역을 조회하면 용의자의 취미, 행동반경, 성향 등을 파악할 수 있음. 즉, 위 사건에서 피의자가 신용불량자 되는 것에 많은 신경을 쓰고 있다는 사실을 알고 신용불량자로 등재한다고 하며 붙잡았다.

2. 신용카드 매출표 위·변조

매출전표 위조는 카드 정보 입수, 거래승인, 가맹점 입금대금의 편취 등 3단계의 절차가 필수적이다. 또한 위조 매출전표에 작성된 신용카드 정보의 유출처가 어디인지 점검하고 또한 위조에 이용된 카드 번호의 과거사용 내역 중 공통되는 가맹점이 어디인지를 파악하고 해당 카드번호의 유출 경로를 역추적 하는 작업을 통해 정보 유출자 및 공모자를 파악하였다. 거래승인 및 매출대금이 입금된 가맹점이 위조된 신분증이나 대여된 명의인(일명 바지)에 의해 허위로 개설된 가맹점인지 제3자의 명의로 개설되어 대여된 가맹점인지를 파악하여 가맹점의 개설 관계 및 대여관계에 이용된 전화번호 등의 연락처 및 인상착의 등을 파악하여 범인 추적에 이용하였다. 통상 매출전표가 카드사에 접수되고 대금이 가맹점 결제계좌에 입금되기 위해서는 3-5일 정도가 소요된다. 또한 대금 인출 시의 은행 CC-TV 자료 등은 범인 추적 및 증거자료로 이용하는 것도 중요하다.

가. ARS 승인 이용 신용카드 매출전표 위조

전00 32세, 상피의자 이00 28세는 고등학교 선, 후배 사이로 신용카드사에서 신용카드번호와 유효기간을 알면 가맹점에 ARS 승인을 내준다는 사실을 알고는 재물을 편취하기로 공모한 후, 자신들이 호프집을 운영하며 보관하고 있던 신용카드 매출전표 정보 내역(카드번호. 유효기간)을 이용하여 매출전표를 위조 후 신용카드사로부터 ARS 승인을 받아 대금을 편취할 것을 공모한 뒤 타인 명의(일명 : 바지)로 신용카드 가맹점을 개설하여 놓고, 2002. 10월경 대구광역시 달서구 용산동 소재에 "애견" 이라는 상호의 위장가맹점을 개설한 후 가지고 있던 타인의 신용카드정보를 이용하여 자신들 명의의 양각된 신용카드번호 위에 수기 매출전표를 올려놓고 볼펜으로 양각된 카드번호 16자리와 유효기간, 성명 등을 맞추어 긁는 수법(일명 : 짜집기 수법)으로 인쇄하여 사문서인 신용카드 매출 전표를 위조하고, 위와 같이 위조한 신용카드 매출전표를 이용하여 총5개의 위장 신용카드 가맹점명의로 ARS승인을 받은 뒤 각 신용카드사에 접수시켜 1억2천만 원 상당의 대금을 입금 받아 편취한 것이다. 신용카드 가맹점 상대 수사에서 피의자들이 범행을 하기 위하여 개설한 5개의 위장 가맹점 소재지에 임하여 당시 사무실 임대 관계 등에 대하여 확인한 바, 범행 후 모두 도주하여 가맹점 소재지에서 특이 용의점을 발견치 못하였다. 예금 인출 은행 상대 수사에서 CC-TV사진을 발췌한바 용의자는 모자, 마스크 안경을 착용 후 현금카드로 돈을 인출하여 범인에 대한 인상착의 전혀 식별이 불가능했다. 통장에 대하여 입·출금 거래 내역을 확인한 바, 통장 거래내역에서도 특이점 발견치 못하였다. 피해 회원 정보 유출처 상대 수사에서 각 신용카드사를 상대로 피해 회원들의 과거 신용카드 사용내역을 확인하여 본 바, 피해자들의 카드가 공통적으로 전문원 명의로 된 우리 호프집이라는 신용카드 가맹점에서 사용한 내역을 확인하였다. 전문원 명의 휴대폰 수사에서 정보유출처인 우리 호프집 업주 전문원의 휴대폰 사용 내역을 조회하여 열람한 바, 대부분 위장 가맹점의 신용카드 승인시간대에 신용카드사 ARS(1588-0000)전산과 접속한 사실을 밝혀냈다. 휴대폰 기지국 위치 확인결과 위장 가맹점 통장에서 돈을 인출한 장소와 전문원의 휴대폰 통화내역에서 발췌한 기지국 위치를 비교해 보니 동일하여 피의자를 특정하였다. 피의자 검거는 전문원을 검거 범행에 대하여 추궁한 바, 일관되게 범행을 한 사실이 없다고 부인하여 정보유출처가 우리호프집이라는 것과 휴대폰이 신용카드사 ARS전산에 접속한 자료를 보여주며 추궁하자 범행일체를 자백하며 CC-TV에 찍힌 자는 상피의자 이00이라고 하여 검거하였다.

  사례분석은 신용카드 매출전표를 위조하려면 타인의 신용카드 정보(카드번호, 유효기간, 영문 성명)을 알아야 범행이 가능하며 또한 타인의 신용카드 정보가 유출된 경위 파악과 수기 매출 전표 접수는 항상 ARS승인을 받은 후에 매출전표를 카드사에 접수하여야 한다는 점을 알고 수사 대상자 관련 전화(휴대폰, 일반전화) 조회를 철저하게 하여야 한다.

나. 신용카드 가맹점을 기망 한 위조 매출전표 행사

채OO 30세는 컴퓨터 학원 강사로 일하는 자로, 사업 실패 후 가정 형편이 어려워지자 매출전표를 위조하여 유통시켜 금원을 편취하기로 마음먹었다. 2005. 4월 초순 경 과거 신용카드 가맹점을 운영할 당시 보관하고 있던 신용카드 회원들의 정보를 이용하여 자신 명의의 신용카드 여러 장의 카드번호, 유효기간, 영문명 등을 오린 후 이를 짜깁기하는 방법으로 붙힌 뒤 그 위에 수동 매출전표 올려놓고 긁는 수법으로 신용카드 매출 전표를 위조하고 인천 남동구 구월동 1000번지 소재 "별사탕 단란 주점" 명의로 각 신용카드사에 ARS승인을 득한 후, 위와 같이 위조한 신용카드 매출전표를 신용카드사에 접수한 후, 그 대금 입금 기일에 신용카드사에서 단란주점 가맹점으로 돈이 입금되자 신용카드사 직원을 사칭하여 단란 주점으로 전화를 하여 "대금 입금처리에 오류가 있으니 환불해 달라"고 요구하며 가히 위조한 운전면허증으로 개설해 놓은 예금 통장 계좌번호를 불러줘 가맹점업주가 계좌이체를 시켜주면 그 금액을 찾는 수법으로 약1년 동안 15개의 가맹점을 상대로 3억원 가량을 편취한 사건이다. 인천 지역에서 정상적인 가맹점의 명의로 매출전표가 위조되어 접수가 된 후에 카드사에서 대금을 입금시켜 주면 범인이 카드사 직원을 사칭하여 가맹점 업주에게 전화를 걸어 계좌이체를 유도하여 그 대금을 편취하는 사례가 계속하여 발생되고 있다는 첩보를 입수하고 수사에 착수하였다. 매출전표가 접수된 가맹점 상대 수사에서 피의자가 정상적인 가맹점의 명의로 매출전표를 위조하여 대금을 입금 받은 것을 확인하고, 가맹점 업주들을 상대로 확인을 하였으나 전혀 누구인지를 밝혀내지 못하였다. 예금 인출시 CD기 및 CC-TV 상대 수사에서 불상의 피의자가 계좌 이체된 통장을 이용하여 예금을 인출한 CD기에 설치된 CC-TV를 확인한 바, 30대 중반의 남자 1명이 예금을 인출한 것 외에는 특이점 발견치 못하였으며 예금을 인출한 장소가 모두 틀려 어느 한 곳에서 잠복하는 것도 불가능 하였다. 위조 매출전표 검색 수사에서 피의자가 범행을 계속하여 하고 있는 것을 확인하고 카드사와 협조 하에 평소 피의자가 위조 매출전표를 접수시키는 카드사 지점의 수동압인전표에 대하여 특별 검색을 실시하던 중 인천 부평구 부평동 소재 안경점 명의로 위조 매출전표가 접수된 것을 확인하였다. 안경점 업주 상대 공작에서 피의자가 인천 부평구 부평동 소재 안경점 명의로 위조 매출전표를 접수시킨 것을 확인하고, 동 가맹점으로 전화를 할 것으로 예상되어 동 가맹점 업주에게 상황을 설명하고 협조를 구하고, 가맹점 대금 입금이 이루어지는 날을 전후해 범인이 전화를 걸어올 것을 대비하고 가맹점에서 잠복하였다. 전화 역발신 추적 수사에서 가맹점 대금이 입금된 하루가 지나 오후 2시경 피의자로부터 전화가 걸려와 발신지를 확인한 바, 인천 부평구 부평동 소재 노상에 설치된 공중전화라는 것을 확인하였고 피의자에게 가맹점 업주가 없다는 핑계를 대고 계속하여 전화를 할 수 있도록 유도한 바, 2번 째 걸려온 전화도 같은 곳에 설치된 공중전화라는 것을 확인하였다. 피의자 검거는 피의자에게 다시 전화를 하도록 유도한 뒤 공중전화의 위치를 확인하고 공중전화 부근에서 잠복을 하던 중 007가방을 소지하고 공중전화에서 전화를 하는 피의자를 현장에서 검거하였다. 또한 범행 도구 압수는 피의자를 현장에서 검거하자 피의자는 범행일체를 자백하면서 자신의 007가방에서 카드 매출전표 위조에 필요한 카드조각, 매출전표, 예금통장, 신분증 등을 소지하고 있었고, 전국 각지를 돌아다니면서 범행을 한 것으로 확인하였다. 신용카드 매출전표 위조 사건의 경우 범행이 지속적으로 이루어지는 점에 착안하여 위조 매출전표가 접수되는 신용카드사를 상대로 매출전표를 검색해야 하고 범인의 다음 행적을 정확히 파악하여 현장에서 검거할 수 있는 능력이 필요하며 전화를 이용하여 범행을 하는 범인의 추적에는 전화 발신지 추적이 필수적이다.

3. MS(Magnetic Stripe)위조

MS위조는 피해자의 신용카드 실물이 범인의 손을 거쳐야 가능하다. 그래서 피해자의 신용카드 사용내역서 파악하여 정보의 일치점, 유출처 확인이 중요하다. 즉, 가해자들의 신용카드 사용내역을 확인하여 공통되게 사용된 가맹점이 확인되면(정보 일치점) 동 가맹점이 정보 유출처임을 유의하여야 한다. 또한 주유소, 식당 등에 위장 취업 후 피해자가 대금을 지불할 때 MS정보 복제가 중요하며 신용카드 할인업자(연체대납 등)가 보관한 신용카드 MS정보 복제 또한 위조범들은 카드 사용 시 여러 장의 신용카드를 가지고 다니는 특성이 있음을 인식하여야 한다. 그리고 사용처 업주와 공모가능성

수사(유흥업소의 결탁가능성, 위조카드 소지 자 신분확인여부 및 여종업원 상대 연락처 기재 여부 등)즉, 위조카드가 유흥업소에서 부정사용 되면 90%이상 검거가 가능하다. 또한 위조카드로 현금서비스 인출 시 CC-TV화면 분석 및 현금지급기를 확인하는 것이 중요하다. 내·압인된 전표 열람에서 현금 지급기에서 현금 인출 시 신용카드MS 정보를 읽은 거래 명세표 1장이 출력되면서 현금 지급기안에는 양각된 신용카드 표면 정보와 MS정보를 읽은 거래 명세표1장이 보관되며 CC-TV를 이용하여 피의자의 행태를 분석하면 검거의 중요한 단서가 출현되며 현금지급기 내 압인전표에 각인된 위조카드는 범인 검거의 결정적 열쇠이다.

<사진 4> 은행 CD기 내부에 찍히는 압인전표 (실제 카드와 각인카드가 틀림)

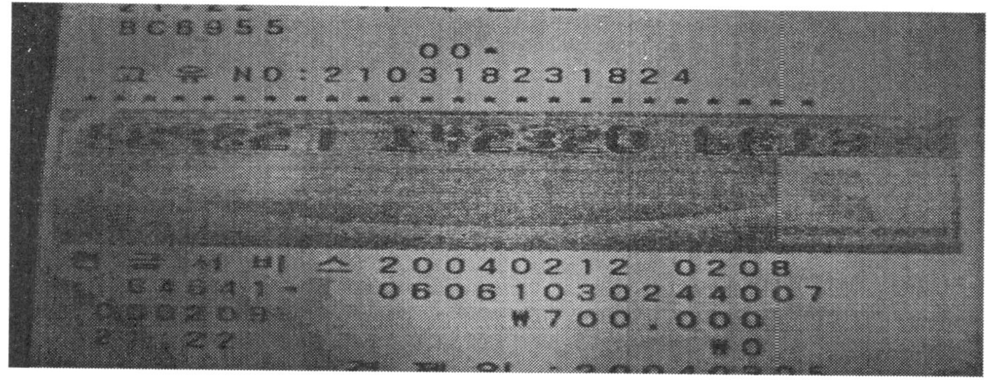

용의자가 자신의 신용카드 MS에 피해자 MS를 입력하여 현금을 인출시 현금지급기 내에 용의자의 신용카드 표면 양각된 부분이 거래명세표에 인쇄된다. CC-TV 추적 기법은 동일 은행 카드로 예금 및 현금서비스 인출 시 해당 CD기 압인전표 확인 후, CC-TV 확인 후 CC-TV는 최소 거래 30분전부터 확인이 되며 CD기 보관 거래 전표는 MS위조카드 확인, 범죄자의 금융 거래, 여죄 확인 등에 중요한 단서를 제공한다. 신용카드 MS 정보를 빼내 다른 카드의 MS에 정보를 입력하여 사용할 경우 카드 마그네틱에 입력된 카드번호와 카드 표면의 카드번호가 틀리다. 신용카드 체크기에 위조한 카드로 승인을 받을 경우 자동 매출표에는 카드 표면의 카드번호가 아닌 MS에 저장된 카드 정보가 인쇄되어 출력이 되며 위조한 카드를 사용할 경우 아는 관계가 있는 가맹점에서 카드를 많이 사용된다. 또한 위조카드가 사용된 가맹점은 범인과 가맹점과의 연관 가능성을 염두에 두고 다각적인 분석 하에 접근하는 방식으로 조사가 이루어진다.

가. 술 취한 사람 신용카드 위조사건

사건개요는 피의자 안OO 42세는 신용카드 할인업을 하는 자, 상 피의자 고OO 41세는 일정한 직업이 없는 자, 같은 이OO 23세는 부산 사하구 괴법동 소재 상아 단란 주점 종업원으로 근무하는 자로서, 이들은 타인의 신용카드를 위조·복제하여 사용하기로 마음먹고, 피의자 안OO은 신용카드 MS(Magnetic Stripe)를 위조하는 기술책, 같은 고OO는 위조 신용카드를 이용 현금을 인출하는 인출책, 같은 이OO는 자신이 근무하는 단란주점에서 피해자들이 신용카드로 술값을 계산할 때 신용카드MS (Magnetic Stripe)정보와 비밀번호를 알아내는 정보 수집책을 맡기로 분담 역할을 정한 뒤, 2003. 2. 5. 22:30경 부산 사하구 괴법동 소재 맹꽁이 단란 주점 내에서 피해자 이OO 36세가 자신 명의의 BC신용카드로 술값을 계산하자 이OO는 피해자에게 신용카드 승인을 내려면 비밀번호를 알아야 된다고 하며 비밀번호를 알아낸 뒤 소지하고 있던 리더기로 피해자의 신용카드 MS(Magnetic Stripe)정보를 알아내는 등 45명의 신용카드 정보를 알아내고, 피의자 안OO은 같은 달 15일 21:15경 피의자 안OO의 주거지 방안에서 같은 이OO가 알아낸 타인의 신용카드 MS정보를 위조 기계를 이용하여 타인 명의 신용카드MS에 입력 시키는 방법으로 위조하고, 피의자 고OO는 같은 달 16. 09:30경 부산 사하구 괴법동 소재 우리은행 내 설치된 현금지급기에서 위조한 이00의 BC신용카드로 500,000원을 인출하는 등 45매의 신용카드를 이용하여 1억3천만원상당의 현금 서비스를 인출하고 1억 7천만원상당의 물품을 구입하며 부정 사용한 것이다. 비씨카드사로부터 신용카드가 위조되어 사용이 되고 있는데 일부는 물품구입이 되고, 일부는 현금서비스가 되어 카드 명의자들이 이의 신청을 많이 하고 있다는 첩보를 입수하고 수사에 착수하였다. 정보출처 상대 수사에서 피해가 발생된 신용카드 회원들의 과거 신용카드 사용 내역을 분석한 바, 부산 사상구 괘법동 소재 상아단란 주점에서 동일하게 사용이 된 것을 확인하고, 정보가 유출된 상아단란 주점에 임하여 정보가 유출된 기간에 상아단란 주점에서 웨이터로 근무하였던 이00의 인적사항과 휴대폰 번호를 발췌하였으나 피의자 이00는 범행 후 단란 주점을 그만둔 상태였다. CC-TV 상대 수사에서 피의자들의 범행을 입증하기 위하여 위조된 카드로 현금인출이 발생된 부산, 경주 소재 우리은행, 국민은행 등 시중은행에 임하여 CC-TV발췌하고, 압인전표(CD기 내부에 각인된 신용카드 실물 사진) 확인한 바, 약 30대 중반의 남자 1명이 얼굴을 가리고 들어와 현금을 인출해갔으며 위조에 사용한 카드는 회원제 미용실 카드라는 것을 확인하였다. 피의자 휴대폰 추적 수사에서 피의자 이00가 상아단란 주점에서 일할 당시 사용한 휴대폰의 통화내역을 발췌하여 수사한 바, 피의자 이00는 범행 후 대구에 거주하는 것을 확인하였고 휴대폰 통화내역 분석한 바, 피의자 이00가 중국집에서 2회에 걸쳐 음식을 배달시킨 사실을 중국집에 기재된 배달 장부를 통하여 확인하여 중국집 주인을 공작 이00를 검거하였다. 2번 음식이 배달된 이준호의 주거지로 보이는 대구광역시 수성구 범어동 897-1호 다세대 701호에 중국집 주인에게 음식배달을 가장 확인한 바, 피의자 이00를 붙잡았다. 이00에게 MS정보 유출경위에 대하여 묻자 이00가 상아단란 주점에서 유출한 MS정보를 공범인 안00에게 건네주었으며 주거지에 있다는 것을 확인후 신용카드를 위조하고 있던 안00, 고00 검거, 현장에서 신용카드 위조 프로그램, 복제기, 노트북 등을 압수하였다. 분석은 신용카드 MS위조 수사는 제일 먼저 정보가 유출된 가맹점을 확인하는 것이 급선무이며 위조카드 제작 장비인 위조프로그램, 복제기 등은 필히 압수하여야 한다. 그리고 휴대폰 통화내역 분석 시에는 중국집, 피자가게, 통닭집 등에 배달을 시킨 내역이 있는지 필히 확인(범인 검거의 중요한 단서가 됨)하여야 한다.

<사진 5> 엔코딩기(신용카드 복제기)

나. 스키머(Skimmer) 이용 주유소에서 신용카드 MS정보 빼내 위조

사건 개요는 피의자 등은 2003년 6월 중순경 미국 LA에 소재한 술집에서 종업원과 지배인, 손님 등의 관계로 만나 상호 알고 지내는 자들로 신용카드 MS정보 400여 개를 입력할 수 있는 스키머(SKIMMER)를 이용하여 한국에서 신용카드 MS정보를 유출한 후 미국에서 위조 신용카드를 제작하여 카지노 등지에서 칩을 구입한 후, 되파는 수법으로 현금화하여 사용하기로 마음먹고, 피의자 설00 28세 김00 29세는 미국에서 한국으로 입국하여 신용카드 MS정보를 쉽게 유출할 수 있는 장소를 물색하던 중 주유소에서 신용카드 MS정보를 빼내기가 쉽다는 것을 알아내고, 2005년 10월 초순경 서울 은평구 수색동 666-777호 소재 "고구려주유소"에 위장 취업을 하여 2005. 10. 13. 13:00경 동 주유소에 손님으로 온 피해자인 박00 57세가 주유 후 비씨카드 1매를 제시하자 미리 소지하고 있던 스키머에 피해자 신용카드 MS정보를 입력하는 수법으로 동 주유소에 손님으로 온 피해자들의 신용카드 MS정보 200여개를 빼낸뒤, 항공특급우편을 통하여 미국에 있는 공범인 홍길동에게 보내자 이미미는 스키머에 저장되어 있던 신용카드 MS정보를 이용 200여 매의 신용카드를 위조하고, 2005. 11. 11. 13:48경 미국 라스베가스 소재 카지노에서 위조한 신용카드로 약7만달러(한화 9,000만원 상당) 상당의 칩을 구입하고 되파는 수법으로 현금화하여 동액 상당을 편취하-고, 위조카드를 국내로 들여와 2005. 10. 23. 15:30경 서울 강남구 신사동 666-99호 소재 "MFK"의류점에서 위조 신용카드를 제시하고 50만원 상당의 의류를 구입하는 등 미국과 한국 등지에서 위조 신용카드를 이용하여 약1억5천만원 상당을 부정사용한 사건이다. 피해자들로부터 사용하지도 않은 신용카드가 미국 라스베가스 카지노와 국내 유명 백화점 등에서 동시에 사용이 되고 있다는 첩보를 입수하고 피해자들의 출입국 내역 및 신용카드 사용내역을 확인한 바, 미국에 간 사실이 없는 피해자들 명의 신용카드가 미국 카지노에서 사용이 된 것을 확인하고 수사에 착수하였다. 각 신용카드사 상대 수사에서 피해자들의 신용카드 발급 회사를 상대로 과거 사용내역을 제출 받아 확인한 바, 공통적으로 서울 은평구 수색동 666-777호 고구려주유소에서 사용이 된 것을 확인하였고, 추가 피해 여부에 대하여 확인한 바 신라주유소에서 주유대금을 결제한 신용카드가 위조되어 미국 라스베거스 소재 카지노에서 계속 사용이 되고 있는 것을 확인하였다.

정보 유출된 고구려주유소 상대 수사에서 위조 신용카드의 정보 출처로 확인된 서울 은평구 수색동 666-777호 고구려주유소에 임하여 정보유출자의 소재를 확인한 바, 정보 유출 기간에 2명의 20대 후반의 남자가 아르바이트 한 것을 확인하였으나 인적사항은 확인 불가하였다. 위조 신용카드 사용 가맹점 상대 수사에서 위조된 신용카드가 사용된 가맹점들을 상대로 탐문한 바, MS정보를 유출한 불상의 남자 2명 외에 여자 1명이 와서 의류를 구입하여 간 것을 확인하고, 공범이 약3-4명일 것으로 추정하였으나 피의자 인적사항은 확인 불가하였다. 주유소 컴퓨터 하드 분석에서 불상의 피의자가 주유소에서 근무를 하면서 인터넷 접속을 한 것으로 생각되어 동 주유소 사장의 동의를 받아 하드디스크에 대하여 복구한 후에 접속한 사이트를 확인한 바, 피의자들은 www.hangame.com에 접속하여 유료 게임을 한 것을 확인하였다. 한게임 상대 가입자 추적에서 주유소 PC 하드디스크를 복구하여 발췌한 피의자가 사용한 것으로 생각되는 한게임 ID에 대하여 가입자 인적사항 의뢰하고 ID 접속 시 실시간 추적을 의뢰하였다. 한게임 ID 실시간 추적 수사로 피의자 2명 검거는 한게임에 실시간 ID 추적 의뢰하고 접속 여부를 확인하던 중 피의자가 사용하는 ID 중 1개의 ID가 접속한 것을 확인하고 http://whois.nic.or.kr에 접속 IP 조회한 바, 서울 송파구 석촌동 소재 게그크조아 PC방 11번 PC라는 것을 확인하고 동 소에 임하여 온라인 게임을 하고 있던 설00, 김00 검거하였다. 피의자 설00, 김00 상대 수사는 검거된 설00, 김00는 MS정보 1건 당 3만원씩 받기로 하고 스키머를 이용하여 신용카드 MS정보 400여개를 유출하였고 유출한 정보는 항공우편으로 미국으로 보냈다는 진술을 확보하였다. 추가 공범 파악에서 설00는 알아낸 MS 정보를 항공우편을 이용 미국에 있는 배00에게 보내 주었으며 위조는 미국에 있는 배00이 한 것이고, 라스베거스 카지노에서 칩을 구입한 것도 배00이라고 진술하나 배00은 미국에 거주하는 자로 확인되어 검거하지 못하고 수배 입력 후, 수사를 종결하였다. 강력범죄와 마찬가지로 신용카드 범죄 현장에서는 조그마한 것이라도 주의 깊게 살펴야 하고 하드디스크 복구 분석이 피의자 검거의 결정적 단서가 되며 즉, 피의자가 컴퓨터를 사용한 정확한 시간만 특정이 되면 어떠한 사이트에 접속을 하였는지에 대하여 하드디스크 복구하여 확인 가능하고 정보 유출처는 중요한 단서가 된다.

<그림 16> 스키머(Skimmer)-신용카드 MS정보 약400여개 저장 >

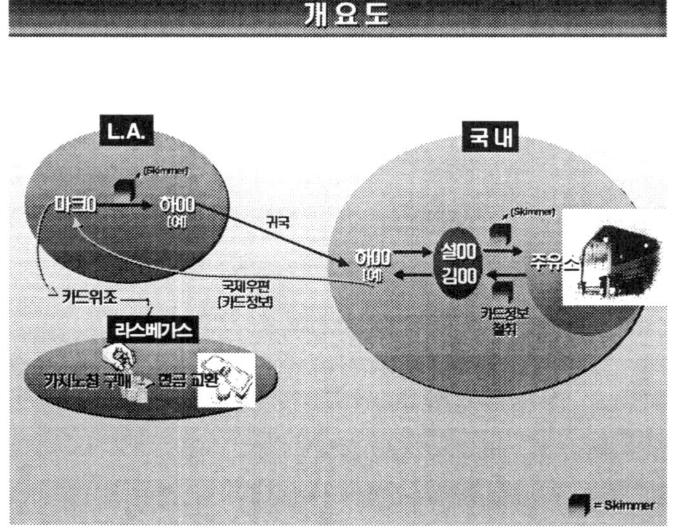

<그림 17> 신용카드위조 기기

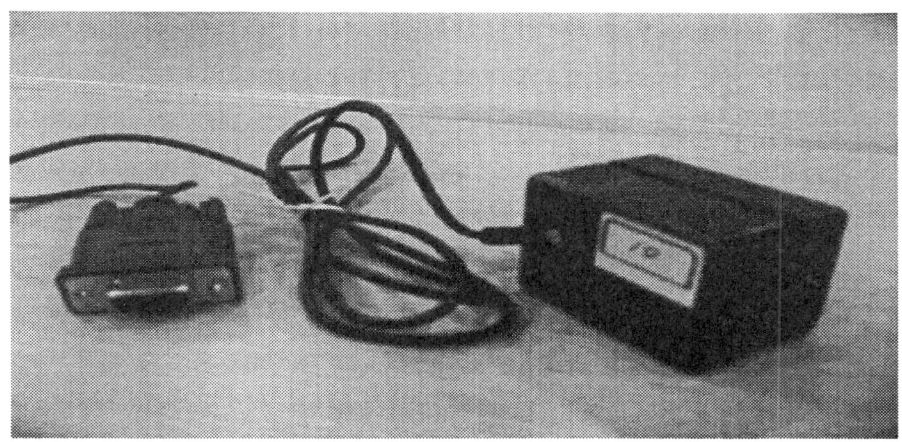

다. 구직자 신용카드(직불카드)위조

김00 43세는 신용카드를 위조 복제하여 사용하다 검거되어 수감 생활을 하다가 출소한 뒤 일정한 직업 없이 지내던 중 다시 타인의 신용카드(직불카드)를 위조하여 사용하기로 마음먹고 자신은 동종 전과가 있어 범행이 어려워지자 평소 알고 지내던 김00 42세, 이00에게 전국을 무대로 유령회사 사무실을 차려놓고 지역생활정보지에 "구인, 구직"이라는 구인광고를 낸 후, 취업을 하기 위하여 찾아온 구직자들의 가방 안에 있는 신용카드를 꺼내 위조 복제하여 돈을 인출하자는 제안을 하며 공모를 한 후, 피의자 김00는 사장실에서 면접을 보는 사장 역할을, 이00는 구직자들을 안내하는 영업부장 역할을, 김00는 구직자들의 가방에 있는 신용카드, 직불카드를 꺼내 리더기로 MS 정보를 빼는 기술자 역할을 맡기로 분담역할을 정한 뒤, 2004. 6월 중순경 충남 천안시 성정동 소재 건물 2층에 "거성실업",이라는 유령 사무실을 차려 놓고 생활정보지에 "구인, 구직"이라는 광고를 낸 후, 이를 보고 찾아 온 피해자 성00(25세,여)에게 영업부장 역할을 하는 피의자 이성화가 가방을 대기실에 놓아두고 사장실로 들어가라고 안내를 하고 사장실에 있던 피의자 김00는 면접을 보는 척하며 신용조회 하여야 한다면서 액정전화기로 해당 은행에 전화를 걸게 하여 비밀번호를 알아낼 때 대기실에 있던 피의자 김00는 피해자의 가방 안에 있던 신용카드를 꺼내 리더기로 MS정보를 알아내는 등 125명의 신용카드 MS정보 220여개를 알아내고, 위와 같이 알아 낸 피해자들의 신용카드 MS정보를 가지고 엠보싱기, 티펑기, 전사기 등을 이용하여 신용카드 실물을 제작한 후, 제작한 신용카드를 이용하여 2004. 7. 23. 08:19경 서울 성동구 소재 외환은행 성동지점 내에 설치된 CD기에 위조된 신용카드를 입력하고 비밀번호를 누른 뒤 700,000원의 인출하는 등 약75여 회에 걸쳐 총50,000,000원 상당을 인출하여 절취하고, 약1억원 상당의 물품을 구매하며 부정사용하는 타인의 신용카드를 위조하여 약1억5천만 원 상당을 부정사용한 사건이다. 연합뉴스를 청취하던 중 취업면접사기라는 보도를 접하고 각 경찰서에 취업면접사기 수법에 의한 피해자를 파악하면서부터 이다. 예금인출된 외환은행 성동지점, 하나은행 구리지점 상대 수사에서 피의자들이 신용카드를 위조하여 예금 인출을 받은 은행을 상대로 CC-TV발췌 확인한 바, CC-TV에 찍힌 인물이 30대 중반의 여자인 것을 확인하였고, CD기에 저장된 압인전표는 천연순, 강남숙 명의의 신용카드인 것을 확인하였다. 압인전표에 색인된 신용카드 명의자 추적 수사에서 위조신용카드 자재로 사용된 압인전표상의 신용카드 명의자들을 파악하여 수사한 바, 2명 모두 과거에 신용불량자로 등재된 사람들로 신용카드를 분실한 사실이 있는 것을 확인하여 별다른 혐의점 발견치 못하였다. 위장 사무실 상대 수사에서 피의자들이 범행 당시 개설한 천안, 대구, 수원 소재 위장사무실을 확인한 바, 피의자들은 범행 후 도주하여 범행의 단서는 전혀 밝혀내지 못하였다. 피해발생 은행 본점 전산부 압수수색영장 집행에서 피해가 발생된 것으로 확인된 우리은행, 대구은행, 기업은행 전산부에 압수수색영장 발부 받아 피해카드, 계좌에 대하여 잔액 조회를 한 사실이 있는지 여부 확인한 바, 각 피해 계좌에 대하여 동일하게 조회를 의뢰한 휴대폰 번호 2개를 발췌하였다. 통화내역 분석 피의자 검거에서 피해 발생 계좌에 대하여 동일하게 조회가 들어 온 휴대폰 번호 2개에 대하여 통화내역 발췌하고 실시간 위치 추적한 바, 피의자들의 위치가 천안시 성정동 부근으로 확인이 되었고, 통화내역을 분석하여 피의자 중 1명이 충남 천안시 성정동 소재 한빛그래픽디자인 학원에 수강중인 것을 확인하고, 학원장을 상대로 공작하여 피의자 김00를 검거하고, 천안시 성정동 소재 파리모텔 607호에 머물고 있던 김00를 검거 후, 모텔 방에 있던 신용카드 제작 기계인 엠보싱기, 티펑기, 전사기, 엔코딩기, 위조신용카드, 위조주민등록증 등을 현장에서 압수하였다. 검거된 김00, 김00를 상대로 공범 여부에 대하여 확인한 바, 유령사무실은 공범인 이00가 운영을 하였으며 부산광역시 북구 만덕동 소재 "삼보주유소"에서도 스키머를 이용하여 신용카드 MS정보를 알아냈고 위조는 김00가 직접 하였다는 범행 전모를 밝혀냈다. 휴대폰 위치 추적 피의자 검거에서 검거된 김00로부터 공범인 이00의 휴대폰 번호와 PC방에 자주 간다는 사실을 알아내고 휴대폰의 위치를 확인한 바, 피의자 이00의 위치가 대전 중구 은행동 부근으로 확인되어 은행동 부근에 있는 PC방 약30여 곳을 수색하던 중 대전 중구 은행동 40-2호 소재 사이버리아 PC방에서 골프게임을 하고 있던 이00를 검거하였다. 예금 인출 피의자 검거에서 이00로부터 위조된 신용카드를 이용하여 은행에서 예금을 인출한 피의자 신00(가명, 33세)의 소재를 확인한 바, 신00은 대전 유성구 소재 안마시술소에서 경리로 일을 한다고 하여 안마시술소에서 일을 하고 있던 신00을 검거 하였다. 공작 수사로 추가 공범 검거에서 이00를 공작하여 부산 소재 주유소에서 신용카드 MS정보를 스키머를 이용하여 유출한 피의자 이00(가명, 35세)와 위조신용카드로 물품을 구입한 명00(가명, 29세)을 검거하는 등 검거 개시 4일 만에 피의자 7명 모두 검거 하였다. 은행에 대하여 압수수색영장 집행 시에는 전산부를 상대로 피해 계좌에 대하여 조회 의뢰한 컴퓨터 IP Address 및 전화번호를 발췌하여야 한다. 즉, 은행 전산부에는 조회 이력이 기록되나 은행에서 협조가 잘 안되고, 대부분의 수사관들은 이러한 사실을 간과하고 있다. 또한 휴대폰 위치 추적 시에는 피의자의 행적을 파악하여 위치 반경 (PN값)내를 수색하여야 한다는 것이다.

<사진 6>전사기(카드 표면 색깔 입력)

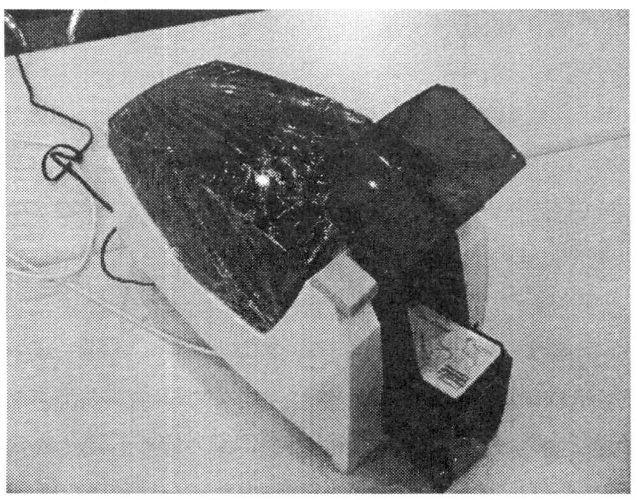

<사진 7> 엠보싱기(신용카드 문자 양각)

<사진 8> 티핑기(카드 양각 문자에 착색)

4) 동남아시아 여행객 신용카드 위조한 사건

  사건개요는 피의자 등은 말레이시아 팔라우 피낭 반다바루라는 지역에 살면서 알고
지내는 자들로 말레이시아에 여행 온 외국 관광객들의 신용카드를 위조하고 위조한
신용카드를 소지한 후, 대한민국에 입국하여 유명백화점 및 명품판매점 등에서 고가의
물품을 구입 되파는 수법으로 금원을 편취기로 공모한 후 각자 역할 분담을 하고 신
용카드를 사용하는데 필요한 피의자들의 사진이 붙은 위조여권을 준비하고, 말레이시
아 쿠알라룸푸르 소재 트윈타워 면세점에서 위조에 필요한 여행객들의 신용카드 MS
정보를 알아내어 신용카드를 위조하는 등 범행준비가 되자, 대한민국에 입국하여 본격
적으로 범행하기로 마음먹고, 2004. 5월 말경 말레이시아 팔라우 피낭 소재에서 피의
자 등은 카드번호와 유효기간, 영문이름 등을 신용카드에 각인하고 마그네틱에 신용카
드 정보를 입력하는 방법 등으로 외환카드 1매를 위조하는 등 외국인 여행객 명의 신
용카드 50매를 위조하고, 위조한 신용카드를 여행용 가방 안에 소지하고 인천국제공항

으로 입국하여 2004. 07. 01. 15:00경 서울 강남구 압구정동 소재 백화점 세종시계 매장 내에서 손목시계 1개 싯가 1,888,000원 상당을 구입하면서 위조하여 소지하고 있던 외환카드로 위 금액을 결제하면서 마치 자신의 신용카드인 양 위조여권과 위조카드를 종업원에게 제출하고 매출전표에 서명하여 동액 상당을 편취하는 등 위조한 신용카드 20여 매로 총 40회에 걸쳐 1억2천만 원 상당의 명품을 구입하여 부정 사용한 것이다.

삼성카드사 조기경보시스템에 말레이시아 여행객들의 신용카드가 말레이시아에서 위조된 후 국내에서 사용이 되고 있다는 첩보 입수 후 수사 착수하였다. 가맹점 상대 수사 불상의 말레이시아인들이 위조신용카드를 사용한 서울 강남구 압구정동 유명백화점 등에 임하여 CC-TV 확인 및 가맹점 업주들을 상대로 확인한 바, 위조신용카드를 사용한 자들은 남자1명, 여자2명으로 구성된 말레이시아인이라는 것을 확인하였다. CC-TV사진을 토대로 여관 및 호텔 탐문 수사에서 불상의 말레이시아인 3명이 위조신용카드를 마지막으로 사용한 것이 서울 중구 충무로 소재 스타벅스 커피점으로 사용 시간이 야간으로 부근 여관이나 호텔에서 숙박을 하고 있을 것으로 판단되어 충무로, 회현동 부근 여관 및 호텔 등에 CC-TV 사진을 들고 탐문한 바, 피의자들의 행적을 발견치 못하였다. 위조 신용카드 승인 시 실시간 추적을 통하여 미리 사용된 위조카드에 대하여 거래 정지를 시키지 않고 위조카드 사용 시에 바로 휴대폰으로 SMS문자로 발송될 수 있도록 삼성카드사에 협조 요청을 한 후, 피의자들이 위조카드를 사용하는 것을 추적할 수 있도록 한 바, 피의자들은 말레이시아에서 위조한 신용카드를 이용하여 신촌 현대백화점에서 디지털카메라를 구입하는 것을 확인하였다. 최초 신촌 백화점에서 위조카드가 사용되고 있는 것을 SMS문자서비스를 통하여 확인하고 피의자들의 행적을 추적하던 중 위조카드가 서울 영등포구 소재 롯데백화점에서 사용된 것을 확인 추적하던 중 1층 명품관에서 시계를 구입하고 있는 피의자 1명을 확인하였다. 피의자 미행 은신처 확인을 통하여 롯데백화점, 영등포점에서 시계를 구입하여 나오는 피의자가 1명으로 나머지 2명 피의자의 소재가 불분명하여 현장에서 검거하지 않고, 피의자를 미행하던 중 서울 중구 회현동 소재 "청운여관"으로 들어가는 것을 확인 현장 급습하여 피의자 3명을 검거하고 현장에서 까르띠에 시계 3점, 로렉스 2점 등 위조카드로 구입한 명품과 위조신용카드 20매를 압수하였다. 각 신용카드사에서는 신용카드 사용 시 SMS문자서비스를 담당 수사관의 휴대폰으로 통보 가능(공문 요청 또는 압수수색영장 집행 대상)하다는 것이다. 또한 위조신용카드를 사용하는 외국인을 검거 시는 충분한 증거 확보 후 검거하여야 한다는 것이다.

<그림 18> 사건 개요도

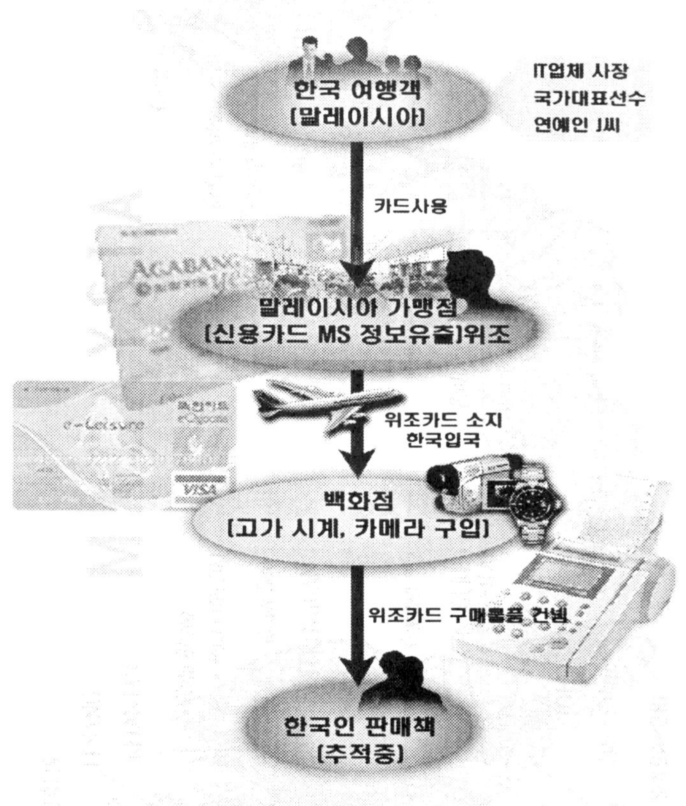

<그림 19> 취업면접 사기 개요도

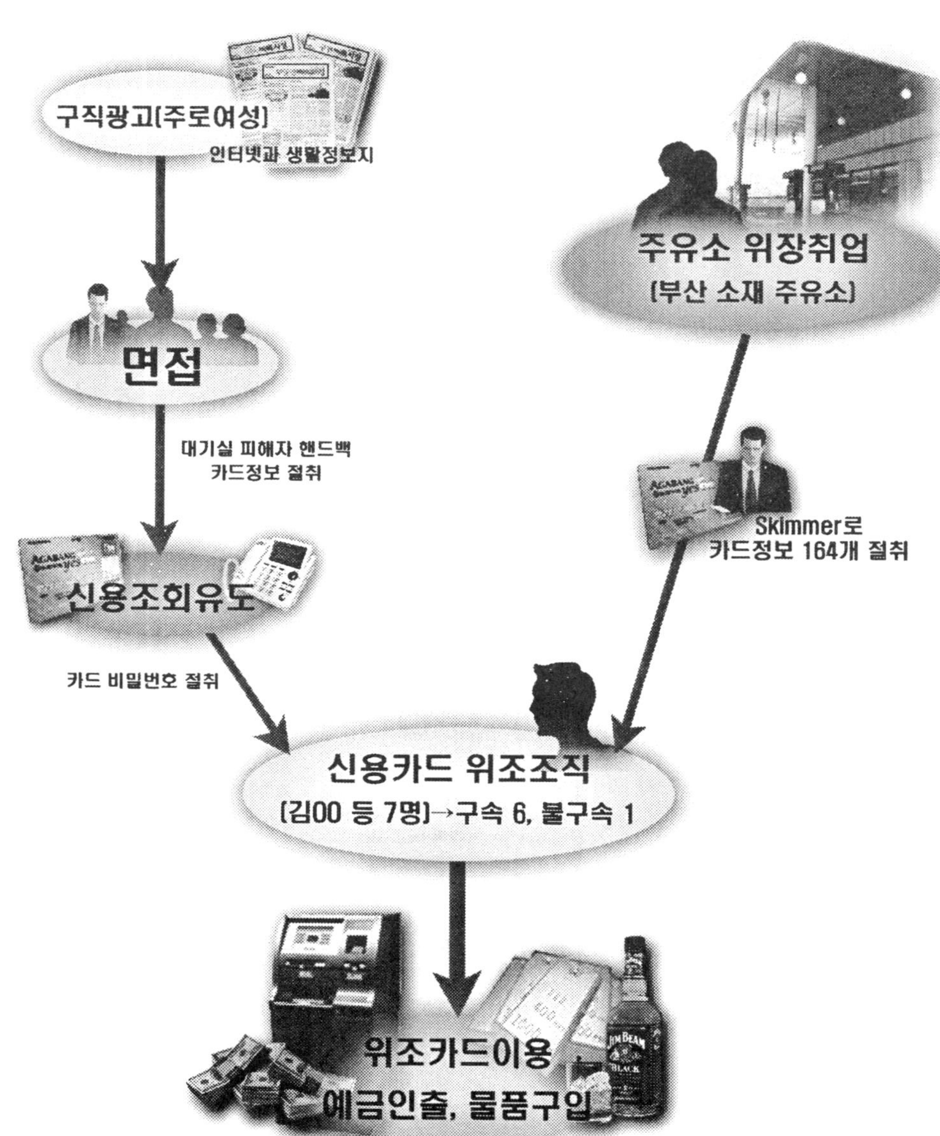

4. 허위 발급

최근 신용카드 허위발급 수법으로는 먼저, 신분증을 위조하여 타인의 명의를 도용하여 신용카드 허위 발급방법과 가족이나 친지 등의 신분증을 절취, 행사하여 신용카드 허위 발급방법 그리고 실제 카드 발급 자격이 되는 자에게 발급이 불가능한 카드를 발급 가능케 하여 주는 방식으로 속여 신용카드 발급 후, 수수료 편취(카드 1매 당 50-100만원 상당 수수)하는 방법 그리고 마지막으로 주민등록번호를 조합한 후 허무인 명의의 신분증을 위조하여 신용카드 발급(주민등록번호 조합기 이용)방법 등이 있다. 가족이나 친지에 의한 부정사용 발생시 친족 상도례의 적용을 받으므로 수사 시작 단계에서 피해자의 고소 등의 요건을 필히 확인하며 재직 서류 등을 위조하여 신용카드를 발급해 준 경우 발급 브로커 및 회원 모두를 사문서 위조 및 사기죄로 처벌을 명확히 하고 신용카드 발급 자격이 실제 되는 사람을 속여 수수료를 챙기는 수법으로 카드 발급 시 사기죄를 적용하며 신용카드 배송처, 신용카드 가입신청서 작성 시 기재한 연락전화번호 등 을 추적하고 마지막으로 허위 발급 카드 사용 가맹점 및 현금 서비스 이용처에 대한 조사를 병행하여야 한다.

가. 정신지체자 명의 도용한 신용카드 허위 발급

사건개요는 피의자 김OO 45세 등은 일정한 직업 없이 과거신용카드 불법 현금융통(일명"카드깡")을 하면서 알고 지내던 자들로서, 알콜 중독 등 정신질환으로 경기 양주군 장흥면 부곡리 76-2호 소재 "서울정신요양원"등 서울, 경기 일원 각지 정신요양원에 입원 중인 정신지체아들의 명의를 도용하여 신용카드를 허위로 발급받아 사용하면 범행을 용이하게 할 수 있다는 점을 이용하여, 2001. 7월경 경기 양주군 장흥면 부곡리 76-2호 소재 "서울정신요양원"에 전화를 하여 "기부금을 줄 테니 환자명단을 달라"고 하여 동 요양원에 입원중인 650명의 정신지체아 인적사항을 팩스로 전송받은 방법으로 빼낸 후, 공범이자 성남 중원구 소재 동사무소 직원인 윤미래(가명, 34세, 공무원)에게 인적사항조회를 의뢰하여 정신지체아들의 현 주소지까지 알아내고, 서울 송파구 가락동 99-3호 소재 제일 오피스텔에서 위와 같은 방법으로 입수한 피해자인 정신지체아들의 인적사항을 이용하여 피해자명의의 주민등록증, 운전면허증 등을 위조하고, 위조한 신분증을 가지고 은행거래 신청서를 위조하여 허위의 예금계좌를 개설한 후, 2001. 1월 초순경부터 2003. 2말경까지 사이에 위와 같이 위조한 피해자 명의의 주민등록증, 운전면허증 등을 이용하여 각 신용카드사 회원가입신청서를 허위로 작성, 제출하는 수법으로 신용카드 약 600여 매를 허위로 발급받고, 허위로 발급받은 신용카드 600여 매를 이용하여 2003. 8. 31일경부터 시중은행에서 현금서비스를 받고, 물품구입을 하는 수법으로 도합106억원 상당을 부정사용한 것이다. 40대 중반의 여자가 조흥은행 모 지점에 방문하여 타인 명의의 신용카드 약20매를 가지고 와서 대금을 지불하고 갔는데, 카드 대납을 하고 간 40대 중반 여자의 행동이 의심이 된다는 조흥은행 카드사업부 직원의 진술을 확보하고 범죄 의심점이 있었다. 신용카드 명의자 상대 수사에서 40대 중반의 여자가 대납을 한 카드의 회원정보에 대하여 조흥은행 카드사업부로부터 신용카드 회원정보 및 사용 내역에 대하여 자료 제출을 받아, 각 회원들이 신용카드 대납을 의뢰한 사실이 있는지 여부에 대하여 추적 수사하던 중, 카드명의자 중 1명인 송명훈(가명, 41세, 정신지체자)이 경기 양주군 장흥면 부곡리 소재 서울정신요양원에 입원중인 정신질환자라는 것을 송명훈의 가족으로부터 확인하였다. 서울정신요양원 상대 수사에서 신용카드 명의자인 송명훈이 정신질환자라는 것을 확인하고, 서울정신요양원으로부터 최근 1년간 입, 퇴원자 명단을 제출받아 대납카드 명의자와 명단 대조한 바, 모두 서울정신요양원에 입원중인 정신지체자로 확인되어 각 신용카드 명의자들을 상대로 신용카드 발급여부에 대하여 정신지체자 가족들을 상대로 수사한 바, 모두 신용카드를 발급받은 적이 없는 것을 확인하였다. 신용카드 명의 도용자 상대 수사에서 서울정신요양원에 입원중인 환자의 명단을 확보하여 압수수색영장 발부받아 전 카드사에 정신지체자 명의를 도용하여 허위 발급된 카드를 확인한 바, 약600여 매의 신용카드가 허위로 발급된 것을 확인하였다. 신용카드사 및 현금서비스 인출은행 상대수사에서 서울 서초구 서초동 소재 비씨카드사 본사에 임하여 허위로 발급된 신용카드의 결제대금 조회가 들어 온 ARS번호(1588-4000)의 역발신 내역 발췌하여 피의자들이 범행 당시 사용하였던 전화번호를 특정하였다. 여기서 숙지할 점은 비씨카드, 국민은행카드는 ARS전화로 카드 조회 의뢰가 들어오면 발신 전화번호를 보존한다는 것이다. CC-TV 상대수사에서 불상의 피의자가 허위로 발급받은 신용카드를 이용하여 현금서비스를 받은 서울 강남구 도곡동 소재 국민은행 타워팰리스 지점에 임하여 현금서비스 인출 당시 CC-TV 자료 제출 받아, 불상 피의자의 모습을 확인한 바, 불상의 피의자가 40대 중반의 여성으로 확인하였다. 허위 발급 신용카드 사용처 상대수사에서 불상의 피의자들이 신용카드를 허위로 발급 받아 사용한 사용처들을 상대로 수사하였으나 범인으로 특정할 만한 단서를 발견치 못하였다. 전화번호 상대 수사에서 불상의 피의자들이 허위로 발급받은 신용카드의 사용내역 및 사용한도 등을 조회한 전화번호를 BC카드사로부터 제출 받아 동 전화번호에 대하여 통화내역 발췌 수사한 바, 불상의 피의자들이 허위 발급 받은 신용카드를 조회한 전화번호를 이용하여 정신요양원에 입원병력이 없는 김미란의 신용카드를 조회한 것을 확인하고, 김미란을 용의자로 지목하였다. 현금서비스 인출 은행 상대 수사에서 40대 중반의 여자가 현금서비스를 인출한 서울 시내 각 시중은행에 임하여 CC-TV 및 압인전표(은행 현금지급기 내에 들어 있는 카드 실물이 압인되는 종이)를 상대로 수사하던 중, 40대 중반의 여자가 허위로 발급 받은 카드 외에도 자신의 신용카드를 이용하여 현금서비스를 받은 내역을 CC-TV 화면대조 및 압인전표 식별 작업을 통하여 확보한 후, 40대 중반 여자 피의자가 김미란이라는 것을 확인 후 피의자로 특정하였다. 피의자 김미란(가명, 48세)이 자신의 신용카드를 이용하여 허위로 발급 받은 신용카드와 같이 현금서비스를 받은 내역을 CC-TV를 통하여 확인하고 김미란을 피의자 중 1명으로 특정하고 피의자 김미란의 주거지인 경기 성남시 중원구 금광동 소재 다세대 주택을 탐문한 바 거주 사실을 확인하였다. 피의자 김미란의 주거지인 경기 성남시 중원구 금광동 소재 다세대 주택 앞에서 잠복하던 중 오전 10시경 주거지 부근 가게로 부식을 사기 위해 나오는 피의자 김미란을 최초 검거하였다. 공범 검거에서 피의자 김미란을 상대로 범행 사실에 대하여 시인을 받고, 공범인 김순영(가명, 28세)을 만날 수 있다고 하여 검거한 피의자 김미란의 휴대폰을 이용 공작하여 김순영을 성남시 중원구 금광동 소재 "가마고을" 음식점으로 유인 검거하였다. 공범 관계 수사에서 검거된 피의자들을 상대로 공범관계에 대하여 수사한 바, 검거된 피의자들 외에도 공범들이 더 있으며 신분증을 위조하고 신용카드를 허위로 발급 받은 주범들은 따로 있다는 진술을 확보하고, 미검인 공범들의 소재에 대하여 확인한 바, 공범 1명이 목포에 거주하고 있다는 진술을 듣고 목포에 거주하고 있는 공범의 주거지 아파트 경비를 상대로 확인한 바, 공범인 정영호(가명, 49세)는 저녁10시 서울행 고속버스를 타고 갔다고 하여 서울에 있는 반원들에게 연락, 강남고속버스 터미널에서 버스에 타고 있던 피의자 정영호를 검거하였다. 정영호의 진술에 의하면 2개의 팀으로 나누어져서 범행을 따로 하였으며, 1개 팀의 주범은 김동수(가명, 50세)라고 하여 김동수의 부인이자 허위로 발급 받은 신용카드를 이용하여 치과에서 사용한 고은정의 주거지에서 고은정을 검거 수사한 바, 허위발급카드는 자신의 남편인 김동수(50세, 무직)로부터 건네받아 사용한 것이라는 진술을 확보하였다. 휴대폰 실시간 위치 확인 검거를 통하여 고은정으로부터 김동수가 사용하고 있는 휴대폰 번호를 발췌하여 실시간 위치 확인한 바, 김동수의 휴대폰 위치가 서울 성북구 동소문동으로 확인되어 휴대폰 위치가 확인되는 곳에서 김동수의 차량을 찾던 중 삼원갈비 주차장에 김동수가 운행하는 카니발 차량을 확인하고 잠복을 하던 중, 공범 5명과 함께 점심을 먹고 나오는 김동수를 검거하였다. 과천 경마장 CC-TV 추적으로 공범 검거과정은 정영호의 추가 진술에서 김동수 외에 같은 공범인 정종일 45세가 주말이면 항상 경마장에 간다는 진술을 확보하고 과천경마장 보안실에서 CC-TV를 확인하던 중 3번 게이트 부근에서 경마를 관전하고 있던 피의자 정종일을 발견하고 검거하는 등 범행에 가담한 일당을 모두 검거하였다. 개인 정보 출처 상대 수사에서 피의자들을 모두 검거한 후 주범인 김동수에게 피해자들의 정보 출처 경위에 대하여 수사한 바, 피의자등은 현직 동사무소직원인 윤현주 31세, 공무원을 통하여 정신지체 아들의 주소지 정보를 빼낸 것이라고 하여 전직 동사무소 직원인 김영호 34세와 현직 동사무소직원인 윤현주를 검거하였다. 수사학적 접근으로 CC-TV사진 판독과 현금지급기 내 압인전표의 시간을 정밀하게 비교 분석하여 피의자의 인적사항을 특정하여야 하며 허위 발급된 신용카드가 사용된 전 가맹점을 상대로 탐문 수사하여 피의자 인적사항을 특정하고 휴대폰 번호는 알고 있으나 소재가 발견되지 않은 피의자에 대하여는 휴대폰 위치 추적으로 검거하며 마지막으로 금융기관 전산에 ARS 조회 시 조회한 전화번호 저장내역을 추적하여야 한다.

<그림 20> 100억대 신용카드 부정사용 사건 개요도

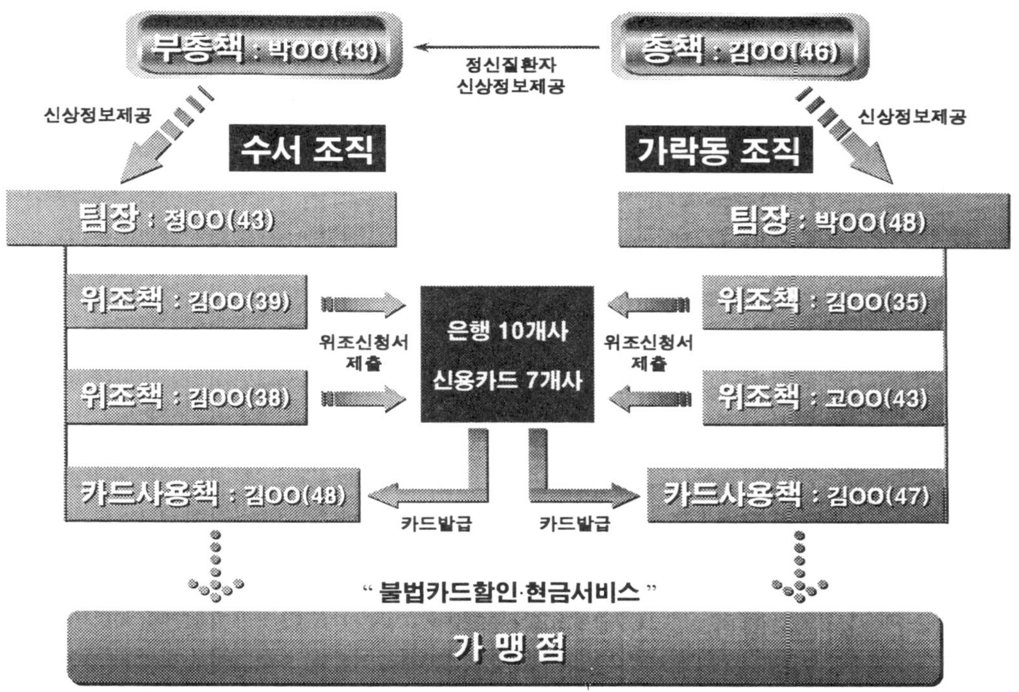

나. 교사 신분증 위조 신용카드 허위 발급

기미수 39세, 기민수 33세는 구치소 미결수 복역 중 알게 된 자들로 금융기관에서는 공무원 신분증만 있으면 손쉽게 신용카드를 발급 받을 수 있고, 은행에서도 대출을 받을 수 있다는 것을 알고 출소 후 범행을 할 것을 공모한 후, 출소 직후에 서울 강남구 역삼동 소재 다인 커피점에서 만나 본격적으로 범행을 모의한 후 초등학교 교사 공무원 신분증을 인터넷을 통하여 다운 받고 위조하는데 필요한 자신들의 사진을 준비한 뒤, 2002. 1. 10. 13:00경 서울 강남구 역삼동 소재 모텔에서 존재하지 않는 경기백송초등학교 명의 교사 신분증 성명 란에 김정빈, 소속 란에 경기 부천 모 초등학교, 직급 란에 교사, 주민등록 번호 란에 630802-1000000 라고 허위 기재하고 경기 부천시 모 초등학교장 직인을 찍는 수법으로 교사신분증, 재직증명서, 근로소득원천징수

영수증 등을 위조하는 등 총100여 매의 교사신분증 등을 위조하고, 위조한 교사신분증, 재직증명서, 근로소득원천징수영수증 등을 이용하여 2002. 1. 30. 13:00경 경기 고양시 일산구 행신동 소재 국민은행 행신동지점에서 위조한 교사신분증을 제시하고, 국민신용카드 1매를 발급 받고, 일천만원의 신용 대출을 받아 편취하는 등 25회에 걸쳐 신용카드 100여 매와 3억원 상당의 불법 대출을 받아 편취하고, 2002. 1. 19. 13:00경 위조한 교사신분증을 제시하고 허위 발급 받은 국민카드 등 신용카드 100여 매를 이용하여 전국 각지의 가맹점 등에서 500여회에 걸쳐 물품을 구입하는 수법으로 2억원 상당을 부정사용하고, 현금서비스를 받는 수법으로 약3억원 상당을 부정 사용하는 등 위조한 교사신분증, 재직증명서, 근로소득원천징수영수증 등을 이용하여 불법대출, 신용카드 허위 발급을 받는 수법으로 약8억원 상당을 편취한 사건이다. 초등학교 교사 신분증을 제시하고 10,000,000원의 대출을 받아갔는데 대출을 받은 후에 전화연락이 전혀 되지 않는다는 제보를 접하고 경기백송초등학교의 소재에 대하여 경기도 교육청에 문의한 바, 경기도 내에는 존재하지 않는 초등학교라고 하여 범죄 혐의점이 있어 수사에 착수하였다. 경기백송초등학교 주소지 상대 수사에서 불상의 피의자들이 경기백송초등학교 교사 신분증을 위조하여 대출을 받으면서 기재한 주소지인 경기 부천시 원미구 상동 소재 경기백송초등학교 사무실을 확인한 바, 5층 건물의 2층에 사무실이 있었다는 건물관리인의 진술을 확보하였으나 사무실은 범행 후 이미 폐쇄되었다. CC-TV상대 수사에서 허위로 발급 받은 카드를 이용하여 현금서비스를 받은 은행 및 피의자들이 대출을 받은 은행에서 CC-TV사진 확보하여 수사한 바, 약30대 초반의 남자 1명이라는 것 외에 다른 단서를 찾지 못하였다. 가맹점 상대 수사에서 허위로 발급 받은 신용카드를 이용하여 물품을 구매한 가맹점들을 상대로 수사하던 중 서울 강남구 압구정동 소재 갤러리아 백화점 의류 매장에서 구입한 옷을 교환하러 온다는 첩보를 입수하였다. 피의자 우성용 검거과정은 서울 강남구 압구정동 소재 갤러리아 백화점 의류 매장에서 불상의 피의자가 구입하여 간 옷을 교환하러 온다고 하였다는 첩보를 입수하고 백화점 개점 시부터 폐점 시까지 3일 간 잠복을 하던 중 구입한 옷을 교환하러 온 자를 검거하였으나 피의자가 심부름을 시킨 자로 피의자가 주차장 차량 안에 기다리고 있다고 하여 주차장에 주차되어 있던 피의자의 그랜저 차량 내에서 기다리고 있던 범죄자를 붙잡았다. 공범 피의자 검거에서 피의자 우성용으로부터 공범 피의자 양명수가 인천 부평구 부평동 소재 모 모텔에 있다는 진술을 확보하고, 그랜드 모텔 302호에서 쉬고 있던 피의자 기명수를 모텔에서 검거하고 허위로 발급된 신용카드를 이용하여 구입한 물품을 압수하였다. 허위로 발급된 카드가 사용된 가맹점에 대하여는 하나도 빠짐없이 현장을 방문하여 탐문 수사 실시이다. 또한 마지막 가맹점에서 범인 검거를 할 수 있는 결정적인 단서를 확보하여야 하며 물품 구매 및 교환 시에 피의자가 직접 나타나지 않는 경우가 많아 물품 구매자나 교환자를 무조건 피의자로 특정하지 않고 마지막으로 허위 발급 경우 신용카드사 전산에 대한 압수 수색이 필수적이다.

5. 허위매출(카드깡)

최근 불법현금융통 수법으로, 결제대행업체(PG사)와 계약한 후 인터넷 전자 상거래를 이용하는 수법과 백화점 상품권, 쌀, 주류 등의 물품 판매를 가장한 수법이 일반화 경향이 있으며 대형 유흥주점에서 봉사료를 매출액의 80-90%로 계산하여 탈세(세무 공무원과 유착 가능성)가 이루어진다. 불법현금융통업체 수사요령으로는 전자결제대행업체(PG사)와 연계된 신용카드 불법현금융통업체 수사 시에 해당 계좌의 입, 출금 내역을 발췌 정확한 허위 쇼핑몰 운영자를 파악하고 위장 가맹점에 대하여는 신용카드 체크기 설치 업자를 상대로 정확한 운영자 파악하고, 계좌 추적을 통하여 정확한 불법현금융통 규모파악이 필수적이고 마지막으로 가맹점과 카드사, PG사 간의 거래 경로를 사전에 정확히 파악하여야 한다.

가. 인터넷 쇼핑몰을 이용한 300억 원대 허위매출(카드깡)

사건개요는 피의자 등은 선, 후배 지간으로 상호 알고 지내는 자들로서, 2003. 3. 13일자로 동대문세무서에 이명석 34세의 명의를 빌려 의류 판매를 목적으로 하는 "베레쉬트코리아"라는 허위의 인터넷 쇼핑몰을 등록, 2003. 4. 1일자로 남양주세무서에 최성준 36세의 명의를 빌려 의류 판매를 목적으로 하는 "심비디움"이라는 인터넷 쇼핑몰을 등록하고 2003. 5. 12일자로 춘천세무서에 조용찬, 37세의 명의를 빌려 의류 판매를 목적으로 하는 "콘스탄틴"이라는 인터넷 쇼핑몰을 등록하며 2003. 7. 1일자로 남양주 세무서에 강미경45세의 명의를 빌려 의류 판매를 목적으로 하는 "파피루스"라는 인터넷 쇼핑몰을 등록하는 등 10여개의 인터넷 쇼핑몰을 세무서에 등록하고, 신용카드 결제대행업체인 KS-NET에서 운영하는 종합쇼핑몰인 DCnetmall.com에 하부쇼핑몰로 계약을 체결하여 등록한 후, 신용카드 불법현금융통을 할 준비가 되자 2003. 7. 14. 14:07경 서울 강남구 역삼동 641-1번지 역삼텔 1614호 소재 피의자들의 사무실 내에서 신용카드 불법현금융통을 의뢰한 장문희 45세 명의의 국민카드로 의류, 신발, 가방 등을 판매하는 것처럼 가장하여 1,200,000원 상당의 허위 부정 매출을 발생시키는 등 허위로 개설한 인터넷 쇼핑몰 10개를 이용하여 약300억원 상당을 불법 현금 융통한 사건이다. 전자결제대행업체인 PG사를 통하여 불법현금융통을 하고 있는 인터넷 쇼핑몰들이 증가하고 있는데, 이러한 부정매출 금액이 상당히 크다는 첩보를 입수하고 수사에 착수하였다. 전자결제대행업체인 KS-NET 상대수사에서 허위매출을 일으키는 인터넷 쇼핑몰과 계약을 하고 신용카드 불법현금융통에 대하여 묵인을 하여준 KS-NET을 상대로 압수수색영장 발부 받아 DCnetmall.com과 계약을 체결한 하부 인터넷 쇼핑몰을 확인한 바, 총7개의 허위 가맹점을 확인 후, KS-NET과 각 쇼핑몰 간 신용카드 허위매출시(카드깡) IP 확보하고, IP추적하여 피의자들 사무실 위치파악을 실시하였다. 인터넷 쇼핑몰 입금 계좌 추적 수사에서 피의자들은 불법현금융통을 발생시킨 후, 즉시결제 회사인 "나노테크"로부터 바로 입금을 받은 것을 확인하고, 나노테크에서 입금시킨 각 계좌에 대하여 압수수색영장 집행하여 계좌 추적한 바, 입금 계좌가 분산된 후에 일정 금액의 돈이 특정계좌로 입금되는 것을 확인하였다. CC-TV 상대 수사에서 나노테크로부터 입금 받은 통장에서 출금이나 계좌 이체 당시에 촬영된 CC-TV사진 확인한 바, 각 계좌별로 1명이 항상 계좌 정리를 하는 것을 확인하였다. 계좌 추적 및 CC-TV 비교로 피의자 인적사항 특정으로는 항상 특정 계좌로 일정 금액이 현금이 입금되는 것을 확인하고, 계좌주의 인적사항을 발췌하여 CC-TV 사진과 비교 분석한 바, 각 통장의 명의자와 CC-TV 인물이 동일인이라는 것을 확인하였다. 불법현금융통업자 검거를 통하여 각 인터넷 쇼핑몰의 운영자인 피의자 유성용등 7명 검거하였다. PG사 및 DCnetmall.com 운영자 검거과정은 신용카드 할인업자들을 통하여 PG사인 KS-NET과 DCnetmall.com에서 신용카드 불법현금융통을 하는 것을 알면서도 묵인해 주었다는 진술을 확보하고, KS-NET 및 DCnetmall.com 운영자 입건하였다. 신용카드 불법현금융통 수사는 계좌의 흐름을 파악하는 것이 급선무이며 누가 통장을 관리하는지를 정확히 파악하여야 하고 대부분의 신용카드 할인업자는 결제대행업체와 계약을 체결하기 때문에 카드사에서는 어떠한 가맹점인지 조회가 불가(BC,국민카드가능)하다는 사실과 마지막으로 영장집행 시 가맹점과 결제대행계약을 체결한 결제대행업체에 대하여 보안유지가 필수적이다.

<그림 21> 불법현금융통 사건개요도

나. 금 판매를 가장한 신용카드 불법현금융통

신용카드 불법현금융통에 대하여 신용카드사의 제재조치가 강력해지고, 또한 수사기관에서 단속이 엄해지는 추세로 인하여 신용카드 불법현금융통업자들이 새로운 유형의 신용카드 불법현금융통 수법을 찾아내게 되었는데, 바로 순금을 판매하는 것처럼 가장하여 금 판매업체를 차려 놓고 신용카드 회원들을 상대로 불법현금융통을 하여주는 것이다. 1998년도부터 서울 종로구 종로3가 금은방 골목에 위치한 "쥬쥬쥬"라는 상호의 금방 운영자인 피의자 문문태(남, 41세)는 정상적으로 순금을 판매하던 중에 영업 실적이 오르지 않자 순금 판매를 가장하여 신용카드 할인(까드깡)을 하면 고액의 수수료를 받아 막대한 이익을 취할 수 있다는 사실을 알고 본격적으로 신용카드 할인을 하기로 마음먹고, 2002. 8월경부터 피의자가 운영하는 금방에 순금을 구입하여 놓고 순금 도매를 가장한 후, 동 소에 신용카드 불법할인을 의뢰하기 위하여 찾아 온 김철철(남, 39세) 등 불특정 다수인을 상대로 실질적인 순금의 판매나 용역의 제공 없이 순금을 판매한 것처럼 가장하여 신용카드에 의한 거래를 하는 수법으로 약3개월 동안 1,000여명의 신용카드 회원들에게 30억원 상당의 불법현금융통을 하여준 사건이다. 종로3가 일대에서 순금의 판매를 가장하여 신용카드 현금융통을 하고 있다는 언론 보도를 접하고, 각 카드사를 상대로 순금 판매 가장 신용카드 현금융통을 하는 업체에 대하여 확인을 요구한 바, 종로3가 소재 "쥬쥬쥬"라는 상호의 금은방에서 순금 도매를 가장하여 신용카드 불법현금융통 의심 거래가 발생되고 있다는 것을 확인하고 수사에 착수하였다. 각 신용카드사 매출 내역 상대 수사에서 "쥬쥬쥬"와 가맹점 계약을 체결한 각 신용카드사를 상대로 압수수색영장 집행하여 가맹점 개설일부터 매출 내역을 확인한 바, 3개월간의 매출 내역이 모두 불법현금융통으로 보이는 매출 내역인 것을 확인하였다. 가맹점 명의 예금 통장 입·출금 내역 상대 수사에서 "쥬쥬쥬" 명의 예금 통장의 입·출금 내역 당시 출금자를 확인하기 위하여 은행에서 CC-TV확인한 바, 통장 출금자가 계좌 명의자인 박현수(남, 41세)가 아닌 문문태라는 것을 확인하고, 문성태가 실질적인 할인업자라는 것을 확인하였다. 문문태 사진 발췌 신용카드회원 상대 수사에서 문성태의 범죄 사실 입증하기 위하여 "쥬쥬쥬" 가맹점에서 신용카드 불법현금융통을 한 회원들을 상대로 문성태의 인물 사진을 보여주면서 확인케 한 바, 자신들에게 불법현금융통을 하여 준 사람이 확실하다는 진술을 확보하였다. 문문태 검거과정은 문문태가 카드사로부터 입금된 돈을 인출하는 시간과 장소가 항상 동일하다는 것을 입·출금 통장내역을 통하여 확인을 하고 은행 앞에서 잠복하던 중 문성태가 은행에 출금을 하러 오는 것을 검거하였다. 범죄 사실은 문문태는 순금을 판매하였다고 주장하면서 세금 계산서 등을 제시하여 문성태가 금을 구입하였다고 하는 금 도매상을 상대로 수사한 바, 세금계산서는 허위로 작성된 것을 확인하였고, 문성태가 금을 구입하였다는 금 도매상의 진술에서 금을 판매한 사실이 없는 것을 확인하자 문성태는 불법현금융통을 하여주었다고 하면서 범행 사실을 시인하였다. 신용카드 불법현금융통 수사에는 은행 입·출금 내역을 필히 확인하고 피의자 검거시에 항상 범죄사실 부인에 대비하여 신용카드 불법현금융통 회원을 상대로 진술조서를 작성하며 피의자가 제시하는 세금계산서에 대하여는 세무서 및 거래 당사자들을 상대로 확인을 철저(대부분 허위 세금계산서 소지)히 하여야 한다.

6. 신용 정보 유출

정보 유출의 수법과 형태는 타인이 사용한 매출전표에서 카드번호와 유효기간 등을 쉽게 입수하는 방법과 인터넷 거래 시에 입력되는 타인의 카드정보를 해킹하여 정보를 입수하는 방법, 그리고 인터넷 쇼핑몰의 거래 정보를 해킹하여 정보를 입수하는 방법, 또한 신용카드사나 VAN사 내부 직원과 결탁하여 정보를 입수하는 방법과 인터넷 전사상거래를 이용하여 노트북과 같은 고가의 상품을 구입하는 방법, 그리고 성인 사이트나 도박 사이트에 접속하여 소액의 서비스를 이용, 마지막으로 신용카드 실물이 필요 없으며 얼굴이 노출되지 않아 범행이 용이하게 진행된다. 수사요령으로는 먼저, 신용정보 유출 범죄 접수 시 유출된 정보의 정확한 양과 정보 유출처를 먼저 파악하고 유출된 정보에 대하여 카드사로 조회가 들어온 휴대폰 번호 등 전화번호를 발췌하며 유출된 정보는 e-mail을 통하여 급속한 속도로 유포가 되기 때문에 범인이 사용하는 e-mail주소를 확보하였을 경우 바로 confirm.to 추적메일을 발송하여 범인을 실시간으로 추적하고 신용정보를 이용하여 인터넷에 접속했을 경우 접속 IP를 추적하여 범인들이 접속한 컴퓨터의 하드에 대하여 분석하며 인터넷 전자상거래 이용 물품 구매 시에 각 쇼핑몰에 대하여 배송지 주소를 확인하거나 물품을 배송한 택배기사의 진술 확보가 중요하다.

가. 카드사 직원의 신용정보 인터넷 유출

  S카드사 회원 관리부에 근무하는 자로서 평소 유흥비로 많은 돈을 소비하여 신용카드 대금을 변제하기가 여의치 않고, 카드대금이 연체되자 자신이 일하는 카드사 회원들의 정보를 판매하여 신용카드 연체 대금을 변제하기로 마음먹고, 평소 알고 지내던 상 피의자 이명수 27세가 카드사 회원정보를 알아보면 인터넷을 통하여 판매해 주겠다고 하자 2002. 12월 초순 경 서울 강남구 역삼동 소재 S카드사 사무실에서 자사 회원 700명의 신용정보(카드번호, 주민등록번호, 회원성명, 회원연락처, 비밀번호 등 기재)를 조회하여 개인 컴퓨터에 저장을 한 후, 그 정보를 공범인 이명수에게 e-mail을 통하여 발송하는 방법으로 제공하고, 상피의자 이명수는 피의자 허준호로부터 제공 받은 700명의 카드사 회원 정보를 2003. 3. 25. 15:00경 신용카드 할인업자인 김정일, 27세에게 e-mail을 통하여 판매하고 1천만 원 상당을 교부받고, 상피의자 김정일은 1천만 원을 주고 이명수로부터 구입한 카드사 회원들의 정보를 이용하여 신용카드 할인업자인 배일수 30세, 신정호, 28세 등과 공모하여 허위 매출을 발생시켜 금원을 편취하기로 공모한 후, 2003. 4. 1일 17:00경 피의자 배일수가 운영하는 경남 창원시 사림동 1111-111 "DM기획" 사무실 내에서 불법으로 취득한 카드사 회원들의 정보를 이용, 회원들이 인터넷 쇼핑몰을 통하여 물건을 구입하는 것 처럼 허위의 매출을 발생시켜 그 대금 1억원 상당을 (주)페프로부터 입금 받는 수법으로 편취한 것이다. 수사 착수 경위에서 S카드사로부터 결제대행업체(PG사)인 (주)페프를 통하여 신용카드 승인 난 회원들이 사용 사실이 없다는 이의제기가 많이 들어오고 이의제기한 회원들 대부분이 휴면카드소지자라는 제보가 있어 카드사 직원의 정보 유출 사고가 발생된 것으로 판단 수사에 착수하였다. S카드사 상대 수사에서 신용카드 정보가 S카드사 정보로 국한되어 사용된 것으로 S카드사 내부에 공모자가 있을 것으로 판단 서울 강남구 역삼동 소재 S카드사에 임하여 정보를 유출했을 것으로 의심되는 직원들을 상대로 탐문 및

내사한 바, 특이점을 발견치 못하였다. PG사 상대 수사에서 전자결제대행업체인 페프가 사건과 일부 연관이 있을 것으로 판단되어 서울 송파구 송파동 소재 "페프"에 임하여 수사한 바, S카드사 회원들의 정보를 이용하여 경남 창원시 소재 "DM기획"이라는 하부쇼핑몰에서 승인 의뢰가 들어와 결제를 대행하여 준 것이고 사고카드라는 것은 전혀 알지 못하였다는 진술을 확보하고, 페프에서 사고 카드 승인이 들어온"DM기획" 로그 자료를 확보하였다. 승인 당시 접속한 I.P상대 수사에서 불상의 피의자들이 유출된 S카드 회원들의 신용정보를 이용하여 승인을 받을 당시 접속한 I.P주소 3개를 페프로부터 제출 받아 조회한 바, 경남 창원시 사림동 1111-111호로 밝혀졌다. I.P 조회로 피의자 배일수, 신정호 검거과정은 불상의 피의자들이 접속한 I.P주소 접속 장소인 인터넷을 이용하여 신용카드 승인을 내고 있던 범죄자들을 붙잡았다. 신용카드 자료 구입 경위에 대하여 추궁한 바, 인터넷카드정보 중개상에게 1,000만원을 지불하고 구입하였으며, e-mail을 통하여 자료를 받은 것이고, 자료를 건네준 사람의 e-mail주소와 연락처만 알고 있으며 인적사항은 전혀 모르고 범행 후 연락을 하지 않았다는 진술을 확보하였다. e-mail을 추적 신용 카드 중개상 검거에서 신용카드 중개상인 불상의 피의자가 사용하는 e-mail에 confirm 추적 메일을 발송해 놓은 상태로 접속하기를 기다리고 있던 중 오후11시경 e-mail을 확인한 불상의 피의자 I.P주소를 확인한바 주거지가 대전광역시 소재 대우APT라는 것을 알아낸 뒤, 피의자의 주거지 입구에서 잠복하던 중 카드중개상인 이명수를 검거, 이명수에게 신용카드 자료 구입경위에 대하여 추궁한 바, 평소 알고 지내던 S카드사 직원인 허준호로부터 건네받은 것이라 하여 서울 강남구 역삼동 소재 S카드사 내에서 주범을 붙잡았다. 위 사건에서 알아두어야 할 검거 기법으로는 인터넷 정보 유출 범죄는 기본적으로 피의자가 접속한 I.P를 추적하며 인터넷 범죄는 얼굴을 모르는 상태에서 e-mail을 통하여 범행 모의를 하기 때문에 confirm 추적 메일을 통하여 접속장소를 추적하고 개인의 신용정보(카드번호, 유효기간, 비밀번호, 주민등록번호, 성명 등)만 유출되었을 경우 정보 유출경위를 파악 유출처를 찾아야 하며 전자결제대행업체와 계약을 체결한 가맹점은 신용카드사에서는 조회가 안 되고, 직접적으로 계약을 체결한 결제대행업체에서만 조회 가능하다는 사실을 알아야 한다.

<그림 22> 사건 개요도

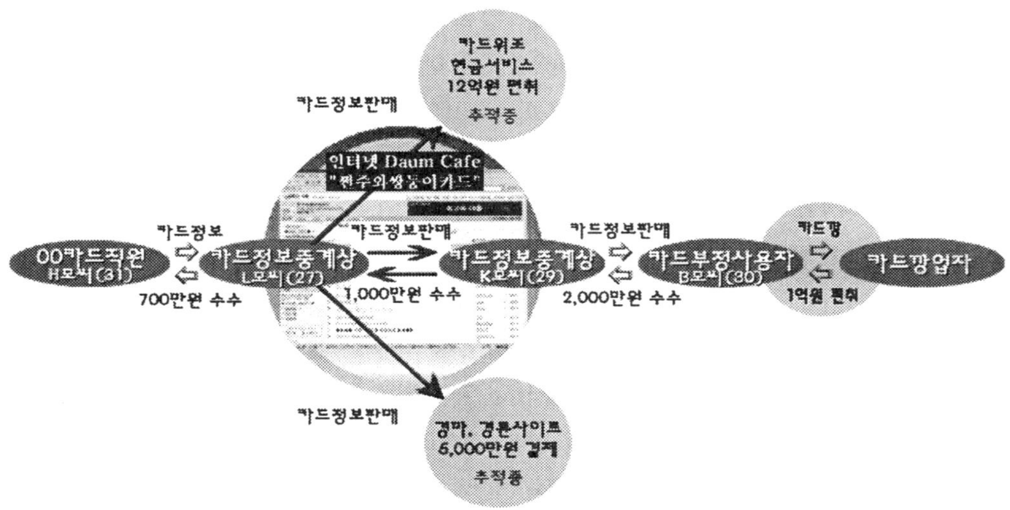

나. SMS문자서비스 변경

범죄자270) 방문수 28세, 여상훈 32세는 신용카드 모집인, 상 피의자 이상일29세, 이종호 31세는 신용카드 할인업자로 이들은 타인의 신용카드 정보를 이용 금원을 편취할 것을 모의하였으나 신용카드 회원들이 사고를 예방하기 위하여 SMS 문자서비스를 가입하여 신용카드 사용 즉시 카드사로부터 통보를 받아 타인의 신용카드 정보로 허위 매출을 일으키기가 어렵다는 사실을 알고 이들의 신용카드 SMS 문자서비스를 변경한 후, 신용카드 정보를 이용 금원을 편취할 것을 공모한 후, 피의자 방문수, 여상훈은 자신들이 모집한 신용카드 모집 신청서의 정보를 이용하여 타인의 신용카드 정보(성명, 주민등록번호, 카드번호, 유효기간, 비밀번호, 한도 등)를 입수한 후, 마치 회원이 직접 전화한 것처럼 LG, 국민카드사 등에 ARS전화를 걸어 안내에 따라 SMS문자서비스를 자신들이 소지한 휴대폰 (대포폰)으로 변경하는 역할을, 상 피의자 이상일, 이종

---

270) 범죄자 이름 · 상호 · 주소 등은 인권보호를 위해 모두 가명으로 쓰고 있다.

호는 결제대행업체인 (주)조원정보에 인터넷 쇼핑몰 위장사업자를 준비하여 조원정보와 계약하여 타인의 신용카드 정보로 승인을 내는 역할을 맡기로 분담 역할을 정한 뒤, 피의자 방문수, 여상훈은 2003. 4. 11경부터 동월 20일경까지 대구시 달서구 용산동 소재 방문수의 주거지에서 자신들이 신용카드 모집인을 하면서 수집하여 둔 타인의 신용카드 정보(성명, 주민등록번호, 카드번호, 유효기간, 비밀번호, 한도 등)를 이용하여 마치 회원이 직접 전화한 것처럼 LG, 국민카드사 등에 ARS 전화를 걸어 안내에 따라 SMS문자서비스를 자신들이 소지한 휴대폰 (대포폰)으로 변경을 한 후, 동 신용카드 정보를 상 피의자 이상일 이종호에게 넘겨주었고, 상피의자 이상일, 이종호는 2003. 4.15.15:00경 서울 영등포구 여의도동 15-4호 소재 전자결제대행업체인 "조원정보"에 허위로 개설한 (주)미성농산 쇼핑몰을 개설하고 사이트를 구축한 후 같은 달 21. 09:00경 엘지카드 회원인 김미화 24세의 신용카드정보를 입력하고, 3,000,000원 상당을 결제하는 것처럼 가장하여 승인을 받는 등 부정한 방법으로 알아낸 타인의 신용카드정보(성명, 주민등록번호, 카드번호, 유효기간, 비밀번호, 한도)를 이용하여 105회에 걸쳐 3억원 상당의 부정 승인을 내고 입금 받아 편취한 사건이다.

수사 착수 경위에서 전자결제대행업체인 조원정보 측으로부터 대구광역시 소재 "미성농산"이라는 업체로부터 카드승인이 난 내역이 모두 정상 매출이 아니고 부정매출로 의심이 된다는 첩보를 입수하여 내사하던 중, 동 소에서 발생한 매출이 모두 LG카드회원과 국민카드회원들만의 정보로 부정매출이 발생한 것을 인지하고, LG카드사 직원과 국민카드사 직원이 회원들의 신용정보를 유출한 것으로 보고 범행 연관성에 대하여 수사에 착수하게 되었다. LG카드, 국민카드사 상대 수사에서 부정 매출 승인이 난 LG카드사와 국민카드사에 임하여 동 카드사 직원들을 상대로 본 건 범행 관련여부에 대하여 탐문한 바, 본사 직원들의 범행이 아니라 대구지역 지사 또는 과거 카드모집인들이 범행에 가담되었을 것이라는 진술을 확보하였다. 통화내역 상대 수사에서 피의자들이 타인의 신용정보를 이용하여 SMS문자서비스 휴대폰번호를 변경하거나 해지한 것을 알아내고, 피의자들이 SMS문자서비스를 변경해 놓은 휴대폰 번호에 대하여 통화내역을 발췌 수사한 바, SMS문자서비스 변경 휴대폰으로 통화한 번호는 모두 범행에 관련된 전화번호로 범인 검거 단서에 대하여 전혀 발견치 못하였다. 계좌번호 및 CC-TV상대 수사에서 피의자들이 "미성농산"이라는 가맹점으로 부정매출을 발생시킨 후, 결제대행업체인 조원정보로부터 대금을 입금 받은 통장계좌에 대하여 압수수색 영장 발부 받아, 계좌거래 내역 및 CC-TV확인한 바, 동 계좌는 타인명의통장(대포통장)이라는 것을 확인하였고, 현금을 인출한 사람은 약 30대 초반 가량의 남자 1명이라는 것을 확인하였다. 가맹점 상대 수사에서 불상의 피의자들이 위장가맹점을 개설한 대구광역시 소재 "미성농산"의 주소지에 임하여 동 가맹점의 실제 존재여부에 대하여 확인한 바, 피의자들은 범행을 한 후 사무실을 정리하고 도주한 상태로 피의자 인적사항 발췌 및 추적이 불가능한 상태였다. CC-TV추적 수사로 이종호 검거과정은 불상의 남자가 은행에서 미성농산 명의 은행통장계좌를 이용하여 현금을 인출할 당시 계좌 인출 장면이 촬영된 CC-TV를 비교 분석한 바, 불상의 자가 현금지급기에서 예금을 인출한 후에 은행 창구로 이동하여 현금을 입금하는 장면을 확보하고 누구의 통장으로 현금을 입금하였는지 확인한 바, 이종호의 통장으로 입금이 된 것을 확인하고 이종호 사진을 발췌하여 CC-TV사진과 비교한바 동일 인물로 확인되어 이종호를 검거하였다. 공작 수사에서 피의자 이종호를 상대로 수사한 바, 범행에 사용한 신용정보는 공범인 이상일이 신용카드 모집인인 여상훈, 방문수로부터 구입한 자료라는 진술 확보 후 이상일, 여상훈, 방문수를 검거하였다. 국민카드사 입건은 피의자들을 모두 검거한 후, 범행 사실 및 공범 관계에 대하여 시인 받고, 범행 당시 피의자 방문수, 이상훈이 근무하였던 국민카드사 법인 입건 조치하였다. 위 사건 사례에서 숙지하여야 할 수사기법으로는 먼저, 계좌 입금이나 출금 시 촬영된 CC-TV는 범인 추적 및 검거의 열쇠다. 즉, 거액의 돈을 은행에서 출금 시에 은행 창구로 이동하여 출금한 현금을 피의자나 범행 관련자의 계좌에 입금되기 때문이다. 또한 피의자 공작 수사의 중요성이다. 왜냐하면 신용카드 범죄는 점차 광역화되어 어느 한 지역에 편중이 되는 것이 아니라 피의자들이 전국 각지 및 해외에까지 분산되어 있어 먼저 검거된 피의자를 회유 공작하여 검거하는 기법이 필요하다.

<그림 23> 사건 개요도

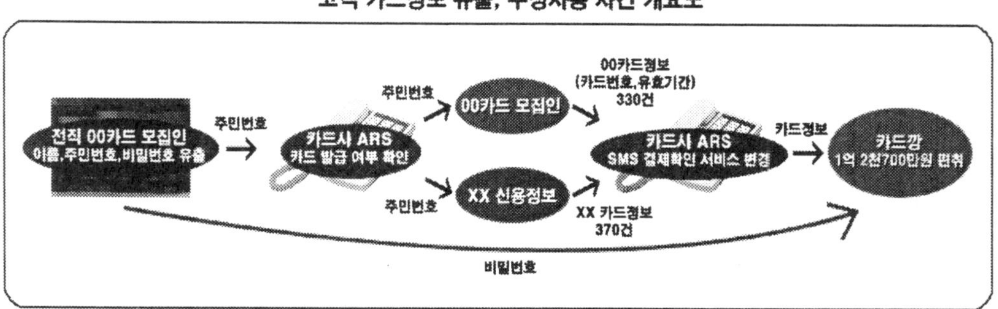

7. 공조하여 예방해야 할 신용카드 범죄

카드사 및 은행 등과 공조관계가 중요하다. 보통 신용카드사나 은행 직원에 대한 일선 수사관들의 인식이 부정적이다. 왜냐하면 신용카드사나 은행 직원에 대하여 "수사파트너"라는 인식 이전에 "범죄 발생 가능자"라고 인식하여 범죄 수사의 대상으로 취급하기 때문이다. 또한 신용카드, 은행 계좌 관련 범죄가 발생하였을 경우 보안유지나 신뢰의 문제로 금융기관의 직원을 배제한 채 단독으로 수사를 진행하는 경우가 많고 단지 해당 금융기관을 영장 집행의 대상으로 인식한다. 그리고 은행의 경우 내부 사고나 금융범죄가 신용카드사들에 비해 상대적으로 적으므로 이를 전문적으로 조사하는 담당자가 없고 범죄 수사에 대한 인식이 낮으나 신용카드사의 경우 신용카드 범죄가 자주 발생되고 이를 전문적으로 처리하는 직원이 각 담당별로 있어 범죄 발생 정보 및 전문지식 보유가 중요하고 따라서 신용카드 및 금융범죄 수사 시에는 해당 카드사 및 은행들을 단지 수사의 대상으로만 인식하지 말고 실제 업무를 담당하는 직원 및 팀을 접촉하여 최대한의 협조를 구하여 상호 협력이 될 수 있도록 하는 자세가 필요하며 금융기관의 직원들은 자신들 내부의 조직 질서를 존중해 주고 수사에 최선을 다하는 경찰관을 가장 신뢰하며, 해당 카드사나 은행 내부의 사고를 처리하는 문제이므로 수사에 필요한 관련 자료 및 정보 제출에 최대한 성의 표시가 중요하다. 또한 담당 수사관은 "업무 담당자와 함께 수사 한다"는 생각을 가지고 수사보안에 유의하여 사건 수사에 동행하여 공조관계를 강화하는 것이 좋으며 수사에 필요한 전문지식을 습득하고 추후 필요한 사항이 있을 경우 자문을 구하고, 또한 사건의 정보원으로 활용할 수 있도록 인적관계를 형성하고 마지막으로 신뢰관계가 형성된 경우 추가로 발생된 사건에 대한 수사의뢰가 이어지고 관련이 없는 사건이라도 필요한 자료 조회를 할 수 있는 등 여러 가지 측면에서 유용한 관계를 유지하는 것이 중요하다. 그리고 현장 확인을 강화해야한다. 강력사건의 경우와 마찬가지로 신용카드 범죄의 경우도 현장 확인이 사건 해결에 가장 기본적인 사항(보통의 경우 출력되어 눈에 보이는 거래 자료 및 유선 확인만으로 사건을 단정)이다. 또한 신용카드 범죄는 범인이 흘린 흔적을 얼마나 빨리 찾아내느냐에 사건 해결의 열쇠가 있으므로 범인이 사용한 사무실, 전화, 휴대폰, 신용카드사용 가맹점, 거래 매출전표, 가맹점 업주와의 신용카드 거래 시의 대화 내용, 범행 시 이용차량 등 범인이 범행 시 이용한 범행 도구를 빠짐없이 점검하여 단서를 확보하는 것이 중요하며 또한 범인이 이용한 전화사용 내역 및 신용카드사 또는 은행 ARS 시스템 접속기록, 인터넷 접속 로그기록 등 역추적이 가능한 수단을 이용했는지에 대하여도 심층 분석, 이를 철저히 추적하는 부지런함이 필요하다. 왜냐하면 한 번 추적기법을 익혀 둘 경우 다른 사건 해결에도 계속하여 이용 가능하기 때문이다. 또한 필요한 경우 범인이 범행 당시 사용한 사무실, 서류(매출전표 포함) 등에 대한 지문 감식을 시의 적절하게 실시하여 결정적 단서 확보가 필요하다. 왜냐하면 지문감식을 통해 명의 도용 신용카드 발급 조직과 신용카드 위조 조직을 검거한 사례가 많기 때문이다. 또한 현장을 확인하고 관련자를 충분히 면담하는 경우 발견하지 못한 단서를 발견할 소지도 있고 관련자의 진술에 대한 진위여부를 판단할 능력 배양이 중요하고 마지막으로 현장 확인을 통해서도 단서가 확보되지 않은 사건에서 특이한 수법의 범죄인 경우 반드시 사건이 재발할 것이므로 사건 수사기록을 폐기하지 말고 사례로 수집하여 추후 범인 검거에 활용하는 자세가 중요하다. 또한, 정보 수집 능력을 강화해야한다. 신용카드 범죄는 지능범에 의한 범죄이므로 신종 수법이 수시로 발생되며 이러한 신종범죄는 사건화 될 경우 언론 보도 및 여론화 될 소지가 다분하고 인터넷 등 정보화 도구에 대한 관심을 가지고 이를 이해하고 연구하여 첨단 신종 수법을 검색해 낼 수 있는 능력을 기르고 특히 관련 분야 종사자 등으로부터 수시로 정보를 습득해 낼 수 있는 능력 배양이 중요하다. 왜냐하면 실제로 언론 발생 보도를 접하고 타 지방청 및 경찰서에서 수사 중이던 사건을 먼저 해결한 사례가 많기 때문이다. 또한 항상 범죄 수법 및 범인 검거 기법에 대하여 연구하는 자세로 "금전적 이익이 보이는 곳에 범죄가 있다"라는 인식하에 사회적으로 이익이 창출되는 곳에 대한 위법성 여부를 스스로 판단하여 이를 사건으로 인지하는 능력을 향상하여야 한다. 그리고 사건 해결에 신용카드를 활용하며 최근의 범죄는 신용카드와 관련된 범죄가 대부분 강도 사건에서의 현금서비스 인출, 절도 사건에서의 신용카드 절취 후 물품구입, 신용카드 대금 부채로 인한 범죄 충동, 도피자의 신용카드 사용 등의 경우가 그 예로 신용카드에 대한 기본지식을 시의 적절하게 수사에 활용한다면 범인 검거에 결정적인 역할을 제공한다. 또한 강력 사건 등 사건 수사 시 관련자의 신용카드 거래 내역 등을 적절하게 활용하기 위해서는 평소 신용카드 거래의 기본 구조에 대한 이해가 필요하다 왜냐하면 피해자의 신용카드 거래 내역 등을 통한 범인의 행동반경 및 위치 추적, 현금서비스 인출시의 CC-TV확인, 부정 사용한 가맹점과 범인의 공모 여부 등을 확인할 수 있는 자료로 활용되기 때문이다. 또한 인터넷 거래의 경우 현재 가장 선호되는 결제 방식이 신용카드에 의한 거래이므로 신용카드 결제 방식을 이해하고 접근해야 한다. 왜냐하면 전자상거래에는 신용카드사 VS 가맹점의 직접 거래보다는 결제대행업체인 PG사를 이용한 거래가 일반적이므로 PG거래에 대한 이해가 필요하다.

가. 국제선 항공기내 신용카드 부정사용

  범죄자[271] 홍영길 35세, 이상학 33세 등 44명은 일정한 주거와 직업이 없는 신용불량자들로 탈퇴하거나 연체한 카드는 국내 가맹점에서는 사용할 수 없으나 국제선 항공기 내에서는 신용카드사와 온라인 시스템이 구축되어 있지 않아 정상적인 신용카드처럼 사용할 수 있다는 허점을 이용 국제선 항공기 내에서 신용카드를 부정 사용하여 고가의 기내 면세품을 구입 후, 남대문 수입상가 등지에 되파는 수법으로 그 대금을 편취하기로 마음먹고, 2002.4.10 09:00경 인천광역시 중구 운서동 소재 인천국제공항 내에서 홍콩발 아시아나 국제선 항공기를 탑승 후 홍콩에 도착한 뒤 동일 15:00경 홍

---

[271] 범죄자 이름 · 상호 · 주소 등은 인권보호를 위해 모두 가명으로 쓰고 있다.

콩-인천국제공항 간 국제선 아시아나 항공기에 탑승 후 연체되어 사용치 못하는 자신 명의 삼성신용카드를 마치 정상적인 신용카드인 양 동 비행기 근무 스튜어디스에게 제시하고 발렌타인 30년산 양주, 수입 향수, 디지털카메라 등을 구입 한 후, 이를 다시 남대문 수입상가 등에 되파는 수법으로 1년여에 걸쳐 40억원 상당의 물품을 구입해 편취한 사건이다.

수사 착수 경위에서 대한항공, 아시아나 항공사로부터 불특정 다수인 여러 명이 동시에 단거리 국제선 항공기에 탑승하여 카드를 제시하고, 1인당 약 200-400만원 상당의 면세품을 구입한 뒤 카드사에 확인해보면 모두 연체, 탈회카드라는 첩보 입수 수사에 착수하였다. 신용카드사 압수, 수색에서 신용카드사를 상대로 신용카드 항공기 내 부정사용 건에 대하여 확인한 바, 44명의 신용카드가 거래 정지 중에 대한항공 국제선 항공기와 아시아나 국제선 항공기 내에서 사용된 것을 확인하였다. 항공사 상대 매출 전표 입수에서 신용카드사로부터 압수한 항공기 내 부정사용내역을 토대로 항공사에서 매출 전표를 제출 받아 확인한 바, 각 전표에 피의자들의 서명 및 인적사항이 기재된 것을 확인하였다. 피의자 출·입국 내역 확인에서 피의자들의 출입국 내역과 국제선 항공기 탑승 내역을 확인한 바, 항공기 내 부정 사용일자와 출·입국 일자가 동일하게 겹치는 것을 확인하였다. 피의자 44명의 주거지 확인과정은 피의자들에 대하여 경찰 전산망의 주소지 조회를 하고 각 주소지에 대하여 탐문한 바, 44명 중 단1명도 전산상의 주소지에는 거주를 하지 않는 것을 확인하였다. 피의자 호적조회에서 피의자들은 모두 신용불량자이기 때문에 경찰 전산상의 주소지에는 전혀 거주하지 않고 있어 호적 등본을 발췌하여 가족 및 이혼한 처의 주거지를 확인하였다. 피의자 가족 주거지 확인에서 피의자들의 부모, 자녀와 이혼한 처 등의 주소지를 발췌하여 확인을 한 바, 피의자들은 대부분 부인 또는 남편과 위장 이혼을 한 뒤 부인 또는 남편 명의 주소지에 거주하는 것을 확인하였다. 피의자를 동시에 검거과정은 피의자들의 수가 많고, 범행 형태가 개별적으로 이루어져 동시에 피의자들을 검거하기로 하고, 미리 답사해 놓은 피의자들의 주거지에 잠복을 하면서 4일 동안 총28명의 피의자를 검거하였다. 위사건 사례에서 숙지하여야 할 수사 기법으로는 먼저, 피의자들은 사용치 못하는 자신 명의 연체 또는 탈회한 신용카드를 이용 국제선 항공기 내에서 사용한 범죄로 피의자를 검거 후 사용한 카드가 사용치 못하는 카드라는 것을 알고 사용하였다는 증거

확보가 중요하며 각 신용카드사에는 연체 회원 관리 철이 있으니 피의자가 항공기내 부정 사용일전에 신용카드사에서 피의자에게 연체 독촉을 한 내역이나 연체 사실을 공지한 내역을 첨부하고 신용불량자는 카드사로부터 항상 빚 독촉에 시달리기 때문에 경찰이나 동사무소 전산상의 주거지에 거주하지 않음의 확인과 부모, 형제, 이혼한 처 명의로 된 주거지 등에 거주할 확률이 높다는 것을 착안하여 신용불량자 검거 시에서 가족 명의의 재산 관계를 확인하고 마지막으로 피의자들은 대부분 여러 명이 국제선 항공기에 탑승을 하기 때문에 서로 간에 연락이 되는 경우가 많으니 일부 피의자 검거 후 공작 수사로 다른 피의자의 피의자 소재를 파악한 후 검거하여야 한다.

<그림 24> 사건 개요도

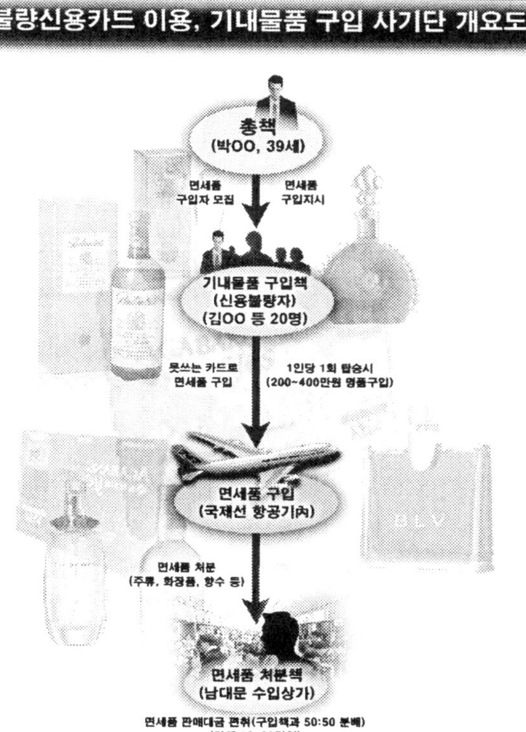

나. 취객들 신용카드 강취하여 현금 인출한 호객행위(삐끼집)

범죄자 33세는 2002년 9월경부터 서울 서초구 서초동 1111번지 지하1층에 약40여 평 규모로 룸6개, 노래방기기, 주방 등의 시설을 갖춘 후에 관할구청인 서초구청으로부터 "단란 주점" 허가를 득하고 영업을 해오면서 손님들을 유인하여 오는 호객꾼(삐끼) 10여명을 고용한 후 호객꾼들이 서울 강북구 미아리 부근이나 서울 중구 회현동 부근에서 만취한 취객들에게 접근 "1인당 10만원만 지불하면 예쁜 아가씨와 같이 술을 마시고, 2차도 갈 수가 있다"라고 유인하여 취객들을 주점으로 유인 해오면 취객들을 룸으로 안내하고 과일1접시, 가짜 양주 1병, 접대부 등을 들여보낸 후, 만취한 피해자가 가짜 양주를 마시고 술에 취하여 룸에서 잠이 들면 빈 양주병과 빈 안주접시 등을 룸으로 들여보내 놓은 후, 피해자를 깨워 술값을 계산해야 한다고 하면서 약200만 원 상당이 기재된 계산서를 내밀고, 피해자가 술값이 많다는 이유로 항의하면 가게에서 일하고 있는 웨이터와 직원들을 동원하여 만취한 취객들을 협박하여 항거 불능케 한 후, 신용카드를 빼앗고 비밀번호를 알아낸 뒤 피해자를 룸에 감금 후 강취한 신용카드로 주점 부근 24시간 편의점에 설치된 CD기에서 현금서비스를 인출하는 수법으로 2002. 9. 24. 02:00경부터 다음 달 18. 02:30경까지 120여명의 취객들을 대상으로 약 2억5천만 원 상당의 현금서비스를 받아 술값 명목으로 강취한 사건이다. 피해자 상대 수사에서 피해자로부터 신고를 받고 피해자를 상대로 수사한 바, 서울 중구 회현동 소재 회현 고가 밑에서 불상의 남자 1명이 접근하여 "10만 원만 지불하면 예쁜 아가씨와 술도 마시고, 2차도 가능하다"라고 하여 호기심에 불상의 남자를 따라갔는데, 음침한 분위기의 룸에서 술을 마시던 중 정신을 잃었다가 깨어보니 마시지도 않은 빈 술병과 빈 안주접시가 놓여 있었고, 술값이 150만 원이 나와 술집 주인에게 항의 중 건장한 남자 2명이 들어와 신용카드를 빼앗고 비밀번호를 알아낸 후에 현금서비스를 받아왔는데, 당시에 너무 술에 취하여 정확히 어디인지는 기억이 나지 않으나 주점(삐끼집)이 위치한 골목은 기억이 난다는 진술을 확인하였다. 삐끼집이 위치한 골목 주변 잠복 수사에서 주점(삐끼집)이 위치한 골목은 수십여 개의 술집들이 위치하여 정확히 피해자가 호객행위를 당한 업소가 어디인지 파악이 되지 않아 골목에서 잠복을 하던 중에 심야 시간대에 불상의 자들이 차량으로 주취자들을 내려주고 가는 것을 확인하고 주점의 정확한 위치를 확인하였다. 현금서비스 인출 장소 확인에서 정확한 주점의 위치를 확인한 후에 현금서비스 인출 장소를 확인하기 위하여 잠복을 하던 중에 새벽 3시경 현금서비스를 받으러 나오는 용의자 1명을 확인하고 미행한 바, 업소에서 약150미터 가량 떨어진 LG25시 편의점 현금지급기에서 피해자의 신용카드로 현금을 인출하는 것을 확인하고 동일한 위치의 현금지급기에서 계속하여 현금을 인출하는 것을 확인하였다. 현금 인출기 수사에서 피해자들의 카드로 동일한 장소의 CD기에서 현금을 인출하는 것을 확인하고, 정확한 피해자 및 피해내역 발췌하기 위하여 CD기에 대하여 압수수색영장 발부 받아 확인한 바, 피해가 발생된 것으로 보이는 피해자 약70여명을 확보하였다. 피해자들의 인적사항 발췌에서 현금지급기에서 확보한 피해자들의 카드번호를 각 카드사에 조회하여 인적사항 및 연락처 발췌가 중요하다. 피해자 상대 수사에서 카드사에서 발췌한 카드 명의자들을 상대로 확인한 바, 동일한 골목에 위치한 주점(삐끼집)에서 피해를 당한 것으로 확인이 되었으며, 모든 피해자들이 정확한 삐끼집의 위치를 기억하지 못하나 진술에서 주점(삐끼집)의 내부구조가 동일한 것을 확인하였다. 피의자 검거에서 각 피해자들로부터 피해 진술을 확보 후 주점 주변에서 잠복 공범들의 수를 파악하고, 새벽 2시경 호객꾼이 손님들을 유인하여 주점에 들어갈 때 같이 들어가는 방법으로 급습하여 주점 내에서 사장, 지배인, 마담, 접대부, 호객꾼 등을 일망타진하였다. 수사학적 접근은 신용카드를 강력범죄 사건에 활용이다. 왜냐하면 주점(삐끼집)에서 현금 인출한 CD기에서 압인전표를 발췌하여 각 신용카드사에 의뢰한 후, 피해자 확보가 가능하기 때문이다. 또한 주점(삐끼집) 단속 시에는 피의자들이 전면 부인을 하는 경우에 대비 많은 피해자를 확보하여 피해자와 피의자를 대질시키는 수사 기법이 필요하다. 왜냐하면 피해자 확보가 안 될 경우 범죄 혐의점을 입증하지 못하는 경우가 발생하기 때문이다.

제4장 증권범죄

제1절 증권범죄의 의의

증권범죄란, 형식적으로는 증권거래법을 위반하여 형사처벌의 대상이 되는 행위를 말하고272) 실질적으로는 재산죄(사기죄 등)로서의 본질적 위법성을 가진 일체의 증권 관련범죄를 말한다.273) 또한, 좁은 의미로는 증권범죄조사의 대상이 되는 내부자거래 와 시세조종행위의 2가지 유형을 일컫는 것이고, 넓은 의미로는 증권거래법규정 위반 은 물론 증권거래와 관련해서 발생되는 일체의 금융범죄행위를 포함하는 것이라고 정 의할 수 있다. 좁은 의미의 증권범죄는 실질적 의미의 증권범죄와 대체로 일치하고, 넓은 의미의 증권범죄는 형식적 의미와 대체로 일치한다. 그러나 분류 기준과 관점에 따른 구분이므로 완전히 같지는 않다.

증권거래법에 규정된 범죄는 무허가영업의 죄 등의 유형 외에는 주로 (1) 투자자에 대한 기업의 공시(disclosure)제도를 해치는 범죄와, (2) 증권거래에 있어서의 불공정한 거래의 범죄로 구분된다. (1)은 허위유가증권신고서 제출죄, 허위유가증권보고서 제출 죄 등이며, (2)의 유형에는 시세조종의 죄, 내부자거래의 죄 등이 있다.

또한 범죄로 처벌되지는 않지만, 증권거래법은 증권회사와 그 임직원에게 다음 행 위를 금지하고 있다. 즉, 매매거래의 제한, 부당권유행위 등의 금지, 일임매매거래 등 이다. 이들 행위는 등록의 취소, 영업정지 등의 행정처분의 대상이 된다.

그러나 증권범죄를 실질적으로 파악할 때 "투자자의 이익과 공정한 거래질서를 침 해하는 행위"로 정의할 수도 있는데, 이는 증권범죄가 재산범죄이자 반사회적·반신뢰 적 범죄로서의 속성을 가진다고 할 수 있다. 이 때 증권범죄의 보호법익은 "투자자의

---

272) 따라서 형사벌을 규정하고 있는 증권거래법 제207조의2. 제207조의3. 제208조, 제209조, 제210조, 제 211조 위반의 행위를 말한다. 기타 위반사항은 과징금 및 과태료 부과사항이다.

273) 따라서 비록 법에 규정이 없다 하더라도 새로운 범죄유형의 출현으로 인해 그 범위가 넓어질 가능성 이 있다.

재산과 공정한 거래질서"로 파악할 수 있다.

오늘날 증권시장은 "자본주의 경제의 핵심적 요소시장"이라고 할 정도로 중요한 기능을 수행하고 있다. 즉, 증권시장이 담당하는 기능을 살펴 볼 때, (1) 사회경제적으로는 직접적인 산업자본의 조달과 그 적절한 교환·분배가 이루어지는 교량으로서 대형자본시장으로서의 역할, (2) 정부의 통화량 조절이나 금리조절 등 금융정책의 수단으로서 국가경제 전반에 대한 영향을 주고받는 창구로서의 기능, 즉 증권시장은 자본주의 시장경제체제를 운용하고 있는 한 나라의 경제전반에 대한 각종 정보가 교류되며 향후 경제전망에 대한 징후를 예측하는 주요한 경제지표제공자로서 오늘날 국가경제를 운용하는데 있어서 결코 무시할 수 없는 종합적인 정책운용의 바로미터로서의 역할 및 (3) 투자자 측면에서 환금성이 뛰어난 저축수단·투자대상으로서 유효한 금융상품시장으로서의 기능을 수행·제공하고 있다. 따라서 시세조종이나 내부자거래 등 증권범죄는 제1차적으로 다수의 일반투자자에게 막대한 재산상 손실을 가져오게 하는 것이며, 다음으로 이러한 손실이 곧 증권시장에 대한 신뢰를 손상하여 자발적인 시장참여를 회피하게 함으로써 기업가들에게 산업자본의 조달과 그의 적절한 교환·분배를 저해하여 결국 국민경제에 악영향을 미치게 되는 반사회적·비윤리적인 행위라고 할 수 있다.

증권범죄와 구별되는 개념으로, 금융범죄는 통상적으로 "경제 질서 또는 경제제도라는 초개인적 법익을 침해하는 행위"라고 할 수 있고,274) 금융범죄는 경제제도의 한 요소를 차지하고 있는 금융제도와 관련된 범죄로서 금융범죄의 한 영역을 차지한다.275) 금융범죄에는 증권범죄, 보험범죄, 외환범죄, 은행권·비은행권범죄 등이 포함된다. 또한 재정범죄(fiscal offence, fiskalische Delikt)는 조세, 외국환관리, 환전, 금융, 어음 등의 규제위반행위를 포함하는 개념이다. 증권범죄는 우리나라 전체금융범죄 가운데 약 70%이상을 차지하는 가장 많이 발생하는 주요 범죄의 하나이다.

증권범죄는 금융범죄 또는 금융범죄의 일반적 특성을 그대로 가지고 있다. 즉, 범죄

---

274) 강동범, 우리나라 경제형법에 관한 연구, 서울대 박사학위논문, 1994. 44면 이하; 장영민·조영관, 금융범죄의 유형과 대처방안, 한국형사정책연구원, 1993, 17면 이하; 임 웅, "금융범죄에 대한 형법적 대책: 그 입문적 고찰", 성균관법학, 창간호, 1987.9. 135면 이하; "금융범죄의 개념과 범위에 관한 연구", 경찰대학논문집 제22집, 2002.12. 37면 이하 참조.
275) 최인섭외 4인, 한국의 금융범죄실태와 사회적 대응방안, 한국형사정책연구원, 2002, 66면.

의 은폐성, 범죄단서 파악의 어려움, 사건의 복잡성, 증거수집의 어려움, 기술성과 전문성 등을 그 특징으로 한다.

제2절 상법상 납입가장죄(商法上 納入假裝罪)

1. 주금납입절차

주식의 인수는 발기설립의 경우에는 발기인이 서면으로(인수한 주식의 종류와 수를 표시하고 기명날인) 회사의 설립 시에 발행하는 주식의 총수를 인수하며 모집설립의 경우에는 발기인이 먼저 주식의 일부를 인수하고 남은 주식은 일반인으로부터 주식청약서에 의하여 주식인수의 청약을 받고 이에 대하여 인수인 및 인수할 주식의 수를 결정하여 주식을 배정하면 주식의 인수가 확정되고 주식인수인은 주금을 납입할 의무가 발생한다. 또한 주금의 납입에서 발기인을 포함한 주식인수인은 인수가액의 전액을 납입(전납주의)하고 모집설립(신주발행)의 경우 주금납입은 오직 청약서에 지정된 금융기관과 납입장소에서 하여야 한다. 이를 보관한 금융기관은 납입금 보관 증명서를 교부할 의무가 있다.

2. 주금납입의 가장행위

주금납입의 가장행위란 형식적으로는 주금이 납입된 외형을 갖추고 있으나 실질적으로는 그 납입금이 회사자본으로서 회사재산을 구성하고 있지 않는 행위를 말한다. 납입이 가장인지 여부는 납입행위의 외관만이 아니라 그 실체를 파악하여 자본충실의 원칙과의 관계에서 실질적으로 판단해야한다. 현금의 수수가 없더라도 회사에 의한 채권의 취득 또는 채무의 감소 혹은 소멸이 확실하면 적극재산의 증가 또는 소극재산의 감소에 의하여 자본의 충실은 기하여지므로, 적어도 자본충실을 기하는 납입가장죄의 납입은 가장행위라고 할 수 없다.

예합(預合)은 발기인 또는 이사가 납입취급 금융기관으로부터 금원을 차용하여 이를 주식납입금으로 회사의 예금으로 이체하고 그 차용금을 변제할 때까지는 위 예금을 인출하지 않을 것을 특약으로 약정하는 것이다.276) 예합의 행위양태는 발기인·이사 등이 납입취급 금융기관의 임직원과 공모하여 납입취급 금융기관으로부터 금원을 차용하여 이를 주식납입금으로 이체하여 납입취급 금융기관으로부터 납입금 보관증명서를 받아 설립등기 또는 증자등기를 하고 그 후 회사가 납입금의 반환을 받아 먼저 차용한 금원을 변제하는 경우, 발기인 등이 은행의 임직원과 공모하여 납입이 전혀 없음에도 불구하고 납입금 보관증명서를 교부받아 설립등기 내지 증자등기를 한 경우, 발기인 등이 은행의 임직원과 공모하여 은행이 발기인 등 이외의 제3자에게 금원을 대여하고 이를 주식납입금으로 이체하여 은행으로부터 납입금보관증명서를 받아 등기를 하고 그 후 회사가 납입금의 반환을 받아 차용인의 채무변제에 충당하는 경우, 이사 등이 은행의 임직원과 공모하여 은행에 존재하는 회사의 자금을 주금납입금으로 이체하고 은행으로부터 납입금보관증명서를 받아 신주발행의 자본변경의 등기를 한 경우, 이사 등이 은행의 임직원과 공모하여 회사자금을 주식인수인에게 대여하고 이를 주금납입금으로서 납입하고 은행으로부터 납입금보관증명서를 받아 신주발행의 자본변경등기를 하고 후에 주식인수인의 주권교부청구권과 회사의 대여금반환청구권 사이에 상계에 유사한 행위로써 청산하는 경우 등이 있다.

견금(見金)은 발기인·이사 등이 납입취급 금융기관 이외의 제3자로부터 금원을 차용하여 그 금액을 예금하여 주금의 납입을 가장하고 회사의 성립 또는 신주발행의 효력 발생 후 단기간 내에 납입금을 납입취급 금융기관으로부터 인출하여 차용금을 반환하는 방법으로 주금납입을 가장하는 행위이다. 금융기관의 임직원과 공모하여 주금납입을 가장하기가 어렵게 되자 오히려 이 방법에 의한 납입의 가장이 성행한다. 견금에 의한 납입가장행위에 납입으로서의 효력이 있느냐에 관하여는 유효설(有效說), 무효설(無效說)로 나뉘고 있으나, 객관적인 회사자본의 충실실현을 잠탈하는 견금은 주금납입으로서의 효력이 없다고 하여야 할 것이므로 무효설이 타당하다.(상법상 견금에 의한 납입가장도 납입가장죄의 형사책임을 지우고 있다.)

---

276) 예합이 성립하기 위하여는 납입의 가장에 관하여 금융기관과의 공모를 요한다는 것이 통설이다.

3. 납입가장죄의 구성요건

행위의 주체는 발기인·업무집행사원·이사·감사 또는 직무대행자·지배인 기타 회사영업에 관한 어느 종류 또는 특정한 사항의 위임을 받은 사용인이다. 객관적 구성요건은 납입 또는 현물출자의 이행을 가장하는 행위의 존재이며 주관적 구성요건은 회사에 납입된 주금을 발기인, 이사 등이 인출하여 사적인 용도로 사용하였다든지 또는 회사에 주금이 입금되지 않았다는 사실 등을 들어 주금납입이 애초부터 진실로 납입할 의사없이 납입가장의 수단으로 행하여졌음이 입증되는 것이다. 또한 금융기관의 주금납입보관증명서를 받아 회사의 설립등기나 증자등기를 마친 후 납입금을 인출한 시기 사이의 기간이 짧으면 범의를 추정할 수 있는 유력한 자료가 되나, 주금납입을 인출하여 회사의 운영자금으로 소비하였거나 납입금 상당의 회사재산을 증가시킨 사실이 밝혀지면 납입 가장의 범의가 있었다고는 할 수 없으므로 인출한 납입금의 사용처, 회사재산의 증가여부 등을 조사하여 범의의 유무를 판단한다.[277]

4. 납입가장죄와 공정증서 원본 부실기재죄

공정증서원본 부실기재죄는 공무원에 대하여 허위의 신고를 하여 공정증서원본에 부실의 기재를 하게 하는 죄이며 납입가장 후 이에 터잡아 회사의 설립등기나 증자등기를 마친 경우 현실적으로 주금액에 상당한 금원의 납입이라는 사실이 존재하지만, 그 납입은 오로지 증자에 즈음하여 등기를 하기 위한 편법에 지나지 아니하고 실질은 주금의 납입이 없는 것과 다름없는 가장납입으로서 이를 숨기고 납입이 완료된 것처럼 허위신고를 하여 증자등기를 한 것은 공정증서원본 부실기재죄에 해당한다. 납입가장죄와 공정증서원본부실기재죄는 경합법의 관계에 있다.

---

[277] 벌칙으로는 5년 이하의 징역이나 1,500만원 이하의 벌금 병과가능.

5. 판례

▶ 상법 제 628조에 규정된 납입가장죄가 성립하기 위하여는 위와 같은 납입의 이행을 가장하는 행위가 있으면 족하고 반드시 납입을 가장하는 자가 사전에 은행 측과 공모하는 것을 요건으로 하지 않는다.(부산지법 1977.7.8.선고, 77노889 판결)

▶ 주금을 설립등기 된 다음날에 곧 납입 받은 은행에서 꺼내갔다는 사실 만으로서는 주금납입의 의사없이 납입하였다고 할 수 없으며 납입가장죄가 주식회사의 자본충실을 기하려는 법의 취지를 유린하는 행위를 단속하려는데 목적이 있으므로 그 돈을 회사를 위하여 썼다면 자본충실을 해친다고는 할 수 없다.(대법원 1977.11.8. 선고, 77도2439 판결)

▶ 상법 제628조의 납입가장죄는 주식회사의 자본충실을 기하려는 법의 취지를 유린하는 행위를 단속하려는데 그 목적을 두고 있으므로 그 납입한 돈을 회사설립등기가 된 다음 바로 인출하였다면 이를 회사를 위하여 사용하였다는 등 특별한 사정이 없는 한 회사에 대하여 그 금액상당의 채권채무관계가 발생한다는 따위의 사유와는 관계없이 납입가장죄가 성립한다.(대법원 1982.4.13 선고, 80도537 판결)

▶ 주금가장납입의 경우 현실적으로 주금액에 상당한 금원의 납입이라는 사실이 존재하기는 하나, 그 납입은 오로지 증자에 즈음하여 등기를 하기위한 편법에 지나지 아니하고 실질적으로는 주금의 납입이 없는 가장납입으로서 이를 숨기고 마치 주식인수인에 의한 납입이 완료된 것처럼 등기공무원에 대하여 허위신고를 하여 증자를 한 취지의 등기신청을 함으로써 상업등기부원본에 그 기재를 하게 하였다면 이는 공정증서원본불실기재 및 동행사죄가 성립한다.(대법원 1987.11.10. 선고, 87도2072 판결)

▶ 피고인이 발기인으로서 설립등기를 마친 이틀 뒤 회사설립을 위하여 납입한 돈을 전액 인출한 이상 그 돈을 회사를 위하여 사용하였다는 특별한 사정이 없는 한 납입가장죄는 성립하는 것이고 그 뒤에 다른 돈으로 회사를 정상으로 운영하였다고 하여서 납입가장죄가 되지 않는다고는 할 수 없다.(서울고법 1994.12.28 선고, 94노2838, 94초250 판결)

▶ 상법 제628조 제1항 소정의 납입가장죄는 회사의 자본충실을 기하려는 법의 취지를 유린하는 행위를 단속하려는데 그 목적이 있는 것이므로, 당초부터 진실한 주금

납입으로 회사의 자금을 확보할 의사 없이 형식상 또는 일시적으로 주금을 납입하고 이 돈을 은행에 예치하여 납입의 외형을 갖추고 주금납입증명서를 교부받아 설립등기나 증자등기의 절차를 마친 다음 바로 그 납입한 돈을 인출한 경우에는, 이를 회사를 위하여 사용하였다는 특별한 사정이 없는 한 실질적으로 회사의 자본이 늘어난 것이 아니어서 납입가장죄 및 공정증서원본불실기재죄와 불실기재공정증서 원본행사죄가 성립하고, 다만 납입한 돈을 곧바로 인출하였다고 하더라도 그 인출한 돈을 회사를 위하여 사용한 것이 아니라면 자본충실을 해친다고 할 수 없으므로 주금납입의 의사 없이 납입한 것으로 볼 수는 없다.(대법원 1997.2.14 선고, 96도2904 판결)

▶ 일시적인 차입금으로 단지 주금납입의 외형을 갖추고 회사설립이나 증자 후 곧바로 그 납입금을 인출하여 차입금을 변제하는 주금의 가장납입의 경우에도 금원의 이동에 따른 현실의 불입이 있는 것이고, 설령 그것이 실제로는 주금납입의 가장 수단으로 이용된 것이라고 할지라도 이는 그 납입을 하는 발기인 또는 이사들의 주관적 의도의 문제에 불과하므로, 이러한 내심적 사정에 의하여 회사의 설립이나 증자와 같은 집단적 절차의 일환을 이루는 주금납입의 효력이 좌우될 수 없다 할 것이다.(대법원 2001.3.27. 선고, 99두8039 판결)

▶ 상법 제628조 제1항의 납입가장죄는 회사의 자본을 충실을 기하려는 법의 취지를 해치는 행위를 단속하려는 것이므로, 주식회사의 설립을 위하여 은행에 납입하였던 주식인수가액을 그 설립등기가 이루어진 후 바로 인출하였다 하더라도 그 인출금을 주식납입금 상당에 해당하는 자산을 양수하는 대금으로 사용한 경우에는 납입가장죄가 성립하지 아니한다.(대법원 2001.8.21. 선고, 2000도5418 판결)

제3절 불공정거래의 의의

증권시장이 자본의 효율적 배분기능을 원활히 수행하기 위해서는 시장에서 결정되는 가격이 이용 가능한 정보를 완전히 반영하여야 한다. 이와 같은 시장을 효율적 시장이라 한다. 시장이 효율적으로 가능하기 위해서는 모든 정보가 즉각 반영되고[278](시

---

[278] 김명철, 금융경제범죄수사, 경찰수사연수원, 2005 336면.

장의 정보효율성), 거래비용이 낮아야 한다(거래효율성).

　시장이 효율적인 경우에는 정보를 이용함으로써 시장의 평균수익에 비하여 초과적인 수익을 얻을 수 없다. 그러나 주가에 반영된 정보는 모두 정확하다고는 할 수 없기 때문에 잘못된 정보에 근거하여 형성된 시장가격을 수용한 자는 손해를 입는다. 따라서 투자자를 보호하기 위하여 필요한 것은 시장가격이 정확한 정보를 반영하도록 보장해야 한다. 즉, ① 시장의 정보효율성을 유지하는 것과 ② 부실표시에 대하여 제재를 가하고 부실표시에 의한 손해를 배상하도록 하는 것이다. 증권거래법 중 공시제도는 ①을 제도적으로 보장하고, 부실표시에 대한 민·형사책임 규정은 ②를 달성하기 위한 것이다. 따라서 이들 규제는 시장의 정보효율성을 확보하기 위한 것이라고 할 수 있다.

　또한 시장이 효율적이기 위해서는 거래비용이 최소화되어야 한다는 경제학적 관점에서는 시장에서 내부자거래나 시세조종이 이루어지는 경우 투자자는 안심하고 증권투자를 할 수 없다. 이와 같은 불공정거래가 이루어지는 것 자체가 투자자로 하여금 증권투자를 단념하게 하는 거래비용이 된다. 따라서 증권거래법 중 내부자거래나 시세조종의 금지규정은 거래비용을 낮게 하여 시장의 효율성을 달성하기 위한 제도이다.

　불공정거래행위란 광의로 보면 증권의 발행·유통과정의 공정성을 확보하기 위하여 요구되는 각종 의무를 해태하는 행위라고 할 수 있고, 협의로는 미공개정보의 이용, 시세조종, 사기적 거래 등을 지칭한다.279)

　한편, 우리나라 증권거래법은 불공정거래라는 용어에 관하여 정의하고 있지 않다. 다만, 증권거래법 제9장제2절의 제목으로 불공정거래행위의 금지 등과 제199조의4의 조문제목으로 시세조종 등 불공정거래의 금지라는 표현만 있을 뿐이다. 따라서 증권거래법상 불공정거래행위는 제188조(내부자의 단기매매차익반환 등)·제188조의2(미공개정보이용행위의 금지)·제188조의4(시세조종행위)의 규정을 위반한 행위라고 할 수 있다. 다만, 이중에서 증권거래의 공정성을 저해하고 투자자의 신뢰를 손상시키는 가장 악성이 강하여 중대한 범죄로 간주되는 내부자거래와 시세조종을 협의의 불공정거래라 한다.

---

279) 옥기율, 현물 및 선물 연계에 의한 불공정거래행위 대응방안, 한국증권학회 학회지 제28집, 2001, 421면.

1. 내부자거래

가. 내부자거래의 의의와 규제체계

회사의 내부자가 내부정보를 이용하여 유가증권을 거래하면 쉽게 이익을 얻거나 손실을 회피할 수 있다. 그러나 내부자 이외의 투자자는 회사의 내부정보를 알 수 없어 증권거래 시 불리한 처지에 놓이게 된다. 이와 같은 상태를 방치한다면 증권시장의 공정성과 신뢰성에 대한 일반투자자의 신뢰가 손상되고, 그 결과 효율적인 자본의 배분에 기여하여야 할 증권시장의 기능유지가 저해될 우려가 있다. 따라서 내부자거래[280)는 법령에 의해 엄격하게 규제하지 않으면 안 된다. 내부자거래란 회사의 내부자가 직무상 지위로 인하여 취득한 내부정보를 이용하여 당해 법인이 발행한 유가증권을 거래하는 행위를 말한다.[281) 거래당사자 사이의 정보의 평등성, 즉 증권시장의 참여자가 동등한 입장과 동일한 가능성 위에서 증권거래를 할 수 있도록 하려는 취지이다. 다시 말하면 정보의 비대칭이 내부정보에 근거한 경우에는 거래를 금지함으로써 거래상대방을 보호하고 나아가 증권시장에 대한 투자자의 신뢰를 보호하기 위한 것이다.[282)

내부자거래에 대한 가장 직접적이고 강력한 규제수단은 내부자가 미공개 중요정보를 이용하는 행위를 금지하는 것이다. 즉, 회사의 업무 등과 관련한 중요한 미공개정보를 직무와 관련하여 알게 된 자와 이들로부터 그 정보를 알게 된 자가 당해 회사가 발행한 유가증권의 매매거래와 관련하여 그 정보를 이용하거나 이용하게 하는 행위를 금지한다. 또한 공개매수자 등이 공개매수의 실시 또는 중지에 관한 정보를 이용하는 행위도 금지한다(법 제188조의2).

간접적 규제 수단에는 공매도 금지와 단기매매차익반환제도가 있는데[283) 첫째, 공매

---

280) 자세한 것은 최재경, 증권거래법상 내부자거래에 관한 판례와 수사실무, 형사재판의 제문제, 형사실무연구회, 2000. 노태욱, 내부자거래 등 관련행위의 규제, 증권거래에 고나한 제문제, 상, 재판자료 제90집, 2001.

281) 박미숙, 금융감독기관의 범죄조사 효율성 제고방안, 한국형사정책연구원, 2002. 22면.

282) 최재경, 증권거래법상 내부자거래에 관한 판례와 수사실무, 형사재판의 제문제, 형사실무연구회, 2000, 196-197면.

283) 김명철, 금융경제범죄수사, 경찰수사연수원, 2005, 337면.

도 금지는 회사내부자가 자기회사가 발행한 주식을 공매도하는 것은 장차 회사의 사업이나 신용에 타격을 주는 사실이 발생하여 주가하락이 예견되는 상황에서 단기차익을 노리고 하는 내부자거래로서 비난가능성이 매우 크다. 따라서 상장법인 또는 협회등록법인의 내부정보에 접근이 가능한 당해 회사의 임직원, 주요주주에 대해서는 내부자거래를 간접적으로 규제하기 위하여 내부정보의 이용유무와 관계없이 자신이 소유하고 있지 않은 자기회사가 발행한 주권 등을 공매도하는 것을 전면적으로 금지하고 있다(법 제188조제1항). 회사내부자가 자신이 소유하고 있지 아니한 당해 회사의 주권 등을 매도하였다는 사실만 입증되면 곧바로 공매도 금지규정에 위반한 것이 되어 2년 이하의 징역 또는 1천만 원 이하의 벌금에 처해진다.

둘째, 단기매매차익반환제도는 상장법인 또는 협회등록법인의 주요주주, 임직원이 당해 회사가 발행한 주권 등을 매수한 후 6개월 이내에 매도하거나 매도한 후 6개월 이내에 매수하여 이익을 얻은 경우에는 그 차익을 회사에 반환하여야 한다.(법 제188조제2항). 여기에서 말하는 매매란 대가가 지급되고 주권 등의 소유권이 이전되는 것을 의미하므로 상속이나 증여에 의한 무상취득이나 주식배당, 주식분할, 주식병합, 합병에 의한 주식의 취득은 매수 또는 매도에 해당하지 않는다. 회사내부자가 6개월 이내의 단기매매로 차익을 얻은 경우 내부정보를 이용한 때에는 제188조의2의 규정에 위반한 것이 되므로 이에 따른 형사처벌과 함께 단기매매차익도 반환하여야 하지만, 내부정보를 이용하지 않은 때에는 단기매매차익의 반환의무 외에 별도의 형사처벌은 받지 않는다. 또한 회사 내부자의 단기매매에 의하여 차익이 발생하였더라도 매도 또는 매수의 성격 기타 사정 등을 감안하여 내부정보를 이용한 매매가 아니라는 것이 객관적으로 명백한 경우, 즉 법령이나 정부의 지도·권고에 따라 매매하는 경우 등은 단기매매차익의 반환의무가 면제된다(시행령 제83조의6).

내부자거래의 감시수단으로는 회사의 내부정보에 대하여 접근이 가장 용이한 임원, 주요주주에 대하여 내부자거래의 예방을 위하여 임원 또는 주요주주가 된 날부터 10일 이내에 누구의 명의로 하든지 자기의 계산으로 소유하고 있는 당해 법인의 주식소유상황을, 그 소유주식수에 변동이 있는 때에는 그 변동이 있는 날이 속하는 달의 다음달 10일까지 증권선물위원회와 증권거래소 또는 협회에 그 내역을 신고하여 일반에게 공시하도록 하고 있다(법 제188조제6항). 이 보고의무를 위반하면 1년 이하의 징역 또는 5백만 원 이하의 벌금에 처한다.

내부자거래의 특별규제수단은 증권거래의 대부분은 증권회사를 통하여 이루어진다는 점과 위탁매매업자인 증권회사 또는 그 임직원은 전문 브로커로서 증권시장의 불법행위에 대한 감시가 가장 용이하다는 점을 고려하여 그의 고객이 내부자거래를 한다는 사실을 알고 있는 경우 그 수탁 행위를 금지하는(법 제52조, 시행령 제36조의3 제5호) 것이다. 이 규정에 위반하더라도 형사벌칙은 없다.

내부자거래의 제재수단으로는 내부자거래자에 대해서는 최고 무기징역에 처할 수 있고, 부당이득의 3배 이내의 벌금을 병과할 수 있으며, 10년 이내의 자격정지에 처할 수도 있다(법 제 207조의2). 또한 내부자거래자는 미공개정보이용행위로 인한 피해자에게 손해배상책임을 부담한다(제188조의3).[284]

나. 미공개정보이용죄의 구성요건[285]

1) 내부자

상장법인 또는 협회등록법인의 개념에는 상장 또는 등록에 관한 미공개정보 이용행위를 규제하기 위하여 6개월 내에 유가증권의 상장이나 협회등록[286]이 예정되어 있는 법인도 포함된다.

회사내부자(전통적 내부자)는 당해 법인 및 그의 임직원·주요주주·대리인이다. 내부자에 해당하지 않게 된 날부터 1년을 경과하지 아니한 자도 포함된다. 한편, 이러한 내부자는 자신의 직무와 관련하여 내부정보를 알게 된 때에 한해 내부자거래 규제의 대상이 된다(직무 관련성).

준내부자는 법령상 또는 계약상으로 내부정보에 합법적으로 접근할 수 있는 위치에 있는 자를 말한다. 즉, 당해 법인에 대하여 법령에 의한 허가·인가·지도·감독 기타

---

284) 이에 대하여 상세히는 노태욱, 내부자거래 등 관련행위의 규제, 증권거래에 관한 제문제, 상, 재판자료 제90집, 2001, 453면 이하 참조.
285) 자세한 것은 최재경, 증권거래법상 내부자거래에 관한 판례와 수사실무, 형사재판의 제문제, 형사실무연구회, 2000,과 노태욱, 내부자거래 등 관련행위의 규제, 증권거래에 관한 제문제, 상, 재판자료 제90집, 2001,을 참고.
286) 김명철, 금융경제범죄수사, 경찰수사연수원, 2005, 340면.

의 권한을 가지는 자로서 정부기관, 증권거래소 등 공공기관 등이 있고, 당해 법인과 계약을 체결하고 있는 자로서 변호사, 회계사, 세무사, 변리사, 금융거래계약을 체결하고 있는 은행 등 금융기관, 인수계약을 체결하고 있는 증권회사, 공급계약을 체결하고 있는 회사 등이 있다. 이밖에 준내부자에 해당하지 않게 된 날부터 1년이 경과하지 아니한 자도 포함된다. 한편, 준내부자도 직무와 관련하여 내부정보를 알게 된 경우에 한해 내부자거래 규제의 대상이 된다.

정보수령자는 자신의 직무와 관련하여 내부정보를 알게 된 내부자 또는 준내부자로부터 그 정보를 전달받은 자를 말한다. 정보수령자는 내부자·준내부자로부터 정보를 받은 자이어야 하므로 원칙적으로 정보제공자가 내부자에 해당하는 자라는 사실 및 제공된 정보가 중요한 미공개정보라는 사실을 인식하고 있어야 하며, 정보를 제공하는 내부자·준내부자는 자신이 직무와 관련하여 지득한 중요한 미공개정보를 타인에게 제공한다는 사실을 인식하고 있어야 한다. 그런데 제1차 정보수령자가 그 정보를 타인에게 이용하게 하였다면 제1차 정보수령자의 행위는 이용하게 하는 행위로 처벌할 수 있는 것은 물론이지만, 그 정보를 이용한 자, 즉 제2차 정보수령자의 미공개정보 이용 행위는 형벌적용의 명확성이라는 죄형법정주의에 반한다는 이유로 처벌할 수 없다는 것이 통설·판례이다. 공개매수의 경우 위의 내부자, 준내부자, 정보수령자가 준용되므로 공개매수인의 임직원, 대리인, 주요주주 등이 공개매수의 실시 또는 중지에 관한 정보를 알고 있는 한 내부자거래 규제대상이 된다.

2) 내부정보

정보의 범위는 증권거래법 제186조 제1항 각 호의 1에 해당하는 사실 등에 관한 정보 중 투자자의 투자판단에 중대한 영향을 미칠 수 있는 것을 정보의 범위로 규정하고 있으나, 이는 위 사실들만을 내부자거래의 규제대상이 되는 중요한 정보에 해당하는 것으로 제한하고자 하는 취지에서가 아니라 중요한 정보인지의 여부를 판단하는 기준인 투자자의 투자판단에 중대한 영향을 미칠 수 있는 정보를 예시하기 위한 목적에서라고 보아야 할 것이다(대법원 1995.6.29. 선고, 95다467 판결). 즉, 정보의 범위에 관하여 한정적 열거주의가 아닌 예시적 열거주의를 채택하고 있다. 회사의 업무 등과 관련한 회사내부정보만을 규제대상으로 하고 있기 때문에 공개매수정보를 제외한 소위 회사와 관련한 시장정보, 즉 당해 회사가 발행한 유가증권에 관한 애널리스트 등의 예측, 기관투자자의 매매동향, 통화량 등은 규제대상이 아니다.

증권거래법은 중요성에 관하여 투자자의 투자판단에 영향을 미치는 것이라는 포괄적 개념으로 규정하고 있을 뿐 그 구체적인 판단은 법원의 판단에 맡기고 있다. 이와 관련하여 대법원은 합리적인 투자자라면 그 정보의 중대성과 사실이 발생할 개연성을 비교 평가하여 판단할 경우 유가증권의 거래에 관한 의사를 결정함에 있어서 중요한 가치를 지닌다고 생각하는 정보라고 판시하였다(대판 93도2516). 이는 미국 연방대법원이 판결을 통하여 정립한 개연성·중대성 기준과 유사하다. 한편, 투자자의 투자판단은 시장에 관한 루머, 억측 등 불확실한 정보라도 영향을 받는다. 이러한 풍설의 유포 등은 시세조종의 관점에서 규제대상이 된다고 하더라도 내부자거래 규제의 대상이 되어야 하는 것은 아니다. 따라서 이들 정보를 배제하기 위하여 규제대상이 되는 정보에 확실성(preciousness)을 요건으로 하는 것이 적절하다. 증권거래법은 사실을 규제대상 정보로 명시하고 있기 때문에 그러한 사실은 확실성을 가지고 있어야 한다.

정보의 성립 시기는 증권거래법이 중요정보의 범위를 제186조제1항에 열거한 사항으로 정의하고 있어 마치 동 조항의 문언처럼 어떤 사실이 발생하거나 결정이 이루어진 후 비로소 공시의무가 발생하고 내부정보가 성립되는 것으로 오해할 소지가 있다. 그러나 제188조의2는 내부자거래를 규제하기 위한 조항이고, 제186조제1항은 공시의무에 관한 조항으로서 각각 규정하는 대상이 다르기 때문에 어떤 정보가 공시의무가 없는 것이라고 하더라도 그 정보가 투자자의 투자판단에 영향을 미칠 수 있는 것이기만 하면 내부자거래가 금지되는 것으로 보아야 한다. 정보는 어느 시점에서 순간적으로 형성되는 것이 아니라 시간을 두고 형성되는 것이 일반적이다. 예를 들어 합병에 관한 이사회의 결의가 있고 난 후에야 비로소 중요정보로서 성립되는 것이 아니라 이사회 결의가 있기 전에라도 합병의 각 단계에서 구체적 상황에 따라서는 합병에 관한 중요정보로서 성립될 수 있을 것이다. 또한 이사회 결의사항이라고 하더라도 실질적인 의사결정이 이사회가 아닌 대주주의 결정에 의하여 이루어진다면 정보의 성립 시기는 대주주가 결심한 때라고 보아야 할 것이다. 요컨대, 그러한 의미에서 증권거래법상의 공시시점과 미공개정보의 성립시점은 별개의 것이다.

내부정보는 일반인에게 공개되지 아니한 정보 즉, 다수인으로 하여금 알 수 있도록 공개하기 전의 것에 한한다. 금감위·금감원·거래소·협회에 신고, 신문에의 게재, 거래소의 공시방송망을 통한 정보는 24시간 후, 그리고 방송된 경우는 12시간이 경과한 후를 주지기간으로 정하고 있다(시행규칙 제36조). 이는 내부자 이외의 자에게 공개된 정보에 관하여 판단할 수 있는 시간적 여유를 주기 위함이다. 공개의 주체는 당해 법인이기 때문에 유사한 내용이 신문에 보도된 경우에도 회사가 제공하지 않은 경우에는 내부자거래가 성립할 수 있다(대법원1995.6.29. 선고, 95다467 판결). 내부자가 아닌 자는 위 주지기간이 경과하기 전이라도 당해 법인의 주권 등을 거래하여도 무방하다.

3) 이용행위·이용하게 하는 행위

이용행위는 매매거래 자체가 금지되는 것이 아니라 정보의 이용행위가 금지되는 것이므로 내부정보에 의한 거래가 아닌 경우에는 내부자거래에 해당되지 않는다. 또한 미공개정보를 보유하고 거래한 경우에도 당해 정보를 이용한 거래가 아닌 때에는 내부자거래에 해당되지 않는다. 다만 미공개 중요정보를 보유한 자가 거래한 경우 정보를 이용한 것으로 추정할 수 있다.

이용하게 하는 행위는 타인이 내부정보를 이용하여 거래할 것이라는 사실을 인식하고서 혹은 그렇게 믿을 만한 합리적인 이유가 있는 상황에서 내부자가 타인에게 정보를 제공한 경우 실제로 그 타인(정보수령자)이 그 정보[287]를 이용하여 거래한 때는 물론 거래하지 않은 때에도 내부자거래에 해당한다. 또한 내부정보에 기하여 타인에게 유가증권을 취득하거나 처분하도록 권유하는 경우 내부자거래에 해당하며, 그 타인이 이를 이용하여 거래한 경우 그 권유자는 교사범 또는 방조범에 해당될 수 있다. 그러나 정보를 보유하고 있는 자가 정보이용에 대한 인식 없이 단순히 정보를 전달하거나 정보의 전달 없이 단순히 특정 유가증권의 매매거래를 추천하는 경우에는 내부자거래에 해당되지 않는다. 한편, 정보수령자는 정보제공자가 내부자이고 전달하는 정보가 내부정보라는 사실을 인식하고 이를 이용하여 당해 법인이 발행한 주권 등을 거래하는 경우에 내부자거래가 성립한다.

---

287) 김명철, 금융경제범죄수사, 경찰수사연수원 2005, 343면.

4) 위반의 효과

내부자거래는 형법상 사기죄의 경우와 마찬가지로 10년 이하의 징역에 처할 수 있으나, 내부자거래로 얻은 이익 또는 회피손실액의 규모에 따라 가중 처벌할 수 있다. 즉, 부당이득이 50억원 이상인 경우 무기 또는 5년 이상의 유기징역, 5억원 내지 50억원 미만인 경우에는 3년 이상의 유기징역에 처할 수 있다. 또한 내부자거래자의 부당이득을 환수하기 위한 미국의 Civil Penalty와 유사하게 부당이득과 벌금을 연동시켜 부당이득의 3배 이내의 벌금을 병과할 수 있으며, 10년 이내의 자격정지를 병과할 수도 있다(법 제207조의2). 그리고 양벌규정에 따라 법인과 개인이 같이 처벌될 수 있다.

민사책임으로는 내부자거래 규제의 실효성을 제고하기 위하여 내부자거래로 인하여 손해를 입은 투자자에게 손해배상청구권을 인정하고 있다. 즉, 내부자는 당해 유가증권의 매매 기타 거래를 한 자가 그 매매 기타 거래와 관련하여 입은 손해를 배상할 책임이 있다. 이와 관련하여 손해배상을 청구할 수 있는 당사자 지위를 가지는 자는 내부자거래자가 거래한 같은 시기에 반대편에서 거래한 자(동시기 반대편거래자)이다. 손해배상청구권은 위반행위가 있었던 사실을 안 날로부터 1년, 위반행위가 있는 때로부터 3년 내에 행사하지 않으면 소멸한다.

2. 시세조종

가. 의의

시세조종은 자유로운 수요·공급에 의해 형성되어야 할 유가증권의 시세를 인위적으로 등락시키고, 타인으로 하여금 그 등락된 시세를 공정한 시세로 오인케 함으로써 부당한 이득을 꾀하는 일체의 행위를 말한다.[288] 증권거래법은 포괄적인 의미로 규정하지 않고 몇 가지 구체적인 유형으로 분류하여 규제하고 있다.[289] 이와 같은 시세조종은 수요와 공급의 원리에 의하여 자율적으로 이루어지는 가격결정과정에 인위적인

---

[288] 박미숙, 전게서, 24면.
[289] 규제유형에 대하여 자세한 내용은 김정만, 시세조종행위의 규제, 증권거래에 관한 제문제(하), 재판자료 제91집, 2001, 223면 참조.

조작을 통하여 개입함으로써 시장의 완전성(integrity)을 훼손시키고, 비싸게 매수하고 싸게 매도하는 비정상적인 거래를 통하여 정상적인 가격형성을 왜곡시키며, 상·하한가 제도, 가격우선의 원칙, 호가의 일부 공개 등의 거래소의 가격결정 메커니즘의 약점을 악용하여 시장구조를 파생시킨다.290)

나. 규제의 특징

1) 비신분범

내부자거래와 달리 증권시장에 참여하는 모든 자가 시세조종죄의 행위주체가 된다. 실제 거래에 참여하는 자는 물론이고 거래에 참여하지 않은 자도 시세조종죄의 주체가 될 수 있다.

2) 목적범

범죄가 성립하기 위한 요건으로서 주관적 고의 이외에 특정한 주관적 목적이 존재하여야 비로소 시세조종죄가 성립한다. 즉, 성황을 이루게 할 목적, 타인의 판단을 그릇되게 할 목적, 타인의 매매거래를 유인할 목적, 시세를 고정시키거나 안정시킬 목적, 부당이득을 취득할 목적이 존재하여야 한다. 이는 어떠한 매매거래 형태든지 그 거래로 인하여 시세가 변동할 가능성이 있다는 점을 감안하여 시세를 변동시킬 가능성이 있는 모든 거래를 처벌하기보다는 일정한 불법목적이 있는 경우에만 제한적으로 처벌291)하고자 한 취지이다.

3) 형식범, 위험범

시세조종의 결과 부당이득을 취득하였는지 여부는 불문한다. 인위적으로 가격을 조작하는 행위 그 자체가 가지는 위험성을 제거하기 위한 것이다. 행위의 특성상 위법성조각사유 또는 책임조각사유가 인정될 여지는 거의 없다. 다만, 일정한 조건하에 이

---

290) 암문택, 시세조종행위의 규제에 관한 연구, 현대상사법의 제문제, 이윤영선생 정년기념, 1988, 781면; 류장만, 증권거래법상 시세조종행위에 대하여, 검찰 111호, 2000, 413면.
291) 김명철, 금융경제범죄수사, 경찰수사연수원 2005, 345면.

루어지는 주간사 증권회사의 시장조성 또는 안정 조작의 경우에만 이른바 법령에 의한 정당행위로서 위법성조각사유를 인정한다.

다. 시세조종죄의 구성요건

1) 위장거래에 의한 시세조종

객관적 구성요건으로는 상장유가증권 또는 협회중개시장에 등록된 유가증권의 매매거래가 있어야 한다. 대상유가증권은 증권거래소에 상장되었거나 협회중개시장에 등록된 유가증권으로서 주권은 물론 전환사채, 신주인수권증서 등도 포함된다. 증권거래소 시장이나 협회중개시장 뿐 아니라 장외에서의 거래도 포함된다.[292]

또한 통정매매가 성립하기 위해서는 자기가 행하는 매도(또는 매수)와 같은 시기에 그것과 같은 가격으로 타인이 유가증권을 매수(또는 매도)할 것을 사전에 그 자와 통정하고, 당해 매수(또는 매도)의 주문을 제출하여 쌍방의 주문이 합치하여 계약이 성립되어야 한다. 통정매매의 본질상 독립적인 2인 이상의 계산주체를 전제로 한 쌍방계약이 있어야 한다. 이 점에 있어서 1인에 의한 가장매매와 구별된다. 통정은 부분적으로 하거나 묵시적으로 하는 것도 가능하다. 주문을 내는 방법도 기존의 주문을 철회하고 새롭게 증권회사에 매매주문을 내는 경우뿐만 아니라 이미 시장에 나와 있는 주문에 대하여 통정한 다음 동일한 주문을 내어 매매계약을 체결시키는 것도 쌍방의 주문이 동일한 시기에 시장에 제출되어 서로 대응하여 계약이 체결되는 것과 마찬가지로 통정매매에 해당된다. 또한 매수주문과 매도주문의 수량이 동일할 필요도 없다. 가장매매가 성립하기 위해서는 권리의 이전을 목적으로 하지 않는 매매거래가 이루어져야 한다. 여기에서 권리의 이전이란 권리의 주체 면에서 당해 유가증권에 대한 실질적인 지배·처분 권능의 이전을 말한다. 이는 외관상으로는 유가증권의 매매가 이루어진 것처럼 보이나 실질에 있어서는 권리의 주체에 변동이 없는 매매로 매도인과 매수인이 동일한 거래주체이다. 시세의 변동을 초래하는 가장매매는 여기에서의 시세조종에 해당되지만 현실적인 거래에 의한 시세조종행위는 아니다.

---

[292] 김명철, 금융경제범죄수사, 경찰수사연수원 2005년도 강의 내용 참조.

주관적 요건으로는 거래가 성황을 이루고 있는 듯이 잘못 알게 하거나 기타 타인으로 하여금 그릇된 판단을 하게 한다는 것은 합리적인 투자자라 할지라도 당해 위장거래로 인해 조성된 외관에 영향을 받아서 당해 유가증권을 거래하기 위한 의사를 결정하는 것을 말한다. 시세조종에서 행위자가 이러한 목적을 가지고 있는가 여부를 자백 이외의 방법으로 입증하는 것은 결코 쉬운 일이 아니다.

2) 현실거래에 의한 시세조종

객관적 구성요건에서 행위주체는 누구든지 라고 규정하여 특별한 제한이 없다. 매매거래의 주체는 원칙적으로 당해 매매거래의 효과가 귀속되는 자이나 경우에 따라서는 당해 매매거래를 위임받아 실제적으로 주문을 제출하는 자인 경우가 많다. 공동으로는 공모와 같은 개념으로서 단순히 다수인간의 공동가공의 의사, 즉 공동의 의사를 의미한다고 보아야 하며, 이러한 공동의 의사는 반드시 사전에 있을 필요가 없고 행위 시에 시세조종을 공동으로 행하고 있다는 인식만으로도 족하다. 또한 매매거래가 성황을 이루고 있는 듯이 오인하게 하여야 한다. 즉, 실제상 또는 외견상 활발한 거래를 작출 하는 거래가 있어야 한다. 그리고 유가증권의 시세를 지배할 수 있는 거래가 있어야 한다. 실무적으로는 전체 주문수량에 대한 시세관여 호가수량의 비율인 시세관여율의 크기로 판단할 수 있다. 여기서 시세변동의 폭은 시세조종죄의 성립을 위해 문제되지 않는다. 현실거래에 의한 시세조종죄의 성립에 투자자의 손해발생은 그 요건이 아니다. 시세조종으로 인하여 투자자들이 손해를 입을 것이 필연적으로 예견되지만 설령 손해를 입지 않았다 하더라도 시세조종에 대한 혐의는 면할 수 없다. 유가증권의 매매가 성황을 이루고 있는 듯이 잘못 알게 하거나 그 시세를 변동시키는 매매거래에 해당하는지의 여부는 그 유가증권의 성격과 발행된 유가증권의 총수, 매매거래의 동기와 유형, 그 유가증권의 동향, 종전 및 당시의 거래상황 등을 종합적으로 고려하여 판단하여야 한다.

주관적 구성요건으로서 유인목적이란 시장실세나 매매거래 상황에 대한 제3자의 판단을 오인하게 하고 이들을 매매거래에 끌어들일 목적, 즉 인위적인 조작을 가하여 시세를 변동시킴에도 불구하고 투자자에게는 그 시세가 유가증권시장에서의 자연적인 수요·공급의 원칙에 의하여 형성된 것으로 오인시켜 유가증권의 매매에 끌어들이려는 목적을 말한다. 유인목적의 존재여부는 행위자가 시세를 변동시키는 매매거래를 할 때 당해 거래가 제3자의 투자판단에 영향을 주어 당해 매매거래에 제3자를 유인할 가능성이 있다는 것을 인식하고 있으면 충분하고, 실제로 제3자가 유인되어 매매거래를 하여야 하는 것은 아니다. 유인목적은 제반 정황증거로부터 행위목적을 추정한다. 즉, 어떤 자가 시장가격의 변화에 중대한 금전적 이해관계를 가지고 그러한 변화를 야기하기 위한 거래행위를 한다면 유인목적이 있는 것으로 추정된다.

3) 표시에 의한 시세조종

객관적 구성요건으로는 시세조작의 유포행위와 허위 또는 오해를 유발하는 표시행위가 있는데, 시세조작의 유포행위는 타인에게 시세조종이 진행 중이라고 하거나 또는 시작될 예정이라고 말하는 것은 그 자료가 진실인지 여부와 관계없이 시세조종죄가 성립한다. 또한 자기 또는 타인이 유가증권의 시세를 조작할 의도를 현실적으로 가질 필요가 없다. 시세의 변동원인이 진실이거나 진실이라고 믿었더라도 시세조종죄의 성립에는 영향이 없다. 유가증권의 시세가 자기 또는 타인의 시장조작에 의해 변동한다는 말을 불특정 다수인에게 전파시키는 것을 필요로 하지만 그 표시가 유가증권의 매매거래에 수반될 필요는 없다. 변동된 시세의 크기도 문제되지 않는다.

허위 또는 오해를 유발하는 표시행위는 시세조작의 유포와는 달리 당해 유가증권의 매매와 관련이 있어야 하며, 표시의 대상이 중요한 사실에 한정된다. 따라서 표시에 유가증권의 매매거래가 수반되어야 한다. 중요한 사실이란 그 표시에 의하여 타인이 유가증권의 시세가 상승 또는 하락할 상당한 원인이 있다고 생각하게 될 정도의 사실을 말하며, 어떠한 사항이 이에 해당하는지의 여부는 각각의 경우에 구체적으로 판단하여야 한다. 허위 또는 오해를 유발하는 표시는 매매의 상대방에 한정될 필요가 없고, 특정인 또는 소수에게 행해져도 무방하며, 누구나 이러한 허위표시의 수령자가 될 수 있다.

주관적 구성요건으로는 매매거래를 유인할 목적이 있어야 한다.

4) 안정조작 및 시세고정

시세고정 또는 안정조작은 적극적으로 시세를 변동시키는 거래가 아니라 소극적으로 시세를 유지시키는 행위를 말한다. 이와 같이 소극적으로 시세를 유지하는 행위도 인위적으로 시세를 형성한다는 점에서 시세조종과 다를 바 없으며, 유가증권의 가격이 다수 투자자들의 자유로운 매매에 의하여 공정하게 결정되도록 보장하기 위하여 이러한 행위를 규제하는 것도 적극적인 시세조종과 차이가 있을 수 없다.

그러나 유가증권의 모집 또는 매출행위는 일시에 대량의 유가증권을 증권시장에 공급함으로써 수급의 불균형에 따른 당해 유가증권의 가격하락을 초래하여 모집 또는 매출을 곤란하게 하고 이로 인하여 증권시장에서 자금을 조달하는데 어려움을 줄 가능성도 있는 것이 현실이다. 이러한 점을 감안하여 증권거래법은 일정한 조건하에 유가증권의 모집·매출에 관하여 안정조작과 시장조성을 제한적으로 인정하고 있다.

5) 사기적 거래

첫째, 허위사실의 유포 등 위계사용행위의 객관적 구성요건은 유가증권의 매매 기타의 거래가 있어야 한다는 것이다. 규제의 범위를 유가증권의 매매거래로 제한하지 않고 기타의 거래까지 확장하고 있다. 유가증권의 기타 거래란 유가증권의 모집 또는 매출과 관련된 거래, 유가증권의 교환, 유가증권의 담보대출 등은 물론 기업합병, 공개매수 등의 경우도 포함하는 폭넓은 개념이다. 그리고 허위의 시세 또는 허위의 사실 기타 풍설을 유포하거나 위계가 있어야 한다. 허위라 함은 객관적 기준으로 판단하여야 하며, 행위자가 허위라고 믿었더라도 실제로 진실이라면 금지대상이 되지 않고, 실제로 허위인데도 행위자가 진실이라고 믿었다면 허위에 대한 고의가 인정되지 않는다. 허위의 시세라 함은 당해 유가증권의 객관적 가치보다 훨씬 높거나 낮은 가격을 말하며, 허위의 사실 또는 풍설이라 함은 전혀 근거 없는 진실에 반하는 사실을 말한다. 또한, 위계를 사용한다 함은 타인을 기망하여 거래에 대한 착오를 유발시키는 것을 말한다. 단순한 의견이나 예측을 표시하는 것은 허위사실의 유포에 해당되지 않지만, 그것이 객관적인 사실과 결합하여 단정적인 의견이나 예측을 피력한다면 이는 허위사실의 유포에 해당된다.(대법원 2001.7.13. 선고, 99도310 판결)

또한 재산상의 이득이나 손실의 발생은 필요하지 않다. 즉, 동 조항은 사기적 행위가 존재하면 이것이 타인의 재산권을 침해하거나 공정한 거래질서를 위태롭게 할 위험성이 있는 것으로 보고 결과발생과는 상관없이 불법이 성립한다. 허위사실의 유포 등 위계사용행위의 주관적 구성요건은 이익의 주체에 관하여 법문 상으로는 자기 또는 타인의 이익이라고 하지 않고 있으므로 자기의 이익만을 의미한다. 부당한 이익은 유가증권의 처분으로 인한 행위자의 개인적이고 유형적인 경제적 이익에 한정되지 않고, 기업의 경영권 획득, 지배권 확보, 회사 내에서의 지위상승 등 무형적 이익 및 적극적 이익뿐만 아니라 손실을 회피하는 경우와 같은 소극적 이익, 아직 현실화되지 않는 장래의 이익도 모두 포함하는 포괄적인 개념이다(대법원 2002.7.22. 선고, 2002도1696 판결). 이득을 얻기 위한 목적만 있다면 충분하고 현실적으로 실현될 필요는 없다.

또한 부당이득의 의사는 행위자가 이러한 사기적 거래에 의하여 적극적으로 유형적 이득을 얻고자 하였거나, 소극적으로 손실을 회피하고자 한 사실의 입증만으로 충분하다. 실제 부당이득을 얻기 위한 의사는 허위의 시세 또는 허위의 사실 기타 풍설을 유포하거나 위계를 쓰는 행위가 입증되면 경험칙에 의하여 추정할 수 있을 것이다. 부당이득은 급부와 이익 사이에 상당성이 없을 때 존재한다. 상당성은 거래규모, 거래기간, 이득금액, 시장조건 등을 고려하여 판단해야 한다. 부당이득을 목적으로 하지 않고 단순히 시장교란을 목적으로 위계 등을 사용하는 경우 소위 루머의 경우 본 조항을 적용하기 어려우며, 다만, 특정 법인에 관하여 허위사실을 유포하는 경우 형법상 신용훼손죄를 적용할 수 있다.

두 번째로 부실표시행위의 객관적 구성요건은 중요한 사항에 관하여 허위표시를 하는 행위가 있어야 한다. 장래의 사항에 대한 표시나 예상 또는 예측에 의한 표시가 허위표시등에 해당되는지 여부는 그 내용의 진실성과 관계없이 그러한 표시가 표시당시에 합리적 근거에 의거 작성되었는지 여부에 따라 판단하여야 한다. 즉, 합리적인 근거 없이 장래의 사항에 관하여 표시를 하였을 경우 표시내용과 우연히 일치하는 결과가 발생하였더라도 사기적 행위의 위험성을 처벌하고자 하는 동 조항의 취지에 비추어 시세조종죄에 해당된다. 또한 표시를 누락한 문서를 이용하는 행위가 있어야 한다. 누락표시의 대상을 문서로 제한하고 있으나 오늘날과 같은 첨단정보사회에서는 전자문서 등과 같은 현대적 문서도 포함된다. 부실표시행위의 주관적 구성요건으로, 허위표시 등에 의한 사기적 거래는 위계에 의한 시세조종과 마찬가지로 금전 기타 재산상의 이익취득을 주관적 요건으로 하는 목적범의 형태로 규정하고 있다. 여기에서 재산상 이득은 형법상 사기죄에 있어서 재산상 이득과 동일하다.

라. 위반의 효과

1) 형사벌칙

시세조종자는 형법상 사기죄의 경우와 마찬가지로 10년 이하의 징역에 처할 수 있으나, 시세조종으로 얻은 이익 또는 회피손실액의 규모에 따라 가중 처벌할 수 있다. 즉, 부당이익이 50억 원 이상인 경우 무기 또는 5년 이상의 유기징역, 5억원 내지 50억원 미만인 경우에는 3년 이상의 유기징역에 처할 수 있다. 또한 부당이득을 환수하기 위한 미국의 Civil Penalty와 유사하게 부당이득과 벌금을 연동시켜 부당이득의 3배 이내의 벌금을 병과 할 수 있으며, 10년 이내의 자격정지를 병과 할 수도 있다(법 제207조의2). 그리고 양벌규정에 따라 법인과 개인이 같이 처벌될 수 있다.

2) 민사책임

시세조종자는 그 위반행위로 인해 형성된 가격에 의해 유가증권시장 또는 협회중개시장에서 당해 유가증권의 매매거래 또는 위탁을 한 자가 그 매매거래 또는 위탁에 관하여 입은 손해를 배상할 책임이 있다. 손해배상청구권은 위반행위가 있었던 사실을 안 날로부터 1년, 위반행위가 있은 때로부터 3년 내에 행사하지 않으면 소멸한다. 위반행위가 있었던 사실을 안 날이라 함은 문언 그대로 피해자가 시세조종이 있었다는 사실을 현실적으로 인식한 때이며, 일반인이라면 시세조종의 존재를 인식할 수 있을 정도이면 족하다.

제4절 사례연구

1. 내부자거래

1) B사(대법원 1995. 6. 29. 선고, 95도467 판결)

B사 상무이사 P는 92년12월 하순경 위 회사 합계잔액시산표등에 의거하여 1992 사업연도의 결산실적을 추정한 결과, 총매출액이 940,000,000원, 순이익이 148,000,000원으로 각각 전년대비 70.1%, 131.2% 증가하였음을 확인하였다. 그 후 다음해 1.4.경 고등학교 후배인 X증권회사 영업부장 Q가 자기 증권회사에서 위회사의 1992사업연도의 매출액을 900,000,000원, 당기순이익을 110,000,000원으로 추정하고 있는데 맞느냐고 묻자, 위Q에게 그 수치가 거의 맞다고 확인하여 주었다.

이에 위 Q는 93년1월5일부터 같은 해 1월27일까지 사이에 동사의 1992회계연도 추정 결산실적이라는 미공개 중요정보를 알게 된 상태에서 관리고객의 계좌를 통하여 동사주식 2005,000주를 매수함으로써 고객들에게 부당이득을 얻게 하였다.

2) S사(대법원 2001.1.25. 선고, 2000도90 판결)

S사와 C연구소는 94년 8.경 신기술을 개발하여 이의 독점판매권 동사가 갖기로 하는 계약을 체결하였다. 98년8월17일 15:00경 C연구소로부터 위 신기술을 개발한 사실을 통보받은 S사의 대표이사는 홍보담당 이사 X에게 회사의 이미지 제고를 위하여 이에 관한 보도자료를 작성케 하여 FAX 전송으로 방송국, 신문사 등에 보도를 요청하였다. 이 보도자료를 접수한 Q신문사는 당일 18:00경 K등이 참석한 데스크회의에서 익일 보도여부에 관하여 논의한 결과 일단 그 내용을 자세히 확인한 후 보도하기로 결정하였다.

다음날인 98년8월18일 동사의 이사 X와 Q신문사 주재기자 등이 C연구소를 직접 방문하여 현지에서 취재한 결과 신기술의 원리 및 성능을 신뢰하기에 이르게 되자, S사의 X이사는 당일 15:00경 각 언론기관에 상세한 보도자료를 재차 전송하였고, 이에 TV방송국이 당일 저녁뉴스를 통하여 그리고 각 조간신문이 98년8월19일 이 사실을 일제히 보도하자 동사주가는 연일 상한가를 기록하였다. 한편, 98년8월17일 내부회의에서 위 사실을 알게 된 위 K와 동생인 K'는 위 사실을 이용하여 S사 주식을 매수하기로 공모하고, 다음날인 98년8월18일 9:18시부터 14:58까지 사이에 친지 등의 계좌를 통하여 계 34,280주를 매수하였고, 그 후 전량 매도하여 약 4.7억원의 부당이득을 얻었다.

3) H사(대법원 2000.11.24. 선고, 2000도2827 판결)

H사의 주요주주인 한국파이낸스의 대표이사로 근무하는 K는 H사의 관계회사인 H1사와 H2사가 금리 및 환율급등에 따른 자금부담으로 1998년4월15일 1차 부도가 발생하자 동사의 자금사정이 급격하게 악화될 것이라는 사실을 알게 되었고(같은 날 동사는 H1사와 H2사의 1차 부도사실은 언급하지 않은 채 H1사와 H2사가 현재 정상적인 은행거래와 영업 및 생산 활동 중임을 공시하였음.), 동년 4월21일 H1사가 최종 부도 처리되자(같은 날 동사는 H1사에 대한 보증채무 잔액은 217억원으로 금융기관과 협의가 원활히 이루어질 것으로 예상된다고 공시하였음), 지급보증관계에 있는 H사의 부도가 불가피함을 잘 알고 있는 상황에서 1998년4월16일부터 동사의 부도발생(1998.4.24.) 직전인 4월23일 까지 20개의 차명계좌로 소유하고 있던 동사주식 53,560주를 매도하여 약 11억원 상당의 부당이득을 얻었다.

2. 시세조종

1) K사(대법원 2001.1.19. 선고, 2000도4444 판결)

K사의 대표이사 k는 동사가 적자누적으로 인하여 자금난에 직면하게 되자 동사의 전환사채를 낮은 가격으로 인수한 후 허위사실을 유포하는 등의 방법으로 주가를 상승시켜 보유주식을 매도하여 시세차익을 취득하는 한편, 위 전환사채를 주식으로 전환하여 동사에 대한 k의 지분율을 종전과 같은 수준으로 유지하기로 마음먹고, 1997년1월경 종금사로부터 K1을 통하여 57억여 원을 차입하여 전환사채 인수대금으로 납입하고 동사는 위 전환사채대금 상당액을 종금사에 위 대출금에 대한 담보조로 입금하는 형식으로, 즉 사실상 동사의 자금으로 동사발행 전환사채를 6개월 뒤에 주식으로 전환하는 조건으로 인수한 후 주가를 상승시키기 위하여, 동사가 유통단지를 조성하고자

하는 동사의 부천공장 부지 약 7만평과 그 인근 14만평 합계 21만여 평이 유통단지 지정 및 유통센터 건립과 관련하여 어떤 내용도 확정된 바 없고 위 부지가 유통단지로 지정받을 가능성도 매우 희박한 상태였음에도 불구하고, 동사의 임원으로 하여금 1997년2월28일자 한국경제신문에 마치 경기도에서 1997년 말쯤 위 부지를 유통단지로 지정할 것이고, 2000년 말쯤 완공될 것이라는 취지로 허위 보도되게 하고, 1997년5월 22일 서울경제신문에 동사가 유통단지를 개발하여 내년 하반기께 본격 공사에 착수할 계획이라는 취지로 허위 보도되게 하였고, 1997년4월3일 롯데호텔에서 증권회사 관계자들을 상대로 k가 회사설명회를 개최하면서 1998년 상반기까지는 유통단지 지정을 받을 수 있을 것이라는 취지로 발표하고, 1997년10월1일 회사설명회를 개최하면서 같은 취지로 발표하였다.

또한 k는 동사의 회계팀장 Y로부터 1996 사업연도, 1997 전반기, 1997 사업연도의 각 결산결과를 보고받고 Y에게 흑자결산을 하도록 하거나 또는 적자규모를 줄이도록 지시하여 Y로 하여금 각 사업연도의 매출채권 및 재고자산을 허위계상 하는 방법으로 분식결산 된 대차대조표 및 손익계산서 등 재무제표를 허위로 작성하도록 하고, 동사의 사업보고서 및 반기보고서상의 회사의 재무에 관한 사항에 위와 같은 허위의 재무제표 내용을 기재하여 감독원에 제출하도록 하였고, 소속 직원들로 하여금 1997년3월5일자 매일경제신문에 4년 만에 흑자가 발생된 것처럼 보도되게 한 것을 비롯하여, 1997년3월14일 증권거래소 공시망에 같은 내용으로 허위 공시하고, 1997년4월3일 위 회사설명회에서 유인물에 같은 내용으로 허위기재하여 발표하고, 1997년8월8일자 서울경제신문에 1997년 상반기 순이익이 작년 동기보다 3배나 증가하였다는 취지로 허위 보도 되게 하고, 1997년10월1일 위 회사 설명회에서 유인물에 같은 내용으로 허위기재하여 발표하는 등으로 하위사실을 유포하거나 허위표시를 한 문서를 이용하는 방법 등으로 1997년2월28일부터 같은 해 10월1일 사이에 주가를 최저 금 7,100원에서 최근 금 22,400원까지 상승시키고, 1997년7월2일부터 같은 해 11월22일 사이에 동사주식 1,495,999주를 매도하여 약 12,700,000,000원 상당의 이득을 취하였다.

2) T사(대법원 2001.7.13. 선고, 99도310 판결)

당시 증권시장에서 자산주 돌풍을 일으킨 바 있던 회계사 J는 96년4월17일부터 96

년7월30일까지 사이에 본인, 가족명의 및 차명계좌 등 계 14개의 계좌를 이용하여 T 사 주식 129,230주를 매수한 상태에서 시세상승에 따른 차익을 취득할 목적으로, 96년 8월말 경 동사에 대한 재무, 영업, 자산 가치 및 미래가치의 현가할인 등을 허위 또는 과장되게 분석한 내용을 당시 유망종목발굴에 일가견이 있다고 인정받고 있던 사설투자자문업자인 L에게 제공하고 위 L은 그 내용에 기술적 분석을 추가하여 새롭게 인식되어야 할 신성장자산주제하의 자료를 작성하였고, 위 L은 96년9월2일부터 9월5일까지 사이에 동사 주식 7,960주를 매수한 상태에서 시세차익을 목적으로 96년9월6일 부산일보 강당에서 개최된 투자설명회 등 계4회의 투자설명회에서 위자료를 배포하고, 96년9월5일부터 96년12월경까지 ARS, PC통신을 통하여 지속적으로 위자료를 근거로 투자자에게 동사 주식의 매수를 적극 권유하였으며, 위 J는 96년 9월경부터 자신이 동사 주식을 많이 보유하고 있다고 밝히는 등 자신의 영향력으로 인하여 동사의 주가가 상승할 것이란 점을 시사하면서 동사의 부동산이 제2의 강남이 된다. 동사의 주가가 96년 말까지는 10만원, 3년 내에는 20만원 내지 30만원으로 상승할 것이다 라는 취지의 허위사실을 증권회사 지점장 등에게 유포하였다.

한편, J는 96년4월17일부터 96년7월30일까지 사이에 총 96회에 걸쳐 총 129750주를 직전가 또는 상대호가 대비 고가매수주문 등의 방법으로 시세를 인위적으로 끌어올렸으며, 위 J와 고교동창이며 J가 동사주식을 주로 거래한 점포의 지점장인 P는 J와 공모하여 96년7월30일부터 96년10월29일까지 사이에 21개 관리계좌를 이용하여 동사 주식 총 493,060주를 매매하면서 장중에 직전가 및 상대호가 대비 고가매수주문으로 시세를 상승시키는 방법(242회, 271,490주), 시초가 결정시 전일종가 대비 현저히 낮은 가격의 대량의 허위매수주문으로 매수세가 성황을 이루고 있는 것처럼 오인하게 하는 방법(58회, 337,800주), 장중에 직전가 및 상대호가 대비 저가매도주문으로 시세를 하락시키는 방법(64회, 46,100주), 장중에 직전가 대비 현저히 높은 가격의 대량의 허위매도주문으로 매도세가 성황을 이루고 있는 것처럼 오인하게 하는 방법(39회, 277,430주), 시초가결정시 전일종가 대비 높은 가격의 대량의 허위매도주문을 제출한 후 시초가 결정 직전에 이를 취소함으로써 매도세가 줄어든 것처럼 잘못 알게 하는 방법(33회, 246,980주)으로 총 436회에 걸쳐 총 1,179,800주의 매수주문과 매도주문을 반복하여 시세를 최저 19,000원에서 최고 68,000원으로 끌어올렸으며, 위 J는 96년11월13일부터

97년3월5일까지 사이에 보유주식 전량을 매도하여 약 35억원의 시세차익을 취득하였다.

3) R사 주식 시세조종행위 사건(대법원 2002.7.22. 선고 2002도1696, 대법원 2002.7.26 선고 2001도4947 판결)

사건개요는 R그룹, K○○, R증권 이사회 의장 J△△과 R증권 대표이사 고△△은 1999년10월 초순경 R증권 주식가격(또는 R증권의 지주회사인 K○○의 평가가치)을 인위적으로 상승시켜 A○○ Asia 증권사에게 고가에 매도하고 K○○의 사모유상증자를 원활하게 진행하기 위하여 M○○ 대주주 진△△에게 매입한 주식을 차후에 R그룹이 매수하여 주는 조건으로 미화 1,500만 불 범위 내에서 단기간에 R증권 주식 시세를 인위적으로 상승시켜 줄 것을 요청하였다. 위 진△△은 M○○의 계산으로 K○○ 지분 20%를 보유하고 있는 상태에서 이와 같은 요청을 받고 1999. 10. 7.부터 1999. 11.17.까지 사이에 유화증권 영업부 등 8개 증권회사에 개설된 M○○와 그 자회사인 L상호신용금고 및 L창업투자 명의의 계좌를 통하여 R증권 주식 2,788,160주를 매매하는 과정에서, 매매거래를 유인할 목적으로 자기가 매도하는 같은 시기에 그와 같은 가격으로 타인이 그 유가증권을 매수할 것을 사전에 통정한 후 매매하는 방법(9회, 1,344,000주), 장중에 직전가 및 상대호가 대비 고가매수주문으로 시세를 상승시키는 방법(303회, 585,570주), 직전가 및 상대호가 대비 현저히 낮은 가격의 대량의 허위매수주문으로 매수가 성황을 이루고 있는 것처럼 오인하게 하는 방법(19회, 278,400주)으로 총 331회에 걸쳐 총 2,207,970주의 매수주문을 하여 동 종목 시세를 14,900원에서 최고 33,650원으로 끌어 올렸으며, 이에 따라 K○○은 주당 미화 13불에 9,000,000주의 사모유상증자에 성공하였다. 한편, R증권 사장 고△△은 1999년10월14일 R증권 자금 80억원을 진△△이 관리하는 L창업투자에 콜론으로 대출하여 주는 등의 방법으로 진△△에게 R증권 주식 시세조종자금을 제공하였다.

판결내용으로 서울지방법원은 시세조종 혐의를 인정하여 진△△에게 징역 7년(특정금융범죄가 중처벌법 등 경합), 고△△에게 징역 2년6개월(특정금융범죄가중처벌법 등 경합)을 선고하였다. J△△은 국내에 거주하지 아니하는 외국인으로서 기소중지 되었다. 이러한 원심의 판단에 불복하여 진△△과 고△△은 항소하여 서울고등법원은 진△

△에게 징역 5년, 고△△에게 징역 2년6개월을 선고하였고, 고△△의 시세조종행위중 고가주문을 제외한 통정, 허위매매부분에 대하여는 무죄를 선고하였다. 진△△과 고△△ 및 검사는 항소심 판결에 불복하여 상고하였다. 대법원은 진△△의 상고를 기각하고, 고△△에 대하여는 통정, 허위매매부분도 시세조종죄에 해당한다며 원심판결을 파기하고 원심법원에 환송하였다.

4) Z사(서울지법 2000.4.12. 선고, 2000노2195 판결 [상고포기])

C는 1998년3월 Z사와 홍콩소재 EAR 사이에 Z사가 EAR의 주선으로 미화 3억 달러를 해외에서 조달하는 내용의 계약을 체결하는 과정에서 마치 C가 financial engineer인 것처럼 행세하는 바람에 씨티아이 관계자들이 C를 EAR의 정식직원으로서 자금주선능력을 갖춘 전문가로 오해하게 되었고, 한편 Z사는 과도한 시설투자와 매출부진으로 인한 자금압박 등으로 인해 1998년8월7일 법원에 화의절차개시신청을 하게 된 상황이어서 해외자금조달이 향후 회사의 희생을 좌우하는 결정적인 요인으로 작용하게 되고 C에게 해외자금조달을 의뢰하게 되자, 1998년 10월경 자본금이 한화 약 180만원인 UAV와 역외펀드인 Quantum Investment Ltd를 미화 6,000달러에 인수하여 대표이사로 등록하여 자금주선능력을 갖춘 전문가로 외형을 갖춘 후 사실은 씨티아이의 전환사채를 인수하거나 해외인수자를 물색하여 줄 능력도 없어 Z사의 전환사채가 정상적으로 발행될 가능성이 없게 되자 UAV 대표이사 자격으로 씨티아이와 전환사채 인수계약을 체결하여 마치 Z사가 정상적으로 전환사채를 발행하고 홍콩의 내실 있는 회사가 위 전환사채를 인수한 것처럼 가장한 후 이를 이용하여 국내투자자들을 기망하여 자금을 조달하기로 마음먹고, 1998년11월27일 서울 종로구 수성동 소재 K 변호사사무실에서 Z사의 대표이사 M과 1998년 12월 17일까지 Z사에서 1.200만 달러 상당의 전환사채를 발행하고 UAV에서 이를 인수 한다는 내용의 전환사채 인수계약을 체결하고, 그 해 12월1일 협회중개시장을 통해 1.200만 불의 해외전환사채를 UAV가 인수한다는 사실을, 그 달 9월 사채발행일은 1998년12월17일까지 예정되어 있다는 사실을 그 달 17일 전환사채발행이 1988년 12월 말까지 연기될 예정이라는 사실 등 마치 실제로 UAV가 Z사에서 발행하는 해외전환사채를 인수한 것처럼 일반투자자에게 허위 공시되도록 하는 한편, 그 해 11월 하순경부터 L에게 위 전환사채인수계약서, UAV 사업자등록증 등

을 보여주며 UAV는 미국의 유명한 회사인 퀀텀사가 지분 99%를 소유하고 있는 회사라는 등 마치 위 UAV가 대단한 회사인 듯이 속이면서 UAV가 인수한 Z사가 발행한 전환사채를 매수하는 형식으로 자금을 투자할 사람을 물색하여 달라고 부탁하고, 그 달 24일부터 29일까지 사이에 위 L을 통하여 소개받은 국내투자자인 I의 대리인 등 6명에게 위 전환사채인수계약서, UAV의 사업자 등록증 등을 보여주면서 일주일 내에 Z사에서 해외전환사채를 발행하고 UAV에서 인수할 것이니 이를 담보로 자금을 투자하라고 거짓말하여 이에 속은 위 I등과 CTIS의 전환사채 매입 계약을 체결하고 대금 명목으로 도합 49억 원을 교부받아 유가증권의 매매 기타 거래와 관련하여 부당한 이득을 얻기 위하여 고의로 허위의 사실을 유포하거나 위계를 사용하였다.

5) D사(대법원 2001.6.26. 선고, 99도2282 판결)

D사는 농약의 제조·판매 등을 목적으로 하는 중소기업체로서 1997년 1월 당시의 자본금이 약 35억원으로 매출액 약 407억원에 비하여 현저히 적고 발행주식의 총수도 약 70만주로서 적은 편일뿐만 아니라 증권시장에서 유통되는 주식의 거래량도 많지 않았으며 그 주가가 2만 원대를 유지하고 있었다. 1997년 4월 증권시장에서 인수합병(M&A)에 관한 소문이 나돌면서 그 주가가 크게 오르고 거래량도 급증하였으며, K는 대학동창인 Y로부터 동사의 인수합병이 진행되고 있어 그 주가가 크게 오를 것이니 이를 매수하라는 권유를 받고 1997년 4월 하순 동사의 주식 1만 주(단가 약 67,000원)를 매입하였다(4억원은 신용매수). 그런데 동사의 주가가 1997년 5월 폭락하기 시작하여 1997년 6월 초에는 4만 원대에 이르렀고 그 주가하락으로 큰 손해를 보게 되었을 뿐만 아니라 담보부족을 걱정하여야 할 입장에 처하게 되자 K는 비슷한 처지의 모증권 지점장 L과 함께 Y에게 항의하게 되었고 그 과정에서 Y는 그 보유주식을 고가에 처분하기 위하여 동사의 인수합병의 정보를 퍼뜨리며 그 주식의 매입을 권유하였다는 것을 알게 되었다. 이에 K는 1997년 7월 초순 L의 소개로 알게 된 P에게 동사의 인수합병이 추진되고 있어 주가가 크게 오를 것이라고 하며 그 주식의 매집에 참여하라고 권유하여 그로 하여금 그 고객인 G의 예탁금으로 동사의 주식을 매입하도록 권유하였다.

K는 1997년6월4일부터 1997년9월30일까지 사이에 본인과 직원 등의 명의로 개설된

7개의 계좌로 동사의 주식을 거래하면서 전·후장의 각 시가 결정을 위한 거래에서부터 전일의 종가 또는 직전가보다 고가의 매수주문을 하고, 장중거래에서도 직전가 또는 상대호가에 비하여 고가의 매수주문을 하며, 종가 결정을 위한 거래에서도 직전가보다 고가의 매수주문을 하는 등으로 51회에 걸쳐 합계 11,430주의 매매거래를 하여 그 주가를 인위적으로 고가로 형성시켰고, 그 무렵 L도 K와 같은 방법으로 66회에 걸쳐 합계 18,720주의 매매거래를 하였으며, P와 G 또한 1997년7월21일부터 1997년9월18일까지 그들이 관리하는 계좌 사이에서 16회에 걸쳐 19,230주를 고가로 가장 매매함과 아울러 37회에 걸쳐 21,150주를 직전가 내지 상대호가보다 고가의 매수주문을 하는 등에 의한 매매거래를 하였고, 그 결과 동사의 주가가 1997년 6월 중순의 43,000원에서 1997년 9월 중순에는 115,000원으로 급등하였다가 그 이후 급락하였다.

6) D방직(주) 주식 시세조종행위 사건 (대법원 1999.3.23 선고 98도4327 판결)

사건개요는 甲(컨설팅회사 대표이사)은 97년1월3일부터 11월29일까지 41개 계좌를 통하여 D방직 주식 총 300,610주를 매매하는(매수 152,750주, 매도 147,860주) 과정에서 시초가 상승을 위한 고가매수주문 3회, 접속매매 시 시세상승을 위한 고가매수주문 43회, 접속매매 시 시세상승을 위한 체증식 고가매수주문 32회, 종가상승유지를 위한 체증식 고가매수주문 59회, 매도세 잠식을 위한 매수주문 17회, 매수세 유인을 위한 허수주문 22회, 통정매매 63회를 하였고, 乙(보험회사 직원)은 97년1월8일부터 7월18일까지 사이에 동 주식 총 157,690주를 매매(매수 105,970주, 매도 51,720주)하는 과정에서 접속매매 시 시세상승을 위한 고가매수주문 4회, 종가상승·유지를 위한 고가매수주문 17회, 매도세 잠식을 위한 매수주문 18회, 통정매매 10회 등의 주문을 냈으며, 丙(투자신탁운용회사 직원)은 97년5월30일경부터 9월24일까지 사이에 동 주식을 5,050주 매수한 후 이를 보유하여 유가증권인 위 D방직 주식의 매매거래가 성황을 이루고 있는 듯이 잘못 알게 하거나 그 시세를 변동시키는 매매거래를 하고, 같은 해 7월 20일경 피고인 丁(은행원)에게 동 주식을 매수하여 보유해 달라고 권유하여 유가증권인 동 주식의 매매거래가 성황을 이루고 있는 듯이 잘못 알게 하거나 그 시세를 변동시키는 매매거래를 권유하고, 피고인 丁은 97년7월31일경부터 11월8일까지 사이에 동 주식 총 49,140주를 매매(매수 44,370주, 매도 4,710주)하는 과정에서 시초가 상승을 위한 고가

매수주문 3회, 접속매매 시 시세상승을 위한 고매수 주문 29회, 종가상승·유지를 위한 고가매수주문 33회, 매도세 장벽을 위한 매수주문 1회, 통정매매 2회, 매수세 유인을 위한 허┬주문 10회 등의 주문을 냈으며, 己(컨설팅회사 직원)는 97년 5월경부터 같은 해 11월 경까지 子, 동화은행 펀드매니저인 공소 외 황××, 동부화재보험주식회사 펀드매니저인 공소 외 김××, 공무원연금관리공단 펀드매니저인 공소외 주××에게 위 D방직 주식을 대향 매수하여 일정기간 보유해 달라고 부탁하여 위 대한생명보험 주식회사에서는 같은 해 7월 8일경부터 같은 달 9일경까지 D방직 주식 5,000주를, 위 동화은행에서는 같은 해 5월 30일 경부터 같은 해 7월 7일경까지 D방직 주식 5,990주를, 위 동부화재해상보험 주식회사에서는 같은 해 6월 4일경부터 같은 해 10월 22일경까지 D방직 주식 8,000주를, 위 공무원연금관리공단에서는 같은 해 11월 11일경부터 같은 달 17일경까지 D방직 주식 16,000주를 매수하여 보유하도록 함으로써 유가증권인 이 D방직의 매매거래가 성황을 이루고 있는 듯이 잘못 알게 하거나 그 시세를 변동시키는 매매거래를 위탁하였다.

판결내용으로 원심 법원은 위와 같은 혐의를 인정하여 피고인 甲에게 징역 2년을, 피고인 乙, 丁, 戊에게 각 징역 1년에 집행유예 2년을, 피고인 丙, 壬에게 각 징역 10개월에 집행유예 2년을, 피고인 己에게 징역 1년 6개월에 집행유예 3년을, 피고인 庚, 辛에게 각 징역 8개월에 집행유예 1년을 선고하였다.

항소심에서 피고인 甲의 항소이유는 동 주식을 작전대상으로 선정하고 의도적으로 시세조종을 할 생각도 그럴 능력도 없었으며, 원심판시 거시의 피고인들과 공모한 일도 없다고 하며, D방직(주)는 총 발행주식이 106만주이고, 부채에 비해 자산이 많았으므로 그 달성 여부는 불확실하더라도 언제나 인수·합병(M&A)의 가능성이 있으므로 그 가능성이 있다는 이야기를 하였을 뿐 원심판시와 같이 구체적으로 D방직을 인수·합병할 수 있다고 이야기한 일이 없다는 것이며, 피고인 戊와 己에게 지급한 금원은 교제비 등일 뿐이고, 또한 원심형량이 너무 무겁다는 것이다.

피고인 乙은 96년 12월경 피고인 己가 여러 종목의 주식에 대한 정보를 제공하던 중 D방직(주) 주식을 추천하여 상세히 알아본 결과 주가상승 가능성이 있다고 판단하고 목표수량 4.5%, 보유기간 1년으로 잡고 97년 1월초부터 꾸준히 매입하였던 것에 불과하며 다만 피고인 甲으로부터 전화로 주가가 하락하고 있으니 종가관리를 하여 달라고 해서 피고인이 대량으로 보유하고 있는 주식에 대한 사후관리책의 일환으로 몇 번 고가매수를 한 일이 있을 뿐이고 상피고인 甲과 공모하여 소위 작전을 한 일은 없다고 하고, 형량이 너무 무겁다고 하였다.

피고인 丙은 피고인 甲 등에 의하여 작전의 대상이 되고 있다고 알려진 D방직 주식을 펀드 운영차원에서 조심스럽게 장중 시세대로 매입하였고, 주가를 상승시키기 위한 고가매수, 허수주문 등의 행위는 하지 않았으며, 피고인이 운영하는 펀드자금 약 340억원 중 D방직(주) 주식에 투자된 금액을 약 2%에 불과하고, 甲으로부터 개인적으로 대가를 받은 일이 없으며, 피고인 丁에게 동 주식의 매수를 권유한 것도 같은 계열사 직원으로서 정보를 교환하는 차원에서 위 주식이 유망하니 매수하라고 권유한 것으로 피고인 甲 등과 공모하여 소위 작전을 한 것이 아니라 위 작전사실을 알고 이를 이용하여 동행매매를 한 것에 불과하다고 하고, 형량이 너무 무겁다고 하였다.

피고인 戊와 己는 통상적인 증권거래 관례에 따라 주식거래를 하였을 뿐이고, 형량도 너무 무겁다고 하였다. 피고인 庚은 원심형량이 너무 무겁다고 하였다. 피고인 辛 및 壬도 매매거래를 유인할 목적이 없어 사회상규에 위배되지 않는 매매거래를 하였다고 하고, 형량이 너무 무겁다고 주장하였다.

이에 대하여 항소심은, 원심이 적법하게 조사, 채택한 증거들과 당심 증인 한××, 박××의 이 법정에서의 각 증언을 기록과 대조하여 살펴보면 피고인들이 동 주식의 시초가 상승을 위한 고가매수주문, 접속매매 시 시세상승을 위한 고가매수주문, 시가상승을 도모하기 위하여 직전 체결가보다 지속적, 반복적으로 고가의 매수주문을 내는 접속매매 시 시세상승을 위한 체증식 고가매수주문, 종가상승유지를 위한 체증식 고가매수주문, 매도세 잠식을 위한 매수주문, 통정매매, 매수주문을 내게 되면 체결이 되지 않더라도 매수잔량이 표시되는 점을 이용하여 주가가 보합상태이거나 완만한 상승, 하한 국면에서 체결될 수 없는 가격의 대량 하한가주문을 내어 매수세를 유인하는 허수주문 등의 방법으로 지속적이고 인위적으로 D방직(주) 주식의 주가를 조정하는 행위를 한 사실, 피고인 甲은 상피고인 互에게 D방직(주) 주식을 5% 범위 내에서 매수해 주고, 고가매수주문과 종가관리를 해달라고 부탁하였으며 한신투자컨설팅(주) 이사 한××을 통하여 피고인 壬과 주택은행의 펀드매니저에게, 피고인 己를 통하여 공무원연금관리공단, 충청은행, 한덕생명, 대한생명, 동화은행, 동부화재의 각 펀드매니저에게 대한방직(주) 주식을 매수하여 보유해 달라고 부탁하였고, 부탁을 들어주는 펀드매니저에게는 금원을 제공하겠다고 약속하고 실제로도 원심판시와 같이 원심공동 피고인 癸, 정××, 박××, 이×× 등에게 D방직(주)가 인수·합병될 것이라는 허위표시를 한 사실, 피고인 甲을 제외한 나머지 피고인들도 상피고인 甲, 정××, 공소외 한××의 부탁을 받거나 피고인 甲이 소위 D방직(주) 주식에 대하여 작전을 한다는 사실을 알고 이에 편승하여 시세조종을 위한 위와 같은 행위를 한 사실을 충분히 인정할 수 있으므로 위 항소 논지는 모두 이유 없다고 판시하고, 다만 피고인들의 양형이 제반사정 등을 감안할 때 과중하다고 인정하여 원심을 파기하고, 피고인 甲에게 징역 2년에 집행유예 4년을, 피고인 乙에게 징역 1년을, 피고인 己, 丙, 丁, 戊에게 각 벌금 20,000,000원을, 피고인 庚, 辛, 壬에게 각 벌금 15,000,000원을 선고하였다.

  상고심에서 피고인 乙, 壬의 항소심의 법리오해, 심리미진 및 양형부당의 상고 이유에 대하여 대법원은 이유 없다고 하여 기각하였다.

제5장 CB, BW 등을 이용한 불법행위

1. CB, BW 등을 이용한 불법행위

CB(전환사채), BW(신주인수권부사채)는 인수자의 입장에서는 확정이자를 받는 사채로서의 안정성과 회사의 주가가 상승하면 주식으로의 전환을 통하여 시세차익을 얻는다는 성장성을 겸유하고 있다는 점에서 일반 회사채보다 유리하다. 또한 이를 발행하는 회사의 입장에서는 CB나 BW의 이자율이 일반적으로 일반 회사채보다 낮아 자본조달비용을 줄일 수 있는 장점이 있으며, 주가상승시 CB나 BW인수자가 사채를 주식으로 전환할 경우 자본조달에 따른 이자비용을 부담하지 않아도 된다는 장점을 가지고 있어, 당초 기업이 보다 다양하게 자금조달을 할 수 있는 수단으로 이용됐지만, 최근에는 대주주 편의에 따라 발행목적이 변질되어 각종 불법행위의 목적으로 활용되고 있는 실정이다. 이와 관련하여서는, 특히 1997년 이후 삼성그룹 이○○ 회장의 외아들이자 후계자인 이○○씨를 둘러싸고 CB나 BW를 이용한 변칙증여 또는 편법상속 등을 이유로 많은 논란이 일고 있다. 각종 고소·가처분 신청이 있었으며, 1999년 10월에는 재경위 국세청 감사에서 여야의원들은 삼성 이○○ 회장과 장남 이○○씨의 삼성SDS, 삼성생명 등의 주식이동과 관련한 변칙증여의혹을 제기하며 진상규명을 위한 세무조사를 요구하였으며, 2001년 6월에는 곽노현 방송통신대 교수 등 법학교수 43명은 기자회견을 갖고 이○○ 회장이 전환사채와 신주인수권부사채를 저가로 발행, 장남인 이○○씨에게 넘겨주는 방식으로 편법상속을 했다며 이회장과 (주)삼성에버랜드 등을 서울지검에 상법상 특별배임 및 업무상 배임 혐의로 고발했다. 이○○씨가 아버지 이○○ 회장에게 1996년 실재로 증여받은 것은 현금 61억원이 전부로서 이중 16억원을 증여세로 냈기 때문에 실제로는 45억원에 불과했으나, 3년여가 지난 현재에는 삼성에버랜드의 62.5% 지분, 삼성SDS의 32.8% 지분, 삼성전자의 0.9% 지분, e-삼성의 60% 지분 등(약 1조원 상당)을 소유한 한국 최고 자본가의 한사람이 되었다. 이러한 결과는 재벌총수 일가와 계열사간의 중요성 통모거래에 의해 이루어진 것이라는 것이다. 또한, 최근에는 코스닥 등록기업 등의 해외 CB, BW 발행에 의한 자금조달, 즉 외자유치 소식이 증권시장에 여러 가지 악영향을 미치는 등 그 폐해가 늘고 있다. 이하에서는 삼성 이○○씨 사건을 중심으로 그 불법행위 유형과 논점들을 살펴보기로 한다.

2. CB와 BW발행에 의한 자금조달

가. 전환사채

전환사채(CB, convertible bond)란 일정한 조건에 의하여 발행회사의 주식으로 전환시킬 수 있는 권리가 부여되어 발행되는 사채이다. 전환권행사 이전에는 이자를 받을 수 있는 사채로서 존재하고, 전환권 행사시에는 사채가 소멸되고 발행회사의 영업실적에 따른 배당을 받을 수 있는 주식으로 존재한다. 따라서 전환사채는 법적으로는 사채이나 경제적 의미로는 잠재적 주식의 성격을 동시에 지니게 되어 사채의 안정성과 주식의 수익성이 보장되는 투자수단이다. CB는 회사와 CB인수자의 입장에서 볼 때 보통사채보다 장점이 많다. 인수자의 입장에서는 확정이자를 받는 사채로서의 안정성과 회사의 주가가 상승하면 주식으로서의 전환을 통하여 시세차익을 얻는다는 성장성을 겸유하고 있다는 점에서 일반회사채보다 유리하다. 한편, 회사의 입장에서는 CB의 이자율이 일반적으로 일반 회사채보다 낮아 자금조달비용을 줄일 수 있는 장점이 있으며, 주가상승 시 CB인수자가 사채를 주식으로 전환할 경우 자본조달에 따른 이자비용을 부담하지 않아도 된다.

나. 신주인수권부사채

신주인수권부사채(BW, Bond with Warrant)란 사채권자에게 발행 후 소정의 기간이 경과한 후 일정한 가격(행사가격)으로 발행회사의 일정수의 신주를 인수할 수 있는 권리(신주인수권)가 부여된 사채를 의미한다. 발행회사는 자금조달 비용이 낮은 자금을 이용할 수 있으며 사채발행과 신주발행을 통하여 사채액면 총액 2배까지 자금조달이 가능하다. 신주인수권부사채가 발행된 후 사채권자가 신주인수권을 행사하여 신주가 발행되면 자본이 증가된다.

신주인수권부사채 발행은 ① 신주인수권이라는 기회를 부여하므로 사채시장 악화시에도 발행이 쉽고, ② 보통사채에 비하여 표면이자율을 인하하여 자금조달 비용이 낮으며, ③ 사채의 발행자금과 신주인수권의 행사에 따른 추가자금의 유입으로 자금이 이중으로 유입되고, ④ 신주인수권 행사에 따른 자본금 증가 및 주식발행초과금의 증가로 인하여 재무구조가 개선된다는 장점이 있다.

다. 전환사채와 신주인수권부사채의 차이점

전환사채와 신주인수권부사채의 차이점은, 첫째, 전환사채는 전환권을 행사하면 사채가 당연히 소멸(상법 제350조)되나, 신주인수권부사채는 신주인수권을 행사하더라도 사채가 소멸되지 아니한다(상법 제516조의8 제2항). 둘째, 전환사채는 신주발행의 대가로 별도의 출자를 요하지 않음에 대하여(상법 제516조, 제348조), 신주인수권부사채는 신주발행의 대가로 별도출자를 필요로 한다(상법 제516조의8 제1항). 셋째, 전환사채의 전환에 의한 신주발행의 총액은 반드시 사채발행 총액과 일치하여야 하나(상법 제516조, 제348조), 신주인수권의 행사에 의한 주식발행 총액은 사채총액의 범위 내에서 자유로이 조절할 수 있다(상법 제516조의2 제3항).

<표 8> 신주인수권부사채와 전환사채의 차이점

구 분	신주인수권부사채	전환사채
주식을 취득하는 권리의 내용	사채 발행회사의 신주를 인수하는 권리	사채를 발행회사의 신주로 전환하는 권리
신주취득의 한도	사채금액의 범위내에서 취득	사채금액과 같은 금액
주식대금납입금	회사가 임의로 정하는 금액 현금 납입(발행회사가 인정하면 대용증권으로 납입도 가능)	사채금액과 대체
권리행사 후 사채	사채권은 존속(대용증권을 납입한 경우는 사채권 소멸)	사채권 소멸
권리행사 후 발행 회사의 자본구성	자본금 및 자본준비금(자본계정) 증가, 자산(현금) 증가, 대용납입인 경우 사채(부채계정) 감소	사채(부채계정) 감소, 자본계정 증가
발행이율	보통사채와 전환사채의 사이	보통사체와 주인수권부사채 보다저율

자료: 중소기업청(http://venture.smba.go.kr) 2006.12.1

따라서 인수자의 입장에서 보면, 전환권 하나에 좌우되는 전환사채보다는 신주인수권과 사채가 분리되어 주가변동으로 인한 투자 리스크를 줄일 수 있는 BW가 훨씬 매력적일 수 있다. 발행회사의 입장에서도 대용납입의 경우가 아닌 한 신주인수권의 행사로 새로운 주금이 납입되므로 자금 조달상의 이점이 있다. 이 때문에 1999년 이후 BW의 발행이 꾸준히 증가하면서 동 BW를 대주주의 지분확대 수단 등으로 악용하는 사례가 늘고 있다.

라. 해외 CB, BW 발행의 장점

CB, BW는 특히 해외 외자유치 수단으로 많이 활용되고 있는데, 그것은 다음과 같은 장점이 있기 때문이다. 첫째, 외화자금의 장기조달이 가능하다. 종래 국제금융시장에서의 자금조달이 신디케이트론 위주의 간접금융이었으나 해외증권을 발행하게 되면 은행 등 금융중개 기관을 거치지 않고 일반투자자로부터 직접 자금을 조달하므로 보다 유리한 조건으로 자금을 마련할 수 있다. 둘째, 이자 비용측면에서 유리하다. 최근 저금리기조의 정착으로 그 격차가 상당히 줄어들었으나 국제금리가 국내금리에 비하여 낮은 것이 일반적이며 주식전환권이나 신주인수권이 부여된 대가로 보통사채의 이자율보다 낮은 수준에서 자금조달이 가능하다. 셋째, 주식연계채권은 국제자본시장을 대상으로 한 차입수단으로 신용을 바탕으로 한 무담보 무보증이 대부분이기 때문에 발행하는 것 자체가 국제적인 기업으로서 신용을 얻을 수 있음을 의미한다. 이러한 장점 때문에 국내 코스닥 시장에서도 기업이 해외 CB, BW 발행을 통해 외자유치를 한다는 소문이라도 시장에 퍼지면 해당기업의 주가가 급등하는 것이 보통이다. 그러나 이러한 점을 악용, 첨단 금융기법을 동원하여 실제로는 해외자금이 한 푼도 유입되지 않지만 외자유치로 포장하는 사례가 많다. 넷째, CB, BW는 권리를 행사하게 되면 부채가 줄어들게 되며, 권리행사로 인해 자본금이 증가하므로 발행회사의 측면에서는 재무구조를 개선시키는 효과가 있다.

마. CB 또는 BW의 발행현황과 그에 따른 문제점

1) 발행현황

BW만의 발행현황을 보면, 1999.1.~2000.4.말 현재까지 총 67건 2조 2,917억원의 BW가 발행되어 1998년 이전 수준에 비하여 대폭 증가되었음을 알 수 있다. 그리고 국내 BW발행보다는 해외 BW발행 비중이 높게 나타나고 있다.

<표 9> BW의 발행현황[293]

구분	1998년 이전	1999년 중	2001.1~4
발행건수	12건	62건	5건
발행금액	2,260억원	21,108억원	1,808억원

<표 10> 해외BW와 국내BW의 발행현황 비교[294]

구 분	해외BW	국내BW		
		계	공 모	사 모
발행건수	35건	32건	9건	23건
비 중	52.2%	47.8%	13.5%	34.3%

　　금액을 기준으로 코스닥 기업의 전체 자금조달실적에서 해외 CB, BW가 차지하는 비율 추이를 살펴보면, 1999년 6.7%, 2000년 12.3%, 2001년 상반기 32.3%로 이후 해마다 그 비율이 급증하고 있다. 이를 건수를 기준으로 보았을 경우에는 그 비율이 더욱 높게 나타나고 있으며, 올해 상반기의 경우 그 비율이 45%를 상회하고 있다. 해외 CB, BW의 주식으로의 전환에 대한 총계 집계가 가능한 2000년 4월 1일부터 전환청구권 및 신주인수권 행사금액추이도 발행금액과 연동되어 각 분기마다 계속 증가하고 있다.

---

293) 금융감독원, 보도자료, 2005. 5. 29.
294) 금융감독원, 보도자료, 2000. 5. 29.

<표 11> 코스닥 기업의 전체 자금조달에서 해외 CB, BW가 차지하는 비율[295]

구 분		해외 CB, BW발행(A)		전체자금조달(B)		비율(A/B)	
		건 수	금액(억원)	건 수	금액(억원)	건 수	금액(억원)
1999		27	2,773	176	41,274	15.3%	6.7%
2000	1분기	17	3,470	71	18,879	23.9%	18.4
	2분기	20	2,575	91	20,563	22.0	12.5
	3분기	12	1,617	54	26,612	22.2	6.1
	4분기	12	1,121	38	5,164	31.6	21.7
	소 계	61	8,783	254	71,218	24.0	12.3
2001	1분기	20	3,214	35	11,788	57.1	27.3
	2분기	23	2,712	60	6,539	38.3	41.5
	소 계	43	5,926	95	18,327	45.3	32.3

<표 12> 해외 CB, BW 전환청구권(신주인수권) 행사금액 분기별 추이[296]

구 분	2000	2001년 상반기
1분기		684억
2분기	164억	829억
3분기	541억	359억
4분기	504억	
합 계	1210억	

이 금액을 국내, 해외를 모두 포함한 총 CB, BW전환금액대비 비율을 살펴보면, 2000년은 35.4%, 2001년 상반기는 85.9%를 보여 코스닥 기업의 경우 국내보다는 해외 CB, BW발행을 통한 자금조달을 선호하고 있다는 것을 보여주고 있다. 이러한 현상은

---

295) 김민석 국회의원 국정감사 정책자료집, 2001. 22면.
296) 2001년 상반기는 7.1.~7.31일까지 금액임. 자료: 2001년 김민석 의원 국정감사 정책 자료집.

국내발행 시 받는 각종의 규제를 해외 발생시는 받지 않기 때문으로 생각되며, 이로 인해 이러한 규정을 악용, 갖가지 편법이 나타나고 있다고 판단된다.

<표 13> 반기별 해외 CB/BW 전환(행사)물량 비교[297]

	2000	2001년 상반기
총 CB, BW 전환금액	6,159억원	2,725억원
해외 CB, BW 전환금액	2,184억원	2,343억원
비 율	35.4%	85.9%

비율은 총 CB, BW전환금액대비 해외 CB, BW전환금액 비율

2) 규제현황 분석

CB, BW의 발행에 대하여는 "상법"과 "유가증권의발행및공시등에관한규정"이 규제를 하고 있다. 상법 제513조~제516조의10은 CB, BW의 발행을 위한 조건, 절차 등이 규정되어 있다. "유가증권의발행및공시등에관한규정" 제60조~제63조는 전환사채(CB)나 신주인수권부사채(BW)발행을 통하여 자금을 조달하고자 하는 경우 그 발행가액의 결정방법/발행요건 및 주식배당절차 등에 대하여 규정해 놓고 있다. 2000.12.29에 이 규정이 제정되기까지는 "상장법인의 재무관리등에관한규정"에서 규율하고 있었다. 특히, "상장법인등의재무관리규정" 제12조에는 1999.6.25. 이전에는 "전환가액은 전환사채 발행을 위한 이사회결의일 전일을 기산일로 하여 그 기산일로부터 소급한 1개월 평균종가, 1주일 평균종가 및 최근일 종가를 산술평균한 가액과 최근일 종가 및 청약일 3거래일전의 종가 중 낮은 가액 이상으로 한다"고 규정하였다. '낮은 가액'으로 한다는 규정으로 인해 CB, BW의 저가발행시비가 일게 되자 1999.6.25. 이후로는 이 규정을 '높은 가액'으로 규정을 변경하였다(현행 유가증권의발행및공시등에관한규정 제61조). 또한, 유가증권의발행및공시등에관한규정 제62조는 2002.4.4. 개정시에는 CB, BW가 경영권 방어수단이나 시세조정에 악용될 소지를 방지하기 위하여 둔 전환금지

---

297) 김민석의원 국정감사 정책 자료집, 2001. 25면.

기간을 3월에서 1월로 단축하여 투자 merit 제고하는 한편, 변칙적인 해외 CB, BW발행을 제한하기 위하여 전환금지기간을 1월로 적용하는 공모발행 인정기준을 명확히 하였다. CB, BW발행에 따른 문제점으로는, 첫째, 대주주가 이러한 사채의 발행을 통하여 자신의 지분율을 확대하거나 유지하는 수단으로 악용하고 있다는 점을 들 수 있다. 예컨대, 대주주는 BW에서 분리된 신주인수권증권(Warrant)를 장외에서 헐값(통상 Warrant 1매당 100~500원)의 프리미엄 거래로 손쉽게 매입하여 지분율을 확대할 수 있고, Warrant만 매입하면 자신의 지분율을 유지할 수 있기 때문에 보유주식을 고가에 처분하여 자본 획득을 실현할 수 있는데 반해, 대주주의 보유주식 처분에 따른 주가 하락으로 일반투자자는 손실을 입게 된다. 둘째, Warrant의 가격결정에 대한 적정 모델이 없어 BW발행조건 결정과정에서 대주주의 의사가 크게 반영될 가능성이 상존한다는 점이다. BW의 발행금리를 결정함에 있어서는 이론적으로 사채의 발행금리에 Warrant의 프리미엄만큼을 감안하여 결정하여야 하나 통상 Warrant의 가치를 무시하고 사채의 발행금리만으로 결정되는 사례가 많다. 이는 BW발행 이후 WArrant를 대주주에게 헐값에 매각할 가능성이 있는 것으로 판단된다. 셋째, 비상장법인의 경우 신주인수권 행사가격을 낮게 책정하여 BW를 발행하는 수법으로 특정인에 대한 편법적인 재산상속 등의 수단으로 악용하는 사례도 발생하고 있다. 상장법인 및 코스닥 법인의 경우 BW 행사 가격에 대한 규제(기준주가의 100% 이상)로 동 사례발생 가능성은 적으나 비상장·비등록 법인의 경우 그 개연성이 크다. 넷째, 코스닥 등록 기업이 해외에서 자본을 유치하는 방법의 대부분은 CB나 BW를 해외 자본시장에서 발행하여 자금을 모집하는 방식이다. 이는 발행회사의 입장에서는 해외에서 주식연계사채를 발행하여 자금을 조달함으로써 자사의 대외신뢰도를 고양시키고 일반회사채에 의한 자금조달과는 달리 주식으로 전환될 경우 만기 시 이자 및 원금 모두 지급하지 않아도 되는 장점이 있기 때문이다. 특히나 국내에서는 IMF이후 외자에 대한 인식이 매우 우호적인 관계로 해외에서 CB, BW를 발행하였다는 이유만으로 주식시장에서 해당 기업의 주가가 급등하는 사례가 많았다. 그러나 발행조건 등 해외 CB, BW발행이 해당기업의 장래 성장성이라든가 현금흐름, 주식으로 전환되었을 경우의 주식가치하락 등 제반 영향을 고려치 않고 무조건적인 외자에 대한 우호의식을 갖고 있는 투자자 및 시장분위기와 이러한 허점을 발행하는 기업이 악용하려는 의도가 합쳐져 여러 문제점을 양산하게 된다.

3. CB, BW 등을 이용한 불법행위 유형

가. 상장폐지 방지 수법으로 활용

적자경영으로 자본금을 전액잠식, 주식시장에서 상장 폐지되는 것을 회피하는 편법 수단으로 CB가 이용될 수 있다. CB는 그 자체로는 부채에 불과하지만, 주식으로 전환될 경우 자본금이 되기 때문이다. 실제 영우통상은 1999년 5월 발행했던 CB를 주식으로 전환, 관리대상편입을 모면하게 됐다. 1995년 말 현재 46억원의 자본잠식으로 2년 연속 자본잠식상태에 빠져있던 영우통상이 99억 8천여만 원어치 CB를 주식으로 전환해 잠식상태에서 벗어난 것이다. 자본금 전액 잠식상태가 2년 연속 지속된 태평양패션도 1995년 4월 1백 50억원 규모의 CB를 전환가격 5천 40원이라는 파격적인 조건으로 발행했다. CB가 모두 주식으로 전환될 경우 태평양패션도 1995년의 1백 21억원 자본잠식에서 1996년 결산 시에는 자본총계 플러스 29억원으로 돌아섰다.

나. 적자 계열사에 편법적 자금지원

기업이 CB 발행 시 조건을 나쁘게 설정, 타인의 인수를 막은 뒤 계열사 중 흑자가 많이 난 기업이 인수토록 하는 편법을 사용하는 것이다. 이는 경영실적이 좋은 회사가 편법으로 다른 계열사에 자금지원을 해 주는 결과를 초래한다. 1998년 10월 26일 대우자동차가 발행한 CB 1천억 원어치는 대우증권 3백억 원 등 대우그룹 계열사가 전액 사들였다. 1998년 12월 26일 쌍용자동차가 발행한 CB 4백억 원어치도 쌍용정유 등 쌍용계열사가 대부분 매입했다. 1998년 1월 18일 현대계열사인 대한알루미늄이 발행한 CB 5백억 원어치도 현대계열사들이 대부분 인수해갔다. 이 같은 편법적인 자금지원의 문제점은 나쁜 조건으로 CB를 사들여 자금지원을 해주는 법인의 소수주주들이 앉아서 피해를 본다는 점이다. 재벌 경영진의 독단적인 자금지원 결정으로 자신이 주주로 있는 기업이 벌어들인 수익을 다른 회사에 넘겨주는 셈이 되는 것이다.

다. 상속 · 증여세를 포탈하기 위한 수법

일부 재벌그룹이 자녀들에게 CB를 싼값에 취득토록 한 후 이를 주식으로 전환시키는 "CB식 상속 · 증여"가 세금을 피하는 첨단 방법으로 이용되고 있다. 한일시멘트의 경우 대주주가 이 같은 방식으로 CB를 증여, 동생이 2만9천6백주, 아들 3명이 각각 6천주, 2천주, 2천주씩 주식을 받았다고 증권거래소에 신고했으며, 대영포장의 경우도 대주주의 CB증여를 통해 아들이 주식 1만 3천주를 받았다고 증권거래소에 신고했다. 삼성그룹에서도 최근 CB를 활용, 2세에게 주식을 대거 넘겨주고, 계열사 지분을 재정리하는 작업을 수행하였다(이에 대하여는 후술함). 이 방식은 주식전환시 엄청난 차익도 얻을 수 있다.

라. 재테크로 활용

장래 자사 주식의 주가가 오르리라고 예상할 경우 CB를 발행, 대주주가 인수한 뒤 주식으로 전환했다가 주가상승 후 매도해 시세차익을 얻는 재테크 수단으로 사용된다. 한솔텔레콤의 경우 1999.1.3. 50억 원어치의 CB를 발행한 뒤 주간 증권사인 선경증권이 인수해 간 42억 2천만 원어치를 한솔창투 등 계열사를 통해 모두 재인수해 갔다. 한솔은 1999.7.4~12. 이를 모두 주식으로 전환했다. 한솔텔레콤의 주가는 CB발행 당시 1만 9천 원 대에 머물렀지만, 6개월 후 주식전환 때는 3배가량 폭등, 당시 장부상으로 1백억 원에 가까운 시세차익을 얻었다. 또 1994.4. A그룹회장은 자신의 M계열사가 발행한 2백 2억 원어치의 전환사채를 전량 인수했다. 그리고 몇 달 후 이를 주식으로 전환해 주식시장에서 2백 66억원에 매각, 불과 몇 달 만에 무려 64억원의 수입을 올렸다.

마. 경영권 방어에 이용

M&A(인수 · 합병)가 본격화되면서 대주주들이 경영권 보호를 위한 수단으로 CB를 이용하고 있다. 일부 기업들이 CB를 나쁜 조건으로 발행, 일반인의 인수를 막은 뒤 대주주가 인수, 지분방어용으로 이용한다는 얘기다. 기업사냥꾼이 M&A를 시도해올 경우

보유하고 있는 CB를 주식으로 전환하면 간단하게 경영권을 보호할 수 있기 때문이다. 1998년 말과 1999년 1월에 각각 50억원의 CB를 발행한 동부제강, 동부건설의 경우 표면금리가 매우 낮아 지분방어 차원에서 발행된 것이라는 해석이 지배적이다.

바. 편의적인 자금조달 수단

실권에 대한 우려로 유상증자가 힘든 일부 기업들은 CB를 과다하게 발행, 손쉽게 자금조달을 하고 있다. 그러나 물량증가 우려로 해당기업의 주가는 약세를 면치 못하게 돼 기존의 소수주주들은 앉아서 손해를 보고 있다. 한라시멘트는 자본금이 3백 60억원으로 시장에 상장돼 있는 주식은 모두 7백 20만주. 그러나 한라시멘트가 발행해 주식으로 전환이 가능한 CB는 12월 현재 1천 9백 80억 원어치에 달해 자본금의 5배가 넘는다. 자본금이 3백 73억원인 대한알루미늄도 자본금의 4배 가량인 1천 6백65억 원어치의 CB가 발행돼 있다. CB는 발행한지 6개월이 되면 언제든지 주식으로 전환시킬 수 있다.

4. CB, BW 등을 이용한 불법행위 대응

가. 투자자의 인식제고

그동안 해외 CB, BW발행에 의한 외자유치가 공시되거나 시장에 루머로 유포되면 대부분 주가가 상승하는 것이 당연시 여겨온 것이 사실이다. 그러나 외자유치의 조건 및 실제 자금유입여부 및 자금의 사용용도는 모두 무시된 채 외자유치설만 유포되어도 투자자의 관심이 집중되는 현상이 시장에서 지속되는 한 앞에서와 같은 편법적인 외자유치 및 외자유치 관련 공시 이후 대주주의 지분을 매각하는 사례는 계속될 것이다. 따라서 이제는 시장에서 투자자가 기업의 외자유치에 대해 자세히 살펴 외자유치가 당해기업의 향후 기업 가치에 어떠한 영향을 미칠 것인지에 대한 판단이후 투자를 결정하는 투자자의 인식제고가 가장 중요한 것일 것이다. 외자유치에 대한 투자자의 인식제고만이 기업의 편법적인 외자유치에 대한 동기를 근본적으로 제어할 수 있을 것이다.

나. CB, BW 발행제도 개선

1) CB, BW 전환금지기간

주권상장법인 또는 협회등록법인이 전환사채를 발행하는 경우에는 그 전환금지기간이 지나치게 짧을 경우에는 신주발행의 변칙적 수단으로 이용될 소지가 있다. 특히 해외에서 발행하는 경우에는 유가증권신고서를 제출하지 않는다는 점을 이용하여 변칙적인 공모발행방식이 이루어진다는 점을 감안하여 해외발행의 경우에는 전환금지기간이 짧은 경우 더 큰 문제가 생길 수 있다. 그런데 2002.4.4. "유가증권의발행및공시등에관한규정" 개정 시 종래 CB, BW의 전환금지기간을 3월에서 1월로 단축하였다. 비록 그 발행방식에 따라 전환금지기간에 차등적용을 두었지만(공모발행방식 : 발행일로부터 1월간, 공모발행방식 외의 경우 : 발행일로부터 1년간), 이는 너무 투자 활성화라는 측면이 강조된 것은 아닌가 생각된다. 해외에서 발행하는 경우에는, (ⅰ) 전환사채의 발행일로부터 1년간 내국인(당해 채권의 인수기관 제외)이 취득 및 권리행사를 하지 못하도록 하기 위하여 전환사채의 권면 및 청약의 권유문서 등에 취득·권리제한에 관한 사항을 기재하는 등 필요한 조치를 하거나, (ⅱ) 외국의 증권 감독 기관에 유가증권신고서를 제출하는 경우와 같은 조치를 취하는 경우에만 발행일로부터 1월간만 전환이 금지되고, 그 외의 경우에는 발행일로부터 1년간 전환이 금지되도록 하여 그 인정기준을 명확히 한 점은 긍정적으로 평가된다.

2) 유가증권신고서

현재 미국에서는 해외 CB, BW발행과 국내 CB, BW발행 규제의 차이가 공시부문에서 존재하는데, 발행인이 해외에서 CB, BW를 발행하는 경우에 미국인을 대상으로 하지 않고, 해외거래소나 역외자금만을 위한 시장에서 거래되며, 발행인 또는 주간사 등이 미국에서 직접 매출시도를 하지 않는 조건 등으로 발행하는 경우는 SEC에 등록하지 않고 CB, BW를 발행할 수 있다. 반면, 해외에서 발행된 CB, BW가 미국에서 판매되기 위해서는 SEC에 등록(유가증권신고 제출)되거나, 등록이 면제된 경우에만 가능하다. 우리나라도, 해외에서 발행되는 국내기업의 CB, BW가 기업의 정상적인 경영활동을 위해서라기보다는 당해 기업의 주가상승과 편법적인 자금조달, 주식전환 후 시세차익만의 목적으로 발행되는 사례가 많은 만큼, 이를 방지하기 위해서는 위의 미국의 경우처럼 해외 발행분에 대해서도 발행 시 유가증권신고서를 제출하도록 하는 방안이 강구될 필요가 있을 것이다.

3) 변칙 상속, 증여 과세강화

M&A를 이용한 변칙적인 상속과 증여에 대한 과세를 강화할 필요가 있다. 국세청은, 전환사채 등을 통해 변칙적으로 증여한 경우, 증여세 과세 후 상속재산에 합산하여 상속세 누진과세(상속세 및 증여세법 기본통칙 13-0-4, 2000.10.12. 신설)하는 한편, 정부가 2002.8.에 확정한 2002년 세제 개편 안은 재벌의 변칙상속과 증여를 막기 위해 과세를 대폭 강화하는 내용을 담고 있다. 즉, 이에 따르면, 특수 관계자로부터 증여받거나 매입한 비상장주식이 3년내 상장될 경우 부과하는 상장 시세차익 과세대상 시한을 3년에서 5년으로 늘렸다. 특수 관계자로부터 받은 현금으로 비상장법인의 지분을 인수한 뒤 특수 관계가 있는 상장법인과 합병해 시세차익을 얻는 경우에도 증여세가 과세된다. 반대로 회사합병 후 주가가 떨어질 경우에는 증여세 초과분이 환급된다. 그리고 재벌 2세 등이 상장 시세차익 과세를 피하기 위해 비상장 법인의 지분을 확보한 뒤, 그룹의 상장 주력회사와 합병을 통해 막대한 시세차익을 거두는 경우도 과세키로 했다. 형태에 상관없이 실질적으로 부의 증여가 이뤄지는 것으로 간주되면 증여세를 부과할 수 있는 '유형별포괄주의'가 적용되는 증여의제를 확대키로 한 것이다.

제6장 조세범죄

제1절. 총 칙

1. 조세범처벌법 총설

가. 의 의

조세범[298]처벌법이란 조세범 범죄와 그 형벌의 관계를 규정한 법률로서 범책행의 요소를 확정하고 그 효과로서 형벌을 귀속시키는 행정형법의 일종이다.[299] 형식적 의미로는 1951년 5월 7일 법률 제199호로 제정 공포된 조세범처벌법이 있고 실질적 의미로는 조세범을 처벌하는 법률체계 전체(예:특정범죄가중처벌등에관한법률 등)가 있다. 조세범은 재정범[300]의 일종으로서 조세에 관한 법률에 위반하는 행위 또는 그 행위자. 넓은 의미로서 조세에 관한 법률위반 행위 모두가 해당되나 좁은 의미로는 조세범처벌법상범죄의 구성요건에 해당하는 행위만을 뜻한다. 법적 지위로는 일반형법에 대한 특별법적 지위, 국제기본법상 세법에 속한다. 조세범처벌관련법에 위반하는 범죄로서는 탈세범[301]과 질서범[302]으로 대별된다.

나. 적용범위

시간적 적용범위의 원칙은 행위시법주의이다. 하지만 예외로 재판시법주의(형이 신

---

[298] 재정범의 일종으로 조세의 부과, 징수, 납부 등에 직접 관련하여 조세범처벌관련법에 위반하는 범죄로서 탈세범과 질서범으로 대별된다.

[299] 이승식, 금융경제범죄수사, 2005. 841면.

[300] 국가의 재정권의 적정한 행사를 방해하는 범죄로서 그 위반행위에 대하여 재정벌이 과해진다.

[301] 정당하게 납부하여야 할 조세를 고의로 면탈함으로써 국고에 손실을 가져오는 실체를 갖춘 실질범.

[302] 아직 국고에 손실을 가지고 올 단계에 이르지 않았으나 사태가 진전되면 국고의 손실을 가지고 올 위험성이 있다고 생각되는 형식범.

법에 의하여 감해지거나 무죄로 될 경우)를 준용한다. 장소적 적용범위로는 속지주의를 원칙으로 하고 속인주의와 보호주의 가미하고 있다. 인적 적용범위는 조세범죄의 주체는 세법상의 납세의무가 있는 자이므로 일종의 신분 범이라 할 수 있고, 납세의무가 없는 자가 범죄행위에 가담한 경우에는 공동정범, 교사범, 종범으로 처벌한다. 세법상의 행위에 대한 적용범위로는 조세범처벌법상의 조세는 국세만을 의미하므로(조세범처벌법 제2조), 관세에 대한 범죄는 조세범처벌법으로 처벌 불가하다. 죄형법정주의 원칙상 조세범처벌법상 처벌규정이 없는 행위도 처벌이 불가하다.

2. 조세범처벌법의 특수성

가. 책임벌주의

1) 의 의

책임벌은 양벌규정 또는 쌍벌규정이라고 하는데 이는 실제로 범칙행위를 한 자 이외에 그 범죄행위자가 고용 관계 등으로 소속된 법인 또는 사업주도 함께 처벌하는 원칙을 의미하고 조세범처벌법 제3조 법인의 대표자, 법인 또는 개인의 대리인, 사용인 기타의 종업인이 그 법인 또는 개인의 업무 또는 재산에 관하여 이 법에 규정하는 범칙행위를 한 때에는 행위자를 벌하는 외에 그 법인 또는 개인에 대하여서도 각 본조의 벌금형에 처한다. 다만, 국세기본법에 의한 과점주주가 아닌 행위자에 대하여서는 정상에 의하여 그 형을 감면할 수 있다. 이는 법인, 경영주체가 자기의 지배권 범위 내에 있는 자의 법령위반행위에 대하여 주의감독의무를 태만히 한 과실 책임의 일종이다.303)

2) 행위자의 형 감면

국세기본법에 의한 과점주주가 아닌 행위자에 대하여는 소정양정액의 50/100에 상당하는 금액을 경감할 수 있다. 다만, 법인세법에 의한 소액주주인 행위자와 출자자

---

303) 이승식, 금융경제범죄수사, 2005. 845면.

아닌 행위자에 대하여는 그 범금상당액을 감면한다.(양정규정 제7조 제3항)

3) 조합 자체의 처벌 여부

민법상 조합의 업무집행자, 사용인 기타의 종업원 등이 범칙행위를 하여 책임벌을 적용하는 경우 동 조합은 권리능력을 갖는 것이 아니고 각 조합원이 조합을 대표하여 업무집행의 권리능력을 가지는 것이므로 책임벌은 각 조합원 전원에게 가하여야 한다.

4) 법인의 대표자 처벌여부

조세범처벌법 제3조에 의하여 법인을 처벌하는 경우 반드시 법인이 대표자를 처벌하여야 하는 것은 아니다.

5) 특가범에 책임벌 적용여부

대법원 1973. 8. 21. 선고 93도1148 특정범죄가중처벌등에관한법률 제8조의 규정에 의하여 조세범처벌법 제9조 제1항에 규정된 죄에 가중처벌이 되는 경우에 있어서도 조세범처벌법 제3조(단서 포함)의 규정이 적용된다고 보는 것이 정당한 해석이라 할 것이다.

6) 공동면허자에 대한 책임벌

대법원 1969. 8. 26. 선고 69도1151

가. 공동으로 약주제조면허를 받아 양조장을 경영하던 중 그 공동업무집행자가 주세를 포탈하였다면 그 탈세행위를 몰랐다 하여도 그를 방지함에 필요한 주의의무를 다하지 못한 과실 책임을 면하지 못한다.

나. 양조사업을 운영하기 위하여 주조협회를 조직하였다 하여도 그 협회는 약주면허대상자이거나 납세의무자가 아니므로 탈세의 책임을 질 수 없다.

나. 형법총칙 중 일부 규정 적용배제

조세범처벌법 제4조 (형법적용의 일부 배제) ①제8조 내지 제11조·제12조의2와 제

12조의3제3항의 범칙행위를 한 자에 대하여는 형법 제9조, 제10조제2항, 제11조, 제16조, 제32조제2항 및 제38조 제1항 제2호 중 벌금경합에 관한 제한가중규정을 적용하지 아니한다. 다만, 징역의 형에 처할 때에는 예외로 한다.

②제11조의2의 범칙행위를 한 자에 대하여는 형법 제38조 제1항 제2호 중 벌금경합에 관한 제한가중규정을 적용하지 아니한다.[304]

1) 형법총칙의 일부를 적용하지 아니하는 범칙행위

가. 무면허 주류제조, 판매범(법 제8조)
나. 조세포탈범(법 제9조)
다. 체납범(법 제10조)
라. 원천징수 불이행범(법 제11조)
마. 납세증명표지의 불법사용범(법 제12조의 2)
바. 법인의 결손금 과대계상금(법 제12조의 3 제3항)

2) 형법총칙 중 적용하지 아니하는 일부 규정

가. 형사미성년자(형법 제9조)
나. 심신장애자(형법 제10조 제2항)
다. 농아자(형법 제11조)
라. 법률의 착오(형법 제16조)
마. 종범(형법 제32조 제2항)
바. 벌금경합에 관한 제한가중처벌규정(형법 제38조 제1항 제2호)

3) 세금계산서 관련범(법 제11조의 2)

벌금경합에 관한 제한가중처벌규정(형법 제38조 제1항 제2호)을 적용하지 아니한다. 즉 실체적 경합범에 대하여 벌금에 대한 양형을 과함에 있어서 각 죄의 벌금형을 단순 합산하여 중하게 처벌한다는 것이다.(95년 1월 1일 이후부터)

---

304) 이승식, 경찰대학 경찰수사연수원 금융경제범죄전문수사과정 강의자료 참조.

<표 14> 세금계산서 관련

범칙자	세금계산 금액	부가세 상당액	각 죄의 벌금액	경합범 벌금액	
				94. 12. 31.까지	95. 1. 1.이후
갑	10,000	1,000	2,000	2,000	2,000
을	6,000 3,000 1,000	600 300 100	1,200 600 200	1,800 (1,200×1.5)	2,000 (1,200+600+300)
병	4,000 3,000 2,000 1,000	400 300 200 100	800 600 400 200	1,200 (800×1.5)	2,000 (800+600+400+200)

다. 병과벌 주의

벌금형을 주형으로 하되 정상에 따라 징역형도 병과 조세범처벌법 제5조 (징역과 벌금의 병과) 제8조, 제9조, 제11조의2제4항 및 제5항, 제12조의2 및 제12조의3제2항 및 제3항의 범칙행위를 한 자에 대하여는 정상에 의하여 징역과 벌금을 병과 할 수 있다.

1) 임의적 병과 대상 범칙행위

가. 무면허 주류제조, 판매범(법 제8조)

나. 조세포탈범(법 제9조)

다. 자료상 및 그 알선, 중개범(법 제11조의 2 제4항, 제5항)

라. 납세증명표지의 불법사용범(법 제12조의 2)

마. 장부소각, 파기, 은닉범(법 제12조의 3 제2항)

바. 법인의 결손금의 과대계상범(법 제12조의 3 제3항)

2) 강제적 병과 대상 범칙행위

특정범죄가중처벌등에관한법률 제8조 (조세포탈의 가중처벌)

① 조세범처벌법 제9조제1항에 규정된 죄를 범한 자는 다음의 구분에 따라 가중처벌한다.

    1. 포탈하거나 환급받은 세액 또는 징수하지 아니하거나 납부하지 아니한 세액(이하 "포탈세액 등"이라 한다)이 연간 5억 원 이상인 때에는 무기 또는 5년 이상의 징역에 처한다.

    2. 포탈세액 등이 연간 2억 원 이상 5억원 미만인 때에는 3년 이상의 유기징역에 처한다.

② 제1항의 경우에는 그 포탈세액 등의 2배 이상 5배 이하에 상당하는 벌금을 병과한다.

라. 소송조건의 특수성

1) 소송조건의 의의

검사의 소송제기에 대해 법원이 실체적 심판에 들어갈 수 있는 조건

가. 일반적 소송조건 : 일반형사범죄에 해당되는 조건
나. 특별소송조건 : 세무공무원의 고발, 고발이 없으면 소송제기가 무효

조세범처벌법 제6조 (고발) 이 법의 규정에 의한 범칙행위는 국세청장·지방국세청장, 세무서장 또는 세무에 종사하는 공무원의 고발을 기다려 논한다. 다만, 제12조의2 제2호 또는 제15조의 범칙행위에 대하여는 예외로 한다.

2) 고발이 필요 없는 범칙행위

가. 납세증명표지를 위조 또는 변조한 자(법 제12조의 2 제12호)
나. 세무공무원으로서 형법 중 공무원의 직무에 관한 죄를 범한 경우(법 제15조)
다. 특가법에 해당하는 조세포탈범(특가법 제16조)
특가법 제16조 (소추에 관한 특례) 제6조 및 제8조의 죄에 대한 공소에는 고소 또는

고발을 요하지 아니한다.

3) 공소제기 된 후에 한 고발의 효력

대법원 1970. 7. 28.선고 70도942 세무공무원의 고발 없이 조세범칙사건의 공소가 제기된 후에 세무공무원이 고발을 하여도 그 공소절차의 무효가 치유된다고 할 수 없다.

4) 법원의 즉시고발 사유에 대한 심사가부

대법원 1974. 3. 26. 선고 73도 2711 조세범처벌절차법 소정의 즉시 고발을 함에 있어서 고발사유를 고발서에 명기하지 아니한 경우에도 그를 무효라고 할 수 없다.

5) 고발의 취소시기

대법원 1957. 3. 29.선고 4290형상58 조세범처벌법 위반 사건에 대한 세무공무원의 고발취소는 제일심 판결 선고 전에 한하여 취소할 수 있다고 해석함이 타당하다.

5. 공소시효의 단기 획일성

1) 공소시효의 의의

공소시효란 확정 판결 전에 일정한 기간의 경과로 형벌권이 소멸하는 제도를 말한다.

조세범처벌법 제17조 (공소시효기간) 제8조 내지 제12조·제12조의2·제12조의3제2항 및 제3항과 제14조에 규정한 범칙행위의 공소시효는 5년, 제12조의3제1항과 제13조에 규정한 범칙행위의 공소시효는 2년을 경과함으로써 완성한다.[305]

2) 공소시효기간이 5년인 경우

가. 무면허 주류 제조, 판매범(법 제8조 제1항)

나. 조세포탈범(법 제9조)

---

[305] 이승식, 금융경제범죄수사 공저 2005. 850면.

다. 체납범(법 제10조)

라. 원천징수 불이행범(법 제11조)

마. 세금계산서관련범(법 제11조의 2)

바. 재산은익범(법 제12조)

사. 납세증명표지의 불법사용범(법 제12조의 2)

아. 장부소각, 파기, 은닉범(법 제12조의 3 제2항)

자. 법인의 결손금 과대계상범(법 제12조의 3 제3항)

차. 포탈방조범(법 제14조)

3) 공소시효기간이 2년인 경우

가. 장부 비치, 기장 불이행죄(법 제12조의 3 제1항)

나. 질서위반범(법 제13조)

4) 법 제15조에 규정된 세무공무원으로서 형법 중 공무원의 직무에 관한 죄에 대하여는 형사소송법의 규정을 적용

5) 시효의 기산점

조세범처벌법에서 시효의 기산점은 범칙행위의 종료시점으로 하고 법9조의 조세포탈범의 기수 시기는 법 제9조의 3에서 별도로 규정하고 있으며 기수시기가 시효의 기산점이 된다.

6) 시효의 중단

조세범처벌절차법 제10조 전조 제1항의 통고(국세청장·지방국세청장 또는 세무서장의 통고처분)가 있을 때에는 공소의 시효는 중단된다.

마. 몰 취

몰취는 범죄행위와 일정한 관계가 있는 물품의 소유권을 박탈하여 국가에 귀속시키는 처분으로서 행정상 즉시강제의 일종이다. 몰취는 형벌이 아니라는 점에서 형법상 몰수와 구별된다. 세무관서장(국세청장, 지방국세청장, 세무서장)이 몰취를 하고자 하는 경우에는 그 이유를 명시하여 통고처분 하여야 하며, 몰취의 요건을 갖추더라도 반드시 몰취하여야 하는 것은 아니다. 조세범처벌법 제7조 좌의 각호의 1에 해당하는 것으로서 제조자 또는 판매자가 소지하는 물품은 이를 몰취할 수 있다.

1. 법에 의한 면허를 받지 아니하고 제조한 물품
2. 전호의 물품제조에 공한 기계, 기구 또는 용기
3. 법에 의한 납세필증인의 압날 또는 납세의 사실을 증명하는 일정한 표시를 하지 아니한 물품

바. 통고처분

1) 의 의

행정관청이 행정법규 위반 범칙자에 대하여 사법절차에 의한 형사적 제제에 앞서 벌금 을 일정한 장소에 납부할 것을 통고하는 준사법적 행정정위이다.

2) 성 질

통고처분은 행정처분임과 동시에 사법처분의 성격도 보유한다.(형정쟁송 제기 불가)

국세기본법 제55조 (불복) ①이 법 또는 세법에 의한 처분으로서 위법 또는 부당한 처분을 받거나 필요한 처분을 받지 못함으로써 권리 또는 이익의 침해를 당한 자는 이장의 규정에 의한 심사청구 또는 심판청구를 하여 그 처분의 취소 또는 변경이나 필요한 처분을 청구할 수 있다.

⑤다음 각호의 처분은 제1항의 처분에 포함되지 아니한다.

3) 통고처분의 효과

가. 이행강제 ×
나. 공소시효 중단

다. 일사부재리

통고처분의 내용대로 이행한 때에는 동일한 사건에 대하여 다시 소추를 받지 않는다.

라. 사법절차로 이행 : 세무관서의 장은 범칙자가 통고를 받은 날로부터 15일 이내에 이행하지 아니한 때에는 고발의 절차를 밟아야 한다.(절차법 제12조 제1항)

조세범처벌절차법 제12조 ①범칙자가 통고를 받은 날로부터 15일 이내에 이행하지 아니할 때에는 국세청장·지방국세청장 또는 세무서장은 고발의 절차를 밟아야 한다. 단, 15일을 경과하여도 고발하기 전에 이행한 때에는 예외로 한다.<개정 1961.12.2, 1966.3.8>

4) 요건 및 절차

조세범처벌절차법 제9조 ①국세청장·지방국세청장 또는 세무서장은 범칙사건의 조사에 의하여 범칙의 심증을 얻은 때에는 그 이유를 명시하여 벌금 또는 과료에 상당하는 금액, 몰수 또는 몰취에 해당하는 물품추징금에 상당하는 금액과 서류송달, 압수물건의 운반보관에 요하는 비용을 지정한 장소에 납부할 것을 통고하여야 한다. 단, 몰수 또는 몰취에 해당하는 물품에 대하여는 납부의 신립만을 할 것을 통고할 수 있다.<개정 1966.3.8>

② 범칙자가 통고대로 이행할 자력이 없다고 인정되는 때에는 전항의 통고를 요하지 아니하고 즉시 고발하여야 한다.

③ 정상징역형에 처할 것으로 사료되는 때에도 또한 전항과 같다.

조세범처벌절차법 시행령 제5조 세무공무원은 형사소송법의 규정에 준하여 문서의 작성과 송달을 하여야 한다.

5) 벌과금 상당액의 양정

'벌과금상당액 양정규정'(국세청장 훈령)

제2절 범칙행위

1. 무면허 주류 제조, 판매범

무면허 주류제조, 판매범이란 주세법에 의한 정부의 면허를 받지 아니하고 주류, 밑술, 술덧을 제조 또는 판매한 범죄를 말한다.

조세범처벌법 제8조 (무면허주류제조) ① 법에 의한 면허를 받지 아니하고 주류, 밑술·술덧을 제조(개인의 자가소비를 위한 제조를 제외한다) 또는 판매한자는 3년 이하의 징역 또는 300만 원 이하의 벌금에 처한다. 다만, 밑술 및 술덧은 탁주로 간주한다. 이 경우에 당해주세상당액의 3배의 금액이 300만원을 초과할 때에는 그 초과한 금액까지 벌금을 과할 수 있다. 제1항의 경우에 있어서 그 제조물품에 대한 세액은 제조자로부터 즉시 징수한다.

구성요건으로는 주세법에 의한 면허를 받지 아니하였을 것, 제조 또는 판매행위가 있을 것 등이며, 밀조주를 판매의 목적으로 소지한 경우에는 본조가 아니라 면허의 유무에 관계없이 법 제 13조 제10호에 의해 처벌받는다.[306]

조세범처벌법 제13조 (명령사항위반 등) 법에 위반하여 주정을 구입, 사용 또는 소지하거나 제조장으로부터 출고한 자는 50만 원 이하의 벌금 또는 과료에 처한다.

처벌은 3년 이하의 징역 또는 300만 원 이하의 벌금. 다만 밑술, 술덧은 탁주로 간주한다. 이 경우에 당해 주세 상당액의 3배의 금액이 300만원을 초과할 때에는 그 초과한 금액까지 벌금을 과할 수 있다. 또한 제조범의 경우 그 제조물품에 대한 세액은 제조자로부터 즉시 징수한다.

※ 밑 술 : 효모(곰팡이, 발효균, 이스트)를 배양 증식한 것으로 당분이 함유된 물질을 알코올 발효시킬 수 있는 물료를 말한다.

※ 술 덧 : 주료의 원료가 되는 물료를 발효시킬 수 있는 수단을 가한 때부터 주류를 제성(술을 거른다)하거나 증류(술을 내린다)하기 직전까지의 상태에 있는 물료

※ 입 국 : 쌀, 밀가루 등을 삶아 쪄내어 곰팡이를 번식시킨 발효제로서 국(전분질에

---

306) 이승식, 금융경제범죄수사 공저, 2005. 854면.

곰팡이류를 번식시킨 것이나 효소로서 전분질을 당화시킬 수 있는 것)의 일종

2. 조세포탈범

조세포탈범은 사기 기타 부정한 방법으로 납세의무자가 세법의 규정에 의하여 부과 또는 납부하여야 할 조세를 면하거나 환급 또는 공제받음으로써 성립하는 범죄이다.

조세범처벌법 제9조 ①사기 기타 부정한 행위로써 조세를 포탈하거나 조세의 환급·공제를 받은 자는 다음 각호에 의하여 처벌한다.

1. 특별소비세·주세 또는 교통세의 경우에는 3년 이하의 징역 또는 포탈세액, 환급·공제받은 세액의 5배 이하에 상당하는 벌금에 처한다.

2. 인지세의 경우에는 증서·장부 1개마다 포탈세액의 5배 이하에 상당하는 벌금 또는 과료에 처한다.

3. 제1호 및 제2호에 규정한 이외의 국세의 경우에는 3년 이하의 징역 또는 포탈세액이나 환급·공제받은 세액의 3배 이하에 상당하는 벌금에 처한다.

②전항의 경우에 있어서 포탈하거나 포탈하고자 한 세액 또는 환급·공제를 받은 세액은 즉시 징수한다.

범죄주체로는 조세를 포탈하거나 조세의 환급 또는 공제를 받은 자와 법인의 대표자, 법인 또는 개인의 대리인, 사용인 기타 종업원(그 법인의 업무 또는 재산에 관하여 범칙행위를 한 때에 벌금형에 처한다.)이 있다.

구성요건으로는 사기 기타 부정한 행위에 의할 것, 고의, 실행행위, 조세를 포탈하거나 조세환급·공제를 받았을 것, 기수시기가 경과할 것 등이 있다.

가. 사기 기타 부정한 행위에 의할 것

1) 의의

대법원 1982. 1. 26. 선고 80도3221 조세법처벌법 제9조 제1항에서 규정하고 있는 "사기 기타 부정한 행위" 라 함은 조세의 부과징수를 불능케 또는 현저하게 곤란케

하는 위계 기타 부정한 적극적 행위를 말하고 어떤 다른 행위가 수반됨이 없이 단순히 세법상의 신고를 아니하거나 허위의 신고 또는 고지를 하는 것은 부정행위에 해당되지 아니한다고 함이 당원 판례이다.

2) 부정행위로 인정된 사례

대법원 1985. 5. 14. 선고 83도2050 단순한 과세표준의 미신고 또는 과세표준의 과소신고가 아닌 위장 가공거래에 의한 허위계산서의 제출, 가공경비계상, 공사수입금의 계산누락 등의 방법으로 부가가치세, 법인세, 방위세 등을 포탈한 것은 사기 기타 부정한 방법에 해당한다.

대법원 1992. 3. 10. 선고 92도147 법인 대표자가 회사자금을 횡령하였다면 회사는 그에 상당하는 손해배상청구권 내지 부당이득반환청구권이 있는 것이고 이는 곧 회사의 익금으로 보아야 하므로 회사 대표자가 회사자금을 인출하여 횡령함에 있어 경비지출을 과다계상 하여 장부에 기장하고 나아가 이를 토대로 법인세 등의 조세를 납부한 경우 국가의 조세수입의 감소를 초래하여 조세를 포탈하였다고 할 것이다.

대법원 1981. 7. 28.선고 81도154 실제 판매액과 달리 판매액을 허위기재한 판매일보를 작성하고 이에 맞추어 경리장부와 표준계산서를 작성한 후 이를 근거로 조세를 신고납부 하였다면 위 조세를 포탈할 목적으로 위와 같은 허위장부를 작성하여 조세근거서류로 구비함으로써 조세의 부과징수를 곤란하게 한 것으로서 조세범처벌 제9조 제1항에 규정된 포탈행위에 해당한다.

대법원 1994. 6. 28. 선고 94도759 투전기업소를 경영하는 자가 국세청에서 작성된 "현금 수입업종 지역별 시설등급별 1일 입금액 산정표"에 따라 부가가치세의 과세표준과 납부세액을 신고하고 납부하는 경우, 위 산정표는 사업자가 신고하여야 할 수입금액의 하한선을 정한 것으로 기준 이상의 수입금액을 신고한 사업자에 대하여는 더 이상의 세무조사를 하지 않고 종결처리 하여 주는 것에 불과하지, 그 이상의 수입금액이 있는 경우에도 그 기준을 초과하는 수입금액에 대하여는 납세의무를 면제하여 준다는 관행이 성립된 것으로는 보이지 아니하므로, 위 산정표상의 기준을 초과하여 수입금액을 신고하였다고 하더라도 실제수입금액을 누락하여 신고한 사실이 밝혀진 이상 그 누락된 부분에 관하여는 조세포탈죄가 성립한다.

조세범처벌법 제9조 제1항 소정의 "사기 기타 부정한 행위"라는 것은 조세의 부과와 징수를 불가능하게 하거나 현저히 곤란하게 하는 위계 기타 부정한 적극적인 행위를 말하는바, 수입금액을 숨기기 위하여 허위로 장부를 작성하여 각 사업장에 비치하고, 여러 은행에 200여 개의 가명계좌를 만들어 수입한 금액을 분산하여 입금시키면서 그 가명계좌도 1개월 미만의 짧은 기간 동안만 사용하고 폐지시킨 뒤 다시 다른 가명계좌를 만들어 사용하는 등의 행위를 반복하였다면, 이와 같은 행위는 조세의 부과와 징수를 현저하게 곤란하게 하는 적극적인 행위에 해당한다.

공동사업을 경영하는 자가 소득세법 제133조의2 제4항에 따라 당해 공동사업장에 관한 사업자등록을 함에 있어서 사업장 소재지 관할 세무서장에게 자신의 지분 또는 손익분배의 비율은 신고하지 아니하고 자신을 제외한 다른 공동사업자들만이 공동 또는 단독으로 사업을 경영하는 것처럼 신고하고, 자신의 종합소득세과세표준확정신고를 함에 있어서도 그 공동사업에서 발생한 자신의 소득금액을 종합소득금액에 합산하지 아니하고 누락시킴으로써 확정 신고 자진납부 하여야 할 종합소득세액을 일부 탈루한 채 납부하였다고 하더라도, 만약 그 공동사업자가 당해 공동사업에서 발생한 자신의 소득금액에 대한 소득세를, 사업자등록을 할 때 자신의 지분 또는 손익분배의 비율을 가지고 있는 것으로 신고 된 다른 공동사업자의 명의로 납부하였다면, 그와 같이 납부한 세액에 관하여는 당해 공동사업자에게 사기 기타 부정한 행위로써 조세를 포탈하려는 고의가 있었다고 볼 수는 없다.

대법원 1988. 3. 8. 선고 85도 1518 조세범처벌법 제9조 제1항에서 규정하는 사기 기타 부정한 행위라는 것은 조세의 부과와 징수를 불가능하게 하거나 또는 현저히 곤란하게 하는 위계 기타 부정한 적극적인 행위를 말하고 어떤 다른 행위를 수반함이 없이 단순한 세법상의 신고를 아니하거나 허위의 신고를 함에 그치는 것은 여기에 해당한다고 할 수 없으나 부가가치세를 포탈할 의도 아래 실제의 거래현황이 기재된 장부 등을 소각 등의 방법으로 없애버리고 또 일부의 매입자들에 대하여는 세금계산서를 교부하지 아니하였을 뿐만 아니라 세무신고 시에는 교부하였던 세금계산서의 일부마저 누락시킨 채 일부의 세금계산서와 그를 토대로 만든 허위의 매입. 매출장을 제출하는 방법으로 매출신고를 과소신고 한 행위는 조세의 부과와 징수를 불가능하게 하거나 현저히 곤란하게 하는 적극적 행위라 아니할 수 없다.

대법원 1984. 2. 28. 선고 83도214 조세범처벌법 제9조소정의 사기 기타 부정한 행위라 함은 조세의 부과징수를 불능 또는 현저하게 곤란케 하는 위계 기타 부정한 적극적인 행위를 말하므로 다른 행위의 수반 없는 단순한 무신고, 허위의 신고 또는 고지는 이에 해당되지 아니하나 허위의 생산위계표, 월말잔액시산표, 자금현황장부를 작성 비치하고 이에 맞추어 총매출외형을 줄이고, 또 실제 보다 값이 싼 제품의 수량을 많게 하는 내용의 신고를 하여 조세를 포탈한 일련의 행위는 조세부과를 현저하게 곤란케 하는 부정행위에 해당하고 그 신고의 근거자료가 된 위 허위의 장부 등을 세무서에 제출한 여부나 세무관서에서 조사한 여부는 부정행위 성립에 영향이 없다.

대법원 1989. 10. 10. 선고 87도966 법인세법에 의하면 법인이 사업집행상의 필요에 의하여 비용을 지출한 경우 손금으로 인정받을 수 있는 항목 및 그 용인한도액은 법정되어 있으므로 주식회사의 이사 등 이 비용의 허위계상 또는 과다계상의 방법으로 공금을 정식경리에서 제외한 뒤 그 금액상당을 손금으로 처리한 경우 그 금액들이 전부 회사의 사업집행상 필요한 용도에 사용되었더라도 그 용도를 구체적으로 밝혀 그것이 손비로 인정될 수 있는 항목이고 손금용인한도액 내의 전액임을 입증하지 못하는 이상 조세포탈의 죄책을 면할 수 없다.

대법원 1983. 1. 18. 선고 81도2686 부가가치세법 제16조, 제18조, 제19조, 동시행령 제21조의 각 규정을 종합하여 보면 재화를 외상판매한 때에도 그 재화가 인도되는 시기가 속하는 과세기간에 대한 부가가치세 예정 또는 확정 신고를 하여야 하며, 과세표준과 납부세액을 확정 신고 한 이후에 외상판매 한 재화가 반품되어 왔을 경우에는 부가가치세법시행령 제59조의 규정에 의하여 그 반품되어 온 때가 속하는 과세기간 내에 국세청장이 정하는 바에 따라 세금계산서를 수정·교부하여 세액을 시정하는 것은 별도로 하고, 재화를 반품받기 이전에 과세확정 신고를 함에 있어 일부 세금계산서를 발부하지 아니하고 장부에 기장도 하지 아니한 채 실제매출액(외상판매분 포함)보다 과소하게 과세표준과 납부세액을 확정신고 하였다면 이는 사기기 기타 부정한 행위로써 조세를 포탈한 경우에 해당한다.

대법원 1983. 9. 27. 선고 83도1929 세금계산서 발급하지 아니한 후 부가가치세 확정 신고를 함에 있어 세금계산서를 발급하지 아니한 매출액을 고의로 신고누락 하였다면 이 세금계산서 불발급은 조세의 부과와 징수를 불가능하게 하거나 현저하게 곤란하게 하는 적극적 행위라 할 것이므로 조세범처벌법 제9조 제1항 소정의 사기 기타 부정한 방법에 해당된다.

대법원 1985. 12. 10. 선고 85도1043 정당하게 발급된 출고증을 회수하고 내용허위의 출고증을 각 영업소에 송부하여 이를 세무서에 제출케 하는 등의 행위는 조세의 포탈을 가능하게 하는 사회통념상 부정이라고 인정되는 적극적 행위로서 이는 조세범처벌법 제9조 소정의 사기 기타 부정한 행위에 해당한다.

대법원 1986. 12. 23. 선고 86도156 법인의 대표이사가 경리담당 상무와 공모하여 법인의 수입금을 그 수입금원장으로부터 일부 누락시켜 이를 비밀장부를 만들어 별도로 기장관리하게 하여 법인세과세표준 및 세액신고 시 이를 누락, 과소신고 하도록 함으로서 그 수입금 누락분에 상응하는 법인세 등을 포탈하였다면 조세범처벌법 제9조 제1항 소정의 사기 기타 부정한 방법으로 조세를 포탈한 경우에 해당한다.

대법원 1989. 10. 10. 선고 87도966 법인세법에 의하면 법인이 사업집행상의 필요어 의하여 비용을 지출한 경우 손금으로 인정받을 수 있는 항목 및 그 용인한도액은 법정되어 있으므로 주식회사의 이사 등 이 비용의 허위계상 또는 과다계상의 방법으로 공금을 정식경리에서 제외한 뒤 그 금액상당을 손금으로 처리한 경우 그 금액들이 전부 회사의 사업집행 상 필요한 용도에 사용되었더라도 그 용도를 구체적으로 밝혀 그것이 손비로 인정될 수 있는 항목이고 손금용인한도액 내의 전액임을 입증하지 못하는 이상 조세포탈의 죄책을 면할 수 없다.

대법원 1983. 1. 18. 선고 81도2686 부가가치세법 제16조, 제18조, 제19조, 동시행령 제21조의 각 규정을 종합하여 보면 재화를 외상판매한 때에도 그 재화가 인도되는 시기가 속하는 과세기간에 대한 부가가치세 예정 또는 확정 신고를 하여야 하며, 과세표준과 납부세액을 확정 신고 한 이후에 외상판매 한 재화가 반품되어 왔을 경우에는 부가가치세법시행령 제59조의 규정에 의하여 그 반품되어 온 때가 속하는 과세기간 내에 국세청장이 정하는 바에 따라 세금계산서를 수정교부 하여 세액을 시정하는 것은 별도로 하고, 재화를 반품받기 이전에 과세확정 신고를 함에 있어 일부 세금계산서를 발부하지 아니하고 장부에 기장도 하지 아니한 채 실제매출액(외상판매분 포함)보다 과소하게 과세표준과 납부세액을 확정 신고 하였다면 이는 사기기 기타 부정한 행위로써 조세를 포탈한 경우에 해당한다.

대법원 1983. 9. 27. 선고 83도1929 세금계산서 발급하지 아니한 후 부가가치세 확정신고를 함에 있어 세금계산서를 발급하지 아니한 매출액을 고의로 신고누락 하였다면 이 세금계산서 불발급은 조세의 부과와 징수를 불가능하게 하거나 현저하게 곤란하게 하는 적극적 행위라 할 것이므로 조세범처벌법 제9조 제1항 소정의 사기 기타 부정한 방법에 해당된다.

대법원 1985. 12. 10. 선고 85도1043 정당하게 발급된 출고증을 회수하고 내용허위의 출고증을 각 영업소에 송부하여 이를 세무서에 제출케 하는 등의 행위는 조세의 포탈을 가능하게 하는 사회통념상 부정이라고 인정되는 적극적 행위로서 이는 조세범처벌법 제9조 소정의 "사기 기타 부정한 행위"에 해당한다.

대법원 1986. 12. 23. 선고 86도156 법인의 대표이사가 경리담당 상무와 공모하여 법인의 수입금을 그 수입금원장으로부터 일부 누락시켜 이를 비밀장부를 만들어 별도로 기장관리 케 하여 법인세과세표준 및 세액신고 시 이를 누락 과소신고 하도록 함으로서 그 수입금 누락분에 상응하는 법인세 등을 포탈하였다면 조세범처벌법 제9조 제1항 소정의 사기 기타 부정한 방법으로 조세를 포탈한 경우에 해당한다.

대법원 1981. 12. 22. 81도337 피고인이 1977.9경부터 세운상가에서 전자제품의 판매 및 수리업에 종사하다가 1979.2 하순경 조세를 포탈할 목적으로 형식상으로 폐업신고를 한 다음 피고인 집에서 비밀공장을 설치하고 제조에 관한 허가나 사업자등록 없이 외형상으로는 전자제품을 수입하는 것처럼 위장하여 은밀히 전자오락기구를 제조하면서도 세금계산서를 발행하지 않고 관할 세무서에 과세 자료를 제출하지 아니하였다면, 이는 단순히 세법상의 신고를 아니한 것에 그치지 않고, 조세의 부과 징수를 불능 또는 현저하게 곤란케 하는 위계 기타 부정한 적극적인 행위를 한 것이라고 할 것이다.

대법원 1983. 2. 22. 선고 82도1919 가스소매업자인 피고인이 가스판매 사업을 하는 것을 감추고 실수요자가 가스를 직접 공급받는 것으로 가장하고 가스도매업체로 하여금 실수요자 앞으로 세금계산서를 발급하게 하였다면 이러한 피고인의 위장.은폐행위는 단순히 사업자등록이나 세법상의 신고를 하지 아니한 것에 그치지 아니하고 피고인에 대한 부가가치세 등의 부과징수를 불능하게 하거나 현저히 곤란하게 하는 사기 기타 적극적인 부정행위에 해당한다고 볼 것이다.

대법원 1983. 11. 8. 선고 83도2365 토지를 매도하고도 양도소득세의 징수를 면탈할 목적으로 매수인과 공모하여 실지로는 매수인이 그 지상에 아파트를 건축함에도 불구하고 매도인 명의로 사업자등록을 하고 건축허가를 받아 마치 매도인이 자기 토지위에 아파트를 건축하여 직접 분양하는 것처럼 사위의 방법을 사용하여 양도소득세를 포탈하였다면 조세범처벌법 제9조 제1항에 해당한다.

대법원 1996. 6. 14. 선고 95도1301 사업자등록이 되어 있지 않던 9개 입주업체의 사업자등록을 대행한 다음, 그 사업자등록 이전의 거래이거나 이미 과세기간이 경과함으로써 매입세액을 환급받을 수 없는 경우임에도 세금계산서 작성일자를 허위로 기재하여 그 거래시기가 마치 사업자등록 이후이며 환급신고 당시의 과세기간에 이루어진 것처럼 가장하여 매입세액을 환급받은 것이라면, 이와 같은 행위는 조세의 부과와 징수를 현저하게 곤란하게 하는 적극적인 행위에 해당한다고 본 사례이다.

3) 부정행위로 인정되지 아니한 사례

대법원 1982. 1. 26. 선고 80도3221 피고인이 부가가치세 확정신고를 함에 있어서 소득금을 과소신고(허위신고)하였다고 하여도 여기에 어떤 적극적인 행위가 수반되지 아니하였다면 조세범처벌법 제9조 소정의 부정행위라고 할 수 없다.

대법원 1981. 7. 28.선고 81도532 자산양도차익 예정신고 및 예정신고 자진납부계산서를 제출함에 있어서 취득가액과 양도가액을 실지거래액대로 기재하지 아니하고 시가표준액을 기준으로 기재하여 신고한 것만으로는 조세범처벌법 제9조 제1항 제3호 소정의 사기 기타 부정한 행위에 해당한다고 할 수 없다.

대법원 1970. 11. 24. 선고 70도1639 세금을 납부할 의무자가 납부기일 내에 납부하지 아니한 소위는 조세포탈죄의 구성요건을 갖추었다고는 할 수 없다.

나. 고 의

조세범의 경우 납세의무의 존재와 범위는 복잡한 조세법규와 복잡한 회계원칙 등으로 인행 그 납세의무의 존재와 범위에 관한 확정적 인식은 필요하지 아니하고 불확정의 인식으로 족하다고 할 것이다.

다. 실행행위 – 인과관계

부정행위가 이중장부작성 등의 사전적 작위행위를 수반하는 과소신고인 경우 등에 있어서 사전적 작위행위는 단순한 준비행위에 그치고 과소신고 햏위만을 실행행위로 볼 것인가(제한설) 아니면 그 양자를 포함한 모두를 실행행위로 볼 것인가(포괄설). 대법원을 포괄설의 입장으로 본다.

라. 조세를 포탈하거나 조세의 환급, 공제를 받았을 것

마. 기수시기[307]가 경과할 것

1) 납기설과 확정시설

납기설은 조세법이 기대하는 시기(법정납부기일의 만료 시)에 조세채권을 확정시키지 아니한 것을 가지고 조세 포탈의 결과가 발생한 것으로 보는 것을 말하며, 확정시설은 조세법이 기대하는 시기에 조세채무를 이행하지 아니한 것을 가지고 조세포탈의 결과가 발생한 것으로 보는 것을 말한다.

2) 조세범처벌법상의 기수시기

조세범처벌법 제9조의3 제9조에 규정하는 포탈범칙행위의 기수 시기는 다음의 각호에 의한다.

1. 납세의무자의 신고에 의하여 부과 징수하는 조세에 있어서는 당해세목의 과세표준에 대한 정부의 결정 또는 조사결정을 한 후 그 납부기한이 경과한 때. 다만, 납세의무자가 조세를 포탈할 목적으로 법에 의한 과세표준을 신고하지 아니함으로써 당해 세목의 과세표준을 정부가 결정 또는 조사결정을 할 수 없는 경우에는 당해 세목의 과세표준의 신고기한이 경과한 때

---

307) 범죄의 실행에 착수하여 그 행위를 종료함으로써 그 구성요건이 완전히 실행되는 때

2. 전호의 규정에 해당하지 아니하는 조세에 있어서는 그 신고·납부기한이 경과한 때

　- 납세의무자의 신고에 의하여 부과 징수하는 조세(상속세, 증여세 등) : 당해 세목의 과세표준에 대한 정부의 결정 또는 조사결정을 한 후 그 납부기한이 경과한 때, 다만 납세의무자가 조세를 포탈할 목적으로 법에 의한 과세표준을 신고하지 아니함으로써 당해 세목의 과세표준을 정부가 결정 또는 조사결정을 할 수 없는 경우에는 당해 세목의 신고기한이 경과한 때

　- 그 밖의 조세(법인세, 소득세, 주세, 부가세, 특소세, 교통세, 교육세, 증권거래세 등) : 그 신고, 납부기한이 경과한 때

3) 수정신고와 기수시기의 관계

　- 부과과세 방식(상속세, 증여세 등) : 부과결정전 수정신고는 기수시기 도래전의 수정신고에 해당하므로 당연히 포탈범이 성립되지 아니한다.

　- 신고납세 방식(소득세, 법인세 등) : 자진신고 납부기한 경과 후 수정신고는 기수시기의 변경을 가져오지 아니한다.

　대법원 1988. 11. 8.선고 87도1059 과세표준이나 세액을 허위로 과소신고 하여 조세를 포탈한 경우에는 그 납부기한이 경과됨으로써 조세포탈죄는 기수가 되고, 납부기한 이후(기수시기 도래 이후)에 수정신고를 하였다고 하더라도 이미 완성된 조세포탈죄의 성립에 아무런 영향을 미칠 수 없다.

　조세포탈범의 포탈세액의 계산은 법에 의한 소득금액결정에 있어서 세무회계와 기업회계와의 차이로 인하여 생긴 금액이나, 법인세의 과세표준을 법인이 신고하거나 정부가 결정 또는 경정함에 있어서 그 법인의 주주·사원·사용인 기타 특수한 관계에 있는 자의 소득으로 처분된 금액은 조세범처벌법 제9조의2에 의해 사기 기타 부정한 행위로 인하여 생긴 소득금액으로 보지 아니한다. 아래는 이와 관련한 판례이다.

대법원 2000. 4. 20. 선고 99도3822 특정범죄가중처벌등에관한법률 제8조 제1항 소정의 '연간'의 의미는 1월 1일부터 12월 31일까지의 1년간을 말하며, '연간 포탈세액 등'의 의미는 각 세목의 과세기간 등에 관계없이 각 연도별(1월 1일부터 12월 31일까지)로 포탈한 또는 부정 환급받은 모든 세액을 합산한 금액을 말한다.

　[다수의견] 원래 조세포탈범의 죄수는 위반사실의 구성요건 충족 회수를 기준으로 하여 예컨대, 소득세포탈범은 각 과세 년도의 소득세마다, 법인세포탈범은 각 사업 년도의 법인세마다, 그리고 부가가치세의 포탈범은 각 과세기간인 6월의 부가가치세마다 1죄가 성립하는 것이 원칙이나, 특정범죄가중처벌등에관한법률 제8조 제1항은 연간 포탈세액이 일정액 이상이라는 가중사유를 구성 요건화 하여 조세범처벌법 제9조 제1항의 행위와 합쳐서 하나의 범죄유형으로 하고 그에 대한 법정형을 규정한 것이므로, 조세의 종류를 불문하고 1년간 포탈한 세액을 모두 합산한 금액이 특정범죄가중처벌등에관한법률 제8조 제1항 소정의 금액 이상인 때에는 같은 항 위반의 1죄만이 성립하고, 또한 같은 항 위반죄는 1년 단위로 하나의 죄를 구성하며 그 상호간에는 경합범 관계에 있다 할 것이고, 따라서 같은 항에 있어서 '연간'은 그 적용대상이 되는지 여부를 판단하기 위한 포탈세액을 합산하여야 할 대상기간을 의미할 뿐만 아니라, 그 죄수와 기판력의 객관적 범위를 결정하는 주요한 구성요건의 하나이므로 일반인의 입장에서 보아 어떠한 조세포탈행위가 같은 항 위반의 죄가 되고 또 어떤 형벌이 과하여지는지 알 수 있도록 그 개념이 명확하여야 하는데, 같은 항에서와 같이 연간이라는 용어를 사용하면서 그 기산시점을 특정하지 아니한 경우에는 역법상의 한 해인 1월 1일부터 12월 31일까지의 1년간으로 이해하는 것이 일반적이며 이렇게 보는 것이 형벌법규의 명확성의 요청에 보다 부응한다 할 것이고, 그리고 포탈범칙행위는 조세범처벌법 제9조의3 소정의 신고·납부기한이 경과한 때에 비로소 기수에 이르는 점 등에 비추어 보면, 특정범죄가중처벌등에관한법률 제8조 제1항에서 말하는 '연간 포탈세액 등'은 각 세목의 과세기간 등에 관계없이 각 연도별(1월 1일부터 12월 31월까지)로 포탈한 또는 부정 환급받은 모든 세액을 합산한 금액을 의미한다 할 것이다.

　[반대의견] 특정범죄가중처벌등에관한법률 제8조는 조세범처벌법 제9조 제1항에 규정된 죄를 지은 사람의 포탈세액 등이 연간 일정한 금액 이상에 달할 경우 가중하여 처벌하는 규정으로서, 단기간 내에 많은 금액의 조세를 부정한 행위로써 포탈하거나 환급·공제받은 사람을 포탈세액 등의 금액에 따라 엄하게 처벌함으로써 건전한 사회질서를 유지하고 국민경제의 발전에 기여하려는 데에 그 입법목적이 있고, 또 문리상으로도 특정범죄가중처벌등에관한법률 제8조 제1항의 '연간'은 법문대로 '1년의 기간'을 의미하는 것으로 해석될 뿐 각 연도별 1월 1일부터 12월 31일까지를 의미한다고

볼 아무런 근거가 없으며, 뿐만 아니라 형법 제83조는 연 또는 월로써 정한 기간은 역수(曆數)에 따라 계산한다고 규정하고 있는 점 등에 비추어 볼 때 특정범죄가중처벌등에관한법률 제8조 제1항의 '연간'은 기소된 최초의 포탈 등 범칙행위의 성립시기인 어느 해의 특정 시점으로부터 1년의 기간을 뜻하는 것이라고 해석하여야 한다.

[대법원 96.12.10. 선고 96도2398] 신고납세방식의 조세를 과소신고 함으로써 조세포탈죄가 성립된 이후에 발생한 가산세는 원래 벌과금적 성질을 가지는 것이므로 포탈세액에 포함시킬 수 없다.

추계조사 결정에 의한 포탈세액 산정이 허용되는 경우는 [대법원 1985. 7. 23. 선고 85도1003] 수입, 지출에 관한 장부 기타 증빙서류를 허위작성하거나 이를 은닉하는 등의 방법으로 그 수입금액을 줄이거나 지출경비를 늘림으로써 조세를 포탈한 경우 그 포탈세액의 계산기초가 되는 수입 또는 지출의 각개 항목에 해당하는 사실 하나 하나의 인정에까지 확실한 증거를 요한다고 고집할 수는 없는 것으로서 이러한 경우에는 그 방법이 일반적으로 용인될 수 있는 객관적, 합리적인 것이고 그 결과가 고도의 개연성과 진실성을 가진 것이라면 추정계산도 허용된다.

대법원 1986. 12. 23. 선고 86도 156 법인세의 과세표준결정은 실지조사방법에 의하는 것이 원칙이고 추계조사방법에 의하는 것은 예외적인 경우라 할 것이므로 법인의 장부나 증빙서류의 일부가 미비 되거나 허위로 된 것이 있다 하여도 그 장부나 증빙서류의 중요한 부분이 미비 되었거나 허위로 되었다고 볼만한 별단의 사정이 없는 한 현존하는 장부와 증빙서류에 의하여 실액에 의한 손비계산을 할 수 있는 경우에는 추계과세는 허용될 수 없다.

조세포탈범의 처벌은 특소세, 주세, 교통세는 3년 이하의 징역 또는 포탈세액의 5배 이하의 벌금형에 처한다. 인지세는 증서, 장부 1개마다 포탈세액의 5배 이하의 벌금 또는 과태료를 부과한다. 기타의 경우 3년 이하의 징역 또는 포탈세액의 3배 이하의 벌금형에 처한다.

포탈혐의자에 대한 출국규제는 조세범처벌법 위반 조사 중인 자로서 추정포탈세액이 연간 2억 원 이상인 자에게는 출국규제의 제도가 있다.(조세범칙 사무처리 규정 제24조)

3. 체 납 범

납세의무자가 정당한 사유 없이 1회 계년도에 3회 이상 체납함으로써 성립하는 범죄이며 조세범처벌법 제10조 납세의무자가 정당한 사유 없이 1회계연도에 3회 이상 체납하는 경우에는 그 1년 이하의 징역 또는 체납액에 상당하는 벌금에 처한다.[308]

정당한 사유 없이 체납했을 시에는 다음과 같은 법 조항을 적용할 수 있다.

국세징수법 제7조 (관허사업의 제한) ①세무서장은 납세자가 대통령령이 정하는 국세를 사유 없이 체납한 때에는 허가·인가·면허 및 등록과 그 갱신(이하 "허가 등"이라 한다)을 요하는 사업의 주무관서에 당해납세자에 대하여 그 허가 등을 하지 아니할 것을 요구할 수 있다.

국세징수법 시행령 제8조 (체납의 사유) 법 제7조제1항에서 "대통령령이 정하는 사유"라 함은 다음 각호에 게기하는 것으로서 세무서장이 인정하는 것을 말한다.

1. 공시송달의 방법에 의하여 납세가 고지된 때

2. 납세자가 천재·지변·화재·전화 기타 재해를 입거나 도난을 당하여 납세가 곤란한 때

3. 납세자 또는 그 동거가족의 질병으로 납세가 곤란한 때

4. 납세자가 그 사업에 심한 손해를 입어 납세가 곤란한 때

5. 납세자에게 법 제14조제1항 제3호 내지 제5호의 사유가 있는 때

6. 납세자의 재산이 법 제85조제1항 및 제2항에 해당하는 때

7. 제1호 내지 제6호에 준하는 사유가 있는 때

국세징수법 제14조 (납기전 징수)①세무서장은 납세자에게 다음 각호의 1에 해당하는 사유가 있는 때에는 납기전이라도 이미 납세의무가 확정된 국세는 이를 징수할 수 있다.

3. 강제집행을 받을 때

4. 어음법 및 수표법에 의한 어음교환소에서 거래정지처분을 받은 때

5. 경매가 개시된 때

---

308) 이승식, 금융경제범죄수사 공저. 2005. 868면.

국세징수법 제85조 (체납처분의 중지와 그 공고) ①체납처분의 목적물인 총재산의 추산가액이 체납처분비에 충당하고 잔여가 생길 여지가 없는 때에는 체납처분을 중지하여야 한다.

②체납처분의 목적물인 재산이 국세기본법 제35조제1항제3호에 규정하는 채권의 담보가 된 재산인 경우에 그 추산가액이 체납처분비와 당해채권금액에 충당하고 잔여가 생길 여지가 없는 때에도 또한 제1항과 같다.

1회 계년도에 3회 이상 체납했을 시에는 국세징수법 시행령 제9조(체납회수 계산과 관허사업 제한의 예외)에 따라 ①법 제7조제2항에 규정하는 3회의 체납회수는 납세고지서 1통을 1회로 보아 계산한다. 대법원 1972. 6. 27. 선고 72도912 조세범처벌법 제10조 소정의 이른바 체납 3회의 계산 기준은 납세고지서 1통에 대하여 1회로 계산하고 회수의 통산은 1회 계년도를 1기간으로 하며 그 납세고지서 중에는 독촉장과 최고서는 포함되지 않는다.

처벌은 1년 이하의 징역 또는 체납액에 상당하는 벌금에 처한다. 통고처분 할 경우에는 체납액의 금액을 벌금상당액으로 양정한다.(양규 제4조의 2)

4. 원천징수 의무 불이행범

조세의 원천징수의무자가 원천징수하여 납부하여야 하는 세법상의 의무를 이행하지 아니함으로써 성립하는 범죄이다. 조세범처벌법 제11조 조세의 원천징수의무자가 정당한 사유 없이 그 세를 징수하지 아니하거나 징수한 세금을 납부하지 아니하는 경우에는 1년 이하의 징역 또는 그 징수하지 아니하였거나 납부하지 아니한 세액에 상당하는 벌금에 처한다.[309]

구성요건에는 범칙행위의 주체가 원천징수의무자일 것과 원천징수를 하지 아니하였거나 원천징수한 세금을 납부하지 아니하였을 것, 그리고 정당한 사유가 없을 것 등이 있다.

원천징수하지 아니한 행위의 죄수는 원천징수 대상금액을 지급할 때마다 1죄가 구성되며 1죄의 상대방(납세의무자)이 다수인 경우에도 이를 포괄하여 하나의 집합으로

---

309) 이승식, 금융경제범죄수사, 2005. 871면.

보아 1죄로 취급한다. 징수한 세금을 납부하지 아니한 행위는 각 서법상의 납부기한이 경과할 때마다 1죄가 구성된다.

처벌은 1년 이하의 징역 또는 그 징수하지 아니하였거나 납부하지 아니한 세액에 상당하는 벌금에 처하고, 통고처분 할 경우에는 징수하지 아니하였거나 납부하지 아니한 세액에 상당하는 금액은 벌금상당액으로 한다.(양규 4-3)

5. 세금계산서관련범

부가가치세법에 규정된 세금계산서의 교부, 취득의무를 위반하거나 교부를 방해하는 행위를 함으로써 성립하는 범죄이다.

조세범처벌법 제11조의2 (세금계산서 교부 의무위반 등)
① 부가가치세법의 규정에 의하여 세금계산서를 작성하여 교부하여야 할 자가 세금계산서를 교부하지 아니하거나 세금계산서에 허위의 기재를 한 때에는 1년 이하의 징역 또는 공급가액에 부가가치세의 세율을 적용하여 계산한 세액의 2배 이하에 상당하는 벌금에 처한다.
② 부가가치세법의 규정에 의하여 매입처별세금계산서합계표 또는 세금계산서를 정부에 제출하여야 할 자가 폭행·협박·선동·교사 또는 통정에 의하여 세금계산서를 교부받지 아니하거나 허위기재의 세금계산서를 교부받은 때에는 3년 이하의 징역 또는 100만 원 이하의 벌금에 처한다.
③ 제2항 이외의 자로서 세금계산서를 작성하여 교부하여야 할 자로 하여금 세금계산서를 교부하지 아니하게 하거나 허위의 기재를 하게 할 목적으로 폭행·협박·선동·교사한 때에도 제2항과 같다.
④ 부가가치세법의 규정에 의한 재화 또는 용역을 공급함이 없이 세금계산서를 교부하거나 교부받은 자는 2년 이하의 징역 또는 그 세금계산서에 기재된 공급가액에 부가가치세의 세율을 적용하여 계산한 세액의 2배 이하에 상당하는 벌금에 처한다.
⑤ 제4항의 행위를 알선하거나 중개한 자도 제4항의 형과 같다.

세금계산서관련범의 구성요건은 다음과 같다.

1) 세금계산서 교부 불성실범

범죄행위의 주체가 세금계산서 교부의무자일 것(사업자등록을 한 일반과세자만이 처벌 대상, 미등록사업자 및 간이과세자는 제외)과 미교부 또는 허위기재의 행위가 있을 것 등이다.

2) 세금계산서 수취불성실범

범죄행위의 주체가 매입처별 세금계산서합계표 또는 세금계산서 제출의무자일 것(매입처별세금계산서 제출의무자는 일반과세사업자이며, 세금계산서 제출의무자는 기타의 자이다. 예를 들어 부가가치세 과세특례자를 포함한 부가가치세 면세사업자 중 소득세, 법인세 납세의무자, 민법 제32조에 의한 법인을 말한다.), 폭행, 협박, 선동, 교사 또는 통정의 행위가 있을 것과 미수취 또는 허위기재한 세금계산서의 수취행위가 있을 것 등이다.

3) 세금계산서 교부방해범

범죄행위의 주체가 거래당사자가 아닌 제3자일 것, 교부하지 아니하게 하거나 허위기재하게 할 목적이 있을 것, 폭행, 협박, 선동, 교사의 행위가 있을 것 등이다.

4) 실물거래 없는 세금계산서 수수범

범죄행위의 주체가 부가가치세법의 규정에 의한 재화 또는 용역의 공급이 없는 위장, 가공 사업자일 것, 실물거래 없는 세금계산서만을 교부하거나 교부받았을 것, 실물거래 없는 세금계산서 수수행위를 알선, 중개하는 행위의 경우에는 실물거래 없는 세금계산서 수수행위의 양 당사자 이외의 자로서 그 신분을 막론하고 위장, 가공세금계산서 수수행위를 알선, 중개하였을 경우에 해당되는 범죄이다.

미교부, 미수취 행위의 성립시기에 관하여 세금계산서를 교부하지 아니하거나 교부받지 아니하는 범칙행위는 재화, 용역을 공급하거나 공급받는 때에 성립한다. 다만 부가세법 시행령상 세금계산서의 교부특례(부가령 제54조)에 해당하는 고정거래처와의 거래는 매월 10일이 경과하여야 범죄행위가 성립한다.

부가가치세법 시행령 제54조 (세금계산서의 교부특례) 사업자가 다음 각호의 1에 해당하는 경우에는 법 제16조제1항 단서의 규정에 의하여 재화 또는 용역의 공급일이 속하는 달의 다음달 10일까지 세금계산서를 교부할 수 있다.

1. 거래처별로 1역 월의 공급가액을 합계하여 당해 월의 말 일자를 발행일자로 하여 세금계산서를 교부하는 경우

2. 거래처별로 1역 월 이내에서 사업자가 임의로 정한 기간의 공급가액을 합계하여 그 기간의 종료 일자를 발행일자로 하여 세금계산서를 교부하는 경우

3. 관계증빙서류 등에 의하여 실제거래사실이 확인되는 경우로서 당해 거래 일자를 발행일자로 하여 세금계산서를 교부하는 경우

죄수는 미교부 또는 미수추 행위는 거래 1건마다 1개의 죄 성립한다. 다만 부가세법상 세금계산서의 교부특례에 해당하는 경우에는 교부하여야 할 또는 교부받아야 할 세금계산서 1건마다 1개의 죄가 성립한다. 허위기재 또는 허위개재 세금계산서 수취행위는 세금계산서 1건마다 1개의 죄가 성립한다. 교부방해죄는 교부방해 목적으로 폭행, 협박, 선동, 교사하는 그 행위마다 1개의 죄가 성립하며, 자료상의 실물거래 없는 위장, 가공세금계산서 수수행위의 죄수는 2항을 준용하고 그 알선 중개범의 죄수는 3항 준용한다.

처벌은 세금계산서 미교부범, 허위기재 교부범의 경우 1년 이하의 징역이나 공급가액에 부가가치세의 세율을 적용하여 계산한 세액의 2배 이하에 상당하는 벌금형이며, 통고처분 할 경우 매출세액의 0.5배. 다만 범칙행위일전 2년 이내에 동일한 범칙행위로서 처벌받은 사실이 있는 경우에는 2배에 상당하는 금액을 범금상당액으로 한다.(양규 제4조의4 제1항, 제4항)

세금계산서 미수취범, 허위기재분 수취범, 교부방해범은 3년 이하의 징역 또는 100만 원 이하의 벌금형에 처하며, 통고처분 할 경우에는 미수취범과 허위기재분 수취범에게는 범칙행위를 한 세금계산서 공급가액의 10/100에 상당하는 금액의 벌금으로 하되 100만원을 초과하는 경우에는 100만원으로(양규 제4조의4 제2항 제1호)하고, 교부방해범에게는 100만원의 벌금(양규 제4조의4 제2항 제2호)형에 처한다.

실물거래 없는 세금계산서 수수범 및 그 알선, 중개범은 3년 이하의 징역 또는 공

급가액에 부가세의 세율을 적용하여 계산한 세액의 2배 이하에 상당하는 벌금형에 처한다.

제한가중처벌규정 적용배제는 각 죄의 벌금형을 합산하여 처벌한다.

6. 재산은닉범

조세를 포탈 또는 면탈하게 할 목적으로 체납자의 재산을 은닉, 탈루 또는 허위계약하거나 압수물건의 보관자가 그 물건을 장닉, 탈루, 소비 또는 훼손함으로서 성립하는 범죄이다.

조세범처벌법 제12조 ①체납자 또는 체납자의 재산을 점유하는 자가 조세를 면탈할 또는 면탈케 할 목적으로써 그 재산을 장닉 탈루하거나 또는 허위의 계약을 하였을 때에는 2년 이하의 징역에 처한다. ②압수물의 보관자가 그 보관한 물건을 은닉탈루, 소비 또는 훼손하였을 때에도 전항과 같다. ③그 정을 알고 전2항의 행위를 방조하거나 제1항의 허위의 계약을 승낙한 자는 1년 이하의 징역에 처한다.

구성요건으로는 다음과 같다.

1) 체납재산은닉범

범죄행위의 주체가 체납자 또는 체납자의 재산을 점유하는 자일 것, 조세를 면탈 또는 면탈케 할 목적이 있을 것, 체납자의 재산을 은닉[310], 탈루[311] 또는 허위계약[312]을 하였을 것 등이다.

2) 압수물건은닉범

범죄행위의 주체가 압수물건의 보관자일 것, 압수물건을 장닉, 탈루, 소비, 훼손하였

---

[310] 체납자의 재산의 소재를 불명하게 하거나 숨김으로써 그 발견을 곤란 또는 불능하게 하는 일체의 행위이다.

[311] 재산의 압류를 면하려고 매매, 증여, 명의신탁 등으로 소유권을 타인에게 이전함으로써 재산의 감소를 초래하는 행위이다.

[312] 진실이 아닌 위장, 가장의 계약행위이다.

을 것 등이다.

3) 압수은닉방조범

범죄행위의 주체가 체납자, 체납자의 재산점유자, 압수물건의 브관자 이외의 자일 것, 체납재산장닉의 행위 또는 압수물건 은닉의 행위에 대하여 그 정을 알고 방조하거나 허위계약을 승낙하였을 것 등이다.

처벌은 체납재산은닉범과 압수물건 은닉범의 경우 2년 이하의 징역, 재산장닉방조범은 1년 이하의 징역에 처한다.

7. 납세증명표지등 불법사용범

가. 의 의

납세증명표지(납세증지, 납세증인, 납세병마개, 인지 등)의 위조, 변조, 임의양도, 위조, 변조된 불법납세증명표지 증표의 소지, 사용 및 타인에게의 교부 등의 불법행위를 함으로써 성립하는 범죄를 지칭한다.

조세범처벌법 제12조의2 (납세증명표식의 불법사용 등) 다음 각호의 1에 해당하는 자는 2년 이하의 징역 또는 200만 원 이하의 벌금에 처한다.

1. 법에 의한 납세증명표식를 재사용하거나 정부의 승인을 받지 아니하고 이를 타인에게 양도한 자

2. 법에 의한 납세증명표식를 위조 또는 변조한 자

3. 위조 또는 변조한 법에 의한 납세증명표식를 소지 또는 사용하거나 타인에게 교부한 자

4. 타인의 조세에 관하여 정부에 허위의 신고를 한 자

5. 소인된 인지를 재사용한 자

나. 구성요건

1. 법에 의한 납세증명표지를 재사용하거나 정부의 승인을 받지 아니하고 이를 타인에게 양도한 자
 - 납세증명표지 : 납세증지 및 납세병마개란 특별소비세 과세물품 또는 주세가 부과되는 주류에 붙이는 과세사실을 표시한 증지와 병마개를 말함.

대법원 1970. 11. 30. 선고 70도2112 납세필증을 양수한 행위를 조세범처벌법 제12조의 2에 규정한 납세증지의 양도행위에 가공한 공동정범으로 볼 수는 없다고 할 것이다.

2. 법에 의한 납세증명표지를 위조 또는 변조한 자
3. 위조 또는 변조한 납세증명표지를 소지 또는 사용하거나 타인에게 교부한 자
4. 타인의 조세에 관하여 정부에 허위의 신고를 한 자
   예 : 납세대리인(세무사, 공인회계사, 변호사), 상속재산관리인
5. 소인된 인지를 재사용한 자
   인지 : 수입인지에 관한 법률 제5조에서 규정하는 수입인지
   소인 : 인지세 과세문서에 인지를 붙인 후 당해문서의 지면과 인지의 채문에 걸쳐 그 문서작성자의 인장 또는 서명으로서 날인 또는 기명하는 것

다. 죄 수

행위 1개마다 1죄를 구성한다.

라. 소송조건의 특례

제2호의 범칙행위에 대하여는 세무공무원의 고발을 요하지 아니한다.

마. 처 벌

1. 2년 이하의 징역 또는 200만 원 이하의 벌금
2. 통고처분 시
   가. 1호와 3호: 각각 200만원
   나. 2호: 통고처분 대상 아님
   다. 7호와 8호: 원칙적으로 100만원

8. 장부비치기장 불이행범

부가세법(제31조), 특별소비세법(제23조), 주세법(제47조), 교통세법(제19조)의 규정에 의한 장부를 비치, 기장하여야 할 자가 그 장부를 비치, 기장하지 아니함으로써 성립하는 범죄이다. 단 부가세법상의 과세특례자는 제외된다.

조세범처벌법 제12조의3 (기장의무위반 등) ①부가가치세법(동법 제25조의 규정에 의하여 과세특례의 적용을 받는 자는 제외한다)·특별소비세법·주세법 또는 교통세법의 규정에 의한 장부를 비치, 기장하여야 할 자가 그 장부를 비치, 기장하지 아니한 때에는 50만 원 이하의 벌금에 처한다.

부가가치세법 제31조 (기장) ①사업자는 자기의 납부세액 또는 환급세액과 관계되는 모든 거래사실을 대통령령이 정하는 바에 의하여 장부에 기록하고 사업장에 비치하여야 한다.

②사업자가 부가가치세가 부과되는 재화 또는 용역의 공급과 함께 부가가치세가 면제되는 재화 또는 용역을 공급하거나 제17조제3항의 규정을 적용받는 경우 과세되는 공급과 면세되는 공급 및 면세농산물 등의 공급을 받은 사실을 각각 구분하여 장부에 기록하여야 한다.

③사업자는 제1항 및 제2항의 규정에 의하여 기록한 장부와 제16조 및 제32조의 규정에 의하여 교부하거나 교부받은 세금계산서 또는 영수증을 그 거래사실이 속하는 과세기간에 대한 확정 신고를 한 날로부터 5년간 보존하여야 한다.

제25조 (간이과세) ①직전 1역년의 재화와 용역의 공급에 대한 대가(부가가치세가 포함된 대가를 말한다. 이하 "공급대가"라 한다)가 4천800만 원 이상 동 금액의 100분의 130에 해당하는 금액이하의 범위 내에서 대통령령이 정하는 금액에 미달하는 개인사업자(이하 "간이과세자"라 한다)에 대하여는 제4장 내지 제6장의 규정에 불구하고 이장의 규정에 의하여 부가가치세를 부과징수 한다. 다만, 업종·규모·지역 등을 감안하여 대통령령이 정하는 사업자에 해당하는 경우에는 그러하지 아니하다.

②직전년 또는 직전 과세기간에 신규로 사업을 개시한 개인사업자에 대하여는 그 사업개시 일부터 그 과세기간 종료일까지의 공급대가의 합계액을 12월로 환산한 금액을 기준으로 하여 제1항의 규정을 적용한다. 이 경우에 1월 미만의 단식가 있는 때에는 이를 1월로 한다.

③신규로 사업을 개시하는 개인사업자는 사업을 개시한 날이 속하는 1역년에 있어서 공급대가의 합계액이 제1항 및 제2항에 규정된 금액에 미달될 것으로 예상되는 때에는 제5조제1항의 규정에 의한 등록과 함께 대통령령이 정하는 바에 따라 사업장 관할세무서장에게 신고하여야 한다.

④제3항의 규정에 의한 신고를 한 개인사업자는 최초의 과세기간에 있어서 간이과세자로 한다. 다만, 제1항 단서의 규정에 해당하는 사업자의 경우에는 그러하지 아니하다.

⑤제5조제1항의 규정에 의한 등록을 하지 아니한 개인사업자로서 사업을 개시한 날이 속하는 1여년에 있어서 공급대가의 합계액이 제1항 및 제2항에 규정된 금액에 미달하는 경우에는 최초의 과세기간에 있어서 간이과세자로 한다.

⑥제28조제1항의 규정에 의하여 경정 또는 재경정한 공급대가가 제1항에서 규정하는 금액이상인 개인사업자는 그 경정 또는 재경정한 날이 속하는 과세기간까지 간이과세자로 본다.

특별소비세법 제23조 (기장의무) ①과세물품의 판매자 또는 제조자와 과세장소·과세유흥장소의 경영자는 대통령령이 정하는 바에 의하여 장소별로 장부를 비치하고 이에 그 제조·저장·판매 ·입장 또는 유흥음식행위에 관한 사항을 기재하여야 한다.

②과세유흥장소의 경영자는 과세분과 면세분을 구분기장 하여야 한다.

③제23조의3제1항에 규정하는 경영자는 대통령령이 정하는 바에 의하여 당해 감사

테이프를 보관하여야 한다. 이 경우에는 제1항의 규정에 의한 장부를 비치하여 기장한 것으로 본다.

주세법 제47조 (기장의무) 주류·밑술 또는 술덧의 제조자나 주류 판매업자는 대통령령이 정하는 바에 의하여 제조·저장 또는 판매에 관한 사항을 장부에 기재하여야 한다

교통세법 제19조 (기장의무) 과세물품의 제조자는 대통령령이 정하는 바에 따라 제조장별로 장부를 비치하고 이에 그 제조·저장·판매에 관한 사항을 기재하여야 한다.

9. 장부 또는 증빙서류의 소각, 파기, 은닉범

세법이 비치를 요하는 장부 또는 증빙서류를 조세포탈을 위한 증거인멸의 목적으로 소각, 파기, 은닉함으로써 성립하는 범죄이다.

조세범처벌법 제12조의3 (기장의무위반 등) ②조세포탈을 위한 증거인멸의 목적으로 다른 세법이 비치를 요하는 장부 또는 증빙서류를 당해 국세의 법정신고기한이 경과한 날부터 5년 이내에 소각·파기 또는 은닉한 자는 2년 이하의 징역 또는 500만원 이하의 벌금에 처한다.

10. 법인의 결손금액 과대계상범

법인이 각 사업연도의 소득금액을 계상함에 있어서 결손금액을 과대계상 함으로써 성립하는 범죄이다.

조세범처벌법 제12조의3 (기장의무위반 등) ③법인의 결손금액을 과대계상한 자는 2년 이하의 징역 또는 과대계상 한 결손금액을 과세소득금액으로 보아 계산한 산출세액의 3배 이하에 상당하는 벌금에 처한다.

④제9조의2와 제9조의3의 규정은 전항의 경우에 이를 준용한다.

제9조의2 다음 각호에 게기하는 소득금액은 사기 기타 부정한 행위로 인하여 생긴 소득금액으로 보지 아니한다.

1. 법에 의한 소득금액결정에 있어서 세무회계와 기업회계와의 차이로 인하여 생긴

금액.

2. 법인세의 과세표준을 법인이 신고하거나 정부가 결정 또는 경정함에 있어서 그 법인의 주주·사원·사용인 기타 특수한 관계에 있는 자의 소득으로 처분된 금액

제9조의3 제9조에 규정하는 포탈범칙행위의 기수 시기는 다음의 각호에 의한다.

3. 납세의무자의 신고에 의하여 부과징수 하는 조세에 있어서는 당해세목의 과세표준에 대한 정부의 결정 또는 조사결정을 한 후 그 납부기한이 경과한 때. 다만, 납세의무자가 조세를 포탈할 목적으로 법에 의한 과세표준을 신고하지 아니함으로써 당해 세목의 과세표준을 정부가 결정 또는 조사결정을 할 수 없는 경우에는 당해 세목의 과세표준의 신고기한이 경과한 때

4. 전호의 규정에 해당하지 아니하는 조세에 있어서는 그 신고·납부기한이 경과한 때

11. 정부명령 등 행정질서 위반범

각 세법상의 의무위반에 대한 행정상의 질서유지를 위해 조세범처벌법 제13조에 열거한 행태를 범함으로써 성립하는 범죄

조세범처벌법 제13조 (명령사항위반 등) 다음 각호의 1에 해당하는 자는 50만 원 이하의 벌금 또는 과료에 처한다.

1. 법에 의한 정부의 명령사항에 위반한 자

2. 법에 의한 신고 또는 고지에 있어서 고의로 이를 태만하거나 허위의 신고 또는 고지를 한 자

3. 재산에 관하여 허무인명의를 사용한 납세의무자 또는 그 정을 알고 이에 협력한 자

4. 법에 의한 지급조서, 계산서 또는 보고서를 제출하지 아니하거나 허위의 기재를 한 자

5. 법에 의한 장부 또는 요금영수증에 허위의 기재를 하거나 장부나 요금영수증을 은닉한자

6. 법에 의한 검사 또는 승인을 받지 아니한 자

7. 미납세로 반출한 물품 또는 면세한 물품을 고의로 지정한 장소에 입고하지 아니
하거나 소정용도에 사용 또는 수출하지 아니한 자

8. 법에 위반하여 검정을 받지 아니한 기계, 기구 또는 용기를 사용한 자

9. 세무에 종사하는 공무원의 질문에 대하여 허위의 진술을 하거나 그 직무집행을
거부 또는 기피한 자

10. 법에 의한 납세증명표식가 첩용되어 있지 아니한 주류, 정부의 면허없이 제조한
주류 또는 면세한 주류를 판매의 목적으로 소지하거나 판매한 자

11. 법에 위반하여 주정을 구입, 사용 또는 소지하거나 제조장으로부터 출고한 자

12. 인지를 첩용함에 있어서 소인하지 아니한 자

13. 법에 의한 사업자등록 또는 그 등록정정의 신청을 하지 아니하거나 사업자등록
검열을 받지 아니한 자

14. 과세표준신고자에 대한 교사, 폭행, 협박범

조세범처벌법 제14조 ①납세의무자로 하여금 과세표준의 신고(신고의 수정을 포함
한다. 이하 신고라 칭한다)를 하지 아니하게 하거나 허위의 신고를 하게 하거나 조세
의 징수나 납부를 하지 않을 것을 선동 또는 교사한 자는 2년 이하의 징역 또는 50만
원 이하의 벌금에 처한다.

②납세의무자로 하여금 신고를 하지 아니하게 하거나 허위의 신고를 하게 하거나
또는 조세의 징수나 납부를 하지 아니하게 할 목적으로 폭행 또는 협박을 가한 자는
3년 이하의 징역 또는 100만 원 이하의 벌금에 처한다.

13. 세무공무원의 가중처벌

조세범처벌법 제15조 세무공무원으로서 형법 중 공무원의 직무에 관한 죄를 범하였
을 경우에는 그 죄에 정한 형의 장기의 3분의 1까지 가중처벌 할 수 있다.

특가법 제2조 (뇌물죄의 가중처벌) ①형법 제129조·제130조 또는 제132조에 규정된
죄를 범한 자는 그 수수·요구 또는 약속한 뇌물의 가액(이하 본조에서 "수뢰액"이라
한다)에 따라 다음과 같이 가중처벌 한다.

1. 수뢰액이 5천만 원 이상인 때에는 무기 또는 10년 이상의 징역에 처한다.
2. 수뢰액이 1천만 원 이상 5천만원미만인 때에는 5년 이상의 유기징역에 처한다.

제7장 보험범죄

제1절 보험범죄의 양태

1. 보험범죄의 의의

오늘날 국내외를 막론하고 여러 논문과 문헌에서 보험범죄라는 용어가 많이 사용되고 있다. 지금까지 기록된 보험범죄의 개념에 대해 정의한 것을 살펴본다.

첫째, 보험범죄란 "보험계약자 또는 제3자가 받을 수 없는 보험보호를 대가없이 얻거나, 부당하게 낮은 보험료를 지불하거나 또는 부당하게 높은 보험금의 지급을 요구할 목적을 가지고 고의적이며 악의적으로 하는 행위"313)라고 하는 정의하였다. 이 개념정의에 따르면 일반적으로 보험범죄는 보험금을 사취하기 위하여 보험제도를 악용하거나 남용하는 모든 부당한 행위라고 할 수 있다.314)

둘째, "보험범죄란 보험가입자 또는 제3자가 받을 수 없는 보험보호를 거저 얻거나 부당하게 낮은 보험료를 지불하거나, 또는 부당하게 높은 보험금액의 지급을 요구할 목적을 가지고 고의적이며 악의적으로 행동"하는 것을 의미한다315), "보험범죄란 범인이 보험계약을 이용하여 보험회사의 부담으로 자기 또는 제3자에게 보험금의 형식으로 불법한 이익을 보게 하는 행위"라 정의한다.316)

셋째, 국가가 보호하는 초개인적·사회적 법익을 침해하는 범죄를 보통 '경제범죄'라 칭하는 바와 마찬가지로 보험계약관계자의 이익과 공정한 거래질서를 침해하는 행위를 '보험범죄'라 지칭하는 것은 적절하다. 따라서 보험범죄는 보험사고를 불법한 방

---

313) Farny Dieter, Das Versicherungsverbrechen, Erscheinungsformen, Motive, Häufigkeit und Möglichkeiten der Versicherungstechnische Bekämfung, 1959, S. 16.
314) 최인섭외4인, 한국의 금융범죄 실태와 사회적 대응방안, 한국형사정책연구원, 2002. 12. 517면.
315) 조해균, 도덕적 위험과 보험범죄, 보험조사월보(141), 보험감독원, 1989.11. 7면.
316) 문국진, 보험범죄의 특징, 손해보험 제350호, 1997. 12, 108면.

법으로 야기하거나 보험자를 기망하여 보험금을 사취하는 것을 목적으로 고의적 행위를 하는 범죄이다.[317)

물론 보험범죄라는 용어는 현재까지는 법률상의 용어가 아니라 보험과 관련된 범죄라는 의미로 일반적으로 사용되는 용어이다. 일반적인 관념에서 보면 보험범죄는 보험업무와 관련하여 이익을 얻기 위해 행하는 모든 범법행위를 말하며, 이는 형법적으로 처벌대상이 되는 행위를 말하는 것으로 이해되고 있다. 보험범죄는 보험계약관계자의 이익과 공정한 거래질서를 침해하는 행위를 통칭하는 것으로 범죄성을 강조한 것이다.

보험범죄의 개념에 대한 정확한 정의는 앞으로 활발하게 논의해야 할 보험범죄에 관한 입법방안이나 사법적인 대응방안 등을 수립하는 데 있어 이론적 기초를 제공하는 매우 중요한 토대이다. 하지만 아직까지 보험범죄 개념에 대해 형식적 범죄개념[318)과 실질적 범죄개념[319) 이라는 관점에서 많은 연구가 부족한 실정으로 이에 대한 구체적이고 체계적인 보다 접근이 필요하다. 보험범죄의 개념을 보다 구체화하기 위하여 보험사기[320)라는 용어와 비교하여 보기로 한다. 보험범죄 외에 널리 사용되는 용어인 보험사기는 보험범죄의 본질은 보험금을 부당하게 수령하는 것이라는 데 중점을 두고 있는 용어이다. 보험의 존재로 인해 보험계약자를 포함하여 혜택을 받는 사람의 부정직성이나 부도덕성에 의해 보험사기가 유발되며, 보험사기는 결과적으로 전체계약자의

---

317) 이병희, 보험범죄론, 형설출판사, 2001. 1, 9면.

318) 형식적 범죄개념이라 함은 구성요건에 해당하고 위법하고 유책한 행위를 말한다. 이것은 형벌을 과하기 위하여 행위가 법률상 어떠한 조건을 갖추어야 하는가를 문제 삼는다. 형식적 범죄개념은 법관이 행위의 가벌성을 판단하는 데 있어서 방법론적으로 유용한 체계적·단계적 범죄인식의 계기를 제공함으로써 형법의 자유보장적 기능을 달성케 한다는 장점을 가지고 있다. 그러나 어떤 행위를 범죄로 할 것인가 라는 범죄의 본질에 대해서는 아무런 기준도 제시하지 못하는 결함을 지니고 있다. (이재상, 형법의 바이블, 헤르메스, 2004. 6, 35면).

319) 실질적 범죄개념이라 함은 사회의 유해성을 지니거나 법익을 침해하는 반사회적 행위를 말한다(범죄의 형사정책적 의의). 이것은 법질서가 어떤 행위를 형벌에 의하여 처벌할 수 있는가, 즉 범죄의 실질적 요건이 무엇인가를 밝히는 것을 의미한다. 실질적 범죄개념은 형법 및 형사권력의 정당성의 근거와 한계에 대한 검토를 가능하게 해주는 형사정책적 기준점이 된다는 장점이 있으나, 법관의 범죄인정에 대하여 방법론적으로 구체적인 기준을 제시하지 못하는 결함을 지니고 있다.(이재상, 형법의 바이블, 헤르메스, 2004. 6, 35면).

320) 보험사기의 성립요건 : 보험사기는 형법상의 사기죄(347조) 즉 타인을 기망하여 재물의 교부를 받거나 재산상의 이득을 취득하는 경우 및 제 3자로 하여금 재물의 교부를 받게 하거나 재산상 이익을 취득하게 할 경우의 요건만 충족시키면(구성요건 해당성, 위법성 , 책임성) 성립하고 보험사기를 위해 다른 범죄를 범하였다면(보험금을 노린 살인, 방화 등) 동 범죄는 사기죄와 경합범(살인 및 사기)으로 성립한다.

보험료를 높여 다수의 선량한 계약자들에게 피해를 주게 된다. 보험범죄와 보험사기는 엄밀하게 정의하면 약간의 차이가 있으나 혼용되는 경우가 많다. 과거에는 보험사기라는 말이 많이 사용되었으나 오늘날에는 보험범죄라는 용어의 사용이 늘어나고 있다. 보험범죄와 보험사기라는 용어의 구별에 대해 다음과 같은 의견이 있다.

보험범죄와 보험사기를 구별하지 않고 혼용하는 의견으로 보험범죄자나 보험사기 행위자가 취하고자 하는 이익은 궁극적으로 보험회사에 의해 지불될 보험금에 있다는 데 공통성이 있으므로 보험사기 또는 보험범죄는 보험금을 사취하기 위하여 보험제도를 악용하거나 남용하는 모든 부당한 행위라고 보아 양자를 동일 시 한다.321) 보험범죄와 보험사기를 구별하는 의견으로 보험범죄란 보험업무와 관련하여 본인 또는 제3자의 재산상의 이익을 위해 보험회사에 대해 행하는 일체의 범법행위, 즉 형사처벌의 대상이 되는 행위를 의미한다. 그에 반해 보험사기는 재산적 이익을 얻을 목적으로 보험회사를 직접 기망하는 행위로, 형법상의 사기죄의 한 유형을 의미한다. 사기죄는 타인을 기망하여 자기 또는 제3자가 재물을 교부받거나 재산상의 이익을 취득하는 범죄이다. 예컨대 고지의무 위반, 허위의 사실에 의한 보험금 청구 등 기망을 수단으로 보험금 또는 보험료를 편취하는 것을 목적으로 하는 행위이다. 따라서 보험범죄는 보험업무와 관련된 일체의 범법행위로 사기적 행위를 포함하는 광의의 개념으로 이해하여 다른 범법행위, 가령 살인, 방화, 상해, 보험 관련 문서 위조 등도 포함한다.322)

최근 우리나라에서 보험범죄는 법률상 용어가 아니라 보험과 관련된 범죄라는 의미로 상용되다가 보험업계에서 일반범죄와 구분할 필요성에서 의도적으로 만든 용어라는 입장이 있다.323) 반면에 보험사기는 형법상의 용어 즉, (형법 제 347조)의 사기죄를 말하는 것으로서 사기 중에 보험회사가 사기 대상이 되는 경우를 갈한다.

미국에서 보험사기 또는 보험범죄라는 용어는 공식기구의 명칭에서 사용하고 있다. 즉 미국보험사기방지협회(Coalition against insurance fraud), 전미 보험범죄방지국(national insurance crime bureau)이 그 예가 된다. 반면에 영국보험자협회(ABI)에 설치된 범죄 및 사기방지국(crime & fraud prevention bureau)의 명칭은 보험범죄와 보험사기의 개념에 차

---

321) 조해균·양왕승, 범국가적 차원의 보험사기 대처방안에 관한 연구, 2001. 9, 168면 ; 탁희성, 보험범죄에 관한 연구, 한국형사정책연구원, 2000, 33면.
322) 이병희, 보험사기범죄의 실태와 방지방안, 한국형사정책연구원, 2002, 16면, 이하.
323) 보험범죄 방지를 위한 이론과 실무, 대한손해보험협회 보험범죄대책팀, 1999, 2면.

이가 있는 것으로 보고 있다.[324]

처벌의 필요성이 있는 위법한 보험거래에 관하여 각국의 형법에서는 보험범죄 또는 보험사기 등의 표현을 사용하고 있다. 예로서 독일 형법 제 265조에 보험사기, 오스트리아 형법 제 151조의 보험의 악용, 이탈리아 형법 제 642조등이 규정하고 있고, 최근 중국의 형사법 제 183조 및 제 198조등에도 "보험사고를 고의로 날조하거나",'보험사기'등의 용어를 사용하고 있으며 북한 형법에도 동일한 취지가 규정되어 있다.

보험범죄는 고의성이 있어야 한다. 보험사기는 이러한 적극적 고의 내지 기망행위까지에는 이르지 않지만, 결과적으로 보험금을 부당하게 취득하고자 하는 행위를 포함하며, 이를테면 보험가입 시에 보험가입자가 고의·중과실로 불고지 또는 부실고지를 하는 것은 보험범죄라고 하기는 어려우나, 넓은 의미의 보험사기에는 해당한다고 할 수 있다. 보험사기의 개념은 보험자에 대한 모든 사기적 행위를 포함하는 것으로 보험범죄보다 넓은 의미로 사용되는 경향이 있다. 그러나 우리나라에서는 보험범죄가 따로 규정되어 있지 않기 때문에 보험범죄 발생 시 적용되는 법률은 대부분 형법상 사기의 죄가 적용되고 있다. 그러나 범죄로서의 보험사기죄는 범죄의 한 분류로서 보험범죄라는 개념에 포함된다. 보험범죄자가 취하려는 이익은 사기적인 계약의 형성이 아니라 보험자에 의해서 지불되어야 할 보험금에 있는 것이다. 즉 보험범죄는 보험금의 사취를 목적으로 하기 때문에, 보험사고를 보험범죄로 발생하게 하는 것은 보험사기의 핵심적 부분을 형성하는 개념이다. 따라서 보험사기죄는 보험범죄의 한 부분이라 할 수 있다.[325]

보험범죄와 보험사기는 그 개념을 엄격히 분리하기에는 무리가 있어 보이고 보험감독의 정책적 측면에서도 그 구분의 실익을 찾기 어려우며 형사처벌의 관점에서도 보험사기에 관한 명문의 규정이 없고 일반 사기죄에 포함하여 적용하는 현실에서 보험사기와 보험범죄의 개념을 구분할 뚜렷한 이유를 찾기 힘들다.

따라서 현실적으로 보험범죄와 보험사기의 개념은 동일한 의미로 사용하는 것이 관련 업종의 종사자로 하여금 혼란을 감소시키는 길 일 것으로 생각되며 향후 이론적, 학

---

324) 신수식. 보험제도의 도덕적 해이, 한국노동연구원, 2002 7, 9면
325) 그러나 실무적으로는 이의 구별실익이 별로 없어 대부분의 보험사들도 보험사기와 보험범죄를 구분하지 않고 보험범죄로 사용하고 있다.

술적 관점에서 이에 대한 연구가 지속되어져야 할 것으로 판단된다.

 대가 없이 받거나, 부당하게 낮은 보험료를 지불하거나 또는 부당하게 높은 보험급부의 지급을 요구할 목적을 가지고 고의적이거나 악의적으로 행동하는 것을 말한다.

 보험사기와 보험범죄의 관계를 살펴보면 <표14>과 같으며, 실무적으로는 보험사기와 보험범죄를 동일하게 사용하고 있다.

<표 15> 보험사기 · 보험범죄

구분	보험사기(insurance fraud)	보험범죄(insurance crime)
대상	보험사	불특정당사자, 보험사
개념	-보험업무와 관련하여 발생되는 재산적 이득을 얻을 목적으로 보험사기를 기망하는 제반행위 -형법상 사기죄로 보험 분야의 사기를 통칭(유사례: 금융사기)	-보험업무와 관련하여 본인 또는 제3자의 재산적 이득을 위하여 보험사에 행하는 제반 범법행위 -악질적 경제 범죄로 취급하려는 의도된 보험용어
관심사항	-사기폐해 -사기방지(내 · 외부시스템 구축) -사기계약과 관련한 법적 조칙)	-범죄수법 및 처벌 -범죄예방(모방 · 동조범죄 차단) -범죄와 보험금 청구와의 단절

2. 보험범죄의 개념

가. 보험범죄의 범죄성

 어떠한 행위가 범죄로서 처벌되기 위해서는 법이 보호하는 법익이 존재하여야 하고, 위법한 보험계약과 거래도 이러한 요건이 충족된다면 범죄성이 인정될 수 있을 것이다.

 법익이란 일반적으로 보호되고 있는 생활이익이나 가치를 의미한다. 보험범죄의 보호법익은 보험계약관계자[326]의 재산과 생명인 동시에 공서양속이라고 할 수 있다. 보험범죄로 발생하는 직접적인 피해는 보험계약관계자의 생명과 재산의 침해이다. 그러나 보험범죄로 인한 피해는 다른 재산범과는 비교할 수 없을 정도로 크다. 가정과 인류, 우리사회의 도덕성까지 파괴한다. 그뿐 아니라, 보험범죄로 지급된 보험금의 누수는 보험제도의 원리에 따라서 보험료가 인상되어 일반계약자들이 더 많은 보험료를 납입하여야 하고, 보험가입자들이 받아야 할 배당금 등의 잉여금에서 손해가 발생함으로 인하여 그 피해가 전체 보험계약자에게 돌아간다. 그래서 보험 범죄로 인한 전체 보험계약자의 재산적 침해도 형법적으로 보호할 필요가 있는 법익이다.

보험은 투기적인 성격을 부정할 수 없다.[327] 따라서 보험시장의 신뢰성 여부는 보험범죄로 인한 부정적인 영향이 배제되느냐, 그렇지 않느냐에 달려 있다고 볼 수 있다. 보험시장의 신뢰성은 국민 경제적 측면이나 사회보장적 측면에서 중요한 의미를 가진다. 이러한 보험시장의 공정한 거래질서가 또 하나의 보호법익이라고 할 수 있다.

또한 행위가 처벌되기 위해서는 법적 비난이 가능한 것이어야 한다. 위법한 보호거래가 과실이나 우발적으로 행해지는 경우는 드물다. 대부분 계획적 고의적으로 이루어지고 있어서 행위자의 유책성을 확인하는 것은 어려움이 없다.[328]

나. 보험사기와 보험범죄

미국에서 보험사기 또는 보험범죄라는 용어는 공식기구의 명칭에서 사용하고 있다. 즉 미국보험사기방지협회(Coalition against insurance fraud), 전미 보험범죄방지국(national insurance crime bureau)이 그 예가 된다. 반면에 영국보험자협회(ABI)에 설치된 범죄및사기방지국(crime & fraud prevention bureau)의 명칭은 보험범죄와 보험사기의 개념에 차이가 있는 것으로 보고 있다.[329] 최근 우리나라에서 보험범죄는 법률상 용어가 아니라 보험과 관련된 범죄라는 의미로 상용되다가 보험업계에서 일반범죄와 구분할 필요성에서 의도적으로 만든 용어라는 입장이 있다.[330] 반면에 보험사기는 형법상의 용어 즉, (형법 제 347조)의 사기죄를 말하는 것으로서 사기 중에 보험회사가 사기 대상이

---

326) 여기서 보험계약관계자란 보험자, 보험계약자, 피보험자, 보험수익자 등을 말한다.
327) 최기원. 「보험법」, 박영사, 1993, 81면.
328) 이병희, 보험범죄론, 형설출판사, 2001, 8면.
329) 신수식험제도의 도덕적 해이」, 한국노동연구원, 2002 7, 9면.
330) 대한손해보험협회 보험범죄대책팀, 「보험범죄 방지를 위한 이론과 실무」, 1999, 2면.

되는 경우를 말한다. 처벌의 필요성이 있는 위법한 보험거래에 관하여 각국의 형법에서는 보험범죄 또는 보험사기 등의 표현을 사용하고 있다. 예로서 독일 형법 제 265조에 보험사기, 오스트리아 형법 제 151조의 보험의 악용, 이탈리아 형법 제 642조등이 규정하고 있고, 최근 중국의 형사법 제 183조 및 제 198조등에도 "보험사고를 고의로 날조하거나", '보험사기' 등의 용어를 사용하고 있으며 북한 형법에도 동일한 취지가 규정되어 있다.

오늘날 국내외를 막론하고 여러 논문과 문헌에서 보험범죄라는 용어가 많이 사용되고 있다. 국가가 보호하는 개인적, 사회적 법익을 침해하는 범죄를 보통 '금융범죄'라 칭하는 바와 마찬가지로 보험계약관계자의 이익과 공정한 거래질서를 침해하는 행위를 '보험범죄'라 지칭하는 것은 적절하다.331) 따라서 보험범죄의 정의에 대한 학자들의 견해는 조금의 차이는 있으나 그 맥락은 동일하다고 볼 수 있다. 보험범죄라 함은 보험사고를 불법적인 방법으로 야기하거나 보험사업자를 기망하는 등 보험제도와 관련하여 보험금 EH는 보험료를 편취하는 것을 목적으로 고의적 행위를 하는 것을 말한다. 보험사기는 보험가입자 또는 제 3자가 받을 수 없는 보험급부를 대가 없이 받거나, 부당하게 낮은 보험료를 지불하거나 또는 보험급부의 지급을 요구할 목적을 가지고 고의적, 악의적으로 행동하는 것으로 해석하여 사실상 보험범죄와 동일하게 취급하려 하고 있다. 보험사기가 되기 위해서는 형법상 사기죄, 즉 타인을 기망하여 재물의 교부를 받거나 재산상의 이익을 취득하게 하는 죄(형법 347조)가 성립되어야 한다.332) 여기에 보험사기를 포섭시켜보면 보험업무와 관련하여 발생되는 재산적 이득을 얻을 목적으로 보험사를 기망하는 제반행위를 말한다. 이러한 보험사기는 보험회사, 재산적 이득, 기망행위, 보험업무, 보험관계인, 제 3자, 고의 등의 여섯 가지 요소로 구성되어 있다. 사기죄의 행위는 피기망자에게 착오를 일으키게 하는 기망행위이다. 기망이라 함은 널리 거래관계에서 지켜야 할 신의칙에 반하는 행위로서 사람으로 하여금 착오를 일으키게 하는 것을 말하며, 재물을 편취, 불법이득의 수단으로 이용된 것이다.

따라서 보험사기라 함은 피보험자 또는 수익자가 보험사를 기망하여 재산상의 이익

---

331) 이병희, 전게논문, 9면.
332) 이재상, 「형법각론」, 박영사, 1997, 290면.

을 취하는 행위를 말하며 실무상으로는 통상 보험범죄에 같은 개념으로 쓰인다. 따라서 보험범죄는 보험사기 및 보험사기의 원인된 위법행위를 모두 포함하는 개념이다.

3. 보험범죄의 역사 333)

1인은 만인을 위하여, 만인은 1인을 위하여 라는 정신으로 지속되어온 보험제도는 인류가 만들어 낸 최고의 경제제도라고 일컬어진다. 그러나 일확천금의 환상과 범죄 실행의 용이성으로 인해 보험은 빛과 그림자처럼 항상 보험범죄라는 그림자와 그 역사를 같이 해 왔다.

가. 최초의 보험범죄

기록상 나타나 있는 세계 최초의 보험범죄는 1762년 영국의 이네스 사건으로서 이네스라는 자가 양녀를 피보험자로 하고 생명보험에 가입한 후 그녀를 독살하고 자신을 유산상속자로 하는 유서를 위조 제출하였다가 적발되어 사형에 처해진 사건이다.

나. 우리나라 최초의 보험사기

우리나라 최초의 보험회사는 1921년에 설립되었는데 그 3년 후인 1924년에 보험범죄가 최로로 매일신보에 보험외교원(보험모집인)의 협잡이라는 제하로 보도되고 있다. 내용은 보험을 가입해 놓은 후 허위로 사망신고를 하고 보험금을 편취하였다가 적발된 것이며 기록상 나타나는 최초의 보험금 목적 살인은 1976년 1월의 박분례 사건이 최초로서 언니, 형부, 조카를 방화 살인하고 시동생을 우유로 독살한 후 총 147만원의 보험금을 받았다 체포된 것이 최초이다.

---

333) 손해보험협회 보험범죄방지센터, 보험범죄의 유형별 수사방안 및 사례, 2002. 3. 7면.

제2절 보험범죄의 특성과 폐단

1. 보험범죄의 특성334)

다른 범죄와 동시에 발생되는 보험범죄는 보험금을 취득하기 위하여 다양한 수법을 사용하기 때문에 보험범죄가 발생하게 되면 보험금 사취뿐만 아니라 이에 동반하여 살인, 상해, 방화, 교통사고를 이용한 자동차 범죄, 병·의원 관련 보험 범죄 등 여러 범죄행위가 동시에 발생되는 특징이 있다. 보험범죄는 보험금을 획득하기 위하여 타인을 살해하거나 위장 자살 또는 고의적 사고를 유발하고, 또한 각종 서류를 위조하거나 재물을 손괴하는 행위가 동시에 발생한다. 그 수법의 다양화, 지능화, 은밀하여, 보험은 일상생활에서 주변의 거의 모든 위험을 담보하고 있을 뿐만 아니라 보험범죄의 수법은 매우 다양하고, 동시에 범죄가 발생하고 입증이 어려운 점을 이용하므로 빈번하게 발생한다. 그 뿐만 아니라 그 수법이 날로 지능화되고 은밀하게 이루어지고 있다. 경성사기의 대부분은 지능적 범죄로서 악의적이고 교묘한 수법이 특징이다. 특히 공동 범행을 통해 알리바이나 사고 상황을 조작하고 조직적이고 치밀하게 행동하고 있다. 입증의 곤란할 뿐만 아니라 보험사기가 성립하기 위해서는 고의에 대한 재산상의 이득을 얻었음을 입증하여야 하는데 중대한 과실과 고의를 구분하기가 쉽지 않고 수사권이 없는 보험회사가 고의를 입증하는 것은 현실적으로 어려운 상황이다. 특히 건강보험관리공단 등과 정보교류 및 공유가 어려워 범죄 혐의의 입증은 더욱 힘들게 된다. 또한 경추요추염좌 등에 대한 진단의 주관성, 범죄수사 전문 인력의 부족, 목격자 신고율 저조, 보상 및 보호체계의 전무 등으로 입증이 곤란하다. 지능형 범죄와 생계형 범죄의 공존으로는 보험사기 중 경성사기는 대부분 지능적 범죄로서 악의적이고 교묘한 수법이며 연성사기는 우발적이기 때문에 대부분 단독범행으로 이루어지고, 경제위기나 외환위기체제와 같은 경제공황과 사회불안 속에서 많이 발생한다. 이러한 사실은 민영 보험뿐만 아니라 특히 사회보험으로서 산재보험의 장기요양환자와 휴업급여기간의 장기화, 고용보험에서 실업급여의 부정수급등이 여기에 해당된다. 또한 보상심리와 동조의식이 있어 보험사기 및 범죄에는 위험보장이라는 무형의 서비스에 대한

---

334) 신수식, 전게논문, 한국노동연구원 2002. 7, 12-15면.

불만족과 소멸성 보험료에 대한 보상심리가 내재하고 있기 때문에 연성사기가 발생하는 원인이 되고 있다. 이러한 연성사기는 경성사기보다 건별 피해규모는 적지만 건수가 많아 사기피해의 대부분을 차지하고, 적발의 어려움과 비용지출 때문에 방치하는 경향이 있고, 보상적 범죄 심리는 죄의식을 약화시켜 모방과 동조의 원인이 되고 있다. 사기폐해의 간접성과 광범위하여 보험사기 및 범죄는 외견상 보험자에게 직접적인 피해를 주는 것 같지만 보험료 인상을 통해 피해당사자가 현재 및 장래의 보험계약자에게 전가된다. 또한 보험사기 등은 범죄를 위해 다른 범죄 등을 저지르기도 하는 등 복합적인 성격을 가지고 있다. 내부 종사자와의 연계가능성으로 보험사기 및 범죄의 지능화에 따라 내부종사자의 묵인, 방조, 공모행위가 많아지고 있다. 보상 내용을 이해하기 어려운 보험 상품의 특성상 상품정보와 보상절차를 알고 있는 모집종사자, 손해사정 담당자, 보상담당 요원 등이 개입될 여지가 있다. 보험범죄 피해자는 보험범죄로 인하여 발생하는 피해는 보험계약자, 보험자, 국가에게 모두 피해를 주게 된다. 보험범죄의 비용지불은 선의의 가입자에게 보험료를 인상시키고, 보험자에게는 경영상의 수지악화와 대책을 위한 비용지출이 불가피하게 된다. 보험범죄의 피해는 금융범죄와 마찬가지로 그 피해자가 특정되지 않거나 일반국민인 경우가 많기 때문에 피해자들이 자기가 피해자가 되고 있다는 사실을 전혀 의식하지 못하고 있는 실정이다. 보험범죄자의 특성은 보험범죄의 주범으로 분류되는 사람들은 보험을 악용하는 직업적인 범죄자이다. 이들은 보험약관을 이해해야 하는 등 장기적 계획성을 가지고 있고 매우 지능적이다. 보험범죄자는 보험자의 재산을 사취하는 것이라고 생각하고, 진정한 피해자가 보험계약자인 것을 인식하지 못하고 있으며 죄의식 또한 결여되어 있다. 사회보험에 있어서는 국가 또는 공공기관의 재산을 사취하는 것으로 잘못 생각하는 경향이 있으며, 이들은 무임승차나 탈세처럼 법인이나 국가에 대한 사기행위에 대해서는 죄의식을 느끼지 못하고 있다. 또한 보험범죄의 구성원 또는 관계자는 대부분 가족이나 친족으로 구성되는 경우가 많고, 보험금 살인사건 등 범죄 유형이 비도덕적이다.

2. 보험범죄의 폐단

가. 보험범죄 암수

우리나라에서는 보험범죄로 인하여 발생한 피해액이 어느 정도인가에 대하여는 아직 실증적인 자료가 없다. 다만, 보험범죄로 확인되어 지급되지 않은 보험금이 많고, 또한 보험범죄의 암수로서 확인되지 않고 지급된 보험금이 많다는 추정이다. 금융범죄의 특징은 범죄통계에 있어서 암수를 보다 더 정확하게 산정할 수 없다는 것이다. 금융범죄에 의한 이익이나 손해를 정확하게 산정하는 것은 아마 모든 나라에 있어서 거의 불가능 한 일일 것이다. 따라서 금융범죄에 의한 이익이나 손해가 어느 정도인지를 밝히려는 노력을 많이 하고 있지만 단지 그것은 추정한 것에 불과하다. 그렇지만 실제발생하는 금융범죄가 매년 천문학적 숫자에 달할 것이라는 점에 대해서는 거의 이론이 없다.335) 전체 보험범죄를 추론하려면 보험범죄의 암수를 고려해야 하는데 일반적으로 암수는 범해진 모든 범죄와 경찰이 인지한 범죄 사이의 관계로서 범죄의 종류마다 차이가 있다. 수많은 암수범죄의 하나인 보험범죄에 있어서도 암수에 대한 정확한 분석방법의 연구 없이는 범죄 및 범죄자의 실상을 올바로 해명할 수 없다. 보험범죄의 암수 원인은 보험범죄로써 실제 발생사건이 암수범죄로 남는 원인을 살펴보면, 첫째는, 범죄수법의 완전성으로 인하여 알려지지 않게 되는 것이다. 그러나 이것은 범죄의 완전성보다는 보험계약의 인수과정이나 보험사고 조사에 대한 제도적인 미비점과 한계성에 기인한다. 둘째는, 보험회사가 피해사실을 알고도 신고를 하지 않는 것인데, 이것은 보험회사의 여러 가지 사유에서 기인한다. 예를 들면, 보험금이 많지 않을 경우에 신고를 하면 회사의 신뢰도나 영업에 있어서 지장을 초래하는 것 등이다. 그러나 이는 보험범죄로 인하여 발생하는 손실보다는 영업적 손실이 더 크다는 계산에서 나오는 극히 위험한 발상으로 영업 위선주의가 이러한 문제를 야기한다. 셋째는, 통계행정체계의 미비이다. 보험범죄 발생에 대하여 보험회사가 이를 공개하지 않는 경향도 통계자료의 산출에 어려움을 준다.336)

---

335) 강동범, 우리나라의 경제형법에 관한 연구, 서울대 박사학위논문, 1994. 24면: 이병희, 전게논문, 24면.
336) 이병희, 전게서적, 24-25면.

나. 보험범죄의 폐해

보험범죄는 사회의 경제 질서를 왜곡할 뿐 아니라 윤리의식과 가치관에도 큰 폐해를 초래하는 범죄이다. 이를 구체적으로 구분해 보면 다음과 같다.[337] 인명경시풍조의 조장 보험범죄행위는 인간의 귀중한 생명과 재산을 고의적으로 살상하고 훼손함으로써 경제적 이익을 부당하게 취득하려는 것이다. 보험은 가입의 특성상 불특정 다수, 즉 타인에 대해서 제 3자가 계약을 임의로 체결하는 것은 불가능하다. 따라서 보험금을 목적으로 범행을 계획한 사람은 자신의 보험가입에 순수하게 동의해 주거나 보험가입에 이의를 제기할 수 없는 피보험자 또는 보험회사에서 해당 보험계약에 대해 의심을 하지 않을만한 피보험자를 찾을 수밖에 없게 된다. 이 경우 피보험대상자는 보험범죄 행위자의 주변에서 찾아질 개연성이 극히 높다고 할 것이다. 이는 부부관계, 연인관계, 부자, 모자관계, 친구관계, 양자관계 등에서 보험범죄가 행해질 수밖에 없음을 나타내는 것이라고 할 것이다. 즉 보험금이라고 하는 재산상의 이익을 얻어내기 위하여, 혈연·지연 등의 인적신뢰 관계를 악용하여 귀중한 생명과 재산을 고의적으로 살상하고 훼손하는 것이 보험범죄 행위인 것이다. 이는 단순히 범죄로 인한 인명손실의 문제라기보다는 돈을 목적으로 인간관계를 악용하여 생명을 해할 수 있다는 불건전한 사고를 사회에 전염시킴으로서 인간사회의 건전한 윤리의식과 생명존중의 가치관을 무너뜨릴 염려가 있다는 점에서 사회에 미치는 큰 폐해가 된다고 할 것이다. 보험금을 목적으로 한 방화나 교통사고 유발 등은 국가경제에 직접적인 손해를 야기할 수 있다. 즉 보험금을 목적으로 한 방화는 공장이나 창고에 보관중인 제품을 멸실시킬 뿐 아니라 화재의 확대로 이웃의 다른 시설물들 까지 막대한 피해를 야기할 수 있다는 점에서 결코 개인적 피해에 제한되는 개념이 아닌 것이다. 또한 교통사고의 고의적 유발도 차량소유자 개인의 인적, 물적 피해에 제한되는 것이 아니라 당해 사고로 인한 처리비용의 증가로 인한 손실도 초래하는 것이다. 배금 혹은 기회주의자 양산할 수 있는 보험범죄는 인간으로 하여금 정당한 노력에 의하여 생활을 하거나 경제적 부를 축적하려고 하지 않고 부정한 방법에 의하여 경제적 횡재와 같은 한탕주의를

---

337) 탁희성, 보험범죄에 관한 연구, 형사정책연구, 2000. 12. 48-51면.

얻을 수 있게 하기 때문에 인간을 나태하고 결국은 타락시키고 만다. 즉 재난에 대비하는 최소한의 안전장치로서의 보험 제도를 도박화 하고 범죄행위를 유발하는 제도로 악용하게 만드는 것이 보험범죄인 것이다. 행위자가 스스로 신체의 일부를 훼손하여 상당한 액수의 보험금을 탄다고 하여도, 그것으로 가족의 평생 생계비가 될 수도 없으며, 자신 소유라도 이 역시 기업인으로서 자생력을 상실하는 것이 되기 때문에 이와 같은 풍조가 만연할 경우 사회가 얼마나 피폐해 질 것인가는 예측 할 수 있을 것이다. 보험범죄는 보험요율의 인상을 초래하여 선량한 보험가입자 전체의 부담을 가중시킨다. 보험료란 보험계약자가 지게 되는 부담으로서 전체적으로는 일정기간 동안의 납입된 보험료와 지급된 보험금이 균형을 유지하지 않으면 안 된다. 그러나 인위적인 방법 즉 보험범죄로 인하여 예정된 손해율 이상의 보험금을 지급하게 되는 경우 이와 같은 균형은 깨어지게 되고 이 균형을 회복하기 위해서는 보험료를 인상하지 않을 수 없으며, 이는 결국 보험계약자 전체의 추가부담으로 작용할 수밖에 없는 것이다. 보험 범죄로 인하여 보험회사의 손해율이 증가하게 되는 경우에 보험자인 보험회사는 결국 보험판매를 제한하거나 중단할 수밖에 없게 되고 이는 정상적인 기업경영이나 안정된 개인의 생활의 영위를 어렵게 함으로써 사회 경제적으로 불안정한 상황을 초래할 수 있다. 어떤 보험 상품에서 위험의 의심이 짙어진 경우에는 우선 보험자는 그러한 도덕적 위험을 제거하는 데 최선을 다할 것이고, 그것만으로 수지가 개선되지 않을 경우에는 보험요율을 인상하는 것이 원칙이다. 그러나 현실적으로 보험요인상은 그다지 용이한 것은 아니고 또 보험요율은 일단 정해두면 상당한 경직성을 띠게 되어 요율인상에 의한 수지개선의 도모는 상당히 어려운 일이라고 할 수 있다. 결국 보험자는 자위상 특정계약자나 보험물건에 대하여 계약인수를 거부하거나 해당 보험상품의 판매를 중단하게 될 수도 있다. 이는 일부 악의적인 사람들의 부도덕한 행위로 말미암아 대부분의 선의의 사람들로 하여금 보험에 의한 위험대비를 어렵게 하고 결국에는 위험을 무방비 상태로 노출시킬 수밖에 없게 되는 결과를 초래하는 것이다.338)

---

338) 조호연, "보험범죄의 유형과 대책에 관한 연구," 홍익대대학원학위논문, 2003, 33면 이하 참조.

제3절 보험범죄 분류와 형법상의 대응

1. 보험범죄의 분류

보험범죄의 태양이 워낙 다양하고 새롭게 신종의 보험범죄가 계속 발생됨은 물론 분류의 목적에 따라 여러 방법으로 보험범죄가 분류될 수 있기 때문에 한 방식으로 모든 보험범죄를 체계적으로 분류하기에는 매우 어려운 것 같다. 이러한 이유에서인지 현재까지 발표된 보험범죄 분류는 학자에 따라 매우 다양하다. 체계적인 보험범죄의 분류가 필요한 이유는 분류방법에 따라 보험범죄의 개념, 보험범죄 분석방법, 보험범죄의 입법론 등의 전개에 있어 깊은 연관성을 갖게 되기 때문이다.

따라서 앞으로 보험범죄 분류에 대해 보험범죄 학계와 실무분야 종사자들의 깊은 연구가 필요하리라고 보며 이와 관련된 현재까지 발표된 분류유형을 간단히만 소개한다.[339]

우선 보험료에 관한 범죄와 보험금에 관한 범죄로 구분할 수 있다. 보험료에 관한 범죄의 유형으로는 보험료 수급과정에서 일어나는 범죄와 보험료의 산정과 관련된 범죄로 나눌 수 있다. 보험범죄의 대부분은 보험금과 관련되어 발생한다. 보험금에 관한 범죄는 다시 보험사고를 고의로 유발하는 형태와 사고내용을 조작하는 형태, 보험금을 허위·과장하여 청구하는 형태로 나누어 볼 수 있다.

보험범죄를 행위주체를 중심으로 분류하면 크게 보험소비자에 의한 범죄와 보험회사에 의한 범죄로 구분할 수도 있다.[340] 보험범죄는 범행자의 행위태양에 따라 사기적으로 보험계약을 체결하는 유형, 보험사고를 고의적으로 유발하는 경우, 보험사고를 위장하는 경우, 보험사고가 발생한 때에 사기하는 유형 등으로 구분할 수 있다.[341] 보

---

339) 최인섭외 4인, 한국의 금융범죄 실태와 사회적 대응방안, 2002. 12, 525면 이하 참조하여 기술, 인용하였다.

340) 미국 State Farm 보험회사에서 중요하게 취급하는 보험사기의 유형이다. 안철경·조혜원·김경환, 국내외 보험사기관련 실태 분석, 보험개발원, 1999. 11, 5면 이하.

341) 박일용·안철경, 보험사기 성향 및 추정규모, 보험개발원, 1999. 7, 19면 이하; 조수용, 보험범죄의 현

험범죄의 유형은 범죄의 대상이 된 보험의 종류에 따라 유형을 구분할 수 있다.342) 이러한 분류방법은 각 보험업종별로 손해의 규모를 측정·추정하는데 유용할 수 있다.343) 보험사기를 경성보험사기와 연성 보험사기로 분류하는 방법은 주로 미국에서 사용하는 방법인데, 우리나라의 일부 견해에서도 이를 소개하고 있다.344)

이러한 분류방법을 소개한 이유는 보험범죄를 어떻게 분류하는가에 따라서 그에 대한 대처가 달라지기 때문이다. 필자는 보험범죄의 수법345)에 따라서 분류하는 방법을 택하고자 한다. 이러한 입장은 보다 수사에 도움이 된다고 판단되기 때문이다.

2. 형사법상의 대응

1) 형법상의 대응

현재 우리나라에서는 보험범죄를 처벌하는 별도의 단행 법률은 없으며, 현행법상 보험범죄에 대한 처벌은 형법 제347조346)의 사기죄로, 보험금 목적의 살인, 방화 등의 행위는 각각 살인죄347)와 방화죄348), 횡령, 배임죄349), 공갈죄350) 등으로 처벌할 수 있

황과 방지대책 1, 수사연구, 1995. 1, 37면; 조해균, 보험범죄의 발생원인과 그 대처방안에 관한 연구 : 도덕적 위험의 관리를 중심으로, 보험학회지 제35호, 1990. 3, 60면 이하; Friedrich Geerds, Betrug in der Lebensversicherung über Formen des Versicherungsmißbrauchs und Probleme der Aufklärung aus kriminologischer und kriminalitischer Sichts,, S. 41 ff.; Munich Re, Insurance Fraud in Indemnity Insurance, 1998, 10~11면.

최인섭외4인, 한국의 금융범죄 실태와 사회적 대응방안, 한국형사정책연구원, 2002. 12. 529면.

342) 김기혁, 보험범죄 방지대책에 관한 연구, 성균관대학교 경영대학원, 2002. 12. 13~16면.

343) 최인섭외4인, 한국의 금융범죄 실태와 사회적 대응방안, 한국형사정책연구원, 2002. 12. 534면.

344) 박일용·안철경, 보험사기 성향 및 규모추정 : 손해보험을 중심으로, 보험거발원, 1999. 7, 8면 이하 ; 최인섭외4인, 한국의 금융범죄 실태와 사회적 대응방안, 한국형사정책연구원, 2002. 12. 533~534면.

345) 일반적인 보험범죄의 수법에 대하여는 보험사기예방전문기법 연수교재, 보험연수원, 2000.5. 60면 이하를 참고하라.

346) 형법 제347조(사기)
① 사람을 기망하여 재물의 교부를 받거나 재산상의 이익을 취득한 자는 10년이하의 징역 또는 2천만원이하의 벌금에 처한다.
② 전항의 방법으로 제삼자로 하여금 재물의 교부를 받게 하거나 재산상의 이익을 취득하게 한 때에도 전항의 형과 같다.
형법 제351조 (상습범) 상습으로 제347조 내지 전조의 죄를 범한 자는 그 죄에 정한 형의 2분의 1까지 가중한다.

347) 형법 제24장(제250조~제256조) 살인의 죄제250조 (살인, 존속살해)
① 사람을 살해한 자는 사형, 무기 또는 5년이상의 징역에 처한다.

② 자기 또는 배우자의 직계존속을 살해한 자는 사형, 무기 또는 7년이상의 징역에 처한다.

제251조 (영아살해) 직계존속이 치욕을 은폐하기 위하거나 양육할 수 없음을 예상하거나 특히 참작할 만한 동기로 인하여 분만 중 또는 분만직후의 영아를 살해한 때에는 10년이하의 징역에 처한다.

제252조 (촉탁, 승낙에 의한 살인 등)

① 사람의 촉탁 또는 승낙을 받아 그를 살해한 자는 1년이상 10년이하의 징역에 처한다.

② 사람을 교사 또는 방조하여 자살하게 한 자도 전항의 형과 같다.

제253조 (위계 등에 의한 촉탁살인 등) 전조의 경우에 위계 또는 위력으로써 촉탁 또는 승낙하게 하거나 자살을 결의하게 한 때에는 제250조의 예에 의한다.

형법 제254조 (미수범) 전4조의 미수범은 처벌한다.

제255조 (예비, 음모) 제250조와 제253조의 죄를 범할 목적으로 예비 또는 음모한 자는 10년이하의 징역에 처한다.

제256조 (자격정지의 병과) 제250조, 제252조 또는 제253조의 경우에 유기징역에 처 할 때에는 10년 이하의 자격정지를 병과할 수 있다.

348) 형법 제13장(제164조~제169조)방화의 죄

제164조 (현주건조물 등에의 방화)

① 불을 놓아 사람이 주거로 사용하거나 사람이 현 존하는 건조물, 기차, 전차, 자동차, 선박, 항공기 또는 광갱을 소훼한 자는 무기 또는 3년이상의 징역에 처한다.

② 제1항의 죄를 범하여 사람을 상해에 이르게 한 때에는 무기 또는 5년이상의 징역 에 처한다.

사망에 이르게 한 때에는 사형, 무기 또는 7년이상의 징역에 처한다.

제165조 (공용건조물 등에의 방화) 불을 놓아 공용 또는 공익에 공하는 건조물, 기차, 전차, 자동차, 선박, 항공기 또는 광갱을 소훼한 자는 무기 또는 3년이상의 징역에 처한다.

제166조 (일반건조물 등에의 방화)

① 불을 놓아 전2조에 기재한 이외의 건조물, 기차, 전차, 자동차, 선박, 항공기 또는 광갱을 소훼한 자는 2년이상의 유기징역에 처한다.

② 자기소유에 속하는 제1항의 물건을 소훼하여 공공의 위험을 발생하게 한 자는 7년이하의 징역 또는 1천만원이하의 벌금에 처한다.

제167조 (일반물건에의 방화)

① 불을 놓아 전3조에 기재한 이외의 물건을 소훼하여 공공의 위험을 발생하게 한 자는 1년이상 10년이하의 징역에 처한다.

② 제1항의 물건이 자기의 소유에 속한 때에는 3년이하의 징역 또는 700만원이하의 벌금에 처한다.

제168조 (연소)

① 제166조제2항 또는 전조 제2항의 죄를 범하여 제164조, 제165조 또는 제166조제1항에 기재한 물건에 연소한 때에는 1년이상 10년이하의 징역에 처한다.

② 전조 제2항의 죄를 범하여 전조 제1항에 기재한 물건에 연소한 때에는 5년이하의 징역에 처한다.

제169조 (진화방해) 화재에 있어서 진화용의 시설 또는 물건을 은닉 또는 손괴하거나 기타 방법으로 진화를 방해한 자는 10년이하의 징역에 처한다.

349) 형법 제40장(제355조~제361조) 횡령과 배임의 죄

제355조 (횡령, 배임)

① 타인의 재물을 보관하는 자가 그 재물을 횡령하거나 그 반환을 거부한 때에는 5년이하

는 준거규정들이 존재하고 있다. 고의사고, 사고 후 보험가입, 운전자 바꿔치기, 치료비 허위청구 등 가장 많이 발생하는 보험범죄가 사기죄로 처벌되기 때문에 벌칙 또한 가벼워 보험범죄가 사회의 근간을 흔들 수 있는 위험한 범죄임에도 지나치게 처벌이 가볍게 되어 있다. 그러나 보험범죄는 죄의식이 결여된 경우가 많고 피해금액이 다른 금융범죄에 비하여 상대적으로 경미하다고도 할 수 있지만, 재난에 대비하는 최소한의 안전장치로서의 보험제도를 도박화하여 악용하고 있다는 점에서 볼 때 비난의 정도가 결코 가볍지 않다. 보험범죄가 불특정 다수를 상대로 하는 반사회적 범죄임에도 불구하고 일반 경제사범과 동일하게 인식돼, 이들에 대한 처벌 형량이 미미하고 보험범죄 재발 억제력도 미흡한 것이 사실이다.

　이처럼 보험범죄가 현대사회에 심각한 위협이 될 가능성이 있으나 형사법적인 장치는 이를 따라가지 못하고 있다. 범죄의 예방과 범죄자의 처벌은 국가의 업무이지만

의 징역
또는 1천500만원이하의 벌금에 처한다.

② 타인의 사무를 처리하는 자가 그 임무에 위배하는 행위로써 재산상의 이익을 취득하거나 제삼자로 하여금 이를 취득하게 하여 본인에게 손해를 가한 때에도 전항의 형과 같다.

제356조 (업무상의 횡령과 배임) 업무상의 임무에 위배하여 제355조의 죄를 범한 자는 10년 이하의 징역 또는 3천만원이하의 벌금에 처한다.

제357조 (배임수증재)

① 타인의 사무를 처리하는 자가 그 임무에 관하여 부정한 청탁 을 받고 재물 또는 재산상의 이익을 취득한 자는 5년이하의 징역 또는 1천만원이하 의 벌금에 처한다.

② 제1항의 재물 또는 이익을 공여한 자는 2년이하의 징역 또는 500만원이하의 벌금에 처한다.

③ 범인이 취득한 제1항의 재물은 몰수한다. 그 재물을 몰수하기 불능하거나 재산상의 이익을 취득한 때에는 그 가액을 추징한다.

제358조 (자격정지의 병과) 전3조의 죄에는 10년이하의 자격정지를 병과할 수 있다.

제359조 (미수범) 제355조 내지 제357조의 미수범은 처벌한다.

제360조 (점유이탈물횡령)

① 유실물, 표류물 또는 타인의 점유를 이탈한 재물을 횡령한 자는 1년이하의 징역이나 300만원이하의 벌금 또는 과료에 처한다.

② 매장물을 횡령한 자도 전항의 형과 같다.

제361조 (친족간의 범행, 동력) 제328조와 제346조의 규정은 본장의 조에 준용한다.

350) 형법 제350조 (공갈)

① 사람을 공갈하여 재물의 교부를 받거나 재산상의 이익을 취득한 자 는 10년이하의 징역 또는 2천만원이하의 벌금에 처한다.

② 전항의 방법으로 제삼자로 하여금 재물의 교부를 받게 하거나 재산상의 이익을 취득하게 한 때에도 전항의 형과 같다.

보험범죄의 특성상 범죄로 처벌하기 힘든 가벼운 범법행위가 많기 때문에 자료를 많이 보유하고 있는 보험업계와의 연계하여 이러한 범법행위를 가려내어 처벌할 것은 처벌하고 이익을 박탈할 것은 박탈함으로써 범법행위를 통하여 이익을 얻으려는 사회적 풍조를 개선할 필요가 있다.

2) 특정경제범죄 가중처벌 등에 관한 법률의 적용

지속적인 경제성장과 국가발전에 결정적 장애가 되는 대형경제사범 및 국내재산해외도피자의 가중처벌과 금융기관 임·직원의 공정성과 공익성을 보장하기 위하여 이들의 직무에 관한 금품행위를 공무원의 뇌물수수와 같은 수준으로 엄단함으로써 금융업무와 관련된 각종 비리와 부정의 소지를 없애고 거액재산범 및 이와 관련된 각종 비리행위자에 대하여 응분의 처벌을 함과 동시에 재산범에 대한 일반 예방적 효과도 지향하고자 제정한 특정경제범죄 가중처벌 등에 관한 법률 제2조 1호 파에서 "보험업법에 의한 보험사업자" 및 동조 제2호 다에서 "보험료"라고 명시하고 있어, 보험범죄는 일정한 경우 특정경제범죄로 이 법에 따라 가중처벌될 수 있다.

동법은 건전한 국민경제윤리에 반하는 특정재산범죄의 가중처벌과 그 범죄행위자에 대한 취업제한 등을 규정하고 있는데 그 중 특정경제범죄 가중처벌 등에 관한 법률 제3조[351]에서 재산범죄의 가중처벌과 관련하여 규정하고 있다.

---

[351] 특정경제범죄 가중처벌 등에 관한 법률 제3조 (특정재산범죄의 가중처벌)
   ① 형법 제347조(사기)·제350조(공갈)·제351조(제347조 및 제350조의 상습범에 한한다)·제355조(횡령, 배임) 또는 제356조(업무상의 횡령과 배임)의 죄를 범한 자는 그 범죄행위로 인하여 취득하거나 제3자로 하여금 취득하게 한 재물 또는 재산상 이익의 가액 (이하 이조에서 "이득액"이라 한다)이 5억원이상인 때에는 다음의 구분에 따라 가중처벌한다.
   1. 이득액이 50억원이상인 때에는 무기 또는 5년이상의 징역에 처한다.
   2. 이득액이 5억원이상 50억원미만인 때에는 3년이상의 유기징역에 처한다.
   ② 제1항의 경우 이득액 이하에 상당하는 벌금을 병과할 수 있다.

제4절 보험범죄에 대한 현행 사법적 대응체제

1. 경찰의 대응체제

가. 경찰 기획조사

보험사기 등 보험범죄가 1999년 사회적인 문제로 대두된 이래로 경찰에서는 보험범죄가 끼치는 악영향이 매우 심각한 문제로 인식하고, 손해보험협회, 보험회사 등 관계기관과 정보교류를 하여 보험사범 검거에 노력을 기울이고 있다.

1999년 12월 24일부터 2000년 2월 23일까지 3개월에 걸친 보험범죄에 대한 기획수사로 73건에 261명을 검거하여 77명을 구속하고 184명을 불구속 처리하였다.

그리고 2000년에는 자동차 보험사기 등에 대한 기획수사를 실시하여 총 121건, 589명을 검거하여 216명을 구속하고 373명은 불구속 처리하였다.[352]

그리고 2001년 5월 14일부터 6월 30일까지 약 2개월에 걸쳐 보험범죄에 대한 특별단속을 실시하여 395건에 1,113명을 검거하여 234명을 구속하고 879명은 불구속 처리하였다. 이후에도 보험범죄 적발을 위하여 손해보험협회, 보험회사와 공조하여 매년 비슷한 방식의 기획수사를 진행하여 왔다.

특히, 경찰청은 2005.5월부터 2개월 동안 정비업소의 보험금 허위청구 행위 및 중고품을 순정부품으로 속여 수리함으로서 수리비용을 과다하게 청구하는 행위가 빈발할 뿐 아니라, 검증되지 않은 중고 재생부품을 사용함으로써 자동차 안전 운행에 위험을 초래하는 불법행위에 대하여 기획수사를 실시한 결과, 정비업체에서 통값을 충당하기 위하여 부품업체 및 렌트카 업체와 공모하여 보험금을 편취하는 관행화된 불법행위 유형 등이 밝혀내었다.

이처럼 보험업계 및 감독당국과 협조체제하에 보험사기 적발을 하고 있으나 아직은 초동단계라 할 수 있으며, 1년에 한두 번 정도 기획수사를 하고 있는 실정이다.

---

[352] 경찰청, 2001 경찰백서, 2001, 164면 이하.

나. 보험범죄 수사처리

경찰에서는 보험범죄를 경제사범으로 분류하고 경찰청 지능범죄수사과에서 총괄하고 있으며, 일선 경찰서의 수사과내 지능범죄수사팀이 맡고 있고, 조직폭력과 관련된 보험사기 및 도난차량, 방화 등과 관련된 보험범죄는 경찰청 형사과내 강력팀, 폭력팀에서 관장하고 있다.

하지만 지능범죄수사과는 국민의 안전한 생활을 보장하고 공공의 이익을 침해하는 범죄를 척결하기 위하여 경제사범, 위조사범, 선거사범, 보건위생사범 등 각종 민생침해, 반 공익사범에 대한 기획수사, 수사지도 등 업무를 수행하고 있는 관계로 보험범죄에 전력할 수 없는 상황으로 보험범죄 사건들에 대한 조사 및 수사가 철저히 이루어지지 않는다는 점이 현실적인 보험회사의 불만사항이다.

특히 보험사기 사건에 대하여 증거를 수집하여 수사단계에 접어들면 보험사로서는 필연적으로 검찰 및 경찰 등 수사기관에 협조를 요구하게 된다. 아직까지는 경찰 및 검찰의 소극적인 자세로 보험사 및 검찰 및 경찰 간에 협의체가 결성되지 못하고 있으며, 필요한 경우 부정기적인 업무협조를 하고 있는 정도이다.

현실적으로 기획수사 기간이 아닌 평소 때 경찰은 보험회사가 제출한 사기혐의자료를 토대로 자체적인 인지사건으로 하여 수사하고 있는 정도이다.

다. 보험범죄방지 교육

전국 수사경찰관의 교육을 맡고 있는 경찰수사연수소에서는 보험범죄의 심각성을 깊이 인식하고 일선 수사경찰관의 보험범죄 수사기법 향상을 위해 매 교육기수 마다 보험범죄에 대한 교육과정을 마련하여 교육을 진행하고 있으며, 금융감독원, 보험협회, 보험회사 등 보험업계와의 협조를 통해 일선 수사관들이 보험범죄에 적극적으로 임할 수 있도록 노력하고 있다.[353] [354]

---

353) 안경호, 금융경제범죄수사과정 보험범죄수사 2006, 강의내용 참조.
354) 안경호 교수는 현대해상(주)부장으로 재직하고 있다.

2. 검찰의 대응체제

검찰기구에서는 보험범죄를 전담하는 조직은 없으며 수사과정에서 인지되거나 신고
된 건을 중심으로 수사를 하고 있다.

반면 2003년 4월 증가하는 금융범죄 특히, 증권범죄에 적극적으로 대처하기 위해서
는 금융, 증권 관련 송치사건이나 금융감독원 고발사건들을 처리하는 것이 주요 업무
였던 서울지검 형사9부를 전환하여 서울중앙지방검찰청의 금융조사부를 설치하고 금
융, 특히 증권범죄 중심으로 수사를 전담하고 있으며 기업인들의 횡령이나 배임범죄,
주가조작세력의 시세조종 따위를 전문적으로 맡고 있다.
서울중앙지검 금융조사부는 3차장 산하에 부장검사 1명과 부부장검사 1명, 평검사 3명
으로 구성돼있다. 검사실 외에는 금융증권범죄분석실이 설치되어 있다.

보험범죄로 인한 직접적인 피해규모가 약 1조 3천억 정도로 추정되고 있는 상황에
서 보험범죄의 방지를 위해서는 검찰의 힘이 그 어느 때 보다도 절실한 바, 보험범죄
를 전담할 수 있는 검찰기구가 필요한 시점이 되어가고 있다고 판단된다.

3. 법원의 대응체제

법원은 경찰 및 검찰의 수사 이후 피의자에 대한 판결로 보험범죄에 대해 대응하고
있다고 볼 수 있다. 그러나 현재 보험범죄에 대한 법률상 규정이 존재하지 않기 때문
에 보험금을 목적으로 한 살인, 방화, 상해 등이 보험범죄의 특성이 드러나지 않는 일
반적인 살인, 방화, 상해죄 등으로 처벌되고 있고 그 밖의 경미한 보험금 사취행위도
사기죄로 처벌되는 등 보험범죄라는 항목으로 따로 분류되지 않아 법원이 보험범죄에
대해 어떻게 대응하고 있는지는 정확하게 알 수 없다.

다행히 2002년도 대한손해보험협회에서 연구를 요청하여 한국형사정책연구원에 분
석한 자료를 통해 유일하게 법원의 보험범죄에 대한 대응상황을 알 수 있을 뿐이
다.[355] 이의 내용을 재정리하여 보험범죄에 대한 법원의 대응상황을 알아본다.

---

355) 대한손해보험협회·한국형사정책연구원, 보험범죄의 형사판례 분석, 2002. 64면.

가. 법원의 보험범죄자에 대한 선고형의 종류[356]

보험범죄자로 적발된 건에 대한 판결문조사에서 나타난 보험범죄에 대한 선고형의 유형을 보면 실형을 선고받은 경우가 34.3%, 집행유예를 선고받은 경우가 65.7%로 집행유예율이 매우 높은 것을 볼 수 있었다. 범죄유형별 형량분포에 관한 공식통계가 존재하지 않는 까닭에 정확한 근거를 제시하기는 어렵지만, 보험범죄의 상당부분이 사기죄로 처단되는 바, 사기죄의 경우 구속율이 22.8%(2001년 기준)에 불과할 정도로 경미한 범죄로 취급되고, 실제로 실형을 선고받아 교정시설에 구금되어 있는 인원을 보더라도 사기죄로 처단된 사람은 1999년의 경우 겨우 77명밖에 안되는 것으로 나타났다. 이는 다른 범죄(상해, 절도, 폭행)의 1/100도 안되는 숫자라고 할 수 있는 바, 사기죄로 의율하여 처단되는 보험범죄의 경우에도 집행유예율이 높을 수 밖에 없다고 보여 진다.

<표 16> 보험범죄자의 선고형의 분포

선고형 ＼ 분포	인 원	빈 도(%)
실 형	265	34.3
집행유예	508	65.7
합 계	773	100

---

356) 대한손해보험협회 · 한국형사정책연구원, 보험범죄의 형사판례 분석, 2002. 64~67면.

<그림 25> 선고형의 분포

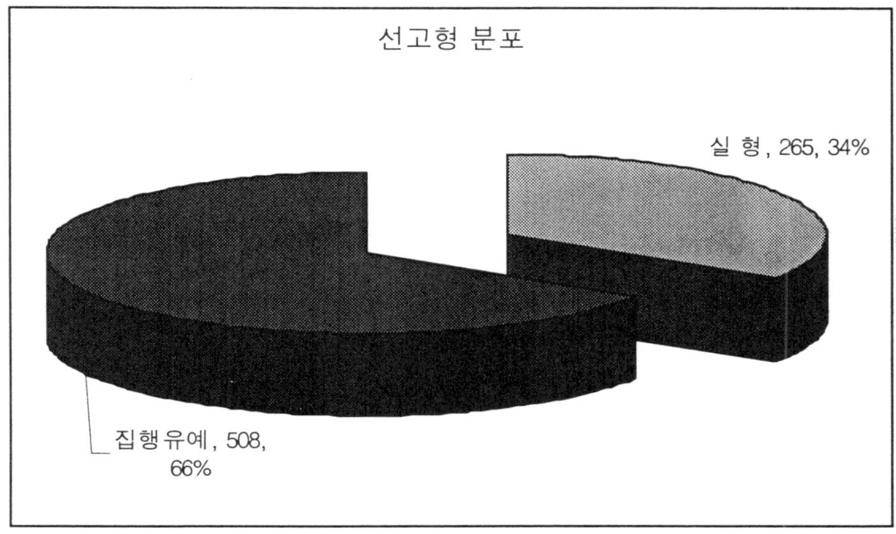

　한편 실형기간별 분포를 보면 징역 1년인 경우가 24.7%로 가장 많았을 뿐만 아니라 징역 1년 이하의 실형을 선고받은 경우가 전체 실형의 63.9%였으며, 이를 다시 징역 1년 6월 이하의 실형을 선고받은 경우로 보면 전체 조사대상자의 84%로 거의 대부분의 보험범죄자가 1년 6월 이하의 형을 선고받고 있는 것으로 나타났다. 이는 보험범죄자에 대해서 집행유예가 아닌 실형을 선고한다고 하더라도 살인이나 방화와 같은 중범죄를 수반하여 행해지지 않는 이상은 채 2년이 못되는 가벼운 형이 선고되는 경향이 있다는 것을 나타낸다고 할 것이다.

<표 17> 실형기간별 분포

구 분 실형기간	인 원	빈 도(%)
6개월	18	9.3
8개월	27	13.9
10개월	31	16.0
1년	48	24.7
1년 6월	39	20.1
2년	15	7.7
2년 6월	4	2.1
3년	9	4.6
4년	1	0.5
5년	1	0.5
7년	1	0.5
합 계	194	100

집행유예기간별 분포를 보면 징역형과 함께 집행유예 2년이 선고된 경우가 85.6%로 대다수를 차지하고 있었으며, 집행유예 3년이 선고된 경우가 9.7%로 그 다음을 차지하고 있었으며, 집행유예 1년이 선고된 경우가 4.7%로 가장 낮은 비율을 차지하는 것으로 나타났다.

<표 18> 집행유예기간별 분포

구 분 집행유예기간	인 원	빈 도(%)
1년	24	4.7
2년	435	85.6
3년	49	9.7
합 계	508	100.0

나. 법원의 보험범죄자에 대한 선고형량의 분포[357]

보험범죄자 전체의 선고형량의 분포를 살펴본 결과 징역 8월 집행유예 2년이 12.1%로 가장 많았으며, 그 다음이 징역 1년 집행유예 2년에 사회봉사명령이 병과된 경우가 10.8%, 징역 1년 집행유예 2년이 10%를 차지하는 것으로 나타났다.

---

357) 보험범죄의 형사판례 분석, 대한손해보험협회 · 한국형사정책연구원, 2002. 69~70면.

<표 19> 보험범죄의 선고형량의 분포

형 량 \ 구 분	인 원	빈 도(%)
사 형	1	0.1
징역 7년	1	0.1
징역 5년	1	0.1
징역 4년	1	0.1
징역 3년	9	1.2
징역 2년 6월	4	0.5
징역 2년 6월, 집행유예 3년,사회봉사	3	0.4
징역 2년	15	1.9
징역 2년, 집행유예 3년, 사회봉사	2	0.3
징역 2년, 집행유예 3년	7	0.9
징역 1년 6월	39	5.0
징역 1년 6월, 집행유예 3년, 사회봉사	14	1.8
징역 1년 6월, 집행유예 3년	5	0.6
징역 1년 6월, 집행유예 2년, 사회봉사	8	1.0
징역 1년 6월, 집행유예 2년	14	1.8
징역 1년 2월, 집행유예 2년, 사회봉사	1	0.1
징역 1년	48	6.2
징역 1년, 집행유예 3년, 사회봉사	9	1.2
징역 1년, 집행유예 3년	7	0.9
징역 1년, 집행유예 2년, 사회봉사	76	9.8
징역 1년, 집행유예 2년	70	9.1
징역 10월	31	4.0
징역 10월, 집행유예 3년, 사회봉사	1	0.1
징역 10월, 집행유예 3년	1	0.1
징역 10월, 집행유예 2년, 사회봉사	55	7.1
징역 10월, 집행유예 2년	62	8.0
징역 10월, 집행유예 1년	1	0.1
징역 8월	27	3.5
징역 8월, 집행유예 2년, 사회봉사	31	4.0
징역 8월, 집행유예 2년	85	11
징역 8월, 집행유예 1년, 사회봉사	7	0.9
징역 8월, 집행유예 1년	9	1.2
징역 6월	18	2.3
징역 6월, 집행유예 2년, 사회봉사	4	0.5
징역 6월, 집행유예 2년	22	2.8
징역 6월, 집행유예 1년, 사회봉사	1	0.1
징역 6월, 집행유예 1년	11	1.4
벌금형	72	9.3
합 계	773	

전체적인 선고형량을 볼 때 징역 1년 이하의 형을 선고받은 경우가 전체의 74.5%인 것으로 나타났다. 이는 보험범죄에 대한 형량이 상당히 낮은 수준에서 행해지고 있다는 것을 나타난다고 볼 수 있다.

보험범죄의 경우 보험회사를 제외한 실질적인 피해자가 존재하는 경우가 드물고, 보험금액이 일반금융범죄에 비하여 경미하다고는 하지만 이는 재난에 대비하는 최소한의 안전장치로서의 보험제도를 도박화함으로써 배금적, 기회주의적 범죄자를 양산할 수 있고, 국가경제의 건전한 질서를 왜곡한다는 점에서 결코 경미한 범죄라고만은 보기 어렵다고 할 수 있음에도 현실적으로는 상당히 낮은 선고형이 적용되고 있다는 것은 제고의 여지가 있다고 보여 진다.

다. 보험편취금액에 따른 법원의 선고형태[358]

보험범죄자가 편취한 보험금액의 규모가 선고 형태와 관계가 있는가를 살펴본 결과 두변수간에 유의미한 관계가 있는 것으로 나타났다. 즉 보험금 편취액수가 100만원 이하인 경우에는 집행유예율이 66.7%인데 비하여 그 금액이 5000만원을 초과하는 경우에는 집행유예율이 50%로 낮아지는 결과를 나타냈다. 경제범죄의 결과불법의 정도는 결국 관련된 피해금액에 좌우된다고 볼 수 있는 바, 보험금 편취액수가 커질수록 집행유예선고율이 낮아지고 실형 선고율이 높아지는 것은 당연한 결과라고 볼 수 있다.

<표 20> 보험편취금액에 따른 선고형태　　　　　　　　　　　( ) 안은 %

선고형태 \ 보험편취금액	100만원 이하	100만원 ~ 500만원	500만원 ~ 1000만원	1000만원 ~ 5000만원	5000만원 초과
집행유예	18(66.7)	128(75.3)	64(62.7)	91(60.3)	12(50)
실 형	9(33.3)	42(24.7)	38(37.3)	60(39.7)	12(50)
합 계	27(100)	170(100)	102(100)	151(100)	24(100)

---

358) 대한손해보험협회·한국형사정책연구원, 보험범죄의 형사판례 분석, 2002. 77면.

라. 법원의 보험범죄에 대한 대응 분석

현행법상 보험범죄에 대하여는 주로 형법 제347조의 사기죄를 적용하여 처벌하고 있다. 형법상 사기죄는 「10년 이하의 징역 또는 2천만원 이하의 벌금」으로 처벌할 수 있지만, 실제 선고된 형을 보면 법정형에 비하여 경미하게 다루어지고 있음을 알 수 있다.

보험범죄에 대한 선고형의 종류를 보면 집행유예 선고율이 실형보다 30% 이상 높은 것으로 나타났으며, 실형을 선고받은 경우에도 징역 1년 이하의 형을 선고받는 비율이 63.9%로 비교적 경미한 형이 선고되고 있음을 볼 수 있었다. 또한 집행유예를 포함한 전체 선고형량분포에 비추어 보더라도 징역 1년 이하의 형을 선고받는 경우가 전체의 74.5%로 매우 높은 비중을 차지하고 있는 것으로 나타났다.

법원의 보험범죄에 대한 선고형이 지나치게 관대한 것이라는 견해[359]도 있지만, 보험범죄를 사기죄의 한 종류로만 파악하고 사기죄를 비롯한 다른 재산범죄의 양형과 비교하여 선고하고 있는 듯 보인다. 이는 보험범죄를 독자적인 경제범죄의 유형으로 파악하고 있는 것이 아니라 재산죄의 하나의 유형으로만 인식하고 있는 것으로 보인다.

제5절 보험범죄 수사학적 분석

1. 적용법령 및 구성요건

가. 적용법령 : 사기죄(형법 §347)

나. 구성요건

1) 행위의 객체 : 보험금 편취

---

[359] 대한손해보험협회 · 한국형사정책연구원, 보험범죄의 형사판례 분석, 2002, 83면.

<표 21> 보험금이 지급대상 사고(담보)

생명·상해 보험	자동차보험	손해보험
입원	입원	화재
수술	후유장해	해상
장해	사망	기계
사망	차량파손, 도난	배상책임

2) 기망행위 (수법)

먼저, 교통사고 위장이 있다. 위장사고란 가해자와 피해자의 사전 공모에 의한 사고 위장을 말하고 고의사고란 음주, 역주행, 신호위반, 중앙선 침범차량을 고의 충돌을 지칭하며 단독사고란 심야에 인적이 없는 곳에서 중앙분리대, 교각 등 충격을 말하고 보행자 사고란 자해공갈을 의미하고 운전자 바꿔치기란 사고운전자에 문제(무면허 등)가 있을 경우를 말한다. 피해자 끼워넣기란 사고차량에 탑승하지 않은 사람 끼워 넣기를 통칭하며 사고일자 조작이란 보험가입 전 사고를 보험가입 후 사고로 조작하는 것을 말한다. 또 한 가지는 사고내용의 조작이다. 타인 의료보험증 이용 대리진단을 하거나 자해·자살, 상해·살인, 방화, 선박 고의침몰 후 보험사고로 위장하거나 또한 공문서 조작이란 사망진단서·호적등본, 자동차등록원부 등 그리고 당뇨병 진단을 받기 위해 혈액검사 전 설탕물 복용 등 장기입원이 가능한 병명 조작 즉, 최근 증가하고 있는 신종 보험사기이며 마지막으로 척추 등에 은분(銀粉) 등을 발라 CT, MRI 촬영결과 조작 등이 있다. 특징으로는 전문 직종 종사자의 보험범죄 공모가 따른다. 공모수법으로는 의사의 경우 허위 진단서 발급 그리고 병원사무장의 경우 진단서 위조·변조 그리고 법률사건브로커의 경우 허위 진단서 발급 중개 또한 방사선과 관계장의 경우 다른 사람의 CT, MRI 사용 마지막으로 보험모집인과 대리점의 경우 보험범죄 수법 교사 등의 수법을 주로 사용한다. 공모실익의 경우로는 의사는 교통사고 환자의 치료비(보험회사) 또한 질병·상해 환자의 경우 건강보험급여 (국민건강관리공단) 마지막으로 장해환자의 경우 감정수수료, 대가 또한 방사선과 관계자는 리베이트 수수와 법률사건 브로커의 경우 수임료를 챙기며 보험모집인, 대리점의 경우 보험모집 실적(수당)등이 있다.

2. 보험범죄수사

보험범죄 수사과정에서 혐의 포착하거나 금융감독원(이하 금감원이라고 줄여서 표현함)의 보험사기혐의 통보 사건 또한 보험회사 진정 사건 등의 방식이 있다. 사실조회의 경우 보험가입 및 보험사고 내역 조회가 있고 또한 금감원이나 보험회사에서 혐의여부가 불분명한 경우 금감원에 판단 요청을 하는 경우가 있다. 또한 혐의자 신병 확보 및 공모관계 파악 즉, 전과 유무, 현 주소지, 핸드폰 번호 조회가 있고 병·의원의 보험사기 가담여부 확인 (질병보험사기인 경우) 즉, 국민건강보험공단 급여청구 내역 조회가 있다. 증거자료 확보의 경우 조사결과 발견된 혐의사실 청취 (금감원에 요청한 경우) 즉, 혐의자 및 수사계획 수립과 보험금 지급서류 징구 즉, 기망내용 및 피해금액 확정 그리고 병·의원의 보험사기 가담혐의 확인 시 압수·수색 등의 방법이 있다. 참고인 소환조사의 경우 불특정 제3자 대상 교통사고 야기 보험범죄 즉, 가해차량 운전자를 통해 사고당시 상황 재현 등과 질병·상해의 피해내용 과장 보험범죄 (장기입원) 그리고 간호사 등을 통하여 혐의자의 입원치료과정상 혐의점 조사를 실시한다. 단, 허위입원은 혐의자 핸드폰 사용 기지국 위치 추적을 통해 허위입원을 추궁할 수 있는 증거로 사용된다. 혐의자 조사의 경우 단순 가담자부터 주된 혐의자 순으로 자백을 받는 경우 범죄사실의 전모파악 용이 및 병·의원과 공모한 보험범죄는 혐의자로부터 해당병원 내원경위, 진단방법 및 실제 입원치료내역에 대한 상세한 진술을 확보하는 경우 입증이 용이하다.

3. 보험 분야별 보험사기 징후

가. 교통사고 위장

교통사고 위장의 경우 자동차보험은 자동차의 소유·사용·관리에 기인하여 발생한 손해를 전보하는 보험이 특징이다. 자동차 이용한 보험범죄는 2003년 중 전체보험범죄

적발건수 9,315건의 41.1%인 3,828건을 차지하고 있다. 보험사기 징후의 일반적인 특징으로 먼저, 보험계약인 경우 보험료의 합계가 실제소득에 비해 비정상적으로 많고 사고 직전 담보종목을 추가하거나 담보금액을 증액하고 보험 상품 선택기준이 보험료 규모보다는 보상내용에 집중하며 사고 직전 여러 회사에 다수의 보장성보험을 자진 가입한다. 보험사고의 경우 유사한 보험사고가 비정상적으로 반복 발생하며 가족, 지인들도 유사한 사고가 반복 발생하고 특정병원에 반복적으로 입원이 일어나고 진단내용에 비하여 훨씬 빠르게 퇴원하거나 장기 입원하며 전과 등이 있는 경우 경찰서에 사고가 미신고 되는 특징이 있다. 사고내용 특징으로 사고발생 장소로는 목격자가 없는 외곽 도로 또는 주택가 이면도로, 일방통행로, 차량 서행이 불가피한 장소, 주차장 및 공터, 중앙선침범이나 신호위반을 하기 쉬운 장소, 불법유턴이 많은 장소에서 사고가 발생한다. 사고발생 원인으로는 소로의 중앙선 침범, 신호위반·음주운전 차량 충돌과 일방통행로 위반차량 고의충돌 그리고 끼어들기 차량을 보고 차량을 급정거하여 고의 추돌 야기 또한 목격자 없는 차량 전도사고 그리고 진행신호상태에서 충분히 교차로를 통과할 수 있음에도 돌연 정지하여 추돌사고 야기 그리고 신호가 개방되어 출발하려다 돌연 정지하여 추돌사고 야기 또한 택시가 정차하여 차량문이 열리는 것을 보고 오토바이로 충격 마지막으로 횡단보도 및 후진차량 등에 무조건 부딪히는 사고가 있다. 보험사고 후 행태로는 경미한 차량접촉사고임에도 허리, 목, 머리 및 무릎에 대한 통증을 과장되게 호소 그리고 차량이 대파되었는데도 경미하거나 주관적인 부상만 호소 또한 차량이 견인되거나 부상자가 호송된 사실이 없음 마지막으로 중앙선 침범·신호위반 차량과 충돌했음에도 차량피해가 경미 등의 특징을 수반한다. 사고관련자 태도로서 운전자의 경우 지나치게 사고에 대해 관대하며 보험가입여부와 보험회사를 먼저 확인하고 경미한 사고임에도 차에서 내릴 때 손을 허리와 목에 대고 과장되게 아픈 척하며 사고 후 대응방법이 숙련된 사고자 같이 노련하다. 또한 지나치게 침착하며 아무 일도 아닌 듯이 이야기하고, 익일 사전연락 없이 병원에 입원하며 지나치게 위압적이며 무조건 상대방의 잘못을 강요한다. 무조건 경찰에 신고한다고 하며 처벌조항 등을 이야기한다. 또한 사고 후 피해자 측에 아는 사람들이 갑자기 모이며 마지막으로 사고가 났음에도 차에서 내리지 않고 잘잘못을 따지지도 않으며 무조건 경찰신고부터 한다. 차량 탑승자(동승자)의 경우 사고경위에 대해 잘 모른다고 하며(잠이 들었다는 등)   운전자나 차량소유자에 대해 잘 알지 못하고 사고 시 탑승위치에 대한 동승자간 진술이 상이하며 사고전의 탑승 장소와 운행경위에 대해 잘 알지 못하거나 함구하며 자세한 대화를 피하고 모든 것을 운전자에게 떠맡기고 무언가 불안해하는 특징이 있고 경미한 사고임에도 탑승자 전원이 특정 병원에 동시 입원하며 심야에 술도 먹지 않은 상태에서 다수가 동승하며 마지막으로 사고가 났는데도 차에서 내리지 않는 특징이 있다. 사고 목격자의 경우(보험범죄 공모자) 목격자가 지나치게 열성적이며 목격자가 자신의 신상, 연락처 등에 대해 밝히기를 꺼려하고 사고당시에 보이지 않던 목격자가 익일 나타나고 마지막으로 목격자가 사고 직전의 행적을 밝히지 않는다.

나. 화재보험금을 노린 방화

화재보험은 주택, 건물, 창고, 공장 등의 화재로 인하여 생기는 손해를 전보하는 보험이며, 보험목적물은 건물, 동산 또는 집합된 물건 이외에도 교량, 입목(立木), 삼림(森林) 등이 포함된다. 보험사기 징후로는 화재발생전의 경우 매각 또는 철거 절차가 진행 중인 건물 혹은 주거용 건물임에도 거주자가 장기간 부재하며 피보험자가 심각한 부채를 안고 있거나 파산위기에 있고 단선 혹은 단수 상태이거나 제세공과금이 연체되며 보험목적물이 이혼합의, 분쟁의 대상이 되며 화재보험 가입 또는 보험가액 증액 배서가 발생하고 화재발생 직전 보험계약이 있으며 건물주 또는 임차인이 과거에 화재로 인한 보험금을 지급받은 전력이 있는 경우가 존재하며 건물주 또는 임차인이 과거에 화재로 인해 보험금 지급청구를 하였으나 각종 사유로 지급이 거절된 전력이 있는 경우가 대부분이다. 화재발생 후의 경우 오래되거나 판매되지 못한 재고품의 다량 소실 그리고 가족사진, 귀중품 등이 현장에서 발견되지 않으며(예, 성경, 가족사진, 수집품 등) 채권서류 등을 보관하는 서류함이 비어 있고 스프링클러 등 소화시설이 작동되지 않은 경우가 있고 현장주변에서 발화에 사용한 것으로 추정되는 물질이 발견되며 화재 발생 전 누군가 침입한 흔적이 있고 발화지점이 여러 군데이며 화인이 가연성 물질에 의해 비롯되었다고 추정되며 가스를 사용하지 않는 곳에서 폭발현상(휘발유를 뿌리면 나타남)이 발생하고 심야(24시-일출 전)에 발생하고 피보험자가 이상할 정도로 침착하며 마지막으로 피보험자가 황급히 화재현장을 정리하는 특징이 있다.

다. 생명·상해보험 사기

생명·상해보험은 사람의 생사(生死)를 보험사고로 하여 일정한 금액을 지급하는 보험임. 손해보험과는 달리 약정한 가입금액을 지급하는 정액보험이다. 생명보험은 사망(일반, 재해), 장해, 입원, 상해보험은 입원기간 중 발생된 치료비 전액을 담보하는 보험이며, 교통사고 위장 혐의자의 경우 다수의 생명보험과 상해보험에 가입하고 있는 것이 일반적인 특징이다. 보험사기 징후에는 일반적인 특징이 있다. 먼저 보험계약의 경우 보험료의 합계가 실제소득에 비해 비정상적으로 많으며 교통재해, 성인병 등 특정 재해(질병)를 고액 담보하는 보험 상품에 자진 가입하고 보험사고 발생시마다 지속적으로 보장성보험에 자진 가입한다. 보험사고의 경우 가족구성원 대부분이 유사한 보험사고가 발생하고 특정병원에 반복적으로 입원을 한다. 사고내용 특징으로서 사고발생 원인에는 등산 또는 운동 중 넘어진 사고와 작업, 조리중 사고 그리고 손가락, 발가락 절단 사고 또한 화상 사고 마지막으로 실명(失明) 사고가 있다. 보험사고 후 행태로는 먼저, 사고일시, 사고경위에 대해 구체적 진술을 못하거나 번복하고 주거지와 원격지에 있거나 소위 나이롱환자가 많은 병원에 반복적으로 장기입원하며 가족, 지인들이 다른 사고로 같은 병원에서 함께 입원한다.

라. 병·의원 관련사기

최근 병·의원 수의 증가로 병원 수익성이 악화되자, 일부 부실한 병·의원은 의료보험에 비해 의료수가가 높은 자동차보험환자를 적극 유치하여 장기입원 및 불필요한 진료행위 등을 통한 보험사기를 도모하고 있으며 더 나아가 입원환자에 대한 허위진단서를 발급하는 등 일반인의 보험사기를 조장하고 있다. 사기 징후에는 일반적인 특징이 있다. 먼저, 허위입원의 경우 내원하지 않은 인물이나 통원치료환자를 입원환자로 조작하고 단기입원환자를 장기입원환자로 조작하는 경향이 있다. 허위치료의 경향으로는 물리치료, 수술, 식사 등을 시행치 않거나 지급치 않고도 시행, 지급한 것으로 조작하며 저가의 약품을 투약하고도 고가의 약품으로 조작한다. 또한 환자관리 부실의 경우 병원등급에 따라 인가된 병상 수를 초과하여 병원을 운영하며 입원환자 부재 및 병원사무장 등의 보상과정에 개입한다. 단계별 사건으로는 사고발생 및 내원의 경우 먼저, 구급차 비리(환자유치로 대가 지불)와 사고 장소와 입원병원의 원거리 운영 그리고 입원을 강력 권유하는 경향이 있고 CT. MRI 촬영을 타병원에 빈번하게 의뢰한다 (리베이트 수수). 입원 및 처치단계에서는 먼저, 병상 수 초과 입원(임의로 병상 증가)과 허위입원(공무원 등 장기입원이 불가능한 환자도 입원처리) 그리고 허위검사(혈액·소변검사) 및 허위치료(공휴일에도 물리치료)를 위주로 이루어진다. 수술의 단계에서는 먼저, 허위수술(간단수술을 복잡수술로 조작)과 불필요한 수술(높은 장해를 원하는 환자의 요구로 수술) 그리고 초기 경상자가 추가진단 후 수술(X-ray 필름 바꿔치기) 등이 있다.

[보험관련 법률1] 보험범죄

[형 법]
　제347조 (사기)
① 사람을 기망하여 재물의 교부를 받거나 재산상의 이익을 취득한 자는 10년 이하의 징역 또는 2천만원이하의 벌금에 처한다.
② 전항의 방법으로 제3자로 하여금 재물의 교부를 받게 하거나 재산상의 이익을 취득하게 한 때에도 전항의 형과 같다.
제351조 (상습범) 상습으로 제347조 내지 전조의 죄를 범한 자는 그 죄에 정한 형의 2분의 1까지 가중한다.

[형사소송법]
　제199조 (수사와 필요한 조사)
① 수사에 관하여는 그 목적을 달성하기 위하여 조사를 할 수 있다. 다만, 강제처분은 이 법률에 특별한 규정이 있는 경우에 한하며, 필요한 최소한도의 범위 안에서만 하여야 한다. <改正 95·12·29>
② 수사에 관하여는 공무소 기타 공사단체에 조회하여 필요한 사항의 보고를 요구할

수 있다.

[보험업법]
　제162조 (조사대상 및 방법 등)
① 금융감독 위원회는 이 법 및 이 법에 의한 지시에 위반된 사실이 있거나 공익 또는 건전한 보험거래질서의 확립을 위하여 필요하다고 인정하는 경우에는 보험회사, 보험계약자, 피보험자, 보험금을 취득할 자 그 밖에 보험계약에 관하여 이해관계가 있는 자(이하 이 장에서 "관계자"라 한다)에 대한 조사를 할 수 있다.
② 금융감독위원회는 제1항의 규정에 의한 조사를 위하여 필요하다고 인정한 경우에는 관계자에 대하여 다음 각호의 사항을 요구할 수 있다.
1. 조사사항에 대한 사실과 상황에 대한 진술서의 제출
2. 조사에 필요한 장부·서류 그 밖의 물건의 제출

< 보험업법 시행령 >
　제100조(금융감독위원회 업무의 위탁)
① 금융감독위원회는 법 제194조제3항의 규정에 의하여 별표 5에 규정된 업무를 금융감독원 장에게 위탁한다.

* 별표 5 중 제20호
법 제162조제1항 및 제2항의 규정에 의한 조사 및 자료제출 요구

제194조 (업무의 위탁) ③ 금융감독위원회는 이 법에 의한 업무의 일부를 대통령령이 정하는 바에 따라 금융감독원장에게 위탁할 수 있다.

[금융감독기구의설치등에관한법률]

제67조 (원장의 협조요청) 원장은 직무수행상 필요하다고 인정하는 경우에는 행정기관

기타 관계기관에 대하여 협조를 요청할 수 있다.

[보험관련 법률2] 금감원의 보험사기 조사업무

1. 근거법률 : 보험업법 §162

공익 또는 건전한 보험거래질서의 확립을 위하여 필요하다고 인정하는 경우에는 보험회사, 보험계약자, 피보험자, 보험금을 취득할 자 그 밖에 보험계약에 관하여 이해관계에 있는 자에 대한 조사를 실시한다.

2. 조사방법

조사사항에 대한 사실과 상황에 대한 진술서의 제출 요구한 후, 조사에 필요한 장부·서류와 그 밖의 물건의 제출을 요구한다. 또한, 행정기관과 기타 관계기관에 대하여 협조를 요청한다.(감독기구의 설치 등에 관한법률 §67) 조사 착수 단서는 보험사기 인지시스템에서 자동 추출된 사건, 보험범죄 신고 센타 접수 사건, 보험회사 보고 "보험범죄인지보고" 사건, 수사기관에서 보험사기 혐의여부 판단을 요청한 사건, 공익 또는 건전한 보험거래질서의 확립을 위하여 조사의 필요성이 있다고 인정하는 사건을 기획조사 해야 한다.

3. 보험범죄 조사절차 흐름도360)

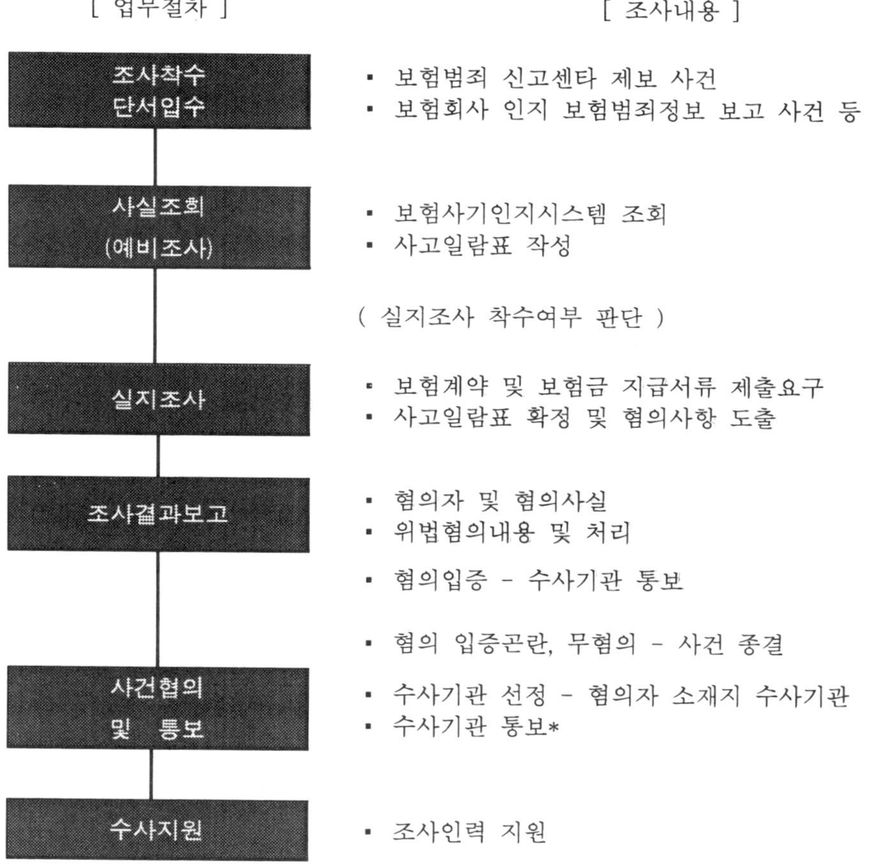

수사기관에 통보하는 방법으로는 먼저, 사건협의 (감독원 → 수사기관) 그리고 범죄혐의 인지 (수사기관) 또한 수사협조 요청 (수사기관→감독원) 마지막으로 협조요청자료 회신 (감독원→수사기관)순으로 이루어진다.

4. 보험사기 방지체제 구축

360) 장상훈, "경찰대학 경찰수사연수소 제2기 금융경제 범죄수사 전문과정 보험범죄 강의 내용," 2005.

가. 보험사기 방지체계

<그림 26> 보험사기 방지체계

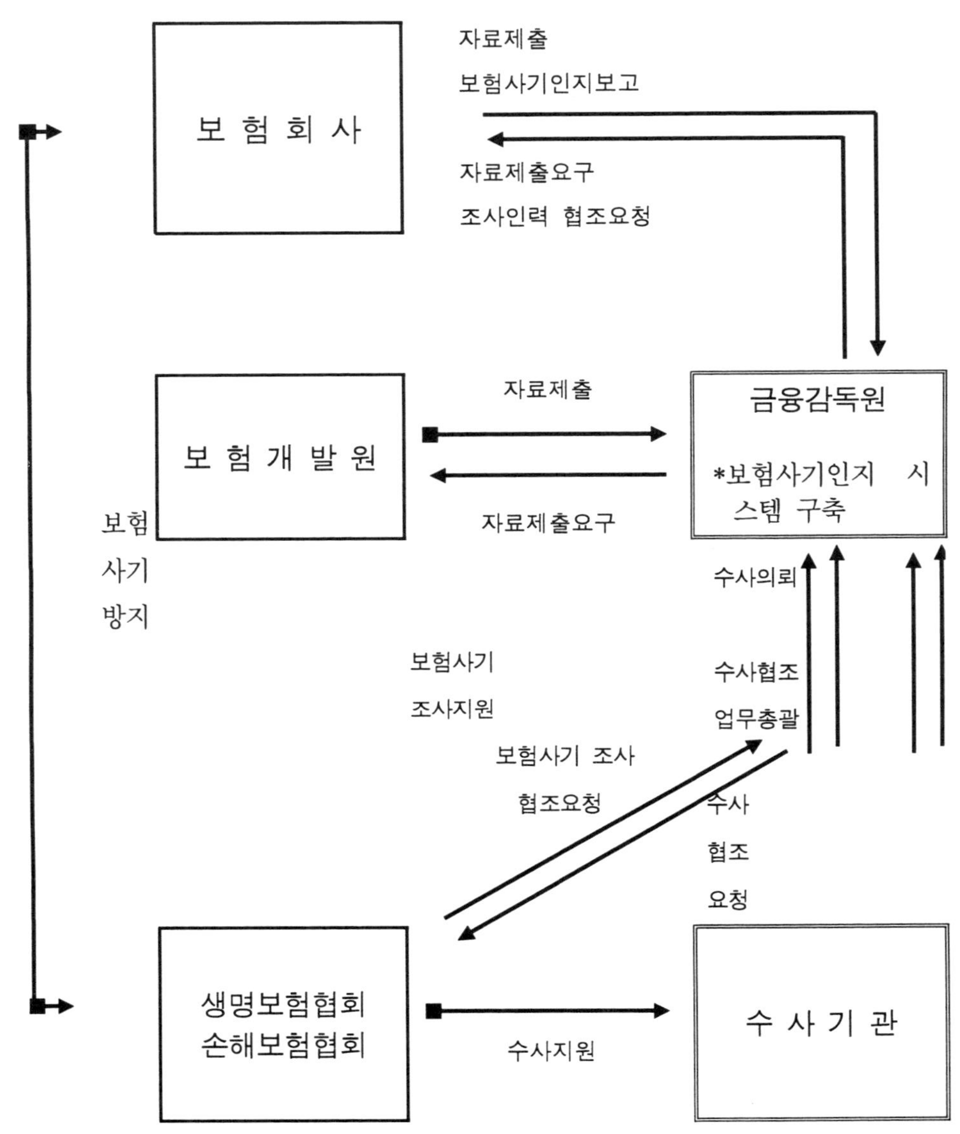

나. 기관 간 역할분담

<표 22> 기관 간 역할 분담

구 분	업 무	담당부서
금융감독원	○ 보험사기 조사업무 정책수립 ○ 보험사기인지시스템 운영 ○ 보험사기 종합분석 및 통계관리 ○ 보험사기 조사기법 개발 및 연구 ○ 보험범죄정보 집적 및 종합 관리 ○ 보험범죄신고센타 운영	보 험 조사실
생명보험협회	○ 생명보험 범죄방지대책협의회 운영 ○ 국제전문가 초청 보험사기방지 세미나 개최 ○ 보험범죄방지 유공자 포상	보 험 리스크 관리실
손해보험협회	○ 손해보험 범죄방지대책위원회 운영 ○ 보험범죄방지 국제 강연회 개최 ○ 보험범죄 아카데미 개설 ○ 보험범죄방지 유공자 포상	보험범죄 방지센타
보험개발원	○ 보험사고정보시스템(ICPS) 운영 ○ 보험사기 방지를 위한 정보위원회 운영	조 사 통계팀
생명보험회사 손해보험회사	○ 보험사고 특별조사팀(SIU) 운영	SIU

보험사기인지시스템 개요 ('03. 12월 구축)

집적정보는 '98. 1. 1이후 발생된 모든 보험사고를 대상으로 하며 보장성보험의 경우 '98. 1. 1이후부터 대상이 된다. 주요기능으로는 먼저, 사기지표(FI)값 산정을 통한 혐의자 자동 추출과 혐의자별 보험사기혐의 여부판단이 있다.(혐의그룹 추적 기능)

5. 보험범죄 유형별

가. 보험범죄 유병별 사례

1) 사망보험금을 노린 청부 살인

> 피의자 노○○은 택시기사 김○○과 공모하여 자신의 처를 택시로 충격하여 현장에서 사망케 하고 교통사고로 위장하여 11억6천5백만원을 편취하려한 것임.

수사 착안사항으로는 사고현장은 주거지에 20~30분 거리인데 실제 사고발생시간과 1시간40분의 공백이 있는 점과 휴직상태인 부부가 심야에 부부간의 데이트를 목적으로 외출했다는 점 그리고 사고택시 운전자는 사고당시 40㎞의 저속으로 운행했다고 진술하나 타코메타 상의 기록이 상이하고, 피해자가 약 35.5m 가량 튕겨 나가 떨어지면서 사망했다는 점 마지막으로 경찰진술에서 남편이 택시기사의 처벌을 원하지 않는 점이다.

수사방법으로는 먼저, 보험가입내역 조회와 피의자 노○○은 수입에 비해 상당히 많은 월 보험료를 여러 보험회사에 사망피해자 김○○ 명의로 가입하여 납부한 사실 확인 또한 휴대폰 통화내역 추적으로 사고발생 전·후 여러 번 통화한 상대자가 사고발생 2개월 전까지 같이 근무했던 구○○로 확인되어, 구○○의 통화내역을 수사하던 중 또한 사고발생 전후로 사고택시 운전자와 여러 번 통화한 사실을 확인하였다.

2) 사망보험금을 노린 아내 살인

> 피의자 김○○은 2001. 5.27. 피해자인 처 이○○을 탑승시켜 운행 중 고의로 차를 호수에 추락시켜 사망케 하고 보험회사 상대로 13억3천4백만 원을 편취함.
> * 본 사건은 당시 관할서에서 일반교통사고로 처리되어 송치될 단계 였음.

수사착안 사항으로는 사고목격자 탐문수사과정에서 피의자를 물에서 끌어 내준 낚시터주인 진술에 의하면, 2~3번에 걸쳐 다른 동승자 여부를 물었으나 피의자는 고개를 좌우로 흔들며 없다고 한 점 그리고 119구조대 구급일지 기록사실에 의하면 구조 당시 피의자는 정신이 명료하였음에도, 3~4회에 걸친 다른 동승자 여부에 대한 질문에 함구하고 있다가 차가 출발한지 약 15분 뒤에서야 자신의 처가 차량 내에 있다고 한 점이다. 수사방법으로는 보험가입내역 조회로서 무직인 피의자 김○○ 사고발생 6개월 전부터 처를 피보험자는 보험계약 9건 자진 가입하였으며, 월 납입보험료는 97만원으로 동인가족 월수입 80만원을 초과하였음을 밝혀냈다. 또한 자동차사고과학연구소의 사고조사 분석 조회를 통해 사고차량은 사고 직전 직선주로에서 시속 35.5㎞의 속력으로 진행 중 핸들을 갑자기 266.6도 가량 오른편으로 급조작하여 그 상태로 차량이 호수에 떨어지기까지 핸들을 잡고 있었던 것으로 분석되었다.

3) 화재보험금 노린 방화사건

피의자 이○○은 싱크대 공장의 사장, 상무 엄○○는 위 피의자 의 동서, 총무이사 이○○는 사촌동생으로 공모하여 '98. 2. 3. 자신의 공장을 양초 5개를 3/5가량을 잘라내어 바닥에 세워놓고 신나 2통을 바닥에 뿌리는 방법으로 방화하고 7억4천만 원 상당의 보험금을 편취하려 한 것임.

수사착안사항으로는 피의자 이○○은 화재발생 전 IMF 한파로 인하여 자금사정이 어려워 회사경영이 악화되고 있던 점과 화재현장 부근에서 2개의 플라스틱 기름통 2개가 발견된 점이다. 수사학적 접근으로 보험가입내역 조회로서 피의자는 사고발생 전 4개월 동안 보험료를 납입하지 않아 실효상태에 있다가 화재발생 보름 전에 보험료를 납입하여 보험계약을 부활하였음을 확인하였고 휴대폰 통화내역 추적으로 회사 상무이면서 동서인 엄○○와도 화재발생 일시인 2. 4. 00:18경 전후로 수차례 통화한 사실을 확인하였으며 20:00경 직원들이 모두 퇴근하고 공장에는 아무도 없었다는 진술에도 불구하고 사건당일 21:34경부터 수차례 피의자 핸드폰으로 공장과 통화한 사실을 확인하였다.

4) 교통사고 보험금 노린 자해 공갈단

피의자 양○○ 등 16명은 주택가 부근 골목길에서 그 곳을 서행으로 지나가던 차량의 조수석 백밀러에 팔꿈치를 부딪혀 자해하는 방법으로 4천7백만 원 상당의 보험금을 편취함.

수사착안사항으로는 보험회사 직원을 상대로 욕설 및 폭력을 행사한다는 정보를 입수하였다. 수사학적 접근으로 보험사고 및 보상경력 조회 즉, 3~4명이 탑승한 상태에서 교통법규위반차량에 의한 피해사고가 반복 발생하였음을 발견하였다. 또한 전과 유무 조회 및 주변 조사를 통하여 자해 공갈단 "기상이파"를 결성하였음을 확인하였다.

5) 부부 교통사고위장 보험사기

피의자 임○○는 전직 보험설계사이고 김○○은 임○○의 처인자로서 상호 공모하여 골목길 등에서 서서히 주행하는 차량에 접근 일부러 넘어져 부딪히는 방법으로 총 6회에 걸쳐 2억원 상당의 보험금을 청구하여 1억1천만 원을 편취한 것임.

수사착안사항으로 보험범죄혐의가 있다는 정보 입수과 피의자는 월 소득 500만원임에도 5개 보험회사 22개 보험 상품에 가입하였으며, 월 보험료로 480만원 상당을 지출한 점과 초진 시 아무런 이상이 없다는 진단서가 발부되면 안면이 있는 병원으로 전원 하여 장기입원한 점이다.(특정병원 반복입원) 수사학적 접근으로 보험가입 내역 조회 또한 피의자는 월 소득 500만원임에도 22개 보험 상품에 가입하였으며 월 지출보험료는 480만원 상당의 과도한 점이다. 보험사고 및 보상경력 조사로는 먼저, 퇴원직후 유사한 형태의 교통 피해사고 연속 입원등과 특정 1~2개 병원을 번갈아 가며 반복적으로 장기입원 하는 경향이 있다. 주변조사로는 처의 인공수정으로 거액의 자금이 필요하다

6) 사망보험금을 노린 자살

피보험자 장○○은 과도한 채무를 변제할 목적으로 자신의 차량에 탑승한 상태에서 휘발성 물질로 차량을 방화하여 자살한 후 보험금 규모 8억1천만 원 상당의 재해사고로 위장한 혐의

수사착안사항으로는 먼저, 사고차량 내부에 휘발성 물질이 발견되었으며, 폭발음과 동시에 차량에서 불길이 솟았다는 목격자 진술 확보와 사고차량은 낚시터 야산이나 사고차량 어디에도 낚시도구 등이 발견되지 않았다. 수사학적 접근으로 보험가입내역 조회로 사망자는 사고발생 직전 여러 건의 보험에 가입하고 고액의 보험료를 납부하였다. 주변인 조사로는 사망자는 사고발생 전 재정적인 어려움에 처하고 있었던 것과 사망자는 사고 장소에 갈 이유가 없었음을 밝혀냈다.

7) 장해보험금을 노린 자해 (손가락 절단)

피의자 황○○은 장해보험금을 편취할 목적으로 자신의 왼쪽 손가락을 고의로 절단한 후 '정육점에서 뼈 절단기 사용 중 절단'된 것으로 위장하여 3억6천8백만 원 보험금을 편취함.

수사학적 접근으로 보험가입내역 조회를 통해 사고발생일 한 달 전인 '05. 2.16. 고액의 장해보험금이 지급되는 3개 상품에 추가로 가입하였으며, 월수입 대부분을 보험료로 납입한 것과 보험사고 및 보상경력 조회로서 '05. 3.21 정육점 뼈 절단기에 의해 '05. 3.21. 왼쪽 2~5 수지의 근위지절(둘째마디) 절단사고로 장해3급 보험금 청구하였으나 장해 4급 보험금을 지급 (약관해석 착오)한 것 그리고 '05. 8.15. 정육점 뼈 절단기에 의해 왼쪽 1수지 원위지절(첫째마디) 부위의 절단으로 장해 3급 보험금을 수령한 점 마지막으로 1, 2차 사고모두 피의자 음주상태에서 발생되었으며, 1차 사고 후 보험회사가 약관상 규정된 장해4급 보험금을 지급하자 '손가락을 하나 더 자르면 장해3급 보험금이 나오느냐'고 항의한 것이다.

8) 차량수리비를 노린 사고조작

혐의자 김○○은 2001. 4.15. 본인차량을 주차 중 도난당하여 파손된 채 발견되자 2001. 6. 9. 내리막 커브 길에서 운전부주의로 도로를 이탈하면서 가로수를 충격하여 차량이 전도되었다는 허위의 사고를 접수하여 차량수리비 1천만 원을 편취하려 한 것임.

2005. 4. 18. 자기차량손해담보를 추가로 가입한 것과 사고현장 조사결과 혐의자 김○○이 충격하였다는 나무에 곰팡이가 피어 있고, 차량 파손상태와 사고현장 주변상황이 상이한 점 그리고 차량정비업체에 방문하여 확인한 결과, 파손부품을 모두 버린 상태이고 차량견인일지도 작성되어 있지 않은 점. (정비업체 공모) 마지막으로 관할 파출소를 방문하여 자기차량손해담보 추가가입시점을 전후한 교통사고 접수내역을 조회한 결과 혐의자 김○○이 진술한 사고현장은 2005. 4. 28. 다른 차량의 사고현장으로 확인된 점등이다. 조사 및 조치사항으로는 혐의자는 차량파손부위와 사고현장이 유사한 장소를 물색한 후 정비업체 직원과 공모하여 존재하지 않는 사고를 실제 발생한 것처럼 위장하여 보험금을 청구하였음을 자백 받고 보험금청구 포기각서 징구한 것이다.

9) 차량도난보험금을 노린 사고조작

혐의자 김○○은 불법 차량수출업자들에게 본인소유의 스카이나 23톤 트럭의 차량대금을 받고 차량을 인도하였음에도 2005. 7. 21. 차량을 도난당한 것처럼 경찰서에 신고한 후 6천만 원 상당의 보험금을 편취함.

수사착안사항으로는 도난사고일자 직전에 차량손해 보험가입금액을 2천만 원에서 7천만 원으로 증액 변경한 점 그리고 혐의자 김○○은 본건 도난차량의 할부금 3천1백만 원을 할부만료일이 경과한 시점까지 변제하지 못하고 있었던 점 마지막으로 혐의자는 일거리가 없어서 고용기사를 그만두게 하였다고 하나, 도난당시 해당 지입회사의 경우 차량과 기사가 부족해 타지방 차량까지 투입하고 있었다는 주변인들의 진술과 상이한 점이다. 조사 및 조치사항으로는 혐의자 김○○으로부터 허위 도난사고 접수사실 자백 받고 기지급 보험금 6천만 원 전액 환수한 것이다.

10) 인터넷을 통한 자해 공갈단 모집 교통사고 조작

협의자 서○○은 인터넷사이트 '면허증담보 대출'카페를 개설하여 이를 보고 찾아온 박모(20) 등 대학생과 무직자 등 20여명을 1인당 50만원씩 주고 교통사고 요령과 방법 등을 교육시킨 뒤 고의로 사고 유발하여 모두 41차례 3억2900만원 상당의 보험금을 편취함

수사착안사항으로는 주범인 서씨 등은 잦은 교통사고로 의심을 피하기 위해 교통사고 경력이 없는 이들을 고용한 후 보험금을 대신 수령한 점 그리고 관련 병·의원은 이들이 병원에 입원하지도 않았는데도 한 달 이상 입원한 것처럼 허위진단서를 발급한 점 등이다. 조사 및 조치사항으로는 혐의자 서○○으로부터 자백 받고 관련병원장 등 구속 후 기지급 보험금 등을 환수조치 한 것이다.

제6절 보험범죄방지를 위한 발전적 대응방안

1. 보험범죄 전담수사조직 신설

현재에는 경찰청에서 보험회사의 자료를 활용하여 연간2회 정도의 기획수사를 하고 있으나 이러한 기획수사만으로는 광범위하고 지능적으로 자행되는 보험사기 근절의 근본적 대책으로는 미약한 것이라 생각한다. 그리고 수사권의 주체인 검사의 경우를 보아도 담당 검사가 의욕을 갖고 보험사기 적발에 전념하여 보험사기와 관련된 범죄의 구조와 문제점을 파악할만한 시간이 흐르면 인사발령 등으로 진행 중인 사건을 마무리하지 못하고 방치될 수도 있다. 또 각 보험범죄에 대한 수사는 일선 검사 차원에서 진행되고 있는 수준으로 보험범죄사건이 일어날 때마다 담당검사는 보험사기가 무엇인지부터 시작하여야 한다. 때문에 보험범죄 사건이 일어날 때마다 담당 검사는 처음부터 수사를 시작해야 한다. 보험범죄에 대한 자료도 축적되어 있지 않고 저마다

따로 관리해 사건이 발생하면 일단 보험범죄가 무엇인지부터 시작해야 하는 비효율적 대응체계를 벗어나지 못하고 있다. 보험범죄 전담조직이 구성된다면 이러한 수사의 단절은 피할 수 있을 것이다.361) 이제는 보험범죄 수사 시 경찰 및 검찰의 전문성을 갖추어야 할 때가 된 것 같다.

2. 보험범죄에 대한 적정형벌 부과 및 보험범죄관련 법령 개정

보험범죄는 형법상 범죄도, 특별법상 범죄도 아님에도 불구하고 이제는 누구에게나 보험범죄라는 용어가 낯설지 않을 정도로 언론매체를 통해 빈번하게 접하게 되는 게 현실이라고 할 수 있다. 물론 보험범죄를 예방하고자 하는 차원에서 보도되는 경우도 있지만 대부분은 보험과 관련한 각종의 사건, 사고의 보도라고 할 수 있다. 특히 IMF 이후 언론을 장식했던 채권자의 채무자에 대한 자살 강요, 아들의 손목절단, 행위자 자신의 발목 절단사건 등은 모두 보험금을 노리고 행해졌던 비윤리적, 비도덕적 범행들이었다. 이후 전문적인 보험범죄 집단이 경찰에 잡히기도 하고, 일가족 전원이 보험범죄에 가담했던 경우도 있었다.

이러한 보험범죄는 부당하게 보험금을 누수시킴으로써 보험사의 부실을 초래할 뿐만 아니라 그 피해가 정상적으로 보험료를 지불하고 있는 일반 보험계약자들에게도 미치게 된다. 그리고 더 나아가 보험제도의 본질 자체를 왜곡시킴으로써 보험에 의해 보호되어야 할 위험에 대해서 보험회사가 이를 회피하거나 거부하게 만드는 결과를 초래하게 되고 결국 보험의 보호를 받지 못하고 무방비상태로 위험에 노출되는 선의의 피해자를 양산하게 될 수밖에 없게 된다. 궁극적으로 보험범죄는 보험제도의 효율성 자체를 떨어뜨릴 뿐 아니라 보험제도의 존재가치에 대해서도 회의를 갖게 만들게 할 우려가 있다는 점에서 심각하게 고려되어야 할 문제이다.

이러한 사정임에도 불구하고 앞에서 검토한 바와 같이 법원의 판결의 내용을 분석해 볼 때 보험범죄가 독립적인 범죄유형으로 규정되어 처벌되는 것이 아니라 그에 선행되는 다른 위법행위를 이유로 처벌되고 있기 때문에 보험범죄 자체에 독자적인 불

---

361) 안철경, 모럴헤저드의 경제학적 이해 및 효과적 대응수단 연구 : 법제적 측면의 인프라 구축을 중심으로, 보험개발연구, 제11권 제1호, 2000. 3, 56~57면.

법적 가중치를 부여할 수 없다는 한계가 갖고 있는 것으로 보여 진다. 그러나, 보험범죄는 죄의식이 결여된 경우가 많고 피해금액이 다른 금융범죄에 비하여 상대적으로 경미하다고도 할 수 있지만, 재난에 대비하는 최소한의 안전장치로서의 보험제도를 도박화하여 악용하고 있다는 점에서 볼 때 비난의 정도가 결코 가볍지 않다. 이러한 점을 고려하여 보험범죄에 대한 적정한 형벌을 부과하기 위한 법개정 논의가 필요하다고 할 것이다.

보험범죄의 경우 형법상의 사기죄 등에서 범죄자에 대한 처벌이 가능하지만, 보험범죄 행위의 특수성에 비추어볼 때 보험범죄자에 대한 적발이 용이하지 않을 뿐만 아니라 강력범죄와 병합될 경우를 제외하고는 기소되는 대부분의 보험범죄자들이 불구속기소 또는 벌금형에 그치는 등 죄질에 비해 처벌이 미약하고 겁적 · 제도적 장치도 미흡하다.362)

보험범죄는 금전적인 이익을 사취한다는 점에서 사기죄와 본질을 같이 하는 범죄라고 할 수 있지만 그 피해가 단순히 피해자인 보험회사에 한정되는 것이 아니라 실질적으로 그 보험회사에 보험을 계약하고 보험료를 지불하는 모든 보험계약자들에게 그 피해가 돌아간다는 점에서 볼 때 사기죄와는 그 피해의 정도가 비교할 바가 아니라고 할 수 있다. 따라서 보험범죄가 갖는 경제적, 사회적 폐해를 고려하여 볼 때 보험범죄를 형법 또는 형사특별법에 규정하는 것이 앞으로의 보험범죄에 대한 정확한 실태파악과 대처방안을 마련하는데 있어서 꼭 필요한 일이라고 할 수 있다.

지금과 같이 보험범죄가 각각 다른 형법상 혹은 형사특별법상의 죄명으로 분산되어 존재하게 되면 이를 연구하고자 하는 취지를 가지고 있더라도 실제로 자료접근을 하는데 있어서 극히 곤란을 겪을 수밖에 없는 바, 보험범죄에 대한 보다 활발한 연구를 가능케 하기 위해서라도 입법의 미비를 신속히 보완할 필요가 있다고 생각한다. 또한 보험범죄에 관한 형사 처벌조항이 신설되게 되면 큰 죄의식 없이 보험범죄에 직접, 간접으로 관여하는 모든 사람들에게 보험범죄의 위법성을 명백히 인식시키고, 보험범죄의 유형에 따른 적정한 형의 선고를 통해서 일반 예방적 효과도 거둘 수 있다는 점에서 보험범죄에 대한 법규정을 신설할 필요가 있다고 생각한다.

---

362) 신수식, 보험제도의 도덕적 해이, 한국노동연구원, 2002, 16-17면.

제8장 사이버범죄

제1절 사이버범죄의 개념 및 유형

1. 사이버범죄의 개념

가. 사이버(cyber)의 사전적인 의미

American Heritage 사전에 의하면, 그 자체로는 하나의 완전한 단어가 될 수 없고 다른 단어 앞에 붙어야 단어가 되는 접두어(prefix)로서 (cyberspace, cyberculture), 'cybernetics'라는 단어에서 유래된 것으로 cybernetics는 생물학적인 시스템과 기계적 또는 전자적 시스템에서, 특히 생물과 인공시스템 간의 비교에 초점을 두고, 제어 및 커뮤니케이션 과정을 연구하는 학문을 말한다.

접두어 'cyber-'는 '컴퓨터' 또는 '컴퓨터망'을 의미하며 유의어(상황에 따라 미묘한 어감차이가 있으므로 동의어라고 하기 보다는)로는 ''virtual' (예 : '컴퓨터망상의 공동체'를 의미하는 virtual community와 cybercommunity)과 접두어 'e-' (예 : '전자화폐'를 의미하는 e-cash와 cybercash)가 있다.

미국에서는 인터넷 등의 새로운 문화형태를 표현하는 말로 사이버스페이스(cyperspace)라는 말이 몇 년 전부터 조금씩 쓰이다가 최근에는 시사주간지의 타이틀에서도 자주 볼 수 있도록 대중적으로 쓰이고 있는 데 이 말은 1984년 발행된 신경예언자(Neuromancer)라는 소설에서 처음 쓰였는데 헬라어의 다스린다(cyber)는 의미와 공간(space)가 결합된 말이며 따라서 사이버스페이스란 사람이 컴퓨터를 이용하여 통제하는 세계란 뜻이 된다.

나. 사이버범죄의 개념

사이버범죄(Cyber-crime)는 그 개념 자체가 가변적이고, 발전적이다. 사이버범죄는 어느 한 시대에 나타났다 사라지는 일시적인 현상이 아니다. 정보통신기술이 전개되는 한 미래를 향하여 지속적인 변화를 거듭하면서 국가마다 약간은 다른 형태, 그러나 궁극적으로는 사이버를 통해 국경 간 네트워크의 경계를 초월하는 범죄양상을 띠게 될 것이다. 따라서 사이버범죄는 단순히 컴퓨터라는 기계적 매개체에 국한하여 논의해서는 안 되고 유·무선네트워크에 기반을 둔 범죄도 포섭하여, 기존의 범죄유형을 바탕으로 새롭게 정립되어야 할 것으로 생각된다.

사이버범죄는 네트워크로 연결된 정보통신망을 통하여 전기통신설비와 컴퓨터의 이용기술을 활용하여 성립하는 범죄이다. 이러한 사이버 범죄는 유·무선 네트워크로 연결된 정보통신망과 관련하여 범죄행위가 전개·형성되는 특징이 있다. 컴퓨터 시스템을 주요 수단(매개체)으로 한다는 점에서 좁은 의미로 '컴퓨터 관련 범죄', 혼히 '컴퓨터범죄'라고 칭하기도 한다. 그러나 이는 일부의 특성을 전체화하는 것과 같다. 아무리 컴퓨터라는 매개체의 특수성을 고려한다고 해도 네트워크를 기반으로 컴퓨터를 비롯한 전자적 시스템과 관련된 범죄를 '컴퓨터범죄'라는 용어로 한정해서는 안 된다고 본다. 즉 강도죄, 절도죄, 강간죄, 폭행죄 등은 그 자체가 범죄요소를 지니고 있고 그 행위 수단이나 행위 장소의 제한을 두지 않는다. 다만 일반적으로 행위 수단은 경중에 따라 양형에서 참작되거나 가중처벌 되기도 한다.

또한 사이버범죄가 인터넷과 관련되어 발생되는 경우가 많기 때문에 '인터넷범죄'(Internet-crime)라고도 하나 사이버는 단지 인터넷에 국한되는 것이 아니다. 월드와이드웹(www)으로 구체화되는 인터넷은 사이버를 구체화하는 일요소이고, 사이버의 형태는 비단 인터넷이라는 형태 외에도 정보통신 기술을 통해 다양하게 전개될 수 있는 것이다. 인터넷 범죄라고 하는 것도 지나치게 협의로 파악한 용어라고 생각된다.

이렇듯 사이버범죄에 대한 개념이 다양하게 사용되고 일의적으로 통일하기 어려운 이유는 사이버범죄에 대한 연구의 역사가 짧기 때문이다. 그것은 하나의 범주로 묶을 수 있는 범죄가 아니고, 수많은 유형의 기존 범죄가 컴퓨터 시스템을 이용하거나 컴퓨터시스템 및 네트워크 등 정보통신 기술의 발전과 관련하여 지속적으로 응용되기 때문이다363). 사이버범죄를 기존의 범죄체계와 법률에 어떻게 수용할 것인지, 범죄행위와 컴퓨터, 네트워크 간에 어떤 인과관계를 어느 정도의 범위까지 인정할 것인지의 문제는 컴퓨터 및 인터넷의 발전과 더불어 계속적으로 제기될 문제이다. 다만 사이버공간이 현실과 분리되어 고유의 영역을 갖는 것이 아니고 범죄양상도 온라인과 오프라인에 혼재되어 나타나기 때문에 범죄행위와 장소, 수단 등 죄의 구성요건을 적용하기가 어려운 점이 있고 그 특수성을 인정하지 않을 수 없는 문제점이 있다.

2. 사이버범죄의 분류

가. 사이버공간을 합법적으로 이용한 범죄

1) 사이버공간을 이용한 전통적 범죄

가) 사이버 사기

전자상거래가 활성화되면서364) 그 부작용도 적지 않다365). 예컨대 주문한 물건이 제때에 배달되지 않거나, 아예 물건이 배달되지 않은 채 홈페이지가 폐쇄되기도 하고, 주문한 물건의 일부만 배달되는가 하면, 추가운송비용을 요구하는 등의 다양한 피해사례가 발생하고 있다. 이를 한국보다 전자상거래가 활성화되어있는 미국의 경우를 중심으로 유형화해보면 다음과 같다.

첫째, 인터넷 사기경매나 사기판매 : 경매에 참가해 낙찰자로 결정되어 금액도 납부했지만, 정작 물품이 배달되지 않은 경우, 또는 물품이 도착되더라도 위조품이거나 손상된 경우, 인터넷을 통한 상품의 판매광고를 낸 뒤 물품을 구입하는 사람들로부터

---

363) 김연수, "사이버범죄총람", 「법률미디어」, 2002. 5. 20, 634-635면.

364) 전자상거래시장규모: 인터파크의 조사에 따르면 전자상거래의 규모는 1996년에 14억원에서 1998년 150억원, 1999년 670억원으로 3년 만에 48배의 성장세를 보였으며, 사이버몰수는 1998년 400개에서 1999년 800개로 2배 증가하였고, 2002년에는 5,000개로 늘어날 것이라고 업계는 전망하고 있다.

365) 한국소비자보호원이 작년(1999)의 전자상거래이용자 2,535명을 대상으로 설문 조사한 바에 따르면, 44.7%가 불만을 가지고 있으며, 15.4%가 피해를 보았다고 한다. 소비자의 전자상거래 피해유형(복수응답가능)을 보면, 배달된 제품이나 프로그램 등이 불량인 경우가 48.1%, 반품·환불을 약속해 놓고서도 이행하지 않는다(35.4%), 대금을 지급했는데 상품을 보내주지 않는다(33.3%)의 순이었다.

돈을 가로챈 경우366).

둘째, 일확천금식 유혹: 사이버 거래에서 한꺼번에 막대한 돈을 벌 수 있다는 등의 속임수 유혹을 하는 경우. 즉 특정기업의 주가 상승가능성이 높다는 전망을 내놓고 주식을 사도록 유도하여 주가를 올라가게 한 후에 그 즉시 주식을 매도하여 높은 시세차익을 내는 방식367)을 취하거나 적은 돈(예컨대 10만원)을 입급하면 큰 돈(예컨대 50만 원 짜리)에 해당되는 상품권을 준다고 유혹해 돈만 챙기고 도주한 사례를 볼 수 있다368).

나) 인터넷 명예훼손

사이버세계의 특징 때문에 사이버명예훼손문제가 사이버세계에서 얼마나 심각한 것인지는 익히 알려진 일이다369). 사이버세계의 비대면성과 익명성 그리고 시공을 초월할 수 있는 기능 때문에, 타인에 대한 비방이나 언어폭력은 현실세계와는 비교도 되지 않을 정도로 많이 발생한다. 그 뿐만 아니라, 타인의 ID를 훔쳐 음란물을 판매하는 등의 방식370)으로 타인의 명예를 훼손하는 경우도 적지 않다.

다) 사이버 도박

사이버도박은 주로 도박 사이트에서 제공하는 프로그램을 다운받아 설치하고, 포커, 블랙잭, 룰렛 등의 카지노게임이나 회전 판돌리기, 슬롯머신 등 게임을 하면서 신용카

---

366) 서울 서대문 경찰서에 따르면, 차모(29. 무직)씨는 1999년 6월 말 천리안 등 PC통신 게시판에 노트북 컴퓨터와 전자게임기 등을 시중가보다 싸게 팔겠다는 광고를 낸 뒤, 이를 브고 연락한 이모씨 등 8명으로부터 돈을 입금 받아 가로챘다고 한다(중앙일보, 2000년 2월 29일).

367) 이런 식으로 돈을 버는 것을 미국에서는 이른바 Pump and Dump 방식이라 하여 미국 연방정부가 적극 대응을 하고 있다. 국내에서도 일부 증권사나 일부 증권투자전문가들이 특정 주식을 사는 것을 권장하면서, 자신들은 오히려 주식을 팔아 이익을 챙기는 사례가 발생하고 있다.

368) 비싼 경품을 미끼로 회원을 모은 뒤, 신상정보를 팔아 넘기고 사이트를 없애버리거나, 인터넷영어학원에 가입하고, 수강료(예컨대 20만원)를 온라인 송금하였으나, 인터넷강의가 시작 되자마자, 사이트를 없어 버리는 경우 등을 볼 수 있다.

369) 문화일보 2000년 4월 1일자에 따르면, 데몬 인터넷이라는 ISP는 물리학자 로랜스 고드프리 박사가 자신의 명예를 훼손하는 자료를 제거해 달라는 요청을 무시한 대가로 약 3천만원의 배상금과 9억원의 소송비용을 지불하게 되었다 한다.

370) 서울 관악경찰서와 서울대에 따르면, 2000년 2월 14일 한 PC통신 상품판매 코너에 서울대 약대 K교수의 ID로 불법 성인용 음란물 CD와 비디오를 1만 ~ 3만원에 판매한다는 게시물이 올랐다(한국일보, 2000년 3월 22일).

드를 이용해 돈을 정산하는 방식으로 이뤄지고 있다. 정보통신부의 조사에 따르면 700여개의 해외 도박 사이트 중 한국어로 제공되고 있는 사이트는 "www.dynastycasinokorea.com" 등 12개에 달한다. 국내에서는 사이버도박을 불법으로 보고 있기 때문에 공개적으로 도박 사이트가 운영되는 경우는 없으나, 회원제 형식으로 암암리에 성행하는 것으로 보인다. 경찰조사결과에 따르면 한국에서 1년에 약 20만 명이 사이버도박에 참여[371], 엄청난 외화를 유출시킨다고 한다[372].

라) 사이버 음란물

인터넷을 통하여 음란물을 주고받거나 매매하는 방식의 행위를 사이버 음란물유통이라고 말한다. 이와 같은 행위가 국내의 서버를 이용한 경우는 전기통신기본법 제48조 2항에 의하여 1년 이하의 징역 또는 1천 만원 이하의 벌금에 처하도록 규정되어 있다. 그럼에도 불구하고, 작년에 세인의 깊은 관심을 불러일으킨 0양 비디오는 국내의 법적 효력이 못 미치는 외국의 서버를 통하여 유포되고 있다. 이처럼 내국인이나 해외교포가 외국의 서버를 이용하여 음란물을 제공하는 경우에는 국내법을 적용할 수 없다. 또한 최근에는 한글서비스를 시작한 외국 음란물 사이트가 크게 증가하고 있다. 한글 음란 사이트는 아동포르노, 섹스게시판 등을 주된 내용으로 하고 있으며, 한글을 모르는 해당 국가 사법당국의 대책을 교묘히 피하고 있다. 특히 섹스게시판의 경우 사이버매춘, 음란CD유통, 원조교제 등 현실과 매개되는 음란정보를 담고 있어, 문제의 심각성을 더해 주고 있다[373].

---

371) 국민일보, 2000년 3월 19일자의 인터넷도박 실태와 문제점 참조.

372) 국내에서도 미국 라스베가스의 도박장을 그대로 인터넷에 옮겨놓은 사이버 카지노들이 인기를 끌고 있다. 예컨대 winwin2000, joyforyou, AD워너 등이 그것으로 슬롯머신 등 각종 게임을 온라인게임으로 개발해 인터넷으로 즐길 수 있도록 하고 있다. 실제로 도박처럼 돈이 오가는 것은 아니지만, 성적에 따라 사이버머니(cyber money)를 제공하기 때문에 일종의 도박으로 볼 수 있다.

373) 국민일보, 2000년 3월 24일.

2) 사이버공간에서 재물의 침해나 캐릭터의 인격권침해

가) 사이버상의 캐릭터(아이템)에 대한 사이버 절도

해킹프로그램을 이용해서 타인의 인터넷 홈페이지에 침입하여 그가 애용하는 게임용 무기(아이템)를 훔치거나, 혹은 그밖에 사이버상의 등장인물(캐릭터)을 훔치는 경우이다374).

나) 캐릭터의 인격권 침해

머드게임에 중독된 청소년들은 게임을 위해 하루에도 수 시간씩을 사이버세계에서 보내며, 더욱이 사이버세계에서만 존재하고 생활하는 사이버인간을 자신의 분신이나 자신의 애인으로 여긴다. 만일 타인이 자신의 사이버 세계에 들어와서 자신의 분신을 해치거나 자신의 애인을 납치한 경우, 가상세계를 현실세계로 착각하고 또한 그것에 중독된 사람은 그에 대한 분노로 정신적 충격을 받으며375), 사이버범죄수사대에 그런 자를 처벌해 달라는 요구가 점차 격증하고 있다.376).

나. 보호되는 사이버공간을 불법적으로 침입하여 이루어진 범죄

사이버테러와 해킹범죄에 대응하기 위해 미국연방수사국(FBI)이 정보수집과 분석능력을 획기적으로 증가시키기 위해 7500만 달러 이상의 예산 확보방안을 모색하고 있다고 한다377). 최근 한국의 법원도 해킹프로그램을 이용, 인터넷 홈페이지 배경화면을 바꾸거나, 홈페이지 자체를 마비시킨 해커들에 대해 처음으로 유죄판결을 내렸다378).

---

374) 2000년 3월 10일 서울 북부경찰서에 따르면 K군은 지난해 11월 중순 서울 강북구 수유동 2군데 PC방의 컴퓨터에 다운받은 해킹프로그램을 설치한 뒤, 지난 달 9일 인터넷 온라인 게임인 "리니지"의 게임 상대였던 이모씨의 ID와 비밀번호를 알아내 보호망통와 사각방패 등 이씨의 게임무기를 훔쳐 다른 사람에게 30만원에 판매하였다.(동아일보 2000년 3월 10일).

375) 부산일보(2000년 3월 15일)에 따르면, 머드게임에 빠진 청소년들은 심리적으로 공격적인 인간을 만들고, 지나치게 환상에 빠지며, 신체적으로 두통, 변비, 소화불량, 비만, 시력장애를 동반한다고 한다.

376) 김종섭, 사이버범죄 현황과 대책(형사정책학회 2000년도 동계학회의 발표논문), 21면.

377) 2000년 4월 6일자 한겨레신문.

378) 2000년 3월 23일 세계일보에 따르면, 서울지법 신귀섭 판사는 반부패국단연대의 홈페이지를 해킹한 혐의로 기소된 이00 피고인에게 전자기록 손괴 및 업무방해죄를 적용하여 징역 10월에 집행유예 2년을 선고했다.

1) 단순 해킹범죄

"해커"(hacker)란 뛰어난 컴퓨터 실력을 이용, 타인의 컴퓨터에 불법 침입하여 자료를 훔치거나 파괴하는 사람으로 오늘날 이해되고 있다[379]. 따라서 "단순 해킹"[380]이란 해커들이 인터넷망을 통하여 타인의 컴퓨터에 침입하여 자료를 훔치거나 파괴하는 일체의 행위라고 말할 수 있다. 이러한 단순 해킹을 통해서 침해되는 법익에 따라 유형화하면 비밀침해, 정보손괴, 문서위작 업무방해행위 등으로 구별해 볼 수 있을 것이다[381]. 그러나 이런 단순 해킹을 넘어서 사이버공간 자체를 침해하여, 사이버 공간 자체를 파괴해 버리는 유형의 해킹은 사이버공간 파괴범죄 군으로 분류해 볼 수 있을 것이다[382].

2) 단순 해킹범죄 유형

가) 사이버 절도

타인의 홈페이지에 침입하여, 타인이 점유하고 있는 재물(예컨대 저작물)을 불법적으로 자신의 홈페이지에 옮겨 그 재물에 대한 새로운 종류의 점유를 하는 경우를 포함하여, PC뱅킹을 이용해 은행이나 회사의 공금을 자신이나 친인척명의의 통장에 이체하는 방법으로 돈을 빼돌린 경우[383]를 볼 수 있다.

---

[379] 진정한 의미의 해커는 시대별로 구분해야 한다고 한다. 대형기종이 전부였던 1970년대 후반까지만 해도 컴퓨터는 대중화되지 않았고, 가격도 비쌌다. 당시 그들은 자신들이 직접 컴퓨터를 만들고, 모든 것을 직접 실행하면서 오늘날 개인용 컴퓨터를 탄생시킨 사람들이다. 그러나 80년대에 들어와서 개인용 컴퓨터가 널리 보급되고, 네트워킹이 급속히 진전되면서 이와 같은 본래의 의미는 퇴색되고, 타인의 컴퓨터에 무단으로 침입하여 범죄를 범한 인물들이 대거 등장하면서 해커는 컴퓨터를 이용한 첨단 범죄의 다른 이름으로 인식되기 이르렀다. 일부 사람들은 후자를 본래 의미의 해커와 구별하여 크래커(cracker)라고 부르기도 한다.
[380] 해킹의 의미와 종류에 관한 자세한 것은, 최영호, 정보범죄의 현황과 제도적 대처방안(1998), 61면 이하 참조.
[381] 한국일보 2000년 4월 4일자에 따르면, 중국 인터넷기업 40%가 최근 해커의 공격을 받은 것으로 공식 조사되었다고 AFP통신이 4일 홍콩일간이 데일리 차이나를 인용·보도했다.
[382] 한국에서 해킹범죄건수의 추이: 1999년 10월 41건; 11월 116건; 12월 96건; 2000년 1월 108건; 2월 113건; 3월 129건.
[383] 전남 여수경찰서에 따르면 2000년 6월 여수시 소재의 모 회사에서 근무하던 중 PC뱅킹을 이용해 회사공금 수천만원을 친인척명의의 통장에 이체하는 방법으로 회사공금을 빼냈다고 한다(한겨레신문, 2000년 4월 1일).

나) 사이버 비밀침해

타인의 컴퓨터 시스템에 수록된 타인의 사생활에 관련된 정보나 국가기밀의 침해 또는 영업비밀의 침해는 오늘날 사이버범죄의 중요한 유형이 되고 있다.

다) 사이버 정보손괴

우리는 타인의 정보망에 불법적으로 침입하여 정보자료를 파괴하는 불법적 행위를 자주 볼 수 있는데, 이 경우는 상당 부분 컴퓨터 바이러스의 유포와 결부되어 발생하고 있다.

라) 전자문서위작

인터넷의 확산을 통해 데이터베이스의 전자문서의 활용이 이지는 일반화되어 있는 현실에서 해킹을 통해 전자문서나 데이터베이스에 수록된 자료를 위작하거나 변작을 쉽게 할 수 있음은 물론이다. 이러한 행위들을 통해서 종래에 상상할 수 없었던 유형의 범죄들이 나타나고 있다. 예컨대 전산망을 통하여 환자의 진료기록을 바꿔치기 함으로써 의사의 과실을 야기하여 타인을 살해할 수 있으며, 항공망을 교란하여 비행기의 추락이나 공중충돌을 야기케 할 수 있게 되었다.

마) 해킹에 의한 사이버사기

누군가 주식회사 홈페이지를 해킹하여 우수한 영업실적과 장밋빛 전망 등의 자료를 올린 후, 주가를 높이고 나서 그 즉시 해당주식을 판매하는 수법 등으로 타인을 기망하여 재산상의 이득을 취하는 사례도 생각해 볼 수 있다.

다. 사이버세계 그 자체의 파괴범죄

1) 컴퓨터바이러스 제작 및 유포행위[384]

컴퓨터바이러스는 프로그래머가 고의로 컴퓨터시스템을 파괴하거나 파일을 삭제하

---

[384] 최근의 신종바이러스에 대한 미국에서의 방법망 비상에 관해서는 문화일보 2000년 4월 7일자의 글 참조.

는 등 피괴 작용을 하도록 만든 프로그램이다. 오늘날에는 바이러스제작프로그램을 이용하여 누구나 쉽게 바이러스를 만들 수 있게 되었으며, 컴퓨터바이러스를 유용한 프로그램으로 위장하여 상용통신망에 등록하거나 전자메일을 이용하여 감염·확산시키고 있다.

특히 1998년 2월과 1999년 3월에 "MOV"를 비롯한 국내 최대악성바이러스를 제작하는 그룹 7명이 경찰청 사이버범죄수사대에 검거된 바 있고, 얼마 전에는 CIH바이러스가 국내에 감염되어 약 30만대의 컴퓨터가 작동불능상태에 빠져 1천억 이상의 피해를 입혔다.

2) 사이버테러와 사이버전쟁

전산망에 의해 조작되는 항공망을 교란하여 비행기가 추락되게 하거나 공중에서 충돌케 하는 방식으로 테러를 할 수 있다. 그 뿐만 아니라 코소보 전쟁에서 미국에 대항해 유고슬라비아의 해커들이 미국의 공공인터넷 사이트를 집중 공격하여 그것을 마비시킨 바 있다.

3. 사이버범죄 처리 실태 분석

가. 사이버범죄 발생현황

2000년도부터 2003. 7월 현재까지 발생한 사이버범죄의 발생유형은 <표3-3-1>에서 나타난 바와 같다. 그 현황을 분석해 보면 2000년도에 발생한 사이버범죄 2444건 중 일반 사이버범죄가 1,992건(82%)이다. 2001년에는 33,286건 중 22,651건(68%)이며, 2002년 60,068건 중 45,909건(77%)이다. 2003년 7월 현재 40,042건 중 31,981건(80%)이고, 2000년도 대비 2001년도는 1361.9퍼센트, 2003년 7월 현재는 2002년 대비 180.46퍼센트 상승하여 발생하였다. 사이버범죄에서 일반 사이버범죄는 그 비율이 80%에 이르는 등 압도적으로 많이 발생하고 있고 매년 그 수가 급증하고 있다.

<표 23> 경찰청 사이버범죄 발생 통계(2000~2003. 7)[385]

구분(단위:%)	계	사이버테러형범죄			일반사이버범죄
		소 계	해 킹	바이러스	
2000년	2,444	452(18)	449	3	1,992(82)
2001년	33,286	10,638(32)	10,526	112	22,651(68)
2002년	60,068	14,159(23)	14,065	94	45,909(77)
2003년 7월	40,042	8,061(20)	8,015	46	31,981(80)

출처: 사이버테러대응센터(www.ctrc.go.kr   )

나. 사이버범죄 검거현황

2000년도부터 2003. 7월 현재까지 사이버범죄의 검거현황은 <표3-3-2>에서 나타난 바와 같다. 그 현황을 분석해 보면 2000년에 사이버범죄가 1,715건 발생하였고, 그 중 일반사이버범죄는 1,437건으로 84%를 차지하고 있다. 2001년에는 22,693건 중 15,098 건으로 67%이다. 2002년에는 41,900건 중 32,193건으로 77%이다., 2003년 7월 현재는 28,059건 중 23,280건으로 83%에 이르고 있다. 2000년도에는 발생범죄에 비해 소수를 검거하였고, 그 후에는 범죄발생빈도에 따라 검거율이 상승하고 있다. 사이버범죄의 특성을 감안해 볼 때 일반범죄에 비하여 발생검거건수가 많으나 피해금액의 소액, 범죄은폐용의 등으로 인하여 검거율이 상승하지 못하고 있는 것으로 분석된다.

---

[385] 경찰청 사이버테러대응센터 홈페이지 2003. 7.

<표 24> 경찰청 사이버범죄 검거현황(2000~2003. 7)

구 분 (단위:건(명))	계	사이버테러형범죄			일반사이버범죄
		소 계	해 킹	바이러스	
2000년	1,715(2,190)	278(363)	275(360)	3(3)	1,437(1,827)
2001년	22,693(24,455)	7,595(8,099)	7,512(8,004)	57(73)	15,098(16,356)
2002년	41,900(47,252)	9,707(10,762)	9,650(10,689)	57(73)	32,193(36,490)
2003년 7월	28,059(31,944)	4,779(5,401)	4,751(5,368)	28(33)	23,280(26,543)

출처: 사이버테러대응센터(www.ctrc.go.kr   )

다. 사이버범죄 연령별현황

2000년도부터 2003년 7월 현재까지 사이버범죄의 연령별 현황은 <표3-3-3>에서 나타난 바와 같다. 그 현황을 분석해 보면 2000년도의 경우 10대 비율이 31%이고, 20대가 31%이다. 2001년도에는 10대가 44%이고, 20대는 33%이다. 2002년에는 10대가38%이고, 20대가 32%이다. 2003년 7월 현재까지는 10대가 35%이고, 20대가 37%로 대부분을 차지하고 있다. 3,4,50대에서도 그 대상자가 지속적으로 증가하는 것을 알 수 있다. 범죄인구 또한 2001년에는 2000년 대비 230.68%, 2002년에는 431.84%가 상승하였다.

<표 25> 경찰청 사이버범죄 연령별 현황(2000~2003. 7)

구 분 (단위: %)	계	10대	20대	30대	40대	50대	기 타
2000년	2,190	675(31)	665(31)	404(18.5)	135(6.2)	49(2.2)	262(12)
2001년	5,052	2,193(44)	1,661(33)	777(15.4)	242(4.8)	87(1.7)	92(1.8)
2002년	21,817	8,205(38)	6,876(32)	3,743(17)	1,881(8.6)	563(2.6)	549(2.5)
2003년 7월	17,866	6,222(35)	6,621(37)	3,126(17.5)	1,304(7.3)	344(1.9)	249(1.4)

출처: 사이버테러대응센터(www.ctrc.go.kr)

라. 사이버범죄 직업별현황

2000년도부터 2003년 7월 현재까지 사이버범죄관련 직업별 통계는 <표 24>에서 나타난 바와 같다. 그 현황을 분석해 보면 2000년도의 경우 무직자가 22%이고, 학생이 28%이며, 회사원이 10%를 차지하였다. 2003년 7월 현재에는 무직자가 38%이고, 학생이 29%이며, 회사원 12%를 차지하여 각 연도별 회사원, 학생, 무직자가 대부분을 차지함을 알 수 있다. 2003년 7월 현재 무직자는 전년대비 이미 상회하였고, 학생, 회사원 또한 상회할 것이 예상되고 있다. 전문직 이용자도 점차 증가하는 것을 알 수 있다.

<표 26> 경찰청 사이버범죄 직업별 통계(2000~2003. 7)

구 분 (단위: %)	계	무직	학생	회사원	IT 전문직	자영업	전문직 (의사등)	기 타
2000년	2,190	465(22)	601(28)	203(10)	18(0.8)	477(21.8)	43(2)	383(17.5)
2001년	5,052	1,398(28)	2,039(41)	735(15)	76(1.5)	404(8)	47(1)	353(7)
2002년	21,817	6,763(31)	6,598(31)	2,876(14)	283(1.3)	2,129(9.6)	415(2)	2,753(12.6)
2003년 7월	17,866	6,764(38)	5,122(29)	2,001(12)	99(0.6)	1,474(8.3)	203(1.1)	2,203(12)

출처: 사이버테러대응센터(www.ctrc.go.kr)

제2절 최근 사이버상에서 문제되는 요소들[386]

1. 아바타 관련문제

가. 문제제기

최근 사이버 공간에서 새롭게 문제가 되고 있는 것은 바로 아바타의 열풍이다. 얼마 전 과다하게 청구된 인터넷 이용요금 때문에 부모의 꾸중을 들은 한 초등학교여학생이 자살한 사건이 보도된바 있다.[387] 이여학생은 인터넷상에서 청소년들 사이에 유행처럼 번지고 있는 이른바 아바타를 예쁘게 꾸미기 위하여 옷을 사 입히는 등 각종 액세서리를 구입하는 비용으로 6개월 동안 170여 만원이나 되는 돈을 지출하였는데 이 때문에 부모가 꾸중하자 목을 매어 죽음을 택한 것이다. 최근인터넷 게임에 청소년들이 중독성을 보이고 있고 그 아이템을 사고 파는 일이 많아짐에 따라 사기·폭력 등 많은 부작용을 낳고 있어 사회문제가 되고 있음은 주지의 사실이다.[388] 아바타를 게임아이템의 일종으로 볼 것인가에 대하여는 또다시 논의의 여지가 있겠으나 어쨌든 아바타를 둘러싼 최근의 문제를 살펴보면 아바타는 게임아이템과는 또 다른 문제점을 낳고 있는 것을 알 수 있다. 이하에서는 아바타의 개념과 이용실태 및 서비스 현황, 순기능과역기능, 청소년일탈 등에 대하여 살펴보기로 하자.

나. 아바타의 개념과 이용실태 및 서비스 현황

1) 아바타의 개념

아바타는 힌두교 신화에 나오는 영광의 신 '비슈누'가 세상에 내려 보낸 화신의 이

---

386) 사이버범죄 중 금융과 직접관련이 있는 범죄 즉, 인터넷 뱅킹에 관련된 구체적인 것은 기업범죄에서 다루기로 한다. 따라서 여기서는 최근에 금융과 관련이 있어 보이는 주제만을 다루기로 한다.
387) 조선일보 사회면 2003. 6.23자 "인터넷 게임료 때문에 초등생 자살[새창]" 기사참조.
388) 인터넷게임 아이템과 관련된 문제점에 대하여는 정완, "인터넷게임 아이템거래의 형사법적 검토" 형사정책연구소식 2002년 11/12월호 참조.

름이다. 이를 인터넷을 통해 열린 사이버 세상에 적용한 것이 바로 요즘 붐을 일으키고 있는 아바타389)이다. 말하자면 인간들이 자신을 대신해 사이버 세상에 들여보낸 분신캐릭터인 것이다. 사이버 세상에서는 네티즌들의 이름이나 나이, 성별, 직업 등은 의미가 없다. 다만 사이버세상에서 활동하는 데 필요한 새로운 존재인 아바타 만이 존재할 따름이다. 그러다 보니 사이버 세상에서 보내는 시간이 많으면 많아질수록 자신의 분신인 아바타에 각별한 신경을 쓸 수밖에 없다. 나아가 아바타는 평소와는 전혀 다른 자신이 되기도 한다. 내성적인 성격의 소유자도 아바타를 통해서 좌중을 이끄는 분위기 메이커가 되거나 세상을 구하는 영웅이 되기도 한다. 이와 같이 아바타를 통해서 무궁무진한 성격과 이미지의 캐릭터를 만들어 낼 수가 있다. 그렇지만 안타깝게도 아바타에 너무 집착한 나머지 여러 가지 부정적인 현상이 빚어지기도 한다. 전술한 바와 같이 철없는 어린이가 과다한 아바타 구입비를 지출한 것을 비관해 자살을 하거나 젊은 학생들이 아바타 구입비를 만들기 위해 원조교제를 했다는 충격적인 사실도 있다390)

2) 아바타의 이용실태

현재 네티즌 5명중 4명은 사이버 공간에 아바타, 즉 자신의 분신을 갖고 있는 것으로 한 조사에서 나타났다. 전자신문사와 온라인 리서치 전문업체 엠브레인391)이 6월14일부터 17일까지 나흘간 전국 13세 이상 59세 이하 인터넷 이용자 2280명(남자 1130명, 여자1150명)을 대상으로 실시한 '아바타 사용 실태조사'에 따르면 전체 응답자 중 79.9%가 아바타를 갖고 있다고 응답했다.392)네티즌 대다수가 아바타를 갖고 있는 데 비해 이들이 아바타에 들이는 돈은 그리 많지 않은 것으로 보인다. 한달 평균 아바타 아이템 구매비용을 묻는 질문에 대해 응답자의 74.6%가 2000원미만 16.6%가 2000원 이상 5000원 미만이라고 답했고, 이에 비해 한달에 5000원 이상을 쓰는 네티즌은

---

389) 원래 아바타라는 용어는 '내려오다'라는 뜻을 지닌 산스크리트어'아바라따'라는 단어에서 유래하였다 정보문화진흥원 아름다운 e세상, 2003년 8월호 10쪽"아바타가 뭐길래" 참조.

390) 전자신문 2003. 7. 19.자 "사이버 세상에 부는 아바타 열풍"기사참조.

391) http://www.embrain.com 참조.

392) 전자신문 2003. 6. 18. 자 '아바타 사용실태' 기사참조.

8.7%에 불과했다

네티즌들이 가장 선호하는 아바타 아이템은 옷(62.7%)이었고 다음으로는 표정·헤어스타일(12.9%),액세서리·소품(10.2%)등의 순으로 조사됐다. 아바타를 이용하는 주된 이유는 단순한 재미(45.4%)와 나만의 개성표현(37.6%)을 위한 것으로 나타났다 한편 네티즌들 중 60%는 아바타 아이템의 가격이 비싸다는 점을 불만사항으로 지적했고, 이밖에 서로 다른 사이트 아바타간 호환이 불가(18%)하다는 점과 아이템의 재활용이 불가(11%)하다는 지적이 많았다.

3) 아바타의 서비스 현황

보통 업체마다 다르기는 하지만 아바타 1개를 꾸미는 데에는 눈, 코, 입, 헤어스타일, 의상, 액세서리 등의 조합으로 이루어지는데, 적게는 수백 가지의 형태에서부터 시작하여 많게는 37억 가지의 형태로 표현이 가능한 곳도 있다.

제일 저렴한 옷 한 벌이 2~3천원, 가장 기본적인 모습의 아바타를 만드는 데에도 2~3만원정도의 비용이 소요된다. 최근 한국 사이버 감시단[393]이 13개 아바타 서비스 제공업체의 아바타 서비스 현황을 조사한 결과 아바타 가격은 대부분 5천원 안팎이고, 최고액은 무려 1만 1900원에 달했다. 과다이용을 제한한다는 명목으로 업체마다 이용한도를 두기는 하지만 내용을 살펴보면 한도는 없는 셈이나 마찬가지다. 프리챌·한게임·한미르 등은 이용한도를 결제수단별로 책정해 총액이 6만~18만원에 달했고, 네이트는 30만원이 이용한도지만 선물 받은 사이버머니는 이용한도에 포함 시키지 않고 있어 총액에 제한이 없었으며, MBC 웹사이트는 무려 50만원까지 이용이 가능했다. 결국 업체들의 서비스 구조를 볼 때 아바타에 들어간 비용이 수개월간 수백 만 원이 되는 것은 어쩌면 당연한 일이며, 이로 인해 자식과 부모와의 갈등, 이용자와 업체와의 다툼이 일어날 가능성이 매우 높다

현재 아바타 서비스 이용자는 다음(daum) 4만5천 명, 프리챌 65만 명, 세이클럽 140만 명, SBS인터넷 35만 명으로 이중 대부분이 청소년이다. 청소년의 무분별한 아바타 이용 덕분에 업체들은 월평균 수십 억 원의 매출을 거둬들이고 있으며 최근에는 수요층이 30~40대로 확산되고 있고, 아바타에 대한 소비계층이 확산되고 있는 추세다. 이

---

393) http://www.wwwcap.or.kr 참조

는 네티즌 개개인이 자신의 개성을 표출하고 싶어 하는 욕구, 다양한 치장을 통해서라도 멋지게 보이고 싶어 하는 심리 때문일 것이다. 2003년 한해 아바타 시장의 규모는 1천억을 돌파한 것으로 파악됐다.

다. 아바타의 순기능과 역기능

아바타는 기본적으로 이용자에게 아바타를 통한 대리만족 효과를 주고 있다. 이밖에도 아바타는 청소년보호위원회에서 인터넷을 통하여 청소년흡연예방운동을 벌이고 있는데 아바타를 이용한 캠페인을 전개하기도 했고 또한 반전 운동을 위해 반전과 평화를 상징하는 아바타를 등장시키는 등 순기능 측면도 있지만, 아바타가 지나치게 높은 가격과 과소비를 조장해 네티즌들이 아바타 장식품을 사는데 많은 돈을 낭비하는 일이 빈번하게 일어나고 있으며, 지불능력이 없는 어린 학생이 아바타 치장에 과도하게 열중해 부모의 휴대폰·신용카드·ARS를 통해 각종아이템을 구매하는데 적지 않은 돈을 쓰고 있어 이에 대한 예방책이 필요한 상황이다

라. 아바타 열풍과 청소년 일탈

아바타와 관련해서 나타날 수 있는 청소년일탈행동에 대하여 발생 가능한 것들을 살펴보면 다음과 같다. 첫째, 청소년들이 아바타 가꾸기에 심취할 경우 인터넷 게임과 함께 인터넷 중독을 일으키는 원인의 하나로 작용할 것이다[394] 둘째, 자신의 아바타를 가꾸어야 한다는 심리적 압박감을 느끼고 있는 청소년들이 그 비용을 조달할 수 없을 경우 부모의 허락 없이 부모의 핸드폰, 신용카드, ARS등을 사용하게 될 것이고 이 경우 보모와의 갈등이 심해져 전술한 바와 같이 청소년의 자살 사건으로까지 비화될 수도 있다. 셋째, 아바타 구입비용을 마련하기 위하여 청소년들이 원조교제에 나서는 등 각종 범죄로 이어질 가능성이 있다. 넷째, 컴퓨터와 인터넷 다루기에 실력이 있는 청소년의 경우에는 비용을 지불하기 어려울 경우 욕구를 충족시키기 위해 관련 사이트에 대해 해킹범죄를 시도하는 경우도 생길 것이다.

---

394) 아바타 중독이 마약보다 무섭다고 표현한 기사도 있다. 전자신문 2003. 8. 12자 관련기사 참조.

마. 소 결

  아바타는 단순한 디지털 이미지에 불과하지만 이용자들 특히 청소년들은 이러한 디지털이미지를 현실속의 어떤 물건보다도 귀하게 여긴다. 업체들도 이러한 점을 이용하여 아바타가 수입원이 불분명하였던 인터넷 업체들의 주 수입원으로 발돋움함에 따라 더욱더 시장 확장에 관심을 보이고 있다. 따라서 경제적 능력이 없는 청소년들의 피해를 줄이기 위해서는 정부와 판매업자의 문제점에 대한 정확한 인식과 실효성 있는 조치가 있어야 될 것으로 생각된다.

  우선 기본적으로 아바타의 가격을 제한하는 정책이 필요하다. 기껏해야 컴퓨터상에서 인터넷을 통하여 볼 수밖에 없는 가상의 아이템에 대해 현실공간에서와 비슷하거나, 오히려 비싼 가격을 책정하여 청소년들의 비정상적, 사행적 구매의욕을 자극하도록 내버려두어서는 안 될 것이기 때문이다. 공짜로 이용하게 할 수는 없겠지만 최소한도의 비용으로 누구든지 쉽게 이용할 수 있도록 하여 부작용을 최소화 시켜야 할 것이다.

  또한 청소년이 아바타 구입에 주로 사용하는 결제수단의 이용한도를 총액기준으로 대폭 낮추고 부모동의 없이는 절대 결제할 수 없도록 하는 등 보다 다양하고 실질적인 제도적 조치가 마련되어야 할 것이다. 무엇보다 중요한 것은 인터넷 업체들의 자율적 규제이다. 수익사업도 중요하지만 인터넷 등 사이버 공간을 보다 건전하고 발전적인 것으로 만들어가겠다는 인터넷 사업체들의 의식 전환이 요구되는 바이며, 지나친 수익 증대를 위하여 청소년들에게 사행심을 조장하고 청소년들에게 악영향을 끼치는 영업행위는 자제되어야 할 것이다.

2. 인터넷 아이템 거래관련 문제

가. 서 언

‘리니지’“바람의 나라”“미르의 전설”“뮤”“디아블로 2’ 등 인터넷 게임은 온라인 게임395)이라고도 불리는데 자신의 콘솔에서 혼자 즐기는 PC게임과 달리 인터넷 사이버 공간을 통하여 전혀 모르는 사람들과 수시로 만나 게임을 즐길 수 있는 것으로 이러한 게임 방식은 새로운 방식의 인터넷 미디어가 우리에게 주는 또 하나의 장점일 것이다.

그런데 이러한 인터넷 게임을 즐기는 과정에서, 부모의 동의 없는 가입행위, 아이템 현금거래, PK(player killing, 상대방 캐릭터를 죽이는 행위)등 여러 가지 부작용이 사회문제로 등장하였다.

인터넷 범죄, 사이버범죄와 관련하여 요즘 문제되고 있는 것이 바로 아이템거래와 관련된 내용들이다. 온라인게임을 이용하다가 현금을 주고 아이템을 팔고 사는 과정에서 일어나는 각종 사기행위 또는 아이템절도행위가 문제되는 것이다. 게임아이템을 팔겠다고 하고 돈을 받아 챙기는 행위는 명백한 인터넷 사기행위이며 형법상 사기죄로 처벌이 가능하지만, 이와 반대로 아이템을 팔면 돈을 주겠다고 거짓말을 하고 게임아이템만 받고 돈을 주지 않는 행위는 생각해 볼 여지가 많다. 즉 절도죄나 사기죄가 성립하려면 범죄의 대상물이 재물성을 갖거나 재산적 이익을 갖고 있어야 하는데, 게임아이템이라는 것이 과연 재물성을 갖고 있는 것인지 아니면 재산적 이익을 갖고 있는 것인지의 여부에 대하여는 쉽게 단정할 수 없기 때문이다. 현재로서는 게임아이템의 재물성이 인정되지 않고 사이버절도에관한 규정도 없어 절도죄로는 처벌 할 수 없는 상황이다. 하지만 게임아이템의 거래가 비록 불법이기는 하지만 적지 않은 현금을 주고 거래가 이루어지고 있는 것이 현실임을 인정할 때 그 재산적 가치를 인정하지

---

395) 온라인게임이란 단순히 온라인게임제공업체에 접속해서 컴퓨터와 테트리스, 고스톱 등의 아케이드 게임을 하는 경우에서부터 블리저드사가 스타크래프트와 같은 자사의 PC패키지게임구매자 및 이용자들에게 제공하는 배틀넷과 같이 네트워크 상에서 멀티플레이를 할 수 있게 하여주는 네트워크게임, 나아가 수만 명의 이용자가 동시에 접속하여 가상의 공동체를 형성하고 있는 리니지게임 등과 같은 다중접속온라인 게임(MMORPG ; Massively Multiplayer Online Role Playing Game)등을 모두 포함할 수 있는 개념.

않을 수 없고 그렇다면 게임아이템을 훔쳐간 행위에 대하여 사기죄의 적용은 가능하다고 보아야 할 것이다396)

나. 인터넷 게임의 구성 및 아이템 거래의 요인

인터넷 게임속의 아이템이 이용자들 사이에서 활발히 현금거래가 이루어지는 이유는 무엇일까. 게임아이템거래의 형사법상 문제점을 분석하기 위해서는 관련 인터넷 게임의 간단한 줄거리와 아이템 거래의 요인에 대하여 파악해볼 필요가 있다. 최근 많이 보도되고 있는 대표적 온라인게임인 리니지 게임에 대하여 알아보기로 한다.

'혈맹' 이라는 뜻의 리니지(Lineage)는 유럽 중세시대를 무대로 주인공이 아버지의 원수를 갚고 왕권을 되찾는 내용으로, 게이머는 기사·요정·마법사 또는 군주의 캐릭터 중 하나를 분신으로 삼아 괴물이나 다른 이용자와 싸워야 한다. 괴물을 죽이면 칼과 갑옷 같은 전리품을 얻어 경험치를 높일 수 있다. 게임 중 캐릭터가 마법의 액체를 마시면 발걸음이 빨라지고 투명망토를 쓰면 투명인간이 돼, 괴물이나 상대방 캐릭터를 쉽게 물리칠 수 있는데, 괴물을 물리치면 돈을 벌어 더 좋은 무기를 구입할 수 있기 때문에 게임이용자들이 해킹을 통해 다른 사람의 무기를 훔치거나 실제 돈으로 무기를 거래하기도 하는 것이다397)

'리니지'를 만든 회사의 고객지원센터에는 하루에 40여명의 게임이용자들이 찾아와 리니지 안에서 잃어버린 캐릭터·무기 등을 찾아 달라고 떼를 쓴다고 한다. 이들은 왜 게임안과 밖의 현실을 구분하지 못하는 것일까? 리니지는 수십만 명이 동시에 접속해 즐기는 온라인 게임이기 때문에 사람들이 많이 모인 광장에 가면, 게임 속의 화

---

396) 서울지법 서부지원2000. 11. 8. 선고 2000고단 1366판결에서는 피해자를 찾아가 폭행하고 게임아이템을 빼앗은 피고인에 대하여 상해죄와 공갈죄를 인정한바 있으나, 이 판결이 게임 아이템의 '재물성'을 인정한 것인지, 아니면 '재산적 이익'을 인정한 것인지는 분명하지 않다. 변종필, "인터넷게임아이템과 재산범죄"인터넷 법률 제5호 참조

397) 리니지는 동명의 순정만화를 기초로 만들어졌다고 하는데, 만화의 줄거리는 다음과 같다, "아버지(듀크데필)의 죽음 이후 어머니(가드리아 공주)가 변절을 하면서 주인공 데포로쥬는 어린 나이에 왕권을 빼앗긴다. 가드리와 결혼을 해 왕권을 차지한 켄 라우헬 기사는 그의 심복인 마녀 케레니스와 함께 데포로쥬의 후견인인 혈맹 5인을 차례로 제거한다, 유배길에 오른 뒤 '말하는 섬'에서 힘과 도덕을 얻은 데포로쥬는 다섯 수호기사와 약혼녀인 로엔그린과 힘을 합쳐 왕권회복을 노린다. "디지틀조선일보 2002. 5. 8자 "엔씨소프트 리니지 게임 이야기" 기사 참조

폐인 '아데나'를 이용해 마법·무기 값을 흥정하는 모습도 보인다. 즉 게임 안에 작은 세상이 열리고 있는 셈이다. 또한 게임 중에 채팅창이나 비공식 홈페이지에는 300여종에 달하는 아이템을 사고판다는 의견이 올라오고, 오프라인 안에는 아데나를 판매하는 전문점도 등장한 상태이다.

그렇다면 이렇게 리니지 게임의 이용자들을 열광하게 만드는 것은 무엇일까? 첫째는 리니지 게임이 복잡한 인간사를 게임에 반영하고 있다는 사실이다. 단순히 괴물을 죽여 힘을 키운 뒤 왕이 되거나 성을 차지하는 것이 아니라, 화폐경제의 요소를 도입하여, 괴물을 죽여 돈(아데나)을 벌고, 다시 무기나 도구를 사고 이를 이용해 원군을 확보한 뒤 힘을 합쳐 성을 정복해 가는 과정이 인간사와 너무나 비슷하다는 것이다. 둘째는 리니지의 게임구조가 마치 스타워즈 시리즈처럼 에피소드의 확장이 가능하다는 점이다. 이용자들이 싫증을 느낄 때 쯤이면 리니지에는 전혀 다른 배경에 다른 시나리오가 있는 에피소드가 추가된다. 앞으로 제공될 리니지 게임의 에피소드는 중세를 거쳐 고대, 신의 시대 등으로 확장될 예정이라고 한다. 동시접속자수가 수십만 명에 이르는 리니지게임은 기계와 사람이 하는 게임이 아니라, 실제 사람들끼리 행하는 게임이기 때문에 빠져들기 쉬울 수밖에 없고 그 내용은 바로 사람들의 경제활동을 반영하고 있기 때문에 가장 많은 문제가 발생하는 것이라고 할 수 있다.

다. 게임 아이템 관련 수사 등 사례

1) 아이템 사기에 흥분하여 총기난사[398]

인기 온라인 게임의 아이템을 구입한 게이머가 사기를 당했다며 흥분해 총기를 난사한 사건이 발생했다. 게임 아이템을 200만원을 주고 구입하였는데 해킹된 아이템으로 사용할 수 없게 되자 이를 해결코자 해당 업체를 찾아가 항의하던 도중 벽에다 공기총을 쏴 경찰에 의해 구속되었다.

---

398) 디지틀조선일보 2002. 5. 6자 관련기사 참조.

2) 전선 잘라 판매한 20대 영장[399]

인터넷 게임에 필요한 돈을 마련하기 위하여 전신주의 전선을 잘라 팔아온 혐의(특수절도)로 고모(27세, 무직)씨에 대해 구속영장이 신청됐다. 고씨는 인터넷 게임의 아이템을 구입하기 위해 대출을 받은 뒤 이를 갚지 못하자 충남 부여군 초촌면 도로변의 전신주에 올라가 전선 1천m를 잘라 140만원을 받고 고물상에 파는 등 모두 19차례에 걸쳐 같은 방법으로 전선 1만m(싯가 3천만 원)를 훔쳐 팔아온 것으로 밝혀졌다.

라. 인터넷 게임 아이템 거래의 형사법적 문제점

최근 성행하고 있는 리니지등 인터넷게임과 관련하여 나타나는 문제점들은 주로 그 아이템거래와 관련된 것들이다. 전술한 바와 같이 인터넷 게임 속에서는 많은 아이템을 필요로 하게 되는데 그러한 게임아이템은 단시간에 얻을 수 있는 것이 아니라 수주일 또는 수개월이 걸려야 습득할 수 있는 것으로 만들어져 있어 성질 급한 이용자들은 게임아이템을 아예 돈을 주고 사는 풍조가 만연되어 있는 것이다. 그러다 보니 게임아이템을 비싼 돈을 주고 사거나 또는 돈을 받고 팔거나 하는 거래행위가 급증하고 있지만, 이러한 아이템거래행위는 약관상 게임아이템에 대한 소유권이 게임회사에 유보되어 있어 게임이용자가 이를 임의로 팔거나 사지 못하도록 규정되어 있으므로 일종의 밀매 행위이며 따라서 매매의 효력도 인정되지 않는 것이다. 그러나 게임 이용자들은 약관의 내용이야 어떻든 현실적으로 게임아이템을 거래하며 팔고 사고하기 때문에 원칙과 현실이 전혀 동떨어져 운용되는 상황인 것이다.

문제는 정상적으로 돈을 주고 게임아이템을 산다든지 또는 게임 아이템을 받고 돈을 준다든지 하는 것이 아니라 필요한 게임아이템을 구하기 위해 게임상대방을 찾아가 폭력을 행사하고 비밀번호를 알아내 아이템을 빼앗는 다던가 또는 돈을 주었지만 게임아이템을 받지 못한다거나 또는 아이템만 받고 돈을 주지 않는 행위가 많다는 것이다.

이와 같은 행위를 유형별로 분석해 보면

---

[399] 디지틀조선일보 2001.11.5자 관련기사참조.

첫째, 게임 상대방을 찾아가 폭력을 행사하고 비밀번호를 알아내어 아이템을 빼앗았다면 이는 상해죄와 공갈죄를 구성하게 된다. 폭력행사가 폭행죄 또는 상해죄를 구성하는 것은 형법상 당연하겠지만 게임아이템을 빼앗은 것이 공갈죄가 되는가에 대해서는 논의가 있었다. 그러나 2000년 11월 서울지방법원에서 공갈죄로 인정되었기 때문에 앞으로는 게임아이템이 최소한 재산적 가치는 갖고 있는 것으로 볼 수 있게 되었다.

둘째, 아이템을 팔겠다고 속이고 돈만 가로채는 행위는 형법상 사기죄로 처벌 하는 데는 어려움이 없다.

셋째, 아이템의 재물성 또는 재산적 가치[400]의 인정여부에 대해서는 법적으로 아직 확립된 것이 없어 아직 논란이 많다.

넷째, 아이템 소유자의 승낙 없이 해킹을 통하여 비밀번호를 알아낸 후 아이템을 훔쳐 내었다면 절도죄[401]의 적용여부는 확립된 것이 없으나, 해킹이라는 범죄행위에 대하여는 정보통신망 이용촉진법상 정보통신망무단침입죄 및 정보훼손 또는 비밀침해죄 등을 적용할 수 있을 것이다.

마. 소 결

인터넷 게임이 청소년들 사이에서 엄청난 인기를 얻게 되자 최근에는 성인들을 대상으로 제작한 'A3' '카르마 온라인'등 성인용 온라인 게임이 등장하고 있는데 이 게임들의 경우 피를 흘리는 장면이나 신체의 일부가 절단되는 장면이 사실적으로 묘사되고 있을 뿐 아니라 여주인공 캐릭터의 노출수위도 파격적이라는 평을 듣고 있어 청소년들이 이를 이용할 경우 또 다른 문제의 발생소지를 안고 있는 상황이다[402] 또한

---

400) 민법과 형법에서 물건의 개념을 "유체물 및 기타 관리할 수 있는 자연력"으로 좁게 한정하고 있는 현재의 법 태도는 문제가 있으므로 디지털 시대에 걸맞게 "관리가능성"을 기준으로 발전적으로 해석하자는 논의도 있다. 이 견해에 따르면 게임아이템도 분명히 관리가 가능하므로 물건의 개념에 포함시킬 수 있게 된다. 전석진, "온라인 게임의 아이템 거래에 관한 검토" 정보법학회 세미나 자료 (2002. 9. 14) 참조.

401) 가장 쉽게 문제를 본다면 게임아이템을 훔쳐간 경우 이를 절도죄로 처벌하면 되겠지만, 문제는 게임아이템의 재물성을 인정할 수 없다는 사법부의판단이 걸림돌이 되는 것이다. 결국 절도죄를 적용 할 수없게 되므로 사기죄나 정보통신망법 위반으로 우회하여 처벌 할 수밖에 없는 것이 현실인데, 현실적으로 게임아이템이 현물거래가 행해지고 있는 상황에서는 전자절도죄 등의 신설이 필요하다고 생각된다. 정완, "인터넷범죄의 형사법적 과제와 전망" 한국 인터넷 법학회 제5회 학술대회 '인터넷 법학의 성립을 위한 학술적 과제와 전망' 2002. 9. 28참조.

최근에는 도난당한 게임 아이템을 되찾기 위하여 한 평범한 청년이 연쇄살인을 저지른다는 줄거리의 영화[403])도 만들어 졌을 정도로 게임 아이템에 관한 사회적 관심은 상당히 깊어지고 있는 현실이다. 이러한 상황에서 많은 청소년들에게 정서적 문화적 영향을 끼치게 되는 온라인 게임사업자들의 사회적 책임 또한 신중히 검토되어야 할 문제라고 할 수 있다[404]. 현재 건전한 게임문화를 조성하기 위해 인터넷 게임회사들이 각종의 많은 노력을 하고 있지만[405] 보다 근본적이고 실효적인 법적 및 현실적 대책이 필요한 상황이다.

제3절 사이버범죄의 수사상 문제점

1. 아이템의 재물성 불인정

가. 서 설

최근 인터넷 사용자가 급증하였고, 특히 요즘 많은 청소년들이 온라인서비스제공자가 제공하는 머드게임을 즐기게 되었다. 그 게임들은 처음에는 무료로 제공되다가 많은 유저들이 생기면서 유료로 변경되었다. 그러면서 장시간 게임을 하고 노력하여야 구할 수 있는 아이템이 생겨났고, 그로 인해 게임 상에서 귀한 아이템이 오프라인에서 거래되기 시작되었다. 아이템을 현금 거래하면서 아이템으로 인한 사이버범죄 중 재산범죄가 발생하기 시작하였다. 그런데 아이템의 재물성에 대하여 명확한 규정이 없어 실무상 아이템 구매방법이 현금거래였을 때는 범죄가 성립하고, 아이템교환이나 현금을 주겠다고 한 후 아이템을 교부받고 금원을 주지 않았을 때 또는 아이템을 주지 않았을 때와 아이템 해킹의 경우 처리에 문제점이 있다. 인터넷이 우리 생활영역의 중심부로 파고들기 전의 생활영역에서는 생각조차 하지 못했던 새로운 형법적 문제를 유발

---

402) 전자신문 2002. 10. 16자 및 조선일보 2002. 10. 15자 "성인용 온라인게임 잇따라 등장" 기사참조.
403) '파라다이스 빌라' 감독:박종원 주연:조한준, 하유미, 이진우.
404) 온라인 게임사업자의 책임에 대한 상세한 내용에 대해서는 백강진"온라인 게임사업자의책임" 정보법학회 세미나자료(2002. 9. 14 참조).
405) 전자신문 2002. 8. 6자 "[e엔터테인] '건전한 사이버게임 문화운동'확산"기사 참조.

시키고 있는 것이다. 특히 인터넷 게임 매니아들 사이에서 현실적인 문제거리로 등장하고 있다. 아이템이 재물일 수 있는가? 재물이 아니라면 재산적 가치는 인정될 수 있는가? 만약 아이템의 재물성이 인정된다면 재물을 행위객체로 삼고 있는 절도죄나 횡령죄가 성립할 수 있을 것이다. 재물성이 부정되더라도 아이템의 재산적 가치가 인정된다면 재산상의 이익을 행위객체로 삼고 있는 공갈죄, 사기죄, 배임죄 등의 성립 여부를 고려해 볼 수 있을 것이다. 그리고 양자의 성격이 모두 부정된다면, 현행 형법상의 처벌은 곤란하게 될 것이다. 물론 경우에 따라 다른 법률에 의한 처벌은 가능할 수도 있겠으나, 형법상의 재산범죄로 규율하려면 새로운 입법을 통해서만 가능할 것이다.

나. 아이템의 재물성에 대한 학설의 검토

 형법상의 재물에 대한 관리가능성설이나 유체가능성설 중 어느 설을 따르던 간에 일단 재물이 민법상의 물건과 마찬가지로 유체물이어야 한다는 점에는 이견이 없다. 그리고 형법 제346조의 규정을 예외규정으로 보든, 예시규정으로 보든 간에 관리 가능한 동력이 재물개념에 포함된다는 데도 실상 차이가 나지 않는다. 형법상의 재물개념이 반드시 민법상의 물건개념에 따라야 할 필요는 없다고 본 관리가능성설의 논점은 타당하다. 형법의 규범적 기준은 대체로 민법의 그것을 존중하기는 하지만 반드시 그것에 구속될 필요는 없다. 경우에 따라 독자적 판단에 따라 마련될 수 있으므로 형법상의 재물은 원칙적으로 유체물을 의미하고, 예외적으로만 관리 가능한 동력을 포함한다고 보아야 한다. 유체물이 재물로 인정되려면 경제적 가치를 지니고 있어야 하는가에 대하여 판례는 재물은 경제적 가치를 가질 것을 요한다는 전제 하에서 경제적 가치의 개념을 넓게 해석하여 주관적 가치 또는 소극적 가치만 있어도 경제적 가치가 인정되므로 재물이 된다고 한다.406) 하지만 일단 재물죄인 절도죄에서 요구되는 재물의 경제적 가치와 이득죄상의 재산적 가치는 구분할 필요가 있다.407) 절도죄의 행위객체인 재물의 재산적 가치는 객관적인 경제적 교환가치가 요구될 정도의 것은 아니다. 예컨대

---

406) 대판 1996.5.10., 95도3057; 대판 1981.3.24., 80도2902. 이와 관련하여 임웅 교수는 객관적인 금전적 교환가치라는 의미에서의 경제적 가치와 재산적 가치를 구분하고 재산적 가치를 상위개념으로 파악하여, 형법상 재물도 경제적 가치는 없더라도 재산적 가치는 가져야 한다고 본다(임웅, "형법각론(上)", 「법문사」, 2000년, 249면).

407) 이재상, "형법각론", 「박영사」, 2001, 242면.

부모의 사진이나 애인의 편지 등과 같이 소유자가 소유권의 대상으로 삼을 수 있는
주관적 가치만 있으면 충분한 것이다.408) 물론 규범의 보호목적에 비추어 일반인에게
주관적 가치조차 인정될 수 없는 것으로서 전혀 보호할 만한 값어치가 없는 유체물은
절도죄상의 재물에 해당하지 않는다. 설령 재물로 본다 하더라도 하등의 의미를 갖지
못할 것이다. 아이템의 재물성에 대하여 리니지 등 컴퓨터 온라인 게임 이용약관409)을
살펴보면 아이템이나 캐릭터의 소유권이 게임사업자에게 귀속되고 공정거래위원회 또
한 이러한 약관을 적법하다고 판정했다.410) 아이템의 재물성 여부에 대한 판단과 관련
하여 대법원 판례(대판 1999.2.24, 98도3140)를 검토해 보면 가상공간에 형법 제243조
를 적용할 수 있는지 여부에 관하여 컴퓨터 프로그램파일이 형법 제243조 소정의 문
서, 도화, 필름 기타 물건에 해당하는지 여부에 관하여 대법원은 컴퓨터 프로그램파일
은 형법 제243조의 행위객체에 해당하지 않는다고 판시하였다.411) 절도죄의 객체는 관

---

408) 유기천, **"형법학"**, 각론강의(상), 「일조각」, 1982년, 198면; 김일수, **"형법각론"**, 「박영사」, 2001년,
　　236면; 이재상, 앞의 책, 243면.
361) 제13조 (이용자의 의무)
　　⑩ 이용자는 회사에서 제공하는 서비스를 게임 또는 오락 등 서비스 본래의 이용목적 이외의 용도
　　로 사용하거나 다음 각 호에 해당하는 행위를 해서는 안 됩니다. 8.계정, 캐릭터, 아이템 등을 타인
　　에게 양도, 질권설정, 담보제공, 대여하는 등의 행위 9.계정, 캐릭터, 아이템 등을 현금으로 매매하는
　　행위
　　제16조 (서비스 이용의 제한)
　　② 이용자가 이용자의 의무 조항을 어길 경우 회사는 해당 이용자의 계정이용에 제한을 가할 수 있
　　습니다.
　　⑤ 서비스를 이용하게 됨으로써 서비스 영역에서 발생하는 이용자 사이의 문제에 대해 회사는 책임
　　을 지지 않습니다.
　　⑦ 이용자의 계정, 캐릭터, 아이템 등 게임 내 모든 정보는 당사가 일체의 권리 및 권한을 소유하며,
　　게임의 기획이나 운영상에 필요하다고 판단될 경우 당사에서 추가, 삭제, 변경할 수 있습니다.
　　제17조 (서비스의 이용중지 또는 계약의 해지)
　　④ 회사는 이용자가 제13조의 이용자의 의무를 위반한 경우 및 고의 또는 중대한 과실로 회사에 손
　　해를 입힌 경우에는 사전 통보 없이 이용계약을 해지하거나 또는 기간을 정하여 서비스의 이용을
　　중지할 수 있습니다.
　　제20조 (면책)
　　⑧ 회사는 이용자 상호간 또는 이용자와 제3자간에 서비스를 매개로 발생한 분쟁에 대해 개입할 의
　　무가 없으며 이로 인한 손해를 배상할 책임도 없습니다
410) 「중앙일보」, 2000. 7. 22. 29면.
411) 대판 1999.2.24, 98도3140 에 대해 사이버 법을 구축하는 데 중요한 걸음을 내디딘 판결이라고 보는
　　견해도 있다. 가상공간에서는 현실세계에서 적용되는 법리와는 다른 법리가 적용되어야 하며, 이런
　　맥락에서 컴퓨터 프로그램파일이 형법 제243조에서 말하는 '물건'이 아니라고 본 것은 좁게는 디지

리 가능한 동력을 포함한 '재물'에 한한다 할 것이다. 또 절도죄가 성립하기 위해서는 그 재물의 소유자 기타 점유자의 점유 내지 이용가능성을 배제하고 이를 자신의 점유하에 배타적으로 이전하는 행위가 있어야만 할 것이다. 컴퓨터에 저장되어 있는 '정보' 그 자체는 유체물이라고 볼 수도 없고, 물질성을 가진 동력도 아니므로 재물이 될 수 없다 할 것이다. 또 이를 복사하거나 출력하였다 할지라도 그 정보 자체가 감소하거나 피해자의 점유 및 이용가능성을 감소시키는 것이 아니다. 그 복사나 출력 행위를 가지고 절도죄를 구성한다고 볼 수도 없다. 컴퓨터에 저장된 정보를 출력하여 생성한 문서는 피해 회사의 업무를 위하여 생성되어 피해 회사에 의하여 보관되고 있던 문서가 아니다. 피고인이 가지고 갈 목적으로 피해 회사의 업무와 관계없이 새로이 생성시킨 문서라 할 것이다. 이는 피해 회사 소유의 문서라고 볼 수는 없다 할 것이어서, 이를 가지고 간 행위를 들어 피해 회사 소유의 문서를 절취한 것으로 볼 수는 없다412)는 등 재물성이 인정되지 않고 있다.413)

2. 피해금액의 소액성

수사기관에 접수된 사이버범죄 사건의 대부분이 해킹 및 아이템관련 범죄다. 채팅사이트에서 아이디·패스워드를 도용하여 "아바타" 꾸미기를 위해 타인의 아이템을 도용하는 문제는 사실상 형사처벌이 곤란한 경우가 많다. 그 도용의 주체가 주로 초·중학생이며 만14세 미만의 형사미성년자인 경우에 처벌이 불가능하다는 문제점이 있다.414) 피해금액이 소액으로 사이버범죄로 수사하여 처벌 시 사기죄, 정보통신망의 이용촉진및정보보호등에관한법률등이 적용되어 청소년들이 소액범죄로 인하여 전과자가 되는 경우가 생기고 있다. 수사기관에서는 소액(1-10만원 대)의 피해까지도 일일이 사건으로 접수됨으로 인해 업무량이 폭주하고 이로 인해 실체적 진실발견에까지 이르

털신호가 과연 물건인가를 판단한 것이지만 넓게는 가상공간에서는 물리적 세계의 법리가 적용될 수 없음을 선언한 것이라는 것이다(황승흠, "사이버공간에 대한 형법 제243조의 적용 여부", 「인권과 정의」, 통권 280호, 1999년 12월, 48-49면).

412) 대판 2002. 7. 12. 2002도 745.

413) 변종필, "인터넷게임아이템과재산범죄",- 서울지법 서부지원 2000.11.8. 선고 2000고단1366 판결 -「인터넷법률」5호, 2001년 3월, 32-33면.

414) http://lovol.net. 2006년 10.10자 참조.

지 못하는 사례가 많은 것이 현실이다.

3. 사이버범죄 발생 관련 업체의 대처 미흡

리니지 게임의 운영사인 엔씨소프트(http://www.ncsoft.co.kr/) 등에서는 현금거래 피해
자가 신고시 신고자 및 가해자의 계정(아이디)을 압류하여 사용치 못하도록 하고 있다.
해킹이나 아이디 매매 등 피해의 경우 최초가입자의 주민등록증을 팩스로 송부해 주
어야 신규비밀번호를 부여해 주고 있다. 또한 수사기관에 피해신고를 하여야 가해자의
신원확인이나 접속IP를 확인해 주겠다고 하고 있다. 피해금액 1-10만원의 소액까지도
수사기관에 수사를 의뢰해야만 이를 확인해 주는 등 소극적인 대처로 인해, 대부분의
가해자들인 청소년들의 범죄율을 증가시키고 있다. 특히 인적사항 도용의 경우 가족들
중 본인 모르게 가입하는 경우와 친한 친구 등이 피해자에게 동의를 구하면 당연히
동의를 해줄 것이라 생각하고 동의를 얻지 않고 가입하여 사용하는 경우가 있다. 단
순 비밀번호 해킹의 경우 인적사항 등을 잘 알고 있는 친·인척인 경우가 많다. 이런
경우 수사기관에서 수사 중 가해자를 검거하면 그는 '굳이 피해자에게 동의를 구하지
않아도 가능하리라는 것을 알고 인적사항을 도용하거나 비밀번호를 사용하였다'고 진
술하고, 도용 및 해킹 피해자는 가해자가 지인 인 것을 알게된 후 통신회사에서 가해
자에 대하여 이야기만 해주었어도 신고를 하지 않았을 것이라고 하는 등 피해자의 선
처에 호소하는 경우가 많다. 그러나 이러한 사례도 수사기관의 사법처리 대상이 되고
있는 것이 현실이다.

게임운영사인 넥슨게임에서는 청소년 상대 11,000원, 33,000원, 55,000원의 정액제 유
료로 사이트를 운영하면서 형식적인 부모의 동의만 얻어 그것으로 인하여 많은 문제
점이 발생하고 있다. 대법원은 인터넷상의 명예훼손과 온라인서비스제공자의 책임(대
법원 2003년6월27일 선고 2002다72194 결정)에 대하여 전자게시판을 설치, 운영하는
자는 그 이용자에 의하여 타인의 명예를 훼손하는 글이 전자게시판에 게시된 것을 알
았거나 알 수 있었던 경우에 이를 삭제하는 등의 적절한 조치를 취하여야 할 의무가
있다 할 것이다415)라고 하여 온라인 서비스 제공자에게 그 책임이 있다고 인정하고

---

415) 가. 제1심(대구지방법원 2002. 6. 25. 선고 2001가단62531 판결) - 원고 청구 일부 인용전자게시판을

있다. 또 인터넷 포털사이트 쇼핑몰에 허위 상품광고가 게재됐을 경우 운영업체도 이에 대한 책임을 져야 한다는 판결도 나왔다.416)

인터넷 게임운영업체에서는 약관에 아이템의 현금거래를 금지한다 하고 있다. 현금거래 시 계정압류를 하고 있다. 실제 게임 중 채팅창에서 대부분의 거래가 이루어지고 있다. 아이템베이(www.itembay.co.kr)에서는 아이템을 매입하여 매매하는 사이트를 운영하고 있다. 아이템 거래는 대부분 오랜 기간 게임을 하여도 구하기 어려운 아이템이 대부분이므로 각 업체에서는 다양한 아이템의 개발로 희귀아이템에 대한 집중을 줄여 어떤 가입자나 적은 노력으로 쉽게 아이템을 얻을 수 있도록 하여야겠다. 소액

설치, 운영하는 자는 그 이용자에 의하여 타인의 명예를 훼손하는 글이 전자게시판에 게시된 것을 알았거나 알 수 있었던 경우에 이를 삭제하는 등의 적절한 조치를 취하여야 할 의무가 있다 할 것이다. 그러므로 살펴건대 위 인정사실에 의하면 피고의 홈페이지에 게재된 위 최원탁, 성동춘 명의의 글 등은 타인의 명예를 훼손하는 글이라 할 것이며, 위 최원탁 명의의 글이 게시된 당일 군의 전산관리자가 이러한 사실을 군의 총무과장에게 전달한 점, 위 최원탁, 성동춘 명의의 글들과 관련하여 이를 비난하거나 그 삭제를 요구하는 위 홈페이지 사용자의 글이 게시된 점등에 비추어 볼 때 피고로서는 원고의 내용증명에 의한 명시적인 삭제요구 이전에 이미 원고에 대한 이러한 명예훼손 적인 글들이 게시판에 게시된 것을 알았거나 충분히 알 수 있었다고 보여 진다. 그럼에도 불구하고 피고는 이를 즉시 삭제하거나 원고와 위 글들의 처리에 대한 의논을 하는 등 적절한 조치를 취하지 아니하고 약 52일 가량 이를 그대로 방치하여 둔 것이라 할 것이다. 따라서 원고는 이로 인하여 상당한 정신적 고통을 입었다 할 것이므로 피고는 특별한 사정이 없는 한 원고에게 위와 같은 전자게시판 관리의무 위반행위로 인한 손해배상책임을 진다고 할 것이다.
나. 제2심(대구지방법원 2002. 11. 13. 선고 2002나9163 판결) - 원고 항소 일부인용 손해배상책임의 발생에 관하여는 제1심의 판결을 그대로 원용하고, 손해배상의 범위에 있어서만 제1심 판결보다 원고의 청구를 더 많이 인용했다.
자세한 내용은 http://www.lawtimes.co.kr 참조.
416) 서울고법 특별6부(재판장 李東治 부장판사)는 2003. 7. 10. 인터넷 포털사이트 다음커뮤니케이션사가 "사이트 입점업체가 허위광고를 했다는 이유로 내린 시정명령은 받아들일 수 없다"며 공정거래위원회를 상대로 낸 시정명령등효력정지 청구소송(2002노16872)에서 원고패소 판결을 내렸다.
재판부는 판결문에서 "원고는 광고와 상품 판매에 대한 책임은 입점업체가 지기로 계약했다고 주장하나 쇼핑몰에 접속한 소비자들은 다음사 외에 다른 입점업체가 별도로 있음을 알리는 아무런 표시가 없어 다음사를 광고의 주체로 인식할 수밖에 없다"고 밝혔다.
재판부는 또 "원고는 즉시 광고를 중단했으므로 시정조치가 완료됐다고 하지만 언제든 유사사례가 나올 수 있어 완전한 조치라 볼 수 없다"며 "원고가 시정명령을 받았다고 공표 하는 것이 소비자가 허위광고에 노출됨으로써 당할 불이익보다 크지 않으며 향후 재발방지 차원에서도 시정명령은 정당하다"고 덧붙였다.
다음사는 2001년11월 7~10일 모 업체가 인터넷 쇼핑몰에 아동복 제품의 제조원과 제조시기를 허위로 광고했다는 사실이 드러나 공정위로부터 시정명령과 함께 이 사실을 자사 사이트에 1주일간 공표 하라는 명령을 받자 소송을 냈다. http://www.lawtimes.co.kr/ 참조.

(1-10만원 미만)의 사기 피해사건의 경우 아이템이동경로 확인 등 적극적인 노력으로 피해를 회복하도록 하여야겠다. 단순 비밀번호 변경 등의 경우 가입휴대폰으로 비밀번호를 발송해 주는 등 피해자의 간단한 신분확인 후 비밀번호를 통보해 주는 것이 좋을 것이라 생각된다. 인적사항 도용의 경우 접속IP 공개 및 피해자와의 관련성을 최대한 확인하여 피해자에게 도용자에 대하여 고지함으로써 친·인척 및 지인 간 고소하는 사례를 억제토록 하여 사이버범죄 발생을 줄여야겠다. 이에 사이버수사를 담당하였던 경찰관의 입장에서 온라인서비스제공자에게 아래와 같이 제언한다.

수사에 필요한 증거자료인 용의자의 접속IP, 아이템 이동경로 등은 게임운영사만이 즉시확인이 가능하므로 보안관 제도를 운영하면서, 항시 순찰을 강화하고, 특히 해킹 및 아이템 피해 신고를 접수한 경우, 우선 피해변제 후 보유하고 있는 자료를 활용하여 해킹사범의 경우 이를 추적하여 확인하고, 아이템피해의 경우 이동경로를 확인하여 회수하는 등 필요한 조치를 취함과 동시에, 증거자료를 확보하여 범죄행위를 한 용의자에 대하여 선별하여 게임운영사의 담당자가 수사기관에 고발하면 소액 피해자 및 단순 해킹피해자들의 경우 사소한 피해로 수사기관을 방문하는 번거로움이나 그로 인한 정신적인 피해를 줄일 수 있을 것이다. 다액피해의 용의자 및 해킹사범들에 대하여는 우선 증거확보가 가능하므로 신속하게 게임 운영사에서 수사기관에 증거자료를 제출함으로써 피의자가 거주하는 곳에서 즉시 수사가 가능토록 함으로써, 수사기관 또한 수사기일을 단축할 수 있다. 피해자 진술조서 작성 시 해킹의 방법과 내용을 정확히 모르는 피해자들의 경우 단순 피해내용만 진술할 뿐 실체적인 방법 등을 진술하지 못하여 수사상 어려움이 있다. 그러나 그 방면의 전문가들인 게임운영사의 담당자들이 직접 진술하게 되면 실체적인 내용을 파악하여 진술하므로 피해자들의 번거로움이 없을 뿐만 아니라 수사기관의 수사 시 실체적 진실발견에 도움이 된다. 또한 수사기관에서는 소액·단순사건이 감소하여, 보다 중요사건에 수사력을 동원할 수 있게 된다. 현재 피해자가 수사기관에 신고하여야 증거자료를 제시해 주는 방식에서 게임 운영사에서 피해자들을 상대로 신고 접수를 받은 후, 피해경위와 내용 등을 확인하여 우선 변제 등 절차를 거치고, 관련내용을 조사하여 사실이 확인될 경우 가해자에 대하여 계정압류 등 조치를 취하고, 증거자료를 확보한 후, 악질적인 가해자에 대하여는 선별적으로 게임 운영사에서 직접 수사기관에 고발하는 방식이 마땅하다고 생각된다.

제9장 유사수신범죄(불법사채업)

제1절 유사수신행위의 실태와 법률의 제정

최근 계속하여 저금리 추세가 이어지면서 마땅한 투자처를 찾지 못한 돈이 유사수신행위417)의 함정에 걸려들고 있다. 건당 피해자가 수천명씩에 피해금액도 수백억원대로 불어났다. 소규모 창업자금을 날리는 주부도 허다하다는 기사가 있었다.418) 또한 정부의 벤처기업육성을 위한 경제정책의 실시 후로 하여 정규적·합법적인 시장이 아니라 인·허가를 받지 않은 비합법적인 시장을 통하여 자금을 도으는 행위가 기승을 부리고 있다. 이러한 비합법적인 시장을 통한 금융거래는 건전한 금융질서를 저해할 가능성이 높을 뿐만 아니라, 비합법적인 시장의 거래를 통해 자본투자자들의 재산이 적절하게 보호받지 못함으로써 투자자들이 손해를 입을 가능성이 매우 높다.

이러한 측면에서 다음의 두 법률이 유사수신행위와 관련하여 검토할 가치가 있다. 하나는 '유사수신행위의규제에관한법률'419)이고, 다른 하나는 '대부업법'이다. 여기서는 우선 대부업의 일반적인 사항을 검토하고. 절을 바꾸어서 대부업과 유사수신행위의

---

417) 유사수신행위: 금융관계법령에 의한 인가, 허가를 받거나 등록, 신고 등을 하지 않고 불특정다수인으로부터 자금을 조달하는 행위. 즉 제도권금융기관이 아니면서 고수익을 제시한 채 불특정 다수로부터 투자명목으로 투자금을 끌어모으는 행위다. 현행 '유사수신행위의 규제에 관한 법률'은 어떤 이유를 대든 원금을 보장한다든가, 확정수익률을 제시하면서 돈을 끌어모을 수 없도록 하고 있다. 유사수신행위를 하다 적발되면 5년 이하의 징역 또는 5천만원 이하의 벌금에 처해진다. 유사수신행위를 하기 위해 불특정다수인을 대상으로 광고를 하는 것도 금지되어 위반시 2년 이하의 징역 또는 2천만원 이하의 벌금에 처해진다. 또한 유사수신행위를 하기위해 상호중에 금융업으로 인식할 수 있는 파이낸스, 캐피탈, 신용, 크레디트, 인베스트먼트, 펀드, 팩토링, 선물 등의 금융업 유사명칭을 사용해서는 안된다. 이 경우 1년 이하의 징역 또는 1천만원 이하의 벌금에 처해진다. 유사수신업체에 지급한 투자금은 예금자보호법상의 보호 대상 상품이 아니며, 유사수신업체는 금융회사가 아닌 상법상 일반회사이므로 금융관련 법률에 의한 구제를 받을 수 없다.

418) 한겨레신문 2001. 7. 24. 경제면 기사.

419) 2000년 1월 12일에 법률 제6105호로 제정. 입법제안이유에 대한 자세한 설명은 제정경제부 금융정책과 홈페이지를 참조. http://www. mofe.go.kr.

문제점과 수사방향 등을 자세히 검토하여 보기로 하자.

1. 대부업 등록대상

가. 대부업 등록대상

2002년도 10월 28일부터 금전의 대부를 업으로 하는 대부업자는 영업소를 관할하는 시·도지사에 등록해야 하며 2이상의 특별시, 광역시, 도에 영업소가 있을 경우 각각 관할 「시·도」에 등록하여야 한다. 민원접수의 경우 서울시청별관1층 민원실 그리고 담당부서로는 소비자 보호과 등이 있다. 현재 대부업을 영위하는 자는 동법 시행일 (02.10.27)부터 3개월 이내(03.1.26)까지 시·도지사에 등록해야 한다.

대부업은 금전을 대부하거나 중개, 또는 어음할인·양도담보등의 방법에 의해 금전의 교부 또는 중개를 업으로 하는 것이다. 이에대한 유형으로는 먼저, 어음(채무증서)을 주고 금전을 교부받거나, 또는 부동산등을 양도한 형식으로 하여 금전을 교부하되 금전을 상환할경우 부동산 소유권을 돌려주는 양도담보도 대부에 해당 혹은 전주와 차입자 사이에서 금전대부를 중개하고 수수료를 수취하는 경우도 대부에 해당한다.

나. 대부업에서 제외되는 범위

다음의 대부를 하는 경우는 대부업에 해당되지 않으므로 대부업법을 적용받지 않으며 따라서 등록을 하지 않아도 되고 최고이자율(연66%)의 제한도 적용받지 않는다.420)

---

420) 월평균 대부잔액(매월 말 기준)이 5천만 원 이내이고 대부거래 상대방이 20인 이하로서 생활지, 인터넷, 전단지등 모든 형태의 광고를 하지 않는 소규모사업자가 하는 대부가 이에 속하며 대부잔액·대부거래 상대방·광고여부는 명의에 관계없이 실제 대부자를 기준으로 판단하였던 구법이 있었으나, 현재는 그러한 기준이 현생면에서고 폐지되었다.

　사례로는 먼저, 다른 사람 명의로 대부하더라도 대부자금의 소유자가 동일할 경우 대부잔액·대부거래상대방수를 합산하는 경우와 대부자 자신이 직접 광고를 하지 않고, 다른 사람을 통해 간접적으로 광고를 하더라도 광고행위에 해당하는 경우가 이에 속한다.

　고금리 등으로 인한 피해가 우려되지 않는 대부도 이에 속하는데 국가·지자체가 대부하는 경우, 사업자·노동조합이 그 구성원에 대부하는 경우 등이다. 또한 등록을 하지 않고 대부업을 영위하는 경우 5년 이하의 징역 또는 5천만 원 이하의 벌금에 처한다(법제19조).

2. 대부업 등록요건 및 등록절차

가. 등록요건

　다음의 결격요건 외에는 대부업 등록에 제한이 없다. 다만, 대부업법 시행 당시 세무서에 사업자등록을 하고 대부업을 영위하고 있는 자는 결격요건에 해당되더라도 대부업 등록을 할 수 있다.[421] <대부업 등록이 제한되는 결격요건(법 제4조)> 먼저, 미성년자·금치산자 또는 한정치산자 그리고 파산자로서 복권되지 아니한 자 또한 금고 이상의 실형의 선고를 받고 그 집행이 종료(집행이 종료된 것으로 보는 경우를 포함한다)되거나 면제된 날부터 5년이 경과되지 아니한 자 그리고 금고 이상의 형의 집행유예의 선고를 받고 그 집행유예기간 중에 있는 자 또한 금고 이상의 형의 선고유예를 받고 그 유예기간 중에 있는 자 그리고 다음 각목의 1에 해당하는 규정을 위반하여 벌금형의 선고를 받고 2년이 경과되지 아니한 자 마지막으로 제13조제2항의 규정에 의하여 등록취소 처분을 받은 후 5년이 경과되지 아니한 자 (등록취소 처분을 받은 자가 법인인 경우에는 그 취소사유의 발생에 관하여 직접 책임이 있는 임원을 포함한다).

---

[421] 조성목, 경찰대학 경찰수사연수원 금융경제범죄 수사, 2005. 637면.

나. 신규 등록

영업소 관할 시·도지사에게 대부업 등록 신청서(별첨 참조) 및 구비서류를 제출하며 시·도지사는 대부업 등록 신청인이 결격요건에 해당되지 않을 경우 대부업등록증 교부(처리기간 14일)하고 대부업 등록 신청시 구비서류로는 대부업 영업시 사용할 대부계약서 1부 그리고 법인등기부 등본(법인에 한함) 1부 그리고 대부업 신청인(대표자)의 인감증명서 1부 또한 법인의 경우 대표이사, 개인의 경우 업무를 총괄하는 사용인 그리고 대부업자의 일반현황 1부(별첨 참조) 요건으로는 자본금의 경우 법인의 경우 자기자본, 개인의 경우 대부업에 사용하는 영업자금 또한 부채 및 총자산 그리고 법인의 경우 주요출자자 : 현황, 임원현황 작성 또한 당해 법인에 대한 지분율이 10%이상인 자 마지막으로 영업소현황 등이 있다.(타 시·도의 영업소현황 포함) 대부업 등록 시 각 영업소당 10만원의 등록수수료를 납부해야 한다.

다. 변경등록 및 영업폐지

대부업법 제3조제2항 각호의 기재사항에 변경이 있는 경우 대부업자는 15일 이내에 시·도지사에 변경등록을 해야 하며 대부업 변경등록 신청서(별첨 참조)를 작성하여 대부업등록증 원본과 함께 시·도지사에 제출해야 한다. 신청서의 내용으로는 명칭 또는 성명과 주소 그리고 등록신청인이 법인인 경우에는 최대출자자 및 임원의 성명 및 주소 또한 등록신청인이 개인인 경우로서 업무를 총괄하는 사용인이 있을 때에는 사용인의 성명 및 주소 그리고 영업소의 명칭 및 소재지(2 이상의 영업소를 설치하는 경우에는 각각의 영업소를 모두 포함한다) 마지막으로 영위하고자 하는 대부업의 구체적 내용 및 방법 등이 있다. 대부업자가 영업을 폐지할 때에는 영업폐지 일부터 14일 이내에 시·도지사에게 신고해야 하며 폐업신고서(별첨 참조)를 작성하여 대부업등록증 원본과 한께 시·도지사에 제출하고 그리고 변경등록 또는 폐업신고를 하지 않은 경우 시·도는 1,500만원의 과태료를 부과하고 시·도지사는 최고 2,000만원 한도 내에서 750만원 이내의 금액을 가감할 수 있다.

3. 대부업자가 지켜야 할 준수사항

가. 최고이자율 준수

대부업자(무등록 대부업자 포함)는 연66%(단리로 환산하여 월5.5%, 일0.18%)를 초과하는 이자를 받을 수 없다. 이자율 산정에 있어 사례금·할인료·수수료·연체이자·선이자등 명칭에 관계없이 대부와 관련하여 받는 것은 이자로 간주하며 대부업자가 받는 연체이자율도 최고이자율(연66%)를 초과할 수 없다. 다만, 대부거래의 체결과 변제에 관한 부대비용은 이자로 보지 않으므로 최고이자율 제한대상에 해당하지 않으며 부대비용은 당해 거래의 체결 및 변제와 관련한 신용조사비용·담보설정비용 등 사채업자가 수취 즉시 제3자에게 제공하는 금액 등이 주로 해당한다. 최고이자율을 초과한 이자를 받은 대부업자에 대해서는 3년 이하의 징역 또는 3천만원이하의 벌금에 처하며 대부업법에서는 최고이자를 초과한 부분은 무효로 규정하고 기 지급분에 대한 반환청구권을 명시하고 있으므로 대부업자가 최고이자를 초과하여 수취한 이자는 돌려주어야 한다. 최고이자율 적용금액으로는 1회 대부원금이 3,000만원까지인 경우 최고이자율이 적용되므로 3,000만원을 초과한 금액을 대부하는 경우 3,000만원까지는 최고이자율이 적용되고, 3,000만원을 초과하는 금액에 대해서는 최고 이자율이 적용되지 않는다.[422] [423]

< 사 례 >

① 5,000만원을 대부한 경우 3,000만원까지는 최고이자율(연66%)를 초과하여 이자를 받을 수 없으나, 나머지 2,000만원에 대해서는 최고 이자율에 관계없이 이자를 받을 수 있음

② 4,000만원을 빌려 준 후 최고이자율이 적용되는 3,000만원을 상환 받고 남은 1,000만원에 대해서는 최고이자율 제한을 받지 않는 계약을 체결하더라도 대출잔액이 3,000만 원 이하일 경우에는 적용

---

[422] 금융감독원, 금융질서교란 불법금융거래 유형 2005. 4면.

[423] 조성목, 경찰대학 경찰수사연수원 금융경제범죄 수사 2005. 641-647면 참조.

최고이자율은 개인 및 중소기업기본법상의 소기업 : 에 대부하는 경우에 적용된다. 소기업의 범위로는 광업·제조업·건설업·운수업(상시근로자50인 미만), 기타업종(10인 미만)이 이에 속한다.

나. 불법채권추심행위 금지

대부업자는 다음의 불법채권추심행위를 해서는 안 되며 폭행·협박 또는 위계를 사용하는 행위와 채무자 또는 채무자의 관계인에게 채무에 관한 허위사실을 알리는 행위 그리고 정당한 사유가 없는 방문 등을 통해 공포심, 불안감을 유발하여 사생활을 침해하는 행위 등 그리고 대부업자가 불법 채권추심행위를 하는 경우 벌칙을 과하도록 하고 있다. 구체적 처벌로서는 폭행·협박의 경우 5년 이하의 징역 또는 5천만 원 이하의 벌금 그리고 채무에 관한 허위사실을 알리는 행위, 정당한 사유 없는 방문 등을 통해 사생활을 침해하는 행위 그리고 3년 이하의 징역 또는 3천만 원 이하의 벌금 또한 대부업자, 여신금융기관, 등록 없이 대부업을 하는 자 그리고 모두 불법 채권추심행위에 관한 조항을 적용받는다.

다. 대부계약서 교부 및 영업소 게시사항 준수

대부업자는 대부계약 체결 시 다음 법정사항이 기재된 계약서를 거래상대방에게 교부하여야 한다.

<대부계약서 기재사항(법제6조 및 시행령 제4조)>
 1. 대부업자 및 거래상대방의 명칭 또는 성명 및 주소
 2. 계약일자
 3. 대부금액
 4. 대부이자율 (연 이자율로 환산한 것을 포함한다)
 5. 변제기간 및 변제방법
 6. 대부금을 변제받을 계좌번호를 정한 경우에는 그 계좌번호
 7. 당해 거래에 관한 일체의 부대비용
 8. 손해배상액 또는 강제집행에 관한 약정이 있는 경우에는 그 내용
 9. 보증계약을 체결한 경우에는 그 내용
10. 대부업 등록번호
11. 연체이자율
12. 기한의 이익 상실에 관한 약정이 있는 경우에는 그 내용
13. 대부원리금의 변제순서에 관한 약정이 있는 경우에는 그 내용

대부업자는 대부이자율·이자계산방법·변제방법, 대부업 등록번호 등을 영업소마다 게시해야 하며 대부계약의 체결 시 거래상대방에게 그 내용을 설명해야 한다.

<대부업자의 영업장소에 게시할 대부조건(법 제9조 및 시행령 제6조)>
1. 대부이자율
2. 이자계산방법
3. 변제방법
4. 대부업 등록번호
5. 연체이자율
6. 대부계약과 관련한 부대비용의 내용

대부업자가 대부계약서 미교부 및 기재사항이 누락된 대부계약서를 교부한 경우, 대부조건 게시 및 설명의무를 위반한 경우 시·도지사는 과태료 500만원을 부과해야

하며 시·도지사는 과태료 500만원에 250만원내의 금액을 가감 할 수 있다.

라. 유사명칭 사용 금지

대부업자는 각 금융법령에 정하는 바에 따라 제도권 금융기관과 유사한 명칭 : 을 사용해서는 안 되며 은행, 보험, 할부금융, 캐피탈, 상호저축은행, 투자자문등 대부업자가 유사수신행위를 하는 경우에는 금융·파이낸스, 신용·크레디트, 투자·인베스트먼트, 팩토리 등도 유사명칭에 해당한다. 유사명칭을 사용할 경우 각 개별 금융법령(별첨 참조)에 따라 처벌된다.

4. 대부업자에 대한 감독

가. 자료제출

시·도지사는 대부업자에게 업무 및 업무와 관련된 재산에 관하여 보고하게 하거나 자료제출을 요구할 수 있으며 시·도지사는 대부업자로부터 반기마다 업무실적을 제출받아 이를 관리해야 하며 이에는 대부금액의 잔액, 대부거래상대방 수, 자본금, 부채, 순이익(또는 손실)을 포함되고 또한, 대부업자에 대하여 감독상 필요한 명령을 할 수 있으며, 당해 대부업자가 다른 시·도에 영업소가 있는 때에는 관할 시·도지사에 명령내용을 통보할 수 있다. 대부업자가 자료제출 등 시·도지사의 명령을 이행하지 않는 경우 영업정지 요건에 해당한다.

나. 검사 등 감독

시·도지사는 소속공무원으로 하여금 대부업자의 영업소에 출입하여 그 업무 및 업무와 관련한 재산에 관하여 검사할 수 있다. 또한 다른 시·도에 영업소가 있는 경우 다른 영업소를 관할하는 시·도지사에게 당해 영업소에 대한 검사(공동검사를 포함)를 요청할 수 있다. 시·도지사는 대부업자에 대한 전문적인 검사가 필요한 경우 금융감독원장에게 검사를 요청할 수 있다. 또한 대부업자는 검사 시 연평균대부잔액의

0.01%내에서 금융감독위원회가 정하는 금액을 검사수수료로 납부하여야 하고 대부업자에 대하여 감독상 필요한 명령을 할 수 있으며, 당해 대부업자가 다른 시·도에 영업소가 있는 때에는 서울시에 명령내용을 통보하여야 한다.

다. 영업정지 및 등록취소

시·도지사는 다음에 해당하는 대부업자를 대하여 1년 이내에서 업무의 전부 또는 일부정지를 명할 수 있다.

< 업무정지 요건(법제13조) >
1. 대부업법 또는 대부업법에 의한 시·도지사의 명령에 위반한 경우
2. 당해 대부업자의 영업소중 다른 시·도지사에게 등록한 영업소가 영업정지처분을 받은 경우

5. 대부업자의 불법행위에 대한 신고

등록 대부업자에 대한 신고가 있다. 최고이자율을 초과한 이자 수취·불법채권추심행위 등을 하는 대부업자에 대해서는 영업소 관할 시·도, 금감원사금융피해신고센터, 경찰·검찰 등 사법기관에 신고하여야 한다. 또한 무등록 대부업자에 대한 신고가 있는데 대부업 등록을 하지 않고 대부업을 영위하는 자에 대해서는 금감원 사금융피해신고센터, 경찰·검찰 등 사법기관에 신고하여야 한다.

제2절 비제도금융의 불법행위 유형

1. 파 이 낸 스

가. 파이낸스의 개념

금융(finance)이란 자금이 부족한 경제주체와 자금이 여유가 있는 경제주체 사이에

자금을 빌려주고 빌리는 거래 즉 자금의 융통, 화폐의 대차를 포함한 모든 형태의 자금이동을 뜻하며 금융을 영위하는 금융회사를 설립 근거법을 기준으로 분류하면 제도금융회사와 비제도금융 회사로 구분한다. 제도금융회사는 은행, 증권회사, 보험회사, 상호저축은행, 신용협동조합, 새마을금고, 신용카드사 등 각각의 근거법에서 정한 바에 따라 정부의 인가, 허가, 등록, 신고 등에 의하여 설립되어 업무방법 등이 규정되고 감독근거 등이 명시된 금융회사424)를 지칭한다. 비제도금융 회사(사금융업)는 제도금융회사를 제외한 상법상의 일반회사로, 사금융을 의미하며 협의의 파이낸스. 대부업법이 제정되면서 대부분 불법에 해당 한다. 한 예로 00.1.12 유사수신행위규제에관한법률 제정에 따라 법령에 의한 인가·허가를 받거나 등록·신고 등을 하지 아니하고 불특정다수로부터 자금을 조달하는 것을 업으로 하는 행위(유사수신)를 하기 위해 상호 중에 '파이낸스'등 명칭사용을 금지. 사금융을 제도금융권으로 흡수하기 위해 대부업의등록및금융이용자보호에관한법률 제정·시행(02.10.27)하였다. 주요국의 사금융규제로는 일본의 경우 대부업자(대부업의 규제 등에 관한 법률) 미국의 경우 Finance company(각 주법) 영국의 경우 Finance House(협회 자율규제) 마지막으로 홍콩은 Money Lenders(Money Lenders Ordinance)등이 있다.

나. 제도금융회사

1) 은 행(은행법)

예금의 수입, 유가증권 기타 채무증서의 발행에 의하여 불특정다수인으로부터 채무를 부담함으로써 조달한 자금을 대출하는 업을 규칙적·조직적으로 영위한다.425)

2) 증권회사(증권거래법)

유가증권의 매매·위탁매매, 유가증권매매의 중개 또는 대리, 유가증권의 인수·매출·모집·매출의 주선, 유가증권 거래와 관련한 정보제공 등의 업무 영위를 지칭하며 크게 투자자문업과 투자일임업이 있는데 투자자문업은 유가증권의 가치 또는 유가증

---

424) 조성목, "신용으로 부자되는 알짜 노하우," 2004, 도서출판 무한, 179면.
425) 종성목, 경찰대학 경찰수사연수원, 금융경제범죄수사 2005, 654-668면 참조.

권에 대한 투자판단(투자대상이 되는 유가증권의 종류·종목·수량 및 가격과 매매의 구분·방법 및 시기 등에 대한 판단)에 관하여 구술·문서 기타의 방법으로 조언을 하는 업무 영위이며 투자일임업의 경우 고객으로부터 유가증권의 가치 등의 분석에 기초한 투자판단의 전부 또는 일부를 일임 받아 그 자를 위하여 투자를 행하는 업무를 말한다.

3) 증권투자신탁회사(증권투자신탁업법)

다수의 일반투자자들로부터 모은 자금을 전문적 투자자문대행기관이 투자자를 대신하여 유가증권업무를 담당한다.

4) 보험회사(보험업법)

매매·고용·도급 기타의 계약에 의한 채무 또는 법령에 의한 의무의 이행에 관하여 발생할 채권자 기타 권리자의 손해를 보상할 것을 채무자 기타 의무자에게 약정하고, 채무자 기타 의무자로부터 그 보수를 수수하는 업무를 영위한다.

5) 종합금융회사(종합금융회사에관한법률)

금융기관이 영위하는 업무 중 은행의 예대업무 일부, 증권의 위탁매매업무 및 보험업을 제외한 거의 모든 금융업무를 영위한다.

6) 상호저축은행(상호저축은행법)

영리를 목적으로 예금(상호신용계, 신용부금, 정기적금, 정기예금 등), 대출, 어음의 할인업무 등을 조직적·계속적으로 영위한다.

7) 신용협동조합(신용협동조합법)

지역·단체·직장 등의 일정한 공동유대에 속한 구성원들이 모여 자금 조성 및 대출 등의 상부상조를 목적으로 설립된 비영리 협동기구 금융기관으로 조합원을 위한 상호금융업무, 공제업무, 복지사업을 영위 또한 농·수협·산림조합(신용협동조합법 준용), 새마을금고는 신협과 유사하다.

8) 신용카드회사(여신전문금융업법)

신용카드(직불카드, 선불카드 포함)의 발행 및 관리, 신용카드이용과 관련된 대금의 결제, 신용카드가맹점의 모집 및 관리, 신용카드 회원에 대한 자금융통업무를 영위한다.

9) 할부금융회사(여신전문금융업법)

재화 및 용역의 매매계약에 대하여 매도인(기업에 한하되, 주택매매에 있어서는 개인 포함) 및 매수인과 각각 약정을 체결하여 매수인에게 융자한 재화 및 용역의 구매자금을 매도인에게 지급하고 매수인으로부터 그 원리금을 분할하여 상환받는 방식의 금융업무를 영위한다.

10) 시설대여회사(여신전문금융업법)

특정물건을 새로이 취득하거나 대여 받아 거래상대방에게 일정기간이상 사용하게 하고, 그 기간에 걸쳐 일정대가를 정기적으로 분할하여 지급받으며, 그 기간 종료 후의 물건의 처분에 대하여는 당사자 간의 약정으로 정하는 방식의 금융을 영위한다.

11) 신기술사업금융회사(여신전문금융업법)

장래성은 있으나 자본 및 경영기반이 취약한 기업에 대하여 위험을 기업가와 공동으로 부담하면서 자금, 경영관리, 기술지도 등 종합적인 지원을 제공함으로써 높은 자본이득을 추구하는 금융업무를 영위한다. 또한 여신전문금융업(신용카드업 제외)은 여신업무의 육성·지원을 위하여 도입된 것으로, 원칙적으로 자유롭게 영업할 수 있도록 하되, 사업자가 동 법에 의한 지원을 받고자 하는 경우에 등록을 하도록 한다.

12) 중소기업창업투자회사(중소기업창업지원법)

창업자에 대한 투자, 창업투자조합 자금관리, 창업관련 상담·정보제공, 사업알선, 사업타당성 조사용역사업 등을 영위한다.

13) 공 제

공제조합·협동조합 등이 각자 조합원으로부터 받은 출자금을 자본으로 조합원의 사고시에 공제금을 교부하여 돕는 사업이며 조합원의 손해나 사고를 돕는 점에서는 보험과 비슷하나 조합원만이 가입자인 것, 공제금이 위로금 성격이 농후한 것, 사업규모가 작고 공제금액에 소정의 한도가 있는 것, 보험사업은 보험회사가 보험법에 의해 영위되지만 공제사업은 특정 법적 근거가 없는 것, 각종 조합법에 의거해서 영위하는 점 등에서 보험사업과 다르다.

다. 비제도금융업

파이낸스사 등 비제도금융사는 상법에 의해 설립된 일반회사 또는 금융업 영위 개인 사업자로서 자본금 5천만원 이상이면 누구나 자유롭게 금융회사 설립가능하며 정관상 목적 사업으로 사실상의 금융업을 영위한다. 비제도금융의 특성으로는 다양한 형태의 금융서비스 제공 그리고 물품별, 지역별로 전문화된 소규모의 틈새시장(niche market) 또한 고위험-고수익 영업패턴 마지막으로 비제도금융시장 중 일부는 제도금융과 높은 경쟁관계에 있으나 전체적으로는 비경쟁적, 보완적 관계를 유지한다.

대부업은 금융중개 기능 없이 금전의 대부를 주된 영업으로 하는 금융업을 의미하며 광의로는 예금외의 자금조달을 통해 증권, 보험을 제외한 다양한 비은행 금융서비스를 취급하는 금융업이며 금전의 대부 또는 그 중개(어음할인·양도담보 그밖에 이와 유사한 방법에 의한 금전의 교부 및 금전 수수의 중개 포함)를 업으로 하는 자로서 시·도지사에게 등록을 의무화한다.

2. 비제도금융의 불법행위 유형 및 특성

가. 불법 대부업

1) 대부업법 해설

대부업법은 「대부업의등록 및 금융이용자보호에관한법률」 의 줄임말로서 대부업자의 등록 의무화(법 제3조)하였다. 다른 법령에 의한 인가·등록 없이 대부업을 영위하는 대부업자는 각 시·도에 영업소별로 등록 의무화(위반시 5년 이하의 징역 또는 5천만원이하의 벌금) 또한 등록의무가 없는 경우(시행령 제2조) 그리고 월평균 대부금액의 잔액이 5,000만 원 이하이고, 거래상대방이 20인 이하이며, 광고를 하지 않는 자 또한 광고(생활정보지, 전단지, 팜플렛, 인터넷, PC통신, 포스터·간판·네온사인·에드벌룬, 전광판)를 하는 업체는 대부업법 적용 대상이며 사업자가 종업원에게 대부하거나, 노동조합이 구성원에 대부하는 경우도 마찬가지이다. 대부업자에 대한 최고이자 제한(법 제8조)은 대부업자가 개인 또는 소규모기업을 대상으로 소액여신(3,000만 원 이하) 제공 시 최고 이자율 제한(연 66% 이하) 그리고 3,000만원을 초과하는 대부의 경우에는 3,000만원까지는 이자제한규정을 적용하나, 초과분에서는 적용[426]하지 않는다. 그리고 이자율을 산정함에 있어 사례금·할인금 등 명칭과 관계없이 대부와 관련하여 대부업자 받은 것은 이자로 간주하고 당해 거래의 체결과 변제에 소요된 부대비용 제외하며 대부업의 등록을 하지 않고, 사실상 대부업을 영위하는 자에 대해서도 이자율 제한 규정은 적용된다.(법 제11조)[427]

불법 채권추심행위의 금지(법 제10조)는 5년 이하의 징역, 5천만 원 이하의 벌금에 해당하는 경우와 폭행 또는 협박을 가하거나 위계 또는 위력을 사용 그리고 3년 이하의 징역, 3천만 원 이하의 벌금에 해당하는 경우 이에는 채무자 또는 그의 관계인에게 채무에 관한 허위사실을 알림과 말, 글, 음향, 영상, 물건을 채무자 또는 관계인에게 전달되게 하여 공포심과 불안감을 유발하는 행위(사생활 또는 업무의 평온을 해치는 경우에 한함) 또한 정당한 사유 없이 채무자 또는 관계인을 방문하여 공포심과 불

---

426) 조성목, 경찰대학 경찰수사연수원, 금융경제범죄수사 2005, 654-668면 참조.
427) 조성목, "경찰대학 경찰수사연수원 유사수신범죄 강의 내용," 2005. 참조.

안감을 유발하는 행위 (사생활 또는 업무의 평온을 심히 해치는 경우에 한함)가 포함된다. 대부업자 영업방법에 대한 제한은 계약서 교부의 의무(법 제6조)로서 대부업자가 거래상대방과 대부계약을 체결할 경우(보증계약 포함) 계약서 교부 의무화(위반 시 2,000만 원 이하의 과태료)와 대부조건의 게시(법 제9조)로 대부업자는 대부이자율 등 중요사항을 일반인이 알 수 있도록 게시하고, 대부계약 체결 시 거래상대방에게 그 내용을 설명(위반 시 2,000만 원 이하의 과태료)한다. 대부업자에 대한 행정처분 및 감독체계로서 중앙행정기관의 자료요청(법 제16조)과 분쟁조정기구의 설치(법 제18조)등이 있다.

2) 대부업법 관련 주요 유권해석 내용

<표 27> 대부업법 관련 유권해석[428)]

1	여신금융기관의 대출모집인이 대부업 등록대상인지 여부 ⇒ 대출모집인은 업무위탁계약을 통해 여신전문금융기관의 업무를 대행하는 것이므로, 대부업법상 여신금융기관으로 간주하여 등록대상이 아님. 단, 업무위탁계약을 체결하지 않은 경우 대부업 등록 대상
2	대출업무를 수행하는 공제기관이 대부업 등록대상에 해당되는지 여부 ⇒ 해당부처 장관의 허가를 받아 설립된 공제회가 공제사업의 일환으로써 소속 회원을 대상으로 대부를 하는 경우 여신금융기관에 해당되는 것으로 간주하여 등록대상이 아님
3	상품권 등 물품을 재매입해주기로 약정을 하고 신용카드나 외상매출 형태로 판매한 후 할인하여 재매입 해주는 경우 대부업법상 등록대상인지 여부 ⇒ 형식과 관계없이 실제 대부행위가 이루어진다면 대부업에 해당되어 등록대상
4	월평균 대부잔액 및 광고의 의미 ⇒ 월평균 대부잔액이란 매월말을 기준으로 한달 동안 매일매일의 대부잔액의 합을 평균한 값 광고라 함은 신문, 방송, 잡지 및 「표시·광고의공정화에관한법률시행령」 제2조에서 정한 매체수단 등을 이용하여 일반인에게 금전의 대부 또는 중개를 한다는 것을 알리거나 제시하는 행위
5	대부계약을 이행하지 못하고 원리금을 연체한 상태에서 계약기간이 만료되었을 경우 연체이자를 가산할 때 대부원금과 연체된 이자를 합산한 금액에 대하여 연66%의 이자를 부과할 수 있는지 여부 ⇒ 연체이자를 산정함에 있어 대부원금은 최초 대부금액으로 보고 이자율을 계산하여야 할 것임
6	대부업자가 약관을 정할 경우 공정위가 승인한 표준약관과 반드시 동일한 약관을 사용하여야 하는지 여부 ⇒ 대부업자가 반드시 공정위가 정한 표준약관과 동일한 약관을 사용해야하는 의무는 없음. 다만, 표준약관과 비교하여 고객에 대하여 부당하게 불리한 조항등을 포함하여 불공정한 계약이 되어서는 안됨

---

428) 조성목, 경찰대학 경찰수사연수원, 금융경제 범죄수사 2005, 661면.

7	연 66%로 대부계약을 체결하고 만기일이 도래하기 이전에 임의상환을 할 경우 대부업자가 채무자에게 별도의 위약금 내지 수수료를 부과할 수 있는지 여부 ⇒ 계약자의 대출금의 임의상환으로 대부업자에게 추가비용이 발생한 경우 인과관계가 명백하게 인정되는 부분에 대해서는 부대비용으로 인정(거래의 변제에 관한 부대비용으로 간주)하여 부과가능, 다만, 과도한 위약금 및 지나치게 긴 대출기간을 계약조건으로 하는 경우 민법 및 공정거래법의 부당계약에 해당(무효)
8	이자율 산정에서 제외되는 '당해 거래의 체결과 변제에 관한 부대비용'의 개념 ⇒ 신용조사비용·담보설정비용 등 대부업자가 수취 즉시 제3자에게 제공하는 비용으로 객관적인 범위 내에서의 실제 지급된 금액으로, 실제 비용을 초과한 금액을 대부업자가 받을 경우, 그 초과분은 이자로 간주 부대비용에 자동차담보대출시 주차비나 보관비용, 채무자 방문을 위한 교통비는 부대비용으로 보지 않음
9	연체독촉을 위하여 채무자에게 연락하기 위하여 들어가는 전화비 내지 우편요금 등 통신비가 법 제8조제2항단서조항에서 정한 당해 거래의 체결과 변제에 관한 부대비용으로 볼 수 있는 지 여부 ⇒ 연체독촉비용은 정상적인 대부거래에서는 발생하지 않는 비용이므로, 대부업자가 부담해야할 이유가 적으므로 객관적으로 확인되는 범위에서 채무자가 부담(부대비용 인정)
10	일수이자 계산방법 ⇒ 원금 및 이자를 매일 상환 받는 방식으로 대부계약을 체결한 경우 원금*에 대해 일 0.18(66÷365)%의 이자를 받을 수 있음 * 만기일 이전에 일부 원금을 상환한 경우에는 잔여원금에 대해서만 이자계산 ※ (예시) : 원리금 균등상환 조건으로 상환금은 매일 90일간 12,050원을 받는 방식(12,050원은 일이자와 상환원금의 합)

3) 대부업자 주요 위반사례

먼저, 무등록 영업과 이자율위반으로 이 경우 대부업 등록 없이 실질적으로 대부업을 영위하는 자에게도 적용되며 다음으로 불법 채권추심 그리고 대출 중개수수료 선입금 요구(대출사기) 또한 금융회사 대출·알선중개 시 수수료 징수 마지막으로 유사 수신행위 등이 있다.

4) 수사 착안사항

가) 무등록 영업

생활정보지, 인터넷 등 광고매체를 수거하여 대부광고를 하는 업체를 파악하는 것이 가장 용이하다 연이자율, 부대비용 유무, 상호, 대부업 등록번호 등을 표시하지 않고, 전화번호나 핸드폰 번호만을 광고하는 업체 위주로 색출하며 특히, "할부한도 현금으로", "3-24개월 할부대출" 등 카드깡을 연상시키는 단어를 사용하는 업체는 "등록업체"광고 문구에 개념치 말고 혐의업체로 선정한다. 또한 영업내용 녹취 등을 통하여 불법행위 사실관련 증거자료를 확보하고 전화번호 추적이나 돈을 빌리는 것처럼 위장하여 면담을 실시하는 등의 방법으로 소재지를 파악하며 입수된 불법 거증자료를 근거로 압수수색영장발부하고 등록증 미제출시 무등록 영업으로 처벌, 등록증 제출시 관할 시도에 사실을 확인하며 등록제외(3가지 중 한 가지 사유라도 해당되면 대부업에 해당) 매월말 기준 월평균대부잔액이 5천만원이하 그리고 광고를 하지 않은 자가 대부하는 경우와 거래상대방이 20인 이하인 경우가 이에 해당한다.

나) 이자율 위반

불법 대부업자는 명목대출금에서 선이자를 미리 떼게 되면 대출금액은 줄어들고, 이자는 많이 받으려고 하므로 이자율 상한규정을 위반했는지 여부를 확인하여야 한다.<설명자료 참조> 수수료, 선이자 등을 최초 대출금에서 미리 떼어 지급하는 경우 대출원금은 실제 수령금액을 기준으로 계산하면 대출원금은 89만원으로 간주되고, 실제 대출이자율이 74.2%가 되어 대부업법을 위반하게 되며 일수대출인 경우 대출원금이 매일 매일 차감되고, 대출일수가 다양(100일, 90일, 60일 등)하며, 매일 원리금을 균

②자기 또는 배우자의 직계존속에 대하여 제1항의 죄를 범한 때에는 5년 이하의 징역 또는 700만 원 이하의 벌금에 처한다.
③제1항 및 제2항의 죄는 피해자의 명시한 의사에 반하여 공소를 제기할 수 없다.

제313조(신용훼손) 허위의 사실을 유포하거나 기타 위계로써 사람의 신용을 훼손한 자는 5년 이하의 징역 또는 1천500만 원이하의 벌금에 처한다.

제314조(업무방해) ①제313조의 방법 또는 위력으로써 사람의 업무를 방해한 자는 5년 이하의 징역 또는 1천500만 원 이하의 벌금에 처한다.
②컴퓨터 등 정보처리장치 또는 전자기록 등 특수매체기록을 손괴하거나 정보처리장치에 허위의 정보 또는 부정한 명령을 입력하거나 기타 방법으로 정보처리에 장애를 발생하게 하여 사람의 업무를 방해한 자도 제1항의 형과 같다.

제347조(사기) ① 사람을 기망하여 재물의 교부를 받거나 재산상의 이익을 취득한 자는 10년 이하의 징역 또는 2천만원이하의 벌금에 처한다.
② 전항의 방법으로 제삼자로 하여금 재물의 교부를 받게 하거나 재산상의 이익을 취득하게 한 때에도 전항의 형과 같다.

제349조(부당이득) ①사람의 궁박한 상태를 이용하여 현저하게 부당한 이익을 취득한 자는 3연이하의 징역 또는 1천만원이하의 벌금에 처한다.
②전항의 방법으로 제삼자로 하여금 부당한 이익을 취득하게 한 때에도 전항의 형과 같다.

제350조(공갈) ①사람을 공갈하여 재산의 교부를 받거나 재산상의 이익을 취득한 자는 10년 이하의 징역 또는 2천만원이하의 벌금에 처한다.
②전항의 방법으로 제삼자로 하여금 재물의 교부를 받게 하거나 재산상의 이익을 취득하게 한 때에도 전항의 형과 같다.

제366조(재물손괴 등) 타인의 재물, 문서 또는 전자기록 등 특수매체기록을 손괴 또는 은닉 기타 방법으로 기 효용을 해한 자는 3년 이하의 징역 또는 700만 원 이하의 벌금에 처한다.

【조세범처벌법】

제9조①사기 기타 불정한 행위로써 조세를 포탈하거나 조세의 환급·공제를 받은 자는 다음 각호에 의하여 처벌한다.

3. 제1호 및 제2호에 규정한 이외의 국세의 경우에는 3년 이하의 징역 또는 포탈세액이나 환급·공제받은 세액의 3배 이하에 상당하는 벌금에 처한다.
②전항의 경우에 있어서 포탈하거나 포탈하고자 한 세액 또는 환급·공제를 받은 세액은 즉시 징수한다.

나. 유사수신행위

1) 유사수신행위 규제 및 법률 제정 배경

'95년 전국 17개였던 파이낸스사가 '99년 6월 600여개로 증가하는 등 사회적 문제발생이 우려되었다. 한편, '99. 9.부터 시작된 파이낸스사의 부도가 사회적 문제로 현실화되었으며 사법당국의 수사결과 1조 6,848억원(약20만명)의 피해 발생과 349개 파이낸스에 대한 수사결과 사법처리 인원은 1,723명이며, 이중 약 50%인 848명이 부산지역이었다. 파이낸스 사태가 사회적 문제가 됨에 따라 언론 및 국회 등에서 정부당국에 대한 강도 높은 책임론을 제기하고 대응책 마련이 촉구되었고 이에, 정부는 금융감독원 내에 유사수신 관련 전담팀을 설치(99. 11. 15) 하고 「유사수신행위의규제에관한법률」을 제정, 시행(2000.1.12)하게 되었다.

2) 「유사수신행위의 규제에 관한 법률」 해설

가) 유사수신행위(불법자금모집) 정의

다른 법령에 의한 인가 · 허가를 받지 아니하거나 등록 · 신고 등을 하지 아니하고 불특정다수인으로부터 자금을 조달하는 것을 업으로 하는 다음 각호의 행위이다. 먼저, 장래에 출자금의 전액 또는 이를 초과하는 금액을 지급할 것을 약정하고 출자금을 수입하는 행위 그리고 장래에 원금의 전액 또는 이를 초과하는 금액을 지급할 것을 약정하고 예금 · 적금 · 부금 · 예탁금 등의 명목으로 금전을 수입하는 행위 또한 장래에 발행가액 또는 매출가액 이상으로 재매입할 것을 약정하고 사채를 발행하거나 매출하는 행위 마지막으로 장래의 경제적 손실을 금전 또는 유가증권으로 보전해 줄 것을 약정하고 회비 등의 명목으로 금전을 수입하는 행위를 지칭한다.

나) 유사수신행위 관련 제재(법 제6조)

유사수신행위를 한 자(5년 이하의 징역 또는 5천만 원 이하의 벌금) 그리고 유사수신행위를 하기 위하여 그 영업에 관한 표시 또는 광고를 한자(2년 이하의 징역 또는 2

천만 원 이하의 벌금) 또한 유사수신행위를 하기 위하여 상호 중에 금융업으로 인식할 수 있는 명칭을 사용한자(1년 이하의 징역 또는 1천만 원 이하의 벌금)이다. 그리고   금융, 파이낸스, 자본, 캐피탈, 신용, 크레디트, 투자, 인베스트먼트, 자산운용, 자산관리, 펀드·보증·팩토링 또는 선물 및 기타 금융업으로 인식될 수 있는 명칭이다.

3) 불법자금모집 유형 변화

파이낸스 사태 초기에는 주로 고리의 이자지급을 보장한다는 확정 고배당금 지급형태의 예금수신을 통한 단순 자금모집이 주를 이루었으나 「유사수신행위의 규제에 관한 법률」 제정, 시행이후 이러한 유사수신 형태는 크게 감소하였다. 반면, 정부등록법인, 허가·인가 또는 신고업체 등이라고 하면서 건강식품, 오락기 등 특정상품의 판매를 가장하거나 다단계방식을 통한 자금모집 및 레저산업, 부동산(납골당) 투자 등 그럴듯한 투자처에 투자하여 고수익 지급을 보장한다고 하는 등의 자금모집 형태 다양화하였고 특히, 최근에는 금융감독원, 경찰청 등 정부의 단속이 강화되면서 합법적 업체를 가장, 일정장소에서 단기간 내 불법자금모집을 한 후 다른 장소로 옮겨가며 유사수신행위(소위 떴다방)를 하거나 위성방송사업 등의 벤처사업 및 인터넷 교육사업 등을 통한 투자수익 보장 등 일반인이 쉽게 현혹되거나 단속이 어려운 형태로 지능화되었다.

4) 수사 착안사항

먼저, 피해자 발생 이전 조기수사와 "떴다방식" 자금모집업체 단속을 위한 신속수사 그리고 생활정보지, 인터넷 등 광고업체 적극 확인과 "등록업체" 또는 "허가업체"임을 강조하는 업체 집중 주시 그리고 불법자금모집 혐의 확보를 위한 현장방문 내사 즉, 혐의점 포착을 위해서는 투자자를 가장한 현장 방문내사 필수 마지막으로 유사수신행위자(입건자) 리스트 확보 및 지속적 관리 즉, 유사수신행위로 입건된 자는 경제사범의 형이 상대적으로 약하고 쉽게 돈을 벌 수 있는 유혹을 떨치지 못하여 형을 받은 후에도 상호변경 및 영업장소 등을 옮겨가며 동일형태[430] 또는 유사한 형태로 계속적으로 불법적인 자금을 모집하였다.

---

430) 조성목, 경찰대학 경찰수사연수원, 금융경제범죄수사 2005~2006년 강의내용 참조.

다. 간접투자자산운용

간접투자자산운용의 정의는 투자자로부터 자금 등을 모아서 투자증권, 파생상품, 부동산, 실물자산, 기타 대통령령이 정하는 자산에 운용하고, 그 결과를 투자자에게 귀속시키는 것을 말한다. 다만, 대통령령이 정하는 자(부동산투자회사, 선박투자회사, 기업구조조정투자회사 등)가 행하는 간접투자는 간접투자로 보지 아니한다.

간접투자 자산운용업법의 제정취지(04.1.5.시행)는 간접투자기구의 구성과 자산운용 및 투자자보호에 필요한 사항을 규정함으로써, 자본시장의 간접투자를 활성화하여 국민경제의 발전에 이바지하였다. 투자자 개인이 투자 목적물에 대해 직접 투자하는 것이 아니라 다수의 투자자의 자금을 모아서 자산을 운용 할 때, 유사수신행위(원금 또는 그 이상의 수익을 보전)에 해당되지 않을 경우에는 규제가 어려우므로 다수의 피해자 발생우려(예: 영화펀드 등에서 원금의 99% 보장)와 정부의 인·허가를 득하고 관리·감독을 받도록 하여 활성화시킴으로써 자본시장의 간접투자를 활성화하고 투자자를 보호하기 위해서다. 법의 적용범위로는 누구든지 이 법에 의하지 아니하고는 간접투자를 업으로 하여서는 아니 된다.(罰:5년 이하의 징역, 3천만원이하 벌금) 간접투자재산의 운용 및 보관·관리, 간접투자증권의 판매 및 환매, 간접투자기구(투자신탁과 투자회사)의 운영 등을 업으로 하고자 하는 자는 이법에 의하여 허가를 받거나 등록을 하여야 한다.

자산운용상 금지행위는 첫째, 간접투자자에게 일정한 이익을 보장하거나 약속하는 행위 둘째, 간접투자재산의 운용으로 인하여 발생한 손실의 전부 또는 일부를 자산운용회사가 부담하거나 간접투자자에게 그러한 부담을 질 것을 약속하는 행위 셋째, 간접투자재산으로 자기 또는 제3자의 이익을 도모하는 행위 넷째, 통상의 거래조건과 현저하게 다른 불공정한 조건으로 거래하는 행위 다섯째, 특정한 간접투자기구의 이익을 해하면서 다른 간접투자기구의 이익을 도모하는 거래행위 여섯째, 자산운용회사가 제3자와의 계약 또는 담합 등에 의하여 특정자산에 교차하여 투자하는 행위 일곱째, 간접투자재산에 관한 정보를 자기의 고유재산 운용에 이용하는 행위 여덟째, 대통령령이 정하는 관계증권회사(이하 "관계증권회사"라 한다)의 매매수수료를 증가시킬 목적으로

투자증권을 단기매매하게 하는 행위 아홉번째로, 관계증권회사가 인수하고 남은 투자
증권을 취득하게 하는 행위 열번째로, 관계증권회사가 대통령령이 정하는 간사회사를
담당한 기업의 주식(주식을 인수하거나 주식으로 전환할 수 있는 권리가 부여된 사채
를 포함한다)에 대하여 인위적인 시세를 형성하기 위하여 당해 주식을 매매하게 하는
행위 마지막으로 제1호 내지 제10호외에 사정거래질서 또는 간접투자자의 이익을 해
할 우려가 있는 행위로서 대통령령이 정하는 행위를 말한다.

라. 불법채권추심업

1)신용정보업의 개념

신용정보업은 상법상 상거래에서 발생한 개인 및 법인에 관한 신용정보를 조사·수
집 및 정리하여 신용정보이용자에게 제공하고 이의 대가로 수수료를 받는 업(신용조
사업, 신용조회업)을 의미하며, 「신용정보의이용및보호에관한법률」에서는 여기에 채
권추심업까지를 포함하여 신용 정보업으로 정의하고 있으며 금융감독위원회의 허가를
받아야 영위가 가능하다.

신용평가업무는 증권거래법에 의한 유가증권 중 투자자 보호를 위하여 객관적인
평가가 필요하다고 인정되어 일정한 요건에 해당하는 유가증권에 대하여 그 원리금
이 상환될 가능성을 평가하는 업무이며 신용조사업무는 타인의 의뢰를 받아 신용정
보431)를 조사하고 의뢰인에게 제공하는 업무이다. 또한 신용조회업무는 신용정보를
수집·정리 또는 처리하고, 의뢰인의 조회에 따라 신용정보를 전산정보망 또는 서면
으로 제공하는 업무이며 채권추심업무는 신용정보제공·이용자인 채권자의 위임을
받아서 신용불량채무자에 대한 재산조사, 변제의 촉구 또는 채무자로부터 변제금 수
령을 통하여 채권자를 대신하여 채권(상법상의 상행위로 인한 금전채권에 한함)을 행
사하는 업무이다.

---

431) 금융거래등 상거래에 있어서 거래상대방에 대한 식별·신인도·신용거래능력 등의 판단을 위하여
    필요로 하는 정보로서 신용정보주체의 재무·경영·재산상태, 금융거래정보 및 기타 공공기관 보유
    정보 등을 말한다.

2) 금지사항

채권추심업자의 부당채권추심행위를 규제하고 있는 법률은 「신용정보의이용및보호에관한법률」 이 있다.

가) 5년 이하 징역, 5천만 원 이하 벌금(법 제32조제1항)

① [법 제26조 제7호] 폭행 또는 협박을 가하거나 위계 또는 위력을 사용하는 방법

나) 3년 이하 징역, 3천만 원 이하 벌금(법 제32조제2항)

① [법 제26조 제1호] 허위사실을 의뢰인에게 알리는 일

② [법 제26조 제2호] 신용정보에 관한 조사 의뢰를 강요하는 일

③ [법 제26조 제3호] 신용정보에 관한 조사대상자에게 조사 자료의 제공과 답변을 강요하는 일

④ [법 제26조 제5호] 특정인의 소재를 탐지하거나 금융거래등 상거래관계외의 사생활 등을 조사하는 일. 다만, 채권추심업무를 허가받은 신용정보업자가 동 업무의 수행을 위하여 특정인의 소재를 탐지하는 경우 또는 다른 법령의 규정에 의하여 특정인의 소재탐지가 허용되는 경우에는 그러하지 아니하다

⑤ [법 제26조 제6호] 정보원·탐정 기타 이와 유사한 명칭을 사용하는 일

⑥ [법 제26조 제7호] 채무자의 채무에 관한 사항을 정당한 사유없이 그의 관계인[채무자의 보증인, 채무자의 친족(채무자와 동거하거나 생계를 같이하는 자를 포함한다), 채무자가 근무하는 장소에 함께 근무하는 자를 말한다. 이하 같다]에게 알리어 부담을 주는 방법, 채무자 또는 그의 관계인에게 채무에 관한 허위사실을 알리는 방법, 그 밖에 심야방문 등과 같이 채무자 또는 그의 관계인의 사생활 또는 업무의 평온을 심히 해치는 방법

다) 1년 이하 징역, 1천만 원 이하 벌금(법 §제32조제3항)

① 신용정보제공·이용자가 아닌 자로부터 위임을 받아 채권추심업무에 해당하는 행위를 한 채권추심업자

② 상법상 상행위로 인한 금전채권이 아닌 채권에 대하여 채권추심업무에 해당하는

행위를 한 채권추심업자

③ [법 제11조] 이 법에 의하여 허가받은 신용정보업자가 아닌 자가 상호 중에 신용정보·신용조사 또는 신용평가 또는 이와 유사한 명칭을 사용하는 경우

④ [법 제26조 제4호] 금감 위에서 정한 조사료·조회료·채권추심료 또는 수수료 등의 최고한도보다 많은 금품의 요구하거나 받는 일

※ 참 고 <법 제2조 제10호>

"채권추심업무"라 함은 신용정보제공·이용자인 채권자의 위임을 받아서 신용불량자에 대한 재산조사, 변제의 촉구 또는 채무자로부터의 변제 금수령을 통하여 채권자를 대신하여 채권(상법상의 상행위로 인한 금전채권에 한한다)을 행사하는 행위를 말 한다

---

3) 신용정보업자 주요 위반사례

가) 무허가 영업 및 민사채권 추심

채권추심업을 영위하고자 하는 자는 금융감독위원회의 허가를 받아야 영업할 수 있으며, 벌칙은 3년 이하의 징역 또는 3만 원 이하의 벌금이다. 또한 금융감독위원회의 허가를 받은 채권추심업자의 직원이라 하여도 상거래 채권이 아닌 개인 간에 발생한 민사채권은 채권추심의 대상이 될 수 없다. 이에 대한 벌칙은 1년 이하의 징역 또는 1만 원 이하의 벌금이다.

나) 제3자에 대한 채무사실 고지 및 심야 독촉

신용정보의이용및보호에관한법률 제26조에 따라 정당한 사유 없이 채무자의 관계인(가족, 친족, 직장동료 등)에게 채무에 관한 사실을 알리어 부담을 주거나 심야방문 등과 같이 채무자 또는 그의 관계인의 사생활 또는 업무의 평온을 심히 해치는 행위를 금지하고 있다. 벌칙은 3년 이하의 징역 또는 3천만 원 이하의 벌금이다.

다) 허위사실 유포

신용정보의이용및보호에관한법률 제26조에 따라 정당한 사유 없이 채무자 또는 그의 관계인(가족, 친족, 직장동료 등)에게 채무에 관한 허위사실을 알리는 행위를 금지하고 있다. 벌칙으로는 3년 이하의 징역 또는 3천만 원 이하의 벌금이 있다.

4) 무허가 영업 및 민사채권추심 수사 착안사항

현수막광고, 전단지 등 광고매체를 통하여 민사채권 추심이 가능한지 여부를 확인한 후 금융감독위원회에 허가된 업체리스트를 확보하여 상호 비교하며 불법 민사채권 추심업체는 주로 상호, 대표전화 등을 표시하지 않고, 개인의 전화번호나 휴대폰만을 기재하고 있으므로 전화번호 추적이 필요하다.

3. 부 실 여 신

가. 여신 개요

1) 여신의 기능

여신의 기능으로는 자금의 매개적 기능과 신용 창조적 기능이 있다.

2) 여신의 기본원칙

먼저, 안전성의 원칙으로서 채무자의 상환능력과 상환의지 그리고 담보 또는 신용 평가 결과 또한 채무자별, 업종별, 편중의 지양 마지막으로 여신의 단기회전이 이에 해당한다. 둘째, 성장성의 원칙으로 사양사업 여부와 채무자의 영업장 및 생산 공장의 입지조건 그리고 원자재와 판매의 애로사항 마지막으로 경영자의 자기자본조달능력 및 인격 등이 이에 해당한다. 셋재, 수익성의 원칙으로 투자수익률과 순 현금 흐름과 대출 금리와 조달비용의 비교 그리고 대출금과 관련담보의 관리비용 등이 있다. 마지막으로 공공성의 원칙으로 편중여신의 억제 그리고 공공질서를 파괴하는 여신 제공 마지막으로 환경을 파괴하는 업종의 여신 제공 등이 있다.

3) 여신 심사 개요

각 금융회사별 여신심사기준에 의거 차주의 상환능력, 차주의 능력, 차주의 경영상태 및 사업전망, 미래현금흐름, 자금의 용도, 여신금액의 적정성, 담보물 평가 등에 대하여 심사·실시한다.

서류로는 대출상담서(신청서)와 담보물의 감정 및 시가추정에 필요한 서류 그리고 최근의 결산재무제표와 법인등기부 등본과 정관 또는 규약 그리고 사업자등록증 또한 총회 또는 이사회 회의록 마지막으로 인감증명서(법인의 경우 법인대표자) 등이 있다. 여신취급절차로는 대출상담 및 대출신청 그리고 여신심사로서 차주자격, 보증인, 신용상태, 상환능력, 여신기간, 자금의 용도, 여신적정규모 그리고 여신승인으로 본부(위원회), 영업장점 전행 마지막으로 여신의 실행으로 담보, 금리결정(P+α)등이 있다. 미래현금흐름으로 부채비율, 고정장기 적합율, 금융기관차입금, 금융비용 부담율, 당기손익, 기업체종합평점, 연체, 신용정보, 산업전망, 기업경영권, 경영상 내분, 경영능력 등 감안 그리고 연체대출금은 약정기일에 회수되지 아니한 대출금, 약정기일 이내라도 이자가 납입되지 아니한 사유 등으로 기한의 이익을 상실한 대출금, 분할상환기일에 상환되지 아니한 분할상환금을 지칭한다.

나. 부실여신의 개념

금융기관이 빌려준 자금 중에서 이자는 물론 원금도 못 받는 여신을 말한다. 금융기관은 여신을 건전성 정도에 따라 정상, 요주의, 고정, 회수의문, 추정손실 등 5단계로 구분하며 이중 부실화 정도에 따라 부실여신과 무수익여신으로 구분하며, 부실여신은 회수가 힘들 것으로 보이는 회수의문과 추정손실의 합계액을 말하며 무수익여신은 부실여신에 고정으로 분류된 여신을 합한 여신을 말한다.

여신의 건전성 분류기준에서 정상이란 경영내용, 재무상태 및 미래현금흐름 등을 감안할 때 채무상환능력이 양호하여 채권회수에 문제가 없는 것으로 판단되는 거래처(정상거래처)에 대한 여신을 말한다.

요주의는 경영내용, 재무상태 및 미래현금흐름 등을 감안할 때 채권회수에 즉각적인 위험이 발생하지는 않았으나 향후 채무상환능력의 저하를 초래할 수 있는 잠재적인 요인이 존재하는 것으로 판단되는 거래처(요주의거래처)에 대한 여신 그리고 1월 이상 3월 미만 연체대출금을 보유하고 있는 거래처에 대한 여신 등이 있다.

고정은 경영내용, 재무상태 및 미래현금흐름 등을 감안할 때 채무상환능력의 저하를 초래할 수 있는 요인이 현재화되어 채권회수에 상당한 위험이 발생한 것으로 판단되는 거래처(고정거래처)에 대한 여신과 3월 이상 연체대출금을 보유하고 있는 거래처에 대한 여신 중 회수예상가액 해당부분 그리고 최종부도 발생, 청산·파산절차 진행 또는 폐업 등의 사유로 채권회수에 심각한 위험이 존재하는 것으로 판단되는 거래처에 대한 여신 중 회수예상가액 해당부분 마지막으로 "회수의문거래처" 및 "추정손실거래처"에 대한 여신 중 회수예상가액 해당부분 등이 있다.

회수의문은 경영내용, 재무상태 및 미래현금흐름 등을 감안할 때 채무상환능력이 현저히 악화되어 채권회수에 심각한 위험이 발생한 것으로 판단되는 거래처(회수의문거래처)에 대한 여신 중 회수예상가액 초과부분과 3월 이상 12월 미만 연체대출금을 보유하고 있는 거래처에 대한 여신 중 회수예상가액 초과부분 등이 있다.

추정손실은 경영내용, 재무상태 및 미래현금흐름 등을 감안할 때 채무상환능력의 심각한 악화로 회수불능이 확실하여 손실처리가 불가피한 것으로 판단되는 거래처(추정손실거래처)에 대한 여신 중 회수예상가액 초과부분과 12월 이상 연체대출금을 보유하고 있는 거래처에 대한 여신 중 회수예상가액 초과부분 그리고 최종부도 발생, 청산·파산절차 진행 또는 폐업 등의 사유로 채권회수에 심각한 위험이 존재하는 것으로 판단되는 거래처에 대한 여신 중 회수예상가액 초과부분 등이 있다.

다. 불법·부실여신에 대한 책임

1) 출자자대출금지 위반

상호저축은행은 다음의 출자자등에 대하여는 대출 등을 하거나 가지급금을 지급하지 못하며(상호저축은행법 제37조) 출자자(의결권 있는 주식의 발행주식 총수 중 100분의 2이상을 소유하고 있는 자에 한한다) 그리고 상호저축은행의 임원·직원 또한 제1호·제2호의 자 또는 상호저축은행과 대통령령이 정하는 친족 또는 특수한 관계에 있는 자 등이다. 상호저축은행은 제1항의 규정에 의한 대출 등의 금지 또는 가지급금의 지급 금지를 회피할 목적으로 다른 상호저축은행과 서로 교차하여 다른 상호저축은행의 출자자등에 대하여 대출 등을 하거나 가지급금을 지급하여서는 아니 된다.(상호저축은행법 제37조) 단, 예외로서 출자자등에 대하여 그 자신의 예금 등을 담보로 하는 대출등과 출자자에 대하여 그와 특수한 관계에 있는 자의 예금 등을 담보로 하는 대출 등 그리고 복리후생을 위하여 상호저축은행의 직원에 대하여 하는 다음 각목의 대출. 다만, 상호저축은행의 자기자본의 100분의 15를 한도로 하며 동일인에 대한 가목 및 나목의 대출의 합계액은 3천만 원을, 가목 내지 다목의 대출의 합계액은 5천만 원을 초과할 수 없다.

친족 또는 특수 관계자의 범위로는 출자자가 개인인 경우에는 출자자의 직계존비속 및 배우자, 출자자의 배우자의 부모, 출자자의 형제자매와 그 배우자, 출자자의 직계비속의 배우자 그리고 출자자가 법인 등인 경우에는 당해 법인 등의 임원, 임원의 직계존비속 및 배우자, 임원의 배우자의 부모, 임원의 직계비속의 배우자 그리고 임원(상호저축은행의 임원을 말한다. 이하 이 호에서 같다)의 직계존비속 및 배우자, 임원의 배우자의 부모, 임원의 직계비속의 배우자 또한 상호저축은행직원의 배우자와 상호저축은행의 발행주식 총수(의결권 있는 주식에 한한다. 이하 이 항에서 같다) 또는 출자총액의 100분의 30이상을 소유하거나 출자한 자가 발행주식 총수 또는 출자총액의 100분의 30이상을 소유하거나 출자한 법인 등 및 그 법인 등이 발행주식 총수 또는 출자총액의 100분의 30이상을 소유하거나 출자한 법인 등 그리고 상호저축은행의 발행주식 총수 또는 출자총액의 100분의 30이상을 소유하거나 출자한 자가 임원으로 재직하고 있는 법인 등 마지막으로 제4호 및 제5호에 해당하는 법인 등의 발행주식 총수 또는 출자총액의 100분의 30이상을 소유하거나 출자한 법인 등 마지막으로 출자자 또는 상호저축은행의 임원이 사실상 그 경영을 지배하고 있다고 인정되는 법인 등으로서 금융감독원장이 금융감독위원회의 승인을 얻어 정하는 기준에 해당하는 법인 등이 있다.

벌칙으로는 상호저축은행의 발기인·임원·관리인·청산인·지배인 기타 상호저축은행의 영업에 관한 어느 종류 또는 특정한 사항의 위임을 받은 사용인으로서 그 업무에 위배한 행위로 재산상의 이익을 취득하거나 제3자로 하여금 이를 취득하게 하여 상호저축은행에 손해를 가한 자는 1년 이상 10년 이하의 징역 또는 1천만 원 이상 1억원 이하 벌금에, 그리고 출자자대출 금지규정에 위반한 자와 그로부터 대출등과 가지급금을 받은 자는 5년 이하 징역 또는 5천만원이하의 벌금에 처한다.

2) 동일인(또는 동일차주 등)한도초과대출 금지위반

가) 은 행(은행법 제35조)

금융기관은 동일한 개인·법인 및 그와 신용위험을 공유하는 자(독점규제및공정거래에관한법률 제2조제2호의 규정에 의한 기업집단에 속하는 회사)(이하 "동일차주")에 대하여 당해 금융기관의 자기자본의 100분의 25를 초과하는 신용공여를 할 수 없다. 또한 금융기관은 동일한 개인이나 법인 각각에 대하여 당해 금융기관의 자기자본의 100분의 20을 초과하는 신용공여를 할 수 없으며 동일한 개인이나 법인 또는 동일차주 각각에 대한 금융기관의 신용공여가 당해 금융기관의 자기자본의 100분의 10을 초과하는 거액신용공여의 총 합계액은 당해 금융기관 자기자본의 5배를 초과 할 수 없다. 예외적으로 국민경제를 위하여 또는 금융기관의 채권확보의 실효성 제고를 위하여 필요한 경우와 회사정리법에 의한 회사정리절차 또는 화의법에 의한 화의절차가 진행 중이거나 기업구조조정 등을 위하여 금융기관 공동으로 경영의 정상화를 추진 중인 회사에 대하여 추가로 신용공여를 하는 경우 그리고 위에 해당하는 회사를 인수한 자에 대하여 인수계약에서 정하는 바에 따라 추가로 신용공여를 하는 경우와 사회간접자본시설사업의 추진 등 산업발전 또는 국민생활 안정을 위하여 불가피하다고 금융감독위원회가 인정하는 경우 또한 금융기관이 추가로 신용공여를 하지 아니하였음에도 불구하고 자기자본의 변동, 동일차주 구성의 변동 등으로 인하여 한도를 초과하게 되는 경우가 있으며 환율변동에 따라 원화환산액이 증가한 경우와 당해 금융기관의 자기자본이 감소된 경우와 동일차주의 구성에 변동이 있는 경우 그리고 신용공여를 받은 기업 간의 합병 또는 영업의 양도·양수가 있는 경우 그리고 기타 급격한 경제여건의 변화 등 불가피한 사유로 인하여 금융기관의 귀책사유 없이 신용공여한도를 초과하였다고 금융감독위원회가 인정하는 경우 등이 있다.

나) 종합금융회사(종합금융회사에관한법률 제15조)

① 종합금융회사는 동일한 개인·법인 및 그와 신용위험을 공유하는 자(이하 "동일차주")에 대하여 당해 종합금융회사의 자기자본의 100분의 25를 초과하는 신용공여를 할 수 없음.

※ 신용위험 공유자

1. 독점규제및공정거래에관한법률시행령 제3조 각호의 1에 해당하는 관계가 있는 자
2. 개인 또는 법인이 지급불능에 이를 경우 특별한 사정이 없는 한 이로 인하여 지급불능에 이르게 될 것이 명백하다고 인정되는 다른 개인 또는 법인

② 종합금융회사는 당해 종합금융회사의 주주·임원·자회사 및 그와 신용위험을 공유하는 자(이하 "관계인")에 대하여 당해 종합금융회사의 자기자본의 100분의 15의 범위를 초과하는 신용공여를 할 수 없음.

1. 당해 종합금융회사의 대주주(종합금융회사의 주주 1인과 은행법시행령 제3조 각호의 1에 해당하는 관계에 있는 자가 소유한 당해 종합금융회사의 의결권 있는 발행주식의 합계가 당해 종합금융회사의 총 발행주식의 100분의 10이상인 경우)
2. 당해 종합금융회사의 임원과 증권거래법시행령 제10조의3제2항의 규정에 의한 특수관계에 있는 자
3. 당해 종합금융회사의 자회사(당해 종합금융회사가 의결권 있는 발행주식의 100분의 15 이상을 소유한 경우를 말함)

③ 종합금융회사의 동일차주 각각에 대한 신용공여가 당해 종합금융회사의 자기자본의 100분의 10을 초과하는 신용공여의 총합계액은 당해 종합금융회사 자기자본의 5배를 초과할 수 없음.

④ 종합금융회사는 동일한 개인이나 법인 각각에 대하여 당해 종합금융회사의 자기자본의 100분의 20을 초과하여 신용공여를 할 수 없음.

< 예 외 >

① 국민경제를 위하여 또는 종합금융회사의 채권확보의 실효성 제고를 위하여 필요한 경우

㉠ 국가·지방자치단체 또는 특별법에 의하여 설립된 법인으로서 금융감독위원회가

정하는 법인에 대하여 신용공여를 하는 경우
㉯ 종합금융회사가 영업상 여유자금을 자금중개회사를 통하여 다른 금융기관에게 3
 영업일 이내의 기간을 정하여 대출하는 경우
㉰ 회사정리법에 의한 회사정리절차 또는 화의법에 의한 화의절차가 진행 중이거나
 기업구조조정 등을 위하여 금융기관이 공동으로 경영의 정상화를 추진 중인 회
 사에 대하여 추가로 신용공여를 하는 경우
㉱ ㉰에 해당하는 회사를 인수한 자에 대하여 인수계약서에서 정하는 바에 따라 추
 가로 신용공여를 하는 경우
② 종합금융회사가 추가로 신용공여를 하지 아니하였음에도 불구하고 자기자본의 변
 동, 동일차주 구성의 변동 등으로 인하여 제1항 내지 제4항의 규정에 의한 한도를
 초과하게 되는 경우
㉮ 환율변동에 따른 원화환산액이 증가한 경우
㉯ 당해 종합금융회사의 자기자본이 감소된 경우
㉰ 신용공여를 받은 기업 간의 합병 또는 영업의 양도·양수가 있는 경우
㉱ 기타 급격한 경제여건의 변화 등 불가피한 사유로 인하여 당해 종합금융회사의
 귀책사유 없이 신용공여한도를 초과하였다고 금융감독위원회가 인정하는 경우
< 罰 : 1년 이하의 징역 또는 700만 원 이하의 벌금 >

다) 상호저축은행(상호저축은행법 제12조)

 상호저축은행의 동일인에 대한 대출 등의 한도는 자기자본의 100분의 20 이내로서
다음 구분에 의한 금액으로 한다.
1. 소규모기업 기타 법인 등에 대한 대출 등은 80억원
2. 지역개발사업 기타 공공적 사업을 행하는 자에 대한 대출 등은 당해 사업에 직접
소요되는 금액
3. 제1호 및 제2호에 해당하지 아니하는 자에 대한 대출 등은 3억원
 ※ 대출 등의 한도적용은 동일인에 대한 대출 등의 총액에서 그 명의의 예금 등(수
시 입·출금이 가능하거나 양도가 자유로운 것과 제3자를 위하여 담보로 제공된 것을
제외)을 공제한 금액 기준

※ 지역개발사업 기타 공공적 사업은 다음 사업으로서 국가·지방자치단체·정부투자기관·지방공사 또는 지방공단이 시행하는 수도사업, 공업용 수도사업, 궤도사업(도시철도사업을 포함), 공공운송사업 등
- 상호저축은행은 동일인과 신용위험을 공유하는 자에 대하여는 자기자본의 100분의 25범위 내에서 대통령령이 정하는 한도를 초과하여 대출 등을 할 수 없다(2003.12개정)
< 罰 : 1년 이하의 징역 또는 1천만 원 이하의 벌금>

라) 신용협동조합(신용협동조합법 제42조)

조합은 동일인에 대하여 금융감독위원회가 정하는 기준에 따라 중앙회장의 승인이 있는 경우를 제외하고는 조합의 자기자본의 100분의 20 또는 자산총액의 100분의 1중 큰 금액 의 범위 안에서 대통령령이 정하는 한도를 초과하는 대출 등을 할 수 없다. 이 경우 본인의 계산으로 다른 사람의 명의에 의하여 행하는 대출등은 이를 그 본인의 대출 등으로 본다.
< 罰 : 2년 이하의 징역 또는 1천만원이하의 벌금>

마) 여신전문금융업(여신전문금융업법 제50조)

여신전문금융회사가 당해 회사와 특수한 관계에 있는 자(독점규제및공정거래에관한법률시행령 제3조 각호에 해당하는 자)에 대하여 제공할 수 있는 여신액(재정경제부령이 정하는 방법으로 산출한 금액)의 합계액은 자기자본의 100분의 100을 초과할 수 없음.
<罰 : 금감위가 1억원 이하의 과징금 부과>

3) 불법·부실여신에 대한 적기시정조치(상호저축은행)

가) 경영개선권고

금융감독 원장은 다음 각호의 1에 해당하는 경우에는 당해 상호저축은행에 대하여 필요한 조치를 이행하도록 권고하고 있다. 먼저, 위험가중자산에 대한 자기자본비율이 100분의 5미만인 경우 그리고 경영실태평가 결과 종합평가등급이 3등급 이상으로서 자산건전성 또는 자본적정성 부문의 평가 등급을 4등급(취약) 이하로 판정받은 경우

또한 거액의 금융사고 또는 부실채권의 발생으로 제1호 또는 제2호의 기준에 해당될 것이 명백하다고 판단되는 경우이다. 그리고 제1항에서 정하는 필요한 조치라 함은 다음 각호의 일부 또는 전부에 해당하는 조치를 취하여야 한다. 먼저, 인력 및 조직운영의 개선과 경비절감 그리고 영업소 관리의 효율화와 고정자산투자, 신규업무영역에의 진출 및 신규출자의 제한 그리고 부실자산의 처분 그리고 자본금의 증액 또는 감액 또한 이익배당의 제한 마지막으로 특별대손충당금의 설정 등이다.

나) 경영개선요구

금감위는 다음 각호의 1에 해당하는 경우에는 당해 상호저축은행에 대하여 필요한 조치를 이행하도록 요구하고 있다. 먼저, 위험가중자산에 대한 자기자본비율이 100분의 3미만인 경우와 경영실태평가 결과 종합평가등급을 4등급(취약)이하로 판정받은 경우와 거액의 금융사고 또는 부실채권의 발생으로 제1호 또는 제2호의 기준에 해당될 것이 명백하다고 판단되는 경우와 경영개선권고를 받고 경영개선계획을 성실히 이행하지 아니하는 경우 등이다. 그리고 제1항에서 정하는 필요한 조치라 함은 다음 각호의 일부 또는 전부에 해당하는 조치를 취하여야 한다. 먼저, 영업소의 폐쇄·통합 또는 신설제한과 조직의 축소 그리고 위험자산보유 제한 및 자산의 처분 또한 예금금리 수준의 제한 그리고 자회사 정리와 임원진 교체 요구 등 그리고 영업의 일부정지와 합병, 금융지주회사법에 의한 금융지주회사(이하 "금융지주회사"라 한다.)의 자회사로의 편입(단독으로 또는 다른 금융기관과 공동으로 금융지주회사를 설립하여 그 자회사로 편입하는 경우를 포함한다), 제3자 인수 또는 영업의 전부 또는 일부 양도계획의 수립 마지막으로 경영개선권고에서의 필요조치 사항을 취하여야 한다.

라. 불법·부실여신 적출요령

1) 불법여신 이용방법

불법여신 이용방법에는 먼저, 제3자 명의를 이용하는 방법에는 출자자 및 임·직원들의 친지들에게 인감증명서 등을 입수하여 명의차주로 이용과 금융회사에서 기대출

받은 차주에게 추가로 인감증명서등 대출관련서류 등을 요구하여 명의차주로 이용 등 있다. 또한 출자자가 경영, 지배하고 있는 기업의 발행어음을 하청기업의 명의를 이용하여 대출받는 방법이 있는데 대부분 신용대출이며 대출금액이 거액인 경우이다. 그리고 사채업자 등의 명의를 이용하는 방법이 있는데 사채업자 도는 일반인에게 금전을 제공하고 인감증명서등 대출서류를 구입 그리고 출자자가 제3자 명의를 이용하는 방법으로 대출을 취급하고 동 대출금으로 부동산, 주식 등을 매입한 후 과다하게 내부 감정한 후 대출을 실행하고 장기연체를 발생시킨 후 법원의 최저법사가 이상으로 경락유입하고 배당부족액은 감면처리 하는 방법 또한 출자자가 소유 또는 경영하고 있는 계열기업이 발행한 기업어음을 상호저축은행 등에서 종금사를 통하여 무담보조건으로 매입하는 방법 그리고 일정기간동안 소액을 여러 명의 명의로 분할하여 대출하는 방법 등이 있다.

2) 주요 착안사항

먼저, 담보물의 설정금액이 대출금액에 비하여 과다할 경우 관련성을 검토하고 신용여신의 경우 차주와 보증인이 교차되어 나타나는 경우 그리고 한사람이 여러 사람의 대출이자를 납입 일에 무통장 입금시키는 경우 그리고 동일날짜 또는 1주일 전후하여 거액의 신용여신을 여러 건 취급하였을 경우 또한 이면담브 확보 후 취급하였을 가능성 검토 그리고 발행인이 동일한 어음을 여러 사람의 명의를 빌려 분산하여 할인받은 경우 등을 착안하여야 한다.

제2절 방문판매와 다단계판매

1. 개념검토

다단계판매 개념의 핵심은 유통단계를 생략, 소비자에게 직접 판매하여, 유통마진에 해당하는 부분을 판매원의 실적에 대한 보상(인센티브)으로 제공된다. 직접 판매(Direct Selling) 미국식 개념으로 각국 업체·협회에서 사용하는 개념으로 방문판매는 1단계

(single level) 직접 판매로, 다단계판매는 여러 단계(multi level) 직접 판매로 표현되며 인센티브(보상) 형성 방식으로부터 구분한다.[432] 방문은 자신의 노력과 판매고로부터, 다단계는 자신과 하위 판매원의 노력과 판매고로부터 형성된다. 또한 네트워크 마케팅(Network Marketing)은 경영학자들이 주로 사용하는 이론적 개념으로 특별한 단서 없을 경우, 직접 판매·네트워크 마케팅·다단계판매를 혼용하는 경향이 있다.

2. 합법적인 다단계판매와 불법 '피라미드'

미 직판협회에서 사용하는 불법일 가능성(달리 표현하면, 피해를 입을 가능성)이 많은 회사를 판단하는 기준이다.

1) 판매원이 되는데 얼마를 지불해야 하는가?

   (How much are you required to pay to become a distributer?)

2) 팔다 남은 재고를 회사가 다시 사주는가?

   (Will the company buy back unsold inventory?)

3) 회사의 제품들이 회원이 아닌 소비자들에게도 팔리는가?

   (Are the company's products sold to consumer?)

위 세 가지 기준은 우리 법을 적용하는데도 아주 유용하게 사용할 수 있으며, 우리 법 '금지행위'에도 상당부분 관련성이 보인다. 그밖에 1) 모든 사람이 예외 없이 제품을 구입하면서 판매원이 된다면 2) 사람들이 구입한 제품을 사용하지 않는다면 3) '구좌', '구찌' 등의 용어를 사용하고 있다면 4) 제품과 수익에 대한 과장이 있다면… 등등…이 기준이 된다.

3. 보상플랜(마케팅 플랜)

후원수당을 얼마나 어떻게 지급할 것인지를 정한 것, 후원수당지급기준 또는 후원수당산정방식이 주로 사용된다. 매트릭스(Matrix) 방식, 유니레벨(Unilevel) 방식, 브레이

---

432) 강일구, 경찰대학 경찰수사연수원, 금융경제범죄수사 2005, 795면.

크어웨이(Break away) 방식, 바이너리(Binary) 방식 등이 또한 있다.

4. '法' 에서 정한 개념

"방문판매"라 함은 재화 또는 용역(일정한 시설을 이용하거나 용역의 제공을 받을 수 있는 권리를 포함한다)의 판매(위탁 및 중개를 포함한다)를 업으로 하는 자("판매업자")가 방문의 방법으로 그의 영업소·대리점 기타 총리령이 정하는 영업장소("사업장") 외의 장소에서 소비자에게 권유하여 계약의 청약을 받거나 계약을 체결(사업장 외의 장소에서 권유 등 총리령이 정하는 방법에 의하여 소비자를 유인하여 사업장에서 계약의 청약을 받거나 계약을 체결하는 경우를 포함한다)하여 재화 또는 용역을 판매하는 것을 말한다. "방문판매자"라 함은 방문판매를 업으로 하기 위하여 방문판매조직을 개설 또는 관리·운영하는 자("방문판매업자")와 방문판대업자를 대신하여 방문판매업무를 수행하는 자("방문판매원")를 말한다. "다단계판매"라 함은 판매업자가 특정인에게 다음 각목의 활동을 하면 일정한 이익(다단계판매에 있어서 다단계판매원이 소비자에게 재화 등을 판매하여 얻는 소매이익과 다단계판매업자가 그 다단계판매원에게 지급하는 후원수당을 말한다. 이하 같다)을 얻을 수 있다고 권유하여 판매원의 가입이 단계적(판매조직에 가입한 판매원의 단계가 3단계 이상인 경우를 말한다)으로 이루어지는 다단계판매조직(판매조직에 가입한 판매원의 단계가 2단계 이하인 판매조직 중 사실상 3단계 이상인 판매조직으로 관리·운영되는 경우로서 대통령령이 정하는 판매조직을 포함한다)을 통하여 재화 등을 판매하는 것을 말한다. 구체적으로 당해 판매업자가 공급하는 재화 등을 소비자에게 판매할 것 그리고 ㄱ목의 규정에 의한 소비자의 전부 또는 일부를 당해 특정인의 하위판매원으로 가입하도록 하여 그 하위판매원이 당해 특정인의 활동과 같은 활동을 할 것 등이다. "다단계판매자"라 함은 다단계판매를 업으로 하기 위하여 다단계판매조직을 개설 또는 관리·운영하는 자(이하 "다단계판매업자"라 한다)와 다단계판매조직에 판매원으로 가입한자433)(이하 "다단계판매원"이라 한다)를 말한다.

---

433) 강일구, 경찰대학 경찰수사연수원, 금융경제범죄수사 2005, 796면.

5. 판례(判例)의 태도

[1996. 4. 12. 95도3092 방문판매등에관한법률위반]

구 방문판매등에관한법률(1995. 1. 5. 법률 제4896호로 전문 개정되기 전의 것) 제18조 제3항, 제1항, 제2항이 금지하고 있는 다단계 판매조직에 해당하기 위하여는 ①방문판매업자와 그 판매업자의 권유를 받은 자(상대방) 간의 상품의 판매계약을 기초로 하여 그 상대방과 상대방의 권유에 기인하여 순차적, 단계적으로 그 조직의 구성원이 되는 자(가입자) 간, 그 상대방과 다른 상대방 간 또는 가입자 간에 순차적, 단계적 구조가 형성되는 조직이어야 하고, ② 그 조직의 운영방식 또는 활동 내역이 상대방 또는 가입자가 직접 행한 상품의 판매나 다른 상대방 또는 가입자의 영업 활동 등에 대한 교육 및 지도와 관계없이 일정한 이익을 지급하는 조직이어야 하며, ③ 그 조직의 가입자 중 그 상대방이 직접 권유한 가입자 외의 가입자가 행한 상품의 판매 등에 의하여 발생하는 이익으로서 그 명칭 및 형태를 불문하고 가입자 중 상대방이 직접 권유한 가입자 외의 가입자가 행한 상품의 판매 실적 또는 가입자의 수에 연계되어 상대방에게 지급되는 경제적 이익을 얻을 수 있다고 권유하여 상품을 판매하기 위한 조직일 것 등 요건이 충족되어야 한다(대법원 1995. 5. 26. 선고 94도1544 판결 참조).

6. 다단계판매 관련 주요 규정 및 개념 검토

가. '사실상' 3단계(법 2조 5호)

방문판매법은 3단계 이상의 다단계 조직을 규율하며, 방문판매업 신고 후 '사실상' 다단계업을 하는 경우를 규제하기 위해 '사실상' 이라는 수식을 부가한다.

- 다단계판매자 = 다단계판매업자 + 다단계판매원(법 2조 6호)
- 소비자(법 2조 10호, 시행령 4조 3호)

나. 개념의 정의

구법에는 개념 정의가 없었으나 철회기간 적용관련분쟁의 여지가 있어서 정의 규정도입으로 분쟁의 여지를 없앴다. 개념 정의로는 첫째, 재화 등을 소비생활 목적으로 사용하거나 이용하는 자이며 둘째, 소비생활 이외의 목적으로 사용, 이용하는 자 중 시행령 제4조가 정하는 자와 '다단계판매원이 되고자 다단계판매업자로부터 재화 등을 최초로 구매하는 자'를 소비자로 포함한다.

다. 후원수당

판매수당·장려금·후원금 등 명칭 및 지급형태를 불문하고 다단계판매업자가 하위판매원들에 대한 조직관리 및 교육훈련실적, 그리고 판매원 자신의 재화 등의 판매실적이나 그에 속한 하위판매원들의 재화 등의 판매실적과 관련하여 다단계판매원에게 지급하는 경제적 이익을 말한다. 지급한도의 상한으로는 다단계판매업자가 다단계판매원에게 후원수당으로 지급할 수 있는 총액은 판매원에게 공급한 재화 등 가격(부가세 포함) 합계액의 35% 이다.

후원수당 관련 처벌 사항으로는 후원수당 산정 및 지급 기준 등 절차적 요소를 강화하고 지급한도 초과 자체를 처벌하는 규정은 없었다. 이와 관련한 법률은 아래와 같다.

다단계판매업자 일정수의 하위판매원을 모집 또는 후원하는 것을 조건으로 하위판매원 또는 그 하위판매원의 판매실적에 관계없이 후원수당을 차등하여 지급하는 행위(법 20조 5항)는 3년 이하 징역에 처한다. 다단계판매업자가 판매원 또는 판매원이 되고자 하는 자에 대해 후원수당 등 일정한 이익 관련 허위정보를 제공하는 행위(법 21조 1항)는 다단계조직의 운영방식 또는 활동내용에 관하여 허위 또는 과장된 사실을 유포하는 행위(법 21조 3항)와 함께 역시 3년 이하의 징역에 처한다.

라. 등 록

1) 판매업 등록(법 제13조)

- 공정거래위원회 또는 시도지사에 등록
- 최소자본금 요건 3억원에서 5억원으로 상향

- 상법상 주식회사만 등록 가능하였으나, 신법에서는 개인도 가능
- 소비자피해보상보험계약 체결을 등록 요건으로 함
→ 미체결 영업행위 7년 이하
- 무등록영업행위 7년 이하

2) 판매원 등록(법 제15조)

- 다단계판매업자에게 등록
- 다단계판매원으로 등록할 수 없는 자: 국가공무원·지방공무원 또는 교육공무원 및 사립학교법에 의한 교원, 법인, 다단계판매업자의 지배주주 또는 임직원, 방판법에 위반하는 행위를 한 자로서 대통령령이 정하는 자 → 1년 이하, 3천만 원 이하

마. 계약체결 전 정보제공 등

법 제7조에 정하고, 다단계판매에 준용한다. 다단계판매자는 소비자에게 계약서 교부의 의무가 있으며 이를 어길 시에는 500만 원 이하 과태료를 부과한다. 또한 다단계판매자가 계약서에 허위사항 기재하여 교부할 경우 1000만 원 이하 벌금형에 처한다. 다단계판매자가 미성년자와 계약 체결 시 법정대리인 동의가 필요하다.

바. 청약철회(법 제17조, 제18조)

소비자는 계약서 교부 받은 날로부터 14일까지 혹은 재화 등의 공급이 늦은 경우 재화 등을 공급 받거나 공급이 개시된 날로부터 14일까지 청약철회 할 수 있으며 판매원은 계약체결일로부터 3개월까지이다. 환급기한은 재화 등을 반환 받은 날로부터 영업일 3일 이내이며 환불기한을 준수하지 않을 경우 지연배상금을 지급해야 한다.

※신용카드 거래 관련 철회 규정(법 18조 3항~5항)
(소비자가 신용카드로 재화 등을 구입하였다가 철회할 경우)

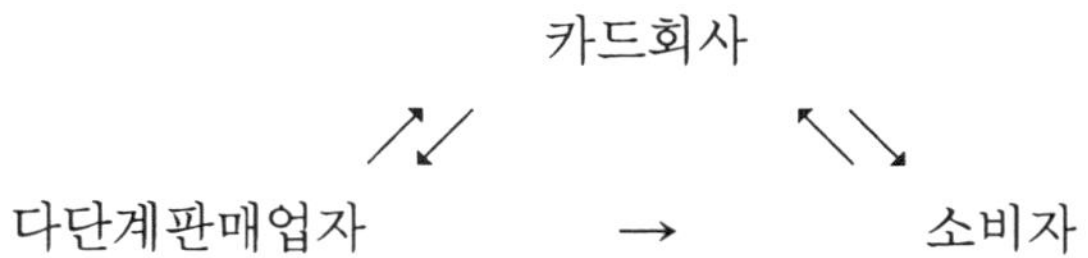

① 다단계판매자는 지체 없이 당해 결제업자에게 재화 등의 대금청구를 정지 또는 취소할 것을 요청해야한다.

② 다단계판매자가 결제업자로부터 해당 재화 등의 대금을 이미 지급 받은 때에는 지체 없이 이를 결제업자에게 환급하고 그 사실을 상대방(소비자 또는 다단계판매원, 이하 같음)에게 통지해야 함, 이 경우 환급이 지연되어 상대방이 대금을 결제하는 경우에는 결제한 날 이후의 지연기간에 대한 지연배상금을 상대방에게 지급해야 함.

③ 다단계판매자가 정당한 사유 없이 결제업자에게 대금을 환급하지 않는 경우 상대방은 환급 받을 금액에 대하여 결제업자에게 당해 다단계판매자에 대한 다른 채무와 상계할 것을 요청할 수 있고, 결제업자는 대통령령이 정하는 바에 따라 당해 다단계판매자에 대한 다른 채무와 상계할 수 있다. 입증책임법 제17조 제3항에 따르면 계약 체결된 사실 및 그 시기, 재화 등 공급 사실 및 그 시기, 계약서 공급 사실 및 그 시기, 재화 등의 훼손 여부 및 그 책임 여부 등에 다툼이 있을 경우 다단계판매자에게 입증책임 있다. 환급을 불이행 할 경우 3년 이하의 징역 또는 1억원 이하의 벌금형에 처한다.

사. 부담행위(법 제22조 제1항)

다단계판매업자가 다단계판매원 등록 또는 자격유지의 조건으로 과다한 재화 등의 구입 등 대통령이 정하는 수준 이상의 부담을 지게 하는 행위를 할 경우 부담행위의 주체는 '다단계판매업자'이다. 대통령령이 정하는 수준은 다단계판매원이 되고자 하는 자 또는 다단계판매원에게 다단계판매원의 등록·자격유지·유리한 후원수당지급기준의 적용을 조건으로 재화 등을 구매하도록 본인에게 부과하는 부담으로서 연간 5만원을 말한다. 실적에 따른 후원수당지급 기준의 차등 적용은 부담행위 아니며 다단계판매원의 승급조건도 부담행위가 아니다.(대판98도2366) 구법에서는 금지행위의 한 형태로 규정하였으나, 신법에서는 다단계판매원의 등록 및 탈퇴 등에 규정(법 제22조)하고 있다. 또한 규정에 위반한 부담행위는 3년 이하의 징역에 처한다.

기타 등록 탈퇴에 관련한 규제는 다단계판매자가 다단계판매원에게 일정수의 하위 판매원을 모집하도록 의무를 지게 하거나, 특정인을 그의 동의 없이 자신의 하위판매원으로 등록하는 행위(법 22조 2항)로 3년 이하의 징역 또는 1억원 이하의 벌금형에 처하며, 다단계판매업자가 다단계판매원의 탈퇴에 조건을 부과하는 행위(법 22조 4항)는 3년 이하의 징역 또는 1억원 이하의 벌금형에 처한다.

아. 의무부과행위(법 제23조 제1항 3호)

다단계판매원이 되고자 하는 자 또는 다단계판매원에게 가입비, 판매보조물품, 개인할당판매액, 교육비 등 그 명칭 및 형태 여하를 불문하고 10만 원 이하의 범위로서 대통령령이 정하는 수준 이상의 비용 그 밖의 금품을 징수하는 등 의무를 부과하는 행위를 할 경우, 의무부과행위의 주체는 '다단계판매자'이다. 대통령령이 정하는 수준은 연간 총합계 5만 원 이하이며 규정에 위반한 의무부과 행위를 할 경우 5년 이하의 징역에 처한다.

자. 금지행위(법 제23조 제1항 1호~15호)

금지행위의 주체는 다단계판매자이며 재화 등의 판매에 관한 계약의 체결을 강요하거나 청약철회 등 또는 계약의 해지를 방해할 목적으로 상대방에게 위력을 가하는 행위를 말한다. 허위 또는 과장된 사실을 알리거나 기만적 방법을 사용하여 상대방과의 거래를 유도하거나 청약철회 등 또는 계약의 해지를 방해하는 행위 또는 재화 등의 가격·품질 등에 대하여 허위사실을 알리거나 실제의 것보다도 현저히 우량하거나 유리한 것으로 오인시킬 수 있는 행위 역시 금지행위에 속한다. 앞에서 언급한 부담행위 역시 이에 속하며, 다단계판매원에게 하위 판매원 모집 자체에 대하여 경제적 이익을 지급하거나 정당한 사유 없이 후원수당 외의 경제적 이익을 지급하는 행위까지 위에 언급한 행위들은 5년 이하의 징역, 1억5천만 원 이하의 벌금형에 처한다.

청약철회 등이나 계약의 해지를 방해할 목적으로 주소·전화번호 등을 변경하는 행위는 3년 이하의 징역, 1억원 이하의 벌금형에 처하며 분쟁이나 불만처리에 필요한 인력 또는 설비의 부족을 상당기간 방치하여 상대방에게 피해를 주는 행위는 1000만 원 이하의 과태료를 부과한다. 상대방의 청약이 없는데도 일방적으로 재화 등을 공급하고 재화 등의 대금을 청구하는 등 상대방에게 재화 등을 강매하거나 하위판매원에게 재화 등을 판매하는 행위는 3년 이하의 징역, 1억원 이하의 벌금형에 처하며 소비자가 재화를 구매하거나 용역을 제공받을 의사가 없음을 밝혔음에도 불구하고 전화, 모사전송, 컴퓨터통신 등을 통하여 재화를 구매 하거나 용역을 제공받도록 강요하는 행위는 1000만 원 이하의 과태료를 부과한다.

다단계판매원이 사회적인 신분 등을 이용하여 자신의 하위판매원으로서의 등록을 강요하거나 다단계판매원이 그 하위판매원에게 재화 등의 구매를 강요하는 행위는 3년 이하의 징역, 1억원 이하의 벌금형에 처해지며 다단계판매원이 되고자 하는 자 또는 다단계판매원에게 본인의 의사에 반하여 교육·합숙 등을 강요하는 행위는 3년 이하의 징역, 1억원 이하의 벌금, 그리고 다단계판매업자의 피용자가 아닌 다단계판매원을 다단계판매업자에게 고용된 자로 오인하게 하거나 다단계판매원으로 등록하지 아니한 자를 다단계판매원으로 활동하게 하는 행위는 3년 이하의 징역, 1억원 이하의 벌금형에 처한다. 소비자피해보상보험계약 등을 체결하지 아니하고 영업하는 행위는 7년 이하의 징역, 2억원 이하의 벌금형에 처하고 다단계판매자가 거래의 상대방에게 판매하는 개별 재화 등의 가격을 대통령령이 정하는 금액 이상으로 정하여 판매하는 행위는 재화 등 가격 한도는 부가세 포함 130만원까지, 그리고 1년 이하의 징역, 3000만 원 이하의 벌금형에 처한다. 또한 본인의 허락을 받지 아니하거나 허락 받은 범위를 넘어 소비자에 관한 정보를 이용하는 행위와 다단계판매조직 및 다단계판매원의 지위를 양도·양수하는 행위(단, 다단계판매원의 지위를 상속하는 경우 또는 사업의 양도·양수·합병의 경우에는 가능)는 3년 이하의 징역, 1억원 이하의 벌금형에 처한다.

차. 속칭 '금융피라미드' 행위(법 23조 2항)

누구든지 다단계판매조직 또는 이와 유사하게 단계적으로 가입한 자로 구성된 다단계조직을 이용하여 재화 등의 거래 없이 금전거래만을 하거나 재화 등의 거래를 가장하여 사실상 금전거래만을 하는 행위는 5년 이하의 징역, 1억 5천만원 이하의 벌금형에 처한다. 대부분의 경우 방문판매등에관한법률 외에 유사수신행위규제에관한법률, 형법상 사기 등을 함께 의율 할 수 있으며 모두 실체적 경합관계에 있다는 것이 판례의 입장이다.

7. 다단계사범 조사 유의 사항

승진 등 과욕으로 입건 대상자나 구속대상자를 무리하게 늘리는 경우가 없도록 주의한다.434) 상부의 압력에 대한 대비, 무리한 수사로 인한 물의 야기 방지, 구속영장 기각 방지, 집중도 있는 수사와 업무량 경감을 위해 기초조사 과정 또는 내사단계에서 미리 기준을 확립하여 입건대상자, 구속대상자를 확실히 할 필요가 있다. 참고인·피해자 조사, 교육·홍보 관련 자료 수집, 위반사항 검토 등 사전 내사 작업 철저히 한 후 압수수색영장 집행, 신병확보 등 강제절차로 진행 要, 성급한 수사는 실패의 원인이 된다. 다단계판매사범의 경우 조사할 대상 및 내용이 많고 증거자료 등이 방대하므로, 수사지휘자는 반드시 보조수사 인력을 확보하여 조사에 임할 수 있도록 조치가 요구되며 조사대상자로 하여금 해당 다단계회사의 조직체계, 업라인·다운라인 등을 진술케 하는 외에 그림으로 그려 표현하도록 하여 조서에 첨부가 요구된다. 입건대상자 및 구속대상자의 위반행위의 입증에 초점을 맞춰 가급적 많은 관련자로부터 공통된 진술을 받아내려는 노력이 요구된다.

---

434) 강일구, 경찰대학 경찰수사연수원 금융경제범죄수사 2005, 3월 강의 내용.

제10장 기업 범죄[435]

제1절 기업 비자금 (분식회계)

1. 회계란 무엇인가?

분식회계를 이해하기 위해서는 우선 회계란 무엇인가에 대해 알아야하겠다. 또한 회계의 자본주의 사회에서의 역할에 대해 이해한다면, 분식회계의 이해는 매우 쉽게 이해할 수 있을 것이라고 생각된다. '특정의 경제적 실체(economic entity)에 관하여 이해관계를 가진 사람들에게 합리적인 경제적 의사결정을 하는데 유용한 재무적 정보 (financial information)를 제공하기 위한 일련의 과정 또는 체계'라는 사전적 의미에서의 회계의 정의를 이해하기는 매우 힘들다. 위의 회계의 정의에 대한 범위를 축소하고 우리주변에서 많이 볼 수 있는 예를 들어 설명한다면 다음과 같다. '일반 가정집의 한 주부가 저축을 얼마하고, 얼마짜리 보험을 들고, 찬거리 준비를 위해 시장에 갔을 때 지출을 얼마나 할 것인지 등등의 결정을 하기 위해서 가계부를 작성[436]하고 이를 이용하는 모든 과정이다.' 이 같은 정의에 기업이라는 개념을 넣어 기업회계의 정의를 생각해 볼 수 있을 것이다. '특정 기업에 관하여 이해관계를 가진 자(주주, 채권자, 임원, 종업원, 과세당국 등)에게 그들이 그 특정기업을 이해하고, 특정기업과 관련하여 합리적인 의사결정을 하는데 유용한 정보를 제공하기 위한 일련의 과정' 결국 회계란 특정한 형태의 정보를 제공하는 수단, 방법 등의 모든 과전으로 그 의미를 압축할 수

---

435) 기업범죄란 기업이 범죄의 주체로 되는 모든 범죄라고 정의할 수도 있다. 이렇게 되면 기업범죄의 태양은 굉장히 많아져서 분석하기가 어렵다. 필자는 기업범죄의 모든 것을 다루려고 하는 것이 아니라, 금융기관을 이용한다는 측면에서의 기업범죄만을 다루려고 한다. 이러한 경우에도 금융기관을 이용한 경우에 수사상 어떠한 착안점에서 수사를 하여야 하는가를 중심으로 글을 진행하기 때문에 모든 경우를 포괄하여 기술하지는 않았음을 밝힌다.

436) 가계부를 작성하는 기술 즉, 장부를 작성하는 기술을 부기(簿記:Book keeping)라고 한다.

가 있다.

  회계의 정의에서 살펴본 바와 같이 회사는 그 이해관계자들에게 회계를 통해 정보를 제공하는데, 이것은 재무제표437)라는 표준화 된 복식부기438)를 사용하여 만들어진 양식에 의해서 제공된다. 그러나 이해관계자들(이하 대표적으로 주주 및 채권자라고 간주)에게 있어서 그들이 투자를 하거나 대금을 빌려주기 위해서는 그 대상이 되는 회사를 나름대로의 기준에 따라 평가를 해야 하고 이때 각 회사들이 작성하여 공시하는 재무제표는 일정하고 동일한 규정에 따라서 작성된 재무제표가 아니면 그 대상들 간에 비교를 하기 매우 힘들어진다. 왜냐하면, 각 회사들이 동일한 규정을 따라 작성하지 않는다면 무조건 각 회사들에게 좋은 것만을 재무제표에 반영하여 올바른 정보를 제공하지 못하기 때문이다. 따라서 회계를 통해 작성되는 재무제표는 일반적으로 인정되는 회계원칙(GAAP: General Accepted Accounting Principle)에 따라 작성이 되며 우리나라의 경우는 증권선물위원회가 제정한 기업회계기준이라는 것이 바로 GAAP이라고 할 수 있다.

  회사로부터 작성되는 회계의 산출물인 재무제표를 통하여 투자자 등의 이해관계자에게 제공되는 정보의 흐름은 파악해야 한다.

  회계정보의 제공을 회계의 1차적 정보의 제공이라고 할 수 있다. 상기의 1차적 회계 정보 제공 시에 정보이용자들에게 있어서 회사가 작성한 재무제표가 앞에서 언급한 일반적으로 인정된 회계원칙인 기업회계 기준에 따라서 작성되었는지의 여부가 그들이 재무제표를 다른 회사와 비교할 때 의미 있는 정보로 이용할 수 있을 것이다. 그리하여 회사와 관계가 없는 독립적인 제 3자, 그리고 기업회계기준을 잘 알고 있는 전문가들에 의해서 재무제표가 기업회계기준에 따라서 작성되었는지 여부를 감사하도록 하였는데, 이렇게 해서 자본시장에 공인회계사라는 직업이 등장하게 되었고, 그 업무가 기업에 대한 감사를 실시하고 그들이 공시하는 재무제표가 기업회계기준에 맞추어 적정하게 작성되었는지 의견을 표명하는, 정보이용자들에게 재무제표에 대한 신뢰성을 줄 수 있는 추가적인 회계정보를 제공하게 되었다. 이것이 2차적 회계의 정보제공(아래그림)이라고 할 수 있다.

---

437) F/S : Financial Statements : 대차대조표, 손익계산서, 이익잉여금처분계산서, 현금 흐름표 등이 있다.
438) 차변과 대변으로 이루어진 분개를 이용하여 장부를 기록하는 방법이다.

또한 이때 외부 감사인이 감사를 실시할 경우에도 감사결과의 비교가능성을 위하여 일반적으로 인정된 회계감사기준(GAAP: General Accepted Accounting Principle)을 사용하게 된다. 우리나라의 경우 한국공인회계사회에서 제정하여 금융감독위원회의 승인을 얻은 회계감사기준439)이 이에 해당한다고 할 수 있다. 우리나라에서는 주식회사의 외부감사에 관한 법률(이하 '외감법') 제 2조에 의거하여 자산총액이 70억 이상이 되는 모든 주식회사의 경우 재무제표에 대해 독립된 외부감사인으로부터 감사를 받도록 하고 있으며, 금융감독원에 감사보고서를 포함한 재무제표를 제출하도록 규정하고 있다. 또한 상장 또는 코스닥 등록법인의 경우 외감법 이외 증권거래법 등 여러 법률 및 시행령에 의거하여 회사가 투자자 등 이해관계자들에게 기업정보를 공시하게 되어 있다.

2. 분식회계(粉飾會計)란 무엇인가?

앞에서 회계의 일반적인 정의와 회계정보가 회사로부터 정보이용자인 투자자들에게 어떤 과정을 거쳐 제공되는지를 살펴보았다. '분식회계란440) 기업이 자금융통 등을 원

---

439) 종전에는 회계감사기준의 제정은 금융감독위원회에서, 심의는 증권선물위원회에서 하였다.

440) 분식회계 [粉飾會計, window dressing settlement]
기업이 재정 상태나 경영 실적을 실제보다 좋게 보이게 할 목적으로 부당한 방법으로 자산이나 이익을 부풀려 계산하는 회계.

분식결산(粉飾決算)이라고도 한다. 기업이 자산이나 이익을 실제보다 부풀려 재무제표상의 수치를 고의로 왜곡시키는 것이다. 이는 주주와 채권자들의 판단을 왜곡시킴으로써 그들에게 손해를 끼치기 때문에 법으로 금지되어 있지만, 공인회계사의 감사보고서를 통해서도 분식회계 사실이 제대로 밝혀지지 않는 경우가 많다. 아직 창고에 쌓여 있는 재고의 가치를 장부에 과대계상하는 수법, 팔지도 않은 물품의 매출전표를 끊어 매출채권을 부풀리는 수법, 매출채권의 대손충당금을 고의로 적게 잡아 이익을 부풀리는 수법 등이 주로 이용된다. 이와 반대로 세금 부담이나 근로자에 대한 임금 인상을 피하기 위하여 실제보다 이익을 적게 계상하는 경우를 역분식회계(逆粉飾會計)라고 한다. 불황기에 특히 이러한 분식회계 수법이 자주 이용되는데, 주주·채권자들에게 손해를 끼치는 것은 물론, 탈세와도 관련이 있어 상법 등 관련 법규에서도 금지하고 있다. 한국에서는 IMF(International Monetary Fund : 국제통화기금) 사태 이후 기업들의 영업실적이 약화되면서 분식회계가 급증하였다. 특히 대우그룹 김우중 회장의 41조원 분식회계 사실이 드러나 재무제표를 믿고 자금을 대출해준 금융기관과 투자자, 일반 국민들이 엄청난 손해를 본 일이 있으며, 동아건설산업(주) 역시 이 문제로 사회를 떠들썩하게 하였다.

분식회계를 방지하기 위한 장치로서 회사는 감사를 두어야 하고, 외부 감사인인 공인회계사에게 회계감사를 받아야 한다. 분식회계를 제대로 적발하지 못한 회계법인에 대하여는 영업정지 또는 설립인가 취소의 처분을 내릴 수 있다. 분식회계된 재무제표를 보고 투자하여 손해를 본 투자자나 채권자는 손해배상 청구소송을 할 수 있다. 2007년 1월부터는 분식회계에 대한 집단소송제가 적용되었다

활히 할 목적으로 고의적으로 자산이나 이익을 부풀리는 회계'로서 이는 백과사전식 의미의 분식회계의 정의이다. 그러나 분식회계라는 것은 단순히 자산이나 이익을 부풀리는 회계만으로 그 의미를 축소할 수는 없을 것이라 판단된다. 나름대로의 개인적인 견해를 넣어 분식회계라는 것을 정의하자면 '분식회계란 기업 등 특정 경제적 실체가 그 이해관계자들에 대하여 회계정보를 제공할 경우 고의적으로 회사의 이익441)을 위해 이해관계자들이 합리적인 의사결정을 할 수 없는 회계정보를 제공하는 모든 과정'이라고 할 수 있다.

분식회계라는 것이 성립되기 위해서는 두 가지의 조건이 모두 만족되어야 할 것이다. 그 첫 번째는 합리적인 의사결정을 할 수 없는 잘못된 회계정보를 제공하는 것이고 그 두 번째는 회사에 그러한 고의성이 있었는지의 여부이다. 첫 번째 조건으로서 합리적인 의사결정을 할 수 없는 잘못된 회계정보의 제공이라는 의미는 사전적인 의미에서 말했던 단순히 이익을 늘리고, 자산을 늘리는 방법만을 말하는 것이 아니다. 경우에 따라서는 실질과 다르게 비용을 늘리고 부채를 늘리는 것도 분식회계라고 할 수 있다.442) 즉, 일반적으로 인정된 회계원칙인 기업회계기준에서 규정하고 있는 사항을 준수하지 않고 실질과 다르게 재무제표를 작성하는 모든 제반활동이 첫 번째 조건에 해당한다고 할 수 있다. 두 번째 조건은 고의성이다. 만약 고의성이 없는 첫 번째 조건에 해당되는 사항은 단순 오류라고 할 수 있을 것이고, 회사 역시 이러한 사항은 발견 즉시 수정을 하려고 할 것이다. 이러한 분식회계는 상장, 코스닥 등록법인 등 공개기업일수록 그 정도가 더 심해진다. 왜냐하면, 회사와의 이해관계자가 많을수록 회사에게는 분식을 할 요인이 많아지기 때문이다.

현재 우리나라 및 전 세계 자본시장에서는 앞서 언급한 2차적 회계정보의 제공 즉, 독립된 외부감사인(공인회계사)에 의한 회계감사의 실시만이 회사의 분식회계를 차단하는 유일한 수단이 된다. 따라서 외부회계감사제도는 기업의 분식회계를 예방, 탐지, 적발, 수정하는 유일한 장치제도로서 자본시장 내에서 그 중요성이 매우 크다고 할 수 있다. 그러나 최근 들어 자본시장이 발전할수록, 회사의 규모가 커지고 조직화, 전

---

441) 숫자상의 이익뿐만 아니라 중요 계약의 성립, 추가 차입, 신규 증자시의 이익 등 무형이익을 포함한다.

442) 이러한 방법을 사용하면 현재의 이익을 향후 손실을 볼 때 이용할 수 있으므로 연간 이익을 평준화시킬 수 있다.

문화가 될 수록 회사가 사용하는 분식회계의 수법은 지속적으로 발전해 왔으며, 이를 발견해야 하는 외부 감사인에게는 여러 가지 현실적 제약 등에 따라 발견을 하지 못하는 이른바 부실감사라는 멍에를 짊어지게 되었다. 현재 국내에서는 외부감사에 따른 감사보고서에 대하여 한국공인회계사회 및 금융감독원에서 감리를 실시하고 있다. 특히 금융감독원의 감리는 상장 및 코스닥 등 공개기업의 감사보고서를 대상으로 실시하고 있으므로 회사 및 외부 감사인에 대해 분식회계가 발견되고, 부정이나 중대한 과실이 있는 경우 검찰고발까지 하고 있는 상황이다. 또한 분식회계에 대하여 형사상의 책임뿐만 아니라 추가적인 투자자들에 의한 민사상 손해배상 책임도 있을 수 있다.

3. 구체적인 분식회계의 사례

실제 금융감독원 및 한국공인회계사회의 일반감리결과로 발견되는 분식회계의 사례는 그리 크지 않다고 본다. 회사의 분식회계의 결과는 회사가 실제 법정관리 또는 화의 등 독자적으로 계속 기업으로서의 존속이 힘들게 될 때 비로소 그 동안 숨겨두었던 대부분의 분식회계결과가 나타나게 된다. 따라서 그러한 분식의 결과는 수십 년간 정확히 말하자면 그 회사가 분식을 시작했던 연도부터 현재까지의 총 누적치가 부실자산, 가공자산으로 나타나는 것이다. 실제 금융감독원의 감리결과로 나타나는 분식회계의 사례는 복식부기의 기본원리 및 구체적인 기업회계처리를 어느 정도 알고 있어야 이해가 가능할 것이라고 판단하여, 실제 사례를 설명하기보다 그 발생 유형에 대해 설명하고자 한다.

첫 번째로 가공매출의 계상443)이 있다. 대부분의 투자자들이 회사를 평가할 때 주로 제일 먼저 확인하는 것 중에 하나가 외형444)일 것이다. 전기대비 외형의 성장률 또는 외형의 크기는 해당 회사에 대한 평가에 매우 중요한 영향을 줄 수 있는 것으로 회사는 지속적인 성장을 이룬 것처럼 재무제표를 조작하게 된다. 가공의 매출을 계상하는 방법은 실제 유령회사(Paper Company)와 서류로만 이루어진 매출이 있을 수 있고, 동일 거래처에 대한 매출을 이중으로 계상하는 방법, 내년도에 인식해야 할 매출액을 올해

---

443) 계상(計上) : 장부상에 기록하는 것을 의미.
444) 회사의 외형 = 회사의 매출액.

로 당겨서 인식하는 법 등등이 있다. 두 번째는 부외자산(簿外資産) 및 부외부채(簿外負債)에 따른 비자금의 형성이다. 일정 규모 이상의 대기업들은 비정상적인 로비 활동을 위하여 은밀한 비자금을 형성하고 있을 것이다. 회사의 분식회계는 이러한 비자금을 만들어 줄 수 있는 수단으로 사용될 수 있다. 그 단적인 예로 회사가 장부상에 자산으로 계상되어야 할 것을 비용으로 계상하거나, 장부에 계상하지 않은 채로 외부로부터 대출을 일으킨다면 이는 부외자산 및 부외부채에 해당되며, 이러한 부외자산 및 부외부채의 결과로 발생될 수 있는 비자금은 회사의 비정상적인 로비활동의 자금으로 사용될 수 있다.

세 번째로는 재고 자산의 계상이 있다. 회사가 제조업종이라면 그 회사의 재고자산 금액을 결정하는 원가계산방법이 단순한 회사는 거의 없다. 원가계산은 해당 업종의 특성 및 생산형태 등 여러 가지 고유한 특징에 맞도록 원가가 집계, 배분되어야 한다. 따라서 제조업의 원가계산방식은 복잡할 수밖에 없고, 이러한 복잡한 원가계산형태로 역이용하여 회사는 매출원가445)를 재고 자산으로 자산화 시킬 수 있다. 결국 매출이익을 높임으로서 이익을 더 많이 발생한 것처럼 보일 수 있고 회사의 자산도 크게 나타낼 수 있다. 회사의 일정한 목적 하에 장부를 실제와 다르게 고의적으로 회계 처리한다면 이는 모두 분식회계의 범주에 포함된다고 볼 수 있다. 따라서 비용을 자산화하거나, 부채를 숨기고, 가공의 수익을 계상하는 일련의 모든 방법들이 분식회계라 할 수 있다.

4. 분식회계의 적발에 대한 외부감사인의 한계

앞서 분식회계를 막을 수 있는 사회적, 법률적 제도장치는 독립적인 위치에 있는 공인회계사에 의한 외부감사라고 언급했었다. 그러면 왜 이러한 외부회계감사제도가 있음에도 불구하고 분식회계가 발견되지 못하는 것일까? 이것은 기업환경이 전산화되고 발전됨에 따라 외부회계감사인의 회계감사기법이 발전, 고도화됨과 마찬가지로 회

---

445) 매출액에 대한 비용으로 매출액에서 매출원가를 차감하면 매출총이익이 발생된다. 회사의 상품·제품을 구입 또는 생산하는데 소요된 금액이며 팔리지 않은 상태로 있는 것이 재고자산이고 팔리게 되면 매출원가라는 비용으로 계상되는 것이다.

사의 분식수법은 보다 더 정교하고 교묘해졌기 때문인 것도 큰 이유 중 하나이나 우리나라 회계감사제도상 구조적 문제점이 더 큰 원인이 될 수 있다.

첫째, 외부감사계약이 자유수임계약제도446)를 채택함에 따라 감사를 받는 기업이 외부감사인을 선택할 수 있는 권리를 가지고 있다는 것이다. 자유수임계약제도의 적용은 회계감사시장에서 회사에 시장원리에 따른 감사보수의 부담이 가능하도록 하는데 큰 의의가 있는 것 같다. 그러나 이러한 자유수임계약제도의 부작용으로 저가의 감사보수에 따른 감사의 질적 저하447)가 발생할 수 있고 감사보수가 높은 회사의 감사인의 경우 계속적인 감사계약의 유지를 위해 감사 시 발견된 중요한 사항을 눈감아 줄 수 있다. 이는 피감사인이 감사인을 선택할 수 있는 권리를 가짐으로써 감사보수를 주요 수입으로 하는 외부 감사인이 회사에 속박되지 않고 감사의견을 형성하는데 제약을 주는 사항이 된다.

둘째, 외부 감사인을 구성하는 각 회계법인들 간의 과다 출혈경쟁이다. 이것도 역시 자유수임제도의 부작용 중의 하나라고 할 수 있다. 이는 각 회계법인들이 회사의 감사인으로 지정되기 위해448) 감사보수의 수준을 정책적으로 매우 낮게 설정하는 것이다. 결국 감사보수의 저가계약에 따른 질적 저하가 발생할 수 있다.

셋째, 회계감사를 수행하는데 있어서의 시간적인 한계이다. 우리나라의 대부분 회사들의 결산기는 12월이다. 회사가 결산을 마치고 감사를 수행한 후 감사보고서가 나와야 하는 것은 늦어도 3월말까지다. 따라서 실제 회계감사를 수행할 수 있는 시간적인 여유는 1~3월이며, 회계감사를 수행할 수 있는 인력의 한계치 보다 회계감사를 받아야 하는 회사의 수가 많기 때문에 자칫 감사의 질을 떨어뜨릴 수 있는 원인이 될 수 있다.449)

---

446) 반대의 개념으로 배정제도가 있는데 이것은 금융감독원에서 외부 감사인을 각 회사별로 지정하는 제도이다. 현재 특정 조건에 해당되는 몇몇 회사들의 경우 배정제도에 따른 감사인이 지정된다.

447) 일반적으로 회계법인에서는 저가의 감사보수를 받는 회사에는 그만큼 적은 인원, 적은 시간의 투입을 함으로써 해당 보수에 대응되는 감사를 수행한다.

448) 상장 및 코스탁 등 공개된 기업의 경우 3년 계약을 하도록 되어 있는 바, 각 회사들의 계약 갱신 시점에는 치열한 회계법인간의 경쟁이 발생하게 된다.

449) 최근 공인회계사 시험의 합격자 수를 크게 늘려 인력의 한계를 없애려고 노력하였으나, 이는 합격된 공인회계사들의 회계법인으로의 미취업이라는 또 다른 부작용만 낳았다. 이는 공인회계사 수의 부족 때문이 아니라 결산기가 12월인 회사가 집중됨에 그 원인이 있다고 봐야 할 것이다.

이러한 구조적인 문제들의 해결은 향후 회계감사의 질적 수준향상을 위해 필요하나, 현실적으로 쉽게 해결될 수 있는 방법은 아닌 듯싶다.450)

제2절 자금세탁방지법

1. 자금세탁의 의의

가. 개 념

자금세탁451)이라 함은 범죄자가 범죄행위로부터 취득한 재산을 금융거래 및 경제거래 등을 이용하여 위법한 출처를 숨기고 적법한 수입으로 가장하는 일련의 과정을 말한다. 자금세탁이라는 어원은 1920년대 미국 마피아가 불법자금을 이탈리인들이 경영하는 뉴욕의 세탁소를 통해 은닉·가장한데서 유래되었다. 첫째, 자금세탁은 범죄수익을 합법적 수입으로 가장하는 것이기 때문에 그 객체는 직·간접으로 범죄행위로부터 유래한 것이어야 한다. 따라서 탈세범죄와 같이 합법적으로 수익한 재산에 대한 조세포탈을 목적으로 재산을 은닉하는 등의 행위는 자금세탁에는 해당하지 않음에 유의해야 한다. 둘째, 자금세탁에는 합법적인 재산처럼 보이게 하는 전환행위가 있어야 한다. 즉 범죄수익을 이전 또는 변형하거나 범죄수익의 진정한 출처 또는 소유자를 가장하는 행위가 있어야 한다. 예를 들어 전환행위가 포함되지 않고 단순히 범죄수익을 생활비나 유흥비로 소비하거나 보관하는 행위는 자금세탁에 해당한다고 볼 수 없다.

나. 자금세탁의 단계

자금세탁의 단계에 관한 다양한 모델이론이 제시되고 있지만 가장 많이 인용되고 있는 미국 관세청 개발 모델을 중심으로 설명하고자 한다. 먼저, 배치단계는 범죄행위

---

450) 한기원, "기업비자금의 비밀을 밝힌다," 「搜査硏究」 수사연구사 2002년11월 10-15면
451) 자금세탁(資金洗濯)은 부정행위나 범죄행위를 통해 얻은 수입에 대해 그 불법적 원천을 은폐하기 위해 조작하는 일로써, 일종의 '세탁'에 비유한 말이다.

로 취득한 불법재산을 수사기관에 적발되지 않도록 그 소재를 이전하는 단계이다. 반복단계는 소재가 이전된 자금의 출처 또는 소유자를 은폐하기 위하여 금융거래 등을 반복하는 단계이다. 통합단계는 반복단계를 거쳐 합법적 재산의 외관을 가지게 된 불법자금을 정상적인 경제활동에 통합시키는 단계이다.

2. 자금세탁수법

가. 개 설

많은 시간과 인력이 소요될 뿐만 아니라 생소한 금융회계 등으로 그 어떤 수사보다도 어렵다는 자금추적수사에 있어서 자금세탁수법을 잘 알지 못한다면 수사의 효율성은 기하기 어려울 것이다. 게다가 금융실명제 및 자금세탁방지제도의 실시, 금융정보분석기구의 설치, 자금세탁에 대한 사회인식제고, 이를 뒷받침하려는 각 수사기관의 빈번한 자금추적수사[452]의 실시로 그 수법은 날로 교묘해졌을 뿐만 아니라 국내의 제도권 금융기관을 이용하는데 그치지 않고 사채시장 등 비 금융권 금융기관을 이용하여 자금세탁이 이루어지고 있는가 하면 심지어 국외의 금융기관이나 해외거주자를 이용한 자금세탁 사례가 발견되기도 한다. 따라서 수사관은 그만큼 어려워진 자금추적 환경에 처할 수밖에 없고 이를 대처하기 위해서는 각종 자금세탁수법을 숙지하여야 할 것이다. 실제 자금세탁은 아래에서 살펴볼 유형 및 수법이 개별적·단독적으로 행해지기보다는 여러 유형 및 수법이 결합하여 이루어진다는 점을 유념하여야 한다.

나. 일반적 자금세탁 유형

1) 제3자의 명의를 이용하는 수법

신뢰할 수 있는 제3자 즉, 가족, 친척, 친구, 부하직원 또는 공범 등의 명의를 이용하는 것으로 가장 보편적인 자금세탁수법 중 하나이다. 자금추적수사를 하다보면 관련 계좌의 예금주나 건물, 토지 등 재산의 소유자가 제3자로 되어 있는 경우가 많은데

---

452) 유재철, 경찰청 경찰수사연수원, 금융경제범죄수사 2005, 233면.

이들은 자금의 진정한 소유관계를 은닉하는 역할을 한다. 실무상으로는 도명계좌를 이

<그림 25> 예시도[453]

용하는 수법, 친·인척이나 친구 등 가까운 사람의 차명계좌를 이용하는 수법, 면식이 없는 자의 명의를 이용한 차명계좌를 이용하는 수법, 위·변조된 실명확인증표를 이용하는 수법 등 다양한 수법으로 이루어진다.

2) 분할거래(structuring)를 이용하는 수법

거액의 자금(주로 현금)을 거래하게 되면 남의 이목이 집중되고 자금추적의 대상이 되는 점을 회피하기 위해 그 자금을 다수인에게 분산시켜 그들로 하여금 수개의 금융기관 또는 지점에서 예금계좌에 입금하거나 다른 지급수단으로 교환하는 방법을 통하여 자금세탁을 하는 수법을 말한다. 우리나라의 경우 고액현금거래보고제도는 2006년 시행 예정으로 있고 혐의거래보고제도(STR : Suspicious Transaction Report)만 채택하고 있으나 금융기관에 대하여 다액의 현금을 분할 거래하는 의심이 있는 경우를 보고토록 권고하고 있다.

3) 전위사업체(Front Business)를 이용하는 수법

실제 합법적으로 존재하는 현금 다액 취급 사업체[454]를 이용하여 범죄수익을 마치 그 사업체가 정상적으로 벌어들인 소득인 것처럼 가장하는 수법을 말한다.
예) 조직폭력배 부두목이 조직에서 건설회사로부터 갈취한 불법자금을 조직의 관리영역에 있는 나이트클럽 합법계좌에 입금, 일정 시간 후 합법자금과 혼화되어 자연스럽게 세탁된 자금을 투자비 회수 등으로 돌려받음.

---

453) 유재철, 경찰청 경찰수사연수원, 금융경제범죄수사 2005, 234면.
454) 술집, 나이트클럽, 대형식당, 대형 상점, 세탁소, 전당포, 여행사, 환전상, 호텔 등

<그림 27> 예시도[455]

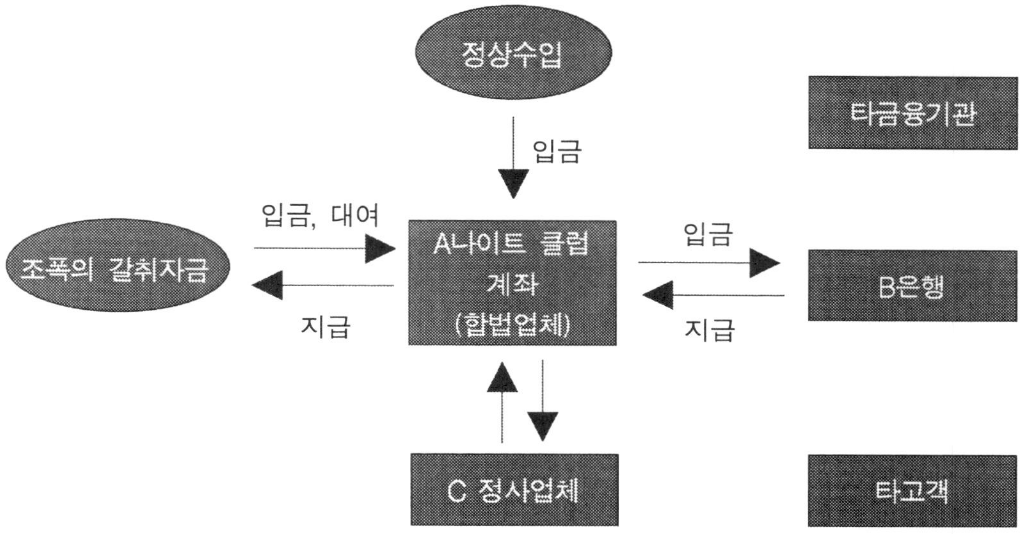

4) 위장기업(속칭, Paper Company)을 이용하는 수법

등록된 주소지에서 어떤 제조활동이나 영업활동을 하지 않는 유령회사의 예금계좌를 이용하여 범죄수익을 수령하거나 수령된 자금을 재송금하는 수법을 말한다. 자금세탁자는 신분을 노출시키지 않고 위장기업 명의의 예금계좌를 이용하여 범죄수익을 수령하거나 수령된 범죄수익을 다른 곳으로 이전할 수 있고, 자금을 릴레이식으로 이전시킴으로서 자금추적을 불가능하게 만들 수 있기 때문에 자금세탁단계 중 반복단계에서 주로 이용된다.

5) 국제거래를 이용하는 수법

거래당사자가 결제가격을 얼마든지 조작할 수 있다는 장점 때문에 탈세, 재산해외도피 또는 자금세탁 등에 이용

---

455) 유재철, 경찰청 경찰수사연수원, 금융경제범죄수사 2005, 234면.

<그림 28> 예시도

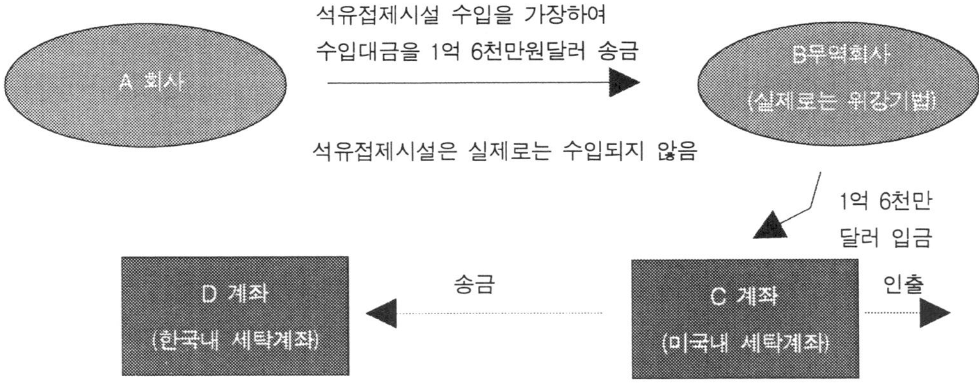

그 자금을 인출하여 Lobby자금으로 사용하거나 국내에 있는 타인 명의의 계좌로 다시 송금받거나, 현지 은행에서 외화로 인출하여 입금하는 방법으로 세탁다.

① 저가거래를 이용한 자금세탁

<그림 29> 예시도

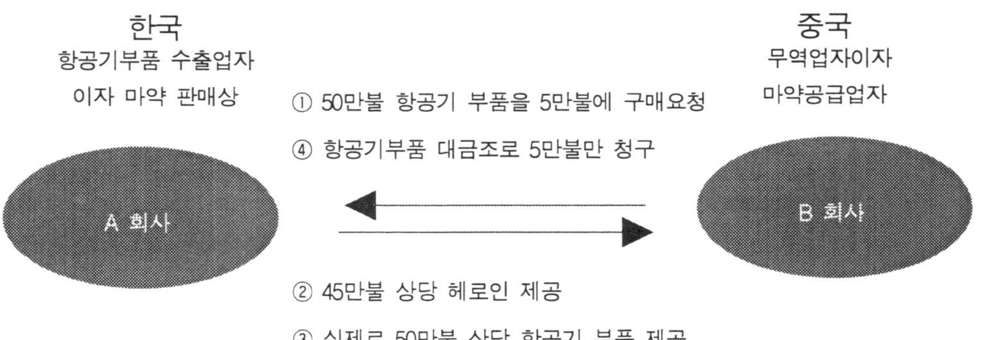

수출대금을 과소 계상하는 방법을 통한 재산반출 등

<그림 30> 예시도

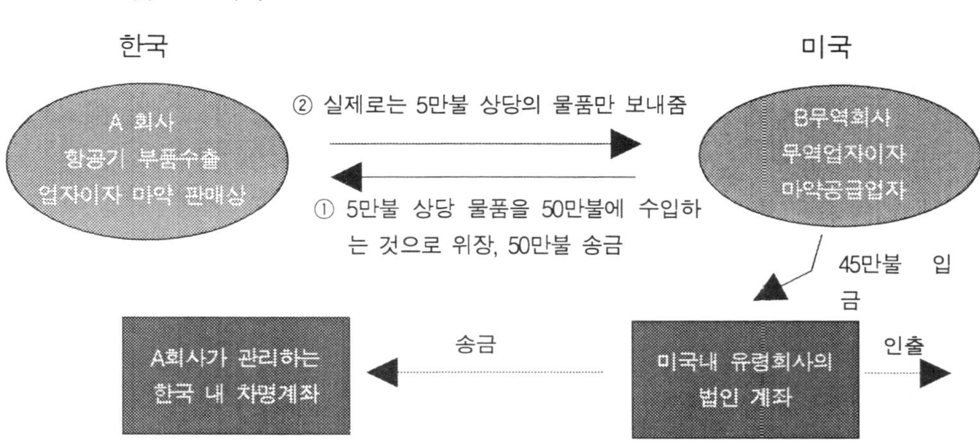

1. 그 자금을 인출하여 Lobby자금으로 사용하거나 국내에 있는 타인 명의의 계좌로 다시 송금받거나, 현지 은행에서 외화로 인출하여 입금하는 방법으로 세탁다.
2. 국내로 송금하는 방식이 위 방식 외에도 미국 환치기 업자에게 국내로 송금의뢰 하여 한국 환치기 업자에게로부터 한국 내 A회사 관리 차명계좌로 송금되도록 하는 것도 가정 할 수 있다.

② 고가거래 또는 허위수입 방법을 통한 자금세탁

해외로부터 물품을 정상적인 수입가격보다 높은 가격으로 수입한 후 그 차액을 수출업자로부터 지급받아 해외 제3자 명의의 계좌에 입금하는 사례
수입하지 않았음에도 불구하고 수입대금을 해외 제3자 명의의 계좌로 송금하는 사례[456]

6) 대체송금시스템(Alternative remittance system)을 이용하는 수법

지하금융시스템(Underground Banking System)으로도 불리며 금융기관을 이용하는 것을 꺼리는 사람들을 대상으로 제도금융권 밖에서 외국에 송금하여 주는 영업활동으로 화폐의 물리적 이전 없이 가치를 국가 간에 이전하여 주는 것이 특징이다. 대체송금시

---

[456] '4) 위장기업(속칭, Paper Company)을 이용하는 수법' 항목에 석유정제시설 수입을 가장하여 수입대금 명목으로 1억6천만 달러를 미국에 송금하여 비자금을 조성한 사례 참조.

스템은 무역 등 합법적 목적에도 이용되지만 재산의 해외도피, 테러자금조달 및 자금세탁 등 불법적 목적에도 광범위하게 이용된다.

대체송금시스템이 불법목적에 이용되는 이유는 공식적 금융기관과는 달리 의뢰자의 신분을 확인하지 않고 금융거래의 기록도 남기지 않아 익명성이 보장되고 향후 수사기관으로부터 추적될 염려가 거의 없다는 점이다. 대체송금시스템에 해당하는 것으로 우리나라에는 환치기업자가 있다457). 내국인이 편취, 갈취, 강취한 자금 및 도박자금(불법자금)을 해외에 송금하는 경우, 내국인이 해외체재비, 투자비, 부동산 구입자금 등을 송금하는 경우, 외국인이 국내 이익금을 송금하는 경우 등에 이용되고 있다.

※ 의심할만한 환치기 계좌의 특징

① 신용불량자 등의 빈번한 거액거래458)

② 전기·수도료·관리비 등 생활비지출 전무459)

③ 당해 업종과 무관한 업종 거래 다수460)

④ 고정거래처 없이 다수인과 단발거래461)

⑤ 계좌주는 거래사실 모름462)

⑥ 폰뱅킹, 인터넷뱅킹 등 전자금융거래 활용463)

---

457) 19세기에 서구금융제도가 전파되기 전부터 아시아의 일부 민족에서 행해오던 것으로서 이슬람권에서 주로 이용되는 훈디/하왈라(Hundi/Hawala)가 대표적이다. 오사마 빈 라덴도 훈디(Hundi) 방식을 통해서 테러자금을 조달한 것으로 보고 있다. http://www.mk.co.kr참조.

458) 환치기 계좌는 수개 내지 수십 개의 도명(盜名)계좌 또는 차명(借名)계좌로 이루어지는 경우가 전형적이며 정상적으로 개설된 계좌보다는 불법 및 비정상적으로 개설된 계좌가 다수를 차지함. 따라서 계좌주가 신용불량자인 경우가 많이 발견된다.

459) 일반 계좌는 생활비 관련 지출이 있으나 환치기 계좌는 일반 생활비 지출이 전무 한 경우가 많음.

460) 계좌주의 신분에 맞지 않는 내역의 거래가 다수를 차지, 예를 들어 환치기 업자가 슈퍼를 운영하는 친척의 명의로 개설된 계좌를 환치기에 이용하였다면 슈퍼 운영에 관련된 거래내역은 발견되지 아니하고 수출업체 및 수출업자과의 입·출금 내역이 발견됨. 아울러 장소적으로 볼 때 송금처가 계좌주의 주소지와 전혀 다른 곳에서 송금하는 경우의 거래가 다수 발견된다.

461) 환치기를 통하여 자금을 국외로 송금하고자 하는 자들은 대부분 1회성 송금에 그치는 경우가 많으므로 계좌거래내역을 보면 업무적으로 전혀 연관이 없는 다수인으로부터 상당한 횟수의 입금내역이 발견된다.

462) 환치기 계좌는 대부분 도명 및 차명된 계좌이므로 설령 개좌개설 사실까지는 알고 있다 하더라도 수사과정에서 계좌주를 조사하면 실제 거래내역에 대해서는 전혀 모르는 경우가 대부분 이다.

463) 다음 '7. 인터넷뱅킹 등 전자금융거래를 이용하는 수법'에 기술된 바와 같이 폰뱅킹, 인터넷뱅킹으로 거래하면 지역적 한계가 극복되고 신원노출이 되지 않으며 거래와 관련된 시간제약을 받지 않는 등

<그림 31> 환치기 예시도 : 도박, 마약자금 송금, 불법체류자의 해당국 송금 등

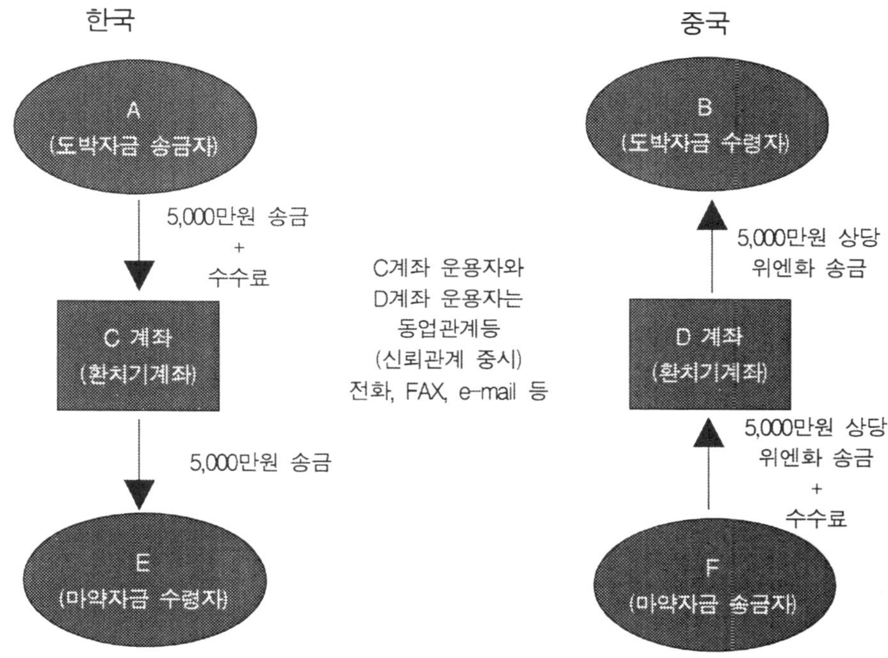

7) 인터넷뱅킹 등 전자금융거래[464]를 이용하는 수법

인터넷뱅킹 등 전자금융거래방식은 고객이 시간과 공간의 구애를 받지 아니하고 언제 어디서든 인터넷망 또는 전화선망을 통하여 자기 계좌에 접근하여 금융서비스를 제공받을 수 있기 때문에 지역적 한계를 극복할 수 있고[465], 신속성과 익명성[466], 그

의 장점 때문에 환치기 계좌거래내역의 상당 부분을 차지 한다.

[464] 통상적으로 은행 등 금융기관이 전자적 수단을 통하여 제공하는 조회, 입금·출금, 계좌이체 등을 거래 고객이 직접 이용하는 거래를 말하며 인터넷뱅킹, 폰뱅킹, 홈뱅킹 등의 예가 있다

[465] 예를 들어 대한민국 국적의 환치기업자가 한국에 계좌를 개설하여 놓고 중국에 건너가 중국에서 환치기 계좌를 운용

[466] 금융거래가 사람간의 직접적인 대면접촉 없이 이루어지므로 금융기관 직원 등이 계좌주가 직접 거래를 하는 것인지 아니면 차명으로 운용되는 것인지 구별이 어려운 등 그 거래가 자금세탁을 목적으

리고 주·야간을 가리지 아니하고 거래가 가능하다는 특성이 있는 반면, 은행창구 등을 이용치 않아 전표작성을 하지 않는 등의 이유로 자금추적이 곤란하다는 생각에 최근 자금세탁의 수단으로 많이 이용되고 있다.

<그림 32> 인터넷 카드깡 사례[467) 468)]

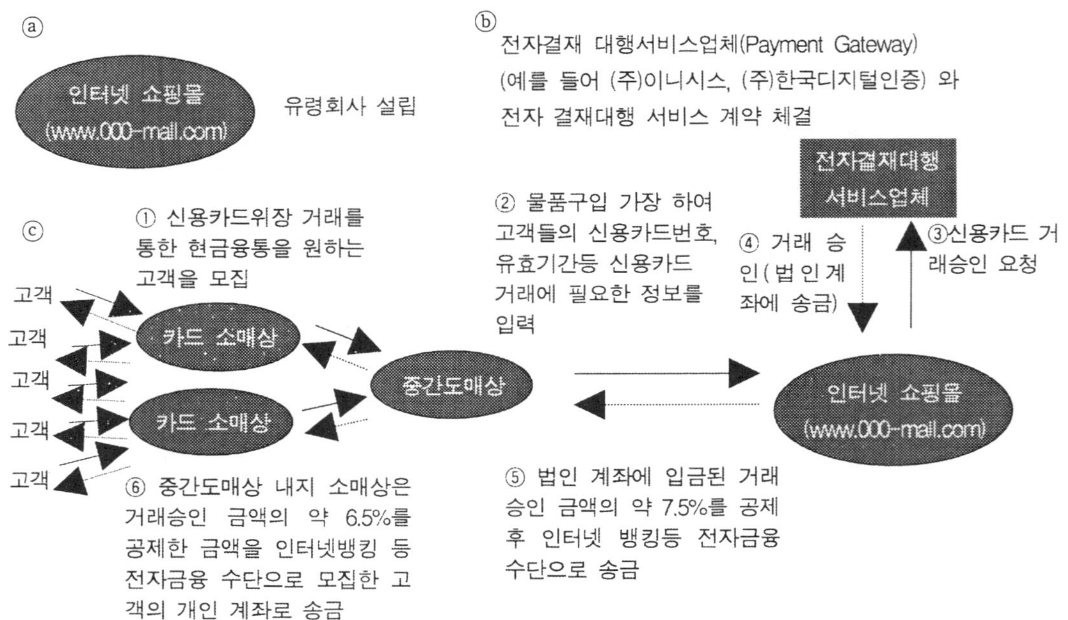

1. 위 카드소매상과 중간도매상은 신용카드 가맹점을 직접 운영하지 않는 사채업자를 지칭함
2. 신용카드 위장거래를 통한 현금융통을 원하는 고객들의 물품구입에 필요한 신용카드번호, 유효기간, 비밀번호, 주소, 연락처와 입금받을 예금계좌 등의 정보를 카드소매상(중간도매상)에게 넘겨주며 통상 고객은 신용카드 거래승인 금액의 86%정도를 융통받게 됨.

로 한 것인지 여부에 대한 판별이 더욱 어려워졌다
467) 유재철, 경찰청 경찰수사연수원, 금융경제범죄수사 2005, 강의내용 참조.
468) 유재철님은 금융정보분석원에 재직하면서 경찰청 경찰수사연수원 외래교수로 일선 수사관들의 강의를 하였다.

다. 실무상에 주로 나타나는 자금세탁 유형

1) 도명계좌(盜名計座)[469]를 이용하는 수법

타인 명의의 계좌개설은 원칙적으로 금지되고 있고 만약 대리인을 이용하는 경우에도 대리 신청인은 반드시 명의인(본인)의 인감증명서와 위임장을 제출해야 하기 때문에 계좌개설이 어려울 수밖에 없다. 이러한 점을 극복하고자 범죄자들은 은행의 대형 점포 또는 대형 시장 부근의 점포에서 특히, 공과금 납부 마감일이나 월말, 연말에 은행창구를 찾는 고객들이 많아 창구가 붐빌 때 인지한 타인의 명의를 이용하여 마치 실명의 본인이 계좌개설을 신청하는 것처럼 창구직원을 속이고 계좌개설을 신청하여 개설하는 것이다.

2) 차명계좌를 이용하는 수법

차명계좌 이용 수법 첫 번째는 여러 개의 차명계좌를 개설한 다음, 분산 입금하여 관리 및 계좌들 간에 자금 이동을 반복하여 정상적인 거래로 위장, 필요시 현금 또는 자기앞 수표로 출금하는 방법이다. 예를 들어 인터넷 뱅킹(Internet Banking) 등 전자금융거래를 이용하여 다른 계좌로 자금 이동을 반복하면서 불법자금을 세탁하는 것이다.

도·차명계좌를 식별하기 위해서 일단 예금거래신청서의 사본이 아닌 원본을 제출받아 확인하여야 한다. 예금거래신청서에 날인된 인감도장의 형태를 검토하였을 때, 예금주 성명과 예금거래신청서에 날인된 인감의 인형(印形)이 일치하지 아니하거나, 나무 등으로 새긴 막도장을 사용하였거나, 다른 도·차명계좌의 인감과 같을 경우 의심할 수 있다. 도·차명계좌를 개설할 때에는 대부분 주민등록증 등의 사본을 다시 복사하여 그 신청서 하단 여백에 첨부하기 때문에 사본의 형태가 선명하지 아니하므로 이런 경우 일단 의심할 수 있다. 예금거래신청서에 위임장과 인감증명서가 첨부되었다면 차명계좌일 가능성이 농후하다고 볼 수 있다. 또한 계좌의 비밀번호가 단순하

---

[469] 문자 그대로 타인의 명의를 훔쳐 그 명의로 개설한 계좌로서 즉, 절취하거나 분실된 타인의 주민등록증 등 실명확인증표를 이용하거나, 실명확인증표 명의인의 승낙을 받지 아니하고, 그 명의인의 실명확인증표 또는 그 사본으로 개설한 계좌를 말한다.

거나, 다른 도·차명계좌의 비밀번호와 동일하거나 비슷한 경우도 의심할 수 있다. 여러 개의 도·차명계좌를 관리하는 경우에는 대부분 외우기 쉬운 비밀번호를 사용하기 때문이다. 신규계좌 개설 당시의 계좌 명의인의 주소지 또는 근무처 소재지가 계좌개설 점포의 소재지와 전혀 다르다면 도·차명계좌로 의심할 수 있다.

또한 계좌 명의인의 주소지 또는 근무지 이외의 장소에 있는 점포에서 자금거래가 이루어지는 경우도 도·차명계좌로 의심할 수 있다. 예금거래신청서의 필적과 관련 전표의 필적이 동일하지 않을 경우도 의심할 수 있다. 계좌입출금거래 내역서를 검토하여 계좌 명의인의 재력에 비하여 많은 자금이 거래되고, 고액의 자금이 일회성 또는 단기성 거래로 입출금 되거나, 입금된 자금이 소액, 고액을 막론하고 대부분이 바로 출금되는 경우에 도·차명계좌일 가능성이 농후하다. 차명계좌를 개설하는 방법으로는 ① 주민등록증 등 실명확인증표의 명의인으로부터 그의 실명확인증표를 교부받아 은행의 대형점포, 대형 시장 부근의 점포에서 공과금납부마감일, 월말, 연말 등 은행창구가 붐비는 시각을 이용하여 개좌를 개설하거나 ② 금융기관 임·직원과 짜고 마치 본인이 계좌를 개설하는 것처럼 위장하는 방법, ③ 제3자로부터 실명확인증표 또는 그 사본과 계좌개설용 인감증명서, 위임장을 교부받아 정상적으로 금융기관 창구에서 계좌를 개설하는 방법 등이 있다.

차명계좌 이용 수법 두 번째는 통장 명의인으로부터 그가 직접 개설한 예금통장과 도장을 교부받아 그 통장을 이용하여 자금거래를 하는 것이다. 예를 들어 뇌물제공자 실명의 예금계좌에 뇌물공여자금을 입금한 후 통장과 인장을 함께 수뢰자에게 제공하고 수뢰자는 이 실명 확인된 통장을 이용하여 자금을 인출·사용하는 방법이 있다.

차명계좌 이용 수법 세 번째는 평소 정상적으로 사용하는 실명계좌에 한 두 건의 불법자금을 입금하였다가 출금하는 방법이다. 예를 들어 공직자가 자금을 세탁하기 위하여 단란주점과 같은 술집이나, 규모가 큰 슈퍼마켓을 경영하는 친구의 명의를 빌려 그들 명의로 계좌를 개설하여 자금을 세탁하는 방법이 있다.

수사기관이 범죄수사를 하면서 피의자 또는 사건 관련자의 주거지나 사무실 등에서 압수할 물건을 수색하게 될 때에 타인 명의의 예금통장이나 출처 불분명의 금융거래와 관련된 수수료 영수증을 발견하게 되었다면, 일단 자금세탁을 하기 위하여 차명계좌를 관리하였을 가능성이 높으므로, 이러한 자료는 반드시 압수하여 관련 금융거래에 대한 자금추적이 필요하다.

면식이 없는 자의 명의를 이용한 차명계좌 이용 수법으로는 걸인, 주민등록 말소자를 유·무상으로 끌어들여 계좌를 개설하거나, 전혀 알지 못하는 극빈자, 노숙자에게 접근하여 사례금을 주고, 그 사람 명의로 계좌를 개설한 다음 자금거래 및 세탁에 이용한다. 이러한 방법으로 자금세탁이 이루어졌다면, 수사기관에서 계좌의 명의인을 신문하더라도 실제로 그 계좌를 관리하고 있는 사람이 누구인지 모르는 경우가 많다. 그러나 이러한 계좌도 그 계좌의 자금과 직전·직후로 연결된 계좌의 자금을 모두 추적하여 관련자들을 조사하거나, 은행의 담당 창구직원을 조사하게 되면 그 계좌의 실제 운용자를 확인할 수 있다. 위·변조된 실명확인증표 이용 수법은 위·변조된 주민등록증 등 실명확인증표를 이용하여 신규계좌를 개설한 다음, 그 계좌의 자금을 세탁하는 수법이며, 법인계좌 이용 수법은 개인이 법인 명의 또는 법인이 관리하는 제3자 명의의 계좌를 이용하여 자금을 세탁하는 수법이다. 예를 들어 뇌물로 받은 자기앞수표 또는 당좌수표를 친분관계가 있는 회사의 법인계좌에 입금하고, 대신 그 돈이 입금된 계좌의 자금 또는 법인의 다른 계좌에서 인출한 자금을 지급받거나 아니면, 영업거래에서 거래처로부터 받은 다른 사람의 자기앞수표를 대신 지급받는 방법이 있다. 또는 포주가 윤락행위로 벌어들인 자금으로 할인이 필요한 어음·수표 발행인 또는 소지인에게 동 어음·수표를 할인하여주고, 그 어음·수표를 보관하고 있다가 지급일에 그 발행인에게 자금결재를 받는 방법이 있다. 실제 현금이동과 관련된 수법으로는 거액출금 현금을 동일 점포의 같은 Teller 내지 다른 Teller에서 또는 현금을 출금한 점포 인근점포에서 그 현금을 발행자원으로 하여 자기앞수표를 발행받는 방법이 있으며 예를 들면 갑이 금융기관 A점포의 1번 창구에서 계좌의 출금자원을 현금으로 인출하거나, 자기앞수표를 현금으로 교환한 다음, 그 점포의 1번 또는 3번 창구에서 갑 또는 을의 이름으로 자기앞수표발행의뢰서를 작성하여 그 현금을 자원으로 자기앞수표를 발행받게 하거나 그 점포의 여러 창구로 그 현금을 분산하여 자기앞수표를 발행받기도 한다. 또는 A점포에서 인출한 현금을 부근의 B점포로 옮겨 그 점포에서 그 현금을 발행자원으로 하여 갑 또는 을의 이름으로 자기앞수표를 발행받는다.

헌 수표 교환 수법은 전자상가, 백화점, 경마장, 카지노, 경마장, 파친코(Slot Machine), 호텔, 고급 술집 등 자금의 이동이 많은 곳을 찾아다니며 그 곳 관계자와 짜고, 손님들로부터 받은 자기앞수표 또는 현금을 자금세탁 대상 자기앞수표와 맞바꾸는 수법이며, 수표 묵히기 수법은 인출한 자기앞수표를 1~2년간 개인금고 등에서 보관하다가 뒤늦게 지급·제시하는 수법으로, 수표관련 자금추적 수사 시에는 발행날짜가 오래된 수표부터 우선 추적한다.

라. 금융기관 내부의 조력으로 나타나는 자금세탁 유형

첫 번째, 수표로 입·출금하면서 현금 입출금으로 처리(대체거래를 현금거래로 처리)하는 수법으로 예를 들어 금융기관 특정점포의 1번 창구에서 갑이 예금을 인출하면서 사실은 현금출금이 아닌 자기앞수표 출금임에도 전표에는 현금출금으로 위장하여 표시하거나, 기존에 발행된 자기앞수표의 대전(代錢)을 사실은 현금으로 지급한 것이 아님에도 현금을 지급한 것처럼 위장한 다음, 그 자원 또는 다른 자원을 합한 자원으로 같은 1번 창구 또는 같은 점포의 2번 창구에서 상대되는 자기앞수표발행의뢰서, 입금전표 또는 송금전표에 현금으로 기장하여 갑 또는 대리인 을을 내세워 그 명의로 자기앞수표를 발행받거나, 다른 계좌에 입금하거나 송금470)하는 것이다. 대리인이 실명확인된 통장의 자금을 현금으로 인출한 것처럼 위장하여 그 자금으로 자기앞수표를 발행·송금·계좌입금을 요청하게 될 때 계좌자금의 인출은 비밀번호가 맞고, 대리인이 거래통장과 도장을 제시하였다면, 대리인에 대한 실명확인은 하지 않게 된다. 그러나 그 상대전표인 자기앞수표발행의뢰서, 입금전표에는 그 자원이 현금으로 위장될 수밖에 없고, 전자의 자금과는 별개의 자금으로 위장되므로, 결국 실명확인을 하여야 한다는 것이다.   그렇다면 출금전표에는 계좌명의인의 성명이 기재되어 출금되고, 상대전표에는 대리인이 대리인자격이 아닌 자신 명의로 자기앞수표발행의뢰인, 송금 또는 입금의뢰인으로 기재되어 처리되기 때문에 마치 출금전표와 상대전표는 전혀 연결되지 않는 전표로 착각이 가능함을 유의한다. 두 번째는 전표의 처리시각을 조작하는 수법으로 수표 발행시각 등 자금입출금 시각을 조작하면 자연스럽게 처리 번호도 달

---

470) 유의점 : 통상 금융기관에서 자행에서 발행된 자기앞수표가 창구에 제시되어 계좌에 입금되었으면, 입금전표에는 대부분 현금입금으로 처리되고, 자기앞수표의 대전(代錢)을 지급하는 경우라면, 현금지급으로 처리하고 있으므로 이러한 처리방법이 모두 자금을 세탁하기 위한 방법이라고 단정지을 수는 없다

라지게 되고, 경우에 따라서는 처리하는 담당 Teller도 바꾸어 위장 처리하는 경우도 있다. 이러한 경우 관련 처리 전표가 엉뚱한 전표철에 위치되어 편철하게 되므로 전표철을 확인해야 한다. 세 번째로 담당 Teller를 교체하는 수법이 있는데 금융기관 임, 직원이 고객으로부터 그 고객의 예금인출 청구와 함께 그 자금을 세탁하여 달라는 청탁을 받게 되면, 우선 청탁인이 지급 요청한 계좌의 자금을 출금하면서 사실은 대체거래로 자기앞수표를 발행하여 지급하면서도 현금으로 출금한 것으로 위장처리하고, 그렇게 위장된 현금을 발행재원으로 하여 자기앞수표를 발행한 다음, 그 자기앞수표를 다른 Teller로 넘기게 된다. 그러면 그 Teller에서는 수표를 현금지급으로 위장처리하고, 마치 다른 현금입금으로 위장하여 청탁인 명의 또는 그 이외 사람 명의로 자기앞수표발행의뢰서를 작성하는 방법으로 자기앞수표를 발행하여 마지막 Teller에서 발행된 자기앞수표를 청탁인에게 교부한다. 네 번째, 휴면계좌를 이용하는 수법은 금융기관의 직원이 고액으로부터 자금세탁을 부탁받았을 경우 평소 점포에서 관리하고 있는 휴면계좌에 자기앞수표, 현금 등을 입금하였다가 현금으로 지급하거나, 자기앞수표를 발행하여 지급하는 것이다. 다섯 번째, 금융기관 임·직원이 도·차명계좌 개설에 관여하는 수법은 사인이 타인 명의의 실명확인증표를 이용하여 계좌개설을 신청하는 경우에 본인의 인감증명서 제출을 필수적으로 요구하고 있음에도 금융기관 임·직원이 개인이나 법인 관계자의 부탁을 받고, 소극적인 묵인·방조로 마치 본인이 계좌개설을 신청한 것처럼 위장하여 개설하기도 한다. 또는 영업 점포에 보관되어 있는 타인의 예금거래신청서의 실명확인증표 사본을 다시 사본하여 그 사본을 도명계좌의 예금거래신청서에 첨부하여 도명계좌를 개설해 주기도 한다. 이런 경우 금융기관 임·직원들을 조사하면 계좌개설 시간 업무가 폭주하여 주민등록증 사진과 실제 신청인의 얼굴을 비교하지 못하였을 뿐, 도·차명계좌 개설인지는 전혀 몰랐다고 변명하기도 하는데 이런 경우 도명 계좌의 신규 입금시각을 확인한 다음, 그 시각을 전후하여 작성된 다른 거래의 전표 처리 시각을 확인해 보아 그 시각을 전후하여 작성된 전표들 간의 처리 시각이 크다면, 창구가 붐비지 않았다는 것을 반증한다. 여섯 번째로 여행에서 자기앞수표 맞바꾸기 수법(출금자원 맞바꾸기)은 창구직원이 자금세탁 청탁인에게 계좌의 출금자원이나 자기앞수표 등의 대전(代錢)을 현금으로 지급한 것처럼 위장하고, 다른 고객이 예금계좌에 입금하기 위해 제시한 자기앞수표를 그 청탁인에게 지급한 다음, 그 고객의 계좌에서 수납한 자기앞수표 대신 현금을 입금한 것처럼 위장하는 것을 예로 들 수 있다. 일곱 번째, 은행에서 자기앞수표 맞바꾸기 수법(입금자원 맞바꾸기)은 자금세탁 청탁 명의의 계좌에 입금할 자기앞수표는 다른 사람 명의의 계좌에 입금하고, 대신 다른 사람 명의의 계좌에 입금해야 할 자기앞수표는 자금세탁 청탁인 명의의 계좌에 바꾸어 입금하는 것이다. 여덟 번째는 제2금융기관[471]에서 자기앞수표 맞바꾸기 수법(영업자금과 맞바꾸기)으로 은행권 영업 점포에 개설된 당좌계좌에서 자기앞수표로 인출한 영업자금(營業資金)을 자금세탁을 원하는 자의 자기앞수표와 맞바꾸는 것이다. 자기앞수표를 발행할 수 없는 제2금융권은 은행권 영업 점포에 당좌계좌를 개설해 놓고, 매일 영업행위 종료 후 그날 수납한 자금을 그 당좌계좌에 입금하게 된다. 그리고 영업자금은 거래은행 점포에 개설된 당좌계좌의 자금에서 매일 오전 10시를 전후하여 현금을 인출하거나, 자기앞수표를 발행받아 마련하게 된다. 예를 들어 고객이 한빛새마을금고에서 그 점포의 직원 A에게 자기앞수표 1억원 권 1매를 제시하고, 그 수표와 다른 자기앞수표를 맞바꾸어 달라고 부탁하자, A는 당일 거래은행인 국민은행에 개설된 한빛새마을금고 당좌계좌에서 100만 원 권 자기앞수표로 인출한 영업자금 중 100매로 바꾸어 주는[472] 행위이다.

아홉 번째는 제2금융기관에서 자기앞수표 맞바꾸기 수법(수납된 자기앞수표와 맞바꾸기)으로 창구직원 등이 고객으로부터 자금세탁 청탁을 받게 되거나, 직장 상사로부터 그런 지시가 있으면, 자금세탁 청탁인으로부터 자금세탁 대상 자기앞수표를 교부받고, 대신 고객으로부터 수납한 다른 자기앞수표를 청탁인에게 교부[473]. 즉, 자금세탁 청탁인에게 지급할 계좌의 출금자원은 영업자금이어야 함에도 그렇게 하지 않고, 고객으로부터 수납한 자기앞수표를 대신 지급하는 것이다.

열 번째, 전표상에 수표번호를 바꿔 기재하는 것으로 예를 들면 창구직원 등이 고객과 공모한 후 비슷한 시간대 타 고객이 입금한 수표번호와 청탁고객의 수표번호를

---

471) 상호저축은행, 보험회사, 증권회사 등 제2금융권은 자기앞수표를 발행할 수 없다. 수표법의적용에있어서은행과동시되는사람또는시설의지정에관한규정 참조

472) 이러한 방법으로 세탁하게 되면 전표는 당연히 작성되지 않고, 1억원권 자기앞수표는 국민은행에 개설된 당좌계좌에 입금되게 된다

473) 정상적인 입금이나 출금이 발생하지 아니하므로, 전표는 작성되지 아니하고, 지급장에도 지급한 지급명세를 기재하게 되는데, 마치 영업자금으로 지급한 것처럼 작성한다.

바꿔 전표에 기재하는 방법으로 이는 해당전표와 수표 실물을 확인하면 자금추적이 가능하다.

마지막으로 자금세탁 행위의 증거가 되는 전표·마이크로필름의 폐기 처분을 들 수 있다.

마. 기타 최근의 자금세탁 유형

기타 최근의 자금세탁 유형으로는 첫째, 거액 현금을 비자금 마련 차량 등으로 직접 전달하는 것으로 현금은 부피 등으로 운반 상 어려움은 있으나 자금추적이 상대적으로 어렵기 때문에 아직까지 가장 애용되고 있다. 두 번째는 거액의 국세·지방세 대납을 하는 방법으로 외국에서는 자주 이용되고 우리나라에서는 아직 혼하지 않지만 증가추세에 있는 수법으로 대기업 또는 중소기업간, 회사 운영 정치인 등에게 비자금 조성, 뇌물제공 수단으로 이용된다. 세 번째로는 대출금을 대신 상환하고 해당 금액을 특정인에게 전달토록 하거나 세탁계좌에 입금토록 요청하는 방법이며, 양도성예금증서(CD) 등 무기명 채권증서를 사채시장에서 대량으로 거래하기도 한다. 양도성 예금증서는 무기명 채권이기 때문에 자금추적이 불가능하다고 생각하고 있으나 금융기관에서 증서 발행 시 발행의뢰인에 대한 실명확인을 하고 있으므로 이에 대한 자료를 확인하면 추적이 가능하다. 또한 거액의 당첨 복권을 은행창구제시 전에 불법자금으로 매입하여 금융기관 창구에서 실제 복권당첨자로 행세하여 해당금액을 수령한다거나 여행사 등을 통해 다수인의 여권을 이용하여 해외 여행경비를 최대한으로 환전하여 그 초과액을 특정인에게 제공하는 방법, 차명으로 예금한 후 이를 담보로 한 본인 실명으로 대출하는 방법, 현금을 자원으로 수표발행을 하거나 수표를 입금하고 현금인출 후 타인 명의로 실명을 확인하여 수표를 발행하는 방법, 대출자금과 불법자금을 서로 교환하고 대출금을 조기상환하는 방법, 신규 예금계좌를 계속적으로 개설하고 해지하는 과정을 반복하거나, 로비자금의 제공을 상거래 어음(진성어음) 결제로 위장하는 방법이나 가정부, 파출부 등의 명의를 이용한 차명계좌 개설하는 방법, 또한 기업체의 정상적인 예금입출금에 비자금을 혼입한다거나 중도 인출이 가능한 정기예금에 가입한 후 현금으로 분할 인출을 하는 방법, 정상적인 용역대가 결제자금인 자기앞수표와 비자금 바꿔치기, 다수 금융기관 예금을 현금으로 인출 후 10만원권 자기앞수표로 교환하거나 제2금융권의 타인명의를 이용하여 대출금을 수표로 인출하고 대출금은 로비자금으로 상환하고 금전대차로 위장하는 방법 등이 있다.

3. 자금추적 준비

가. 개 설

1) 자금추적수사의 중요성

대형경제사범, 조직폭력사범, 마약사범, 밀수 및 외환사범 등 최근의 범죄추세에서 알 수 있듯이 점점 지능화, 대형화, 점조직화, 국제화되고 있고 이러한 범죄들이 궁극적으로는 경제적 이득을 매개로 이루어지는 것이 일반적임을 감안할 때 범죄의 발본색원을 위해서는 자금추적에 의한 증거의 발견이 수사상 필수 불가결하다 하지 않을 수 없을 것이다. 이에 따라 각 법집행기관에서는 자금추적의 중요성을 인식하고 전문조직을 구성하는 등 발 빠르게 대응하고 있다.[474]

그러나 경찰의 수사현실은 이에 대한 대비책이 부족한 듯하여 안타깝기 그지없다. 자금추적은 일부 특수기능 및 부서에서나 가능하고 필요한 업무로 여기는 경향이 없지 않기 때문이다. 경찰 수사관들이 자금추적수사를 기피 또는 방치하는 이유로 인력과 시간부족 등을 내세우고 있지만 실상은 자금추적에 필요한 지식 및 끈기와 인내가 부족한 것이 그 실제 이유가 아닐까 싶다. 자금추적 없는 수사는 결국 「미완성의 수사」로 그칠 수밖에 없음을 깊이 인식하고 지금부터라도 특단의 노력이 필요하지 않을까 한다.

2) 효과적인 자금추적

자금세탁은 거의 대부분 금융기관을 통해 이루어지고 있고 따라서 금융기관에 대한 전반적 이해 없이는 효율적인 자금추적은 곤란할 수밖에 없다.

---

[474] 유재철, 경찰청 경찰수사연수원, 금융경제범죄수사 2005, 강의내용 녹음 참조.

그런 만큼 먼저 자금추적과 관련된 금융기관의 업무이론을 숙지해야 하고 이를 토대로 자금세탁 수법을 알고 난 다음, 세탁되었거나 세탁되지 아니한 자금은 과연 어떤 방법으로 자금추적을 하여야만 신속하고도 성공적인 자금추적을 할 수 있을 것인지 파악하여야 한다. 그리고 대체적인 자금추적의 흐름을 파악하고 나서 구체적인 자금추적의 이론을 익혀야 하며 그 다음부터는 그 이론을 실무에 하나하나 적용하면서 실무를 익혀야 한다.

자금추적 실무에서 무엇보다 중요한 대목은 관련자들을 직접 조사하지 않고서도 사전에 어떤 자금과 어느 정도의 자금을 추적대상으로 선정하여 추적하고, 추적대상 자금 또는 계좌의 성격을 어떤 방법으로 어떻게 파악하여 추적 또는 계속 추적할 것인지를 결정하는 문제이다.

그리고 앞서 설명한 바와 같이 자금추적은 매우 힘든 과정일 수도 있으므로 끈질긴 인내력과 예리한 판단력도 자금추적에서는 대단히 중요하므로 이에 대한 사전의 마음 자세가 필요하다.

3) 자금추적 과정 파악

자금추적의 전반적 과정에 대한 이해가 있어야 효율적 자금추적을 할 수 있음은 물론이다. 이를 잘 알지 못할 경우에는 방법 및 절차의 누락·중복 등으로 자금추적의 소기의 목적을 달성하기는 어렵게 될 확률이 높을 수밖에 없다. 따라서 다음에 있는 자금추적 개요도를 잘 숙지하여 실무 시 활용할 필요가 있다고 본다.

<표 28> 자금추적 개요도

내사·수사	압수·수색영장 신청 및 발부	압수·수색영장 등본	입출금거래내역서 전산출력
● 범죄혐의 인정 자료 수집 ● 압수·수색의 필요성을 인정 할 수 있는 자료 ● 피의자·피내사자가 아닌 경우, 압수할 물건이 있다고 인정될 만한 자료	● 그 신청서 3부 및 판사발부용 영장 1부 각 작성 ● 신청서1부는 내부 결재용으로, 사용하고, 검찰에 신청서2부와 법원 영장 1부 접수 동의서 징구	● 검사의 집행지 휘 날인→사본→등본인 날인 사법경찰관 명의의 금융거래정보의 제공 요구서 작성 (통보유예요청)	● FAX로 그 요구서를 은행 본점 전산 부서 또는 계좌개설 영업점포에 전송하여 입출금거래 내역서 전산출력 요구 ⇒ FAX, E-mail, Diskette, 택배 또는 직접 수령

자금추적대상 자금 선별	추적대상 입출금내역서 작성	입금자원 추적	입금전표
● 입출금거래내역서를 토대로 추적대상, 입·출자금 분석·선별 ● 거래점포·Teller 번호·거래시각, 타행입금 등 확인	● 추적대상 입(출)금내역서 일괄작성 ● 거래점포별로 금융 거래정보의 제공 요구서(통보유예요청)작성	● 현금인수도부, 현수 송전표, 입금전표 등 확인 → 등본(사본 **출금자원 추적** ● 현금인수도부, 현수송전표, 출금전표 등 확인 → 등본(사본)	● 현금·자기앞수표입금확인 ● 대체입금 관련 계좌확인 ● 예금거래신청서, CIF 확인 → 등본(사본) **출금전표** ● 현금지급, 자기앞수표발행확인 ● 대체지급 관련 계좌 확인 ● 예금거래신청서, CIF 확인 → 등본(사본)

Micro Film 판독

- 발행일·발행점포·수표번호(8단위)·액면금액 등 판독

- 입금된 자기앞수표의 발행 자원, 관련 계좌 및 계좌 명의인 인적사항 확인(가·차명 선별)

자기앞수표의 사용처 추적

- 전산부서 또는 발행점포에서 수표에 대한 지급정보 전산조회

- 추적대상 수표 선발(발행일부터 제시일이 오래 경과된 수표를 중점 대상으로 추적)

- 창구지급(현금) 확인

- 수표 입금계좌 및 계좌 명의인 인적사항 확인
  (가·차명 선별)

- 입출금거래내역서 전산자료 출력요구, 예금거래신청서, CIF 확인

⇒

새로운 압수수색 영장 발부

- 입금된 자기앞수표의 발행 자원, 관련 계좌의 자금추적

---

1. 창구(현금)지급의 경우

- 지급 점포에서 자기앞수표 배서 확인 → 등본
  * 등본할 수표가 연속된 번호로서 수매일 경우, 처음과 마지막 수표를 등본, 그 등본 하단의 여백에 모든 수표 번호를 기재한 다음, 은행 담당직원의 확인인 날인

- 입금계좌·수표 사용처 확인

- 계좌 명의인 및 수표 사용인의 인적사항 확인

2. 교환지급의 경우

- 본점(지역본부) 자금부 어음교환반에서 수표 실물 등본, 배서 내용 확인
  * 등본은 위 1번 요령과 같음
- 위 방법 외에 제시점포에서 직접 Micro Film을 확인한 다음, 입금계좌 확인
- 입금계좌·사용처 확인, 계좌 명의인 및 제시인의 인적사항 확인
- 1, 2항 확인과 병행 입출금거래내역서 전산자료 출력요구, 예금거래신청서, CIF 확인

⇒

---

1. 자금추적 과정에서 특이사항 요약 보고, 보고서 작성

- 극도의 보안을 요할 경우는 구두보고
- * 보고서는 최소한으로 제한 작성

2. 자금추적 흐름도 작성

- 복잡한 자금추적건을 대상으로 작성

3. 입금계좌 명의인 조사

- 추적된 자금의 성격(뇌물성·횡령·단순한 거래성 자금) 확인

4. 압수수색영장 집행결과 보고서 작성

- 공소유지에 필요한 자금만을 대상으로 작성

- 내사·수사기록을 편철

- 연결된 계좌의 자금에 대한 계속적 자금추적⇒ 압수수색영장 발부받아 같은 방법으로 계속 추적

나. 압수·수색영장 준비

1) 내사·수사

가) 관련자의 진술 확보

압수·수색영장을 신청하려면 피의자의 혐의를 인정할 수 있는 자료와 압수·수색의 필요를 인정할 수 있는 자료를 제출하여야 한다. 이를 위해서 피의자 등 관련자를 조사할 때 금품을 주고받았다는 자백이 있으면 그 진술서나 피의자신문조서를 제출하면 될 것이므로 별 문제가 없겠으나, 단지 비리 의혹을 제기하는 정도의 사건이라면 금품을 주고 받을만한 충분한 의심이 있다는 정도의 관련자 진술을 확보하여야 함은 물론이고 이를 뒷받침할만한 관련 증빙자료475)를 확보하는 것이 필요하다.

나) 관련자료의 수집

관련 자료의 수집은 가능한 많은 자료를 확보하는 것이 좋다. 범죄혐의자 등이 보관·관리하고 있는 금융거래의 통장은 물론 상업장부, 수수료 영수증, 입금증(무통장입금, 타행입금, 연동입금, 무통장거래), 금융거래 관련 정보가 수록되어 있는 컴퓨터 디스켓, 계좌번호 등이 기재된 메모장은 반드시 확보될 수 있도록 하여야 한다. 이러한 자료는 자금추적에 있어 중요한 추적단서가 될 수 있기 때문이다.

동·부동산에 관한 거래는 실명 외에 차명으로 거래된 자료도 반드시 확인하여야 한다. 부동산 거래(자동차, 선박 등 고가의 동산 포함)에 관한 자료를 보관하고 있지 않다면 세무당국 및 법원등기소에서 부동산 등기부 등 관련 자료를 확인한 다음, 관련자들을 대상으로 거래일시·대상·대금지급 방법 등에 대해 상세히 확인하여야 한다.

사건 관련자들로부터 범죄행위와 관련된 금융거래의 통장, 입금증, 수수료 영수증 등을 제공받을 때에는 제출인으로 하여금 어떤 자금이 어떤 행위에 어떻게 관련되어 있는지를 구체적으로 특정하도록 하여야 하고 가능하다면 자금의 조성과 관리방법도

---

475) 유재철, 경찰청 경찰수사연수원, 금융경제범죄수사 2005, 259-283면 참조.

확인해 두어야 한다. 또한 관련자들이 범죄행위와 관련된 금융거래의 자료에 대한 구체적인 진술이 있을 경우에는 그들로 하여금 그와 관련된 자기앞수표 사본, 금융계좌 거래내역서 등을 직접 제출토록 유도할 수 있으나, 그러한 자료만으로는 금융거래의 사실을 정확하게 확인할 수 없다면 그 명의인으로부터 금융거래정보의 제공 동의서를 제출받아 자금추적에 임하여야 한다. 다만, 동의서만으로는 제3자와 관련된 금융거래의 정보 또는 자료를 확인할 수 없으므로 압수·수색영장을 발부 받아야 가능하다.

　자금추적을 단순히 영장에 의해 청구된 금융거래관련 자료에만 의존하면 소기의 성과를 거둘 수 없다. 따라서 금융거래 흐름, 사용 서식, 금융기관이 보유한 각종 주요자료 및 부책을 잘 이해하고 활용할 줄 알아야 한다. 금융거래의 주요자료로서 고객정보조회표(CIF; customer's information file)는 처음 금융기관과 금융거래에 관한 약정을 할 때 고객의 성명, 주민등록번호, 연락처 등 신상정보 등을 작성한 서류로서 조사대상자의 인적사항 및 여·수신거래 내역 확인이 가능하다. 예금거래신청서는 조사대상자의 인적사항과 필적 등 확인 가능하며, 전표철에서 인주·잉크 색, 필적 등으로 거래시점의 상황 확인이 가능하다. 또한 자기앞수표지급 내역 조회표는 일인 또는 다수인의 명의로 발행된 다수 수표의 사용자를 확인하기 위한 1단계 조사 자료로, 당해 수표의 창구 또는 교환지급여부 확인이 가능하다. 조사는 발행일로부터 지급결제일이 오래된 수표부터 우선 조사하고, 거액의 수표를 장기간 휴대하거나 보관하고 있는 경우는 금융범죄와 연루가능성이 있다. 당일업무 전산 명세표는 당일 영업시간 중 발생한 모든 거래를 순서대로 기록하고 있는 전산자료로 전자금융 등을 이용한 무전표 거래 확인이 가능하며 텔러 정산표로 텔러의 당일 중 예금 등 수납·지급업무 결과 발생한 자금의 흐름이 확인 가능하다. 이는 거액 현금거래의 진위여부 확인 근거로서 쓰인다. 자금현수송대장(資金現受送臺帳)과 현금인수도부는 지점의 현금 시재금 보유한도 초과 또는 일시 지급자금 부족 시 본점, 인근 점포(타행 점포 포함) 등과 자금을 수송한 근거를 기록한 자료로 현금지급여부 확인 시 유용하며 거액의 현금이 입출금 되었는지를 확인하는데 반드시 필요하다. 시재장(時在帳)은 지점의 영업결과 현금 입출금을 최종 정리한 자료로써 당일시재액은 "전일시재 + 당일 현금입금 - 당일현금지급"으로 알 수 있다. 대체거래를 현금거래로 위장한 경우 실제자금 이동여부 확인 시 이용한다. 또한 어음교환 명세표는 창구에서 수납한 수표 등 타 점권을 익일 어음교환에 회부하기 위하여 기록한 자료로 창구수납 내용과 상이한 약속어음 또는 수표를 바꿔치기 한 사례가 확인 가능하며 은행지점장이 거래기업체 사장으로부터 어음을 빌려서 이를 자기앞수표로 위장·입금하여 특정예금계수를 분식하였으나, 동 거래처 사장에 의하여 어음금액을 편취당한 사고 사례가 있다. M/F(마이크로 필름)은 창구 수납 타 점권을 어음교환에 회부하기 전에 타 점권 기입장을 대신하여 동 필름에 촬영하는 것이며 예금 등으로 입금된 수표의 발행은행 점포(또는 지급 금융기관 점포), 발행일자, 수표금액, 수표번호 등의 확인이 가능(5년간 보존)하다. 담당사무 발령부는 전표 등 거래 입증자료에 나타난 텔러가 점포장으로부터 업무처리 권한을 정당하게 부여받았는지를 확인 시 유용하며 텔러의 자금세탁 관여여부를 확인할 수 있다. 또한 텔러번호 명령부에서 수표 추적 시 M/F에 나타난 수표 전면의 우측상단에 압날 된 고무인 형태의 특정횡선상의 번호로 동 수표와 관련된 업무를 처리한 텔러를 확인할 수 있으며, 당일 전표철에서 동 텔러의 모든 거래를 확인할 수 있다.

2) 압수·수색영장 신청서 작성

여기서는 금융계좌 추적용 압수·수색영장 신청서 작성 시 유의사항을 중심으로 실제 기재사례를 살펴보고자 한다.

가) 금융계좌추적용 압수·수색영장

자금추적을 할 때에는 일반 압수·수색영장과 다른 금융계좌추적용 압수·수색·검증영장(재정경제부 장관이 기재내용에 대해 고시한 표준양식)을 사용하여야 한다. 그러나 자금추적과정에서는 금융거래의 자료 또는 정보를 전산으로 출력하고 금융거래의 자료를 압수·수색하여 그 자료를 등본 또는 사본하는 정도의 처분만 하게 되므로 압수·수색영장으로 족하고 검증영장까지는 필요치 않다.

나) 범죄사실과 압수·수색사유 기재

범죄혐의는 구속의 경우에 요구되는 정도까지는 아니고 최초의 혐의 또는 단순한 혐의의 존재로도 족하다. 사유기재는 압수·수색영장 신청서에는 범죄사실과 사유가 다소 구체적으로 기재되어 있더라도 외부에 공개될 위험성이 적으므로 크게 문제될 것이 없겠으나 압수·수색영장에 그 내용이 구체적으로 기재되어 있을 경우에는 금융기관 임·직원 등이 이를 알 수가 있어 범죄사실 등이 사전에 외부에 유출, 자칫 범죄수사에 방해가 될 수 있다는 점에 특히 유의하지 않으면 안 된다. 또한 수사상 보안을 유지하고 피의자의 인권보호와 타인의 명예를 보호하여야 함은 당연하다. 예를 들어 뇌물사건의 압수·수색을 요하는 사유를 기재하면서 공여자와 수여자의 성명을 "성명불상자"등으로, 금액은 "거액" 또는 "불상금액"등으로, 해당관청이 ○○지방교육청이라면 "모 교육당국"등으로 기재하는 것이 바람직하다.

다) 압수·수색할 장소·물건

압수·수색할 장소를 특정 하는 요령은 다음과 같다. 계좌번호가 특정되어 있는 경우, 기재는 계좌번호·계좌개설 금융기관 영업점포 명칭·소재지를 기입한다. 자기앞수표번호가 특정되어 있는 경우의 기재는 수표번호·액면금액·발행 금융기관 영업점포 명칭·소재지를 기입한다. 실지명의(성명과 주민등록번호, 법인명과 사업자등록번호)가 특정되어 있는 경우의 기재는 명의자 성명·실명번호·모든 금융기관의 전산부서·소재지를 기입한다.

그러나 모든 금융기관을 압수·수색 대상기관으로 특정하여 자금추적을 하는 데에는 현실적인 어려움이 따를 수밖에 없으므로 통상적으로 제1금융권은 당연히 포함되고 제2금융권 중에서는 증권회사, 종합금융회사, 상호저축은행, 우체국 정도를 그 대상으로 하되, 관련자들의 주소지·근무처 부근에 소재하고 있는 신용협동기구인 신협, 새마을금고, 단위농협, 축협, 수협 등도 추적대상에 포함시켜야 할 것으로 본다. 지방의 소규모 새마을금고 등에서 타인명의로 받은 대출자금을 수표로 인출하여 증권사, 저축은행 등에서 "수표 바꿔치기"를 한 다음 특정은행에서 제3자 명의로 정기예금을 신규로 가입하고 당일 또는 익일에 동 예금을 해약 후 다시 보통예금 등으로 예입시키는 수법을 쓰고 있다. 이런 경우 수뢰자의 예금계좌 입금자원을 추적하여 사실관계 확인한다. 위의 금융기관을 추적대상으로 특정자금을 추적하면 그 금융거래의 정보 또는 자료와 직전·직후로 연결된 계좌에 대한 영업 점포는 압수·수색영장 신청 당시는 구체적으로 특정할 수 없는 것이 현실이다. 따라서 특정할 수 있는 금융기관 점포는 제1항에 기재하고, 제2항에서 아래와 같이 기재하면 그러한 문제점은 극복할 수 있을 것이다.

> ● "위 압수·수색할 금융거래의 정보 또는 자료를 보관·관리하고 있는 금융기관
>   의 점포 또는 부서"
>
> ● "위 압수할 물건 제○항 내지 제○항 기재의 압수·수색할 금융거래 자료 또는
>   정보와 그 자료에서 파생된 금융거래 정보 또는 자료를 보관·관리하고 있는
>   금융기관의 점포 또는 부서. 다만, 예금계좌의 고객정보 전산자료(CIF)등 금융거
>   래 전산자료를 공유하고 있는 금융기관 점포"

압수·수색할 물건 특정 시 기재사항으로는 내국인의 경우 성명·주민등록번호(호적과 다를시 주민등록표 상의 명의·번호), 외국인은 성명·외국인등록번호를 기입하고 법인은 상호·사업자등록번호(법인등록번호가 아님에 유의)를 기재한다. 자기앞수표, 양도성예금증서, 표지어음 등은 발행날짜·발행점포·자기앞수표번호(증서번호, 어음번호)·액면금액을 기재하고, 당좌수표, 가계당좌 수표, 약속어음 등은 발행날짜·지급점포·당좌수표번호(약속어음번호)·액면금액을 기재한다. 금융계좌는 개설점포·명의인의 성명·주민등록번호·계좌번호를 기재하면 된다.

유의사항으로는 잘못 기재하는 사례가 없도록 하고 계좌번호의 경우는 반드시 금융거래 자료에 인쇄된 번호를 근거로 확인하여야 한다. 또한 추적대상 및 거래행태 등에 따라 기재 내용이 다소 달라질 수 있는바, 상황에 따라 적절하게 기재를 하여야 효율적인 자금추적이 이루어질 수 있음은 물론이다. 아래 예시를 든 기재사례를 숙지하여 실무에 활용하면 좋을 것이다.

제1항(기본기재)의 경우

> "○○은행 ○○지점에 개설된 ○○○(주민등록번호 기재)명의의 계좌(계좌번호 기재) 또는 ○○○(주민등록번호 기재)·○○주식회사(사업자등록번호 기재)명의의 계좌, 입출금거래내역서(압수·수색영장 집행대상 기간 특정), 위 내역에 관련된 입·출금 관련 전표, 자기앞수표발행의뢰서, 자기앞수표 등 수표, 예금거래신청서, 마이크로 필름, 전자금융거래 전산자료, 자기앞수표의 지급에 관한 전산정보자료, 고객기본정보(CIF)전산자료 등 관련 금융거래의 자료 및 정보 다만, 본 항과 아래의 제○항 내지 제○항 기재 자료 및 정보가 편철되어 있을 경우는 해당일의 전표철, 전산입력 되어 있을 경우에는 해당일의 전산자료"

제2항(직전·직후 계좌추적 범위확대, 입출금 자원이 현금 또는 자기앞수표 및 그 교환 등)의 경우

> "위1항 기재 계좌의 입출금자원과 관련된 직전·직후계좌의 예금거래신청서, 입출금거래내역서 등 관련 금융거래의 자료 및 정보" 또는 "위1항 기재 계좌의 자원과 관련된 직전·직후계좌의 예금거래신청서, 위 계좌에 입금된 자기앞수표가 현금을 자원으로 발행되었을 경우나 출금자원이 자기앞수표로 지급되어 동 수표를 현금으로 교환한 경우는 발행의뢰인이나 현금을 교환한 사람의 고객정보 전산자료 다만, 그 직전·직후계좌가 제2금융권 금융기관 명의의 당좌계좌 또는 예금계좌일 경우 그 직전·직후계좌의 예금거래신청서, 입출금거래내역서 등 관련 금융거래의 자료 및 정보"

제3항(입금된 자기앞수표와 함께 발행되었으나 추적대상 계좌와 다른 계좌에 입금, 현금교환, 타 수표 발행 등)의 경우

> "위1항 기재 계좌의 입금된 자원이 자기앞수표일 경우, 그 자원관련 출금전표, 자기앞수표발행의뢰서, 그 수표의 발행자원 및 그와 함께 발행된 자기앞수표, 동 자기앞수표가 또 다른 자기앞수표를 발행자원으로 재발행된 것일 경우, 발행자원인 자기앞수표의 발행자원 또는 발행자원 관련 계좌, 위 수표의 제시정보 전산자료, 입금전표, 발행자원 관련계좌 및 위 수표가 입금된 계좌의 예금거래신청서, 고객기본정보조회서 등 관련 금융거래 정보 또는 자료, 전자의 계좌에 대하여는 발행자원이 출금된 달의 1일부터 언제 언제까지, 위 수표가 입금된 계좌에 대하여는 그 수표가 입금된 달의 1일부터 언제 언제까지의 입출금거래내역서 등 관련 금융거래의 정보 및 자료"

제4항(출금자원으로 발행된 자기앞수표를 발행자원으로 하여 타 수표 발행 등)의 경우

> "위1항 기재 계좌의 출금자원으로 자기앞수표가 지급되었을 경우나 동 수표를 발행자원으로 하여 또 다른 자기앞수표가 발행되었을 경우, 위 자기앞수표 및 위 수표의 제시정보 전산자료 등 지급관련 금융거래 자료, 동 수표 및 그 수표와 함께 입금된 수표의 입금전표, 함께 입금된 자기앞수표의 발행자원, 그 발행자원 관련 계좌와 위 수표가 입금된 계좌에 대한 예금거래신청서 또는 고객기본정보조회서 및 동 수표가 입금된 달의 1일부터 언제 언제까지의 입출금거래내역서 등 관련 금융거래의 정보 및 자료"

다.) 압수·수색영장 집행

1) 압수·수색영장과 형사소송법 규정

금융계좌 추적용 압수·수색영장도 일반 압수·수색영장과 다를 바 없으므로 이에 관한 형사소송법 규정이 적용됨은 물론이다. 그러나 금융거래의 정보 또는 자료에 관한 압수·수색은 그 목적물이나 성격, 압수·수색과정 등에서 나름대로 특성을 지니고 있어 형사소송법규정이 그대로 적용되는 데에는 문제가 아닐 수 없다.

가) 압수의 목적물

금융거래에서의 정보는 특정인의 금융거래의 사실과 금융기관이 보유하고 있는 금융거래에 관한 기록의 원본·사본으로부터 알게 된 '내용'을 말한다고 할 수 있으므로 통상적인 물건의 범위에는 포함된다고 볼 수 없겠으나, 수사과정에서 범죄사실의 증거자료를 찾기 위해서는 금융거래 자료의 확인은 물론, 그 정보의 확인도 필요한 경우가 많으므로 통상 금융거래의 정보를 압수·수색영장의 압수할 물건에 포함시켜 영장을 발부 받아 그 정보를 확인하고 있다.

나) 압수목록 또는 증명서 작성

자금추적에서는 금융거래의 자료를 사본 또는 등본하는 것에 불과하므로 수사기관은 일반 물건의 압수·수색에서와 같이 그 목록 또는 증명서를 작성 교부할 필요성은 없다고 본다.

다) 압수·수색조서 작성

자금추적에 필요한 압수·수색에서는 현존하는 물건은 금융기관의 점포에 그대로 보관하게 되고, 그 자료의 사본 또는 전산정보의 사본 자료만 제공받게 되므로 달리 압수·수색 조서를 작성할 필요성은 없고, 압수·수색영장 집행결과보고서만 작성하면 될 것으로 본다.

<표 29> 압수·수색영장 신청

<table>
<tr><td colspan="3" align="center">○ ○ 경 찰 서
(전화번호 기재)</td></tr>
<tr><td colspan="2">제   호</td><td>200○.　.　.</td></tr>
<tr><td colspan="2">수신 ○○지방검찰청 검사장</td><td>발신 ○ ○ 경 찰 서</td></tr>
<tr><td colspan="2">제목 압수·수색영장 신청</td><td>사법경찰관 경위　　　　　인</td></tr>
<tr><td colspan="3">【금융계좌 추적용】</td></tr>
<tr><td colspan="3">다음 사람에 대한 피의사건에 관하여 아래와 같이 압수·수색을 하고자 하오니 200○.　.　.까지 유효한 압수·수색영장의 발부를 청구하여 주시기 바랍니다.</td></tr>
<tr><td rowspan="4">피의자</td><td>성   명</td><td></td></tr>
<tr><td>주 민 등 록 번 호</td><td></td></tr>
<tr><td>직   업</td><td></td></tr>
<tr><td>주   거</td><td></td></tr>
<tr><td colspan="2">변 호 인</td><td></td></tr>
<tr><td rowspan="4">대 상 계 좌</td><td>계 좌 명 의 인</td><td>□ 피의자 본인 □ 제3자(붙임2-1 기재와 같음)</td></tr>
<tr><td>개설은행·계좌번호</td><td>붙임 2-1)기재와 같음</td></tr>
<tr><td>거 래 기 간</td><td>붙임 2-1)기재와 같음</td></tr>
<tr><td>거래정보 등의 내용</td><td>붙임 2)기재와 같음</td></tr>
<tr><td colspan="2">압 수 할 물 건</td><td>붙임 2)기재와 같음</td></tr>
<tr><td colspan="2">수색할 장소 또는 물건</td><td>붙임 2)기재와 같음</td></tr>
<tr><td colspan="2">범죄사실 및 압수·수색을 필요로 하는 취지 와 사유</td><td>붙임 1)기재와 같음</td></tr>
<tr><td colspan="2">7일을 넘는 유효 기간을 필요로 하는 취지 와 사유</td><td>금융거래의 자료가 다수이므로, 그 추적에 상당한 시일을 필요로 함 (기재 예1)
파생될 금융거래의 자료가 다수일 것으로 예상되므로, 그 추적에 상당한 시일을 필요로 함(기재 예2)</td></tr>
<tr><td colspan="2">수통의 영장을 청구하는 취 지 와 사 유</td><td></td></tr>
<tr><td colspan="2">일출 전 또는 일몰 후 집행을 필요로 하는 취 지와 사유</td><td></td></tr>
<tr><td colspan="3" align="center">○ ○ 지 방 검 찰 청</td></tr>
<tr><td colspan="2">제   호</td><td>200○.　.　.</td></tr>
<tr><td colspan="3">수신 ○○지방법원</td></tr>
<tr><td colspan="3">제목 압수·수색영장 청구</td></tr>
<tr><td colspan="3">　위와 같이 압수·수색영장 신청이 있는바, 그 사유가 상당하다고 인정되므로, 동   영장의 발부를 청구합니다.
 ○ ○ 지방검찰청

검사　　　　　인 </td></tr>
<tr><td colspan="3">기각 취지 및 이유</td></tr>
</table>

라) 피의자 · 변호인의 참여

금융기관은 수사기관에 금융거래의 정보 · 자료를 제공한 경우에는 그 제공일로부터 10일 이내에 그 제공사실을 명의인에게 통보하여야 하는데 당해 통보가 증거인멸 · 증인위협 등 공정한 사법절차의 진행을 방해할 우려가 명백히 있다는 등의 이유로 수사기관으로부터 서면으로 통보유예를 받으면 6개월간 그 통보를 유예하여야 한다. 따라서 피의자 · 변호인에게 미리 압수 · 수색영장 집행의 일시 및 장소를 통지할 의무는 없다 할 것이고 피의자 · 변호인은 그 집행에 참여할 수도 없다고 할 것이다.

마) 동일 장소에 대한 수회 집행

금융계좌 추적용 압수 · 수색영장의 집행에서는 같은 영장으로 같은 장소에서 수회 집행할 수 있도록 예외를 인정하는 것이 그 특성상 타당하다고 본다.

2) 입출금거래내역서 전산출력 요구

가) 금융거래정보의 제공 요구서 작성

2002년 7월 8일 재정경제부령에 의해 압수 · 수색영장에 의한 금융거래정보 등의 제공을 요구하는 경우는 별도의 금융거래정보의 제공요구서를 작성할 필요가 없으나, 압수 · 수색영장에 모든 사항을 기재할 수 없고 거래정보의 효율적인 요구를 위해서는 계속 사용할 필요가 있다고 본다. 즉, 수사기관이 금융기관 전산부서에 입출금거래 내역서에 관한 전산자료를 요구하고자 하면 수신은 그 전산부서의 장으로 하여 사법경찰관 명의의 금융거래정보의 제공 요구서를 작성하여야 하는데 '요구하는 거래정보의 내용란'에는 다음과 같이 기재한다.

나) 금융기관에 압수 · 수색영장 제시

금융기관의 전산부서 또는 계좌 개설점의 장에게 압수 · 수색영장 등본과 금융거래정보의 제공 요구서를 제시하고, 입출금거래내역서의 전산자료를 출력하여 달라고 요구할 수 있다. 신속한 처리를 위해 FAX나 E-mail을 이용할 수도 있으며 다만, FAX를 이용하는 경우에는 제공 요구서의 제하(題下)에 반드시 【모사전송】 이라는 표시를 하여야 한다.

라. 압수·수색영장의 집행범위

압수·수색영장의 압수할 물건에 1차적 압수 물건인 자금과 직전·직후로 연결된 계좌의 금융거래의 정보·자료도 포함되었다면 1차적 추적대상 계좌의 입출금자원에 관련된 금융거래정보의 정보·자료를 확인할 수 있음은 당연하고, 1차적인 추적대상 계좌의 입·출금자원과 직접 연결된 금융거래의 정보·자료도 역시 별도의 영장 없이 앞서 발부받은 영장으로 확인할 수 있다.

그러나 직전·직후계좌의 자금에 대하여는 기본적으로는 출금자원이든 입금자원이든, 그 거래정보 또는 자료에 그 기본계좌 및 직전·직후계좌의 명의인 이외의 제3자 명의와 관련된 금융거래의 정보·자료가 포함되었다면 기존의 압수·수색영장으로는 확인할 수 없고 새로운 압수·수색영장을 발부받아 확인하여야 한다.

마. 추적대상 입출금 내역표 작성

1) 의 의

입출금내역 전산자료·예금통장 등을 확보하게 되면 그 거래내역을 면밀히 검토하여 우선 입금자원 또는 출금자원부터 추적할 것인지, 입·출금자원 중에서는 어떤 자금 또는 어느 정도의 금액에만 한정하여 추적할 것인지를 선별하여야 한다. 이때에는 그 자료내용에만 의존할 것이 아니라 진행되고 있는 사건 등의 혐의사실·관련자의 진술·수사관련 자료를 반드시 참고하여 판단하여야 한다.

2) 거래점포 확인

추적대상 자금선별에 앞서 특정계좌의 계좌개설 점포 또는 입·출금 거래점포가 어딘지를 확인하여야 하는데 금융결제원에서 발간된 금융기관 공동코드집·금융결제원 홈페이지를 활용하는 것이 좋다.

《 계좌번호 체계 》

○ 국민은행

　　□□□ - □□ - □□□□□ - □□□

　　(점포코드) (과목코드) (일련번호)   (검증번호)

○ 우리은행(구 한일은행)

　　□□□ - □□□□□□ 　□ - □□ - □□□

　　(점포코드) (고객일련번호) (검증) (과목코드) (원장일련번호)

<표 30> 예금과목별 코드   (국민은행)

예금과목명	구코드	변경코드	예금과목명	구코드	변경코드
보통예금	01	001	자유저축	24	025
저축예금	21	002	당좌예금	04	018
기업자유예금	25	037	기업금전신탁	13	042
정기예금	23	015	C D	61	020

　금융기관 공동코드집 활용 시 예를 들어 국민은행에 개설된 계좌번호가 832로 시작한다면 위 책자의 점별코드란에 있는 '048321'을 찾아 확인하면 된다. 즉 마지막 1은 Check Number이므로 무시해 버린 다음 04는 국민은행 코드이고 832는 국민은행 시청역 지점 코드이므로 그 계좌는 국민은행 시청역 지점에서 개설되었음을 알 수 있다.

3) 추적대상 입·출금자원 선별

　자금추적은 입금자원을 추적할 것인지 아니면, 출금자원을 추적대상으로 할 것인지 여부를 결정하여야 한다.

불법행위에 자금을 제공한 측의 계좌라면 출금자원을 그 대상으로 하고, 불법행위로 인하여 자금을 획득한 자 또는 그와 관련된 자의 계좌라면 우선적으로 입금자원을 그 대상으로 추적해야 할 것이다.

가) 입금자원

입금자원 추적의 핵심은 추적대상기간 선정 및 어떤 자금과 어느 정도의 금액을 그 대상으로 추적할 것인가를 고려해야 한다. 유의해야 할 점은 만약 자기앞수표로 수수하여 계좌에 입금한 경우 그 수표는 발행 즉일로 계좌에 입금하는 경우는 거의 없고 대부분 상당 시일이 지난 후(실무에서는 1~3년이 지난 후 입금 사례도 발견) 입금하게 된다는 점이다. 따라서 뇌물사건이라면 그 뇌물을 수수할 수 있는 원인(예:청탁한 때)발생시점부터 종결된 후 최소한 6개월 후까지, 경우에 따라서는 1~2년까지의 자금거래는 모두 추적대상으로 삼아야 할 것이다. 그리고 입금자원도 수수한 돈 중 일부만 입금하는 경우가 많으므로 많은 금액보다는 오히려 적은 금액이 보다 중요할 수도 있다.

또한 입출금거래 내역서에 현금입금으로 표시되었더라도 실제로 추적하면 현금입금이 아닐 경우가 많으므로 현금입금이라고 표시된 것만 보고 추적대상에서 제외시키는 사례가 없어야 할 것이다.

나) 출금자원

출금자원을 추적대상으로 할 경우는 입금과는 달리 많은 금액을 추적대상으로 하는 것이 합리적이다. 물론 여러 개의 계좌에서 분할 인출한 돈을 불법자금으로 사용할 수 있다는 점은 고려하여야 할 것이다.

다) 입출금거래내역서의 코드 검색

입·출금내역서는 금융기관에 따라 명칭도 다르고, 내역체계도 일정하지 않으므로 반드시 사전에 해당 금융기관 입·출금거래내역 코드를 알아두어야 한다. 따라서 입·출금 내역서에 표시된 거래점포 코드를 반드시 확인하고 난 다음 그 점포를 찾아가 입·출금전표 등 관련 장표(장부+전표)를 찾아야 한다. 즉 甲점포에서 개설된 계좌라고 할지라도 甲점포에서는 입·출금이 한 건도 이루어지지 않을 수도 있으므로 실제로 입·출금 거래된 점포를 찾아가 관련 장표를 확인하여야 한다는 것이다.

라) 구분·적요·비고란 등 검토

내역서 구분란 등에는 현금, 대체, 타점(他店), ATM(Automatic Teller Machine), CD(Cash Dispenser) 등으로 입출금내역이 표시되고 있으나 그 표시내용은 실제의 입·출금자원 내용과는 상당히 다를 수 있으므로 주의해야 한다. 입출금거래 내역서에는 현금으로 기재되어 있더라도 사실상 타 점권 또는 자행에서 발행된 자기앞수표가 입금되었을 수도 있고 사실상 대체거래임에도 현금거래로 인자(印字)하는 경우가 많으므로 반드시 사실여부를 직접 확인하여야 한다.

4) 추적대상 입출금 내역표 작성

그와 같이 추적대상 자금이 확정되고, 코드화된 내용이 모두 확인되면 추적대상 입금내역표·출금 내역표를 작성하여야 자금추적의 효율성을 높일 수 있다.

<예시>

<표 31> 추적대상 입금내역표

연번	처리점포	입금일자	금 액(원)	입금자원내역
국민은행○○지점 239-21-0372-785 김 ○ ○				
1	서초동 114	02. 4. 6 10 : 27	5,000,000	※ 처리점포 아래에 있는 숫자는 텔러번호 이다
2	제주 107	'02. 4. 7	11,000,000	※ 처리시각을 확인할 수 있으면 기재하는 것이 바람직하다
3	신한은행 ○○지점	'02. 4. 9	500,000	※ 본란은 많은 내용을 기재하여야 하므로 넓게 그려야 한다
조흥은행○○지점 373-06-146012 김 ○ ○				
4				

<표 32> 추적대상 출금 내역표

연번	처리점포	출금일자	금액(원)	출금자원내역
	국민은행○○지점 239-21-0372-785 김 ○ ○			
1	서 초 동 114	02. 4. 2 15 : 24	5,000,000	
2	제 주 107	'02. 4. 3	11,000,000	
3				
	조흥은행○○지점 373-06-146012 김 ○ ○			
4				

<표 33> 추적대상 입출금 내역표

연번	처리점포	거래일자	금액(원)	입출금자원내역
	국민은행○○지점 239-21-0372-785 김 ○ ○			
1	서초동 114	02. 4. 6 입 금	5,000,000	
2	제주 107	'02. 4. 7 출 금	11,000,000	
3	신한은행 시청지점	'02. 4. 9 출 금	500,000	"이하 양식은 동일하므로 생략"

4. 자금추적수사

가. 개 설

자금추적을 하는 수사관은 특단의 사정이 없는 한 은행 창구직원이 아닌 지점장 등 책임자에게 압수·수색영장 집행문(금융거래정보의 제공 요구서와 압수·수색영장 등본)과 신분증을 제시하여야 한다.

영장 집행 시에는 확인이 필요한 금융거래의 자료 또는 정보의 내용을 구체적으로 특정하여 요구하는 등 수사관으로서의 품위를 잃지 말아야 한다. 또한 **FAX** 등을 이용하는 방법보다는 가능한 한 금융기관 점포에 직접 출장하여 자금추적에 임하는 것이 바람직한 바, 전표철 등 각종 장표 직접 확인, 의문사항 해소 등이 가능하고 새로운 자금세탁 수법, 각종 장표의 새로운 처리방법 및 검색방법 등도 터득할 수 있기 때문이다. 그리고 무엇보다도 항상 겸손하고 공손한 태도를 유지하되, 적극적이고 치밀하며 끈질긴 집념을 가져야 할 것이다.

특히 유의할 것은 자금추적은 단순히 자금거래 과정을 따라가는 것만으로는 그 실효성을 거두기 어렵기 때문에 현재 수사가 진행되고 있는 범죄사건의 구체적인 혐의내용, 관련자들의 진술, 관련자들의 인적관계, 수사와 관련된 기타 정보 등을 사전에 면밀히 검토하여 그 내용을 참고하면서 자금추적에 임하여야 한다는 점이다.

나. 입금자원 추적

1) 금융거래정보의 제공 요구서 작성

본격적인 입금자원을 추적하기에 앞서 먼저 작성해 놓은 추적대상 입금 내역표를 토대로 입금거래 점포별로 거래내역을 분류한 다음 거래점포의 長(지점장 또는 영업부장)을 수신으로 사법경찰관 명의의 금융거래정보의 제공 요구서를 작성한다.

한 건만 입금되었을 경우

200○. ○○. ○○ 귀 점포에서 붙임 압수·수색영장 기재의 ○○○ 명의의 ○○은행 서초동지점 ○○○○○-○○○○○○계좌에 ○○○원이 입금(Teller번호·처리시각 기재)되었는바, 그 자원에 관한 입금전표 사본, 타점권 자기앞수표로 입금되었을 경우, 그 자금원 명세(발행날짜, 발행점포, 액면금액, 수표번호), 자행수표로 입금되었으면 그 사본, 대체입금의 경우 상대계좌에 대한 예금거래신청서 또는 고객정보조회서, 그 계좌에 대한 200○. ○○. ○○부터 200○. ○○. ○○까지의 입출금거래내역서(필요한 경우만 요청), 현금입금일 경우 현금인수도부 등 이를 입증할 수 있는 자료 등 관련 금융거래의 정보 및 자료

☞ 가능한 담당 텔러 번호와 처리시각을 기재하면, 전표 검색 시간 절약

여러 건이 입금되었을 경우

<표 34> 금융거래정보의 제공 요구서[476]

<table>
<tr><td colspan="6" align="center">금융거래정보의 제공 요구서
【모사전송】</td></tr>
<tr><td colspan="6">수신   은행   전산정보부장
참조   대리(전화   팩스   )</td></tr>
<tr><td>영장 번호</td><td colspan="2" align="center">200○년 제 ○○○호</td><td>요구일자</td><td colspan="2" align="center">200 . . .</td></tr>
<tr><td>담 당 자</td><td>직 책</td><td></td><td>성 명</td><td>연락처</td><td>전화 팩스</td></tr>
<tr><td>요구 근거</td><td colspan="5">형사소송법제215, 금융실명거래및비밀보장에관한법제4조제1항제1호</td></tr>
<tr><td>요구하는
거래 정보
등의 내용</td><td colspan="5" align="center">요구내용이 복잡할 경우, 붙임 문서 활용
(붙임 예시 참조)</td></tr>
<tr><td rowspan="2">통보 유예</td><td colspan="2">유예기간</td><td colspan="3" align="center">거래정보 등의 제공일로부터 6개월</td></tr>
<tr><td colspan="2">유예사유</td><td colspan="3">증거인멸 등 공정한 사법절차의 진행을 방해할 우려가
명백하므로(금융실명거래및비밀보장에관한법제4조의2제
2항제2호)</td></tr>
<tr><td>특이 사항</td><td colspan="5"></td></tr>
<tr><td colspan="6" align="center">붙임 : 압수·수색영장 등본 1부. 끝

○ ○경찰서 ○ ○과
사법경찰관 경위 ○ ○ ○</td></tr>
</table>

---

[476] 현재 일선경찰서에서 실무살 판사의 압수수색 영장을 발부받은 후 위 '금융거래정보의 제공요구서'
를 첨부하여 은행으로부터 금융거래정보를 제공받고 있으나 제경부 고시변경으로 인하여 사문화된
양식으로 봐야 할 것이다.

> 　귀 점포에서 붙임 내역과 같이 압수·수색영장 기재의 계좌에 입금되었는바, 그 자원에
> 관한 입금전표 사본, 타 점권 자기앞수표로 입금되었을 경우, 그 자금원 명세(발행날짜, 발
> 행점포, 액면금액, 수표번호), 자행수표로 입금되었으면 그 사본, 대체입금의 경우, 상대계좌
> 에 대한 예금거래신청서 또는 고객정보조회서, 그 계좌에 대한 200○. ○○. ○○부터 200
> ○. ○○. ○○까지의 입출금거래 내역서(필요할 경우만 요청)·현금입금일 경우 현금인수도
> 부 등 이를 입증할 수 있는 자료 등 관련 금융거래의 정보 및 자료
>
> ☞ 앞서 작성한 추적대상 입금내역표를 붙임으로 첨부
> ☞ 盜·借名계좌로 의심되어 자금관리 규모 파악에 필요한 경우 등 필요한 경
> 　　우만 입출금거래내역서 제공 요구

2) 회신용 양식 활용

　자금추적 담당 직원이 여러 명이고 추적대상 점포나 추적건수가 다수일 때에는 회
신용 표지를 활용하는 것이 좋다. 즉 팩스로 금융거래정보의 제공 요구서를 보낼 때
회신용 양식을 함께 보내어 금융거래의 자료를 제공하면서 점포장으로 하여금 그 표
지문서로 활용하도록 하면 자금추적자료 관리에 효율성을 높일 수 있다.

<표 35> 금융거래 정보의 제공

<table>
<tr><td colspan="2">수신 ○○경찰서
　　　사법경찰관 경위 ○ ○ ○</td><td colspan="2">발신　　　은행　　　지점장</td></tr>
<tr><td rowspan="7"></td><td colspan="3">귀서에서 압수·수색영장(200○년 제○○호)에 의하여 제공 요구한 바 있는 금융거래의 자료를 붙임과 같이 송부합니다.</td></tr>
<tr><td colspan="3">제공자료의 요지</td></tr>
<tr><td>받는 사람</td><td colspan="2">보내는 사람</td></tr>
<tr><td>담당자</td><td>담당자</td><td></td></tr>
<tr><td>FAX</td><td>TEL</td><td>TEL</td></tr>
<tr><td>붙임:　　매(표지포함)</td><td>제공일</td><td>200○.　　.　　.</td></tr>
</table>

3) 자기앞수표의 추적

입금자원이 타점권이든 자행권이든 자기앞수표로 입금되었음이 확인되면 그 수표의 발행 점포장을 수신으로 한 사법경찰관 명의의 금융거래정보의 제공 요구서를 작성하여 그 요구서로 자기앞수표의 발행자원을 추적하여야 한다. '요구하는 거래정보 등의 내용란'에는 다음과 같이 기재한다.

"200○. ○○. ○○. 귀 점포에서 발행된 자기앞수표 ○○○만원 권×○○매(#수표번호 기재)가 200○. ○○. ○○. 붙임 압수·수색영장 기재의 ○○○명의의 ○○은행 ○○지점 ○○○-○○-○○○○○계좌에 입금되었는바, 위 자원에 관련된 출금전표, 자기앞수표발행의뢰서 등 관련 자료 사본, 동 수표의 발행자원 명세 및 자기앞수표 사본, 함께 발행된 자기앞수표의 지급정보에 관한 전산자료 출력, 발행자원 관련 계좌에 대한 200○. ○○. ○○.부터 200○. ○○. ○○.까지의 입출금거래내역(필요할 때만 요구), 예금거래신청서 또는 고객정보조회 등 관련 금융거래의 정보 및 자료"

그러나 자기앞수표가 여러 건이면 별표(연번, 자기앞수표번호, 액면×금액, 발행날짜, 배서내용)를 작성하여 활용하는 것이 효율적이다.

4) 전표의 확인방법과 현장출장 자금추적

가능한 금융기관의 점포현장에 직접 출장하여 자금추적에 임하는 것이 바람직하다. 그러기 위해서는 전표에는 어떤 것들이 있고 또 그 전표가 어떻게 작성되며, 자기앞수표는 어떻게 보관·관리되고 있는지, 마이크로필름과 관련된 업무는 어떠한 지를 알아둘 필요성이 있다.

가) 전표의 확인방법

① 의 의

금융기관 창구직원은 영업일마다 발생한 금융거래의 내역을 기록·계산하기 위하여 일정한 양식에 거래내용을 간략·명료하게 기재·印字하고 있는데 그러한 내용을 기재 또는 단말기를 이용하여 전산으로 印字한 문서를 전표라고 한다.

전표에는 처리일자·계좌번호·계정과목·성명·금액 등을 기재·印字하여야 하고, 적요란에는 간략·명료하게 거래내역을 기재·印字하여야 한다. 이러한 전표(5년간 보관)를 영업일 별로 묶어 놓은 것이 전표철이고 전표와 장부를 포괄하여 통상 장표(帳票)라고 한다.

② 전표의 종류

전표의 종류에는 입금전표와 지급전표, 기본전표와 대용전표, 현금전표와 대체전표, 상대전표, 연동전표가 있는바 자금추적을 하기 전에, 반드시 해당 금융기관에서 어떤 전표가 어떤 용도로 사용되고 있는지를 파악하는 것이 필요하다.

③ 전표의 작성

(ⅰ) 입금전표

고객이 은행의 예금계정이나 신탁계정에 자금을 입금하면 입금전표 작성생략 대상 거래(보통 입금액이 창구직원 전결 범위 내(5,000만원)인 통장이 있는 현금(타 점권 포함) 입금거래) 외에는 입금전표가 작성된다. 따라서 신규 예금 시 작성되는 예금거래신청서(명의인의 인적사항, 비밀번호 등 기재), 고객정보조회표(계좌 명의인의 인적사항, 예금계좌번호, 연락처 등)를 잘 활용할 수 있도록 하고, 무전표·무인자거래명세표(통장을 소지하고 입금하는 경우 입력), 현금인수도부(수납금이 고액의 현금이 되면 도난 등을 방지키 위해 보통 상급자인 모출납에게 현금을 인도하고 그 내용을 기재한 부책) 등도 필요에 따라 확인하여야 하며, 무통장입금의 경우는 반드시 입금전표 또는 타행환송금의뢰서를 작성하게 된다.

(ⅱ) 지급(출금)전표

입금과는 달리 출금전표는 소액이라도 작성하되, 그 전표(무인자 출금전표)에는 출금내역을 전산으로 인자하지 않고 통장에 출금내역을 인자하는 한편, 전산에 그 사실을 등록한다. 다만, 계좌의 출금자원이 아닌 이미 발행된 자기앞수표·당좌수표·현금 등 별도의 자원으로 자기앞수표 발행을 의뢰할 경우는 반드시 자기앞수표발행의뢰서를 작성하게 된다.

그렇지만 계좌에서 출금한 자원으로 자기앞수표 발행을 의뢰하는 경우, 대다수의 은행에서는 출금전표 한 장에 출금내역과 자기앞수표 발행내역을 함께 기장·인자하여 처리하는 연동전표를 사용하고 있다.

(iii) 대체전표

대체거래는 대체전표를 작성하는 것이 원칙이다. 대체전표에는 대체과목 란에 상대되는 계정과목(예 :보통예금, 저축예금)·계좌번호를 표시하여야 하고 대용전표의 경우는 대체인을 찍는 방법으로 상대되는 계정과목을 표시한다. 최근에는 대체인을 찍지 않고 전산으로만 대체거래임을 인자하고 있으므로 출금전표에 기재된 대체과목·계좌번호로 상대되는 자기앞수표발행의뢰서·입금전표·송금전표 등을 확인하고 관련 금융거래를 추적하여야 한다.

④ 전표의 보존

금융기관에서는 작성된 전표 및 마이크로필름(M/F)을 일정한 장소에 편철·보관하다가 당해 년도 말에 봉인·보관하며, 그 날로부터(익년 1월 1일) 5년간 보존하게 되나, 그 기간이 경과되어도 일부 자료는 보관하는 경우가 있음에 유의해야 한다.

나) 현장출장 입금자원 추적
① 입금전표의 색출요령과 입금자원 추적

(i) 전표의 편철 실태

편철 순서를 알고 있으면 전표를 찾기가 쉬우므로 반드시 숙지할 필요가 있다.

㉠ 전표철 표지 → 영업점합계표(당일입지내역표) → 텔러별 전표합계표 → 무전표거래명세표 → 개별전표 전표번호 순(처리시각 순)

㉡ 다만 창구에서 지급 처리된 자기앞수표, 약속어음 등은 처리번호에 구애됨이 없이 그 수표를 지급 처리한 텔러의 전표철 마지막에 별도로 편철할 수 있다. 이 경우 전산으로 인자된 공용전표는 해당 자기앞수표의 앞에 함께 정리하여야 한다.

㉢ 영업마감 후 작성 전표는 익일 전표철에 편철하되, 각 단말기별로 처리한 전표 맨 앞에 정리하고, 전일자거래의 전표는 전(前)영업일의 각 단말기별로 처리한 전표 맨 뒤에 정리한다. 따라서 입출금거래 내역서를 토대로 작성한 추적대상 입금 내역표를 보고, 몇 번 텔러가 몇 시에 입금한 전표인지를 확인하여 찾을 수 있다.

예를 들어, 107번 텔러에서 13:00에 자금을 수납하면서 작성된 입금전표를 찾아야 한다면 107번 텔러가 그 점포에서 몇 번째 텔러인지를 확인하고, 만약 그 텔러가 세 번째라면 세 번째로 편철된 텔러의 전표철을 찾아 전표 중 13:00에 처리한 입금전표는 전표철의 중간 조금 지난 위치에 편철되었을 것이므로 그 위치의 전표를 찾을 수 있다.

② 입금전표의 입금자원 확인

(ⅰ) 현금입금

금융계좌에 현금을 입금하면 입출금거래내역서·입금전표 등에 현금입금으로 印字(은행에 따라 상이)되므로 그 은행의 코드내용(현금입금, 대체입금, 타 점권 입금 등)을 확인하는 것이 좋다.

고액의 현금인 경우를 제외하고는 사실상 자금추적하기가 어려운 것이 사실이다. 그렇다고 전혀 불가능한 것만은 아니므로 아래에 기재된 창구직원의 시재금 관리를 숙지하고 있으면 현금입금에 대한 자금추적에 도움이 될 것이다.

〈그림 33〉 창구직원의 時在金 관리

  ○ 개 요

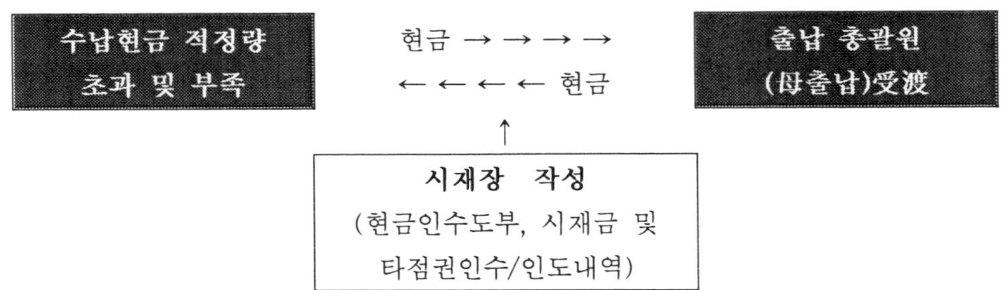

  ○ 문제점 : 시재장도 보관기간(1년)이 경과되어 폐기됨에 따라 정확한 현금인수도
관계를 확인할 수 없는 상태에서의 확인 방법

  ○ 추적요령

  • 추적대상 입금전표 印字 처리시각 · 처리번호(전표번호) 확인

  • 전표담당 텔러 전표철에 편철된 출금전표 등(자기앞수표, 당좌수표 · 약속어음 ·
국고수표)에 印字된 처리시각 · 처리번호 검토

  • 연결되는 번호기준으로 두 전표 금액 · 자원내역 등을 근거로 연결되는 전표 검
색

  • 전표 확인이 불가능시 他 텔러 전표철도 같은 방법으로 확인

(ⅱ) 현금입금 위장

  입금액이 소액이라면 현금입금 여부를 규명하기란 쉽지 않지만, 고액의 현금입금이
라면 현금인수도부(텔러 정사표, 현금시재명세표, 시재장)를 제출받아 그 장부를 토대
로 실제 수납금액만큼의 현금을 인도하였는지를 확인하여야 한다. 그러나 현수송전표
가 존재한다는 사실 자체만으로는 현금거래가 있었다고 단정적으로 말할 수만은 없다.

  입금전표를 처리한 텔러 또는 다른 텔러가 추적대상 입금전표의 입금액에 상당한 자원을 다른 계좌에서 현금으로 출금한 것처럼 위장처리하고 문제가 된 해당 입금전표도 마치 현금으로 입금한 것처럼 위장하거나 자행 발행 자기앞수표를 현금입금으로 처리하는 경우가 많음에 유의해야 한다. 따라서 전표철에 편철된 자행 발행의 자기앞수표가 있고, 그 수표에 추적대상의 계좌번호가 배서되었으며 액면금액의 합계도 입금전표의 금액과 일치하거나 비슷한지를 확인하는 외에도 입금전표의 처리시각·처리번호가 자기앞수표의 처리시각과 번호와 연결되어 있는지 등을 확인하여 입금자원여부를 가려야 한다.

(ⅲ) 대체입금

입금전표의 입금자원이 대체입금으로 印字되었다면, 입금전표에 상대되는 대체전표(출금전표, 당좌수표, 가계당좌수표 등)를 반드시 확인하여야 한다. 대체거래로 처리하고자 하면 입금전표나 상대되는 전표에 대체되는 전표의 계좌번호를 기재하거나, 대체인을 찍거나 전산으로 대체번호를 인자하여 대체거래임을 확인해 두는 것이 원칙이다. 그러나 자금세탁 의도가 있는 담당 텔러가 입금전표와 출금전표의 처리시각을 달리하는 방법으로 현금출금으로 위장한 전표를 발생시켜 그 출금전표는 전표철의 엉뚱한 위치에 편철되도록 하는 경우도 있음에 유의해야 한다.

(ⅳ) 신규계좌 입금

자금을 세탁하기 위하여 개설된 계좌는 대부분 일회성 거래 내지는 단기간 거래라는 특성을 지니고 있다.

뇌물통장으로 이용되는 계좌의 특징은 특단의 사정이 없음에도 신규통장을 만들었다는 점과 거래기간이 주로 단기간인 점 외에도 주로 예금거래신청서에 날인된 인감(평상시 사용되는 도장과 별개의 도장을 사용) 또는 비밀번호(외우기 쉬운 단순한 조합의 번호 사용)에서 찾을 수 있다.

따라서 자금추적에서는 특히, 인감이나 비밀번호의 형태, 계좌자금의 관리 형태를 면밀히 검토하여 계좌의 자금성격을 파악하는데 참고하여야 한다.

(ⅴ) 자행권·타점권 입금

㉠ 자행권 입금

자행(自行) 발행 자기앞수표를 입금할 경우 통상 자기앞수표의 뒷면에 제시인의 인적사항을 기재하고, 출납인을 찍게 되며 자기앞수표 및 입금전표에 현금지급을 의미하는 코드를 인자하여 처리한 후 계좌에 입금하고 있으므로 자금 추적시 입금전표에 인자된 처리시각·번호와 자기앞수표에 인자된 처리시각·번호 및 자기앞수표의 배서내용을 비교하면서 입금전표와 일치되는 자기앞수표를 찾아야 한다.

위와 같이 배서내용에 의하여 확인된 자기앞수표의 발행날짜, 발행점포, 자기앞수표번호, 액면금액, 매수, 배서내용 등을 자기앞수표 명세표에 기재한 다음, 그 자기앞수표가 발행된 점포를 대상으로 그 수표의 발행자원을 추적하여야 한다.

무배서 또는 엉뚱한 내용으로 배서된 경우의 자금추적은 무배서 자기앞수표 추적 참조

㉡ 타점권 입금과 마이크로필름(M/F) 판독

금융기관 영업 점포에서 타 점권을 수납하면 영업일마다 영업 마감 후 모든 창구직원으로부터 타 점권을 넘겨받아 마이크로촬영기를 이용하여 촬영하게 된다. 요즘은 타 점권을 M/F으로 촬영하지 않고 새로 개발된 마이크로촬영기를 이용하여 수표를 촬영하고 그 내용을 컴퓨터 하드 디스크에 입력한 다음, 한 장 분량이 되면 CD에 집중적으로 저장하여 보관하고 있는 점포가 생겨나고 있는바 이럴 경우에는 자기앞수표번호나 액면금액을 입력하여 검색할 수 있다.

은행의 타 점권 수납 후 처리
- 수표 등 타 점권 창구수납(세금, 예금, 대출금상환 등)
- 수표요건, 사고수표 여부 확인(텔러가 수표이면에 표시한 확인사항에 유의)

- 특정횡선 표시(특정횡선수표는 거래은행의 예금계좌에 입금 후 현금화됨)
- M/F촬영·타점권기입장 기장(M/F현상액을 장기 무교체시 인화내용 흐림)
- 익일 어음교환 회부

ⓐ 수표 뒷면의 배서내용 판독

예금계좌에 타점권이 입금되어 마이크로필름을 판독할 때는 필름의 자기앞수표 뒷면을 먼저 판독하여 입금전표의 계좌번호·계좌 명의인 성명과 일치하는 배서내용이 있는지를 확인하여야 한다. 특히 유의할 것은 수납한 타 점권으로 두 개 이상의 계좌에 입금·송금하거나, 남은 자원으로 또 다른 자기앞수표를 발행하는 등 한번에 여러 형태로 지급처리를 하면서 하나의 계좌번호만 배서하는 사례도 발견되고 있는바 이러한 경우에는 동일한 고객이 같은 기회에 제시한 타점권의 금액 합계보다 배서된 계좌번호의 계좌에 수납된 타점권의 금액이 적을 수밖에 없을 것이다.

이를 추적하기 위해서는 추적대상 입금전표와 함께 처리된 전표의 수납자원을 모두 확인하는 방법으로 다른 계좌의 자원으로 수납한 사실이 있는지, 자기앞수표를 발행한 사실이 있는지를 확인하면 된다.

ⓑ 수표전면의 수표명세 판독

수표의 전면을 판독할 때에는 입금전표에 기재된 입금액과 동일한지 아니면 입금액의 일부인지를 확인하여 그 명세를 모두 확인하여야 한다. 즉 입금전표의 계좌번호·계좌 명의인과 일치하는 배서내용의 타점권이 있는 것으로 확인되었다면, 그 타점권의 번호·발행날짜·발행점포·액면금액·매수 등의 내역은 어떠하고, 그 금액의 합계금은 입금전표의 입금액과 일치하는지를 확인하여야 한다는 것이다.

〈그림 34〉 자기앞수표의 기본구조

― 앞면

<table>
<tr><td colspan="3" align="center">자기앞수표　　　　①　　②</td><td rowspan="8">ㅁ
ㅁ
은
행
마
포
지
점
(3)</td></tr>
<tr><td colspan="2">지 급 지</td><td align="right">바가</td></tr>
<tr><td colspan="2">12345678</td><td></td></tr>
<tr><td colspan="2">주식회사 ○○은행 여의도지점 앞</td><td>③</td></tr>
<tr><td colspan="2" align="center">₩100,000. (금일십만원정)</td><td>⑤</td></tr>
<tr><td colspan="2">이 수표의 소지인에게 지급하여 주십시오.</td><td>2001년 6월 21일</td></tr>
<tr><td colspan="2">지급거절증서 작성을 면제함.</td><td>④</td></tr>
<tr><td colspan="2">발 행 지 서울특별시
주식회사 ○○은행　　　여의도지점장　이병우 (인)</td><td></td></tr>
</table>

점선아래의 앞뒤면은 전산처리 부분이오니 글씨를 쓰거나 더럽히지 마십시오.

12345678	12	1237 : 00	0000	13	0000100000
⑥	⑦	⑧	⑨	⑩	⑪

[설명] ① 바가 : 수표 권종 표시 기호(전 은행 공통), ② 12345678 : 수표번호(8자리), ③ 특정횡선 : 수표를 입금한 은행점포, ④ 수표를 수납한 창구직원(Teller) 고유번호, ⑤ 수표발행 일자, ⑥ 수표번호 : ②와 동일, ⑦ 은행 코드번호, ⑧ 수표발행지점 코드번호, ⑨ 수표종류 첵크 디지트(Check Digit) : 십만 0000, 삼십만 0001, 오십만 0002, 백만 0003, 일반 0005 ⑩ 수표권 종별 코드번호 : 십만 13, 삼십만 14, 오십만 15, 백만 16, 일반 19, ⑪ 금액 : 일반수표는 발생시점에서 인자함

― 뒷면

① 입금계좌 : 125는 계좌개설지점, 01은 예금종류(보통예금), 12351은 계좌번호, 02는 동 계좌명의인의 예금계좌 수

② 교환인 : 수표의 입금은행(ㅁㅁ은행) 표시

　　　2001.6.22. : 수표입금일 이후 최초의 영업일(통상 입금일 익일)

<table>
<tr><td rowspan="3"></td><td rowspan="3">① 125-01-12351-02</td><td>②</td><td rowspan="3"></td></tr>
<tr><td>ㅁㅁ은행
마포지점
교환인</td></tr>
<tr><td>2001.6.22</td></tr>
</table>

ⓒ 입금자원 명세표 작성

　입금자원 내역이 모두 확인되면 아래와 같은 입금자금 명세표를 정확하게 작성한 다음, 은행 담당 직원의 확인 도장을 받아 두는 것이 다음 단계부터 진행될 자기앞수표의 발행자원 추적이나 추적자료를 관리하는데 편리하고, 관련자를 조사할 경우에도 도움이 된다.

<입금자원 명세표>

연번	입금 계좌		입금자원 명세			
	입금날짜	계좌번호(성명)	발행날짜	발행점포	액면×매수 자기앞수표번호	배서내용
						※입금계좌의 번호 이외의 배서내용 이 발견될 수 있음

⓻ 금융거래정보의 제공요구서 작성

　자기앞수표에 대한 입금자원이 모두 확인되었다면 금융거래정보의 제공요구서를 작성하여 자기앞수표의 발행자원을 추적하여야 한다.

　작성요령 중 '요구하는 거래정보 등의 내용란'에는 다음과 같이 기재한다.

확인하여야 할 자기앞수표가 많은 경우 별표를 활용하여 작성하면 효율적이다.
즉 '요구하는 거래정보 등의 내용란'에는 다음과 같이 기재하면 될 것이다.

"200○. ○○. ○○. 귀 점포에서 발행된 자기앞수표 ○○○원권 × ○○매(#수표번호 기재)
가 200○. ○○. ○○. 영장 기재의 갑 명의의 ○○은행 ○○지점 ○○○- ○○- ○○○○○
○계좌에 입금되었는바, 동 수표의 발행의뢰서・출금전표 등 관련 전표, 발행자원 명세, 위
수표와 함께 발행된 자기앞수표의 지급정보에 관한 전산자료 및 자기앞수표 사본 등 관련 금
융거래의 정보 또는 자료, 동 수표에 관한 발행자원 관련 계좌가 존재한다면, 동 계좌에 대한
예금거래신청서 또는 고객정보조회, 위 계좌에 대한 200○. ○○. ○○.부터 200○. ○○. ○
○.까지의 입출금거래내역서 전산자료(필요한 경우만 요구) 등 관련 금융거래의 정보 및 자료"

"귀 점포에서 발행된 아래의 자기앞수표가 영장(200○년 제 ○○○호)기재의 갑 명의의
○○은행 ○○지점 ○○○- ○○- ○○○○○○계좌에 입금되었는바, 동 수표의 발행의뢰
서・출금전표 등 관련 전표, 발행자원 명세, 위 수표와 함께 발행된 자기앞수표의 지급정
보에 관한 전산자료 출력 및 자기앞수표 사본 등 관련 금융거래의 정보 또는 자료, 동 수
표에 관한 발행자원 관련 계좌가 존재한다면, 동 계좌에 대한 예금거래신청서 또는 고객정
보조회, 위 계좌에 대한 200○. ○○. ○○.부터 200○. ○○. ○○.까지의 입출금거래내역서
전산자료(필요한 경우만 요구) 등 관련 금융거래의 정보 및 자료"

ⓐ 자기앞수표의 발행자원 확인

효율적인 확인방법은 이미 입금자원으로 확인된 자기앞수표의 발행내역을 확인하되,
전산부서나 자기앞수표 발행점포에서 전산으로 발행내역을 조회하게 되면, 그 수표가
어느 점포의 몇 번 텔러에서 발행되었는지를 확인할 수 있다. 그러면 그 텔러가 작성
한 그 날의 전표 중에서 출금전표, 자기앞수표발행의뢰서・당좌수표・약속어음・자행
에서 발행된 자기앞수표 등을 검색대상으로 잡고 장표를 일일이 검색하면서 추적대상
자기앞수표번호가 기재된 전표가 있는지를 확인하면 시간을 절약할 수 있다.

ⓑ 인적사항 확인

해당 자기앞수표의 발행자원이 실제로 현금이라면 자기앞수표 발행의뢰서에 발행의
뢰인의 인적사항이 기재되어 있으므로 자금추적은 일단 종료되며, 이때 자기앞수표발

행의뢰인이 그 금융기관에 계좌를 개설한 적이 있으면 고객정보조회 전산자료가 있으므로 이를 활용할 필요가 있다. 또한 계좌에서 출금된 자원으로 발행된 자기앞수표라면 출금전표에 나타난 계좌번호와 성명을 근거로 예금거래신청서를 확인하거나 고객정보조회를 통하여 계좌 명의인의 인적사항을 확인하면 간단하다. 그밖에 당좌수표, 약속어음 등을 발행자원으로 발행되었다면 발행자원을 추적한 바로 그 점포에서 당좌거래신청서 등을 제출 받아 자기앞수표발행의뢰인의 인적사항을 확인할 수 있다.

ⓒ 자기앞수표의 재발행

이미 발행된 자기앞수표를 발행자원으로 또 다른 자기앞수표를 발행하고자 할 때에는 자기앞수표 제시인으로부터 주민등록증 등 실명확인증표를 제시받아 실명확인을 하는 외에도 제시된 자행권 자기앞수표의 뒷면에 제시인의 인적사항을 기재하고, 앞면에 다시 발행하고자 하는 자기앞수표의 발행내역(번호와 액면금액 등)을 전산으로 인자하는 방법으로 발행하게 된다. 또한 자행에서 발행된 자기앞수표를 발행자원으로 하여 또 다른 자기앞수표를 발행하였다면, 발행자원이 된 그 수표는 다시 발행한 날짜의 전표철에 편철하게 된다.

③ 맞바꾸어진 자기앞수표의 추적

여기서는 위에 설명한 추적방법을 상기하면서 자기앞수표가 바뀐 경우의 추적방법을 간략히 살펴보고자 한다.

수납수표와 맞바꾸기

○ 계좌 출금 자기앞수표 추적 → 입금된 계좌 명의인 조사 또는

○ 계좌 입금자원 추적 → 자기앞수표 발행의뢰인 조사로 확인 가능

○ 출금자원 자기앞수표 추적 → 은행 전산부서 · 자기앞수표 발행점포 지급정보 전산자료 요구 및 검토 → 수표 특정날짜 · 점포 입금사실 확인 또는 특정날짜, 특정은

행 자금부에 보관된 사실

입금자원 자기앞수표 맞바꾸기

창구직원이 특정계좌의 입금자원으로 수납한 자기앞수표를 다른 계좌의 입금자원과 서로 바꾸어 입금하는 방법으로,

- 출금자원 자기앞수표 추적 → 입금된 계좌 명의인 조사 또는
- 계좌 입금자원 추적 → 자기앞수표 발행의뢰인 조사로 확인 가능

예를 들어 창구직원이 金모씨로부터 수납한 자기앞수표 100만원권 1매를 金모씨 계좌에 입금치 않고 李모씨로부터 수납한 자기앞수표를 金모씨 명의의 계좌에 입금하고 金모씨로부터 수납한 자기앞수표를 李모씨 명의의 계좌에 입금하는 경우이다. 이러한 경우 金모씨가 가지고 온 출금자원 자기앞수표를 추적하는 경우라면 그 수표가 李모씨 계좌에 입금되었으므로 李모씨를 조사하게 되는데 李모씨로부터 그가 그 날 그 점포에서 특정 계좌에 입금한 자기앞수표의 명세를 제공받아 그 수표가 입금된 계좌를 확인하면 金모씨의 성명과 입금계좌를 확인할 수 있을 것이다. 그리고 반대의 경우라면 金모씨 명의의 계좌에 입금되었으므로 金모씨 명의의 계좌에 입금된 자기앞수표의 발행의뢰인을 조사할 수 있고, 金모씨로부터 특정계좌에 입금한 자기앞수표의 명세를 제공받아 추적하면 그 수표가 李모씨 계좌에 입금되었음을 알 수 있다.

텔러 바꿈의 자기앞수표 발행

창구직원이 계좌의 출금자원 등으로 자기앞수표를 발행하여 그 수표를 다른 텔러로 넘기고 그 텔러로 하여금 그 수표를 발행자원으로 다시 다른 자기앞수표를 발행하도록 한 다음, 그 수표를 고객에게 교부하거나 같은 방법을 반복하여 최종적으로 발행한 자기앞수표를 고객에게 교부하는 경우로,

- 계좌 출금 자기앞수표 추적 → 입금된 계좌 명의인 조사 또는
- 계좌 입금자원 추적 → 자기앞수표 발행의뢰인 조사
- 텔러번호 명령부, 자기앞수표발행의뢰서 등 관련 장표 검색으로 확인 가능

자기앞수표를 수납치 않고 영업자금과 맞바꿈

제2금융권 창구직원이 자금세탁을 하려는 청탁인 자기앞수표를 수납도 하기 전에 영업자금과 바꾸어준 준 경우로,

○ 수납수표 내역 확인 → 수납장(수표 및 영업자금)·지급장·수표번호기입장·전표 내역 확인 → 마이크로필름(M/F)판독 → 영업자금 수표 사용내역 확인 → 계좌 건별 구체적 내용 확인

○ 사용처 불명 영업자금 확인 → M/F판독(수표 허위 배서 또는 무배서 흔적 발견)

제2금융권에서는 거래 은행에서 제2금융기관 명의의 당좌계좌 출금자원으로 발행받은 자기앞수표 또는 현금으로 영업하고 있다. 그리고 수납장(수표기입장, 수표번호기입장, 타점권수도부)과 지급장을 비치하여 수납금과 영업자금은 수납장에 정리하고 지급내역은 지급장에 기재하는 방법으로 관리하고 있는바, 수표가 수납되면 M/F으로 촬영하거나 아니면 그 내역을 수표기입장에 기재하는가 하면 전산에 입력하는 방법으로 관리하되, 그 수표 등의 수납금은 거래은행에 개설된 당좌계좌에 입금

수납금과 맞바꾸어진 자기앞수표 추적

제2금융권 창구직원이 자금세탁을 하려는 청탁인 자기앞수표를 다른 수납금과 바꾸어준 준 경우로,

○ 수납수표 내역(금액·계좌번호 등)확인 → 수납장(수표·영업자금)·입금전표 내역(발행어음계산서 등)확인 → 자기앞수표 입금계좌 확인 → M/F판독·전술자료와 대조 → 불일치 자기앞수표 적출 → 누락 자기앞수표 내역 확인 → 수표기입장 사본 → 금융거래정보 등의 제공 요구서 작성 → 수표 최종 사용자 인적사항 확인

○ 계좌 출금자원 수표지급, 현금 또는 영업자금 수표 지급위장 → M/F판독 → 수입점포 당좌계좌 입금 사실 확인

다. 출금자원 추적

1) 개 설

출금자원 추적도 앞서 설명한 입금자원 추적과 크게 다르지 않다. 즉, 당사자의 동의가 없는 한 역시 압수·수색영장이 필요하고, 입출금거래 내역서를 토대로 추적대상 출금 내역표를 작성하는 외에도 금융거래정보의 제공요구서를 작성하여야 한다는 것도 다를 바 없다.

다만, 여기서 강조하고 싶은 것은 추적대상 자금의 성격에 따라 입금자원 또는 출금자원만 추적하는 경우도 있고 입·출금자원을 한꺼번에 추적하는 경우가 있을 수 있다는 점이다.

이를테면 범죄행위에 제공했던 자금을 찾고자하는 추적이라면 출금자원만 추적하면 될 것이나 범죄행위로 인하여 취득한 자금을 찾는 경우라면 우선적으로는 입금자원만 추적하고 그 자금의 조성·흐름까지 확인하고자 한다면 입·출금자원 모두를 추적하여야 할 것이다.

2) 현장출장 자금추적

가) 출금자원 추적 준비

입출금거래 내역서를 토대로 추적대상 출금 내역표를 작성하고 사법경찰관 명의의 금융거래정보의 제공 요구서를 작성하여 출금거래 금융기관의 점포장에게 이를 제시한 다음, 전표철 등 관련 장표를 제출받아 자금추적에 임하여야 한다.

나) 출금전표 확인

사전에 금융기관과 협조하여 찾고자 하는 전표철 보관 장소를 확인한 후 그 전표철에서 찾고자 하는 전표가 어디쯤 편철되어 있는지를 먼저 파악하는 것이 중요한데 이는, 입출금거래신청서에 나타난 텔러번호(단말기번호)를 확인하고, 처리시각이 있으면 그 시각을 확인하여 텔러번호와 처리시각을 기준으로 전표를 찾으면 훨씬 효율적이기 때문이다.

① 현금출금

자금추적을 할 때 고액의 자금(분할인출인 경우 소액이 더 중요)이 현금출금으로 처리된 것이 발견되었다면 현금출금으로 위장된 것이 아닌가 하는 점을 항상 염두에 두고, 출금전표와 상대전표에 印字된 전표의 처리번호·처리시각이 근접하게 연결되었는지 여부, 두 전표의 의뢰인 성명·금액의 동일 또는 대부분 동일점 등을 기준으로 관련 전표를 찾아야 한다. 아울러 계좌의 자원을 출금한 텔러 뿐만 아니라 다른 텔러에서 작성된 자기앞수표발행의뢰서·입금전표·송금전표·매출전표 등 관련 장표를 일일이 검색하면서 출금한 텔러 또는 다른 텔러에서 자기앞수표를 발행하거나 계좌입금·송금한 사실이 있는지, 표지어음 등 각종 증서를 매입한 사실이 있는지를 반드시 확인하여야 한다. 그리고 실제로 현금으로 출금되었는지를 현금인수도부 등 관련 장표를 제출받아 현금거래 여부를 확인하면 된다.

② 대체거래

평소에는 대체거래로 처리되다가 특정 자금의 경우만 현금거래로 처리되었다면 일단 자금세탁으로 의심해 볼 만하다. 또한 현금출금으로 위장하고 상대되는 입·출금전표·자기앞수표발행의뢰서 등을 나중에 작성 처리하여 상대전표가 엉뚱한 위치에 편철되도록 처리하였다면 자금세탁으로 의심할 수 있다.

출금자원이 다른 계좌로 대체되었다면 대체된 상대전표를 확인하여 그 전표에 기재된 계좌의 예금거래신청서를 제출받아 계좌 명의인의 인적사항, 印鑑印形, 비밀번호 등을 확인한 다음, 계좌 명의인을 대상으로 자금의 명목을 확인하고, 필요할 경우 입출금거래 내역서를 제공받아 자금거래의 규모와 형태, 예금거래신청서의 내용을 확인한다.

③ 출금자원과 자기앞수표의 발행

(i) 종 류

정액 자기앞수표(정액권)와 일반 자기앞수표(일반권)이 있는바 정액권은 자기앞수표 용지에 액면금액이 미리 부동문자로 인쇄된 것을 이용하여 발행된 수표로 4종(100,000원 권, 300,000원 권, 500,000원 권, 1,000,000원 권)이 있고, 일반 권은 창구직원이 자기앞수표를 발행할 때 액면금액을 단말기를 이용하여 印字하는 방법으로 표시한 수표를 말 한다

(ii) 발 행

전술한 바와 같이 非은행 금융기관을 제외한 은행인 금융기관(우체국, 농협, 수협 포함)에서만 발행할 수 있다.

㉠ 발행자원과 발행방법

계좌의 출금자원이나 또 다른 자원으로 자기앞수표를 발행하면서 별도의 자기앞수표발행의뢰서를 작성하는 방법으로 처리하게 되는 경우 자기앞수표의 발행의뢰인이 본인이라면, 자기앞수표발행의뢰서에 본인의 실명을 기재하도록 하고 주민등록증 등 실명확인증표를 제출받아 실명확인 및 날인을 하여야 한다. 그러나 대리인이라면 연동전표나 자기앞수표발행의뢰서에 본인 및 대리인 성명·주민등록번호·연락처·본인과의 관계를 기재하도록 하고 대리인의 실명확인증표를 제출받아 실명확인 및 날인하여야 한다. 그리고 본인이든 대리인이든 그 의뢰서에 발행자원이 인출된 계좌번호를 반드시 기재하여야 하고 자기앞수표 발행내역을 전산으로 印字하는 방법으로 발행하게 된다.

그밖에 CD, CDP(Cash Dispenser Printer), ATM을 이용한 계좌출금을 하면서 자기앞수표 발행한 경우는 관련 전표를 별도 관리하고 있으므로 그 전표를 제출받아 자기앞수표의 발행사실과 관련계좌를 확인하여야 한다.

㉡ 수수료 영수증과 관련된 금융거래의 추적

ⓐ 영수증을 확보한 경우

창구직원은 수수료 징수 면제대상(VIP 등) 외에는 고객으로부터 자기앞수표 발행 수

수료 또는 송금 수수료를 받고, 그 영수증 등에 수수료의 영수사실을 기재하게 된다. 따라서 수수료 영수증은 자금추적에서 중요한 단서가 될 수 있으므로 일반 압수·수색영장을 집행하면서 그러한 영수증이 발견되면 놓치지 말고 압수한 뒤, 금융계좌 추적용 압수·수색영장을 발부받아 그 자금과 관련된 금융거래의 정보·자료도 반드시 추적하여야 한다는 점을 절대로 잊어서는 안 될 것이다.

ⓑ 영수증을 확보하지 못한 경우

이러한 경우라도 자금추적을 중단해서는 안되고 창구직원이나 회사 관계자 등을 조사하여 그와 같은 방법으로 현금을 조성한 자 또는 자기앞수표를 발행받은 실제 행위자를 찾아내어 자기앞수표 발행날짜·발행점포 등을 확인한 다음, 그 사람으로 하여금 금융거래정보 등 제공 동의서를 작성하도록 하여 끈질기게 자금추적에 임하여야 한다.

④ 자기앞수표의 지급내역 추적

(i) 수표의 제시정보(지급정보) 조회

금융거래정보의 제공 요구서를 작성한 뒤 자기앞수표가 발행된 영업점포 또는 그 은행 전산부서에 그 요구서를 제시하고 자기앞수표의 지급에 관한 전산정보 자료를 제공받아야 한다.

(ii) 지급정보의 전산자료 판독요령

자기앞수표가 발행된 금융기관에 제시된 경우에는 별 문제가 없으나 다른 금융기관에 제시된 경우라면 어음교환이 정보교환 방식인지, 실물교환 방식인지를 살펴야 한다.

㉠ 정보교환방식으로 어음교환된 제시정보

동 자료에는 자기앞수표가 제시된 타행 점포가 나타나 있으므로 제시점포의 확인이 가능하다. 자기앞수표 확인은 정액권이든 일반권이든 모두 제시은행 어음교환반에서 찾을 수 있다.

따라서 자기앞수표의 지급(제시)정보 조회만으로 교환 지급된 자기앞수표의 제시점포를 확인하여 제시은행 어음교환반으로부터 그 수표의 사본을 제공받기 전이라도 제시점포에서의 직접적인 자금추적이 가능하다.

Ⓛ 실물교환방식으로 어음교환된 제시정보

동 자료에는 자기앞수표가 다른 은행에 제시된 제시점포가 나타나 있지 않아 그 확인이 불가능하고, 수표 보관점포에서 자기앞수표를 확인하여야만 제시점포의 확인이 가능하다. 자기앞수표 확인은 정액권은 발행은행 어음 교환반에서, 일반 권은 발행점포에서 각각 찾아야 하고, 특정 橫線印에 의해서만 제시점포의 확인이 가능할 뿐이다.

(iii) 금융거래정보의 제공 요구서의 작성

자기앞수표의 지급에 관한 전산자료의 출력자료를 검토하였다면 자기앞수표의 보관점포로부터 자기앞수표의 사본(원본 확인 필요)을 제공받아야 할 것이다. 자기앞수표가 발행점포에 제시되어 보관되어 있거나, 타 은행에 제시되어 어음교환을 거친 다음, 발행점포에 보관되어 있는 경우에는 기 제시된 영장만으로 그 수표의 사본 등을 제공하도록 요구할 수 있으나, 자기앞수표와 같은 은행 타 점포에 제시되어 보관하고 있다면 별도의 금융거래정보의 제공요구서를 작성하여야 한다.

이때 '요구하는 거래정보 등의 내용란'에는 다음과 같이 기재한다.

> "200○. ○○. ○○. ○○은행 ○○지점에서 영장 기재의 ○○○명의의 ○○은행 ○○○- ○○- ○○○○○○계좌의 출금자원으로 발행된 자기앞수표 ○○○원권 × ○○매(#수표번호 기재)가 200○. ○○. ○○. 귀 점포에 제시되었으므로, 동 자기앞수표의 사본, 동 자기앞수표가 입금 또는 송금되었다면 관련 전표 사본 및 그 자기앞수표와 함께 입금 또는 송금된 자원의 명세, 그 계좌의 예금거래신청서・200○. ○○. ○○.부터 200○. ○○. ○○.까지의 입출금거래내역서, 위 자기앞수표를 발행자원으로 하여 다른 자기앞수표가 발행되었다면 다시 발행된 자기앞수표의 지급에 관한 전산정보조회, 자기앞수표 사본등 관련 금융거래의 정보 및 자료"

○ 사본하고자 하는 자기앞수표가 여러 건인 경우

"영장 기재의 ○○○명의의 ○○은행 ○○○- ○○- ○○○○○○계좌의 출금자원으로 발행된 아래의 자기앞수표가 귀 점포에 제시되었으므로, 동 자기앞수표의 사본, 동 자기앞수표가 입금 또는 송금되었다면 관련 전표 사본 및 그 자기앞수표와 함께 입금 또는 송금된 자원의 명세, 그 계좌의 예금거래신청서·200○. ○○. ○○.부터 200○. ○○. ○○.까지의 입출금거래내역서, 위 자기앞수표를 발행자원으로 하여 다른 자기앞수표가 발행되었다면 다시 발행된 자기앞수표의 지급에 관한 전산정보조회, 자기앞수표 사본 등 관련 금융거래의 정보 및 자료"

(ⅳ) 특정횡선인 확인

자기앞수표가 언제 점포에 제시되었는지를 확인하고자 할 때에는 자기앞수표 지급에 관한 전산자료에 나타난 지급일을 기준으로 하되, C/C(교환지급)라면 그 자료에 기재된 지급일 前 영업일이 영업점포에 제시한 날짜가 되고, 자기앞수표가 발행은행 점포 또는 자행 다른 점포에 제시되어 그 代錢이 창구(현금)지급이라면 그 전산자료에 기재된 지급일이 자기앞수표가 점포에 제시된 날짜이다.

자기앞수표가 어느 점포에 제시되었는지를 확인하고 싶다면 그 전산자료의 제시점 란에 기재된 점포 코드를 확인하여도 알 수 있고, 창구(현금)지급이 아닌 교환지급으로서 지급정보 자료에 제시점포가 나타나 있지 않다면 자기앞수표에 찍혀 있는 특정횡선인을 보아도 알 수 있다. 즉, 특정 횡선인은 위에서 아래로 폭 1㎝, 길이 5~6㎝정도 되는 두 줄의 횡선을 긋고, 그 선 안에 은행 점포명(예 : 우리은행 ① 명동지점, 우리은행 명동지점 1번 텔러가 수납했다는 의미)이 새겨진 고무인을 말한다. 그 외에도 금융기관에서 창구직원이 자행 발행의 자기앞수표를 수납하여 현금으로 지급하였다면 자기앞수표 전면에 출납인을 찍고, 자기앞수표의 뒷면에는 현금을 찾아간 사람의 인적사항을 기재하게 되며 계좌입금이라면 자기앞수표 뒷면에 계좌번호를 기재하게 된다.

(ⅴ) 배서내용 확인

추적대상 수표의 배서내용을 보고 자기앞수표 제시인의 인적사항 또는 입금계좌를 확인하여야 한다. 그러나 제시된 자기앞수표에 수납과 관련된 일부의 내용만 배서되었거나 배서내용이 없을 경우가 문제된다. 이는 후술하는 "자기앞수표의 사용처 추적편"과 "무배서 자기앞수표의 추적편"을 참고하기 바란다.

(vi) 자기앞수표의 지급내역 확인

㉠ 금융거래정보의 제공 요구서 작성

자기앞수표의 사본을 제공받아 그 수표의 특정 횡선인과 제시인의 인적사항, 계좌번호를 확인하였다면 지금까지와 마찬가지로 금융거래정보의 제공 요구서를 작성한다. 참고로 요구서 작성 시 '요구하는 정보 등의 내용란'에는 다음과 같이 기재하면 무난할 것이다.

> "200○. ○○. ○○. ○○은행 ○○지점에서 영장 기재의 ○○○명의의 ○○은행 ○○○- ○○- ○○○○○계좌의 출금자원으로 발행된 자기앞수표 ○○원권 × ○매(#수표번호 기재)에 ○번 횡선 날인과 ○○○로 배서되어 200○. ○○. ○○. 귀 점포에 제시되었으므로, 동 자기앞수표의 사본, 동 자기앞수표가 입금 또는 송금되었다면 관련 전표 사본, 입금 또는 송금된 계좌의 예금거래신청서·200○. ○○. ○○.부터 200○. ○○. ○○.까지의 입출금거래내역서 등 관련 금융거래의 정보 및 자료, 그 수표를 발행자원으로 하여 다른 자기앞수표가 발행되었다면 그 수표의 지급에 관한 전산정보조회, 사본 등 관련 금융거래의 정보 및 자료"

㉡ 추적대상 자기앞수표가 여러 건인 경우

> "○○은행 ○○지점에서 영장 기재의 ○○○명의의 ○○은행 ○○○- ○○- ○○○○○○계좌의 출금자원으로 발행된 아래의 자기앞수표는 아래와 같이 귀 점포에 제시되었으므로, 동 자기앞수표의 사본, 동 자기앞수표가 입금 또는 송금되었다면 관련 전표 사본, 입금 또는 송금된 계좌의 예금거래신청서·200○. ○○. ○○.부터 200○. ○○. ○○.까지의 입출금거래내역서 등 관련 금융거래의 정보 및 자료, 그 수표를 발행자원으로 하여 다른 자기앞수표가 발행되었다면 다시 발행된 자기앞수표의 지급에 관한 전산정보조회, 자기앞수표 사본 등 관련 금융거래의 정보 및 자료"

ⓛ 자기앞수표의 사용처 추적

고객이 예금통장을 소지하고 입금하는 경우에는 입금전표를 작성하지 않게 되는데, 이럴 경우에는 텔러별 전표철 앞에 편철되어 있는 무전표명세서(무전표거래명세표)를 확인하여야 한다.

특히 유의할 점은 자기앞수표의 배서내용만을 전적으로 믿어서는 안된다는 것이다. 자금거래 사실을 은폐 내지는 가장할 의도가 있었거나 창구직원의 업무미숙 등으로 인하여 배서내용과 다른 내용의 지급처리를 하는 경우도 있을 수 있다는 것이다.

ⓐ 발행점포 또는 같은 은행 다른 점포에 제시

① 현금지급

자금세탁 의도가 있을 경우는 물론이고 그런 의도가 없었더라도 자기앞수표의 뒷면에 제시인의 인적사항을 기재하는 외에 그 수표의 대전(代錢)을 현금으로 지급한 것처럼 자기앞수표의 전면에 출납인을 찍고 현금지급 코드를 인자하여 현금지급으로 위장한 다음, 그렇게 위장한 현금을 발행자원으로 하여 다른 자기앞수표를 발행하거나 아니면 계좌입금 등 다른 형태로 지급하는 경우가 있다는 점에 유의하여야 한다. 이런 경우를 추적하기 위해서는 현금인수도부를 확인하여 실제 현금인수도가 이루어졌는지를 확인하거나 자기앞수표나 관련 전표에 인자된 처리시각·처리번호(전표번호), 수납자원 코드를 근거로 현금자원과 다른 전표와의 연결여부를 확인하여야 한다.

② 계좌입금 또는 송금

자기앞수표에 배서된 계좌가 아닌 다른 계좌에 자기앞수표가 입금 또는 송금되었다면 배서된 계좌번호와 연결되는 입금 또는 송금전표는 당연히 없을 것이고 실제로 입금 또는 송금된 계좌번호가 기재된 자기앞수표도 없을 것이다. 이러한 경우에는 허위로 배서된 자기앞수표에 인자된 처리시간과 번호를 근거로 입금전표에 인자된 처리시각과 번호를 서로 비교하면서 연결된 전표가 있는지를 확인하는 방법으로 찾으면 된다. 또한 한 사람이 자기앞수표를 여러 개의 계좌에 입금 또는 송금하면서 그 중 대표적인 계좌번호 하나만 기재하기도 하는데 그런 경우에는 그 계좌번호와 연결되는 전표의 금액보다 함께 제시된 자기앞수표의 액면금액 합계가 많을 수밖에 없다.

그러면 그 계좌의 입금전표에 인자된 처리번호 또는 전표번호를 근거로 함께 처리된 전표를 찾거나 타점권이 자행권과 함께 수납된 경우가 예상되면 타점권은 M/F을 판독하여 함께 처리된 자금을 검색하는 방법으로 확인되지 않은 나머지 자원의 사용처를 확인하면 될 것이다.

예를 들어 100,000원권 자기앞수표 100매가 함께 제시되었으나 배서가 되어 있지 않다면 그 계좌의 입금전표를 찾아내어 100,000원권이 입금되었는지를 확인하고, 사실이라면 그 입금전표에 印字된 처리시각·전표번호를 기준으로 그 전표와 함께 처리된 전표를 모두 찾아내어 그 합계금액과 제시된 자기앞수표의 액면 합계금액이 일치되는지를 확인하는 방법으로 나머지 자기앞수표의 지급내역을 확인하면 된다.

ⓑ 발행은행이 아닌 다른 은행 점포에 제시

① 자금화거래

자금화거래란 다른 은행에서 발행된 자기앞수표를 수납한 경우 그 대전(代錢)은 수납일의 다음 영업일의 결제시간(평일은 14시50분, 토요일은 13시20분)후에 현금으로 지급해야 함이 원칙이나 그 이전에 현금으로 지급 받을 수 있도록 하는 거래이다. 동 거래는 통상 다른 입금전표가 작성되지 아니하므로 사후에 조회여부를 확인할 수는 없으나 전산부서를 통하여 추적대상 자기앞수표에 대한 사고 조회 사실이 있었는지를 확인할 수도 있으므로 누가 언제 자기앞수표 발행점포의 누구에게 자기앞수표에 대한 사고조회를 하였고 현금으로 지급하였는지를 확인할 필요가 있다면 전산정보 조회를 통하여 확인하면 될 것이다.

② 계좌입금 또는 송금

출금된 자기앞수표의 입금계좌를 확인하기 위한 마이크로필름(M/F)판독은 입금자원을 판독하는 방법과는 반대로 자기앞수표의 전면을 먼저 판독하여 추적대상 자기앞수표가 촬영되어 있는지를 검색하여 그 수표의 번호, 특정횡선인, 텔러번호가 확인되면 그 다음에 수표 뒷면의 배서내용을 확인하여야 한다.

여기서 유의할 점은 필름판독 결과 특정 횡선인의 수납 점포명 아래에 "(대투)" 등의 내용이 발견되었다면 은행이 제2금융권 이를테면 대한투자증권으로부터 수납한 자기앞수표임을 알아야 한다. 또한 예금거래신청서에 찍혀 있는 인감의 인영형태, 비밀번호, 첨부된 주민등록증의 사본, 연락처를 검토한 결과 인감도장이 나무로 된 막도장이고, 비밀번호가 단순하며, 주민등록증 사본이 사본을 다시 복사한 것이고, 주소나 연락처가 엉터리로 기재되어 있고, 필적이 계좌 명의인 본인의 필적이 아니라면 일단 차명·도명·자금세탁계좌로 의심할 수 있다.

③ 무배서 자기앞수표의 추적

❶ 무배서 입금자원의 추적

배서가 되어 있지 아니한 입금자원을 확인하기 위해서는 우선 **M/F**중에서 입금전표·송금전표를 처리한 담당 텔러가 수납한 자기앞수표의 필름을 골라내어 배서여부를 불문하고 모든 수표내역(수표번호, 금액, 배서된 계좌번호)을 별도로 모두 기재한 후 그 텔러가 작성한 모든 입금전표·송금전표의 계좌번호·매출채권 번호·그 계좌의 타 점권 수납금액을 건별로 확인하여 별도의 종이에 그 내역을 모두 기재한 다음, 위 **M/F**의 자기앞수표 내역과 일일이 대조하여 촬영된 자기앞수표의 계좌번호 내역과 일치하는 입금전표를 확인하여야 한다.

배서된 자기앞수표는 존재하나 배서내용과 일치하는 입금전표가 없다면 이는 허위로 배서하였거나 타 점권을 현금으로 지급한 것으로 볼 수 있다. 그 과정을 거치고 나면 입금전표는 존재하되, 그 입금전표의 계좌번호가 배서된 수표는 존재하지 않는 사실을 확인할 수 있을 것이다.

❷ 무배서 출금자원의 추적

출금자원인 경우는 기 추적대상 자기앞수표를 먼저 확인하고 추적하기 때문에 기확인 된 추적대상 자기앞수표 한 두장에 배서내용이 없다고 하여 함께 수납된 다른 모든 자기앞수표에 배서가 되어 있지 않은 것으로 속단해서는 안 된다. 함께 수납된 다른 자기앞수표에는 배서가 되어 있을 수 있으므로 M/F을 판독하면서 추적대상 자기앞수표의 앞 또는 뒤에 촬영되어 있는 자기앞수표의 필름을 중점적으로 판독하여 배서 내용을 확인하여야 한다는 점에 유의해야 한다.

ⓒ 僞裝背書 확인

창구직원과 짜고 자기앞수표의 뒷면에 엉뚱한 계좌번호 등을 기재하는 경우가 있는 바 전혀 엉뚱한 계좌번호를 기재하게 되면 쉽게 발각이 되기 때문에 그 날 수납된 다른 계좌의 번호를 기재하거나 또는 여러 개의 다른 계좌번호를 여러 매의 자기앞수표에 분산하여 기재하게 된다. 이럴 경우에는 전표철에서 담당 텔러가 처리한 입금전표를 모두 찾아내어 건별로 계좌번호와 입금액을 모두 메모하고 M/F을 판독하여 자기앞수표에 배서된 계좌번호, 자기앞수표의 내역 등을 건별로 기재한 후 그 내용과 앞서 메모한 내용을 비교하면서 일치여부를 확인하여야 한다.

ⓔ 자기앞수표 추적결과표 작성

아래 별표와 같이 자기앞수표 추적결과표를 작성하면 사건수사 담당자가 자금거래의 관련자를 조사하는 과정에서 자금추적의 자료를 일일이 확인하지 않고도 조사할 수 있고 향후 추가 자금추적을 할 때도 매우 유용하게 이용할 수 있기 때문이다.

<표 36> 자기앞수표 추적결과표

연번	자기앞수표 발행내역					자기앞수표 사용내역		
	발행날짜	발행점포	발행자원	발행의뢰인	액면금×매수	제시날짜	제시점포	추적결과
1	02. 1. 20	하 나 명 동	현금 1,000만원	김 삿 갓 (주민번호)	100만원×10매	02. 1. 31	신 한 양재동	위의 기재 예시 참조
2	02. 1. 21	조 흥 시청역	000-00-000 000계좌 500만원	홍 길 동 (주민번호)	100만원×10매	02. 1. 31	국 민 서교동	
3					이하 양식 동일하므로 생략			

라. 전자상거래 및 신용카드거래 자금추적

1) 전자금융거래

가) 의 의

전자금융거래란 은행이 제공하는 입·출금조회, 계좌이체, 각종 조회 등을 거래처가 직접 전자적 수단 즉, 현금자동입출금기, 컴퓨터, 전화기 등 전자매체를 이용하여 거래하는 것을 말하며 종류에는 인터넷뱅킹(Internet Banking), 폰뱅킹(Phone Banking), 펌뱅킹(Firm Banking)이 있다.

나) 신규계좌 개설절차

① 은행에서 예금거래 신청시 전자금융거래 신청을 하면 창구직원은 실명확인 후 신청서 뒷면에 실명확인증표를 복사, 보관한다.

② 인터넷뱅킹의 경우 신청자는 신청일로부터 3~5일 이내에 신청 금융기관의 인터넷 홈페이지에 접속, ID(Identification Number), 실명번호, 보안카드 비밀번호를 입력하는

방법으로 공인인증서를 받는다.

다) 전자금융거래의 추적

① 일반 자금추적과 같이 관련계좌의 입출금처를 추적, 관련거래자를 조사한다.

② 압수·수색영장을 신청, 계좌개설은행 전산부서로부터 입출금거래내역서를 받는다.

③ 계좌개설은행이 아닌 거래은행 전산부서를 수신으로 사법경찰관 명의의 「금융거래정보의 제공요구서」를 작성, 팩스 전송하여 입·출금계좌, 계좌명의인 인적사항 등 관련정보를 확인한다.

④ 관련자료를 팩스로 전송받아 그 내용을 검토 후 추가발견 계좌에 대해 같은 방법으로 계속 추적, 盜·借名계좌 여부를 확인한다.

2) 전자상거래

가) 의의

협의의 전자상거래란 인터넷상의 홈페이지로 개설된 상점(Mall)을 통해 실시간으로 상품을 거래하는 것을 말하며 광의의 전자상거래는 소비자와의 거래뿐만 아니라 거래와 관련된 공급자, 금융기관, 정부기관 등과 같이 거래에 관련되는 모든 기관과의 관련행위를 포함한다. 전자지불서비스(PG, Payment Gateway)란 소비자가 인터넷 쇼핑몰을 통하여 물품을 구매하고 그 물품대금을 전자금융거래 시스템을 통하여 결재하는 서비스이다.

나) 거래절차

① 상품구매자가 인터넷 쇼핑몰에서 상품을 주문, 신용카드로 결재하겠다는 결재정보를 보내면 그 정보가 PG업체로 전달된다.

② PG업체는 그 정보를 해당 신용카드회사에 결재대금 사용승인을 요청, 신용카드회사는 신용카드결재은행에 결재가능여부를 확인 후 그 승인정보를 PG업체에, PG업체는 쇼핑몰업체에 통보한다.

③ 쇼핑몰업체는 승인정보를 수신 후 승인하고 주문 상품을 배달한다.

④ 신용카드거래은행은 승인 다음날 신용카드회사의 예금계좌에 승인대금을 이체하고 신용카드회사는 수수료 등을 뺀 정산금액을 PG업체의 계좌에 이체한다.

⑤ PG업체는 승인 후 2~5일내에 승인금액에서 일정 수수료를 공제한 후 정산금을 쇼핑몰업체계좌에 이체함으로써 거래가 종료된다. 최근 업체에 따라서는 거래기간이 몇 시간 이내로 이뤄지기도 한다.

※ 수 법

① 신용카드할인(일명 카드깡) : 사채업자 등은 타인명의로 사업자등록 후 쇼핑몰 홈페이지를 개설, 물품구매 없이 거래를 위장하는 수법으로 신용카드 할인하여 거래수수료를 챙기고 차명계좌를 통해 입·출금 반복, 자금원을 은폐한다.

② 유령쇼핑몰 사기 : 타인명의 등으로 인터넷 쇼핑몰을 개설 후 고객으로부터 상품주문 및 대금을 받고서 상품배달을 아니하고 쇼핑몰 삭제 후 도주한다.

③ 다단계판매업자의 가입비 위장수납 : 다단계업자도 타인명의 등 쇼핑몰 개설 후 가입자가 상품을 구입한 것처럼 위장, 신용카드 결재로 가입비를 받는다.

다) IP Address 추적

① 의 의

IP Address란 인터넷에서 호스트(IP Address를 부여받은 개별적인 컴퓨터)들을 서로 연결시키는데 사용되는 통신프로토콜을 사용하여 통신할 경우 송신자와 수신자를 구별하기 위한 주소를 말한다.

② 통신사실 확인자료 제공요청 승인

IP주소는 통신비밀 보호법상 보호받는 전기통신사실에 관한 자료에 해당하며 전기통신사업법(제13조제1항)에 의한 통신사실 확인자료 요청경우 관할 지방검찰청 검사장의 승인을 얻어야 한다.

③ 확인절차

(ⅰ) 거래자계좌 입출금거래내역서의 적요란에 인터넷뱅킹 등 전자금융거래시스템 이용표시가 있으면 취급란의 거래은행 표시를 확인, 그 은행에 통신사실 확인자료 제공요청서를 보내 확인한다.

(ⅱ) 사법경찰관은 사법경찰관 명의로 통신사실 확인자료 제공요청 승인신청서를 3부작성하여 내부결재용·검사결재용·검사장승인용으로 각각 사용하고

(ⅲ) 사법경찰관 명의로 통신사실 확인자료 제공요청서를 작성, 승인서를 첨부, 거래은행 인터넷 관리부서에 팩스 전송한다. 예금계좌용 압수·수색영장을 발부 받았다면 검사장 승인 없이 위 부서에 영장을 제시하고 IP주소를 확인한다.

※ IP주소는 000.00.00.00 형식으로 숫자로 표기돼 있다.

(ⅳ) IP주소는 인터넷 한국인터넷정보센타(http://whois.nic.or.kr) 홈페이지에서 「whois검색」란에 IP주소를 기재하여 검색한다. 여기서 IP사용기관정보, 네트워크 책임자 인물정보, 네트워크 담당자 인물정보 등 4종류의 정보를 확인할 수 있다.

(ⅴ) whois검색결과 회선사용자(하나로, 데이콤, 일반회사 등)만 확인될 경우 회선사업자를 수신으로 통신사실 확인자료 제공요청서를 작성, 금융기관에 보낸 것과 같은 방법으로 자료요청 한다.

(ⅵ) IP주소는 특정인에게 할당되는 고정IP와 여러 가입자에게 임시 할당되는 유동IP가 있는데 고정IP인 경우 해당 IP보유기관의 네트워크 담당자에게 사용자를 확인하고 유동IP인 경우 ADSL 등 회선사업자들이 가입자에게 할당하고 있으므로 회선사업자의 IP정보팀에게 사용시각을 초단위까지 특정해 주면 가입자 확인이 된다.

(ⅶ) IP주소가 PC방인 경우 1개의 IP로 불특정다수인이 사용한 것이므로 탐문 등 Off-line 수사를 병행하여야 할 것이다.

<표 37> 통신사실 확인자료 제공요청 승인 신청서

ㅇ ㅇ 경 찰 서

(Tel   Fax   )

제 호   200 .   .   .

수 신 : ㅇㅇㅇ지방검찰청 검사장   발 신 : ㅇ ㅇ 경찰서

제 목 : 통신사실확인자료제공요청 승인신청   사법경찰관 경위   인

다음 사람에 대한 아래와 같은 내용의 통신사실 확인자료 제공요청에 관하여 승인하여 주시기 바랍니다.

인 적 사 항	① 성 명	불상	② 주민등록번호	불상
	③ 주 거	불상	④ 직 업	불상
⑤ 전 기 통 신 사 업 자				
⑥ 요 청 사 유	ㅇㅇ 피의사건 수사와 관련하여 인터넷뱅킹 거래자의 인적사항을 확인하기 위함			
⑦ 해당가입자와의 연관성	가입자 불상은 위 사건과 관련하여 금융거래를 한 자임			
⑧ 필요한 자료의 범위	- IP Adress - 사용 날짜 및 시각 : ※ 초 단위까지 특정 - 요청사항 : 위 IP 사용자의 인적사항 일체			
⑨ 사후승인을 신청하는 경우, 미리승인을 얻지 못한 경우				
⑩ 검 사 의 견		200 . . . ㅇ ㅇ 지방검찰청 검사 인		

<표 38> 통신사실 확인자료 제공요청

O O 경 찰 서
(Tel   Fax   )

문서번호 0000-   호
제 호
수 신 :
제 목 : 통신사실 확인자료 제공요청

　다음사람에 대하여 아래와 같이 통신사실 확인자료의 제공을 요청하오니 협조하여 주시기 바랍니다.

① 성　　명	불　　　　　상
② 주민등록번호	불　　　　　상
③ 주　　거	불　　　　　상
④ 직　　업	불　　　　　상
⑤ 요 청 사 유	우리서 00피의사건 수사와 관련하여 증거 수집하기 위함
⑥ 해당 가입자와의 연관성	불상자가 위 피의사건과 관련하여 200 . . . . 00:00에 000원을 000계좌로 송금
⑦ 필요한 자료의 범위	- IP주소 - 사용자의 인적사항
⑧ 검사장의 승인 없이 요청하는 경우 그 이유	

3) 사이버증권 · 가상계좌 거래의 추적

가) 사이버증권 금융거래

증권투자고객이 증권회사의 창구에 나가지 않고 증권회사 또는 가까운 금융기관에서 개설한 계좌를 기본계좌로 사용, 증권회사의 사이버거래시스템을 이용하여 증권매매, 입 · 출금을 하는 서비스를 말한다.

나) 가상계좌 금융거래

가상계좌란 일명 연결계좌라고도 하는데 회사(증권회사, 백화점, 카드회사, 보험회사 등)가 다수의 거래처로부터 자금을 입금 받거나 거래처에 지급하고자 할 때 이용된다. 은행과 이용계약을 체결, 그 은행으로 부여받은 여러 개의 가상계좌(연결계자)번호를 각 고객에게 하나씩 통지, 고객은 은행에서 그 가상계좌로 입금한다. 고객이 입금을 하면 그 자금은 회사의 母계좌로 들어가고 그 가상계좌에는 예입되지 않는다. 출금의 경우 회사가 母계좌에서 거래금액을 인출하여 고객이 지정하는 계좌에 입금한다.

가상계좌는 일반적인 예금계좌가 아니고 고객의 입 · 출금을 위해 증권사 등에 부여한 계좌번호체계의 전산번호일 뿐이므로 실제 명의인의 입출금거래 내역서를 출력하여도 가상계좌의 거래내역은 출력되지 않는다.

다) 자금추적

입출금거래내역서는 은행의 가상계좌에는 존재하지 않으므로 증권회사에서 출력 받아야 하며 그 내역서에 처리점포가 나타나도록 조회한다. 추적대상자가 사용하고 있는 가상계좌번호의 내역도 함께 출력 받아 은행 가상계좌번호와 거래점포를 확인하여 그 가상계좌에 자금을 수납한 은행의 점포에서 입 · 출금자원에 대한 자금추적을 하고 증권회사 창구에서 입금이 이뤄진 경우 그 곳에서 자금추적 한다. 고객이 거래은행에서 가상계좌에 자금을 입금하면 입금전표에 가상계좌번호를 기재하고 창구직원은 단말기로 그 내용을 기록하므로 자금추적을 할 때 그 번호를 근거로 입금전표와 입금자원을 확인한다.

4) 신용카드 거래

가) 의의

신용카드란 신용카드가맹점에서 물품의 구입 또는 용역의 제공을 받거나 재정경제부령이 정하는 사항을 결제할 수 있는 증표로서 신용카드업자가 발행한 것을 말한다.

나) 발급정보와 사용정보 확인

신용카드 관련 자금추적 수사시 중요한 것은 신용카드의 발급정보(신용카드번호, 발급자인적사항 등)와 사용내역(사용일시, 장소, 금액, 결제계좌 등)을 확인하는 것이다. 신용카드의 개설 그 자체에 관한 정보의 경우 개인 명의이면 신용정보에 해당되어 압수·수색영장이 필요하나 법인 명의이면 압수·수색영장에 의하지 아니하고 확인할 수 있다.

그러나 신용카드의 발급정보나 신용정보의 경우에는 개인명의든, 법인명의든 명의인의 서면상의 동의가 없으면 압수·수색영장에 의하여 확인하여야 한다.

① 압수·수색영장 신청서 작성

신용카드의 정보 또는 자료를 확인하고자 할 때 별도의 압수·수색영장을 신청할 수도 있겠지만 그보다는 금융계좌추적용 압수·수색영장을 신청할 때에 함께 신청하면 된다.[477]

② 압수·수색영장의 집행

전국은행연합회를 수신으로 사법경찰관 명의 금융거래정보 제공요구서를 작성하여 압수·수색영장의 등본과 담당공무원의 공무원증 사본을 첨부, 그 요구서를 전국은행연합회의 신용정보 관리팀에 제시하고 그 팀으로부터 카드발행 회사와 카드번호를 확인한다.

---

[477] 전술한 금융계좌추적용 압수·수색영장신청서 작성사례 참조.

  카드발행회사와 카드번호 확인 후 카드사용정보를 확인하고자 할 경우 카드발행회사의 고객관리팀에 같은 압수·수색영장을 제시하고 그 회사로부터 사용내역 정보자료를 제공받으면 된다. 만약 신용카드 번호가 이미 확인된 상태이면 바로 신용카드발행회사에 압수·수색영장을 제시하고 그 회사로부터 사용정보에 대한 자료를 제공받으면 된다. 그리고 거래은행 전산부서로부터 신용카드대금 결제계좌에 대한 입출금거래 내역서를 제공받는다.

③ 신용카드의 사용내역 확인

  신용카드를 발급받아 그 카드를 뇌물로 제공하는 사례가 있으므로 카드사용내역을 검토하여 가맹점을 대상으로 누가 언제 어디에서 그 카드를 사용하였는지 확인하는 방법과 결제계좌의 출금자원을 자기앞수표로 출금하는 경우 그 자원을 추적하여 수표 사용자를 확인하는 방법이 있다. 조사대상자의 소재가 불명인 경우 카드사용정보의 언제, 어디에서 그 카드를 사용하였는지의 정보가 있으므로 활동영역 자료로 활용할 수 있고 도피자가 휴대폰을 사용하고 있다면 이동통신사를 통해 통신사실확인자료를 제출받고 추적대상 휴대폰의 실시간 사용 기지국 위치확인 등의 방법으로 활동영역을 확인한 후 도피자가 사용한 카드사용정보 자료에 나타난 평소 도피자 이용의 가맹점 위치와 비교·분석하면 도피자의 개략적인 위치를 확인할 수 있다.

5) 비자금계좌 발견목적의 자금추적

가) 의 의

  비자금계좌란 범죄행위에 제공할 자금 또는 그 행위로 인하여 취득한 자금을 관리하는 계좌만을 의미하는 것이 아니고 넓은 의미에서는 영수증 처리할 수 없는 자금거래에 사용되는 자금 또는 그들의 자금거래사실이 노출될 경우 불이익을 받을 수 있는 자금을 관리하는 계좌도 비자금계좌라 할 수 있다. 금융실명제 실시 전에는 비자금계좌가 자주 발견되었으나 그 이후에는 비자금계좌를 특별히 관리하는 사례가 급격히 줄어들었으며 검은 자금의 거래는 자기앞수표의 거래가 아닌 현금거래로 바뀌고 있다.

나) 비자금 계좌의 특성

비자금 계좌는 도·차명계좌의 특성과 많은 유사점을 가지고 있으나, 강조하는 의미에서 다시 한번 간략히 설명하고자 한다.

① 이용거래신청서에 날인된 인감도장은 예금주의 성명과 그 신청서에 날인된 인감의 인형이 일치하지 않거나 나무 등 막도장 사용, 관련자의 다른 盜·借名계좌의 인감과 같은 경우가 많으며 비밀번호가 단순하거나 다른 盜·借名계좌 비밀번호와 비슷한 특성을 볼 수 있다.

② 예금거래신청서에 첨부된 실명확인증표사본의 형태가 선명하지 아니하거나 차명계좌임에도 그 계좌개설에 필요한 위임장과 인감증명서가 예금거래신청서에 첨부되지 아니한 경우도 있다.

③ 계좌개설당시의 계좌명의인의 주소지 또는 근무처의 소재지가 아닌 엉뚱한 소재지의 점포에 계좌가 개설되었거나 계좌명의인의 재력에 비추어 많은 자금이 거래되고 거액의 자금이 일회성 또는 단기성 거래로 입·출금 되었거나 입금자금이 대부분 현금인 경우가 많다.
또한 입금된 자금이 대부분 바로 출금되는 것이 보통이다.

④ 비자금을 마련하기 위해서는 대부분 자금세탁을 한 다음 계좌에 입금하기 때문에 관련전표를 검색하면 뭔가 자금거래의 사실을 숨기려고 했던 혼적을 찾아볼 수 있다. 즉 계좌간의 자금이동사실이 선명하지 않고 입금자원이든 출금자원이든 분명하게 밝혀지지 않는다.

다) 비자금계좌의 발견

범죄사건 관련자들에 대한 주택, 사무실, 승용차를 압수·수색하는 과정에서 통장, 금융거래의 수수료 영수증, 메모장이나 책·문서 등의 여백에 메모된 계좌번호 등을 하나도 놓치지 말고 반드시 압수하여야 한다. 계좌번호의 경우 관리자 자신만 알 수 있도록 계좌번호 일부만 메모하는가 하면 계좌명의인의 성명도 L. S. 김 등 이니셜로 메모하기도 한다. 압수한 계좌의 자금 또는 금융거래의 수수료 영수증과 관련된 계좌의 자금을 추적하면 비자금계좌임을 확인할 수도 있고 아니더라도 그 계좌의 자금과 직전·직후로 연결된 계좌의 자금을 순차적으로 추적하면 비자금계좌를 발견할 수도 있다.

법인의 경우 상당수 법인이 관행적으로 많은 차명계좌를 관리하고 있고 그 중 어떤 계좌가 비자금관리 계좌인지 규명해야 하며 簿外거래 또는 분식회계 또는 자료상에게서 매입한 허위계산서로 조성한 자금을 차명계좌에 입금되었는지 확인하여야 한다. 법인의 자금일보, 전표 등 자금관련 장표를 토대로 영수증 처리된 수입금·거래처로부터 받은 자금 등을 어떤 계좌에 입금하였는지, 차명계좌 출금자원은 영수증 처리 되었는지, 영수증 처리되지 않은 자금은 어떤 계좌에 입금하였는지 등을 확인하고 법인의 실명계좌에서 출금된 자원이 자금일보에 나타난 증빙서류와 일치여부를 살펴 불일치 자금을 집중 추적한다.

마. 추적대상 입출금 내역표 작성

1) 개 설

자금추적의 결과는 범죄행위와 관련된 혐의를 규명해 줄 수 있는 증거의 하나에 불과하다. 즉, 자금추적수사를 통해 수집된 자료·정보 등은 수사대상 관련자들을 불러 조사할 수 있는 최소한의 단서를 제공할 수 있을 뿐이라고 할 수 있다.

그렇다고 하여 관련자들을 조사함에 있어 자금추적 된 계좌의 입금액 또는 자기앞 수표의 현금교환 액수만을 조사대상으로 한정한다는 것은 곤란하다.

사실 자금추적을 당하는 입장이라면 그들로서는 수사기관에서 어떤 계좌의 어떤 자금을 어느 정도 추적하였는지를 구체적으로 모르고 있는 것이 대부분이기 때문에 궁금하고 초조할 수밖에 없을 것이다. 그런데도 추적된 자금에 한정하여 관련자들을 조사할 경우, 그들로 하여금 실제로 추적된 금융거래의 자료내용을 처음부터 알게 하는 결과를 낳을 수 있으며, 그럴 경우 수사를 망치는 결과를 가져올 수밖에 없을 것이다.

따라서 관련자들을 조사하면서 처음부터 자금추적결과에 의존하여 추궁하지 말고 다른 수사정보나 관련자들의 진술 등을 근거로 반드시 진실을 규명하겠다는 끈질긴 인내심으로 조사하여야 하고 그래도 끝내 부인하면 그 때 비로소 마지막 카드로 자금 추적 결과를 제시하면서 추궁하여야 한다.

예를 들어 기업체 사장이 관련 공직자에게 자기앞수표로 1억원의 뇌물을 교부했다면 그 공직자가 그 돈을 받아 계좌에 입금하거나, 현금으로 교환한 수표는 극히 일부일 수 있고, 경우에 따라서는 한 푼도 직접 사용하지 않을 수도 있다. 이러한 경우 뇌물공여자는 그 1억원을 공직자에게 교부하였다는 사실만 기억하고 있을 뿐 그 돈 중에서 어느 정도 추적되었고, 그 공직자가 그 돈을 어디에 어떻게 사용하였을 것인지는 대부분 알지 못하고 있을 것이다. 그런데도 수사관이 거래자금의 일부분에 지나지 않는 자금추적결과를 직·간접적으로 알려주게 되면 관련자들이 별건 자금이라거나 또 다른 변명을 하게 되어 수사가 난관에 봉착할 수 있다.

2) 도명계좌 조사

가) 계좌의 명의인 조사

명의를 도용당한 예금계좌의 명의인을 조사하는 경우, 주민등록증 등 실명확인증표를 분실하여 개설된 계좌에 대하여 전혀 알 수 없다고 하거나 다른 사람에게 계좌개설 용도가 아닌 다른 용도로 잠시 빌려주었을 뿐이라고 진술할 것이다.

이럴 때에는 예금거래신청서 원본을 제출받아 그 신청서에 날인된 인감의 인형, 비밀번호, 실명확인증표 사본을 확인하거나 그 거래와 관련된 장표에 기재된 필적 등을 대조·확인하는 방법으로 조사해야 한다. 만약, 계좌의 명의인이 다른 사람에게 다른 용도로 주민등록증을 빌려주었다고 주장하면, 예금계좌의 예금거래신청서에 첨부된 인감증명서 등을 확인하여야 한다. 대리인 자격으로 계좌개설을 하였다면, 그 신청서에 인감증명서와 위임장이 첨부되어 있기 때문에 그 문서를 근거로 사실 확인을 할 수 있다.

나) 입·출금자원 거래관련자 조사

입·출금자원에 관련된 자를 조사하여 그 계좌의 실지 명의인을 확인할 수도 있다. 도명계좌에 자기앞수표가 입금되었다면, 그 수표를 발행받은 자를 대상으로 그 수표를 누구에게 교부하였는지를 조사하는 방법으로 실제의 계좌주를 확인하면 될 것이다.

다) 계좌개설 관련 은행직원 조사

은행내부의 직원이 개입되지 않고 도명계좌가 개설되는 경우가 전혀 없는 것은 아니지만, 대부분의 경우 은행 내부직원의 협조 없이 단독으로 계좌개설 신청을 하기란 쉽지 않은 일이다. 예를 들어 은행 내부직원이 이미 개설된 타인계좌의 예금거래신청서에 첨부된 주민등록증 사본으로 또는 그 직원이 보관하고 있던 주민등록증 사본 또는 분실된 주민등록증을 이용하여 마치 본인이 계좌를 개설한 것처럼 위장하기도 한다. 이런 경우에는 예금거래신청서의 원본을 제출받아 그 신청서에 첨부된 실명확인증표의 원본을 복사한 것인지 아니면 사본을 복사한 것인지 여부를 조사하여 사본을 다시 복사한 것이라면, 은행 내부의 직원이 개입되어 개설된 도명계좌 또는 차명계좌임이 분명할 것이다.

3) 차명계좌 조사

가) 차명계좌 명의인 조사

예금계좌 명의인을 대상으로 본인이 그 통장을 개설 사용하였는지 아니면 타인에게 통장을 교부하였는지, 실명확인증표를 빌려준 적이 있는지 등을 조사하여 그 통장의 실제 주인을 규명하여야 한다.

나) 입 · 출금자원 관련자 조사

입금 또는 출금자원을 추적하여 입금된 자원의 원천자원을 조성한 자 또는 출금자원의 최종 사용자 등 관련자를 대상으로 조사하여 차명계좌 여부나, 실제의 예금주를 확인할 수 있다.

여기서 유의할 점은 경우에 따라서는 수사방해를 차단하기 위해 관련자들을 한꺼번에 불러 조사할 필요가 있다는 점이다.

4) 자기앞수표 거래

통상 정액권 자기앞수표만 중시하고 일반 권 자기앞수표 거래는 다소 소홀히 하는 점이 있으나, 정액권 자기앞수표로 범죄행위에 관련되는 경우가 대부분이지만 그렇지 않은 경우도 있음에 유의해야 한다. 자기앞수표 배서 내용에 전적으로 의존하지 말고 다른 관련 자료도 충분히 참조하여 조사하여야 한다.

5) 현금거래

거액의 현금거래라면, 계좌의 명의인 또는 관련자들을 상대로 현금거래의 성격을 조사하되, 현금입금의 경우에는 현금출처를 확인하여야 하고, 현금출금이라면 그 현금의 사용처를 반드시 확인하여야 한다. 조사대상자의 진술이 신빙성이 없고, 경험칙에 합치되지 않는다면 범죄행위에 관련된 자금거래인 것으로 의심할 수 있으므로 반드시 진위여부를 확인해 보아야 할 것이다.

대부분의 공직자들은 봉급 외에 특단의 사정이 없는 한 또 다른 수입원이 없는 것이 보통이나 그가 관리하는 실명 또는 차명계좌에 거액의 현금이 입금된 사실이 확인되었다면 그 현금의 출처를 반드시 규명하여야 한다.

제3절 계좌추적 회계분석

1. 자금세탁 유형변화

- 금융실명제 실시(1993. 8. 12. 20:00) 이전

불법자금(범죄수익과 불법수익)의 세탁은 1) 가·차명계좌 개설, 2) 현금 입·출금, 3) 가명(기재된 이름과 주민등록번호가 불일치)에 의한 자기앞수표 발행의뢰 등의 방법으로 이루어 졌으며, 당시는 전자금융이 본격적으로 도입되기 이전으로 모든 거래는 소위 "1거래 1전표주의"에 따라 처리되었기 때문에 자금추적은 혐의거래일자의 전표철을 뒤져서 텔러의 필체, 잉크 색, 날인된 인장의 인주 색, 2개 이상의 전표가 발생한 경우의 전표 상호간의 연계성을 나타내는 계인, 전표처리시각 등을 확인하여 가명 및 현금처리 된 자금의 흐름을 확인하였으며, 이러한 추적방법은 일명 "전표 따라 삼천리" 라고 표현하였다. 당시에는 금융감독원의 경우[478] 검사착수[479] 즉시 특정기간에

---

[478] 금융감독원의 자금추적 검사.
　　은행, 금고(현, 저축은행) : 검사과정에서 자금의 용도와 유용, 출자자대출 등을 확인하기 위한 자금추적(금융실명법 제4조 제1항 제4호 참조,
　　증권불공정거래 : 실제 계산주체(전주) 확인, 가장매매*(有價證券의 賣買去來에 있어서 그 權利의 移

해당하는 전표철을 일괄 제출받아 불법자금의 이동을 확인하는 방법(수사의 경우는 형사소송법 제199조 제2항에 의거 자료요구)으로 추적의 단서를 확보하였다. (실명제 실시 이후는 이러한 방법은 더 이상 불가능)

　※ 비실명거래 수사사례: 한국산업은행 대출비리사건(‘95년1-5월중 대검 중수부)
’92-‘93년 기간 중에 시설자금 대출관련 기업체들로부터 소위 “떡값” 명목으로 수 억 원을 받아서 가명계좌를 통하여 세탁·사용한 대출비리 사건으로 당시 총재 이하 주요 간부가 구속된 사건으로 차명계좌를 이용한 입출금 거래의 전형적 사례

- 금융실명제 실시 이후

　금융실명법상 금융거래는 실명으로만 가능토록 되어 있기 때문에 자금세탁도 현금거래, 자기앞수표의 현금처리, 수표 바꿔치기(수표 교환), 차명계좌 이용 등 불법자금의 세탁수법이 다양화되었으며, 전자금융(Home-banking, Firm-bnking; 인터넷, PC, 전화 등의 매체를 이용)의 급속한 도입으로 “무전표 거래”가 급증함에 따라 전산자료에 의한 거래확인 증가

ㅇ 실명제를 처음 실시한 1993년의 경우는 한국은행의 연말 화폐발행 잔고 증가액이 평년의 8-9천억 원에서 4조원대로 급증
ㅇ 금융기관에 대한 임점 검사 시 전표철 검사는 특정거래에 한정
ㅇ 금융거래정보 요구는 현장에서 직접 또는 모사전송 방법으로 할 수 있으나, 복잡한 세탁이 이루어진 경우는 현장에서 직접 확인

- 최근의 자금세탁 특징과 자금추적 검사

　'98년 이후 단계적으로 이루어진 외환거래자유화 조치와 함께 해외전환사채 발행과

轉을 目的으로 하지 아니하는 仮裝된 賣買去來를 하는 행위)와 통정매매*(자기가 賣渡(買受)하는 같은 時期에 그와 같은 가격으로 他人이 그 有價證券을 買受(賣渡)할 것을 사전에 그 者와 通情한 후 賣渡(買受)하는 행위)의 구분 등을 위하여 증권사의 위탁계좌에 대한 자금추적.
　　* 증권거래법 제188조의4(시세조종 등 불공정거래의 금지)
　보험사 : 가짜 영수증 등으로 사업비 부당인출 후 리베이트 제공 또는 횡령한 자금을 추적.
479) 이명우, 경찰청 경찰수사연수원, 금융경제범죄수사 2004, 2005, 2006, 199면 참조.

환치기 수법 등이 결부된 국제자금세탁480)이 출현하면서 불법자금의 국내외 유출입에 대한 감시강화 필요성 대두

☞ 환치기수법* 등에 의한 외화도피 사례를 적출하기는 위해서는 꾸준한 정보수집 필요

2. 환치기 사건 수사 개념도

* 국내 재산의 국외 逃避방지 법률 : 국내재산도피방지법, 특경가법 제4조(재산국외도피의죄), 외환거래법
* 국제조세조정에 관한 법률(제17조 내지 제20조) : 기업이 조세피난처에 설립한 회사에서 발생한 수익에 대해서도 1997년부터는 신고하여야 함

---

480) **국제자금세탁 유형**
　　전환사채 이용 방법 : 국내 A기업이 해외에서 전환사채를 발행하는 경우 국내의 C가 해외 현지의 B에게 환치기수법으로 자금을 지원하여 A의 전환사채를 인수토록 하는 수법
　　파생상품 이용 방법 : 국내 금융회사가 적대적 M&A 세력에 대한 경영권 방어 등을 위하여 Tax Haven 지역에 설립한 유령회사를 통하여 차입한 자금으로 자사주를 매수, 주식담보부 채권(ELN)을 발행(모회사의 보증)하여 선도계약(forward)으로 매도하고 이를 부외거래로 은폐한 수법(환차손, 주가폭락, 이자부담 등으로 수 백억 원의 손실이 발생)
　　　　⇒ 자사주 매입자금 조달창구, 거액손실 발생사실, 자회사에 대한 보증행위 등을 은폐
국제환치기
　　※ **국제환치기수법**
BMPE(Black Market Peso Exchange) : 미국과 중남미간의 밀수 또는 마약자금 거래
하와라(Hawala)/ 훈디(Hundi) : 영국과 인도간의 밀수 또는 마약자금 거래 ⇒ 대차차액결제방식으로 일정기간마다 현금 또는 귀금속을 밀수하여 차액을 정산

<그림 35> 환치기 사건 수사 개념도[481]

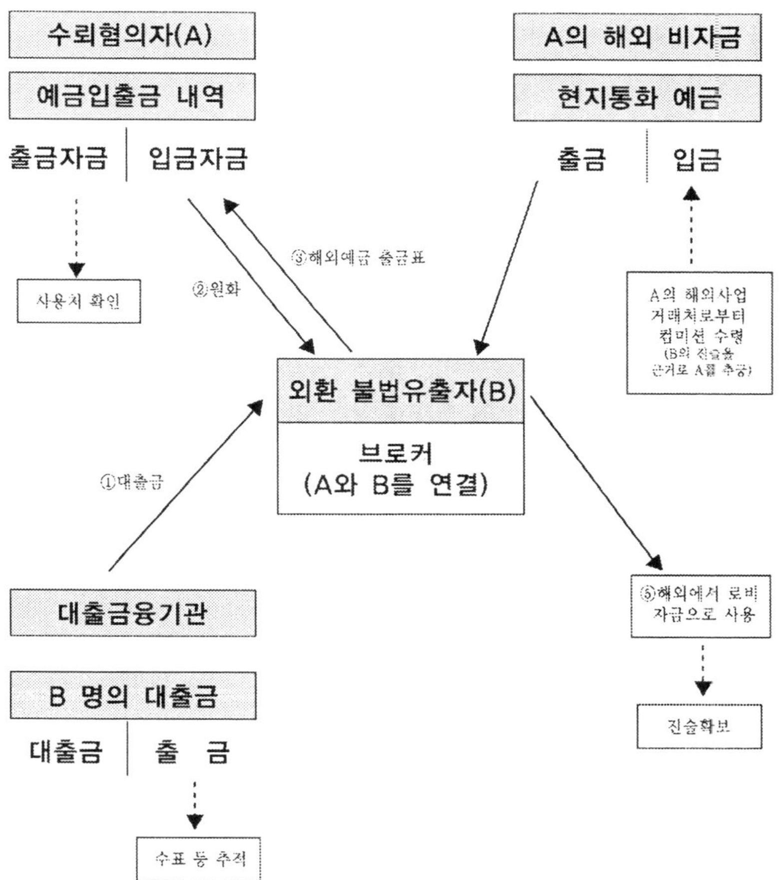

481) 이병우, 금융감독원 보험조사실 팀장이 경찰청 경찰수사보안연수원, 금융경제범죄수사 전문수사관 과정에 외래교수로 '계좌추적 및·회계분석기법' 강의 내용 등 금융경제범죄 수사 2005, 203면.

3. 비자금조성 및 분식회계 사례

<그림 36> 비자금 조성 및 분석회계도[482)]

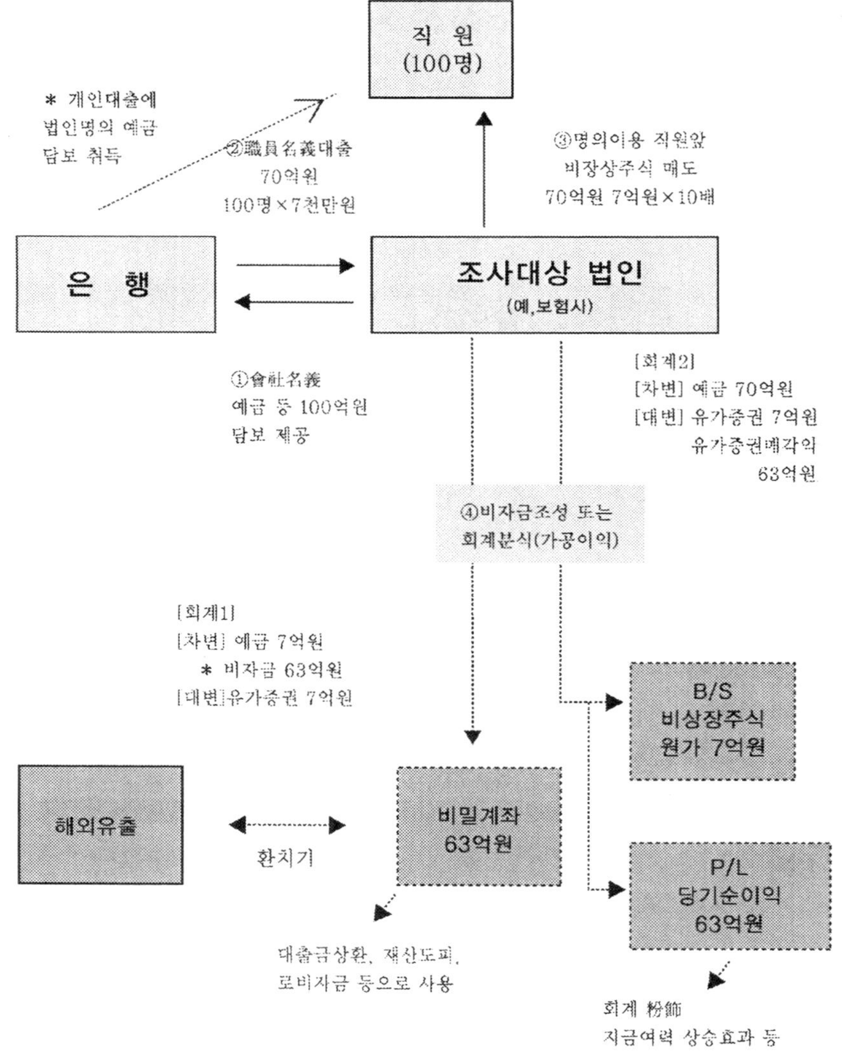

---

482) 이병우, 금융감독원 2급, 경찰청 경찰수사연수원·금융경제범죄수사과정·수사지휘과정·조직폭력범죄
수사과정 등에서 강의내용 참조. 이병우 교수는 경찰수사연수원에 십여년째 강의해 오고 있다.

■ 조사방법

- 조사대상 법인(예, 보험사) 조사

o 지급여력비율 하락 등으로 인한 회사의 대외신인도 문제해소를 위한 분식회계 혐의

☞ 비정상적인 이익발생의 원천을 추적 : 보유하고 있는 비상장주식, 부동산 등을 과대평가하여 가공이익을 계상하였는지 등을 확인(평가근거를 면밀히 분석하고 당기순이익의 발생 원인을 분석)

o 비자금 조성여부

☞ 보유 비상장주식, 부동산 등을 미리 확보한 차명인을 상대로 장부가액보다 몇 배 높은 가액으로 매각처분 조작하고 장부에는 취득원가로 처분한 것으로 회계처리, 차액은 비자금으로 사용한 사실이 있는지 확인(주식이나 부동산의 시가가 터무니없는 금액으로 평가되었는지를 확인)

- 대출금 취급 은행 조사

o 대출금 및 담보취득 명세표

☞ 혐의금융기관 점포를 수사(검사)할 경우 대출금 및 담보취득 명세표를 제출받아 개인대출 취급 시 법인의 재산(예금, 유가증권, 부동산 등)을 담보로 취득한 사례가 있는지를 확인

o 법인에 대한 대출취급 시 유의사항 준수여부

☞ 특별한 경우이외에는 차입을 할 수 없거나 보유재산을 담보로 제공 할 수 없도록 설립근거법령 등에서 정하고 있는 금융기관(예, 보험사)에 대하여 대출취급 사례 유무를 확인

※ 벌과 파리의 환경대응 방식

몇 마리인가의 벌과 같은 수의 파리를 병 속에 넣어 바닥을 창 쪽으로 해서 병을 뉘어 놓는다. 그러면 벌은 밝은 방향에서 출구를 찾다가 끝내 지치거나 굶어 죽을 때까지 병 밑바닥에서 악전고투 한다. 이에 비해 파리는 2분도 채 되지 않아 반대쪽 병 주둥이로 나가 버린다.

‥ 이 실험에서 벌이 빛을 좋아한다는 것, 그리하여 항상 그 쪽으로만 나갈 수 있다는 것을 알고 있는 벌의 높은 지능이 오히려 우환이 된 것이다. 벌은 가두어 두면 가장 밝은 쪽에 반드시 출구가 있다고 생각하고 있으므로 너무나도 논리적인 행동을 취하고 만다. 벌에 있어서 유리병은 여지껏 한번도 본 적이 없는 초자 연적인 현상이며 어려운 응용 문제가 되는 것이다.

벌은 이렇듯 갑자기 나타난 돌파할 수 없는 벽에 멈추어 버리고 만다. 지능이 높으면 높을수록 이렇듯 익숙하지 못한 장벽은 보다 비논리적이며 허용할 수 없는 것으로 보이는 것이다.

그런데, 어리석은 파리는 유리의 불가사의한 것 등에는 아랑곳하지 않으며 빛의 방향 같은 것도 고려해 넣지 않은 채로 무턱대고 날아다닌다. '단순한 자에게는 행운이 기다린다.'는 격언 그대로 이내 반대쪽에 부딪쳐 출구를 발견하여 자유스러운 몸이 되는 것이다.

=> 논리적으로 해결되지 않는 사건의 해결 실마리를 잡기 위해서 한번 쯤 생각해 볼 에피소드

4. 금융권역별 자금추적 특징

특정범죄와 관련된 불법재산의 세탁을 목적으로 금융기관별 다양한 세탁행위가 발생한다. 은행의 경우 수표교환, 현금거래위장, 예금입출금반복, 현금·예금·수표의 복합거래 반복 저축은행의 경우는 명의이용·3자담보대출, 수표 바꿔치기, 은행 등과 제휴거래 그리고 보험사는 저축성보험가입·3자 담보대출 위장, 수표 바꿔치기 등 그리고 증권사는 수익증권계좌 반복가입, 수표 바꿔치기, 현금거래위장, 차명 위탁계좌 개설 그리고 위탁계좌 현금지급 => 증권사 계좌 현금입금 => 영업자금용 수표지급 등이 있다.

5. 자금추적 실무환경 변화

- 금융실명제 실시(1993.8.12. 20:00)
   ○ 금융거래정보에 접근하는데 엄격한 요식행위를 요함

- 금융겸업화(방카슈랑스)의 급진전
   ○ 은행, 증권, 보험 등의 다양한 금융실무지식 필요

- 모사전송(FAX)에 의한 정보요구의 일반화
   ○ 금융거래정보요구서, 압수수색영장 등 FAX 송부 및 금융거래정보의 FAX 수신
(정부 사무관리규정 22조)

- 금융거래발생 점포에서 직접 전산자료 출력·제공
   ○ 전산부서와 영업점포 간의 정보요구 및 제공업무 온라인화
 ⇒ 금감원, 검찰·경찰, 국세청 등의 금융거래 정보요구에 신속한 대응

- 전자금융의 확산
   ○ 전표, 인력, 점포위주의 "주고 받는(Give and Take)" 금융거래가 전자매체를 통한

"Touch"개념으로 무전표 거래의 급증으로 혐의거래 정보를 현장에서 즉시 확인 곤란
* V-bank : 인터넷상에 설립된 은행으로 자금입출금은 타 금융기관 점포를 이용

- 외국계 금융기관을 이용한 자금세탁 증가

ㅇ 외국계 금융기관*은 대체로 법집행기관의 금융거래정보 제공요구에 지나치게 신중할 뿐만 아니라 전산센터가 국외(홍콩 등)에 소재하는 경우가 많아 혐의 금융거래 확인에 많은 시간 소요

- 자금세탁방지법의 제정과 금융정보분석원(FIU) 설립

ㅇ 범죄관련 혐의거래 정보를 금융기관 등으로부터 적극적으로 수집분석 후 검찰, 경찰 등 법집행기관에 이첩 또는 동 기관의 수요에 따라 제공

☞ FIU가 2001년12월부터 2004년 8월까지 금융기관 등으로부터 통보받은 혐의거래 정보는 총 4,661건('01.12-'02.12. 275건, '03.1-12. 1,744건 '04.1-8. 2,642건)으로 이 중 959건을 검찰, 경찰, 국세청 등에 수사단서로 제공(문화일보, '04.09.30)

6. 자금추적관련 주요 금융거래 자료

고객정보조회표(CIF), 예금거래 신청서, 전표철, 자기앞수표지급조회표, 당일업무전산 명세표, 텔러 整査表, 자금현수송대장, 시재장, 어음교환명세표, 마이크로필름(타점권 촬영), 담당사무 발령부, 텔러번호 명령부 등이 있다.

고객정보조회표(CIF; customer's information file)경우 조사대상자의 인적사항 및 전 금융기관의 여신·당해 금융기관의 수신거래 내역 확인이 가능하다. 예금거래신청서는 조사대상자의 인적사항과 필적 등을 확인하고 전표철은 인주·잉크색, 필적 등 거래당시 상황 확인, 무전표 거래 내역 포함하며 자기앞수표지급 내역 조회표는 일인 또는 다수인의 명의로 발행된 다수 수표의 사용자를 확인하기 위한 1단계 조사 자료로 당해 수표의 창구 또는 교환지급여부를 확인하고 발행일로부터 지급결제일이 오래된 수표부터 우선 조사하고 거액의 수표를 장기간 휴대하거나 보관하고 있는 경우는 금융범죄와 연루가능성 등을 조사한다. 그리고 당일업무전산 명세표는 당일 영업시간 중

● 자금세탁방지법과 금융정보분석원

● 자금세탁방지법(2001. 9. 정기국회 통과)

  1) 특정금융거래정보의보고및이용등에관한법률,

  2) 범죄수익은닉의규제및처벌등에관한법률

☞ 미국, 영국, 프랑스, 스위스 등 : 분리입법
    일본, 대만, 싱가포르, 홍콩 등 : 통합입법

 - 국내 금융산업의 환경변화와 더불어 1989년 프랑스 파리에서 개최된 G7 정
   상회의 합의로 설립된 국제자금세탁방지기구(FATF : Financial Action
   Task Force on Money Laundering)의 자금세탁방지에 필요한 법률적 금
   융적 조치사항 및 국제협력방안 등을 포함한 "40개 권고사항 : 금융비밀보
   호법 완화, 자금세탁행위의 범죄화, 혐의거래보고의무, 국가간 혐의거래정보
   교환 등" 을 제정하여 그 이행을 촉구한 영향과 2001.1.1. 개인의 외환거래
   등을 포함하는 거의 전면적인 외환거래 자유화조치로 인한 불법, 악성자금
   의 국내외 유출입 등에 효과적으로 대처하기 위하여 우리나라는 2001.9.3.
   자금세탁방지법을 제정하였으며, 동 법안은 2001.11.28. 발효

● 금융정보분석원(FIU; 2001.11.28. 설립)

 - 자금세탁방지법의 하나인 "특정금융거래정보의보고및이용등에관한법률" 에
   의거 불법자금의 세탁혐의 정보를 금융기관 등으로부터 보고 받고 이를 분
   석하여 필요시 법집행기관(검찰, 경찰, 국세청, 관세청, 선관위, 금감위)에
   정보제공

 ※ FIU 형태
 - 행정부형 : 미국, 영국, 프랑스, 스위스, 일본, 대만, 홍콩 등
 - 수사기구형 : 싱가포르, 핀란드, 버뮤다 등

● 경찰청(금감원)의 FIU 정보이용 : 정보제공 요구는 수사국 지능과(금감위)를
   경유

 ※ FIU는 2003년말 현재 영국, 호주, 일본 등 11개국과 자금세탁 정보를 교환한 데
    이어, 2004년부터는 미국 등 19개국과 금융거래정보를 교환, 국제적인 자금세탁
    에 대한 그물망을 구축. 한국은 아시아, 태평양지역 자금세탁 방지기구인 APG
    의 공동 의장국이며, 2004년 6월 서울에서 총회 개최

발생한 모든 거래를 순서대로 기록하고 있는 전산자료로 전자금융 등을 이용한 무전표 거래 확인 가능하다. 텔러 정사표의 경우 창구 텔러의 당일 중 예금 등 수납·지급업무 취급결과 발생한 자금의 흐름 확인이 가능하다. 자금현수송대장 : 지점의 현금 시재금 보유한도 초과 또는 일시 지급자금 부족 시 본점, 인근 점포(타행 점포 포함), 한국은행 등과 자금을 수송한 근거를 기록한 자료 등을 조사한다. 이는 실제로 거액의 현금이 입출금 되었는지를 확인하는데 반드시 필요하다. 시재장은 지점의 영업결과 현금 입출금을 최종 정리한 자료로 전일시재에서 당일 현금입금을 더하고 당일 현금지급을 공제하면 당일 시재액이 산출된다. 대체거래를 현금거래로 위장한 경우 실제자금 이동여부 확인한다. 어음교환 명세표는 창구에서 수납한 수표 등 타 점권을 익일 어음교환에 회부하기 위하여 기록한 자료로 창구수납 내용과 상이한 약속어음 또는 수표를 바꿔치기 한 사례 확인 가능하다. 이는 은행지점장이 거래기업체 사장으로부터 어음을 빌려서 이를 자기앞수표로 위장·입금하여 특정예금계수를 분식하였으나, 동 거래처 사장에 의하여 어음금액을 편취당한 것이다. 마이크로 필름은 창구 수납 타 점권을 어음교환에 회부하기 전에 타점권기입장을 대신하여 동 필름에 촬영한다. 예금 등으로 입금된 수표의 발행은행 점포(또는 지급 금융기관 점포), 발행일자, 수표금액, 수표번호 등을 확인 가능(5년간 보존)하다. 담당사무발령부 : 전표 등 거래 입증자료에 나타난 텔러가 점포장으로부터 업무처리 권한을 정당하게 부여받았는지를 확인한다. 즉. 자금세탁 관여여부를 확인한다. 텔러번호 명령부의 경우 수표 추적시 마이크필름에 나타난 수표 전면의 우측상단에 압날된 고무인 형태의 특정횡선상의 번호는 동 수표와 관련된 업무를 처리한 텔러를 확인할 수 있으며, 당일 전표철에서 동 텔러의 모든 거래 확인가능하다.

6. 자금추적대상 금융기관과 금융상품

자금추적은 주로 은행금융기관을 중심으로 증권사, 저축은행, 신용협동조합, 새마을금고, 보험사 등에서 광범위하게 이루어지고 있다. 최근의 자금세탁 경향은 금융권역 간의 업무제휴(방카슈랑스)의 영향으로 권역을 넘나들면서 자금을 이동하는 특징을 보인다. 지방의 소규모 새마을금고 등에서 타인명의로 받은 대출자금을 수표로 인출하여 증권사, 저축은행 등에서 "수표 바꿔치기"를 한 다음 특정은행에서 제3자 명의로 정기예금을 신규로 가입하고 당일 또는 익일에 동 예금을 해약 후 다시 보통예금 등으로 예입시키는 수법이다. 즉. 수뢰자의 예금계좌 입금자원을 추적하여 사실관계를 확인한다. 주요 추적대상 예금 : 당좌예금, 기업자유 예금, 보통예금, 별단예금 등 은행상품과 위탁계좌, 수익증권계좌 등 증권상품, 일시납 거액 보험상품 가입, CD · 표지어음 · 국공채 매매 등 * 예, CD 등에 의한 불법대선자금 수수 등이 있다.

7. 예금 입금거래 흐름도

<그림 37> 예금거래 흐름도

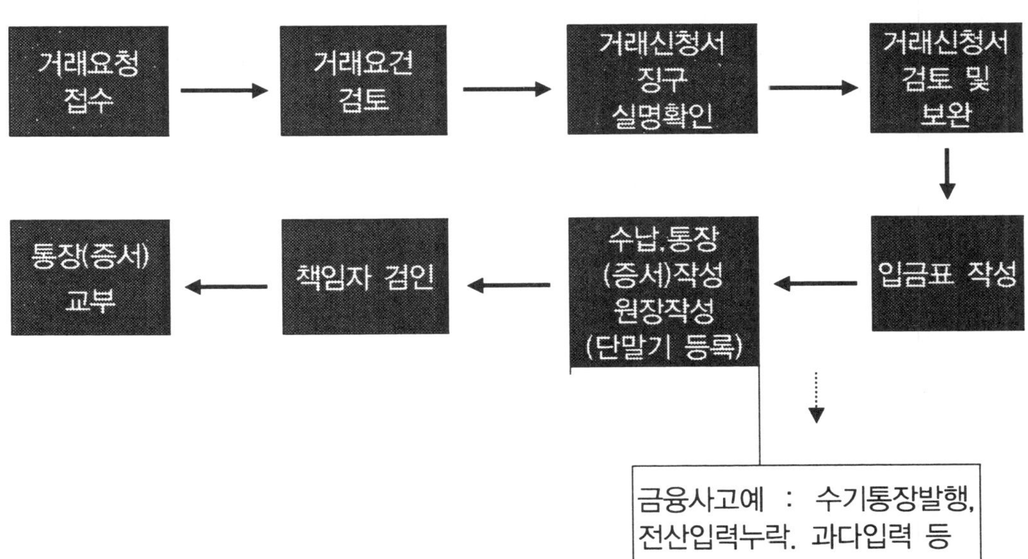

8. 예금 지급거래의 흐름도

<그림 38> 예금 지급 거래의 흐름도

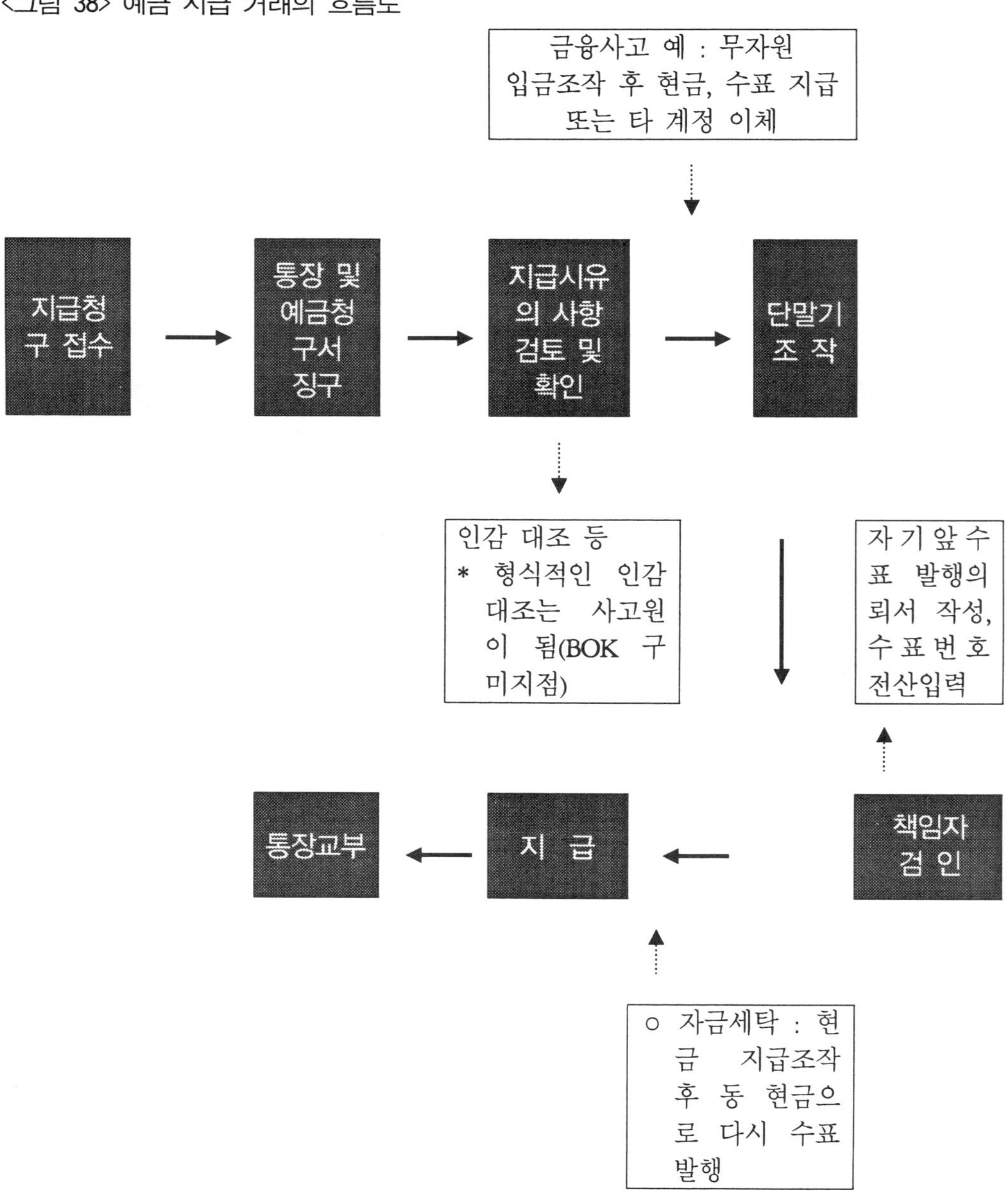

9. 예금청구서

<표 39> 예금 청구서

년 월 일

<table>
<tr><td>대체과목:담당자가
수기로 기재함</td></tr>
</table>

아래의 채색된 란은 거래내용이 전산으로 인자됨				
계좌번호 명의인	현금 또는 대체지급	거래일자 지급액	합계금액 대체금액 현금	
계좌번호	예금종류	금 액	검 인	
금ooo원 위의 금액을 지급하여 주십시요			계 인	
예금주 ooo (인)	비밀번호		출납인	

10. 자기앞수표발행 의뢰서

<table>
<tr><td>대체과목:담당
자가   수기로
기재함</td></tr>
</table>

년 월 일

아래의 채색된 란은 거래내용이 전산으로 인자됨				
수표번호	금액	수표발행일자 시각	수표발행자원 대체금액 현 금	
정액수표 번호	금액	수표발행자원 대체금액 현금, 자기앞수표	검인	
일반수표 번호	금액			
금ooo원 위와 같이 자기앞수표를 발행하여 주십시요			계인	
의뢰인 ooo (인)	전화번호 또는 주소		출납인	

※ 보통예금에서 2억원을 자기앞수표로 인출하면서 현금인출로 세탁한 사례
　　ㅇ 자기앞수표발행의뢰서에는 입금자원 2억원이 대체거래로, 대체과목 란에는 보통예금으로 각각 기록되고, 수표발행시각과 보통예금인출 시각, 수표발행의뢰인의 인적사항이 실명으로 기록되기 때문에 보통예금을 인출하여 자기앞수표로 바꾸어 간 사실이 입증 됨.
　　☞ 세탁 : 현금인출 조작 후 인출된 현금으로 다시 수표를 발행하여 수표의 발행자원이 현금으로 나타남　　　　* 분개 : (차) 보통예금 ××　　(대) 현　　금 ××
　　　　　　　　　　　　　　　　　　　　　　　　　현　　금 ××　　　　별단예금 ××

11. 타은행 제시 교환 수표의 보관

　　일반수표는 발행 지점에 보관(교환 접수일 전표철)한다. 이는 별단예금 지급전표로 사용한다. 당좌수표의 경우는 당좌거래 점에서 보관(교환 접수일 전표철)한다. 이는 당좌예금 지급전표로 사용한다. 정액자기앞수표는 본점 어음교환 팀에서 보관(마이크로필름)한다. 이는 본지점환 일괄 전표처리 한다. 정액자기앞수표 하단 전산 인자란이 오손 등으로 판독이 불가능한 경우는 동 수표 발행 점으로 송부한다.

12. 자기앞수표 어음교환제도의 변경

　　실물교환방식에서 정보교환방식으로 변경되어 2000.5.20.부터 서울어음교환소 참가은행, 2002.6.부터 전국어음교환소 참가은행으로 확대실시 되었다. 정보입력 방식은 수납점 입력방식, 모점집중 입력방식, 금융 결제원 위탁 입력방식이며 실물보관은 자기앞수표를 수납한 금융기관(어음 교환팀)에서 일괄보관 된다. 발행점의 지급수표 확인은 "처리수표(원본사본) 제공신청/제공서" 송부한다.

13. 어음교환제도

<그림 39> 어음교환제도

한 국 은 행

조흥은행		제일은행	
당좌예금		당좌예금	
차 변	대 변	차 변	대 변
	1억원	1억원	

어음교환소

교환차감표	
차 변	대 변
조흥 1억원	제일 1억원

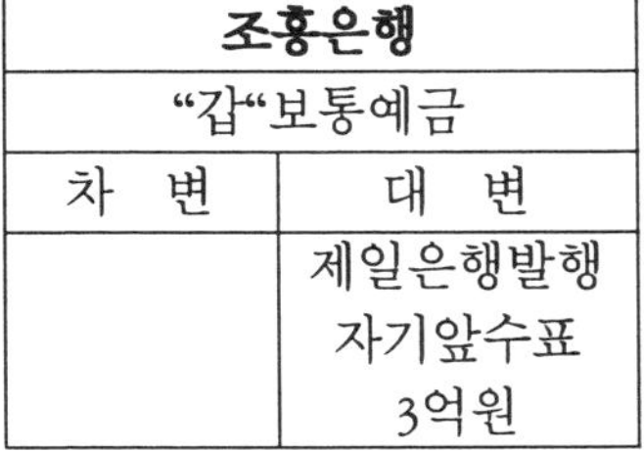

조흥은행	
"갑"보통예금	
차 변	대 변
	제일은행발행 자기앞수표 3억원

제일은행	
"을"정기예금	
차 변	대 변
	조흥은행발행자 기앞수표 2억원

- 고객으로부터 수납한 타 금융기관 발행(자기앞수표는 은행금융기관*만 발행 가능
: 파생적 통화창출 기능) 제 청구권(자기앞수표, 당좌수표, 약속어음 등)을 어음교환소
참가회원기관 상호간에 제시하여 결제하는 하나의 금융결제시스템으로 본 제도를 이
해하고 있으면 자금추적을 보다 용이하게 할 수 있음

※ 자기앞수표 발행 금융기관 : "수표법의 적용에 있어서 은행과 동시되는 사람 또
는 시설의 지정에 관한 규정"에 의하면 우체국, 농협 중앙회 및 동 지역조합, 수협 중
앙회 및 동 지구별조합, 업종별수협, 수산물가공조합 등 (단, 조합의 경우 신용사업을
영위하는 경우에만 해당)

14. 어음·수표의 종류 및 코드

〈표 40〉 어음수표의 종류 및 코드

구 분			권 종	코 드
어 음	환 어 음			01
	약속어음			06
수 표	자기앞	정 액	100,000	13
			300,000	14
			500,000	15
			1,000,000	16
		일 반		19
	당 좌		국문당좌	31
			영문당좌	32
	가계당좌		1,000,000 이하	41
			3,000,000 이하	43
			5,000,000 이하	42
	보증가계		100,000	63
			500,000	65
			1,000,000	66
			2,000,000	67
	국 고			51
국공채	국 채			81
	공 채			82
기 타	이 표			83
	우체금권			84
	부도대금			85
	기타증권			91

15. 자기앞수표의 기본구조

<그림 40> 자기앞수표의 기본 구조

- 앞   면

<table>
<tr><td colspan="2">자 기 앞 수 표　　①　　②</td></tr>
<tr><td>지 급 지
주식회사 ○○은행 여의도지점 앞
　　₩100,000. (금일십만원정)　　⑤

이 수표의 소지인에게 지급하여 주십시오.　　2001년 6월 21일
지급거절증서 작성을 면제함.

발 행 지 서울특별시
주식회사 ○○은행　　여의도지점장　이 병 우 (인)

　점선아래의 앞뒤 면은 전산처리 부분이오니 글씨를 쓰거나 더럽히지 마십시오.</td><td>바가 12345678

ㅁ
ㅁ
은
행
마
포
지
점
(3)　③

④</td></tr>
<tr><td colspan="2">12345678　　12　1237:00　0000　13　0000100000
　⑥　　　　⑦　　⑧　　⑨　　⑩　　⑪</td></tr>
</table>

[설명] ① 바가 : 수표 권종표시 기호(전은행 공통), ② 12345678 : 수표번호(8자리), ③ 특정횡선 : 수표를 입금한 은행점포, ④ 수표를 수납한 창구직원(Teller) 고유번호, ⑤ 수표발행 일자, ⑥ 수표번호(②와 동일), ⑦ 은행 코드번호, ⑧ 수표발행지점 코드번호, ⑨ 수표종류 첵크디지트(Check Digit) : 십만 0000, 삼십만 0001, 오십만 0002, 백만 0003, 일반 0005 ⑩ 수표권 종별 코드번호 : 십만 13, 삼십만 14, 오십만 15, 백만 16, 일반 19, ⑪ 금액 : 일반수표는 발행시점에서 인자함

　☞ 은행마다 1-2년 주기로 기호는 상이하나 번호가 동일한 수표번호가 발행되므로 기호와 번호확인에 유의

- 뒷 면

<table>
<tr><td rowspan="2">① 125-01-12351-02</td><td>②</td><td></td></tr>
<tr><td>ㅁㅁ은행
마포지점
교환인
2001.6.22</td><td></td></tr>
</table>

① 입금계좌 : 125는 계좌개설지점, 01은 예금종류(보통예금), 12351은 계좌번호,

　　　　　02는 동 계좌명의인의 예금계좌 수 ⇒계좌체계는 금융기관 마다 상이함

② 교환인 : 수표의 입금은행(ㅁㅁ은행) 표시

　　　　2001.6.22. : 수표입금일 이후 최초의 영업일(통상 입금일 익일)

　☞ 이서내용에 증권, 신협, 저축은행 등 2금융권의 계좌번호가 개인의 계좌번호 등과 함께 기록되어 있는 경우는 1차로 2금융권에 거래 후 2차로 은행에 지급 제시된 경우가 대부분임

<그림 41> 자기앞수표 조회 예시

◎ **신한은행 인터넷 홈페이지 바로바로 자기앞수표 조회 사이트 예시**   2004.01.06(화)
                                                                 15:52:19 현재

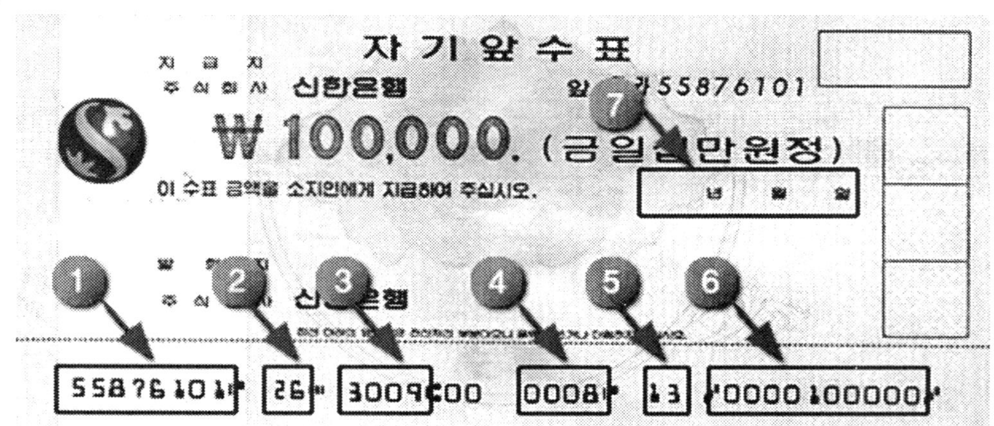

				:
1 수표번호 :	2.	발행은행 : =>		신한.국민.주택.농협.우리.조흥.외환.하나.한미.제일.서울.기업.평화.우체국.경남.광주.대구.부산.산업.수협.전북.제주.씨티.암로.도이치.HSBC은행.상와.BOA.등
3 발행점 :	4.	검증코드	:	
5 수표종류 :	6.	수표금액	:	
7 발행일 :	8.	의뢰인 주민등록번호	:	

★ 소지하고 계신 수표를 확인하신 후 해당번호의 자료를 입력하세요.

★ 본 조회는 은행 발행 자기앞 수표에 대한 사고신고 유무만의 조회이며
   수표의 위.변조 및 법적 절차에 대한 실효여부는 확인할 수 없습니다.

★ 주민등록번호를 입력하여야 효력을 인정받을 수 있습니다.

16. 금융기관의 점포코드, 주소, 전화번호 검색

예금입출금거래, 수표거래 등을 확인하는 과정에서 특정 금융거래가 발생한 점포명 등이 "숫자코드"로 표기된 것을 볼 수 있는데, 동 코드내용 확인은 금융결제원에서 발간한 "금융기관 공동코드집" 또는 인터넷(금융결제원 홈페이지)에서 할 수 있다. 인터넷 확인방법의 경우는 금융결제원 홈페이지 화면 우측하단에 위치한 "은행코드 조회" 창을 클릭하면 다음과 같은 화면이 나타난다. 예를 들어, "우리은행 명동지점"을 검색할 경우 화면에서 은행명에 "우리"를 선택한 다음 지점명 "명동"을 입력한 다음 "검색"을 클릭하면 아래 화면내용과 같이 우리은행 명동지점의 점포코드, 주소, 전화번호가 검색된다. ("점포코드"를 입력하면 해당 점포의 주소, 전화번호가 나타남)

참 고 문 헌

1. 단행본

강일구, 경찰청 경찰수사연수원, 「금융경제범죄수사」 2005.
경찰청 범죄백서, 1986, 1990, 1991, 2001, 2002, 2003, 2004, 2005, 2006.
경찰청, 「2000 경찰백서」, 2000.
경찰청, 「2000 경찰백서」, 2000.
경찰청, 「자금추적수사 매뉴얼 제64호」2006. 5. 손해보험협회, 보험범죄 조사, 2005.8.
　　　손해보험협회, 해외보험범죄 수사기법 조사연구보고서, 해외 견학단 조사보고서,
　　　2002.1. 손해보험협회 보험범죄 대책팀, 보험범죄 방지를 위한 이론과 실무.
구연창 「환경법론」, 법문사 1991.
구연창 「환경법론」, 법문사 1991.
김명철, 금융범죄수사, 경찰수사연수원, 「기업미빌수사」 2005.
김명철, 금융범죄수사, 경찰수사연수원, 「기업비밀수사」 강의내용.
김상균, 범죄학원론, 양서원, 2004.
김성삼, 경찰청 경찰수사연수원 「수사지휘과정 Ⅲ, 보험범죄」, 금융감독원 보험 조사실,
　　　2006.
김연수, 사이버범죄총람, 법률미디어, 2002. 5. 20.
김일수,「한국형법1」, 1992.
김일수·서보학「새로 쓴 형법각론」박영사 2007.
김일수·서보학「형법총론」박영사 2007.
김종률, 수사심리학, 학지사, 2004.
김택수·최준영, 지능범죄수사론, 경찰대학, 2006.
박철수, 경찰청 경찰수사연수원, 「금융경제범죄수사」, 신용카드범죄 2005.
배종대, 「형사정책」, 홍문사, 1998.
배종대·이상돈, 형사소송법, 2006.
백강진 "온라인 게임사업자의책임" 정보법학회 세미나자료 2002. 9. 14.
백광훈, 인터넷범죄의 규제법규에 관한 연구, 한국형사정책연구원, 2000.
법무부, 범죄수익은닉의 규제 및 처벌등에 관한 법률해설, 법무자료 제244집, 2002.
법무연구원, 조세사범의 동향과 대책, 1988.
보험개발원, 보험사기 조사권과 관련한 기초자료, 2001.
사법연수원 편, 신종범죄론, 사법연수원, 1999.

서울고등검찰청, 수사지휘론, 1998.

서울지방검찰청. 식품범죄연구. 1995.

서인섭외 4인, 한국의 경제범죄실태와 사회적 대응방안, 한국형사정책연구원, 2002.

西田典之/서거석, 금융업무와 형사법, 2001.

석명철, 미국증권관계법(ⅠⅩⅡ), 2001.

성낙현, "독일 환경형법의 기본 구조", 영남법학 제 5권 제1.2호 1999.

성백규, 신용카드업의 현황과 전망, 리스와 신용거래에 관한 제문제(상), 사법연수원, 1993.

손해보험협회 보험범죄방지센터, 보험범죄 아카데미(연수교재), 2002.

손해보험협회 보험범죄방지센터, 보험범죄의 유형별 수사방안 및 사례, 2002.

송광섭, 「범죄학과 형사정책」, 유스티니아누스, 1998.

신동운, 「환경범죄의 현황과 대책」, 한국형사정책연구원, 1990.

신동운, 조세범칙사건의 처리절차, 서울대 법학 제39권 2호, 1998.

신동운, 형사소송법, 2006.

신수식, 보험제도의 도덕적 해이, 한국노동연구원, 2002.

신수식. 「보험제도의 도덕적 해이」, 한국노동연구원, 2002.

신영무, 증권거래법, 서울대학교출판부, 1995.

신의기, 경찰대학 경찰수사연수원 「공공지능범죄수사, 보험범죄」, 2006.

신의기, 판례분석을 통해 본 보험범죄의 특성과 예방방안, 손해보험협회 보험범죄 아카데미, 2003.

신종익, 부당내부거래 조사의 개선과제, 정국경제인연합회, 1998.

심영희 "식품범죄에 관한 범죄사회학적 분석" 식품공업 96호 1988.

심재선, 경찰청 경찰수사연수원 「문화재사범수사」 2005년도, 2006.

안경옥, 한국의 금융범죄실태와 사회적 대응방안, 형사정책연구원, 2003.

안경호, 「공공지능범죄」 공저 2005.

안경호, 경찰청 경찰수사연수원 「공공지능범죄수사, 보험범죄」, 현대해상(주) 2006년도 강의 녹음.

안문택, 증권거래법체계, 육법사, 1985.

안웅환, 경찰청 경찰수사연수원 「금융범죄수사」, 유사수신범죄」, 금융감독원 2006년도 강의 녹음.

안철경, 모럴해저드의 경제학적 이해 및 효과적 대응수단 연구 : 법제적 측면의 인프라 구축방안을 중심으로, 보험개발연구 제11권 제1호, 2000.

안철경, 미국의 보험사기 방지활동과 국내에의 시사점, 보험개발원 보험연구소.

양동철, 관세사범 단속상의 문제점과 대책, 검사세미나자료집 제6권.

오기두, 컴퓨터에 저장된 금융정보추적의 제문제, 검찰111호, 2000.

오석락, "공해소송의 절차적 과제", 「환경법연구」, 한국환경학회, 1980.

옥기율, 현물 및 선물연계에 의한 불공정 행위 대응방안, 한국증권학회 학회지, 제28집, 2001.

유기천, 형법학, 각론강의(상), 일조각, 1982.

유재운, 경찰청 경찰수사연수원, 「금융경제범죄수사」, 불공정거래수사 2005.

유재철, 경찰청 경찰수사연수원 「금융경제범죄수사」, 자금세탁 방지법 및 FIU제도, 자금 추적수사 실무 2005.

이병우, 경찰청 경찰수사연수원 「금융경제범죄수사 자금추적」, 2006.

이병희, 「보험범죄론」, 형설출판사, 2001.

이병희, 보험범죄론, 형설출판사, 2001.

이상복, 인터넷증권사기, 매일경제신문사, 2001.

이선중, "경제사범의 현황과 그 대책", 「범죄백서」, 대검찰청, 1966.

이승식, 경찰청 경찰수사연수원, 「금융범죄수사」, 조세범죄수사, 2006.

이재상, 「형법각론」, 박영사, 2006.

이재상, 「형사소송법」, 박영사, 2006.

이정범·이주영, 사이버증권거래와 투자자보호, 한국증권연구원, 1999.

이종원, 경제법연구, 일신사, 1984.

이종원, 경제사범의 현황과 그 대책, 「범죄백서」, 대검찰청, 1965.

이종환, 부정·사기에 대한 현황과 대책, 제6장 보험사기, CFE협회, 2003.

이태로·안경봉, 「조세법강의」, 박영사, 2000.

이형국, 「형법총론」, 박영사, 2006.

임재연, 증권거래법, 수정판, 2000.

장상훈, 경찰청 경찰수사연수원, 「금융경제범죄수사」, 보험범죄수사 2005년도 강의 내용 녹음.

전경련, 내부거래와 계좌추적권:쟁점과 과제, 2000.

정순채, 경찰청 경찰수사연수원 「공공지능범죄수사, 개인정보침해 및 업무방해 죄」, 동 대문경찰서 수사과 2006년도 강의 녹음.

조병인, 현대사회와 범죄 제3판, 법문사, 2002.

조성목, 「신용으로 부자되는 알짜 노하우」 도서출판 무한, 2004.

조성목, 경찰청 경찰수사연수원 「금융범죄수사, 유사수신범죄」, 금융감독원 2006년도 강 의 녹음.

조수웅, 보험범죄의 현황과 방지대책1, 보험학회지 제41호, 1993.

조해균, 보험범죄의 발생원인과 그 대처방안에 관한 연구, 보험학회지, 제35집.

주상용·박학근 외, 보험금 관련 살인범죄 실태와 수사, 서울지방경찰청, 2005.

지영환, 「21세기 한국의 정보화 전략에 관한 연구」, 정양사, 1999.
지영환, 「국가수사권 입법론」 제3판, 2007.
지영환, 「국가와 도청」 제6판, 그린출판사, 2000.
지영환, 「정보통신을 활용한 공무원 교육」, 정양사, 2000.
지영환, 「통신추적 수사론」, 대한문화사, 2003.
허덕회, 경찰청 경찰수사연수원 「금융범죄수사」 2005년도, 2006년도 강의 내용.
황정익, 경찰청 경찰수사연수원 「공공지능범죄수사」 2005년도, 2006년도 강의 내용.

2. 논문

Wolfgang Heinz·김영환 역, 형법에 의한 경제범죄의 퇴치, 한양대학교 법학논총, 제12집, 1995.
강동범, 경제 범죄와 그에 대한 형법적 대응. 「형사정책」, 제7호, 1995.
강동범, 우리나라 경제형법에 관한 연구 - 형법총론의 범죄론과 관련하여 -, 서울대학교 박사학위 논문, 1994.
강동범, 친고죄에 있어서 고소전 수상의 허용여부, 형사판례연구[4], 1996.
경찰대학, 경제범죄의 개념과 범위에 관한 연구, 경찰대학논문집 제22집, 2002. 12.
국가안전 기획부, 21C 새로운 위협 국제범죄의 실체와 대응, 국가안전기획부, 1998.
국가안전 기획부, 자금세탁실태 및 방지기법 ; 미국 전신송금제도를 중심으로, 국가안전기획부, 1997.
국가정보원, 세계마약류 밀매, 2000.
권문택, 법인의 형사책임, 「형사법강좌1」, 박영사.
금융감독원 금융질서교란 불법거래유형, 2006. 6.
금융감독원 보험조사실, 보험사기적발현황, 보도자료, 2005. 5. 4.
금융감독원비은행감독국, 유사금융 관련 피해사례집, 2001. 5.
김성기, 국제범죄조직에 대한 대응과 협력방안에 관한 연구, 부산대행정대학원, 2001.
김영선, 독점규제 및 공정거래에 관한 법률이 과연 법인가, 법과 사회 제13호, 1996.
김영철, 국제조직범죄의 현황 및 대응방안, 한국 형사정책연구원. 1996.
김용세, 행정질서벌과 형사제재의 관계, 「형사정책연구」, 2001.
김용세·문성식, 경제법규위반 행위에 대한 제재, 「대전대학교 사회과학논문집」 제17권 제1호, 1998.
김운곤, 기업범죄의 형사책임에 관한 연구, 조선대학교 대학원 박사학위 논문, 1997.
김일수, 법인에 대한 형법적 규율(상), 「법률신문」, 1987. 3. 16.

김일수, 법인에 대한 형법적 규율(하), 「법률신문」, 1987. 3. 23.

김정만, 시세조종행위의 규제, 재판자료 제91집, 2001.

김종덕, "기업형 환경범죄에 관한 연구", 계명대학교 법학박사학위 논문, 1995.

김주현, "조직범죄에 필요한 제도개선방향에 관한 소고", 강력검사연구논문집, 대검찰청 1994.

김찬규, "국제조직범죄에 대한 법적 규제," 「개방화에 따른 국제범죄와 대응책」1994년 학술 세미나, 세계법협회한국본부, 1994.

김찬규. "국제사건에 대한 국제재판소의 관할권", 국제법협회논총 제3권, 1987.

김태하, "범죄단체조직죄의 의율상의 문제점", 범무연수원, 1992.

김화식, "한국관세행정벌제도의 개선방안에 관한 연구," 충남대 행정대학원 석사학위논문, 2003.

노태옥, 내부자거래 등 관련행위의 규제, 재판자료 제90집, 2001.

대검찰청, 금융거래의 실체와 추적, 1995.

도중진, 금융사기범죄에 관한 연구, 한국형사정책연구원, 2002.

류장만, 증권거래법상 시세조종행위에 대하여, 검찰 2000.

문국진, "보험범죄의 특징", 손해보험, 대한손해보험협회, 1997. 12.

문성식, "경제범죄에 관한 연구", 대전대대학원 박사학위논문, 2003.

문형섭, "경제사범 수사요원의 전문화방안", 「검찰세미나연수자료집(Ⅳ)」, 1987.

민주사회를 위한 변호사모임, "전기통신사업법헌법소원청구서", 민주사회를 위한 변론, 1999년 8, 9월호 (통권 2호).

박강우, "기업범죄의 현황과 정책분석", 한국형사정책연구원, 1999.

박경서·홍정훈, 증권산업에 대한 규제완화, 한국경제연구원, 규제연구 1997. 3.

박기석, "벌금형 개선방안", 「형사정책」 제 12권 제2호, 한국형사정책학회, 2000.

박기석, "환경범죄의 효율적 대처방안에 대한 연구" 한양대 법학박사학위논문, 1996.

박기준, "최근 조직폭력범죄의 실태 및 법적대응", 수사연구사, 1998.

박미숙, 금융감독기관의 범죄조사 효율성 제고방안, 한국형사정책연구원, 2002.

박봉진 "환경범죄의 현광과 대책" 1987. 7.

박성윤, 보험범죄의 특성과 대처방안, 수사연구, 1999. 2. 5.

박영규, 사기죄에 있어서의 기망개념, 성시탁교수화갑기념논문집.

박윤흔, "행정법상의 의무이행확보수단", 「고시계」, 1988. 4.

유인학, "조직범죄에 관한 연구", 형사정책 통권 제 2권 한국형사정책학회, 1987.

유지영, "사형폐지에 관한 연구", 중앙대학교 대학원 박사학위 논문, 1995.

이 철, "컴퓨터 범죄에 대한 형사법적 고찰", 법조 제38권 2호, 1989. 2.

이문지, 불공정거래행위의 규제와 경제적 효율성, 한국경제연구, 규제연구, 1999.

이병희, 보험범죄에 관한 연구:생명보험범죄를 중심으로, 청주대학교 박사학위논문, 1999.

이석연, 검사의 불기소처분에 대한 헌법소원연구, 서울대박사학위논문, 1991.

이순동, 「보조금관리」, 1967.

이승희, "경제형법의 의의와 보호법익", 「우암논총」, 1997.

이영란, "벌금형제도 소고", 「형사법연구」 제9권, 한국형사법학회, 1996.

이인규, "환경범죄에 있어서 책임의 주체", 부산대학교 법학박사학위 논문, 1993.

이종원, 경제범죄론, 고려대학교 박사학위논문, 1974.

임 웅, 경제범죄에 대한 형법적 대책: 그 입문적 고찰, 성균관법학, 창간호, 1987. 9.

임철희, 경제체계의 기능보호와 형법의 효율성 지향, 고려대 석사학위논문, 1988.

장영민, 경제 범죄의 유형과 대처방안, 「형사정책연구」

장영민·조영관, 경제범죄의 유형과 대처방안, 한국형사정책연구원, 1993.

장영민·조영관, 증권범죄에 관한 연구, 한국형사정책연구원, 1993.

장준오·김혜정·도중진, 주요국의 자금세탁개념·범죄구성요소·판례 등에 대한 비교연구, 한국형사정책연구원, 2002.

점승헌, 조직범죄의 현황과 대책, 원광대학교 대학원 논문집, 1997.

정보통신윤리위원회, 사이버내용등급제의 국내도입필요성과 그 기술적 고찰 1997.

정성근, 기업범죄와 형사책임, 「경희법학」, 1983. 12.

정영일, 형법각론, 박영사, 2007.

정영일, 형법개론, 박영사, 2004.

정영일, 형법총론, 박영사, 2005.

정진수, 조직범죄의 실태와 대책에 관한 비교연구, 영남대학교 박사학위논문, 1996.

정책연구원, 선진사회 건설을 위한 환경범죄에 대한 효율적 대응방안, 정책논집 국가안보정책연구소, 1997.

정한석, 조직범죄의 실태 및 대응방안에 관한 연구," 대진대 법무행정대학원

정호열, 부정경쟁방지법에 관한 연구 - 행위체계와 유형을 중심으로, 서울대학교 대학원 박사학위 논문, 1991.

조균석, 범죄수익박탈을 위한 입법론 - 자금세정규제를 중심으로 -,「형사정책연구」 가을호, 1992.

조명원, 어음사기단사건에 대한 수사요령, 검찰세미나연수자료집, 제4권, 1988.

조상욱, 법률적 기반에서 본 네티즌 펀드, 문화콘텐츠 심포지엄 2001년 11월 13일.

조성목, 「신용으로 부자되는 알짜 노하우」 도서출판 무한, 2004.

조창구, "미국의 회사범죄론", 「해외 파견검사 연구 논문집」 제권, 법무부, 1986.

조해균, "도덕적위험과 보험범죄", 보험조사월보 1410, 보험감독원, 1989. 11.

조호연, "보험범죄의 유형과 대책에 관한 연구," 홍익대대학원학위논문, 2003.

지영환·신정훈, 일본의 재판원제도의 내용과 문제점, 한국형사정책연구원, 형사정책연구
　　　제 17권 제4호(통권 제68호) 2006년 겨울호.
지영환·신정훈, 진술녹화제도의 현황과 문제점 및 개선 방안, 한국형사법학회, 2006. 12.
지영환·조행난, 집행유예 제도의 입법적 검토와 개선 방안, 한국외국어대학교 외법논집,
　　　2007. 3.
지영환, 함정수사의 위법판단 기준과 법적효과에 관한 연구, 경희대학교 경희법학,
　　　41권 제1호, 2006.
최기원. 「보험법」, 박영사, 1993.
최기원. 상법학신론(下), 박영사, 2001.
최성림, 사회보험과 민영보험의 도덕적 위험에 관한 연구, 성균관대학교, 1998. 5.
최영호, 정보범죄의 현황과 제도적 대처방안 1998.
최인섭, "조직범죄의 특성과 실태", 형사정책연구원, 1994 통권 제 18호.
최인섭외 4인, 한국의 금융범죄 실태와 사회적 대응방안, 한국형사정책연구원, 2002. 12.
최정학, "독점규제법 위반행위에 대한 형사법적 대응방안", 서울대학교 석사학위 논문,
　　　1998.
치안본부, 대 범죄전쟁백서, 1991.
탁희성, 보험범죄에 관한 연구, 형사정책연구, 2000. 12.
하태훈·이상돈, "조직폭력의 수사역량 강화대책", 치안노총, 치안연구소, 1998.
홍현선, 부패방지법과 부패방지위원회의 역할, 한국부패방지의 현주소, 제29회 형사정책세
　　　미나, 2002. 5.
황만성, 공보험범죄의 실태와 대책, 한국형사정책연구원, 2003. 12.
황승흠, "한국의 사이버 내용 등급제 모델", 사이버커뮤니케이션학회 2000 춘계학술대회
　　　법학분과 발제문, 2000. 5.

3. 구미문헌

Andeneas, Does Punishment Deter Crime?, in: The 48th International Seminar on Prevention and
　　　Control of Social and Ecenomie Offenses, UNAFED
D. C. Gibbons, The Criminological Enterprise, 1979
D. E. Lewis, 「Deterrence Incapacitation and Rehabilitation: The Effects of Sanctions on Crime
　　　Rates」, in ; 「UNAFEI, REPORT for 1986 and RESOURCE MATERIAL SERIES　　NO.
　　　31」
E. H. Sutherland/F. R. Cressey, Criminology, 9 Auf1. 1974

E. Sutherland, Is white collar crime a crime, On analyzing crime, The Univ. of Chicago Press, Chicago & London, 1973

Edward Morse, "Translaton economic processes", in Keohane and Nye 1971

G. Arzt/U. Weber, Strafrecht Besonderer Teil, LH 4: Wirtschaftsstraftaten, Vermögensdelikte(Randbereich), Fälschungsdelikte, Verlag Ernst und Werner Gieseking 1980

H. J. Lampe, Wirtschaftsstrafrecht, HdWW

H. J. Schneider, Wirtschaftskriminalität, in : Kriminalität und abweichendes Verhalten Bd.1, 1983

H. Otto, Konzeption und Grundsätze des Wirtschaftsstrafrechts, Zeitschrifi für die gesamte Strafrechtswissenschaft 96. Band 1984 Heft 2

Heine, Zur Rolle des Strafrechtlichen Unweltschutzes, ZStw 101, 1989

H-H, Jescheck, Lehrbuch des Strafrechts Allgemeiner Teil, 4. Aufl., 1988

John A. Mack and Hans-Jurgen Kemer, The Crime Industry. D . C. Heath(1975) p.   6~13

K. Tiedemann, Wirtschaftsstrafrecht - Einfürung und Ünersicht, Juristische Schulung 1989 Heft 9

K. Tiedemann, Wirtschftsstrafrecht und Wirtschaftskriminalität, Bd.1, 1976

Louis Heakin, Richard Crawford Pugh, Oscar Schachter and Hans Smit. International

M. B. Clinard/P. C. Yeager/D. Petrash다/E. Harries, Illegal Corporate Behavior, in: Exploring Crime, Wadsworth, 1985

S. T. Reid, Crime and Criminology, CBS College Publishing, 1985

Schünemann, Strafrechtsdogmatik und kriminologische Grundlagen der Unterne-hmenskriminalität, wistra 1982

4. 일본문헌

神山敏雄,「日本の經濟犯罪-その實情と法的對應-」, 日本評 論社, 1996.

經濟刑法の諸問題, 現代刑事法, 特輯號　30호, 2001. 10.

經濟刑法の現代的課題, 法學敎室, 特輯號　240호, 2000. 9.

企業活動と經濟犯罪, 經營刑事法硏究會編, 1999.

藤木幸治/河上和雄/中山善房, 大 コンメタール刑事訴訟法, 제3권, 1996.

芝原邦爾, 經濟犯罪の訴追における犯則調査節次と行政調査節次, 法學敎室, 174호.

現代の法, 現代社會と刑事法(6), 1998.

山口厚, 問題 探究刑法各論, 有斐閣, 1999.

西山富夫 編, 現代の經濟犯罪と經濟刑法, 啓文社, 1994.

山中硏一 編, 經濟刑法入門, 成文堂, 1991.

芝原邦爾, 刑法の社會的機能, 有斐閣, 1973.

5. 외국문헌

Converium Reinsurance, Tackling Insurance Fraud-Law and Practice, April 2002.
Economist Intelligence unit, Hidden Costs:Insurance Fraud in Australia, Insurance Australia Group, 2000.

Assiociation of British Insurers, "Crime & Fraud Prevention Bereau", 1998.
IRC(Insurance Research Council), "Fighting Fraud in the Insurance Industry", 1997. 10.
Robert E.Hayes, "The effect of insurance fraud on the economic system", journal of insurance regulation. 1990. 03.

 Internet Site

http://www.gdv.de/presseservice/16813.htm
http://www.insurance.co.kr
http://www. Insurance Fraud.org
http://www.kidi.or.kr
http://www.knia.or.kr
http://www.knisurance.or.kr

[부록] 주요법률

1. 범죄수익은닉의 규제 및 처벌 등에 관한 법률

[(타)일부개정 2006. 4. 28 법률 제7941호]

제1조(목적) 이 법은 특정범죄와 관련된 범죄수익의 취득 등에 관한 사실을 가장하거나 특정범죄를 조장할 목적 또는 적법하게 취득한 재산으로 가장할 목적으로 범죄수익을 은닉하는 행위를 규제하고, 특정범죄와 관련된 범죄수익의 몰수 및 추징에 관한 특례를 규정함으로써 특정범죄를 조장하는 경제적 요인을 근원적으로 제거하여 건전한 사회질서의 유지에 이바지함을 목적으로 한다.

제2조(정의) 이 법에서 사용하는 용어의 정의는 다음과 같다.<개정 2004. 3. 22>

1. "특정범죄"라 함은 재산상의 부정한 이익을 취득할 목적으로 범한 죄로서 별표에 규정된 죄(이하 "중대범죄"라 한다)와 제2호 나목에 규정된 죄를 말한다. 이 경우 중대범죄 및 제2호 나목에 규정된 죄와 다른 죄가 형법 제40조의 관계에 있는 경우에는 그 다른 죄를 포함하며, 외국인이 대한민국외에서 한 행위로서 그 행위가 대한민국내에서 행하여졌다면 중대범죄 또는 제2호 나목에 규정된 죄에 해당하고 행위지의 법령에 의하여 죄에 해당하는 경우 당해 죄를 포함한다.

2. "범죄수익"이라 함은 다음 각목의 1에 해당하는 것을 말한다.

가. 중대범죄의 범죄행위에 의하여 생긴 재산 또는 그 범죄행위의 보수로서 얻은 재산

나. 성매매알선등행위의처벌에관한법률 제19조제2항제1호(성매매알선등행위중 성매매에 제공되는 사실을 알면서 자금·토지 또는 건물을 제공하는 행위에 한한다), 폭력행위등처벌에관한법률 제5조제2항·제6조(제5조제2항의 미수범에 한한다), 국제상거래에있어

서외국공무원에대한뇌물방지법 제3조제1항, 특정경제범죄가중처벌등에관한법률 제4조
의 죄에 관계된 자금 또는 재산

3. "범죄수익에서 유래한 재산"이라 함은 범죄수익의 과실로서 얻은 재산, 범죄수익의
대가로서 얻은 재산 및 이들 재산의 대가로서 얻은 재산 그 밖에 범죄수익의 보유 또
는 처분에 의하여 얻은 재산을 말한다.

4. "범죄수익등 "이라 함은 범죄수익, 범죄수익에서 유래한 재산 및 이들 재산과 이들
재산외의 재산이 혼화된 재산을 말한다.

제3조(범죄수익등의 은닉 · 가장)
① 다음 각호의 1에 해당하는 자는 5년 이하의 징역 또는 3천만원 이하의 벌금에 처한다.
1. 범죄수익등의 취득 또는 처분에 관한 사실을 가장한 자
2. 범죄수익의 발생원인에 관한 사실을 가장한 자
3. 특정범죄를 조장하거나 또는 적법하게 취득한 재산으로 가장할 목적으로 범죄수익등을
은닉한 자
② 제1항의 미수범은 처벌한다.
③ 제1항의 죄를 범할 목적으로 예비 또는 음모한 자는 2년 이하의 징역 또는 1천만원 이
하의 벌금에 처한다.

제4조(범죄수익등의 수수) 정을 알면서 범죄수익등을 수수(收受)한 자는 3년 이하의 징역
또는 2천만원 이하의 벌금에 처한다. 다만, 법령상의 의무이행으로서 제공된 것을 수수한
자 또는 계약(채권자가 상당한 재산상의 이익을 제공하는 것에 한한다)시에 그 계약에 관
련된 채무의 이행이 범죄수익등에 의하여 행하여지는 것이라는 정을 알지 못하고 그 계약
에 관련된 채무의 이행으로서 제공된 것을 수수한 자의 경우에는 그러하지 아니하다.

제5조(금융기관등의 신고 등)

① 특정금융거래정보의보고및이용등에관한법률 제2조제1호 규정에 의한 금융기관등(이하 "금융기관등"이라 한다)에 종사하는 자는 동법 제2조제2호의 규정에 의한 금융거래와 관련하여 수수한 재산이 범죄수익등이라는 사실을 알게 된 때 또는 금융거래의 상대방이 제3조의 죄에 해당하는 행위를 하고 있다는 사실을 알게 된 때에는 다른 법률의 규정에 불구하고 지체없이 관할수사기관에 신고하여야 한다.

② 금융기관등에 종사하는 자는 제1항의 규정에 의하여 신고를 하고자 하거나 신고한 경우 그 사실을 당해 신고에 관련된 금융거래의 상대방 및 그의 관계자에게 누설하여서는 아니된다.

③ 제1항 또는 제2항의 규정에 위반한 자는 2년 이하의 징역 또는 1천만원 이하의 벌금에 처한다.

제6조(징역과 벌금의 병과) 제3조·제4조 및 제5조제3항의 규정에 의한 죄를 범한 자에게는 징역과 벌금을 병과할 수 있다.

제7조(양벌규정) 법인의 대표자, 법인 또는 개인의 대리인·사용인 그 밖에 종업원이 그 법인 또는 개인의 업무에 관하여 제3조 내지 제5조의 위반행위를 한 때에는 행위자를 벌하는 외에 그 법인 또는 개인에 대하여도 각 해당 조의 벌금형을 과한다.

제7조의2(국외범) 제3조 및 제4조의 죄는 「형법」 제3조의 예에 따른다.
[본조신설 2005. 7. 29]

제8조(범죄수익등의 몰수)

① 다음 각호의 재산은 이를 몰수할 수 있다.

1. 범죄수익

2. 범죄수익에서 유래한 재산

3. 제3조 또는 제4조의 범죄행위에 관계된 범죄수익등

4. 제3조 또는 제4조의 범죄행위에 의하여 생긴 재산 또는 그 범죄행위의 보수로서 얻은

　　재산

5. 제3호 또는 제4호의 규정에 의한 재산의 과실 또는 대가로서 얻은 재산 또는 이들 재산의 대가로서 얻은 재산 그 밖에 그 재산의 보유 또는 처분에 의하여 얻은 재산

② 제1항의 규정에 의하여 몰수할 수 있는 재산(이하 "몰수대상재산"이라 한다)이 몰수대상재산외의 재산과 혼화된 경우에 그 몰수대상재산을 몰수하여야 하는 때에는 혼화에 의하여 생긴 재산(이하 "혼화재산"이라 한다)중 몰수대상재산(당해 혼화에 관련된 부분에 한한다)의 금액 또는 수량에 상당하는 부분을 몰수할 수 있다.

③ 제1항의 규정에 불구하고 동항 각호의 재산이 범죄피해재산(재산에 관한 죄, 특정범죄가중처벌등에관한법률 제5조의2제1항제1호·제2항제1호의 죄 또는 「채무자 회생 및 파산에 관한 법률」 제650조·제652조 및 제654조의 죄의 범죄행위에 의하여 그 피해자로부터 취득한 재산 또는 그 재산의 보유·처분에 의하여 얻은 재산을 말한다. 이하 같다)인 때에는 이를 몰수할 수 없다. 제1항 각호의 재산의 일부가 범죄피해재산인 경우에는 그 부분에 대하여도 또한 같다.<개정 2005. 3. 31>

　　제9조(몰수의 요건 등)

① 제8조제1항의 규정에 의한 몰수는 몰수대상재산 또는 혼화재산이 범인외의 자에게 귀속되지 아니하는 경우에 한한다. 다만, 범인외의 자가 범죄후 그 정을 알면서 그 몰수대상재산 또는 혼화재산을 취득한 경우(그 몰수대상재산 또는 혼화재산의 취득이 제4조 단서에 해당하는 경우를 제외한다)에는 그 몰수대상재산 또는 혼화재산이 범인외의 자에게 귀속된 경우에도 이를 몰수할 수 있다.

② 지상권·저당권 그 밖의 권리가 그 위에 존재하는 재산을 제8조제1항의 규정에 의하여 몰수하는 경우에 범인외의 자가 범죄전에 그 권리를 취득한 때 또는 범죄후 그 정을 알지 못하고 그 권리를 취득한 때에는 그 권리를 존속시킨다.

　　제10조(추징)

① 제8조제1항의 규정에 의하여 몰수할 재산을 몰수할 수 없거나 그 재산의 성질, 사용상황, 그 재산에 관한 범인외의 자의 권리유무 그 밖의 사정으로 인하여 이를 몰수함이 상당하지 아니하다고 인정될 때에는 그 가액을 범인으로부터 추징할 수 있다.

② 제1항의 규정에 불구하고 제8조제1항의 재산이 범죄피해재산인 경우에는 그 가액을 추
  징할 수 없다.

  제11조(국제공조의 실시) 특정범죄와 제3조 및 제4조의 죄에 해당하는 행위에 대한 외국
의 형사사건에 관하여 그 외국으로부터 몰수 또는 추징의 확정재판의 집행이나 몰수 또는
추징을 위한 재산보전의 공조요청이 있는 때에는 다음 각호의 1에 해당하는 경우를 제외
하고는 그 요청에 관하여 공조할 수 있다.
1. 공조요청의 대상이 되는 범죄와 관련된 행위가 대한민국내에서 행하여진 경우 당해 행
  위가 대한민국의 법령에 의하여 특정범죄 또는 제3조 및 제4조의 죄에 해당하지 아니
  한다고 인정되는 경우
2. 대한민국이 행하는 동종의 공조요청에 응한다는 취지의 공조요청국의 보증이 없는 경
  우
3. 마약류불법거래방지에관한특례법 제64조제1항 각호의 1에 해당하는 경우

  제12조(마약류불법거래방지에관한특례법의 준용) 마약류불법거래방지에관한특례법 제19조
내지 제63조·제64조제2항 및 제65조 내지 제78조의 규정은 이 법에 의한 몰수 및 추징과
국제공조에 관하여 이를 준용한다.

부칙 <제6517호, 2001. 9. 27>

① (시행일) 이 법은 공포후 2월이 경과한 날부터 시행한다.
② (범죄수익등의 은닉 및 수수행위에 관한 적용례) 제3조 및 제4조의 규정은 이 법 시행
  전에 발생한 범죄수익에 관하여 이 법 시행 후에 한 행위에 대하여도 이를 적용한다.
③ (다른 법률의 개정) 사법경찰관리의직무를행할자와그직무범위에관한법률중 다음과 같
  이 개정한다.
  제6조제14호를 다음과 같이 한다.
    14. 제5조제19호에 규정된 자에 있어서는 다음 각목의 범죄
      가. 소속관서 관할구역안에서 발생하는 관세법위반사범, 대외무역법위반사범, 수출

입물품의 통관과 관련된 지적재산권침해사범, 외국환거래법중 지급수단·귀금속 또는 증권의 불법수출입사범, 수출입거래 및 이와 직접 관련되는 용역거래에 관한 외국환거래법위반사범

나. 소속관서 관할구역안에서 발생하는 가목에 규정된 범죄에 대한 범죄수익은닉의규제및처벌등에관한법률위반사범

다. 소속관서 관할구역중 우리나라와 외국을 왕래하는 항공기 또는 선박이 입·출항하는 공항·항만과 보세구역안에서 발생하는 마약·향정신성의약품 및 대마사범

부칙 (성매매알선등행위의처벌에관한법률) <제7196호, 2004. 3. 22>

제1조(시행일) 이 법은 공포후 6월이 경과한 날부터 시행한다.

제2조 내지 제4조 생략

제5조(다른 법률의 개정 등)

① 범죄수익은닉의규제및처벌등에관한법률중 다음과 같이 개정한다.

제2조제2호 나목중 "윤락행위등방지법 제25조제1항제3호"를 "성매매알선등행위의처벌에관한법률 제19조제2항제1호(성매매알선등행위중 성매매에 제공되는 사실을 알면서 자금·토지 또는 건물을 제공하는 행위에 한한다)"로 한다.

별표 제13호를 다음과 같이 한다.

13. 성매매알선등행위의처벌에관한법률 제18조·제19조제2항(성매매알선등행위중 성매매에 제공되는 사실을 알면서 자금·토지 또는 건물을 제공하는 행위를 제외한다)·제22조 및 제23조 (제18조·제19조의 미수범에 한한다)의 죄

② 내지 ④ 생략

부칙 (채무자 회생 및 파산에 관한 법률) <제7428호, 2005. 3. 31>

제1조(시행일) 이 법은 공포 후 1년이 경과한 날부터 시행한다.

제2조 내지 제4조 생략

제5조(다른 법률의 개정)

① 내지 <41>생략

<42>犯罪收益隱匿의 規制및 處罰등에관한 法律 일부를 다음과 같이 개정한다.

　제8조제3항 전단중 "파산법 제366조·제368조 및 제370조의 죄"를 "「채무자 회생 및 파산에 관한 법률」 제650조·제652조 및 제654조의 죄"로 한다.

<43>내지 <145>생략

제6조 생략

부칙 <제7625호, 2005. 7. 29>

① (시행일) 이 법은 공포 후 1년이 경과한 날부터 시행한다.

② (몰수·추징에 관한 경과조치) 이 법 시행 전 「식품위생법」 제74조의2[제8조(제69조에서 준용한 경우를 포함한다) 및 제22조제1항의 규정을 위반한 부분을 제외한다], 「건강기능식품에 관한 법률」 제43조(제23조 위반의 경우에 한한다) 및 「보건범죄단속에 관한 특별조치법」 제2조제1항(「식품위생법」 제6조 위반의 경우에 한한다)의 규정을 위반하여 발생한 범죄수익등의 몰수·추징에 관하여는 종전의 규정에 의한다.

부칙 (게임산업진흥에 관한 법률) <제7941호, 2006. 4. 28>

제1조(시행일) 이 법은 공포 후 6개월이 경과한 날부터 시행한다.

제2조 내지 제9조 생략

제10조(다른 법률의 개정)

① 내지 ③생략

④ 범죄수익은닉의 규제 및 처벌 등에 관한 법률 일부를 다음과 같이 개정한다.

　별표 제14호를 다음과 같이 한다.

　　14. 「게임산업진흥에 관한 법률」 제44조제1항의 죄

제11조 생략

2. 특정경제범죄가중처벌등에관한법률

[(타)일부개정 2004. 12. 31 법률 제7311호]

제1조(목적) 이 법은 건전한 국민경제윤리에 반하는 특정경제범죄에 대한 가중처벌과 그 범죄행위자에 대한 취업제한등을 규정함으로써 경제질서를 확립하고 나아가 국민경제의 발전에 이바지함을 목적으로 한다.

제2조(정의) 이 법에서 사용하는 용어의 정의는 다음과 같다.<개정 1988.12.31, 1998.1.13, 2001. 3. 28, 2002. 12. 5, 2004. 12. 31>

1. "금융기관"이라 함은 다음 각목의 1에 해당하는 것을 말한다.
가. 한국은행, 금융감독원 및 은행법 기타 법률에 의한 은행
나. 삭제<1998. 1. 13>
다. 종합금융회사에관한법률에 의한 종합금융회사
라. 상호저축은행법에 의한 상호저축은행과 그 중앙회
마. 농업협동조합법에 의한 조합과 그 중앙회
바. 수산업협동조합법에 의한 조합과 그 중앙회
사. 삭제<2002. 12. 5>
아. 신용협동조합법에 의한 신용협동조합과 그 중앙회
자. 새마을금고법에 의한 새마을금고와 그 연합회
차. 신탁업법에 의한 신탁회사
카. 증권투자신탁업법에 의한 위탁회사
타. 증권거래법에 의한 증권회사·증권금융회사
파. 보험업법에 의한 보험사업자
하. 신용보증기금법에 의한 신용보증기금
거. 기술신용보증기금법에 의한 기술신용보증기금
너. 그 밖에 가목 내지 거목의 기관과 동일하거나 유사한 업무를 행하는 기관으로서 대통

령령이 정하는 기관

2. "저축"이라 함은 다음 각목의 1에 해당하는 것을 금융기관에 예입·납입 또는 신탁
   하거나 금융기관으로부터 수령 또는 매입하는 것을 말한다.

가. 예금·적금·부금·계금 및 신탁재산
나. 주식·채권·수익증권·어음·수표 및 채무증서
다. 보험료
라. 기타 가목 내지 다목에 준하는 것으로서 대통령령이 정하는 것

3. "대출등"이라 함은 금융기관이 취급하는 대출, 채무의 보증 또는 인수, 급부, 채권 또
   는 어음의 할인 기타 이에 준하는 것으로서 대통령령이 정하는 것을 말한다.

제3조(특정재산범죄의 가중처벌)
① 형법 제347조(사기)·제350조(공갈)·제351조(제347조 및 제350조의 상습범에 한한다)·
   제355조(횡령, 배임) 또는 제356조(업무상의 횡령과 배임)의 죄를 범한 자는 그 범죄행
   위로 인하여 취득하거나 제3자로 하여금 취득하게 한 재물 또는 재산상 이익의 가액
   (이하 이 조에서 "이득액"이라 한다)이 5억원 이상인 때에는 다음의 구분에 따라 가
   중처벌한다.<개정 1990. 12. 31>

1. 이득액이 50억원 이상인 때에는 무기 또는 5년 이상의 징역에 처한다.
2. 이득액이 5억원 이상 50억원미만인 때에는 3년 이상의 유기징역에 처한다.
3. 삭제<1990. 12. 31>

② 제1항의 경우 이득액 이하에 상당하는 벌금을 병과할 수 있다.

제4조(재산국외도피의 죄)

① 법령에 위반하여 대한민국 또는 대한민국국민의 재산을 국외에 이동하거나 국내에 반

입하여야 할 재산을 국외에서 은닉 또는 처분하여 도피시킨 때에는 1년 이상의 유기 징역 또는 당해 범죄행위의 목적물의 가액의 2배 이상 10배 이하에 상당하는 벌금에 처한다.

② 제1항의 경우 당해 범죄행위의 목적물의 가액(이하 "도피액"이라 한다)이 5억원 이상 인 때에는 다음의 구분에 따라 가중처벌한다.<개정 1990. 12. 31>

1. 도피액이 50억원 이상인 때에는 무기 또는 10년 이상의 징역에 처한다.

2. 도피액이 5억원 이상 50억원 미만인 때에는 5년 이상의 유기징역에 처한다.

3. 삭제<1990. 12. 31>

③ 제1항 또는 제2항의 미수범은 각 본죄에 정한 형으로 처벌한다.

④ 법인의 대표자나 법인 또는 개인의 대리인·사용인 기타 종업원이 그 법인 또는 개인 의 업무에 관하여 제1항 내지 제3항에 규정된 행위를 한 때에는 행위자를 벌하는 외에 그 법인 또는 개인에 대하여도 제1항에 규정된 벌금을 과한다.

제5조(수재등의 죄)

① 금융기관의 임·직원이 그 직무에 관하여 금품 기타 이익을 수수·요구 또는 약속한 때에는 5년 이하의 징역 또는 10년 이하의 자격정지에 처한다.

② 금융기관의 임·직원이 그 직무에 관하여 부정한 청탁을 받고 제3자에게 금품 기타 이 익을 공여하게 하거나 공여하게 할 것을 요구 또는 약속한 때에는 제1항의 형과 같다.

③ 금융기관의 임·직원이 그 지위를 이용하여 소속금융기관 또는 다른 금융기관의 임· 직원의 직무에 속한 사항의 알선에 관하여 금품 기타 이익을 수수·요구 또는 약속한 때에는 제1항의 형과 같다.

④ 제1항 내지 제3항의 경우에 수수·요구 또는 약속한 금품 기타 이익의 가액(이하 "수 수액"이라 한다)이 1천만원 이상인 때에는 다음의 구분에 따라 가중처벌한다.<개정 1990. 12. 31>

1. 수수액이 5천만원 이상인 때에는 무기 또는 10년 이상의 징역에 처한다.

2. 수수액이 1천만원 이상 5천만원미만인 때에는 5년 이상의 유기징역에 처한다.

제6조(증재등의 죄)

① 제5조의 규정에 의한 금품 기타 이익을 약속·공여 또는 공여의 의사를 표시한 자는 5년 이하의 징역 또는 3천만원 이하의 벌금에 처한다.
② 제1항의 행위에 제공할 목적으로 제3자에게 금품을 교부하거나 그 정을 알면서 교부받은 자는 제1항의 형과 같다.

제7조(알선수재의 죄) 금융기관의 임·직원의 직무에 속한 사항의 알선에 관하여 금품 기타 이익을 수수·요구 또는 약속한 자 또는 제3자에게 이를 공여하게 하거나 공여하게 할 것을 요구 또는 약속한 자는 5년 이하의 징역 또는 5천만원 이하의 벌금에 처한다.

제8조(사금융알선등의 죄) 금융기관의 임·직원이 그 지위를 이용하여 자기의 이익 또는 소속금융기관외의 제3자의 이익을 위하여 자기의 계산 또는 소속금융기관외의 제3자의 계산으로 금전의 대부, 채무의 보증 또는 인수를 하거나 이를 알선한 때에는 7년 이하의 징역 또는 7천만원 이하의 벌금에 처한다.

제9조(저축관련부당행위의 죄)

① 저축을 하는 자 또는 저축을 중개하는 자가 금융기관의 임·직원으로부터 당해 저축에 관하여 법령 또는 약관 기타 이에 준하는 금융기관의 규정에 의하여 정하여진 이자·복금·보험금·배당금·보수외에 명목여하를 불문하고 금품 기타 이익을 수수하거나 제3자에게 이를 공여하게 한 때에는 5년 이하의 징역 또는 5천만원 이하의 벌금에 처한다.
② 저축을 하는 자가 당해 저축과 관련하여 당해 저축을 중개하는 자 또는 당해 저축과 관계없는 제3자에게 금융기관으로부터 대출등을 받게 한 때 또는 저축을 중개하는 자가 당해 저축과 관련하여 금융기관으로부터 대출등을 받거나 당해 저축과 관계없는 제3자에게 대출등을 받게 한 때에는 제1항의 형과 같다.

③ 금융기관의 임·직원이 제1항 또는 제2항에 규정된 금품 기타 이익을 공여하거나 대출 등을 한 때에는 제1항 또는 제2항의 형과 같다.

④ 제1항·제2항 및 제3항의 경우 징역과 벌금을 병과할 수 있다.

⑤ 금융기관의 임·직원이 소속금융기관의 업무에 관하여 제3항에 규정된 행위를 한 때에는 행위자를 벌하는 외에 소속금융기관에 대하여도 제3항에 규정된 벌금을 과한다.

제10조(몰수·추징)

① 제4조제1항 내지 제3항의 경우 범인이 도피시키거나 도피시키려고 한 재산은 이를 몰수한다.

② 제5조·제6조·제7조 및 제9조제1항·제3항의 경우 범인 또는 정을 아는 제3자가 받은 금품 기타 이익은 이를 몰수한다.

③ 제1항 또는 제2항의 경우 몰수할 수 없는 때에는 그 가액을 추징한다.

제11조(무인가단기금융업의 가중처벌)

① 종합금융회사에관한법률 제28조제1항제1호의2에 규정된 죄를 범한 자는 그 영업으로 인하여 취득한 이자·할인 및 수입료 기타 수수료의 금액(이하 "수수료액"이라 한다)이 연1억원 이상인 때에는 다음의 구분에 따라 가중처벌한다.<개정 1998.1.13>

1. 수수료액이 연 10억원 이상인 때에는 3년 이상의 유기징역에 처한다.

2. 수수료액이 연 1억원 이상 10억원미만인 때에는 1년 이상의 유기징역에 처한다.

② 제1항의 경우에 취득한 수수료액의 100분의 10 이상 수수료액 이하에 상당하는 벌금을 병과한다.

제12조(보고의무등)

① 금융기관의 임·직원은 그의 감독을 받는 자가 그 직무에 관하여 이 법에 규정된 죄를

범한 정을 안 때에는 지체없이 이를 소속금융기관의 장이나 감사 또는 검사의 직무를
담당하는 부서의 장에게 보고하여야 한다.

② 금융기관의 장이나 감사 또는 검사의 직무에 종사하는 임·직원 또는 감독기관의 감독
업무에 종사하는 자는 그 직무를 행함에 있어 금융기관의 임·직원이 그 직무에 관하
여 이 법에 규정된 죄를 범한 정을 안 때에는 지체없이 이를 수사기관에 고지하여야
한다.

③ 정당한 사유없이 제1항의 규정에 위반한 자는 100만원 이하의 벌금에 처한다.

④ 정당한 사유없이 제2항의 규정에 위반한 자는 200만원 이하의 벌금에 처한다.

⑤ 제3항 또는 제4항의 죄를 범한 자가 본범과 친족관계가 있는 때에는 그 형을 감경 또
는 면제할 수 있다.

⑥ 제2항의 규정에 의한 감독기관 및 감독업무에 종사하는 자의 범위는 대통령령으로 정
한다.

제13조(경제사범관리위원회)

① 다음 각호의 사항을 심의·의결하기 위하여 법무부에 법무부차관을 위원장으로 하는
경제사범관리위원회를 둔다.
1. 제14조제1항 단서 및 동조제2항 단서의 규정에 의한 승인에 관한 사항
2. 제14조제4항의 규정에 의한 요구에 관한 사항
3. 기타 대통령령이 정하는 경제사범관리에 관한 사항
② 경제사범관리위원회의 구성과 운영 기타 필요한 사항은 대통령령으로 정한다.

제14조(일정기간의 취업제한 및 인·허가금지등)

① 제3조·제4조제2항(미수범을 포함한다)·제5조제4항 또는 제8조의 규정에 의하여 유죄
판결을 받은 자는 다음 각호의 기간동안 금융기관, 국가·지방자치단체가 자본금의 전
부 또는 일부를 출자한 기관 및 그 출연·보조를 받는 기관과 유죄판결된 범죄행위와
밀접한 관련이 있는 기업체에 취업할 수 없다. 다만, 대통령령이 정하는 바에 의하여

경제사범관리위원회의 승인을 얻은 경우에는 그러하지 아니하다.

1. 징역형의 집행이 종료되거나 집행을 받지 아니하기로 확정된 날로부터 5년
2. 징역형의 집행유예의 기간이 종료된 날로부터 2년
3. 징역형의 선고유예기간

② 제1항에 규정된 자 또는 그를 대표자나 임원으로 하는 기업체는 제1항 각호의 기간동안 대통령령이 정하는 관허업의 허가·인가·면허·등록·지정등을 받을 수 없다. 다만, 대통령령이 정하는 바에 의하여 경제사범관리위원회의 승인을 얻은 경우에는 그러하지 아니하다.

③ 제1항의 경우 국가·지방자치단체가 자본금의 전부 또는 일부를 출자한 기관 및 그 출연·보조를 받는 기관과 유죄판결된 범죄행위와 밀접한 관련이 있는 기업체의 범위는 대통령령으로 정한다.

④ 경제사범관리위원회의 위원장은 제1항 또는 제2항의 규정에 위반한 자가 있는 때에는 당해인이 취업하고 있는 기관이나 기업체의 장 또는 허가등을 한 행정기관의 장에게 그의 해임이나 허가등의 취소를 요구하여야 한다.

⑤ 제4항의 규정에 의하여 해임요구를 받은 기관이나 기업체의 장은 지체없이 이에 응하여야 한다.

⑥ 제1항·제2항 또는 제5항의 규정에 위반한 자는 1년 이하의 징역 또는 500만원 이하의 벌금에 처한다.

3. 유사수신행위의규제에관한법률

[제정 2000. 1. 12 법률 제6105호]

제1조(목적) 이 법은 유사수신행위를 규제함으로써 선량한 거래자를 보호하고 건전한 금융질서를 확립함을 목적으로 한다.

제2조(정의) 이 법에서 "유사수신행위"라 함은 다른 법령에 의한 인가·허가를 받지 아

니하거나 등록·신고 등을 하지 아니하고 불특정다수인으로부터 자금을 조달하는 것을 업으로 하는 다음 각호의 1에 해당하는 행위를 말한다.

1. 장래에 출자금의 전액 또는 이를 초과하는 금액을 지급할 것을 약정하고 출자금을 수입하는 행위
2. 장래에 원금의 전액 또는 이를 초과하는 금액을 지급할 것을 약정하고 예금·적금·부금·예탁금 등의 명목으로 금전을 수입하는 행위
3. 장래에 발행가액 또는 매출가액 이상으로 재매입할 것을 약정하고 사채를 발행하거나 매출하는 행위
4. 장래의 경제적 손실을 금전 또는 유가증권으로 보전해 줄 것을 약정하고 회비등의 명목으로 금전을 수입하는 행위

제3조(유사수신행위의 금지) 누구든지 유사수신행위를 하여서는 아니된다.

제4조(유사수신행위의 표시·광고의 금지) 누구든지 유사수신행위를 하기 위하여 불특정다수인을 대상으로 그 영업에 관한 표시 또는 광고(표시·광고의공정화에관한법률에 의한 표시 또는 광고를 말한다)를 하여서는 아니된다.

제5조(금융업유사상호 사용금지) 누구든지 유사수신행위를 하기 위하여 그 상호중에 금융업으로 인식할 수 있는 명칭으로서 대통령령이 정하는 명칭을 사용하여서는 아니된다.

제6조(벌칙)
① 제3조의 규정에 위반한 자는 5년 이하의 징역 또는 5천만원 이하의 벌금에 처한다.
② 제4조의 규정에 위반한 자는 2년 이하의 징역 또는 2천만원 이하의 벌금에 처한다.
③ 제5조의 규정에 위반한 자는 1년 이하의 징역 또는 1천만원 이하의 벌금에 처한다.

제7조(양벌규정) 법인의 대표자나 법인 또는 개인의 대리인·사용인 기타의 종업원이 그 법인 또는 개인의 업무에 관하여 제6조의 위반행위를 한 때에는 행위자를 벌하는 외에 그

법인 또는 개인에 대하여도 동조의 벌금형을 과한다.

4. 여신전문금융업법

[(타)일부개정 2006. 4. 28 법률 제7929호 시행일 2007. 1. 1]

제1장 총칙

제1조(목적) 이 법은 신용카드업·시설대여업·할부금융업 및 신기술사업금융업을 영위하는 자의 건전하고 창의적인 발전을 지원함으로써 국민의 금융편의를 도모하고 국민경제의 발전에 이바지함을 목적으로 한다.

제2조(정의) 이 법에서 사용하는 용어의 정의는 다음과 같다.<개정 1999.2.1, 1999.5.24, 2001. 3. 28, 2002. 3. 30, 2004. 1. 20>

1. "여신전문금융업"이라 함은 신용카드업·시설대여업·할부금융업 또는 신기술사업금융업을 말한다.

2. "신용카드업"이라 함은 다음 각목의 업무중 나목의 업무를 포함한 2 이상의 업무를 업으로 행하는 것을 말한다.

가. 신용카드의 발행 및 관리

나. 신용카드 이용과 관련된 대금의 결제

다. 신용카드가맹점의 모집 및 관리

2의2. "신용카드업자"라 함은 제3조제1항의 규정에 의하여 신용카드업의 허가를 받거나 등록을 한 자를 말한다. 다만, 제3조제3항제1호의 규정에 해당하는 자가 제13조제1항제2호 및 제3호의 업무를 행하는 때에는 그 업무에 한하여 신용카드업자로 본다.

3. "신용카드"라 함은 이를 제시함으로써 반복하여 신용카드가맹점에서 물품의 구입 또는 용역의 제공을 받거나 재정경제부령이 정하는 사항을 결제할 수 있는 증표로서 신용카드업자(외국에서 신용카드업을 영위하는 자를 포함한다)가 발행한 것을 말한다.

4. "신용카드회원"이라 함은 신용카드업자와의 계약에 따라 그로부터 신용카드를 발급받은 자를 말한다.

5. “신용카드가맹점”이라 함은 다음 각목의 자를 말한다.

가. 신용카드업자와의 계약에 따라 신용카드회원·직불카드회원 또는 선불카드소지자(이하 “신용카드회원등”이라 한다)에 대하여 신용카드·직불카드 또는 선불카드(이하 “신용카드등”이라 한다)에 의한 거래에 의하여 물품의 판매 또는 용역의 제공 등을 하는 자

나. 신용카드업자와의 계약에 따라 신용카드회원등에게 물품의 판매 또는 용역의 제공 등을 하는 자를 위하여 신용카드등에 의한 거래를 대행하는 자(이하 “결제대행업체”라 한다)

6. “직불카드”라 함은 직불카드회원과 신용카드가맹점간에 전자 또는 자기적 방법에 의하여 금융거래계좌에 이체하는 등의 방법으로 물품 또는 용역의 제공과 그 대가의 지급을 동시에 이행할 수 있도록 신용카드업자가 발행한 증표(자금을 융통받을 수 있는 증표를 제외한다)를 말한다.

7. “직불카드회원”이라 함은 신용카드업자와의 계약에 따라 그로부터 직불카드를 발급받은 자를 말한다.

8. “선불카드”라 함은 신용카드업자가 대금을 미리 받고 이에 상당하는 금액을 기록(전자 또는 자기적 방법에 의한 기록을 말한다)하여 발행한 증표로서 선불카드소지자의 제시에 따라 신용카드가맹점이 그 기록된 금액의 범위내에서 물품 또는 용역을 제공할 수 있게 한 증표를 말한다.

9. “시설대여업”이라 함은 시설대여를 업으로 행하는 것을 말한다.

10. “시설대여”라 함은 대통령령이 정하는 물건(이하 “특정물건”이라 한다)을 새로이 취득하거나 대여받아 거래상대방에게 대통령령이 정하는 일정기간 이상 사용하게 하고, 그 기간에 걸쳐 일정대가를 정기적으로 분할하여 지급받으며, 그 기간 종료후의 물건의 처분에 대하여는 당사자간의 약정으로 정하는 방식의 금융을 말한다.

11. “연불판매”라 함은 특정물건을 새로이 취득하여 거래상대방에게 인도하고, 그 물건의 대금·이자등을 대통령령이 정하는 일정기간 이상에 걸쳐 정기적으로 분할하여 지급받으며, 그 물건이 소유권 이전시기 기타 조건에 대하여는 당사자간의 약정으로 정하는 방식의 금융을 말한다.

12. “할부금융업”이라 함은 할부금융을 업으로 행하는 것을 말한다.

13. "할부금융"이라 함은 재화 및 용역의 매매계약에 대하여 매도인 및 매수인과 각각 약정을 체결하여 매수인에게 융자한 재화 및 용역의 구매자금을 매도인에게 지급하고 매수인으로부터 그 원리금을 분할하여 상환받는 방식의 금융을 말한다.

14. "신기술사업금융업"이라 함은 제41조제1항 각호에 규정한 업무를 종합적으로 업으로서 행하는 것을 말한다.

15. "여신전문금융회사"라 함은 여신전문금융업에 대하여 제3조제1항 또는 제2항의 규정에 의하여 금융감독위원회의 허가를 받거나 금융감독위원회에 등록을 한 자로서 제46조제1항 각호에 규정된 업무를 전업으로 영위하는 자를 말한다.

16. "겸영여신업자"라 함은 여신전문금융업에 대하여 제3조제3항 단서의 규정에 의하여 금융감독위원회의 허가를 받거나 금융감독위원회에 등록을 한 자로서 여신전문금융회사가 아닌 자를 말한다.

제2장 허가 또는 등록

제3조(영업의 허가·등록)

① 신용카드업을 영위하고자 하는 자는 금융감독위원회의 허가를 받아야 한다. 다만, 제3항제2호에 해당하는 자는 금융감독위원회에 등록함으로써 신용카드업을 영위할 수 있다.<개정 2002. 3. 30>

② 시설대여업·할부금융업 또는 신기술사업금융업을 영위하거나 영위하고자 하는 자로서 이 법의 적용을 받고자 하는 자는 업별로 금융감독위원회에 등록하여야 한다.<신설 2002. 3. 30>

③ 제1항 또는 제2항의 규정에 의하여 허가를 받거나 등록을 할 수 있는 자는 여신전문금융회사이거나 여신전문금융회사가 되고자 하는 자에 한한다. 다만, 다음 각호의 1에 해당하는 자는 그러하지 아니하다.<개정 1998. 1. 13, 1999. 2. 1, 1999. 5. 24, 2002. 3. 30>

1. 다른 법률의 규정에 의하여 설립되거나 금융감독위원회의 인가 또는 허가를 받은 금융기관으로서 대통령령이 정하는 자

2. 영위하고 있는 사업의 성격상 신용카드업을 겸영하는 것이 바람직하다고 인정되는 자로서 대통령령이 정하는 자

④ 금융감독위원회는 제1항의 규정에 의한 허가에 조건을 붙일 수 있다.<신설 2001. 3. 28>

제4조(허가·등록의 신청) 제3조제1항 또는 제2항의 규정에 의하여 허가를 받거나 등록을 하고자 하는 자는 다음 각호의 사항을 기재한 허가 또는 등록신청서에 대통령령이 정하는 서류를 첨부하여 금융감독위원회에 제출하여야 한다.<개정 1999. 2. 1, 1999. 5. 24, 2001. 3. 28, 2002. 3. 30>
1. 상호 및 주된 사무소의 소재지
2. 자본금 및 출자자(재정경제부령이 정하는 소액출자자를 제외한다)의 성명 또는 명칭과 그 지분율
3. 임원의 성명
4. 영위하고자 하는 여신전문금융업
5. 여신전문금융회사가 되고자 하는 자는 그 취지
6. 겸영여신업자가 되고자 하는 자는 영위하고 있는 사업의 내용

제5조(자본금)

① 여신전문금융업의 허가를 받거나 등록을 하여 여신전문금융회사가 될 수 있는 자는 주식회사로서 자본금이 다음 각호의 1에 규정한 금액 이상인 자에 한한다.
1. 2 이하의 여신전문금융업을 영위하고자 하는 경우 : 200억원
2. 3 이상의 여신전문금융업을 영위하고자 하는 경우 : 400억원
② 제3조제3항제2호의 규정에 의한 겸영여신업자로서 신용카드업의 등록을 할 수 있는 자는 주식회사로서 자본금과 자기자본(자본금과 적립금 및 기타 잉여금의 합계액을 말한다. 이하 같다)이 20억원 이상인 자에 한한다.<개정 1999. 2. 1, 2002. 3. 30>

제6조(허가·등록의 요건)

① 다음 각호의 1에 해당하는 자는 제3조의 규정에 의한 허가를 받거나 등록을 할 수 없다.<개정 1999. 2. 1, 2001. 3. 28, 2005. 1. 27, 2005. 3. 31, 2005. 5. 31>

1. 제10조 또는 제57조제2항·제3항의 규정에 의한 등록·허가의 말소 또는 취소가 있은 날부터 3년이 경과되지 아니한 법인 및 그 말소 또는 취소당시 당해 법인의 대주주(대통령령이 정하는 출자자를 말한다. 이하 같다)이었던 자로서 그 말소 또는 취소가 있은 날부터 3년이 경과되지 아니한 자
2. 「채무자 회생 및 파산에 관한 법률」에 의한 회생절차중에 있는 회사 및 그 회사의 대주주
3. 금융거래 등 상거래에 있어서 약정한 기일 이내에 채무를 변제하지 아니한 자로서 대통령령이 정하는 자
4. 허가 및 등록신청일을 기준으로 최근 3년간 대통령령이 정하는 금융관계법령등을 위반하여 벌금형 이상의 처벌을 받은 사실이 있는 자
5. 대통령령이 정하는 재무건전성기준에 미달하는 자(허가의 경우에 한한다)
6. 제1호 내지 제5호의1에 해당하는 자가 대주주인 법인
② 제3조제1항 본문의 규정에 의하여 신용카드업의 허가를 받고자 하는 자는 다음 각호의 요건을 갖추어야 한다.<신설 2001. 3. 28, 2002. 3. 30>

1. 제5조의 규정에 의한 자본금을 보유할 것
2. 거래자의 보호가 가능하고 영위하고자 하는 업무를 수행함에 충분한 전문인력과 전산설비 등 물적시설을 갖추고 있을 것
3. 사업계획이 타당하고 건전할 것
4. 대통령령이 정하는 주요출자자가 충분한 출자능력, 건전한 재무상태 및 사회적 신용을 갖추고 있을 것

③ 삭제<2002. 3. 30>
④ 제2항의 규정에 의한 허가의 세부요건에 관하여 필요한 사항은 대통령령으로 정한다.<신설 2001. 3. 28>

제7조(허가·등록의 실시)

① 금융감독위원회는 제4조의 규정에 의하여 허가신청서를 제출받은 경우에는 제출받은 날부터 3월 이내에 허가여부를 결정하여 신청인에게 통보하여야 한다.<개정 1999. 2. 1, 1999. 5. 24>

② 금융감독위원회는 제4조의 규정에 의하여 등록신청서를 제출한 자가 제5조 및 제6조의 규정에 위배되지 아니하는 경우에는 지체없이 등록을 하고 그 사실을 신청인에게 통보하여야 한다.<개정 1999. 2. 1, 1999. 5. 24>

③ 금융감독위원회는 제4조의 규정에 의하여 제출받은 서류에 흠결이 있는 경우에는 서류를 제출받은 날부터 10일 이내에 그 보완을 요청할 수 있다. 이 경우 보완에 소요된 기간은 제1항의 규정에 의한 기간에 이를 산입하지 아니한다.<개정 1999. 2. 1, 1999. 5. 24>

제8조 삭제<1999. 2. 1>

제9조 삭제<1999. 2. 1>

제10조(신청에 의한 등록의 말소)

① 제3조제1항 단서 또는 제2항의 규정에 의하여 등록을 한 자는 대통령령이 정하는 바에 의하여 그 등록의 말소를 신청할 수 있다.<개정 1999. 2. 1, 2001. 3. 28, 2002. 3. 30>

② 금융감독위원회는 제1항의 규정에 의한 신청이 있는 경우에는 지체없이 그 등록을 말소한다.<개정 2001. 3. 28>

제11조(허가 등의 공고) 금융감독위원회는 다음 각호의 1에 해당하는 때에는 지체없이 그 내용을 관보에 공고하고 컴퓨터통신 등을 이용하여 일반인에게 알려야 한다.<개정 2002. 3. 30>

1. 제3조제1항 또는 제2항의 규정에 의하여 허가를 하거나 등록을 한 때
2. 제10조제2항의 규정에 의하여 등록을 말소한 때

3. 제57조제1항 내지 제3항의 규정에 의하여 업무정지를 명하거나 허가 또는 등록을 취소
   한 때
[본조신설 2001. 3. 28]

제3장 여신전문금융업

제1절 신용카드업

 제12조(적용범위) 이 절은 신용카드업자가 영위하는 신용카드업과 제13조의 규정에 의한
그 부대업무에 대하여 적용한다.

 제13조(신용카드업자의 부대업무<개정 2001. 3. 28>)

① 신용카드업자는 대통령령이 정하는 기준에 따라 다음 각호의 규정에 의한 부대업무를
   영위할 수 있다.<개정 1999. 2. 1, 2001. 3. 28>
1. 신용카드회원에 대한 자금의 융통
2. 직불카드의 발행 및 대금의 결제
3. 선불카드의 발행 ·판매 및 대금의 결제

② 신용카드업자는 제1항의 규정에 의한 업무를 대통령령이 정하는 바에 의하여 제3자에
게 대행하게 할 수 있다.<개정 1999.2 . 1, 2001. 3. 28>
③ 삭제<1999. 2. 1>

 제14조(신용카드 · 직불카드의 발급)

① 신용카드업자는 발급신청이 있는 경우에 한하여 신용카드 또는 직불카드를 발급할 수

있다. 다만, 이미 발급한 신용카드 또는 직불카드의 갱신 또는 대체발급에 대하여 대통령령이 정하는 바에 따라 신용카드회원 또는 직불카드회원의 동의를 받은 경우에는 그러하지 아니하다.<개정 2002. 3. 30>

② 신용카드업자는 제1항의 규정에 의한 발급신청이 다음 각호의 요건을 갖추고 있는지를 확인하여야 한다. 다만, 제2호는 신용카드 발급신청인 경우에 한한다.<개정 2004. 1. 20>

1. 본인에 의한 신청일 것

2. 신용카드업자가 정하는 신용한도 산정기준에 의한 개인신용한도의 범위안에 있을 것. 이 경우 신용한도 산정기준에는 다음 각목의 사항이 포함되어야 한다.

가. 소득 및 재산에 관한 사항

나. 타인에 대한 지급보증에 관한 사항

다. 신용카드이용대금을 결제할 수 있는 능력에 관한 사항

라. 신청인이 신용카드 발급 당시 다른 금융기관으로부터 받은 신용공여액에 관한 사항

마. 그 밖에 신용한도 산정에 중요한 사항으로서 대통령령이 정하는 사항

③ 신용카드업자는 다음 각호의 요건을 갖춘 자에 대하여 신용카드를 발급할 수 있다.<개정 2004. 1. 20>

1. 제2항 각호의 요건을 갖춘 자

2. 신용카드의 발급신청일 현재 대통령령이 정하는 연령 이상인 자

3. 그 밖에 신용카드 발급에 중요한 요건으로서 대통령령이 정하는 요건을 갖춘 자

④ 신용카드업자는 다음 각호의 방법으로 신용카드회원을 모집하여서는 아니된다.<신설 2004. 1. 20, 2005. 5. 31>

1. 「방문판매 등에 관한 법률」 제2조제5호의 규정에 의한 다단계판매를 통한 모집

2. 인터넷을 통한 모집방법으로서 대통령령이 정하는 모집

3. 그 밖에 대통령령이 정하는 모집

⑤ 신용카드업자는 신용카드 또는 직불카드를 발급하는 경우 당해 신용카드 또는 직불카드에 대한 약관과 함께 신용카드회원 또는 직불카드회원의 권익보호를 위하여 필요한

사항으로서 대통령령이 정하는 사항을 신청자에게 서면으로 교부하여야 한다. 다만, 신청자의 동의가 있는 경우에는 모사전송 또는 전자문서(「전자거래기본법」 제2조제1호의 규정에 의한 전자문서를 말한다)에 의한 송부로 갈음할 수 있다.<신설 2004. 1. 20, 2005. 5. 31>

제14조의2(신용카드회원의 모집)

① 신용카드회원을 모집할 수 있는 자는 다음 각호의 1에 해당하는 자이어야 한다.

1. 당해 신용카드업자의 임·직원

2. 신용카드업자를 위하여 신용카드 발급계약의 체결을 중개하는 자(이하 "모집인"이라 한다)

3. 신용카드업자와 신용카드회원의 모집에 관하여 업무제휴 계약을 체결한 자(신용카드회원의 모집을 주된 업으로 하는 자를 제외한다) 및 그 임·직원

② 모집인이 신용카드회원의 모집에 있어서 준수하여야 할 사항 및 모집방법에 관하여 필요한 사항은 대통령령으로 정한다.

[본조신설 2004. 1. 20]

제14조의3(모집인의 등록)

① 모집인이 되고자 하는 자는 금융감독위원회에 등록하여야 한다.

② 다음 각호의 1에 해당하는 자는 모집인이 될 수 없다.<개정 2005. 3. 31>

1. 금치산자 또는 한정치산자

2. 파산선고를 받은 자로서 복권되지 아니한 자

3. 이 법에 의하여 벌금 이상의 실형을 선고받고 그 집행이 종료(집행이 종료된 것으로 보는 경우를 포함한다)되거나 집행이 면제된 후 2년이 경과되지 아니한 자

4. 이 법에 의하여 모집인의 등록이 취소된 후 2년이 경과되지 아니한 자

5. 영업에 관하여 성년자와 동일한 능력을 가지지 아니한 미성년자로서 그 법정대리인이 제1호 내지 제4호의 1에 해당하는 자

6. 법인 또는 법인이 아닌 사단이나 재단으로서 그 임원 또는 관리인중 제1호 내지 제4호
   의 1에 해당하는 자가 있는 자
③ 금융감독위원회는 제1항의 규정에 의한 모집인의 등록에 관한 업무를 제62조제1항의
   규정에 의한 여신전문금융업협회의 장에게 위탁한다.
[본조신설 2004. 1. 20]

  제14조의4(등록의 취소 등)

① 금융감독위원회는 모집인이 다음 각호의 1에 해당하는 때에는 6월 이내의 기간을 정하
   여 그 업무의 정지를 명하거나 그 등록을 취소할 수 있다.
1. 이 법에 의한 명령이나 처분을 위반한 때
2. 모집에 관한 이 법의 규정을 위반한 때
② 금융감독위원회는 모집인이 다음 각호의 1에 해당하는 때에는 그 등록을 취소하여야
   한다.
1. 제14조의3제2항 각호의 1에 해당하게 된 때
2. 등록 당시 제14조의3제2항 각호의 1에 해당하는 자이었음이 판명된 때
3. 거짓 그 밖의 부정한 방법으로 제14조의3제1항의 규정에 의한 등록을 한 때
③ 금융감독위원회는 제1항 또는 제2항의 규정에 의하여 업무의 정지를 명하거나 등록을
   취소하고자 하는 때에는 모집인에게 해명을 위한 의견제출의 기회를 주어야 한다.
④ 금융감독위원회는 모집인의 업무의 정지를 명하거나 등록을 취소한 때에는 지체없이
   이유를 기재한 문서로 그 뜻을 모집인에게 통지하여야 한다.
[본조신설 2004. 1. 20]

  제15조(신용카드의 양도등의 금지) 신용카드는 이를 양도·양수하거나 질권설정을 할 수
없다.

  제16조(신용카드회원등에 대한 책임)
① 신용카드업자는 신용카드회원 또는 직불카드회원으로부터 신용카드 또는 직불카드의

분실·도난등의 통지를 받은 때에는 그때부터 당해 신용카드회원 또는 직불카드회원
에 대하여 신용카드 또는 직불카드의 사용으로 인한 책임을 진다.

② 신용카드업자는 제1항의 규정에 의한 통지전에 발생한 신용카드의 사용에 대하여 대통
령령이 정하는 기간 이내의 범위에서 책임을 진다.<신설 2004. 1. 20>

③ 제2항의 규정에 불구하고 신용카드업자는 신용카드의 분실 또는 도난 등에 대하여 그
책임의 전부 또는 일부를 신용카드회원의 부담으로 할 수 있다는 취지의 계약을 체결
한 때에는 당해 신용카드회원에 대하여 그 계약내용에 따른 책임을 부담하게 할 수
있다. 다만, 저항할 수 없는 폭력이나 자기 또는 친족의 생명·신체에 대한 위해로 인
하여 비밀번호를 누설한 경우 등 신용카드 회원의 고의 또는 과실이 없는 경우에는
그러하지 아니하다.<신설 2004. 1. 20>

④ 신용카드업자는 제1항의 규정에 의한 통지를 받은 때에는 즉시 통지의 접수자·접수번
호 기타 접수사실을 확인할 수 있는 사항을 당해 통지인에게 알려야 한다.

⑤ 신용카드업자는 신용카드회원등에 대하여 위조 또는 변조된 신용카드등의 사용으로 인
한 책임을 진다.<개정 2002. 3. 30>

⑥ 제5항의 규정에 불구하고 신용카드업자가 신용카드등의 위조 또는 변조에 대하여 그
신용카드회원등의 고의 또는 중대한 과실을 입증하는 경우 그 책임의 전부 또는 일부
를 신용카드회원등의 부담으로 할 수 있다는 취지의 계약을 신용카드회원등과 체결한
때에는 당해 신용카드회원등에 대하여 그 계약내용에 따른 책임을 부담하게 할 수 있
다.<신설 2002. 3. 30, 2004. 1. 20>

⑦ 제3항 및 제6항의 규정에 의한 계약은 서면에 의한 경우에만 효력이 있으며, 신용카드
회원등의 중대한 과실은 계약서에 기재된 것에 한한다.<개정 2002.3.30, 2004.1.20>

⑧ 신용카드업자는 제1항·제2항·제5항 및 제17조의 규정에 의한 책임의 이행을 위하여
보험 또는 공제에 가입하거나 준비금을 적립하는 등 필요한 조치를 취하여야 한다.
<개정 2004. 1. 20>

⑨ 제6항의 규정에 의한 신용카드회원등의 고의 또는 중대한 과실의 범위는 대통령령으로
정한다.<신설 2002. 3. 30, 2004. 1. 20>

⑩ 신용카드회원이 서면으로 신용카드의 이용금액에 대하여 이의를 제기할 경우 신용카드
업자는 이에 대한 조사를 완료할 때까지 그 신용카드회원으로부터 해당금액을 지급받

을 수 없다.<신설 2002. 3. 30>

제16조의2(가맹점의 모집) 신용카드업자는 신용카드가맹점을 모집하는 경우에는 신용카드가맹점이 되고자 하는 자의 사업장을 방문하여 영업여부 등을 확인하여야 한다.

[본조신설 2001. 3. 28]

제17조(가맹점에 대한 책임)

① 신용카드업자는 다음 각호의 1에 해당하는 거래에 따른 손실을 신용카드가맹점에 전가할 수 없다. 다만, 신용카드업자가 당해 거래에 대하여 그 신용카드가맹점의 고의 또는 중대한 과실을 입증하는 경우 그 손실의 전부 또는 일부를 신용카드가맹점의 부담으로 할 수 있다는 취지의 계약을 신용카드가맹점과 체결한 경우에는 그러하지 아니하다.
<개정 2006. 4. 28>

1. 분실 또는 도난된 신용카드에 의한 거래

2. 위조ㆍ변조된 신용카드에 의한 거래

② 제16조제7항의 규정은 제1항 단서의 규정에 의한 계약 또는 신용카드가맹점의 중대한 과실에 대하여 이를 준용한다.<개정 2002. 3. 30, 2004. 1. 20>

제18조(거래조건의 주지의무) 신용카드업자는 다음 각호의 사항을 재정경제부령이 정하는 방법에 의하여 신용카드회원등과 신용카드가맹점에게 알려야 한다.<개정 1999. 2. 1>

1. 신용카드업자가 정하는 이자율ㆍ할인율ㆍ연체료율등 각종 요율

2. 신용카드ㆍ직불카드 이용금액의 결제방법

3. 제16조의 규정에 의한 신용카드회원등에 대한 책임

4. 제17조 및 제19조의 규정에 의한 신용카드가맹점에 대한 책임과 신용카드가맹점의 준수사항

5. 기타 재정경제부령이 정하는 사항

제19조(가맹점의 준수사항)

① 신용카드가맹점은 신용카드에 의한 거래를 이유로 물품의 판매 또는 용역의 제공 등을

거절하거나 신용카드회원을 불리하게 대우하지 못한다.<개정 2002. 3. 30>

② 신용카드가맹점은 신용카드에 의한 거래를 할 때마다 당해 신용카드가 본인에 의하여 정당하게 사용되고 있는지의 여부를 확인하여야 한다.<개정 2002. 3. 30>

③ 신용카드가맹점은 가맹점수수료를 신용카드회원으로 하여금 부담하게 하여서는 아니된다.<개정 2006. 4. 28>

④ 신용카드가맹점은 다음 각호의 1에 해당하는 행위를 하여서는 아니된다. 다만, 결제대행업체의 경우에는 제1호, 제4호 및 제5호의 규정을 적용하지 아니한다.<개정 2002. 3. 30, 2006. 4. 28>

1. 물품의 판매 또는 용역의 제공이 없이 신용카드에 의한 거래를 한 것으로 가장하는 행위

2. 실제 매출금액을 초과하여 신용카드에 의한 거래를 하는 행위

3. 다른 신용카드가맹점 명의로 신용카드에 의한 거래를 하는 행위

4. 신용카드가맹점의 명의를 타인에게 대여하는 행위

5. 신용카드에 의한 거래를 대행하는 행위

⑤ 결제대행업체는 물품의 판매 또는 용역의 제공 등을 하는 자의 신용정보 및 신용 카드 거래의 대행내역을 신용카드업자에게 제공하는 등 대통령령이 정하는 사항을 준수하여야 한다.<신설 2002. 3.30>

제20조(매출채권의 양도금지등<개정 2002. 3. 30>)

① 신용카드에 의한 거래에 의하여 발생한 매출채권은 이를 신용카드업자외의 자에게 양도하여서는 아니되며, 신용카드업자외의 자는 이를 양수하여서는 아니된다.<개정 2002. 3. 30>

② 신용카드가맹점이 아닌 자는 신용카드가맹점의 명의로 신용카드등에 의한 거래를 하여서는 아니된다.<개정 2002. 3. 30>

제21조(가맹점의 해지의무) 신용카드업자는 신용카드가맹점이 제19조 또는 제20조제1항의 규정을 위반하여 형을 선고받거나 관계행정기관으로부터 동 규정의 위반사실에 대하여 서면통보를 받는 등 대통령령이 정하는 사유에 해당하는 때에는 특별한 사유가 없는 한 지

체없이 가맹점계약을 해지하여야 한다.<개정 2002. 3. 30, 2004. 1. 20>
[전문개정 2001. 3. 28]

제22조 삭제<2006. 4. 28>

제23조(가맹점 모집·이용방식의 제한)

① 제3조제1항 단서의 규정에 의하여 신용카드업의 등록을 한 겸영여신업자가 모집할 수 있는 신용카드가맹점의 범위는 대통령령으로 정한다.<개정 2002. 3. 30>
② 금융감독위원회는 신용카드이용의 편의와 신용카드업자의 업무효율화를 위하여 신용카드업자(제1항의 규정에 의한 겸영여신업자를 제외한다. 이하 이 항에서 같다)에 대하여 다른 신용카드업자의 매출전표를 상호 매입하거나 접수 및 대금지급을 대행하는 등의 방법으로 신용카드가맹점을 공동으로 이용할 것을 명할 수 있다.<개정 1998. 1. 13>
③ 금융감독위원회는 제2항의 규정에 의하여 신용카드가맹점을 공동으로 이용하도록 명하는 경우에는 가맹점수수료율이 각 신용카드업자에 의하여 자율적으로 결정되고 신용카드업자간에 지급되는 대가가 적정한 수준으로 결정되도록 하는 등 신용카드업자간의 공정한 경쟁이 제한되지 아니하도록 하여야 한다.<개정 1998. 1. 13>

제24조(신용카드등의 이용한도제한) 금융감독위원회는 대통령령이 정하는 바에 의하여 신용카드업자에게 다음 각호에 규정된 한도를 제한하거나 신용카드 이용한도 책정시 준수할 사항의 기준을 정하는 등 필요한 조치를 할 수 있다.<개정 1998. 1. 13, 1999. 2. 1, 2001. 3. 28, 2004. 1. 20>
1. 신용카드에 의한 현금융통의 최고한도
2. 직불카드의 1회 또는 1일 이용한도
3. 선불카드의 총발행한도와 발행권면금액의 최고한도

제25조(공탁)

① 금융감독위원회는 선불카드를 발행한 신용카드업자에게 선불카드 발행총액의 100분의 10의 범위안에서 대통령령이 정하는 금액을 공탁할 것을 명할 수 있다.<개정 1998. 1. 13>

② 제1항의 규정에 의한 공탁은 선불카드를 발행한 신용카드업자의 본점 또는 주된 사무소의 소재지에서 하여야 한다.

③ 제1항의 규정에 의한 공탁명령을 받은 자가 이를 이행한 때에는 지체없이 그 사실을 금융감독위원회에 신고하여야 한다.<개정 1998. 1. 13>

④ 제1항의 규정에 의하여 공탁을 한 신용카드업자는 금융감독위원회의 승인을 얻어 공탁물을 반환받을 수 있다.<개정 1998. 1. 13>

⑤ 제1항의 규정에 의한 공탁물의 종류, 공탁의 시기 기타 공탁에 관하여 필요한 사항은 재정경제부령으로 정한다.<개정 1999. 2. 1>

제26조(공탁물의 배당등)

① 금융감독위원회는 제25조의 규정에 의하여 공탁을 한 신용카드업자가 선불카드에 의하여 물품 또는 용역을 제공한 신용카드가맹점에게 지급하여야 할 선불카드대금 및 미상환선불카드의 잔액을 상환할 수 없게 된 때에는 당해 신용카드업자가 공탁한 공탁물을 출급하여 당해 신용카드가맹점 및 미상환선불카드의 소지자(이하 "미상환채권자"라 한다)에게 배당을 실행할 자(이하 "권리실행자"라 한다)를 지정하고 재정경제부령이 정하는 바에 따라 이를 공고하여야 한다.<개정 1998. 1. 13, 1999. 2. 1>

② 제1항의 권리실행자가 될 수 있는 자는 대통령령으로 정한다.

③ 미상환채권자는 권리실행자에게 상환받지 못한 금액을 신고하여 배당을 받을 수 있다.

④ 권리실행자는 재정경제부령이 정하는 바에 의하여 제3항의 규정에 의한 신고의 기간·방법 및 장소를 공고하여야 한다.<개정 1999. 2. 1>

⑤ 권리실행자는 다른 채권에 우선하여 제3항의 규정에 의하여 신고된 금액의 합계액과 소요비용을 합산한 총액의 범위내에서 금융감독위원회의 승인을 얻어 공탁물을 출급할 수 있다.<개정 1998. 1. 13>

⑥ 권리실행자는 출급한 공탁물을 금융감독위원회가 정하는 방법 및 절차에 따라 미상환채권자에게 배당하여야 한다.<개정 1998. 1. 13>

⑦ 제25조의 규정에 의하여 공탁을 한 신용카드업자는 제1항 내지 제6항의 규정에 의한
배당절차가 완료되기 전에는 당해 공탁물을 반환받을 수 없다.

제27조(유사명칭의 사용금지) 신용카드업자가 아닌 자는 그 상호중 신용카드 또는 이와
유사한 명칭을 사용하지 못한다.

제2절 시설대여업

제28조(적용범위) 이 절은 제3조제2항의 규정에 의하여 시설대여업의 등록을 한 자(이하
"시설대여업자"라 한다)가 영위하는 시설대여업과 연불판매업무에 대하여 적용한다.<개
정 2002. 3. 30>

제29조(각종 자금의 이용) 시설대여업자와 시설대여 또는 연불판매 계약을 체결한 자(이
하 "대여시설이용자"라 한다)가 기업에 대한 설비투자의 지원을 목적으로 운용되는 자
금의 융자대상자인 경우에는 시설대여업자가 그 대여시설이용자를 위하여 당해 자금을 융
자받아 특정물건을 취득하거나 대여받아 시설대여 또는 연불판매(이하 "시설대여등"이
라 한다)를 할 수 있다.

제30조(대외무역법상의 특례)
① 삭제<2000. 12. 29>
② 시설대여업자가 시설대여등을 한 특정물건이 외화획득용 시설기재인 경우에는 「대외
무역법」 제19조의 규정에 의한 "그 수입에 대응하는 외화획득"은 대여시설이용자
가 이를 하여야 한다.<개정 2005. 5. 31>

제31조(의료기기법상의 특례<개정 2003. 5. 29>)
① 시설대여업자는 시설대여등의 목적으로 수입하는 특정물건인 의료기기를 보건복지부장관
이 지정하는 자의 시설 및 기구를 이용하여 시험검사를 하는 경우에는 「의료기기법」
제14조제4항의 규정에 불구하고 이를 수입할 수 있다.<개정 2003. 5. 29, 2005. 5. 31>

② 시설대여업자는 제1항의 규정에 의하여 수입한 특정물건인 의료기기를 「의료기기법」 제16조의 규정에 불구하고 양도할 수 있다.<개정 2003. 5. 29, 2005. 5. 31>

제32조(행정처분상의 특례) 시설대여업자가 시설대여등의 목적으로 특정물건을 취득·수입하거나 대여받고자 하는 경우에 제30조 및 제31조에 규정된 사항외에 법령에 의하여 받아야 할 허가·승인·추천 기타 행정상의 처분에 필요한 요건을 대여시설이용자가 갖춘 때에는 시설대여업자가 해당 요건을 갖춘 것으로 본다.

제33조(등기·등록상의 특례)

① 시설대여업자가 건설기계 또는 차량의 시설대여등을 하는 경우에는 「건설기계관리법」 또는 「자동차관리법」에 불구하고 대여시설이용자(연불판매의 경우 특정물건의 소유권을 취득한 자를 제외한다. 이하 같다)의 명의로 등록할 수 있다.<개정 2005. 5. 31>
② 시설대여업자가 시설대여등의 목적으로 그 소유의 선박 또는 항공기를 등기·등록하고자 하는 경우 대여시설이용자가 「선박법」 제2조 또는 「항공법」 제6조의 규정에 의하여 등기·등록에 필요한 요건을 갖추고 있는 때에는 그 이용기간동안 시설대여업자가 그 요건을 갖추고 있는 것으로 본다.<개정 2005. 5. 31>

제34조(의무이행상의 특례)
① 대여시설이용자가 특정물건의 시설대여등을 받아 사용하는 경우 다른 법령에 의하여 특정물건의 소유자에게 부과되는 검사등 그 물건의 유지·관리에 관한 각종 의무는 대여시설이용자가 그 당사자가 되어 이를 이행하여야 한다.
② 제1항의 규정에 의한 의무가 시설대여업자에게 부과된 때에는 시설대여업자는 지체없이 이를 대여시설이용자에게 알려야 한다.

제35조(자동차등의 손해배상책임) 대여시설이용자가 이 법에 의하여 건설기계 또는 차량의 시설대여등을 받아 운행을 함에 있어 위법행위로 다른 사람에게 손해를 가한 경우 시

설대여업자는 「자동차손해배상 보장법」 제3조의 규정을 적용함에 있어서 자기를 위하여 자동차를 운행하는 자로 보지 아니한다.<개정 2005. 5. 31>

제36조(시설대여등의 표시)
① 시설대여업자는 시설대여등(연불판매에 있어서 특정물건의 소유권을 이전한 경우를 제외한다)을 하는 특정물건에 대하여 재정경제부령이 정하는 바에 의하여 이를 표시하는 표지를 부착하여야 한다.<개정 1999. 2. 1>
② 당해 특정물건의 시설대여등을 한 시설대여업자외의 자는 제1항의 표지를 손괴 또는 제거하거나 그 내용 또는 부착위치를 변경하여서는 아니된다.

제37조(중소기업에 대한 지원)
① 금융감독위원회는 대통령령이 정하는 바에 의하여 시설대여업자에게 시설대여등의 연간 실행액중 일정비율 이상을 중소기업(「중소기업기본법」 제2조의 규정에 의한 중소기업을 말한다)에 대하여 운용하도록 명할 수 있다.<개정 1998. 1. 13, 1999. 2. 1, 2001. 3. 28, 2005. 5. 31>
② 제1항의 규정에 의한 일정비율은 100분의 50을 초과할 수 없다.

제3절 할부금융업

제38조(적용범위) 이 절은 제3조제2항의 규정에 의하여 할부금융업의 등록을 한 자(이하 "할부금융업자"라 한다)가 영위하는 할부금융업에 대하여 적용한다.<개정 2002. 3. 30>

제39조(거래조건의 주지의무) 할부금융업자는 다음 각호의 사항을 재정경제부령이 정하는 방법에 의하여 당해 할부금융업자와 할부금융계약을 체결한 재화 및 용역의 매수인(이하 "할부금융이용자"라 한다)에게 알려야 한다.<개정 1999. 2. 1>
1. 할부금융업자가 정하는 이자율·연체이자율 및 각종 요율
2. 할부금융에 의한 대출액(이하 "할부금융자금"이라 한다)의 변제방법
3. 기타 재정경제부령이 정하는 사항

제40조(할부금융업자의 준수사항)

① 할부금융업자는 할부금융이용자에게 할부금융의 대상이 되는 재화 및 용역의 구매액을
   초과하여 할부금융자금을 대출할 수 없다.<개정 1999. 2. 1>
② 할부금융업자는 할부금융자금을 할부금융의 대상이 되는 재화 및 용역의 매도인에게
   직접 지급하여야 한다.<개정 1999. 2. 1>

제4절 신기술사업금융업

제41조(적용범위)
① 이 절은 제3조제2항의 규정에 의하여 신기술사업금융업의 등록을 한 자(이하 "신기술
   사업금융업자"라 한다)가 영위하는 다음 각호의 업무에 대하여 적용한다.<개정 2002.
   3. 30>

1. 신기술사업자에 대한 투자
2. 신기술사업자에 대한 융자
3. 신기술사업자에 대한 경영 및 기술의 지도
4. 신기술사업투자조합의 설립
5. 신기술사업투자조합 자금의 관리·운용
② 제1항에서 "신기술사업자"라 함은 「기술신용보증기금법」 제2조제1호의 규정에 의
   한 신기술사업자를 말한다.<개정 2002. 8. 26, 2005. 5. 31>
③ 제1항제4호에서 "신기술사업투자조합"이라 함은 신기술사업자에 투자하기 위하여 설
   립된 조합으로서 다음 각호의 1에 규정한 조합을 말한다.
1. 신기술사업금융업자가 신기술사업금융업자외의 자와 공동으로 출자하여 설립한 조합
2. 신기술사업금융업자가 조합자금을 관리·운용하는 조합
  제42조(자금의 차입) 신기술사업금융업자는 제47조제1항의 규정에 불구하고 정부 또는 대
통령령이 정하는 기금으로부터 신기술사업자에 대한 투·융자에 필요한 자금을 차입할 수
있다.

제43조(세제상의 지원) 정부는 신기술사업금융업의 발전을 위하여 신기술사업금융업자, 신기술사업금융업자에 투자한 자, 신기술사업투자조합 및 그 조합원에 대하여 「조세특례제한법」이 정하는 바에 따라 세제상의 지원을 할 수 있다.<개정 2001. 3. 28, 2005. 5. 31>

제44조(신기술사업투자조합)

① 신기술사업투자조합(이하 이 조에서 "조합"이라 한다)의 규약에는 다음 각호의 내용이 포함되어야 한다.

1. 신기술사업금융업자가 그 조합의 자금을 관리·운용한다는 내용. 이 경우 신기술사업금융업자는 조합과의 계약에 의하여 조합자금의 운용업무의 전부 또는 일부를 신기술사업금융업자외의 자에게 위탁할 수 있다.

2. 조합의 자금은 신기술사업자에 대하여 투자한다는 내용

② 조합은 그 자금을 관리·운용함에 따라 발생한 투자수익의 100분의 20을 초과하지 아니하는 범위안에서 규약이 정하는 바에 의하여 조합의 업무를 집행하는 신기술사업금융업자에 그 업무집행에 대한 대가로서 이를 배분할 수 있다.

③ 조합은 그 자금을 관리·운용함에 따라 투자손실이 발생한 경우에는 규약이 정하는 바에 의하여 신기술사업금융업자외의 자에게 손실의 분배비율을 유리하게 할 수 있다.

제45조(신기술사업금융업자의 준수사항) 신기술사업금융업자는 제41조제1항제2호의 규정에 의한 융자업무를 함에 있어서 재정경제부령이 정하는 융자한도를 초과하여서는 아니된다.

[전문개정 1999. 2. 1]

제4장 여신전문금융회사

제46조(업무)

① 여신전문금융회사가 행할 수 있는 업무는 다음 각호의 업무에 한한다.<개정 2005. 1. 27>

1. 제3조의 규정에 의하여 허가를 받거나 등록을 한 여신전문금융업(시설대여업의 등록을

한 경우에는 연불판매업무를 포함한다)

2. 기업이 물품 및 용역의 제공에 의하여 취득한 매출채권(어음을 포함한다)의 양수·관리·회수업무

3. 대출(어음할인을 포함한다. 이하 이 조에서 같다)업무

4. 제13조제1항제2호 및 제3호의 규정에 의한 신용카드업자의 부대업무(신용카드업의 허가를 받은 경우에 한한다)

5. 그 밖에 제1호 내지 제4호와 관련된 업무로서 대통령령이 정하는 업무

6. 제1호 내지 제4호의 업무와 관련된 신용조사 및 부수업무

7. 소유하고 있는 인력·자산 또는 설비를 활용하는 업무로서 금융감독위원회가 정하는 업무

② 제1항제3호의 규정에 의한 대출업무는 대통령령이 정하는 기준에 따라 영위하여야 한다.

[전문개정 2004. 1. 20]

제47조(자금조달방법)

① 여신전문금융회사의 자금조달 방법은 다음 각호에 규정한 것에 한한다.<개정 1998. 1. 13, 1999. 2. 1, 1999. 5. 24>

1. 다른 법률의 규정에 의하여 설립되거나 금융감독위원회의 인가 또는 허가를 받은 금융기관으로부터의 차입

2. 사채 또는 어음의 발행

3. 보유하고 있는 유가증권의 매출

4. 보유하고 있는 대출채권의 양도

5. 기타 대통령령으로 정하는 방법

② 제1항제2호의 규정에 의한 사채 또는 어음의 발행 및 동항제3호의 규정에 의한 유가증권의 매출에 대하여는 대통령령이 정하는 바에 의하여 그 방법 또는 대상을 제한할 수 있다.

제48조(사채발행의 특례)

① 여신전문금융회사는 「상법」 제470조의 규정에 불구하고 자기자본의 10배에 상당하는 금액을 한도로 하여 사채를 발행할 수 있다.<개정 1999. 2. 1, 2005. 5. 31>

② 여신전문금융회사는 제1항의 규정에 의하여 발행한 사채의 상환을 위하여 일시 그 한도를 초과하여 사채를 발행할 수 있다. 이 경우에는 발행후 1월 이내에 이미 발행한 사채를 상환하여야한다.

③ 제1항 및 제2항의 규정에 의하여 여신전문금융회사가 발행하는 사채에 대하여 「증권거래법」을 적용함에 있어서는 이를 동법 제2조제1항제3호의 규정에 의한 사채로 본다.<개정 2005. 5. 31>

④ 제1항 내지 제3항에 규정한 것 외에 사채의 발행에 관하여 필요한 사항은 대통령령으로 정한다.

제49조(부동산의 취득제한)

① 여신전문금융회사가 취득할 수 있는 업무용부동산은 다음 각호의 1에 규정한 것에 한한다.<개정 1999. 2. 1>

1. 본점·지점 기타 사무소

2. 임·직원용 사택, 합숙소 및 직원연수원

3. 기타 업무에 직접 필요한 부동산으로서 재정경제부령이 정하는 것

② 금융감독위원회는 여신전문금융회사의 과다한 부동산 보유를 억제할 필요가 있다고 인정되는 경우에는 여신전문금융회사가 제1항의 규정에 의하여 취득할 수 있는 업무용부동산의 총액을 자기자본의 100분의 100 이상 일정비율 이내로 제한할 수 있다.<개정 1998. 1. 13>

③ 제2항의 규정에 의한 업무용부동산의 총액은 장부가액을 기준으로 산출한다.

④ 여신전문금융회사는 다음 각호의 1에 해당하는 경우에 한하여 업무용부동산외의 부동산을 취득할 수 있다.

1. 당해 부동산이 시설대여 또는 연불판매의 목적물인 경우

2. 담보권의 실행으로 인하여 부동산을 취득하는 경우

⑤ 삭제<1999. 2. 1>

제50조(자기계열사에 대한 여신한도)

① 여신전문금융회사가 당해 회사와 특수한 관계에 있는 자에 대하여 제공할 수 있는 여신액(재정경제부령이 정하는 방법으로 산출한 금액을 말한다. 이하 같다)의 합계액은 자기자본의 100분의 100을 초과할 수 없다.<개정 1999. 2. 1>

② 제1항의 규정에 의한 특수한 관계에 있는 자의 범위는 재정경제부령으로 정한다.<개정 1999. 2. 1>

제50조의2(자금지원관련 금지행위)

① 여신전문금융회사는 다른 금융기관(「금융산업의 구조개선에 관한 법률」에 의한 금융기관을 말한다. 이하 이 조에서 같다) 또는 회사와 다음 각호의 행위를 하여서는 아니된다.<개정 2002. 3. 30, 2005. 5. 31>

1. 제50조의 규정에 의한 여신한도를 회피하기 위한 목적으로 의결권있는 주식을 서로 교차하여 보유하거나 여신을 하는 행위

2. 「상법」 제341조 또는 「증권거래법」 제189조의2의 규정에 의한 자기주식 취득의 제한을 회피하기 위한 목적으로 주식을 서로 교차하여 취득하는 행위

3. 기타 거래자의 이익을 크게 해할 우려가 있는 행위로서 대통령령이 정하는 행위

② 제1항의 규정에 위반하여 취득한 주식은 의결권을 행사할 수 없다.

③ 여신전문금융회사는 당해 여신전문금융회사의 주식을 매입시키기 위한 여신이나 제50조의 규정에 의한 여신한도를 회피하기 위한 자금중개 등의 행위를 하여서는 아니된다.

④ 금융감독위원회는 제1항 또는 제3항의 규정에 위반하여 주식을 취득하거나 여신을 한 여신전문금융회사에 대하여 당해 주식의 처분 또는 여신액의 회수를 명하는 등 필요한 조치를 할 수 있다.

[본조신설 2001. 3. 28]

제50조의3(임원의 자격요건) 다음 각호의 1에 해당하는 자는 여신전문금융회사의 임원(이사·감사 또는 사실상 이와 동등한 지위에 있는 자로서 대통령령이 정하는 자를 말한다.

이하 이 조에서 같다)이 될 수 없으며, 임원이 된 후에 이에 해당하게 된 때에는 그 직을 상실한다.<개정 2004. 1. 20, 2005. 3. 31, 2005. 5. 31>

1. 미성년자·한정치산자 또는 금치산자

2. 파산선고를 받은 자로서 복권되지 아니한 자

3. 금고 이상의 실형의 선고를 받고 그 집행이 종료(집행이 종료된 것으로 보는 경우를 포함한다)되거나 집행이 면제된 날부터 5년이 경과되지 아니한 자

4. 이 법 또는 대통령령이 정하는 금융관계법령(이하 이 조에서 "금융관계법령"이라 한다)을 위반하여 벌금 이상의 형을 선고받고 그 집행이 종료(집행이 종료된 것으로 보는 경우를 포함한다)되거나 집행이 면제된 날부터 5년이 경과되지 아니한 자

5. 금고 이상의 형의 집행유예를 선고받고 그 유예기간중에 있는 자

6. 이 법 또는 금융관계법령에 의하여 해임되거나 징계면직된 날부터 5년이 경과되지 아니한 자

7. 이 법 또는 금융관계법령에 의하여 영업의 허가·인가 또는 등록이 취소된 법인 또는 회사의 임·직원이었던 자(그 취소사유의 발생에 관하여 직접 또는 이에 상응하는 책임이 있는 자로서 대통령령이 정하는 자에 한한다)로서 당해 법인 또는 회사에 대한 취소가 있은 날부터 5년이 경과되지 아니한 자

8. 「금융산업의 구조개선에 관한 법률」 제10조제1항의 규정에 의하여 금융감독위원회로부터 적기시정조치를 받거나 동법 제14조제2항의 규정에 의하여 계약이전의 결정 등 행정처분(이하 "적기시정조치등"이라 한다)을 받은 금융기관(동법 제2조제1호의 규정에 의한 금융기관을 말한다. 이하 이 호에서 같다)의 임원 또는 직원으로 재임하거나 재직하였던 자(그 적기시정조치등을 받게 된 원인에 대하여 직접 또는 이에 상응하는 책임이 있는 자로서 대통령령이 정하는 자에 한한다)로서 그 적기시정조치등을 받은 날부터 2년이 경과되지 아니한 자

9. 이 법 또는 금융관계법령에 의하여 재임 또는 재직중이었더라면 해임 또는 징계면직의 조치를 받았을 것으로 통보된 퇴임한 임원 또는 퇴직한 직원으로서 그 통보가 있는 날부터 5년(통보가 있는 날부터 5년이 퇴임 또는 퇴직한 날부터 7년을 초과하는 경우에는 퇴임 또는 퇴직한 날부터 7년으로 한다)이 경과되지 아니한 자

[본조신설 2001. 3. 28]

제50조의4(사외이사의 선임)

① 여신전문금융회사(자산·영위업무 등을 감안하여 대통령령이 정하는 기준에 해당하는 여신전문금융회사에 한한다. 이하 이 조에서 같다)는 이사회의 상무에 종사하지 아니하는 이사(이하 "사외이사"라 한다)를 3인 이상 두어야 한다. 이 경우 사외이사는 이사 총수의 2분의 1 이상이 되어야 한다.

② 여신전문금융회사는 사외이사후보를 추천하기 위하여 「상법」 제393조의2의 규정에 의한 위원회(이하 "사외이사후보추천위원회"라 한다)를 설치하여야 한다. 이 경우 사외이사후보추천위원회는 사외이사가 총 위원의 2분의 1 이상이 되도록 구성하여야 한다.<개정 2005. 5. 31>

③ 사외이사는 제2항의 규정에 의한 사외이사후보추천위원회의 추천을 받은 자중에서 주주총회에서 선임한다.

④ 「증권거래법」 제54조의5제4항 각호의 1에 해당하는 자는 사외이사가 될 수 없으며, 사외이사가 된 후 이에 해당하게 된 때에는 그 직을 상실한다.<개정 2005. 5. 31>

⑤ 여신전문금융회사는 사외이사의 사임 또는 사망 등의 사유로 이사회의 구성이 제1항에 규정된 요건에 합치되지 아니한 경우에는 그 사유가 발생한 날 이후에 최초로 소집되는 주주총회에서 이사회의 구성이 제1항에 규정된 요건에 합치되도록 하여야 한다.

⑥ 제2항 후단의 규정은 최초로 제1항의 요건에 해당하게 되어 사외이사를 두어야 하는 여신전문금융회사에 대하여는 이를 적용하지 아니한다.

[본조신설 2001. 3. 28]

제50조의5(감사위원회)

① 여신전문금융회사(자산·영위업무 등을 감안하여 대통령령이 정하는 기준에 해당하는 여신전문금융회사에 한한다. 이하 이 조에서 같다)는 감사위원회(「상법」 제415조의2의 규정에 의한 감사위원회를 말한다. 이하 같다)를 설치하여야 한다.<개정 2005. 5. 31>

② 감사위원회는 총 위원의 3분의 2 이상을 사외이사로 구성하여야 한다.

③ 사외이사가 아닌 감사위원회의 위원은 「증권거래법」 제191조의12제3항 각호의 1에 해당되어서는 아니된다. 다만, 감사위원회의 사외이사가 아닌 위원으로 재임중인 자는 동법 제191조의12제3항제6호의 규정에 불구하고 감사위원회의 사외이사가 아닌 위원이 될 수 있다.<개정 2005. 5. 31>

④ 감사위원회의 위원의 사임 또는 사망 등의 사유로 감사위원회의 구성이 제2항에 규정된 요건에 합치되지 아니한 경우에는 그 사유가 발생한 날 이후에 최초로 소집되는 주주총회에서 감사위원회의 구성이 제2항에 규정된 요건에 합치되도록 하여야 한다.

⑤ 「상법」 제415조의2제2항 단서의 규정은 제1항의 규정에 의한 감사위원회의 구성에 관하여는 이를 적용하지 아니한다.<개정 2005. 5. 31>

[본조신설 2001. 3. 28]

제50조의6(내부통제기준)

① 여신전문금융회사는 법령을 준수하고 재산운용을 건전하게 하며 고객을 보호하기 위하여 임·직원이 그 직무를 수행함에 있어서 따라야 할 기본적인 절차와 기준(이하 "내부통제기준"이라 한다)을 정하여야 한다.

② 여신전문금융회사는 내부통제기준의 준수여부를 점검하고, 내부통제기준을 위반하는 경우 이를 조사하여 감사 또는 감사위원회에 보고하는 자(이하 "준법감시인"이라 한다)를 1인 이상 두어야 한다.

③ 여신전문금융회사는 준법감시인을 임면하고자 하는 경우 이사회의 결의를 거쳐야 한다.

④ 준법감시인은 다음 각호의 요건에 적합한 자이어야 한다.<개정 2005. 5. 31>

1. 다음 각목의 1에 해당하는 경력이 있는 자일 것

가. 한국은행 또는 「금융감독기구의 설치 등에 관한 법률」 제38조의 규정에 의한 검사대상기관(이에 준하는 외국금융기관을 포함한다)에서 10년 이상 근무한 경력이 있는 자

나. 금융관계분야의 석사학위 이상의 학위소지자로서 연구기관 또는 대학에서 연구원 또는 전임강사 이상의 직에 5년 이상 근무한 경력이 있는 자

다. 변호사 또는 공인회계사의 자격을 가진 자로서 당해 자격과 관련된 업무에 5년 이상
   종사한 경력이 있는 자
라. 재정경제부·금융감독위원회·증권선물위원회 또는 금융감독원에서 5년 이상 근무한
   경력이 있는 자로서 당해 기관에서 퇴임 또는 퇴직한 후 5년이 경과한 자
2. 제50조의3 각호의 1에 해당하지 아니할 것
3. 최근 5년간 금융관련법령을 위반하여 금융감독위원회 또는 금융감독원장으로부터 주
   의·경고의 요구 등에 해당하는 조치를 받은 사실이 없을 것
⑤ 제1항의 규정에 의한 내부통제기준 및 제2항의 규정에 의한 준법감시인에 관하여 필요
   한 사항은 대통령령으로 정한다.
[본조신설 2001. 3. 28]

제50조의7(소수주주권의 행사)
① 6월 이상 계속하여 여신전문금융회사(자산·영위업무 등을 감안하여 대통령령이 정하
   는 기준에 해당하는 여신전문금융회사에 한한다. 이하 이 조에서 같다)의 발행주식총
   수의 10만분의 5 이상에 해당하는 주식을 대통령령이 정하는 바에 의하여 보유한 자
   는 「상법」 제403조(「상법」 제324조·제415조·제424조의2·제467조의2 및 제542조
   에서 준용하는 경우를 포함한다)에서 규정하는 주주의 권리를 행사할 수 있다.<개정
   2005. 5. 31>
② 6월 이상 계속하여 여신전문금융회사의 발행주식총수의 100만분의 250 이상(대통령령
   이 정하는 기준에 해당하는 여신전문금융회사의 경우에는 100만분의 125 이상)에 해당
   하는 주식을 대통령령이 정하는 바에 의하여 보유한 자는 「상법」 제402조에서 규정
   하는 주주의 권리를 행사할 수 있다.<개정 2005. 5. 31>
③ 6월 이상 계속하여 여신전문금융회사의 발행주식총수의 10만분의 50 이상(대통령령이
   정하는 기준에 해당하는 여신전문금융회사의 경우에는 10만분의 25 이상)에 해당하는
   주식을 대통령령이 정하는 바에 의하여 보유한 자는 「상법」 제466조에서 규정하는
   주주의 권리를 행사할 수 있다.<개정 2005. 5. 31>
④ 6월 이상 계속하여 여신전문금융회사의 발행주식총수의 10만분의 250 이상(대통령령이
   정하는 기준에 해당하는 여신전문금융회사의 경우에는 10만분의 125 이상)에 해당하는

주식을 대통령령이 정하는 바에 의하여 보유하는 자는 「상법」 제385조(「상법」 제415조에서 준용하는 경우를 포함한다) 및 제539조에서 규정하는 주주의 권리를 행사할 수 있다.<개정 2005. 5. 31>

⑤ 6월 이상 계속하여 여신전문금융회사의 발행주식총수의 1만분의 50 이상(대통령령이 정하는 기준에 해당하는 여신전문금융회사의 경우에는 1만분의 25 이상)에 해당하는 주식을 대통령령이 정하는 바에 의하여 보유한 자는 「상법」 제363조의2에서 규정하는 주주의 권리를 행사할 수 있다. 이 경우 「상법」 제363조의2에서 규정하는 주주의 권리를 행사할 때에는 의결권있는 주식을 기준으로 한다.<개정 2005. 5. 31>

⑥ 6월 이상 계속하여 여신전문금융회사의 발행주식총수의 1만분의 150 이상(대통령령이 정하는 기준에 해당하는 여신전문금융회사의 경우에는 1만분의 75 이상)에 해당하는 주식을 대통령령이 정하는 바에 의하여 보유한 자는 「상법」 제366조 및 제467조에서 규정하는 주주의 권리를 행사할 수 있다. 이 경우 「상법」 제366조에서 규정하는 주주의 권리를 행사할 때에는 의결권있는 주식을 기준으로 한다.<개정 2005. 5. 31>

⑦ 제1항의 규정에 의한 주주가 「상법」 제403조(「상법」 제324조·제415조·제424조의2·제467조의2 및 제542조에서 준용하는 경우를 포함한다)의 규정에 의한 소송을 제기하여 승소한 때에는 여신전문금융회사에 대하여 소송비용 그 밖에 소송으로 인한 모든 비용의 지급을 청구할 수 있다.<개정 2005. 5. 31>
[본조신설 2001. 3. 28]

제51조(유사상호의 사용금지) 여신전문금융회사가 아닌 자는 그 상호를 표기함에 있어서 여신·신용카드·시설대여·리스·할부금융 또는 신기술금융과 동일하거나 유사한 표시를 하여서는 아니된다.
[전문개정 1999. 2. 1]

제52조(다른 법률과의 관계)
① 여신전문금융회사 및 제3조제3항제2호의 규정에 의한 겸영여신업자에 대하여는 「한국은행법」 및 「은행법」을 적용하지 아니한다.<개정 1998. 1. 13, 2002. 3. 30, 2005. 5. 31>
② 「금융산업의 구조개선에 관한 법률」은 여신전문금융회사에 대하여는 동법 제3조 내

지 제10조, 제11조제1항·제4항 및 제5항, 제13조의2, 제14조, 제14조의2 내지 제14조의
5, 제14조의7, 제15조 내지 제19조, 제24조 및 제26조 내지 제28조의 규정에 한하여 이
를 적용한다. 다만, 신기술사업금융업자가 신기술사업자에게 투자하는 경우에는 동법
제24조를 적용하지 아니한다.<개정 2002. 3. 30, 2004. 1. 20, 2005. 1. 27, 2005. 5. 31>

제5장 감독

제53조(감독)

① 금융감독위원회는 여신전문금융회사 및 겸영여신업자(이하 "여신전문금융회사등"이
라 한다)에 대하여 이 법 또는 이 법에 의한 명령의 준수여부를 감독한다.<개정
1998.1.13>

② 금융감독위원회는 제1항의 규정에 의한 감독을 위하여 필요한 때에는 여신전문금융회
사등에 대하여 그 업무 및 재무상태에 관한 보고를 하게 할 수 있다.<개정 1998. 1.
13, 2001. 3. 28>

③ 삭제<2001. 3. 28>

④ 금융감독위원회는 여신전문금융회사등이 이 법 또는 이 법에 의한 명령을 위반하여 여
신전문금융회사등의 건전한 운영을 해할 우려가 있다고 인정하는 경우에는 금융감독원
장의 건의에 따라 다음 각호의 1에 해당하는 조치를 하거나 금융감독원장으로 하여금
제1호에 해당하는 조치를 하게 할 수 있다.<개정 2004. 1. 20>

1. 여신전문금융회사등에 대한 주의·경고 또는 그 임·직원에 대한 주의·경고·문책의
요구

2. 당해 위반행위에 대한 시정명령

3. 임원의 해임권고·직무정지의 요구

⑤ 금융감독위원회는 퇴직한 여신전문금융회사등의 임원 또는 직원이 재직중이었더라면
제4항제1호 또는 제3호에 해당하는 조치를 받았을 것으로 인정되는 경우에는 그 조치
의 내용을 금융감독원장으로 하여금 당해 여신전문금융회사등의 장에게 통보하도록
할 수 있다.<신설 2004. 1. 20>

⑥ 제5항의 규정에 의한 통보를 받은 여신전문금융회사등의 장은 퇴직한 당해 임원 또는 직원에게 통보하고, 인사기록부에 기록·유지하여야 한다.<신설 2004. 1. 20>

제53조의2(검사)

① 금융감독원장은 그 소속직원으로 하여금 여신전문금융회사등의 업무와 재산상황을 검사하게 할 수 있다.

② 제1항의 규정에 의하여 검사를 하는 자는 그 권한을 표시하는 증표를 관계자에게 내보여야 한다.

③ 금융감독원장은 여신전문금융회사등에 대하여 검사에 필요한 장부·기록문서 그 밖의 자료의 제출 또는 관계인의 출석 및 의견의 진술을 요구할 수 있다.

④ 금융감독원장은 주식회사의외부감사에관한법률에 의하여 여신전문금융회사등이 선임한 외부 감사인에 대하여 당해 여신전문금융회사등을 감사한 결과 알게된 경영의 건전성에 관련되는 정보 및 자료의 제출을 요구할 수 있다.

[본조신설 2001. 3. 28]

제53조의3(건전경영의 지도)

① 금융감독위원회는 여신전문금융회사의 건전경영을 지도하고 금융사고를 예방하기 위하여 대통령령이 정하는 바에 따라 다음 각호의 1에 해당하는 경영지도의 기준을 정할 수 있다.

1. 자본의 적정성에 관한 사항

2. 자산의 건전성에 관한 사항

3. 유동성에 관한 사항

4. 그 밖에 경영의 건전성 확보를 위하여 필요한 사항

② 금융감독위원회는 여신전문금융회사가 제1항의 규정에 따른 경영지도기준을 충족하지 못하는 등 경영의 건전성을 크게 해할 우려가 있다고 인정되는 때에는 자본금의 증액, 이익배당의 제한 등 경영개선을 위하여 필요한 조치를 요구할 수 있다.<개정 2005. 1. 27>

[본조신설 2001. 3. 28]

　제54조(업무보고서등의 제출) 여신전문금융회사등은 금융감독위원회가 정하는 바에 의하여 업무 및 경영실적에 관한 보고서를 작성하여 금융감독위원회에 제출하여야 한다.<개정 1998. 1. 13, 1999. 2. 1, 2004. 1. 20>

　제54조의2(경영의 공시)

① 금융감독위원회는 여신전문금융회사에 대하여 경영상황에 관한 주요정보 및 자료를 공시하게 할 수 있다.
② 제1항의 규정에 의한 공시의 종류·범위 및 방법에 관하여 필요한 사항은 금융감독위원회가 정한다.
[본조신설 1999. 2. 1]

　제55조(회계처리) 여신전문금융회사등은 자금운용과 업무성과를 분석할 수 있도록 허가를 받거나 등록을 한 여신전문금융업을 업종별로 다른 업무와 구분하여 계리하여야 한다.

　제56조(감사인의 지정) 금융감독위원회는 여신전문금융회사가 이 법을 위반한 사실이 있는 등 대통령령이 정하는 사유에 해당하는 경우에는 증권선물위원회의 심의를 거쳐 당해 여신전문금융회사의 감사인을 지정할 수 있다.
[전문개정 1999. 2. 1]

　제57조(허가·등록의 취소등)
① 금융감독위원회는 신용카드업자가 다음 각호의 1에 해당할 때에는 6월의 범위내에서 기간을 정하여 신용카드업무 또는 제13조의 규정에 의한 부대업무의 전부 또는 일부의 정지를 명할 수 있다.<개정 1998. 1. 13, 2001. 3. 28, 2004. 1. 20, 2006. 4. 28>
1. 제13조제1항의 규정에 의한 기준에 위반하여 동항 각호의 규정에 의한 부대업무를 영위한 때

2. 제14조·제14조의2·제16조·제17조·제18조·제21조·제23조제1항·제25조제4항 또는
   제46조의 규정을 위반한 때

3. 제23조제2항·제24조·제25조제1항·제53조제4항·제53조의3제2항의 규정에 의한 금융
   감독위원회의 명령 또는 조치를 위반한 때

② 금융감독위원회는 신용카드업자가 다음 각호의 1에 해당할 때에는 그 허가 또는 등록
   을 취소할 수 있다.<개정 1999. 2. 1, 1999. 5. 24, 2002. 3. 30>

1. 사위 기타 부정한 방법으로 제3조제1항의 규정에 의한 허가를 받거나 등록을 한 때

2. 제6조제1항제2호 내지 제4호에 규정한 자에 해당된 때(여신전문금융회사인 경우에 한한
   다)

3. 제1항의 규정에 의한 업무의 정지명령을 위한 한 때

4. 정당한 사유없이 1년 이상 계속하여 영업을 하지 아니한 때

5. 법인의 합병·파산·영업의 폐지등으로 사실상 영업을 종료한 때

③ 금융감독위원회는 시설대여업자, 할부금융업자 또는 신기술사업금융업자가 다음 각호
   의 1에 해당할 때에는 그 등록을 취소할 수 있다.<개정 1998. 1. 13, 1999. 2. 1, 1999.
   5. 24, 2001. 3. 28, 2002. 3. 30, 2004. 1. 20>

1. 사위 기타 부정한 방법으로 제3조제2항의 규정에 의한 등록을 한 때

2. 제6조제1항제2호 내지 제4호에 규정한 자에 해당된 때(여신전문금융회사인 경우에 한한
   다)

3. 제53조제4항 또는 제53조의3제2항의 규정에 의한 금융감독위원회의 명령 또는 조치를
   위반한 때

3의2. 삭제<2004. 1. 20>

4. 정당한 사유없이 1년 이상 계속하여 영업을 하지 아니한 때

5. 법인의 합병·파산·영업의 폐지등으로 사실상 영업을 종료한 대

④ 삭제<1999. 5. 24>

제58조(과징금처분)

① 금융감독위원회는 여신전문금융회사가 제46조, 제47조, 제48조, 제49조제1항·제4항 또

는 제50조의 규정을 위반하거나 제49조제2항의 규정에 의한 금융감독위원회의 명령을 위반한 때에는 대통령령이 정하는 바에 따라 1억원 이하의 과징금을 부과할 수 있다.<개정 1998. 1. 13, 1999. 2. 1>

② 금융감독위원회는 신용카드업자가 제57조제1항 각호의 1에 해당한 때에는 대통령령이 정하는 바에 의하여 업무정지처분에 갈음하여 1억원 이하의 과징금을 부과할 수 있다.<개정 1998. 1. 13>

③ 금융감독위원회는 다음 각호의 1에 해당할 때에는 대통령령이 정하는 바에 따라 5천만원 이하의 과징금을 부과할 수 있다.<개정 1998. 1. 13>

1. 시설대여업자가 제37조의 규정에 의한 금융감독위원회의 명령을 위반한 때

2. 할부금융업자가 제39조 또는 제40조의 규정을 위반한 때

3. 신기술사업금융업자가 제45조의 규정을 위반한 때

④ 제1항 내지 제3항의 규정에 의한 과징금을 부과하는 위반행위의 종별·정도등에 따른 과징금의 금액 기타 필요한 사항은 대통령령으로 정한다.

⑤ 금융감독위원회는 제1항 내지 제3항의 규정에 의한 과징금을 기한내에 납부하지 아니하는 때에는 국세체납처분의 예에 따라 이를 징수한다.<개정 1998. 1. 13>

⑥ 금융감독위원회는 대통령령이 정하는 바에 의하여 과징금의 징수 및 체납처분에 관한 업무를 국세청장에게 위탁할 수 있다.<신설 2001. 3. 28>

제59조 삭제<2001. 3. 28>

제60조(신용카드업의 허가 또는 등록 취소에 따른 조치<개정 2002. 3. 30>) 신용카드업자는 제57조제2항의 규정에 의하여 허가 또는 등록이 취소된 경우에도 그 처분전에 행하여진 신용카드에 의한 거래대금의 결제를 위한 업무를 계속 행할 수 있다.<개정 2002. 3. 30>

제61조(청문) 금융감독위원회는 제57조제2항 또는 제3항의 규정에 의하여 허가 또는 등록을 취소하고자 하는 경우에는 청문을 실시하여야 한다.<개정 1999. 2. 1, 1999. 5. 24>

제6장 여신전문금융업협회

제62조(설립)

① 여신전문금융회사등은 여신전문금융업의 건전한 발전을 도모하기 위하여 여신전문금융
   업협회(이하 “협회”라 한다)를 설립할 수 있다.
② 협회는 법인으로 한다.
③ 여신전문금융회사등이 협회를 설립하고자 할 때에는 창립총회에서 정관을 작성한 후
   금융감독위원회의 허가를 받아야 한다.<개정 1999. 2. 1, 1999. 5. 24>
④ 협회는 정관이 정하는 바에 따라 회장·이사·감사 기타 임원을 둔다.
⑤ 삭제<1999. 2. 1>
⑥ 협회에 대하여 이 법에 특별한 규정이 있는 경우를 제외하고는 민법중 사단법인에 관
   한 규정을 준용한다.

제63조(가입) 협회는 여신전문금융회사등이 협회에 가입하고자 하는 경우에 정당한 이유
없이 그 가입을 거부하거나 가입에 부당한 조건을 부과하여서는 아니된다.

제64조(업무) 협회는 다음 각호의 업무를 행한다.<개정 2004. 1. 20>
1. 이 법 기타 법령이 준수되도록 하기 위한 회원에 대한 지도와 권고
2. 회원에 대한 이용자보호를 위한 업무방식의 개선권고
3. 회원의 재무상태에 대한 분석
4. 이용자 민원의 상담·처리
5. 회원 상호간의 신용정보의 교환
6. 신용카드가맹점에 대한 정보 관리
7. 여신전문금융업 및 여신전문금융회사의 발전을 위한 조사·연구
8. 삭제<1999. 2. 1>
9. 기타 협회의 목적을 달성하기 위하여 필요한 업무

제65조(정관) 협회의 정관에는 다음 각호의 사항을 기재하여야 한다.

1. 목적, 명칭 및 사무소의 소재지
2. 회원의 자격
3. 임원의 선출에 관한 사항
4. 업무범위
5. 회비의 분담과 예산 및 회계에 관한 사항
6. 회의에 관한 사항 및 기타 협회의 운영에 필요한 사항

제66조 삭제<1999. 2. 1>

제67조 삭제<1999. 2. 1>

제68조 삭제<1999. 2. 1>

제7장 보칙

제69조(분담금<개정 2001. 3. 28>)

① 삭제<2001. 3. 28>
② 금융감독원의 검사를 받는 여신전문금융회사등은 검사비용에 충당하기 위한 분담금을
   금융감독원에 납부하여야 한다.
③ 제2항의 규정에 의한 분담금의 분담요율·한도 기타 분담금의 납부에 관하여 필요한
사항은 대통령령으로 정한다.
[전문개정 1998. 1. 13]

제69조의2(권한의 위탁)
① 금융감독위원회는 여신전문금융회사에 대한 감독의 효율성을 제고하기 위하여 필요한

경우에는 이 법에 의한 권한의 일부를 대통령령이 정하는 바에 따라 금융감독원장에게 위탁할 수 있다.

② 금융감독위원회는 거래자의 보호를 위하여 필요하다고 인정되는 경우에는 제1항의 규정에 의한 권한외의 권한의 일부를 대통령령이 정하는 바에 따라 협회 회장에게 위탁할 수 있다.

[본조신설 2001. 3. 28]

제8장 벌칙

제70조(벌칙)

① 다음 각호의 1에 해당하는 자는 7년 이하의 징역 또는 5천만원 이하의 벌금에 처한다.<개정 2002. 3. 30>

1. 신용카드등을 위조 또는 변조한 자
2. 위조 또는 변조된 신용카드등을 판매하거나 사용한 자
3. 분실 또는 도난된 신용카드 또는 직불카드를 판매하거나 사용한 자
4. 강취·횡령하거나 사람을 기망·공갈하여 취득한 신용카드 또는 직불카드를 판매하거나 사용한 자
5. 행사할 목적으로 위조 또는 변조된 신용카드등을 취득한 자
6. 사위 그 밖의 부정한 방법으로 알아낸 타인의 신용카드 정보를 보유하거나 이를 이용하여 신용카드에 의한 거래를 한 자
7. 제3조제1항의 규정에 의한 허가를 받지 아니하거나 등록을 하지 아니하고 신용카드업을 영위한 자
8. 사위 그 밖의 부정한 방법으로 제3조제1항의 규정에 의한 허가를 받거나 등록을 한 자

② 다음 각호의 1에 해당하는 자는 3년 이하의 징역 또는 2천만원 이하의 벌금에 처한다.<개정 2002. 3. 30, 2005. 5. 31, 2006. 4. 28>

1. 삭제<2002. 3. 30>
2. 사위 기타 부정한 방법으로 제3조제2항의 규정에 의한 등록을 한 자

3. 다음 각 목의 어느 하나에 해당하는 행위를 통하여 자금을 융통하여 준 자 또는 이를 중개·알선한 자

가. 물품의 판매 또는 용역의 제공 등을 가장하거나 실제 매출금액을 초과하여 신용카드에 의한 거래를 하거나 이를 대행하게 하는 행위

나. 신용카드회원으로 하여금 신용카드에 의하여 물품·용역 등을 구매하도록 한 후 신용카드회원이 구매한 물품·용역 등을 할인하여 매입하는 행위

4. 제19조제4항제3호의 규정을 위반하여 다른 신용카드가맹점의 명의로 신용카드에 의한 거래를 한 자

5. 제19조제4항제5호의 규정을 위반하여 신용카드에 의한 거래를 대행한 자

6. 제20조제1항의 규정을 위반하여 매출채권을 양도한 자 및 이를 양수한 자

7. 제20조제2항의 규정을 위반하여 신용카드가맹점의 명의로 신용카드등에 의한 거래를 한 자

③ 다음 각호의 1에 해당하는 자는 1년 이하의 징역 또는 1천만원 이하의 벌금에 처한다.<개정 1999. 2. 1, 2001. 3. 28, 2002. 3. 30, 2006. 4. 28>

1. 제15조의 규정에 위반하여 신용카드를 양도·양수하거나 질권설정을 한 자

2. 제19조제1항의 규정에 위반하여 신용카드에 의한 거래를 이유로 물품의 판매 또는 용역의 제공 등을 거절하거나 신용카드회원을 불리하게 대우한 자

3. 제19조제3항의 규정에 위반하여 가맹점수수료를 신용카드회원으로 하여금 부담하게 한 자

4. 제19조제4항제4호의 규정에 위반하여 신용카드가맹점의 명의를 타인에게 대여한 자

5. 삭제<2002. 3. 30>

6. 삭제<2002. 3. 30>

7. 제27조, 제50조의2제1항·제3항 또는 제51조의 규정에 위반한 자

④ 제36조제2항의 규정에 위반한 자는 500만원 이하의 벌금에 처한다.

⑤ 제1항제1호 및 제2호의 미수범은 처벌한다.

⑥ 제1항제1호의 죄를 범할 목적으로 예비 또는 음모한 자는 3년 이하의 징역 또는 2천만원 이하의 벌금에 처한다. 다만, 그 목적한 죄의 실행에 이르기 전에 자수한 자에 대하여는 그 형을 감경 또는 면제한다.<신설 2002. 3. 30>

⑦ 제1항 내지 제3항의 징역형과 벌금형은 이를 병과할 수 있다.

제71조(양벌규정) 법인의 대표자, 법인 또는 개인의 대리인·사용인 기타 종업원이 그 법인 또는 개인의 업무에 관하여 제70조의 규정에 해당하는 행위를 한 때에는 그 행위자를 벌하는 외에 그 법인 또는 개인에 대하여도 동조의 벌금형을 과한다.

제72조(과태료)

① 다음 각호의 1에 해당하는 자는 500만원 이하의 과태료에 처한다.<개정 1999.2.1, 2002. 3. 30>

1. 제50조의4의 규정에 위반하여 사외이사를 두지 아니한 자

2. 삭제<1999. 2. 1>

3. 제54조의 규정을 위반하여 보고서를 제출하지 아니하거나 허위의 보고서를 제출한 자

4. 제54조의2의 규정에 의한 공시를 하지 아니하거나 허위로 공시한 자

5. 제55조의 규정을 위반한 자

② 제1항의 규정에 의한 과태료는 대통령령이 정하는 바에 따라 금융감독위원회가 부과·징수한다.<개정 1998. 1. 13, 1999. 2. 1>

1. 삭제<1999. 2. 1>

2. 삭제<1999. 2. 1>

③ 제2항의 규정에 의한 과태료처분에 불복하는 자는 그 처분의 고지를 받은 날부터 30일 이내에 금융감독위원회에게 이의를 제기할 수 있다.<개정 1998. 1. 13, 1999. 2. 1>

④ 제2항의 규정에 의한 과태료처분을 받은 자가 제3항의 규정에 의하여 이의를 제기한 때에는 금융감독위원회는 지체없이 관할법원에 그 사실을 통보하여야 하며, 그 통보를 받은 관할법원은 비송사건절차법에 의한 과태료의 재판을 한다.<개정 1998. 1. 13, 1999. 2. 1>

⑤ 제3항의 규정에 의한 기간내에 이의를 제기하지 아니하고 과태료를 납부하지 아니한 때에는 국세체납처분의 예에 의하여 이를 징수한다.

平靜 지영환 池榮鋧

　전라남도 고흥군(高興郡) 능정(陵亭)에서 태어나 경희대학교 법과대학을 졸업했다. 고려대학교 대학원에 수석으로 입학하여 행정학석사과정을 수석으로 졸업하고, 美國 조지워싱턴대 대학원 연수를 마쳤다. 광운대학교 대학원 마약범죄학석사과정에 수석으로 입학하여 수석으로 졸업했다. 성균관대학교 대학원을 수석으로 입학하여 정치학 박사학위 한국정치·경희대학교 대학원에서 법학박사학위 형법전공 과정을 수료했다. 법학박사학위 논문(공무원범죄 통제를 위한 형사입법론적 연구) 심사가 통과되어 취득 예정이다. 경희대학교 법학연구소 연구원, 서울신문 자문위원, 한국범죄심리학회 이사, 한국범죄피해자중앙센타 자문위원, 한국마약범죄학회 학술이사, 한국택견학회 사무총장, 한국정치학회, 한국공법학회, 한국헌법학회, 한국공안행정학회, 한국부패학회 등 에서 활동하고 있다.

　2004년 『시와 시학』 신춘문예에 당선되었다. 2006년 그의 처녀시집으로 「날마다 한강을 건너는 이유」를 민음사에서 냈다. 저서로 「국가 수사권 입법론」 외 11권, 논문 「일본의 재판원 제도에 관한 연구」 외 수십여 편이 있다. 해군신병훈련소와 해군종합학교를 수석으로 수료하기도 한 그는 태권도 공인 7단의 고단자로 국가자격증 70여종을 보유하고 있다. 한국일보 고운문화상, 청소년지도자상(본상), 대한민국환경대상, 국무총리상, 서울시장상, 고려대학교 총장상, 광운대학교 총장상(2回), 행정자치부장관상(8回), 관세청장상, 美 육군범죄수사사령관 도날드 라이더 소장 감사장, 경찰청장상(8回), 경찰대학장상(10回), 올해 초에는 금융산업 발전 기여로 금융감독위원회위원장상을 받았다.

　출강한 곳은 국립경찰대학, 경찰수사 연수원, 국방부, 육군종합행정학교, 고려대학교, 중앙공무원교육원, 동아대학교 대학원, 美 CID 등 칼럼·기고한 언론은 조선일보·중앙일보·문화일보·세계일보·서울신문·한겨레신문·헤럴드경제·내일신문 등 200여 회. 그는 '칼을 찬 선비, 붓을 품은 선비'를 꿈꾸고 있다. 용인시 수지구 정암(靜庵) 조광조(趙光祖) 선생의 심곡서원(深谷書院)이 한 눈에 보이는 곳에서 살면서 그 곳을 산책하며, 『조광조 별』 역사소설을 현재 출판 중에 있다. 그는 광개토대왕을 높이 여기면서 십여 년째 『광개토대왕』 10권의 대하소설을 집필하고 있다.

양승돈 梁承燉

경기도 안성시에서 태어나 동국대학교 대학원에서 경찰행정학 석사학위과정(논문: 경찰공무원의 직무스트레스에 관한 연구 ; 중 하위직을 중심으로)을 졸업하고, 동국대학교 대학원에서 경찰행정학 박사학위 과정을 수료 했다. 경찰청 경찰수사연수원 금융범죄전문수사과정, 공공지능범죄수사과정 등에 '보험범죄수사', '사행행위수사', '공무원직무범죄수사' 과목 등 외래교수, 수사와 인권, 수사구조개혁 분야에 중앙지 등에 기고문을 쓰기도 하고 그 분야를 강의 하고 있다. 한국범죄심리학회 정회원, 경찰청장상, 서울지방경찰청장상 등을 수상했다.

이권수 李權洙

전라북도 부안군에서 태어나 순천향대학교 법학과을 졸업했다. 그 후 제2기 조사요원 학사경장으로 특별채용되어 경찰에 입문했다. 순천향대학교 대학원에서 경찰행정학과 석사과정을 졸업(논문: 지능범죄에 대한 경찰 수사력 강화에 관한 연구) 했다. 경찰청 경찰수사연수원 보건환경범죄수사전문과정, 공공지능범죄수사전문과정, 금융경제범죄수사전문과정에서 '환경범죄수사', '금융경제범죄수사', '범죄첩보수집' 을 강의를 하고 있다. 보건복지부 인력개발원 등에서 외래교수로 활동하고 있으며, 공저로 「보건범죄수사」 2007년, 「식품사범수사」 2006년 등이 있다. 경찰청장, 경찰대학장상을 수상했으며, 경찰청에서 주관한 지능범죄 전문수사관 시험에 합격하였다. 심리상담사 1급 등을 보유하고 있으며 共著로 「보건범죄수사」 2007년, 「식품사범수사」 2006년 등이 있다. 현재 충남지방경찰청 수사과 경제범죄특별수사팀에 재직하고 있다.

금융범죄론

초판1쇄 인쇄　2007년 08월 20일
초판1쇄 발행　2007년 08월 27일

지은이　지영환 · 양승돈 · 이권수
편　집　임 순 희
펴낸이　방 은 순
펴낸곳　진 리 탐 구

등록번호　제10-1975호
등록일자　2004년 06월 11일

경기도 고양시 일산 서구 구산동 199-1
전화번호　031)925-5366~7
전송번호　02)701-9352

ISBN : 89-8485-147-4
가격은 표지에 있습니다.